Walther Rathenau

SCHRIFTEN UND REDEN

Auswahl und Nachwort
von Hans Werner Richter

S. FISCHER VERLAG

Druck: Wagner GmbH, Nördlingen
Einband: G. Lachenmaier, Reutlingen
Gedruckt auf PAMOSOL
der Papierfabrik Albbruck, geliefert über
G. Schneider & Söhne GmbH + Co. KG., Kelkheim
Printed in Germany 1986
ISBN 3-10-062904-3

Inhalt

VON KOMMENDEN DINGEN

Das Ziel

Die Weltbewegung, welche die Epoche unsrer Zeit emporgetragen hat, stammt, von der Erscheinungsseite betrachtet, aus zwei Grundereignissen, die eng zusammenhängen.

Eine Volksverdichtung ohne Beispiel hat den zivilisationsfähigen Teil des Erdbodens ergriffen; sie hat in ihrem schwellenden Drang die dünne Haut der Oberschichten zerrissen, die vormals den europäischen Völkern ihre Farbe liehen und ihr Aufkommen bändigten.

Die zehnfach übervölkerte Menschheit verlangte eine neue Ordnung der Wirtschaft und des Lebens zu ihrer Erhaltung und Versorgung; die Umschichtung der Völker lieferte in den entbundenen Kräften der alten Unterschichten die intellektuale Verfassung, die dem Werke gewachsen war.

Der Weg, den der umschaffende Wille der Menschheit durchlaufen mußte, war lang; abstraktes Denken, exakte Wissenschaft, Technik, Massenbewältigung und Organisation mußten geschaffen werden, ein Umsteuern der menschlichen Wünsche, Gedanken und Ziele wurde gefordert, neue Lebensführung, neue Kunst, neue Weltauffassung und neuer Glaube mußten entstehen, um die veränderte Ordnung erst zu gestalten, dann zu rechtfertigen.

Diese Ordnung habe ich in dem Buch ›Zur Kritik der Zeit‹ abgeleitet und beschrieben; ich habe sie Mechanisierung genannt, um ihre Universalität auszusprechen und um die mechanische Zwangsläufigkeit anzudeuten, die sie von allen früheren Ordnungen unterscheidet. Denn ihr Wesen, alles in allem betrachtet, besteht darin, daß die Menschheit, halb bewußt, halb unbewußt zu einer einzigen Zwangsorganisation verflochten, bitter kämpfend und dennoch solidarisch für ihr Leben und ihre Zukunft sorgt.

Früh hat man den Zusammenhang der neuzeitlichen Erscheinung empfunden, doch wagte man nicht, mit einem Blick das Gesamtphänomen zu umspannen. Deshalb hört man noch immer vom Kapitalismus als einer die ganze Zeiterscheinung umschreibenden Tatsache reden, obgleich er nichts weiter ist als die Projektion der Gesamtordnung auf einen Teil der Wirtschaft. Deshalb bildet es noch immer ein unermüdliches Spiel der Wissenschaft, die Zweige der Mechanisierung aufeinander zu beziehen und voneinander abzuleiten: Kapitalismus, Entdeckungen, Krieg, Calvinismus, Judentum, Luxus, Frauendienst werden in wechselnden Bindungen verflochten und zur Evolvente des Gangs der Erscheinung gemacht, wobei es niemand auffällt, daß beständig ein Wunder durch das andre erklärt wird, und niemand einfällt, nach der Urvariablen zu fragen, die unabhängig und auf sich selbst gestellt das bunte Wallen der Erscheinungen beschließt und gerne gestattet, daß man die Töchter betrachtet, ohne der Mutter zu gedenken. Diese Grundfunktion aber ist im tiefsten Erleben des menschlichen Stammes beschlossen; von außen erblickt stellt sie sich dar als Wachstum der Zahl und Wandlung der Art, innerlich betrachtet ist sie ein Glied in der Geistesevolution des Lebendigen.

Denn auf der Schöpfungsgrenze, auf der wir stehen, durchschreitet der Geist das Gebiet des zweckhaften Intellekts, der mit seinen Trieben, Furcht und Begierde, vom Urgeschöpf bis zum Urmenschen alles Leben beherrscht, und strebt zur Seele, dem zweckfreien, wunschlosen Reich der Transzendenz. Damit die Menschheit dieses Reich gewinne, muß sie alle Lebenskräfte zusammenraffen, sie muß die Kraft des Intellekts, die einzige, über die sie in Freiheit verfügt, nach Menge und Stärke aufs höchste spannen, sie muß sich zugleich die Unvollendung, die Sinnlosigkeit dieses gewaltigsten Sinnes der materiellen Welt vor Augen führen. Denn der eine der Wege, die zur Seele führen, geht durch den Intellekt; es ist der Weg der Bewußtheit und des Verzichts, der wahrhaft königliche Weg, der Weg Buddhas. Diese Aufgabe und Schickung aber spricht sich aus als eine Not, wie alle Menschheitsschulung. Als Not ist diese selbstgeschaffene die schwerste trotz Eiszeiten und Wildnissen, als Aufschwung ist sie der gewaltigste seit Ursprung des Planeten.

Wer ist der Mensch, der von einer Torheit der Natur zu berichten wüßte? Die Mechanisierung aber ist Schicksal der Menschheit, somit

Werk der Natur; sie ist nicht Eigensinn und Irrtum eines einzelnen noch einer Gruppe; niemand kann sich ihr entziehen, denn sie ist aus Urgesetzen verhängt. Deshalb ist es kleinliche Zagheit, das Vergangene zu suchen, die Epoche zu schmähen und zu verleugnen. Als Evolution und Naturwerk gebührt ihr Ehrfurcht, als Not Feindschaft. Dem Feinde ziemt uns ins Auge zu blicken, seine Stärke zu ermessen, seine Schwäche zu erspähen, um ihn nach Schicksals Willen zu schlagen. Mechanisierung als Not aber ist entwaffnet, sobald ihr heimlicher Sinn offenbart ist.

Mechanisierung als Form des materiellen Lebens hingegen wird der Menschheit dienen müssen, solange nicht die Volkszahl auf die Norm der vorchristlichen Jahrtausende zurückgesunken ist. Drei ihrer Funktionen allein genügen, um ihr die Herrschaft über das materielle Erdentreiben zu sichern: die Arbeitsteilung, die Bewältigung der Massen und der Kräfte. Kein ernster Vorschlag wird verlangen, kein ernstes Urteil wird vermuten, daß die Menschheit freiwillig auf die Beherrschung der Natur verzichte, um in falscher Naivität ein kärglich beschränktes Dasein, ein völliges Vergessen alles Wissens, einen künstlichen Urzustand sich zu bereiten. Ganz töricht aber ist die Meinung jener großstadtmüden Einsiedler, die mit einem guten Buch, einfachem Hausrat und einer Laute sich in die Einsamkeit schöner Gebirge begeben und wähnen, der Mechanisierung entronnen zu sein, wo nicht gar sie gebrochen zu haben. Denn Mechanisierung als Praxis ist unteilbar; wer einen Teil will, der will das Ganze. Damit eine Axt käuflich sei, müssen Tausende in den Tiefen der Erde schürfen, damit ein Blatt Papier entstehe, müssen Waldungen im Rachen der Maschinen zerkaut werden, damit eine Postkarte bestellt werde, müssen die Schienenwege der Erde unter dem Donner der Lokomotiven erzittern. Betrug wider Willen und unbewußte Ausbeutung ist es, eine Mechanisierung mit Auswahl gelten zu lassen; mögen jene Arkadienschäfer den letzten gesponnenen Faden, das letzte gezüchtete Saatkorn und die letzte Münze von sich abtun: sie werden auf der Erde kaum einen Fußbreit zum Schauplatz für erklügelte Robinsonaden finden.

Denn das Wesen der Mechanisierung schließt Universalität ein; sie ist die Zusammenfassung der Welt zu einer unbewußten Zwangsassoziation, zu einer lückenlosen Gemeinschaft der Produktion und Wirtschaft. Da sie aus sich selbst erwachsen, nicht durch bewußten Willen auferlegt ist, da keine Satzung Arbeit und Verteilung regelt, sondern ein allgemeiner Notwille, so erscheint die ungeheure Arbeitsgemeinschaft dem einzelnen nicht als Solidarität, sondern als Kampf. Solidarität ist sie, insofern das Geschlecht sich durch planvolles Wirken erhält und jeder sich auf den Arm des andern stützt, Kampf ist sie, insofern der einzelne nur so viel Anteil an Arbeit und Genuß erhält, als er erringt und erzwingt. In dieser brutalen Regellosigkeit des Triebartigen und Unbewußten der mechanistischen Organisation liegt, dies sei hier zum erstenmal betont und im künftigen ausgeführt, der eigentlich nothafte Kern ihres Folgewesens; die Welterscheinung selbst, soweit sie auf der Gemeinschaft des Kampfes um und gegen die Naturmächte beruht, ist weder gut noch böse, sondern schlechthin notwendig, weil alle vereint mehr leisten als einer und weil Sammlung und Organisation die Bestimmung aller zum Leben geordneten Kräfte ist. Gleichviel in welcher planetarischen Heimat, wird jeder hinlänglich verdichteten und geistig zulänglichen Menschheitsform eine der Mechanisierung entsprechende Kollektiverscheinung erwachsen; von der seelischen Stärke dieser Menschheit aber hängt es ab, ob sie sich dem dunklen Willen unterwirft oder ob sie den Zwang meistert.

Auf unserm Gestirn hat die Mechanisierung einen großen Teil ihrer Aufgabe erfüllt. Unter der Form der Zivilisation hat sie eine äußere Verständigung angebahnt, die Möglichkeit eines leidlich reibungslosen Zusammenlebens und organischen Aufbaues geschaffen. Unter der Form der Produktions- und Verkehrsgestaltung hat sie Ernährung, Kleidung und Behausung der vervielfältigten, ständig wachsenden Erdbevölkerung gesichert, indem sie die Fundstellen des Erdkreises öffnete, Zentralisierung der Verarbeitung, Dezentralisierung des Vertriebes lehrte. Unter der Form des Kapitalismus hat sie ermöglicht, die Arbeitsleistung der Menschheit nach Bedarf zu sammeln und auf geordnete, einheitliche Ziele zu lenken. Als staatliche und bürgerliche Organisation hat sie versucht, jeden Gruppenwillen zum Ausdruck zu bringen und dem Gesamtbewußtsein vernehmlich zu machen. Unter der Form der Publizistik leitet sie jeden Eindruck, den das Gesamtwesen empfängt, zum Wahrnehmungszentrum der Gemeinschaft. Unter der Form der Politik versucht sie, die Umgrenzung der Nationalität und die Arbeitsteilung zwischen den Nationen zu erwirken.

Unter der Form der Wissenschaft erstrebt sie ein Gemeinschaftsforschen des Erdgeistes, unter der Form der Technik setzt sie das Wissen um in Kampfbereitschaft gegen die Naturkraft.
Kein Gebiet der Erde ist unerschließbar, keine materielle Aufgabe undurchführbar, jedes Erdengut ist erschwinglich, kein Gedanke bleibt verheimlicht, jedes Unternehmen kann Prüfung und Verwirklichung fordern; die Menschheit ist, soweit materielles Schaffen reicht, zu einem fast vollendeten Organismus erwachsen, der mit Sinnen, Nervensträngen, Denkorganen, Blutumlauf und Tastwerkzeugen den Ball umspannt, seine Kruste lockert und seine Kräfte aufsaugt.
Vom Organischen zum Ungegliederten führt kein Entwicklungsweg. Andre Organisierungsformen als die der Mechanisierung sind denkbar; dennoch werden auch sie stets ihrem materiellen Sinne gemäß einen materiellen Aufbau bilden, der Menschenkräfte sammelt, um Naturkräfte zu bezwingen, dennoch werden auch sie stets dem Leben die gleiche Gefahr und Bedrängung bieten, sofern die Kräfte der Seele sich ihrer nicht bemächtigen.
Noch ist es entschuldbar, daß die Welt an ihrem ersten Einheitswerke sich berauscht, ja daß sie das materiell Erbaute als für den Geist bewohnbar erachtet, daß sie ihr Denken und Erkennen, Fühlen und Wollen in den Dienst der selbstgeschaffenen Ordnung stellt. Und dennoch, obwohl das Gebäude den Gipfelpunkt noch längst nicht erreicht hat, regt sich das Gewissen. Zunächst freilich im grob mechanischen Sinne: die Enterbten bäumen sich auf; sie wollen diese sinnlich-mechanische Ordnung vernichten, um eine andre sinnlich-mechanische Ordnung an ihre Stelle zu setzen, die ihnen gerechter dünkt und mehr verspricht. Doch auch die Bevorzugten fühlen sich bedrückt. Sie fühlen den Verfall ästhetischer und sittlicher Werte, sie möchten die alten Zeiten herbeiholen und sind bereit, von der unteilbaren Mechanisierung so viel zu opfern, als ihnen zusammenhanglos erscheint, so viel, als ihre Interessen und Bequemlichkeiten nicht betrifft. Vor allem aber dämmert ein Bewußtsein, daß Unrecht im Spiel ist. Daß keiner, auch der Glücklichste nicht, von innerem Abbruch verschont bleibt, daß ein Höheres als das Verlorene in Gefahr ist. Noch webt das Geplänkel um Außenwerke, weil das Gesamtwesen und die Gesamtmacht der Mechanisierung nicht erkannt und nicht verstanden ist; Fragen der Weltanschauung, des Kapitalismus, des Elends, der Technik werden außer

Zusammenhang mit dem Zentralproblem erörtert. Eine Orientierung besteht nicht; Menschlichkeit, Gerechtigkeit, Kultur, Gleichgewicht, Politik, Interesse, Tradition, Nationalität, Ästhetik werden abwechselnd zur Achse gewählt. Hier pocht das schlechte Gewissen der Zeit und ihre innere Sorge; wir haben die Mechanisierung nach ihren ordnenden Kräften befragt, nun soll sie über ihre geheim waltenden Zersetzungen Rede stehen.

1. Mechanisierung ist eine materielle Ordnung; aus materiellem Willen mit materiellen Mitteln geschaffen, verleiht sie dem irdischen Handeln eine Richtungskomponente ins Ungeistige. Niemand kann dieser Richtkraft gänzlich sich entziehen, im mechanistischen Sinne bleibt auch der höchst vergeistigte Mensch ein wirtschaftendes Subjekt, das, um zu leben, besitzen oder erwerben muß. Die Welt ist zur Händlerin und Schaffnerin geworden, und jeder trägt den Einschlag und die Färbung der Zeit.

Wie müssen Jahrhunderte des Denkzwanges auf den gepreßten Menschengeist wirken! Die Ära der Arbeitsteilung verlangt Spezialisierung; bewegt sich der Geist in den ähnlich bleibenden Normen und Praktiken seines Sondergebietes, erscheint ihm zugleich durch tausendfältiges Botschaftswesen das Nebelpanorama des unbarmherzig wechselnden Weltgeschehens, so dünkt ihm leicht das Kleine groß, das Große klein; der Eindruck verflacht, leichtfertiges, verantwortungsloses Urteil wird begünstigt. Bewunderung und Wunder ersterben vor dem Schrei der Neuheit und Sensation; von allem bleibt der schäbigste Vergleich: Zahl und Maß; das Denken wird dimensional. Gilt von den Dingen die Abmessung, so gilt vom Handeln der Erfolg; er betäubt das sittliche Gefühl, so wie Messen und Wägen das Qualitätsgefühl verblöden. Vom raschen Urteil nährt sich der Erfolg; Irrtum und Täuschung kosten; der Sinn wird skeptisch. Er will nicht in die Dinge, sondern hinter die Dinge, Menschen und Mächte dringen, er verliert Scheu und Scham. Wissen ist Macht, heißt es, Zeit ist Geld; so geht Wissen erkenntnislos, Zeit freudlos verloren. Die Dinge selbst, vernachlässigt und verachtet, bieten keine Freude mehr, denn sie sind Mittel geworden. Mittel ist alles, Ding, Mensch, Natur, Gott; hinter ihnen steht gespenstisch und irreal das Ding-an-sich des Strebens: der Zweck. Der nie erreichte, nie erreichbare, nie erkannte: ein trüber Vorstellungskomplex von Sicherheit, Leben, Besitz, Ehre und

Macht, von dem je so viel erlischt, als erreicht ist, ein Nebenbild, das beim Tode so fern steht wie beim ersten Anstieg. Ihm drohend gegenüber erhebt sich, realer und tausendfach überschätzt, das Furchtbild der Not. Von diesen Phantomen gezogen und getrieben, irrt der Mensch vom Irrealen hinweg zum Irrealen hin; das nennt er leben, wirken und schaffen, das vererbt er als Fluch und Segen denen, die er liebt.
Dieser Zustand des mechanisierten Geistes aber ist nichts andres als der zum Großstadttaumel aufgepeitschte Urzustand der niedern Rassen, das Furcht- und Zweckwesen derer, die in ihrem Aufschwung das Zeitalter geschaffen haben. Mehr als ein Atavismus: ein Niedersinken aller, die den Trank genießen, in die Tiefe der Dunklen, die ihn brauten. So sind sie auf dem Zenit der Zivilisation verdammt, das Leben, die Stimmung, die Angst und die Freuden zu erleben, die ihre Vorderen den Sklaven gönnten.
Diese Stimmung aber ist Streben und Verblendung. Streben, dem kein Ziel genügt und das doch so irrational ist, daß es zuletzt die Arbeit zum Selbstzweck macht, und so erdgebannt, daß es alles, was gleißt, vom Wege aufliest und, mit der toten Fracht der Mittel belastet, sich zum Grabe schleppt; Verblendung, der keine Tatsache real genug, kein Wissen zu nebensächlich ist, und die doch jede Vertiefung scheut, die Welt entfleischt und entgeistert, den sterblichen Sinn ertötet und den unsterblichen verschmäht.
Die Freuden sind die der Kinder, Sklaven und niedern Frauen: Besitz, der glänzt und Neid schafft, Unterhaltung und Sinnenrausch. Die Besitzfreude steigert sich zum irrsinnigen Warenhunger, der sich selbst vertausendfacht, indem Übersättigung und Mode alljährlich die Schatzkammern entwerten und leeren müssen, um sie mit neuem Unrat und Tand zu füllen. Tief erniedrigend und entwürdigend sind die Freuden der Großstadt und der Gesellschaft, die in unbewußter Ironie sich die bessere nennt. Verläßt ein denkender Mensch und Menschenfreund die Stätten, an denen dieses Volk sich vergnügt oder, wie es mit dem gemeinsten Wort vulgärer Sprache es bezeichnet, sich amüsiert; verläßt er diese Orte, ohne auch nur einen Augenblick an der Zukunft der Menschheit zu zweifeln, so hat er die stärkste Prüfung seiner Weltzuversicht überstanden. Rausch, Lust und Verbrechen strömen aus Giften und Reizmitteln, die an Aufwand das Dreifache fordern von dem, was die Welt für alle Aufgaben ihrer Kultur zusammenträgt.

2. Mechanisierung ist Zwangsorganisation, deshalb verkümmert sie die menschliche Freiheit.

Der einzelne findet das Maß seiner Arbeit und Muße nicht mehr im Bedürfnis seines Lebens, sondern in einer Norm, die außer ihm steht, der Konkurrenz. Es genügt nicht, daß er nach dem Ausmaß seiner Kräfte und Wünsche schafft, er wird geschätzt nach dem, was der andre, die andren schaffen; halbe oder langsame Arbeit ist wertlos, sie gilt nicht besser als Müßiggang. Die Weltarbeit vom Feldherrn bis zum Postboten, vom Tagelöhner bis zum Finanzmann steht unter dem Druck des Akkord- und Rekordsystems; von jedem wird so viel verlangt, als der andre leistet. Der alte Handwerker ergänzte sein Schaffen durch Liebe und Verschönerung; die Mechanisierung produziert unter dem Sinnbild der Submission: ein Minimum an Güte und Menge wird vorgeschrieben, der geringste Preis ist recht, und Liebe wird nicht bezahlt. Die Grenze der Anspannung bietet der Kampf der Gruppen, aufwärts bis dem der Nationen, und auch der entscheidet sich nach objektiven Kräftesummen, ohne Einfluß des einzelnen.

Selbst in der Richtung und Fassung seiner Werktätigkeit ist der Mensch nicht frei. Mag er zur Einseitigkeit oder zur Vielfältigkeit bestimmt sein, die mechanistische Ordnung benutzt ihn zur Spezialisierung. Willig fügt sich das Geschlecht dem Zwang, es erzeugt den geborenen Handelsreisenden und Schullehrer, wie es den geborenen Betriebsingenieur und Insektenforscher erzeugt; noch mehr, es liefert die Typen in der Zahl und Auswahl, wie Bedürfnis und Überfüllung sie vorschreiben. Rückfall wird bestraft; entsteht noch dann und wann ein Mensch vom alten Schlage der Krieger, Abenteurer, Handwerker, Propheten, so wird er aus der gemeinsamen Anstalt ausgeschlossen und verfemt oder zum niedersten undifferenzierten Dienst entwürdigt.

Der Zwang geht weiter. Auch die Selbstverantwortung wird dem Menschen genommen. Denn das organisatorische Wesen der Mechanisierung beruhigt sich nicht, bevor jeder ihrer Teile, jede ihrer Summen wiederum zum Organismus geworden ist; in gleicher Lückenlosigkeit, wie jedes noch so kleine und noch so große Element der lebenden Natur sich als Organon darstellt. Genossenschaften, Vereinigungen, Firmen, Gesellschaften, Verbände, Bürokratie, berufliche, staatliche, kirchliche Organisationen binden und trennen die Menschheit in unübersehbarer Verflechtung; niemand ist für sich, jeder ist unterworfen, andern verantwortlich. Dieser Zustand, erhebend in der Großartigkeit der Konzeption und in der naturgewaltigen Tröstlichkeit eines nicht mehr menschengeschaffenen Schicksals, wird zum öden Dienst in jenen gewaltigen, unbewußt dämmernden Regionen, in denen nicht selbstbewußte Verantwortung, sondern unterworfenes Interesse waltete. Auch der zünftige Handwerker war abhängig, doch nicht im gleichen Sinne wie der Angestellte des Warenhauses; seine Gebundenheit war sichtbar, eindeutig und dennoch von innerer Freiheit erfüllt. Ein Blendwerk äußerer Freiheit bedeckt die mechanistische Bindung: der Unzufriedene kann Rücksicht auf Form verlangen, auftrumpfen, die Arbeit niederlegen, wegziehen, auswandern: und doch befindet er sich nach Wochen bei veränderten Namen, Personen und Ortschaften im gleichen Verhältnis. Die Anonymität der Unfreiheit vollbringt durch ihren Zauber, was den alten Despotien und Oligarchien mit ihren Häschern und Spähern nicht gelang: die Abhängigkeit zu verewigen.

Der Einzelzwang aber ist ein geringes Übel, verglichen mit der Massenerscheinung, die ihn überdeckt. Die Mechanisierung als Massenorganisation bedarf der Menschenkraft nicht einzeln, sondern in Strömen. Die Pyramidenmannschaft der Pharaonen genügt nicht, um den Tagesbedarf eines Landes auch nur an Werkzeugen zu decken; die Heeresmacht Napoleons reicht nicht zu für die Besatzung eines Bergwerksbezirks. Völkerschaften müssen bereitstehen, um sich zu wechselnden Heeresströmen beständig neu zu ordnen, millionenfache Maschinenpferde verlangen millionenfaches Zentaurenvolk. Nicht innere Notwendigkeit des Mechanisierungsprinzips, sondern bequem gebilligte Begleitumstände der Entwicklung haben die an sich unvermeidliche Arbeitsteilung zwischen geistiger und körperlicher Leistung zur ewigen und erblichen gemacht und so in jedem zivilisierten Lande zwei Völker geschaffen, die, blutsverwandt und dennoch ewig getrennt im gleichen Verhältnis wie ehedem die stammesfremden Ober- und Unterschichten, einander gegenüberstehen. Beide sondert und beherrscht der Zwang. Ohne Verlust bürgerlichen Ranges und Bewußtseins, ohne Verzicht auf gewohnten Umgang, Güter des Genusses und der Kultur steigt kein Oberer hinab, ohne den Zufall eines Anfangbesitzes an Kapital oder Ausbildung dringt kein Unterer hinauf. Dieser Zufall aber ist, abgesehen vom Falle der Auswanderung, so unverhältnismäßig selten, daß unter Tausenden von Angestellten, die durch den Gesichtskreis unsrer Unternehmer schreiten, sich kaum der Sohn eines echten Proletariers findet.

Von unerhörter Härte ist dieser Trennungszwang für das freie Volk. Helotie, Leibeigenschaft, Hörigkeit waren auf Landwirtschaft gegründete Abhängigkeiten. Die Arbeit, härter und unlohnender als die der Freien, war doch von gleicher Art; es war der schön bewegte Kreis des Landlebens, wenn auch unter Aufsicht und elende Kürzung des Ertrages gezwängt. Die Arbeit des Proletariers genießt zwar jene lockende Anonymität der Abhängigkeit; er erhält nicht Befehle, sondern Anweisungen; er folgt nicht dem Herrn, sondern dem Vorgesetzten; er dient nicht, sondern übernimmt eine freie Verpflichtung; seine menschlichen Rechte sind die gleichen wie die des Gegenkontrahenten; er hat die Freiheit, Ort und Stellung zu wechseln; die Macht, die über ihm steht, ist nicht persönlich: erscheint sie in der Form eines einzelnen Arbeitgebers oder einer Firma, so ist es in Wahrheit die bürgerliche Gesellschaft. Dennoch verläuft sein Leben, wie er es auch innerhalb dieser Scheinfreiheit gestalte, in generationenlanger Öde und Gleichförmigkeit, über und unter Tage. Wer ein paar Monate lang bei ungeistiger Verrichtung von 7 bis 12 und von 1 bis 6 das Zeichen einer Pfeife herangesehnt hat, ahnt, welche Selbstverleugnung ein Leben der entseelten Arbeit fordert; niemals wieder wird er versuchen, durch kirchliche oder profane Überredung dieses Leben an sich als ein zufriedenstellendes zu rechtfertigen, und jeden Versuch, es zu mildern, als Begehrlichkeit verschreien. Wer aber ermißt, daß dies Leben nicht endet, daß der Sterbende die Reihe seiner Kinder und Kindeskinder unrettbar dem gleichen Schicksal überliefert sieht, den ergreift die Schuld und Angst des Gewissens. Unsre Zeit ruft nach Staatshilfe, wenn ein Droschkenpferd mißhandelt wird, aber sie findet es selbstverständlich und angemessen, daß ein Volk durch Jahrhunderte seinem Brudervolk frönt, und entrüstet sich, wenn diese Menschen sich weigern, ihren Stimmzettel zur Erhaltung des bestehenden Zustandes abzugeben. Das flache Dogma des Sozialismus ist ein Produkt dieser bürgerlichen Gesinnung; tiefste Notwendigkeit und funkelndes Paradox ist es zugleich, daß dieses Dogma zur stärksten Stütze von Thron, Altar und Bürgertum werden mußte: indem es nämlich mit dem Gespenst der Expropriation den Liberalismus schreckte, so daß er alles freie und eigene Denken fahren ließ und hinter den erhaltenden Mächten Schutz suchte.

Der herrschenden Volksschicht ist der mechanistische Trennungszwang keine Not, doch eine Gefahr. Es scheint ein Naturgesetz, daß jeder Organismus, der vom natürlichen Lebenskampfe auch nur um ein weniges entlastet wird, zunächst zwar üppig gedeiht, dann erschlafft und eingeht. Die Völkeropfer dieser Schicksalsfolge wurden ehedem von Eroberern abgelöst und in wiedererzeugende Berührung mit dem Boden gebracht. Eroberer birgt der Behälter der Erde nicht mehr; eine bloße Umwälzung der Schichten würde das Spiel mit vertauschten Rollen, nicht mit erfrischten Kräften, erneuern und kläglich beenden. Zu der Entlastung von leiblicher Arbeit tritt die Geschlechterfolge intellektualer Anspannung, die unsre Großstädte geistig und physisch entfruchtet und der Dämpfung des westlichen Volkswachstums vorarbeitet.

Überblickt man die Erscheinung der zwangsweisen Schichtung, die wir dem rastlosen Streben der Mechanisierung nach Organisation und Arbeitsteilung zuschreiben, so ergibt sich abermals, daß die Bewegung zum Empfindungs- und Bewegungskreise ihrer dunklen Urerzeuger zurückgekehrt ist. Sie hat den Urstand der Sklaverei nicht verschmerzt und trotz Abendland, Christentum und Zivilisation verstanden, ein Hörigkeitsverhältnis über die Völker zu breiten, das ohne gesetzlichen Zwang, ohne sichtbare Herrengewalt, durch den bloßen Ablauf scheinbar freier Wirtschaftsvorgänge gesichert, eine zwar anonyme und verschiebbare, doch unzerbrechliche und erbliche Abhängigkeit von Schicht zu Schicht verbürgt.

3. Mechanisierung ist nicht aus freier und bewußter Vereinbarung, aus dem ethisch geläuterten Willen der Menschen entstanden, sondern unabsichtlich, ja unbemerkt aus den Bevölkerungsgesetzen der Welt erwachsen; trotz ihres höchst rationalen und kasuistischen Aufbaues ist sie ein unwillkürlicher Prozeß, ein dumpfer Naturvorgang. Unethisch auf dem Gleichgewicht der Kräfte, auf Kampf und Selbsthilfe beruhend, wie etwa der Urzustand im Lebensgleichgewicht eines Waldes, verbreitet sie eine Weltstimmung, die, rückwärts gewandt über die frühe Arbeit des Christentums, über die politische und theokratische Ethik der Mittelmeerkultur hinweggreifend, unter der Deckung

und Maske der Zivilisation abermals auf primitive Menschheitszustände hinstrebt. Denn diese Stimmung ist Kampf und Feindschaft.

Das menschliche Herz schlägt zu warm, es ist zu bedürftig der Anlehnung und Liebe, als daß der Haß als offne, weltverzehrende Flamme ausschlagen dürfte; doch je härter und spröder das Geschlecht, das der Mechanisierung erliegt, desto tückischer nagt der innere Brand im knirschenden Getriebe.

Der frühere Mensch goß seine Kraft und Liebe in sein Werk; er war um des Dinges willen da; die Menschen standen abseits, er bedurfte ihrer zum seltnen Austausch, zum gemeinsamen Schutz oder zum Dienst. Im engen Kreise umgaben ihn die Seinen, die er hegte, im weitern die Genossen, denen er Treue hielt, in fernerem Abstand die Feinde, die er bekämpfte. Der neue Mensch lebt nicht um eines Dinges willen; er strebt nach dem neutralen Gut des Besitzes, nach dem unverkörperten Begriffe einer relativen, doch beliebig ausdehnbaren Machtsphäre; sein Lebensinhalt ist nicht die Sache, die zum Mittel herabsinkt, sondern die Laufbahn. Durch Menschenmauern hindurch muß sie gebrochen werden; wohin er blickt, wo immer er stehen möchte, steht ein andrer, der ist sein Feind. Um Bresche zu reißen, bedient er sich des Genossen, der Gefolgschaft; nicht aus Liebe führt er sie, folgen sie ihm, sondern aus Interesse; jeder ist dem andern Mittel, das aufgegeben wird, wenn es nicht mehr dient. Dem Produzenten ist der Mitmensch Konkurrent, das ist Feind, Abnehmer, das ist Mittel; Lieferant, das ist Feind, Sozius, das ist Mittel. Wem er sich nähert, von dem will er etwas, wer sich ihm nähert, der will etwas von ihm, so sind beide auf der Hut, und ihre Stimmung ist feindliches Mißtrauen. Deshalb erscheint es jedem einerseits gefährlich, anderseits ungeziemend, im Fremden den Menschen zu wecken; es ist Herkommen, ihn wie Luft zu behandeln, bis die blöde Konvention der Namensnennung den landesüblichen Schutz eines kalten Respekts gesichert hat. Der menschenfreundliche Schwärmer, der sich über die Form hinwegsetzt, wird, wenn er nichts zu bieten hat, kühl abgetan; hat oder vermag er Begehrenswertes, so fühlt er bald zum Dank seines Vertrauens sich zum Mittel erniedrigt. Er teilt mit Recht das Schicksal derer, die einen Gesamtzustand statt durch Einwirkung auf Gesinnung und Gewissen durch Sonderexperimente beheben wollen. Deshalb klagen die Menschen so gern einander an und warnen sich wechselweise, rühmen sich als Pessimisten der Menschenkunde. Sie wissen nicht, daß sie sich selbst verurteilen. Denn in der menschlichen Natur liegt diese Feindseligkeit und Niedrigkeit nicht, das Herz des Menschen ist zart wie seine nackte Haut, es ist der Rührung, dem Schmerz, der Neigung hingegeben. Was dies Herz verhärtet, ist die Angst; die Sklavenpeitsche der Mechanisierung, die niemals ruht, und deren Zischen Hunger, Verachtung, Entrechtung, Schmerz und Tod bedeutet. Freilich sind die Nöte an sich nicht furchtbar, sondern Wege des Heils; doch nur für den gläubigen Menschen; die Mechanisierung aber hat vorsorglich verstanden, um ein wenig Wissen und Zauberei ihm den Glauben abzukaufen.

Feindschaft von Mensch zu Mensch steigert sich zur Feindschaft von Gruppe zu Gruppe, Stamm zu Stamm, Volk zu Volk. Der Mensch ist zum Interessenten geworden; irgendeine kümmerliche Theorie hat ihm und seinesgleichen Abhilfe aller Bedrängnis versprochen, sie schließen sich zusammen, nennen's Partei oder Interessenvertretung, verallgemeinern ihre umgekehrten Beschwerden zu einem positiven Idealbegriff und entrüsten sich, daß der Widersacher, vom entgegengesetzten Interesse ausgehend, nicht zum gleichen Ideal gelangt. In dieser an Spielarten so ergiebigen Zeit ist nichts schwerer zu finden als ein Mensch, dessen Überzeugung und Ideal sich nicht mit seinen Interessen deckt; diese verzweifelte Erfahrung führt dazu, daß es ernste Denker gibt, die eine Weltanschauung, eine transzendente Überzeugung überhaupt nicht mehr als eine Form der Erkenntnis, als einen Abglanz des Ewigen dulden, sondern vielmehr darin nur eine Art von Charakter- und Interessenumsetzung, gewissermaßen eine Krankengeschichte, eine idiosynkratische Sonderlichkeit erblicken. Soweit geht das Vertrauen zur Positivität der Interessen, zur Alleinherrschaft des Intellekts, zur Erdgebundenheit des Gefühls.

Welches Interesse hat nun die Mechanisierung, durch Angst und Not, durch Feindschaft und Kampf ihre Opfer auf die Höhe der Leistung zu treiben? Ahnt sie nicht, daß alles Größte der Welt Werk der Liebe und brüderlicher Gemeinschaft gewesen ist? Zweifelt sie daran, daß Not zwar Eisen bricht, Glaube aber Berge versetzt?

Mag sie es ahnen, doch gleicht sie darin dem armen Satan, daß sie in den Höhen machtlos ist. Sie hat sich verpflichtet, den Menschen mit tausendfach vermehrter Sippe zu nähren, zu unterhalten und zu bereichern, und hält diesen Pakt. Ihre Mittel sind kunstvoll und erfinderisch, aber gemein, denn aus gemeiner Not entstammt sie; den edleren Menschen drückt sie hinab, den niedern zieht sie empor; bis zu ihrer eigenen Höhe, nicht höher. Nun kennt sie ihr Knechtsgefolge; den Glauben hat sie vernichtet, zum guten Willen hat sie wenig Vertrauen, mit Angst und Plage kommt sie zurecht. Wo Wetteifer nicht ausreicht, erzwingt es die Konkurrenz, wo Bruderhilfe erlahmt, erzwingt es der Kampf, wo Volksgemeinschaft ermangelt, erzwingt es Klassenschichtung. Und abermals in allen diesen Mitteln herrscht der uralte Trieb des Neides, des Hasses, der Angst und Begierde, unter dessen Aspekt die Mechanisierung erzeugt ward.

Auch daran erinnert sie sich ihres Ursprungs, daß sie die Menschen verfolgt, die nicht nach ihrem Bilde geschaffen sind. Der freie Mensch der Phantasie, der Träumer des Göttlichen, der hingegebene Freund der Dinge und Geschöpfe, der Liebende, der für den kommenden Tag nicht sorgt und das Fürchten nicht lernt, ist ihr ein träger und verträumter Knecht. Noch über ein kurzes duldet sie ihn hinterm Pflug, in der Front, auf fremden Meeren, dann denkt sie sein Werkzeug durch Maschinen, ihn selbst durch Schlauere zu ersetzen. Des Menschenfreundes, der glaubt, daß die Seele nach dem Worte der alten Schrift ans Blut gebunden ist, bemächtigt sich Verzweiflung, denn das beste Blut entströmt unwiederbringlich. Wer aber glaubt, daß der Geist das Blut beherrscht, daß aus Steinen Abrahams und Deukalions Same erweckt werden kann, der wird dies verrinnende Blut als die Opfergabe preisen, die dem Geist Befreiung aus mechanistischen Banden verbürgt.

Wir wissen, daß alle Güter dieser Erde nichts sind als amorpher Rohstoff, weder gut noch böse, weder wert noch unwert, solange sie nicht zu zweiter Natur wiedergeboren sind. Die Güte, die aus Gewöhnung und freundlicher Anlage kommt, nicht wiedergeboren aus Stärke des Herzens, ist keine Güte; Natur, durch kein vergeistetes Auge neu erzeugt, ist nicht Natur; das Meisterwerk gewinnt seine Freiheit, indem es durch Kunst zur Natur wiedergeboren wird; der Mensch selbst, ungeläutert durch Fall, Bewußtheit und Aufstieg, bleibt im Seelenhaften ungeboren. Die Wiedergeburt durch Bewußtheit und freien Willen zur Pflicht und zum Liebeswerk war dem mechanistischen Wesen noch nicht beschieden; noch ist es ungebrochenes Natur- und Kriegswerk, in gleichem Stande wie Selbstverteidigung vor Anbruch des Gesetzes oder Ernährung ohne Erkenntnis des Eigentums. Und doch ist die Mechanisierung sittlicher Durchgeistigung fähig; ihr höchster und edelster Teil, der Staat, hat durch vorzeitliche Weihen sie erfahren und könnte ohne diese Verklärung seiner Sendung nicht bestehen. Freilich fließen die tausendfachen Attribute des Staates aus ehrwürdigeren Quellen; Heimatliebe, Stammesgenossenschaft, nationale Gemeinschaft des Kulturbesitzes und Erlebens, religiös-theokratische Verschwisterung des Empfindens haben sein Reich ins Übernatürliche gesteigert. Doch es entscheidet nicht die Herkunft, sondern die immanente Notwendigkeit des Wesens; es entscheidet das Bewußtsein, daß die geheiligte Institution höher steht als die Notdurft des einzelnen, die Ahnung, daß der Mensch nicht um eines irdischen Glückes willen geschaffen ist, sondern in göttlicher Sendung, der Glaube, daß die menschliche Gemeinschaft nicht eine Zweckvereinigung bedeutet, sondern eine Heimat der Seele. Dieses unausgesprochene Bewußtsein, das auch der unvollkommensten Staatsform noch einen Schimmer von Göttlichkeit verleiht, muß dereinst erwachen für jede Form und Handlung materiellen Lebens und muß selbst die Mechanisierung ergreifen und durchdringen. Stets war das Wirken in Wissenschaft und Kunst, in Heer und Staat sich bewußt, daß kein Werk verantwortungslos für sich allein steht, daß jedes sich selbst und der Welt Rechenschaft schuldet, daß eine Kette der Pflicht und Notwendigkeit alles Schaffen verbindet, daß Losgelöstheit und Willkür die Schmach des Eigennutzes und der sinnlichen Knechtschaft an der Stirn trägt. Das Bewußtsein muß aber erwachen, daß in gleichem Maße alles materielle Handeln und alles, was ihm dient, ein Bauen am irdischen und überirdischen Leibe der Menschheit bedeutet, darin jeder Schritt und Handstreich, jeder Gedanke und Laut Kerne und Zellen formt, daß eine göttliche Verantwortung und Dankbarkeit eines jeden Sache zu jedermanns Sache und jedermanns Sache zur Sache eines jeden macht, daß es kein Unglück und Verbrechen gibt, für das wir nicht alle Rechenschaft schulden, daß kein Recht, keine Pflicht, kein Glück und keine Macht abseits vom Schicksal aller erworben und vertreten werden kann. Ist einstmals auch die Mechanisierung von dieser Erkenntnis durchgeistet, so ist sie nicht länger ein empirischer Gleichgewichtszustand; dann wächst sie empor und hinein als wahrhafter Organismus in das Gesamtorganon des Schöpfungskreises, auf daß nun in seinen Adern ungehemmt vom Herzen zum Herzen der Gottheit die Kräfte strömen und das planetare Leben zum Bilde organischer Theokratie sich vollendet.

Überblicken wir getrost den Umfang der mechanistischen Erscheinung! Die technisch dienende Verrichtung: Das wuchernde Geschlecht zu nähren und zu erhalten, wird von der mechanisierten Ordnung zulänglich geleistet. Zu den Kräften der Natur, zum Bereiche sinnlicher Erkenntnis ist ein bedeutendes Verhältnis geschaffen. Im nützlichen Denken, im Sammeln und Verteilen der Kräfte, in der Beweglichkeit der Massen und der Geister ist Ungeahntes erreicht. Das Übel der Mechanisierung beginnt, wo die ungebrochene, undurchgeistete Kraft sich des innern Lebens bemächtigt, wo die gewaltig entfesselte Bewegung verantwortungslos aus der dienenden Bindung sich befreit, um den Menschen und sein Geschlecht, den Herrn des Getriebes, zum Knecht seines eigenen Werkes zu erniedern. Hier quillt Unfreiheit, sinnloses Mühen, Feindschaft, Not und geistiges Sterben.

Doch dem Menschen ist es gegeben, sich zu besinnen und mit dem Lichte seiner übersinnlichen Ahnung die Wirrnis zu durchleuchten. Die Mechanisierung als materielle Ordnung wird er nicht preisgeben, solange nicht neue Ereignisse und Einsichten ihn gelehrt haben, den Naturkräften anders als durch organisierte Arbeit und Forschung entgegenzutreten. Die Mechanisierung als geistige Herrscherin des Daseins wird er bekämpfen und kann er vernichten, sobald er die Praxis vom Zweck zum Mittel mäßigt, sobald er des Notzwangs und Blutlohns nicht mehr bedarf, sobald er vorzieht, aus freiem Willen zu leisten, was heute der Zwang ihm erpreßt, und den ärmlichsten Teil seines unedlen Sonderglücks um Menschheitssegen einzutauschen.

Daß es nur eines Umsteuerns des Geistes bedarf, nicht des Maschinellen, begreifen wir aus innerster Tiefe, sobald wir nochmals die Mechanisierung als Erscheinung verlassen und sie als Geistesevolution von innen ergreifen. Hier erscheint sie uns als die gewaltige Steigerung des Erdengeschöpfes zum Intellekt, der in der beispiellosen Zahl seiner Träger, in der Schärfe und Nachhaltigkeit, Zielrichtung, Verzweigung und Sammlung seiner Organe ein ungeheures Maß niedersten Geistes in Bewegung hält. Dieses Maß reicht aus, um dem blinden Willen der Natur ein Gleichgewicht zu bieten; und die erste dankbare Regung der beschenkten Welt ist das kindliche Vertrauen, sie dürfe den überschwenglichen Kräften des Intellekts ihr Glück und ihre Freiheit anheimstellen. Hier beginnt Irrtum und Not und mit ihr die Heilung. Endlich hat die Steigerung des Denkens die kritische Einsicht gereift, daß Intellekt zum Ordnen der Begriffe taugt, nicht zum Erkennen; indem nun diese Einsicht sich zum Begreifen erhebt, die höchste Pflicht der unteren Geisteskräfte sei Selbstbeschränkung, Selbstaufhebung, Verzicht auf alles Richten und Lenken: so ist alsbald der Boden für die reine Saat bereitet, die lebend von Anbeginn im Dunkel des Menschenherzens schlummert. Es ist Zeit zum Anbruch der Seele! Daß wir heute ihr Bild zu ahnen, ihren Mächten uns hinzugeben vermögen, verdanken wir der Not der intellektualen Weltepoche. Sie welkt, nachdem sie diese Frucht getragen; nicht in dem Sinne zwar, als solle die Menschheit künftig auf ihr Recht zu denken und zu formen verzichten: sie wird es pflegen und stärken, doch stets in dem Bewußtsein, daß es niedere Kräfte, zum Dienst geborene sind, deren sie in höherer Verantwortung und Sendung waltet. Berühren aber die ersten Strahlen der Seele die intellektuale Welt und ihre Verwirklichungsform, die mechanistische Ordnung, so ist es nicht entscheidend, welche der Starrnisse zuerst dahinschmelzen; denn nicht der Zusammenhang sekundärer Ereignisse, sondern die Sonnennähe transzendenter Ahnung führt den Frühling über die Welt. In diesem bescheidenen Sinne ist der aufbauende Teil der Erörterung zu verstehen: Nicht ein vollkommenes Verzeichnis irdischer Handlungen in zeitlicher Reihenfolge ist ihr letztes Ziel, sondern die Aufweisung pragmatischer Verwirklichungsformen des Gedankens: daß Seelenrichtung des Lebens und Durchgeistung der mechanistischen Ordnung das blinde Spiel der Kräfte zum vollbewußten, freien und menschenwürdigen Kosmos gestalten.

Noch schwebt unentschleiert und unbenannt die Aufgabe über unserm Haupt. Den Weltzustand, der uns umgibt, haben wir ermessen; die Richtung, die zur Freiheit führt, wurde erkennbar, das Gestirn, dem wir folgen, weist den Weg zur Seele. Nun liegt uns ob, die pragmatische Form zu gestalten, die den überstrebenden Gedanken irdisch umfaßt und unsrer Epoche greifbar vermittelt; die metaphysische Aufgabe soll uns ihr physisches Abbild enthüllen.

Noch einmal muß zuvor ein Wort über materielle Einrichtungen und Entwürfe schlechthin gesagt werden.

1. Welchen Gewinn des innern Lebens dürfen wir von Lebensbedingungen und Lebensformen und ihrer Änderung überhaupt verlangen? Die materialistische Auffassung antwortet: jeden. Der Mensch verdanke alles seinen Zuständen und Umständen; Blut, Luft und Erde, Lage und Besitz umschrieben ihn so vollkommen, daß jedem Wechsel der äußern Bedingungen eine gleichwertige Änderung des innern Bestandes entsprechen müsse. Zum stärksten Rüstzeug des Materialismus gehört dieser verführerische Irrgedanke: denn die Geschichte scheint ihn allenthalben zu bestätigen. Haben nicht die Veränderungen der Erdkruste die Evolution der Geschöpfe erzwungen? Folgen die Strömungen und Wanderungen der Menschenvölker nicht physischen Gesetzen? Ist nicht Wesen und Schicksal der Nationen aus Stammesart, Land und Umwelt bestimmbar? Ist nicht der Einzelmensch selbst Geschöpf seiner Vorfahren und seines Lebenskreises? Unbestreitbar: die Zentren der höchsten Kulturen fielen stets zusammen mit den Zentren der Macht, der Volksdichte, des Reichtums; Einsamkeit, Armut, Not, die heiligen Quellen geistlicher Erhebung haben niemals einem Volke Kunst und Gedanken beschert. Seevölker werden klug, so heißt es; Hellas, Rom, Venedig, Holland, England verdanken ihre Macht dem Meere; Deutschland wurde stark durch sein Blut, Frankreich durch seinen Boden, Amerika durch seine Lage. Alles dies scheint wahr.

Verfolgen wir die Lehre mit ihren eigenen Mitteln, so verliert sie bald genug ihre Zuversicht. Welche Kraft war es denn, die bei allen Erdumwälzungen die Geschöpfe emportrieb? Der Wille zum Leben? Er allein konnte nicht Flossen schaffen noch Flügel wachsen lassen, nicht reden und nicht denken lehren. War es das Blut? Das kam ja erst durch jenen geheimnisvollen Willen zu seiner Adelung; auch der Urahn des Ariers war ein düsteres Geschöpf, weit tiefer stehend als Mongole und Neger. War es der Boden? Nun, es stand jedem frei, diesen Boden zu besetzen; der Stärkste und Erleuchtetste hat ihn genommen. Also doch wieder Stärke und Blut? Dann mag ein Zufall diese Vorzüge gebildet haben.

Genug dieser Argumente. Sie setzen voraus, was sie zu beweisen haben, daß Leib das erste, Geist das zweite ist, daß Materie Geist formt. Glauben wir, daß wir Geschöpfe des Fleisches sind, so mag wer will das Leben versüßen und beschmeicheln; dann ist das Ringen um Gott und unsre Seele eitel, und es haben die das Wort, die um des Nützlichen und des Nutzens willen da sind. Glauben wir aber, daß der Geist sich seinen Körper formt, daß der Wille nach oben die Welt emporträgt, daß der Funke der Gottheit in uns lebt: dann ist der Mensch sein eigenes Werk, dann ist sein Schicksal sein eigenes Werk, dann ist seine Welt sein eigenes Werk. Dann ist das Seevolk nicht das von der See beschenkte, sondern das Volk, das die See wollte; dann ist das Volk der Bodenschätze nicht ein glücklicher Finder, sondern ein Eroberer; dann ist das Volk, das zur kulturtragenden Dichte gelangt, nicht eine heckende Horde, sondern ein Stamm, der Nachkommen will und ihnen ein Land bereitet; dann ist das edle Blut nicht ein Spiel der Natur, sondern ein Werk der Selbstzucht strebenden Geistes.

Darum darf dennoch nicht die Gegenfrage gestellt werden: Warum sollen wir Formen und Güter des Lebens achten und pflegen, wenn nicht sie, sondern Stille und Betrachtung das Höchste schaffen? Das irdische Leben bedeutet die Formation und Waffe, die dem Geiste verliehen ist, darin er um sein Recht, Dasein und Künftiges kämpfen soll; ist er tauglich zum unsichtbaren Kampf, so soll er auch zum sichtbaren Kampf tauglich sein. Das edle Geschöpf schafft sich Schönheit, das gesunde schafft sich Glück, das starke Macht; nicht um dieser Güter selbst willen, sondern als irdisches Kleid seines geistigen Daseins; nicht strebend und gierend, sondern selbstlos und selbstverständlich. Und wie der Träger die Waffe beherrscht, so wirkt die Waffe zurück auf den Träger; das Volk, das die Kraft hatte, schön zu werden, findet in seiner Schönheit einen neuen Ansporn zum innern Adel. Freilich steht dem Armen und Verachteten die Pforte des Seelenreiches doppelt offen; aber sein Wille, sie zu suchen, wird beflügelt, wenn ein edles Volk von seiner Kraft und Sehnsucht ihm mitteilt. Unter Reichen freiwillig arm zu sein ist schön und trägt evangelischen Sinn; im Bettlervolk ein Bettler bildet keinen Kontrast und kein spezifisch sittliches Verdienst. Der Einzelmensch ist Endzweck; in ihm endet die Reihe der sichtbaren Schöpfung und beginnt die Reihe der Seele; ist in ihm die Seelenkraft erwacht, so bedarf er nicht mehr der irdischen Vorzüge und Vorteile; Armut, Krankheit, Einsamkeit müssen ihm dienen und ihn segnen; das Volk aber ist seine Mutter, die ihn im Erdendasein überlebt, sie braucht Schönheit, Gesundheit und Kraft zum ewigen Werke des Gebärens. Hier löst sich der Widerspruch: Was heißt es, nichts für sich begehren und dennoch für den Nächsten sorgen, der doch auch seinerseits nichts begehren sollte? Der Nächste und der Fernste sind unser aller Mutter und Brüder zugleich; damit sie leben und zeugen, ist unser Einzelleben ein geringer Preis. Deshalb ist es nicht unwürdig noch materiell befangen, der Gemeinschaft die Güter und Kräfte zu ersehnen und zu schenken, die man für sich selbst nicht achten soll.

2. Die zweite Vorfrage lautet: Wie sind pragmatische, der Menschheitslage gewidmete Entwürfe zu rechtfertigen; welche Beweiskraft liegt ihnen bei, welche Beweislast liegt ihnen ob?

Es wurde erwähnt, auf das Recht, Ziele zu finden, hat die Wissenschaft verzichten müssen. Für alles schöpferische Denken aber ist das Ziel entscheidend, nicht der Weg, die Frage schwerer als die Antwort. Und wiederum ist es leichter, sie zu finden, als sie zu suchen. Denn hier versagt die intellektuale Kraft; die vermag eine Reihe von Beschwerden und Unzuträglichkeiten des Bestehenden zu sammeln und zu sagen: dies sollte nicht sein – (obwohl sie Prüfung und Übel, segensreiche und schädliche Not nicht zu unterscheiden vermag) –, doch niemals kann sie bestimmen: dies ist als höchstes Gut der Menschheit beschieden und erreichbar, dies sollen wir erstreben, müssen wir erringen. Denn all unser Wille, soweit er nicht animalisch ist, entspringt den Quellen der Seele. Jedem schrankenlosen Verehrer des intellektualen Denkens sei es von früh bis spät wiederholt: Der größere und edlere Teil des Lebens besteht aus Wollen. Alles Wollen aber ist unbeweisbares Lieben und Vorlieben; es ist seelisches Teil, und neben ihm steht der zählende, messende und wägende Intellekt abseitig und selbstbewußt als Theaterkassierer am Eingang zur Bühne der Welt.

Was wir schaffen, geschieht aus tiefstem, wissenlosem Drang, was wir lieben, ersehnen wir mit göttlicher Kraft, was wir sorgen, gehört der unbekannten künftigen Welt, was wir glauben, lebt im Reiche des Unendlichen. Nichts davon ist beweisbar, und dennoch ist nichts gewisser; nichts davon ist greifbar, und dennoch geschieht jeder wahre Schritt unsres Lebens im Namen dieses Unaussprechbaren. Was tun wir vom frühen Morgen bis zum späten Abend? Wir leben für das, was wir wollen; und was wollen wir? Das, was wir nicht kennen und nicht wissen und dennoch unverbrüchlich glauben.

Dieser Glauben aber hat eine stärkere Evidenz als die des intellektualen Beweises. Was Plato, Christus und Paulus beweislos sprachen, kann jeder Rabulist widerlegen, und dennoch stirbt es nicht; und jedes dieser Worte hat ein wahrhafteres Leben und mehr Glauben entzündet als irgendeine physikalische, historische oder soziale Theorie. Fragen wir, was im strengsten Sinne beweisbar sei, so hält selbst die euklidische Geometrie nicht stand; wenn dennoch die Welt von tiefster Wahrheitsempfindung immer wieder durchdrungen wird: Was ist das Merkmal der lebendigen Wahrheit?
Es ist die Kraft, mit der sie an die Herzen schlägt. Jedes echte Wort hat klingende Kraft, und jeder Gedanke, der nicht in den Labyrinthen des dialektischen Verstandes, sondern im blutwarmen Schoße der Empfindung geboren ist, zeugt Leben und Glauben. Deshalb ist alles Beweisen nur ein Überreden, gutgläubige Täuschung. Glaubt ein Mensch sich berufen, Wahrheit zu zeugen, nicht weil er sie denkt, sondern weil er sie schaut und erlebt, weil die Welt, die er im Geiste fühlt, ihm wirklicher ist als die er mit Augen sieht, so mag er reden. Ist er ein Verblendeter, so wird er mit seinem Staube den Weg dessen ebnen, der nach ihm und aus der Wahrheit kommt. Ist ihm aber auch nur ein einziges Wort verliehen, das Leben trägt, so wird es, nackt und unbewehrt in die Welt gestreut, zur Saat der Herzen.
Das gilt vom Ziele. Versucht einer aber, nicht bloß das Ziel zu sichten, sondern auch dem irdischem Schritt den Pfad zu weisen, so ist es abermals auf dieser tieferen Ebene der Pragmatik nicht Überredung und Beweis, was ihm den Gang, den andern die Folge erhellt. Nie hat ein Führer oder Vorläufer vermocht, die lückenlose Beweiskette seiner Pläne auszubreiten, und hätte er's, so wäre das simple Thersiteswort: »Es geht nicht« unübersteiglich ihm entgegengeschleudert worden. Das einzige, was in der Welt nachwirkt, wenn der Sturm der Gegenreden verrauscht, ist die Forderung an das Gewissen. Sie redet leise, und sie wiederholt in der Stille der Nacht, was der Lärm des Tages übertäubt; sie spricht nicht in eines Menschen Namen, sondern im Namen des Lebendigen. Und indem sie immer den gleichen einfachen Weg bezeichnet, läßt sie offenbar werden, daß nicht ein erkünsteltes Projekt, sondern ein erschautes Müssen und Mögen uns bevorsteht. Deshalb kann auch das pragmatisch Geplante uns überzeugen, ohne zu beschwatzen; darin gleicht sich der gesunde Vorschlag des Ge-

schäftsmannes und der Schlachtruf des Propheten, daß ein zwingend Notwendiges fühlbar wird, das im Geist nachklingt und tönend anwächst. Auch hier gilt kein Beweis; sondern Intuition erzwingt Einfühlung, Geschautes wird greifbar. Fehlt einer Darlegung diese kindliche Kraft, so bleibt sie gelehrtes Gedankenspiel und Ästhetenfreude, gepanzert, wie sie sei, mit Anmerkungen, Nachweisen und Tabellen. So bürgt für das Ziel das Herz, das Gewissen für den Weg; und diese strenge Mahnung mag den Schreiber aufrichten, wenn er die Schwäche des Wortes erkennt; ihn demütig machen, wenn er sich von Lieblingsgedanken fortreißen läßt. Der Leser aber sei auf der Hut vor dem Gedanken, der sich Beweiskraft anmaßt, er richte nach dem, was in seinem Innern anklingt, mit Strenge, aber in Wahrheit.

3. Und endlich: Wenn unser Leben im höchsten Sinne den äußern Bedingungen enthoben ist, wenn Einrichtungen niemals Gesinnungen schaffen können, wenn alles äußere Dasein nur die Muschelschale, den Maskenausdruck des seelischen Erlebens bedeutet; bleibt es würdig und angemessen, dem künftigen Gang des Gleichnisses vorzuspüren, statt gläubig dem Wege des Geistes zu folgen, in der Gewißheit, daß er auch dem Körperschritt Bahn läßt?

Wir sind in dieses leibliche Dasein gestellt als in ein Gleichnis, um es zu begreifen; als in einen Preiskampf, um ihn zu bewältigen. Was wir dem Geiste abringen, wird Wirklichkeit des Lebens, versteinert zur Stufe für neuen Aufstieg. So lange nur, als er Handwerker bleibt und Meister des Werkzeuges wird der Künstler das Erlebnis seines Herzens unverdorben und unverfälscht aus seinem Innern lösen; Stoff und Werkzeug des Denkenden aber ist die Welt, und der Gedanke gewinnt die volle Kraft seiner Wahrheit erst dann, wenn die Welt, an ihm gemessen, organisch und möglich bleibt. Wer es jemals versucht hat, Gedanken, die der freien Region der Überzeugung entstammen, im Boden der Wirklichkeit zu verankern, wer die harte, stets unbelohnte Mühe dieser der Menge unvorstellbaren Arbeit kennt, der verliert den Respekt vor symmetrisch gerundeten Theoremen und schönen Denkfehlern, die aus Unterschätzung sinnlicher Erscheinung sprießen. Das Evangelium wäre sterblich, wenn es als abstraktes Gesetz auf Pergament stände, und kehrte sein Verkünder wieder, so würde er nicht wie ein studierter Pastor in antiquarischer Sprache mit syrischen Gleichnissen reden, sondern von Politik und Sozialismus, von

Industrie und Wirtschaft, von Forschung und Technik; freilich nicht als ein Reporter, dem diese Dinge an sich erfüllt und stupend sind, sondern den Blick auf das Gesetz der Sterne gerichtet, dem unsre Herzen gehorchen.

Nochmals sei nach diesen Einwendungen aufs kürzeste die Frage ausgesprochen: Wie setzt sich die transzendente Aufgabe in die pragmatische um? Die transzendente Aufgabe lautet: Wachstum der Seele; wie lautet die pragmatische?

Sicherlich lautet sie nicht: Steigerung des Wohlstandes. Selbstverständliche und leicht erfüllbare Menschenpflicht ist die Beseitigung aller Not und drückenden Armut; die Kosten eines Rüstungsjahres würden ausreichen, um die Blutschuld der Gesellschaft zu tilgen, die heute noch den Hunger und seine Sünden in ihrem Schoße duldet. Doch diese Aufgabe ist so einfach, so mechanisch, trotz ihrer herzzerreißenden Dringlichkeit so trivial, daß sie eher der polizeilichen als der ethischen Vorsicht zugeschrieben werden sollte. Was darüber hinausgeht, bleibt im letzten Sinne gleichgültig. Noch immer zeugt und trägt die Erde so viel, daß der Gesamtheit Nahrung, Kleidung, Werkzeug und Muße zur Genüge erwächst, sofern sie nur im rechten Maße schaffen, verbrauchen und genießen will. Mag Reichtum als Voraussetzung gehobener Lebensform gelten und bleiben: eine Gemeinschaft von Millionen schaffender Menschen ist in sich unendlich reicher als die berühmten Kleinstädte des Altertums und der Mittelzeit; ein Bahnhof verschlingt hundertfach die Arbeitsleistung des Parthenon; und bleibt der Geist edleren Lebens wach, so findet er Stoff und Werkzeug zur Verkörperung.

So wenig wie Wohlstand ist Gleichheit die äußere Forderung unsrer Seelen. Welcher irregeleitete Gerechtigkeitssinn konnte je auf die Forderung der Gleichheit verfallen? Wie wenig wissen wir vom tiefsten Innern unsres Nächsten: Worte sind vereinbarte Botschaften über unverglichene Dinge; wir beide nennen Rot, was bekannte Reihen von Gegenständen als Farbe ausstrahlen, und wissen doch nicht, ob die Rotempfindung des einen nicht gar der Grünempfindung des andern entspricht. Mut, dem einen das angeborene ahnungslose Gefühl der Unbedachtsamkeit, dem andern die furchtbarste Entscheidung des Seelenkampfes zwischen zwei Gefahren; Tugendreinheit, dem einen versuchungsfreie Gewohnheit glückererbten Lebens, dem andern frühverlorenes, traumersehntes Kleinod; Glück, dem einen ein göttlicher Strom aus jeder Offenbarung der Natur, dem andern ein künstliches, nie vollendetes Gebäude aus tausendfacher, nie gestillter Wunscherfüllung: diese Kontraste hat Natur hinter Menschenstirnen verborgen; sie zu mildern hat sie einem jeden den Weg gewiesen zu unendlicher Mannigfaltigkeit des Daseins, des Schaffens und Leidens, damit jeder Drang sein Gleichgewicht, jede Einseitigkeit ihre ausgleichende Umwelt finde: Was kann ungerechter in die Gnade dieses Planes eingreifen als mechanische Gerechtigkeit? So, wie die Ungleichheit zweier Höhen sich dem Auge verschärft durch die Wahl gleicher Basis, so muß die Ungleichheit der Geschöpfe bis zur Karikatur hervortreten bei gewaltsamer Ausgleichung der Lebensbedingungen. Wir finden uns damit ab, daß Mechanismen des Lebens, die der radikalen Ordnung dienen: Strafrecht und Polizei, Verkehr und Handelsrechte zur Gleichheit streben, die den Schlechteren gegen den Besseren schützt; was darüber hinauslangt, ist unbedachter Drang eines verirrten Gerechtigkeitsgefühls, das nicht der Verantwortung, sondern dem Neide entspringt.

Niemals kann Gleichheit die irdische Forderung unsres seelischen Lebens verwirklichen. Kann es die Freiheit?

Freiheit! Nächst der Liebe der göttlichste Ton unsrer Sprache – und dennoch, wehe dem, der in unserm Lande vertrauensvoll und begeistert ihn ohne Umschweif vernehmen läßt. Auf ihn stürzen sich Schulmeister und Polizisten, gewappnet mit allen Distinktionen der Philosophen und allen Vorurteilen des Sicherheitsstaates, und beweisen ihm, daß die höchste Freiheit nur in der höchsten Unfreiheit liege, so daß als Freiheitskampf allenfalls ein Landeskrieg bezeichnet werden dürfe.

Wer wird Freiheit mit Zügellosigkeit verwechseln? Wer jedoch mir zumutet, daß schließlich auch mein Wille unfrei sei, daß die Autorität und Partei, der ich mich anschließe, rückwirkend meine Freiheit begrenzt, daß der Gegner, den ich bekämpfe, mich einschränkt, daß der menschliche Gleichgewichtszustand Beengung verlangt, der treibt Spitzfindigkeit mit halben Wahrheiten und drischt leeres Stroh.

Ein Baum wächst in Freiheit. Das bedeutet nicht, daß er sich auf und davon machen oder in den Himmel wachsen kann; daran hindert ihn die Begrenzung seiner Natur. Es bedeutet auch nicht, daß eine Zelle seines Stammes in die Krone wandern, daß ein Blatt sich in eine Blüte verwandeln, ein Ast über alle übrigen hinauswachsen darf; das verbietet das innere organische Gesetz. Dies Gesetz herrscht in Freiheit und durch Beschränkung. Es gebietet, daß der Stamm trage und nähre, daß die Blätter atmen und die Wurzeln saugen, daß das Sonnenjahr mit Keim und Blüte begrüßt, mit Frucht gesegnet und mit Einkehr beschlossen werde.

Nun wird der Baum ummauert. Wurzeln und Zweige sind an der Entfaltung gehemmt, Wind und Sonne abgewiesen; das verkümmerte einseitige Wachstum steht unter verändertem Gesetz; so alt es sein mag, es ist nicht das eigene, es ist nicht Ausdruck innerer organischer Notwendigkeit, nicht mehr gewollte Selbstbeschränkung, sondern äußeres, gewaltsames Schicksal; an die Stelle der Freiheit tritt der Zwang. Mag es schwer sein, Freiheit zu umschreiben; ihr Gegensatz, der Zwang, ist leicht zu erkennen. Er ist für jeden Organismus, Mensch, Volk oder Staat dasjenige innere oder äußere Gesetz der Hemmung, das nicht von innerer Notwendigkeit des eigenen oder des umfassenden Wesens verhängt ist. Kriterium für Zwang und Freiheit ist somit die Notwendigkeit; gefordert wird von den Befürwortern gottgewollter Abhängigkeiten der Nachweis, daß diese Notwendigkeit in Wahrheit und in solchem Maße besteht, daß die Aufhebung der Hemmung zum Zusammenbruch oder zur Verkümmerung des Organismus führt. Verwegene Überhebung ist es, in der Abhängigkeit an sich den Selbstzweck zu erblicken; dieser Gedanke führt zur Sklaverei; nur die organische Notwendigkeit erträgt den Namen des Gotteswillens.

Liegt die Ursache der Beschränkung und Abhängigkeit nicht in der Lebensnotwendigkeit des eigenen oder umfassenden Organismus, sondern im Willen und der Gewalt eines fremden Organismus, so ergibt sich der Stand der Knechtschaft.

Knechtschaft und Sklaverei laufen dem Sinne des Christentums nicht zuwider. Sie sind Schickungen, die das äußere Leben behindern, die Entfaltung der Seelenkräfte, das Nahen des Gottesreiches nicht ausschließen. Epiktets Herzensgewalt wuchs in der Knechtschaft, die Blüte des christlichen Mittelalters entsproß dem Kloster. Doch unsre Frage ist anders gestellt; wir wollen nicht wissen, wie der einzelne durch die Gnade innerer Freiheit ein unabänderliches Schicksal überwindet; wir wollen die gerechte Form des Lebens finden, die den Seelenweg der Menschheit öffnet. Dieser Weg aber verlangt organische Entfaltung, Selbstbestimmung und Selbstverantwortung; er kann nicht der Weg des Zwanges sein noch der vorbestimmten Abhängigkeit. Wir wissen eins: Knechtschaft ist der Gegenpol der seelischen Forderung. Keinen ihrer Ruhmestitel schlägt unsre Zeit höher an als die Überwindung der Sklaverei. Leibeigen ist niemand; Untertan heißt der Mensch nur noch in anmaßenden Erlassen; er selbst nennt sich Staatsbürger, genießt ungezählte persönliche und politische Rechte, gehorcht niemand als der Staatsgewalt, bündelt, wählt und verwaltet. Er verdingt sich nicht, sondern schließt Arbeitsverträge, er ist nicht Knecht und Geselle, sondern Personal, Arbeitnehmer und Angestellter; er hat keinen Brotherrn, sondern einen Arbeitgeber, und der darf ihn nicht schelten noch strafen. Er kann kündigen und seiner Wege gehen, er darf feiern und wandern, er ist, wie er sagt, ein freier Mann. Und doch seltsam! Gehört er nicht zu den wenigen, die man gebildet und vermögend nennt, so sitzt er nach wenigen Tagen in den Räumen eines andern Arbeitgebers, bei der gleichen achtstündigen Arbeit, unter der gleichen Aufsicht, mit gleichem Lohn und mit gleichen Genüssen, mit gleicher Freiheit und mit gleichen Rechten. Niemand zwingt ihn, niemand tritt ihm in den Weg, und dennoch verläuft sein frühalterndes Leben ohne Muße und ohne Sammlung. Die mechanische Welt tritt ihm entgegen als ein verworrenes Rätsel, das eine Parteizeitung einfarbig beleuchtet; die höhere Welt erscheint im Ausschnitt einer billigen Predigt und eines populären Abrisses; der Mensch erscheint als Feind, wenn er dem fremden, als wortkarger Genosse, wenn er dem eigenen Kreise angehört, der Arbeitgeber als Ausbeuter, der Arbeitsraum als Knochenmühle.

Die Bürgerrechte bestehen, vor allem das Wahlrecht in beiderlei Form. Doch wiederum seltsam! Im behördlichen Leben bleibt der Mensch stets Objekt; Subjekt sind die andern, gleichviel ob sie als militärische Vorgesetzte ihn duzen, als Richter aburteilen, als Polizei und Beamte ihn behandeln, ausfragen, verwalten. Er mag sich verbünden und organisieren, versammeln und demonstrieren, er bleibt der Regierte und Gehorchende, auf den goldnen Stühlen sitzen die gleichen, die in breiten Straßen unter Bäumen wohnen, in Wagen fahren und sich grüßen; sie tragen die Verantwortungen, die Würden und die Macht.

Doch das bürgerliche Leben ist frei. Hier herrscht der Wettbewerb, der Starke und Kluge mag wagen und gewinnen, hier beschränken ihn nur notdürftige Gesetze und Regeln; dieser Kampfplatz steht allen offen. Und abermals: der Eintritt gelingt nicht. Der Kreis ist heimlich geschlossen, sein Bundesmerkmal ist Geld. Wer hat, dem wird gegeben; was einer besitzt, das vermehrt sich, doch zunächst muß er besitzen. Er besitzt, was seinen Vorfahren gehörte, was sie ihm als Erziehung und Kapital hinterließen. In reichen, unerschlossenen Ländern mag es gelingen, daß der ersparte Pfennig sich mehrt; je älter und unergiebiger das Land, desto teurer der Einkauf in den werbenden Stand.

So erheben sich gläserne Mauern von allen Seiten, durchsichtig und unübersteiglich, und jenseits liegen Freiheit, Selbstbestimmung, Wohlstand und Macht. Die Schlüssel des verbotenen Landes aber heißen Bildung und Vermögen, und beide sind erblich.

Deshalb schwindet die letzte Hoffnung des Ausgeschlossenen: seinen Kindern möchte beschieden sein, was ihm selbst versagt war; er scheidet aus der Welt mit der Erkenntnis, daß seine Arbeit nicht ihm, nicht seinen Nachkommen, sondern andern und ihren Nachkommen diente, daß auch ihr Schicksal erblich, vorbestimmt und unentrinnbar sei.

Was bedeutet das? Das bedeutet nicht die alte Knechtschaft, die persönlich war, und indem sie die Schicksale zweier Menschen oder zweier Familien, widernatürlich zwar, doch unter einem Dach verband, die letzte menschliche Gemeinschaft und Anteilnahme aufrechthielt. Dieses Verhältnis bedeutet unter dem Scheine der Freiheit und Selbstbestimmung eine anonyme Hörigkeit, nicht von Mensch zu Mensch, sondern von Volk zu Volk, unter beliebigem Austausch der Beziehung, jedoch unter dem unverbrüchlichen Gesetz der einseitigen Herrschaft. Dieses erbliche Diensttum besteht in allen Ländern des alten Zivilisationskreises, es besteht unter Bevölkerungsklassen gleichen Stammes, gleicher Sprache, gleichen Glaubens und gleicher Sitte und nennt sich Proletariat.

Mit der Forderung der seelischen Freiheit und des seelischen Aufstiegs verträgt es sich nicht, daß die eine Hälfte der Menschheit die andre, von der Gottheit mit gleichem Antlitz und gleichen Gaben ausgestattete, zum ewigen Dienstgebrauch sich zähme. Man wende nicht ein, daß beide Hälften nicht sich, sondern der Gemeinschaft leben und schaffen; denn die obere Hälfte wirkt unter freier Selbstbestimmung und unmittelbar, die untere wirkt, indem sie ohne Blick auf ein sichtbares Ziel mittelbar und im Zwange der oberen dient. Niemals sieht man einen Zugehörigen der oberen Schicht freiwillig niedersteigen; der Aufstieg der unteren aber wird durch Vorenthalt der Bildung und des Vermögens so vollkommen verhindert, daß nur wenige Freie in ihrem Kreise einen Menschen erblicken, der selbst oder dessen Vater den untersten Ständen angehört hat.

Trägheit und Vorteil sind starke Kräfte, wenn sie dahin wirken, sich mit dem Gegebenen abzufinden. Die Abschaffung der Sklaverei in Amerika, der Leibeigenschaft in Rußland hat leidenschaftliche Teilnahme erfahren, vor allem bei den Nichtgeschädigten; die Besitzer menschlicher Haustiere verteidigten ihre Einrichtung mit gleichen Gründen, wie heute Geistliche, Staatsmänner und Kapitalisten sie für die Notwendigkeit der Unfreiheit anführen: gottgewollte Abhängigkeit, Dienst, gleichviel an welcher Stelle, Demut und Selbstbescheidung; und auch hier gelten die Argumente stets für die andern.

Daß die im Rechte und Besitz Beharrenden ihre hartherzige Meinung im besten Glauben vertreten, weil ihnen das Bestehende so absolut gültig, so fest gefügt, unabänderlich und unersetzlich scheint, daß nur der allgemeine Zusammenbruch an seine Stelle treten könnte, diese urteilslose Einseitigkeit und unfreiwillige Verhärtung hat nichts so sehr verschuldet wie der Kampf und Kampfplan der sozialistischen Bewegung.

Diese Strebung trägt den Fluch ihres Vaters, der nicht ein Prophet war, sondern ein Gelehrter, der sein Vertrauen setzte nicht in das menschliche Herz, dem alles wahrhafte Weltgeschehen entspringt, sondern in die Wissenschaft. Dieser gewaltige und unglückliche Mensch irrte so weit, daß er der Wissenschaft die Fähigkeit zuschrieb, Werte zu bestimmen und Ziele zu setzen; er verachtete die Mächte der transzendenten Weltanschauung, der Begeisterung und der ewigen Gerechtigkeit.

Deshalb hat der Sozialismus niemals die Kraft gewonnen zu bauen; selbst wenn er unbewußt und ungewollt in seinen Gegnern diese produktive Kraft entzündete, verstand er die Pläne nicht und wies sie zurück. Nie hat er auf ein leuchtendes Ziel zu weisen vermocht; seine leidenschaftlichsten Reden blieben Beschwerden und Anklagen, sein

Wirken war Agitation und Polizei. An die Stelle der Weltanschauung setzte er eine Güterfrage, und selbst dies ganze traurige Mein und Dein des Kapitalproblems sollte mit geschäftlichen Mitteln der Wirtschafts- und Staatskunst gelöst werden. Mag hie und da ein unbefriedigter Denker Auswege ins Ethische, Reinmenschliche, Absolute gesucht und angedeutet haben: diese Gewalten wurden niemals als die Sonnenzentren der Bewegung verehrt, sondern allenfalls als matte Seitenlichter ästhetisch geduldet; im Mittelpunkt der Bühne saß der entgötterte Materialismus, und seine Macht war nicht Liebe, sondern Disziplin, seine Verkündung nicht Ideal, sondern Nützlichkeit.

Aus der Verneinung entsteht Partei, nicht Weltbewegung. Der Weltbewegung aber schreitet Prophetensinn und Prophetenwort voran, nicht Programmatik. Das Prophetenwort ist ein einiges, ideales Wort; mag es Gott, Glaube, Vaterland, Freiheit, Menschentum, Seele heißen: Besitz und Besitzverteilung sind ihm schattenhafte Nebendinge; selbst Leben und Tod, Menschenglück, Elend, Not, Krankheit und Krieg sind ihm nicht letzte Ziele und Gefahren.

Niemals hat Sozialismus die Herzen der Menschheit entflammt, und keine große und glückliche Tat ist jemals in seinem Namen geschehen; er hat Interesse erweckt und Furcht geschaffen; aber Interessen und Furcht beherrschen den Tag, nicht die Epoche. Im Fanatismus einer düsteren Wissenschaftlichkeit, im furchtbaren Fanatismus des Verstandes, hat er sich abgeschlossen, zur Partei geballt, im unfaßbaren Irrtum, daß irgendeine einseitig losgelöste Kraft endgültig wirken könne. Doch der Dampfhammer vernichtet nicht den Eisenblock, sondern verdichtet ihn; wer die Welt umgestalten will, darf sie nicht von außen pressen, er muß sie von innen fassen. Erschließbar ist sie durch das Wort, das in jedem Herzen, wenn auch noch so schüchtern, widerklingt und es wandeln hilft; das blinde Pochen einer Partei von Interessenten täubt und verschließt die Ohren.

Nimmt man alles in allem, in größten Zügen, die rein politische Wirkung der sozialistischen Bewegung im Laufe dreier Geschlechter: so besteht, abgesehen von geschäftlich-organisatorischen Wirksamkeiten, die Summe ihres Waltens in der mächtigsten Steigerung des reaktionären Geistes, in der Zertrümmerung des liberalen Gedankens und in der Entwertung des Freiheitsgefühls. Indem der Sozialismus die Aufgabe der Völkerbefreiung zu einer Frage um Geld und Gut machte und unter diesem Banner die Massen gewann, wurde die Idee gebrochen; aus Unabhängigkeitsdrang wurde Begehrlichkeit; mancher innerlich Gebildete wandte sich ab, das Bürgertum erzitterte, die besitzende Reaktion sah sich durch Zulauf und bequeme Maßregeln doppelt gestärkt und lächelte über den armen Teufel der Masse, der Böses wollte, Gutes schuf, der Thron und Altar festigte, indem er Republik und Kommunismus anpries. Innerlich Interessentenvereinigung, äußerlich Beamtenhierarchie, verfiel der Sozialismus, der Weltbewegung werden sollte, dem Abstieg zur Partei, dem Wahn der Zahl, der populären Einheitsformel; im Gegensatz zu jeder echten Epoche verlor er an Wirksamkeit, je stärker er wuchs.

Aus der Trägheit des Gewissens, die der Widerstand gegen traurige Nützlichkeitsparadiese, gegen Schalter- und Markenideale, gegen nüchterne Schausprüche und invektive Drohungen im Herzen Europas hinterlassen hat, aus dieser Trägheit müssen wir uns losreißen. Empfinden wir den Stachel der Würdelosigkeit, den die Knechtschaft verwandten, geliebten und göttlichen Blutes uns einprägt, so werden wir ohne Scheu eine Wegstrecke neben der Bahn des Sozialismus wandern und dennoch seine Ziele ablehnen. Wollen wir in der innern Welt das Wachstum der Seele, so wollen wir in der sichtbaren Welt die Erlösung aus erblicher Knechtschaft. Wollen wir die Befreiung der Unfreien, so bedeutet dies nicht, daß wir irgendeine Güterverteilung an sich für wesentlich, irgendeine Abstufung der Genußrechte für wünschenswert, irgendeine Nützlichkeitsformel für entscheidend halten. Es handelt sich weder darum, die Ungleichheiten des menschlichen Schicksals und Anspruchs auszugleichen, noch alle Menschen unabhängig oder wohlhabend oder gleichberechtigt oder glücklich zu machen; es handelt sich darum, an die Stelle einer blinden und unüberwindlichen Institution die Selbstbestimmung und die Selbstverantwortung zu setzen, dem Menschen die Freiheit nicht aufzuzwingen, sondern ihm den Weg zur Freiheit zu öffnen. Welche menschlichen und sittlichen Opfer dies fordert, ist gleichgültig, denn es wird nicht Nützlichkeit und Vorteil erstrebt, sondern göttliches Gesetz. Würde durch dieses Gesetz die Summe des äußern Glücks auf Erden vermindert, so verschlüge es nichts. Würde der Weg der äußern Zivilisation und Kultur verlangsamt, so wäre das nebensächlich. Wir werden ohne Leidenschaft erwägen, ob diese Nachteile eintreten; wenn es nicht geschieht, so ist das keine Anpreisung oder Ermunterung für unsern Gang. Denn der bedarf keiner Überredung und keiner Versprechung; im Sichtbaren will ihn die Würde und Gerechtigkeit unsres Daseins und die Liebe zum Menschen, im Jenseitigen will ihn das Gesetz der Seele.

Wenn von nun an diese Schrift sich eine Zeitlang mit den Dingen des Tages befaßt und dennoch nicht den tastenden, beweisenden und überredenden Schritt beibehält, den der Praktiker gewohnt ist und sachlich nennt, so sei diese Unterscheidung bemerkt: Wir haben tausendfach Schriften, die das letzte Zehntel einer verbreiteten Überzeugung sicherstellen und unwiderleglich machen, bis die nächste Überzeugung kommt und die alte vernichtet, und wir haben solche, die aus gegebenen Voraussetzungen die brauchbarsten Folgen ziehen. Leider fehlt beiden bei aller mathematischen Sicherheit der Methode die Sicherheit des Zieles, die niemals mathematisch sein kann, sondern stets intuitiv ist. Hier wird keine Sicherheit beansprucht, sondern Empfindung und Wertung denkend erörtert; denn diese Schrift ist nicht praktisch erwägend, sondern zielsetzend. Entspricht dies Ziel im kleinsten dem Empfindungswege des objektiven Geistes, so wird das Maßwerk der Wirklichkeiten ohne unser Zutun zu den Bögen des Gedankens emporwachsen.

Das Ziel aber, zu dem wir streben, heißt menschliche Freiheit.

Der Weg

1. Der Weg der Wirtschaft

Die geschichtliche Betrachtungsweise hat ein Jahrhundert lang unserm Denken gedient; jetzt artet sie aus und wird schädlich, zumal wenn sie auf Einrichtungen angewandt wird.

Schöpfungen der Natur wandeln sich, indem sie ihren Sinn und Zweck behalten oder nur sehr langsam ändern; Einrichtungen bleiben im Namen und wesentlichen Attributen sich selbst gleich und vertauschen ihren Inhalt, ja selbst ihren Daseinsgrund; in der veralteten Schale schlägt ein neues Geschöpf seine Wohnung auf. Diese Erscheinung möge der Kürze halber die Substitution des Grundes genannt werden. Sie rührt daher, daß die Zahl der Einrichtungsformen begrenzt ist, daß die Trägheit und Ökonomik des Geistes sich gern vorhandener Formeln bedient und daß die Stetigkeit des zeitlichen Fortschreitens den Augenblick schwer erkennen läßt, in welchem die Wahl eines neuen Begriffs und Namens, das Abstreifen abgestorbener Organismen und das Einsetzen neuer Betrachtungsweisen am Platze wäre.

Anziehend und anregend bleibt die geschichtliche Betrachtung in jedem Falle, sie kann manche Benennung, manche Zutat erklären, Spielarten dartun, funktionelle Bewegungen und Wandelbarkeiten ins Licht setzen; doch führt sie zum gefährlichen Irrtum, wenn sie sich unterfängt, den gegenwärtigen, lebenden und wirkenden Organismus auszudeuten oder fortzubilden. Es mag interessant sein, daß das Pontifikat in irgendeiner Weise vom Brückenbau ausgeht; aber es wäre bedenklich, grundsätzliche Schlüsse vom Ingenieurwesen auf kirchliche Einrichtungen zu ziehen; es ist lehrreich, eine Entwicklungsreihe von den attischen Dionysien bis zur französischen Unterhaltungskomödie zu leiten, doch wäre es keinem Vergnügungsindustriellen zu raten, bei der Beurteilung seiner Zugstücke archäologischen Erwägungen nachzugehen. Man verspottet die Meinung der französischen Aufklärung vom Staat als einem Gegenseitigkeitsvertrage und hält ihr prähistorische Ableitungen entgegen; und doch liegt im Wesen eines auf Kräftegleichgewicht beruhenden Organismus mehr von vertragsähnlicher Wechselbeziehung als von totemistischen oder patriarchalischen Funktionen; vor allem gehen die Umwandlungsbewegungen in sehr ähnlichen Formen vor sich wie Umgestaltungen vertraglicher Verhältnisse. Nirgends ist so fühlbar die Substitution des Grundes am Werke gewesen wie beim Wesen des Staates; daher die Unfruchtbarkeit der Bemühung, eine geschichtlich umfassende Definition dieses Organismus zu finden, der bei scheinbarer Stetigkeit sich in jedem Menschenalter unter bleibendem Namen neu erzeugt und nur unter der metaphysischen Form, als Willensseite des kollektiven Geistes, kontinuierlich angeschaut werden kann; eine Anschauung, die zeitlos und ohne fortgestaltende Anwendung bleibt.

Aus falscher Anwendung geschichtlicher Betrachtung folgt falsche Einschätzung des »geschichtlich Gewordenen« als eines absoluten Wertes: der Tradition als einer positiven Kraft. Der Wert des geschichtlich Gewordenen liegt darin, daß es ein geschichtlich Vergängliches und Vergehendes ist; es entstand als revolutionäre Neuerung, es vergeht als überholte Veraltung, und es hält sich, solange es einigermaßen brauchbar und erträglich ist. Der Wert der Tradition liegt in der Verlangsamung der Bewegung, die hierdurch an Stetigkeit gewinnt; der weniger emphatische Name des Trägheitsmomentes verdeutlicht diese Kraft, die durchaus eine negative ist und die bei hoher praktischer Bedeutung niemals den Wert einer erkenntnismäßigen Widerlegung haben darf. Sie besaß diesen Wert vormals gegenüber religiöser und philosophischer Überzeugung, sie beansprucht ihn noch heute gegenüber sozialer und politischer Erkenntnis. Muß dieser theoretische Wert verneint werden, so dürfen wir neben dem praktischen Wert der Verzögerung den ästhetischen Wert anerkennen, der sich in Formeln, Trachten, Zeremonien und Feiern ausdrückt, Stolz, Farbe und Haltung dem Alltag spendend, der mit gerechtem Selbstbewußtsein sich gern an eine ehrenvolle Herkunft erinnert. Doch muß die ästhetische Seite der Tradition bleiben, was sie lebenskräftigen Nationen ist: Schaustück, nicht Wesen. Es ist festlich anmutend, wenn der König von Preußen zuzeiten als Kurfürst von Brandenburg auftritt; es wäre nicht ersprießlich, wenn hieraus ein politisches Vorrecht der heutigen Provinz Brandenburg gegenüber Schlesien oder dem Rheinlande gefolgert würde.

Diese Vorbemerkung war im Dienst der Arbeitsmethode und zur Erläuterung der Substitution des Grundes vorauszuschicken.

Die alte Schichtung des Feudalismus rechtfertigte sich praktisch durch die Bereitschaft der Waffen, durch menschliche Überlegenheit, durch Organisation und Okkupationsbesitz der Landeseroberer; sie rechtfertigte sich teleologisch durch Verwaltung und Verteidigungsschutz, beruhend auf erblichen Eigenschaften. Diese Erblichkeit lag in der Erziehung zum Waffenhandwerk und zur kriegerischen Gesinnung, in der Züchtung geeigneter Körperlichkeit und Geistigkeit, in der Heranziehung religiöser Weihe, im Ausschluß der Blutmischung und in der zwangsweisen Herabdrückung und Verfriedlichung der Unterworfenen.

Die siedlerische Ausfüllung der Länder, die zunehmende Intensität der Wirtschaft hinderte die Oberschicht, sich fortschreitend mit der Unterschicht auszudehnen. Jüngere Söhne konnten nicht genügend ausgestattet werden und verfielen der Kirche oder der Auswanderung, Besitztümer zerbröckelten und verschmolzen, kirchliche und Territorialherrschaften wuchsen empor, städtisches Bürgertum drängte sich ein, und die beharrende Oberschicht blieb nicht länger imstande, die quellende Unterschicht zu decken. Im höchsten Augenblick, als auch der Waffendienst auf die Unterschicht erstreckt werden mußte, brach das letzte Recht der feudalen Organisation zusammen.

Schon hatte die neue erbliche Schichtung den Volkskörper durchspalten, die Schichtung des Besitzes.

Von landesherrlichem und kirchlichem Besitz, von Kolonien, Monopolen, Bergrechten und Wuchergeschäften hergeleitet, waren Kapitalmengen herangewachsen; die Mechanisierung der Gewerbe, der Technik, des Verkehrs, des Denkens und Forschens hatte das Leben ergriffen, die Weltbewegung orientierte sich in der Richtung des Kapitalgefälles. Die Erblichkeit der Kapitalmacht war überkommen aus der Erblichkeit des Standes, des Bodens und der beweglichen Güter; ihre Berechtigung wurde nicht angezweifelt und somit nicht begründet.

Eine gewisse innere Rechtfertigung hätte sich zur Not anfänglich geboten: das Kapital trat überwiegend auf in der Form des Unternehmens. Das Unternehmen aber überlebt Geschlechter und verlangt daher eine ununterbrochene Reihe vorbereiteter Leiter und Herren, wie die Erbfolge sie bot und wie sie aus der Landwirtschaft geläufig war. Insbesondere war die allgemeine Schulung und Erziehung unzulänglich; das Haus des Besitzers konnte an geistiger und erfahrungsmäßiger Erziehung mehr leisten als die Allgemeinheit; und somit verblieb ein gemehrter Schutz für die Zusammenhaltung der Mittel, die nur in ihrer Ansammlung wirken konnten.

Drei Umstände hätten die erbliche kapitalistische Schichtung erschüttern müssen: Die Volksschule, wenn sie den Erziehungsvorsprung vernichtete, die Einrichtung der Kapitalassoziation, indem sie das Unternehmen unpersönlich stellte und von der Notwendigkeit erblicher Leitung befreite, die politisch-militärische Emanzipation, indem sie Verwaltungserfahrungen verbreitete und den Sehkreis erweiterte.

Daß diese Umstände nicht zur Wirkung kamen, liegt am rasch gewaltsamen Aufstieg der Kapitalmacht, die durch Anknüpfung an die noch vorhandenen Territorial- und Feudalmächte, durch Verzweigung der Beziehungen und Interessen, durch Erziehung und Lebensweise, durch publizistischen Einfluß und politische Unentbehrlichkeit zur Klasse zusammenschmolz und geschlossen ihr Recht verteidigte, das sie nicht durch Vernunft, sondern durch Gegeninteressen angetastet glaubte.

Durch die neue Schichtung wurden die Reste der alten nicht zerstört, sondern verstärkt, und zwar so: Die Schicht des Besitzes konnte, da sie nicht von außen kam, sondern von unten aufstieg, keine eigenen Lebensformen schaffen; sie mußte sie von ihren Vorgängern entlehnen, ward Schuldnerin und somit unterlegen. Zum zweiten blieben die Dynastien der Feudalschicht zugetan, die ihnen länger vertraut war, Regierungs- und Kriegserfahrung besaß, bodenständig und unveränderlich blieb, bereitwillig die Bedingungen ihres materiellen Daseins der Krone anheimstellte und somit im Sinne der unmittelbaren monarchischen Ansprüche zuverlässiger erschien. Zum dritten schlossen die beiderseitigen herrschenden Schichten Zugehörigkeit nicht aus; reicher Adel besaß doppelten Vorteil und machte ihn mit Vorbedacht mehr zugunsten der Kaste als der Klasse geltend.

So schillert die europäische Gesellschaft in der seltsamen Doppelbrechung zweier Achsen; die noch immer wesentliche feudale Schichtung durchsetzt sich mit der auffälligeren kapitalistischen, beide bleiben erblich und stimmen darin überein, daß sie einen leidenden Gegenzustand schaffen, der auf der kapitalistischen Seite zum unentrinnbaren Massenschicksal geworden ist.

Haben wir dieses Schicksal in seiner starren Vorbestimmung als unvereinbar mit der Forderung seelischen Lebens erkannt, so wird nun deutlich, daß eine künftige Ordnung, mag sie immerhin in sich abgestuft, geschichtet, differenziert sein, die Eigenschaft der erblichen Beständigkeit nicht mehr haben kann.

Wie auch immer ihr richtendes Grundgesetz gestaltet sein mag, auf Zwang und Gewalt wird es nicht beruhen können; es wird den Ausgleich des Gesamtwillens und des Einzelwillens in sich tragen, jedoch auf sittlicher Grundlage, es wird der Selbstbestimmung, der Verantwortung und der seelischen Entfaltung Raum lassen.

So erscheint uns die Forderung der Wiedergeburt nicht mehr allein unter dem Anblick der Befreiung eines Standes, sondern schlechthin

in der Fassung der Versittlichung gesellschaftlicher und wirtschaftlicher Ordnung unter dem Gesetz persönlicher Verantwortung.
Den Weg der Entwicklung finden wir, indem wir von der Verneinung des Unrechts uns leiten lassen: Die Entfremdung der Stände, beruhend auf Überspannung wirtschaftlicher Gegensätze, die Macht des zufälligen oder unsittlichen Erfolges, der Alleinbesitz der Bildung schaffen die unterdrückenden Mächte, die Erblichkeit verewigt sie. Unser Weg ist der rechte, wenn er zur Vernichtung der feindlichen Kräfte und dennoch zur Erhaltung menschlicher Ordnung, kultureller Gestaltung und seelischer Freiheit führt.

Die naivste Form des Heilungsdranges ist die Forderung der unmittelbaren Stillung. Der Baum verlangt unmittelbar Licht, Raum, Luft, Wasser, Erde; er nimmt, was er braucht, der Nachbar verkümmert, das Erdreich versauert, der Wald kämpft gegen Moor und Heide, solange es geht, dann stirbt er und mit ihm der glücklichste Baum.
Forstmann und Erzieher, Arzt und Staatsmann haben längst den Weg der unmittelbaren Stillung verlassen. Der Arzt wird erkaltende Glieder nicht durch warme Umhüllung, der Staatsmann wird trunksüchtigen Durst nicht durch vermehrte Brauereien zu heilen suchen; ein jeder überblickt das Lebensgebiet des zu schützenden Organismus, beginnt nicht beim Symptom, sondern beim Krankheitskern, ermißt die Gesamtheit der Lebenskräfte und verteilt sie nach bedachtem Plan auf alle Organe, fördernd und hemmend, stärkend und schwächend.
Der Sozialismus, die Lehre, die ihre Wissenschaftlichkeit über alles stellt und sie dennoch beständig verleugnen muß, um populär zu bleiben, ist über den Weg der unmittelbaren Stillung nie hinausgekommen.
Ihr ergibt sich die volkstümliche Schlußkette:
Was ist das Ziel? – Erhöhter Arbeitslohn. – Was schmälert den Lohn? – Die Kapitalrente. – Wie erhöht man den Lohn? – Indem man die Rente unterdrückt. Wie unterdrückt man sie?
Nun wäre es folgerichtig, zu antworten: Indem man das Kapital aufteilt. Es ist jedoch wissenschaftlicher zu sagen: Indem man das Kapital verstaatlicht.
Die eine Antwort ist so falsch wie die andre. Beide verkennen das

Gesetz des Kapitals in seiner gegenwärtig entscheidenden Hauptfunktion: nämlich als desjenigen Organismus, der den Weltstrom der Arbeit nach den Stellen des dringendsten Bedarfs lenkt.

Erinnern wir uns hier des Satzes von der Substitution des Grundes: Es ist nicht entscheidend, aus welchen Ursachen und Bedürfnissen ein Organismus geschaffen wurde; entscheidend ist, welchen Notwendigkeiten er in Wirklichkeit und Gegenwart dient.

Angenommen, die soziale Revolution sei vollzogen. In Chicago sitzt der diesjährige Weltpräsident, der über allen Einzelrepubliken thront und mit seinen Organen alle internationalen Angelegenheiten ordnet. Er verfügt in letzter Instanz über das Kapital der Erde.

Heute liegen seinem Unternehmungsdepartement neben 700 000 törichten Anträgen drei ernste vor: Eine Bahn durch Tibet, ein Petroleumwerk in Feuerland, eine Bewässerung in Ostafrika. Politisch und technisch sind alle drei Pläne einwandfrei, wirtschaftlich anscheinend gleich wünschenswert; im Hinblick auf die verfügbaren Mittel kann indessen nur einer ausgeführt werden. Aber welcher?

Nun liegen nach alter Sitte aus kapitalistischer Zeit drei geprüfte Rentabilitätsrechnungen vor: Tibet würde sich mit 5 Prozent, Feuerland mit 7 Prozent, Ostafrika mit 14 Prozent verzinsen. Es hat sich so viel von den Gewohnheiten der alten kapitalistischen Epoche erhalten, daß das Departement unter Zustimmung des Präsidenten sich für die Ausführung der ostafrikanischen Bewässerung entschließt.

Nunmehr könnte man freilich die Rentabilitätsrechnungen einstampfen, Arbeitsmittel im Werte einer Milliarde nach Ostafrika beordern und von jeder weiteren Verrechnung absehen. Das Errechnen von Erträgen bliebe ein altes Schulexempel, lediglich zur Ermittlung des Bedürfnisgrades, ohne materielle Folgen. Leider erheben sechs Staaten Einspruch.

Sie erklären: Die Bevorzugung kommt den Einwohnern von Ostafrika zugute, die durch vermehrte Einwanderung, Verbesserung der Lebensverhältnisse, des Klimas und was sonst noch, allein profitieren; Portugal wartet längst auf dieses, Japan auf jenes, nun wird der Weltsäckel, zu dessen Füllung alle beigetragen haben, zugunsten des einen ausgeschüttet. Die Entscheidung: »künftig hat jeder Landstrich für sich selbst zu sorgen« kann der Präsident nicht geben, denn fünfzig Jahre lang sind aus Mangel an Universalmitteln wichtige Arbeiten unterblieben. So bleibt ihm nichts weiter übrig als zu erklären: Der Plan wird ausgeführt; doch die ostafrikanische Gesamtwirtschaft hat einen jährlichen Mehrertrag von soundsoviel an den Weltsäckel abzuführen. Die Rente ist auferstanden.

In einer deutschen Industriestadt soll eine alte Staatsfabrik abgerissen werden; sie ist veraltet und unbrauchbar. Ein geschickter Werkmeister erbietet sich, sie mit geringen Kosten für einen neuen Zweck herzurichten; einen Beweis der Rentabilität kann er nicht bringen, will aber gern das Risiko tragen. Die Provinzialpräfektur lehnt das Experiment ab. Die Ortsbehörde will nicht verzichten; überdies hat der Antragsteller hundert silberne Uhren seiner Freunde und fünf Pianinos als Sicherheit angeboten. Man erfährt, daß ungezählte Ortsbehörden ähnliches getan haben, man überträgt dem Unternehmer die Arbeit; die Fabrik ist verpachtet; abermals ist die Rente hergestellt.

Niemals wird, abgesehen von Fällen ideeller Begründung, die geeignete Verwendung des Kapitals anders gesichert sein als durch die Ermittlung der auskömmlichsten Rente; niemals wird das Risiko der Beurteilung und die einseitige Kapitalsentziehung anders zu decken sein als dadurch, daß diese Rente wirklich erhoben wird und nicht bloß auf dem Papier steht.

Würde heute alles Kapital der Welt verstaatlicht, so wäre es morgen an ungezählte Pächter und übermorgen an ungezählte Eigentümer aufgeteilt. Die Notwendigkeit der Rente ist gegeben durch die Notwendigkeit der Selektion der Anlage. Sie ist der Ausdruck des schreiendsten und meistbietenden Anlagebedürfnisses.

Ihre Unentbehrlichkeit ergibt sich jedoch noch aus einer unabhängigeren und umfassenderen Betrachtung.

Überblickt man das ganze Gebiet eines nationalen Industriewesens, etwa des deutschen, hinsichtlich seiner Kapitalbewegung, so ergibt sich die überraschende Tatsache: Trotz hoher Blüte und Rentabilität zahlt dieser gewaltige Komplex in seiner Gesamtheit nichts heraus, sondern zieht Mittel ein; die Kapitalerhöhung und Schuldenvermehrung übersteigt die Rentenzahlung. Die Industrie arbeitet nur am Wachstum ihres eigenen Körpers; sie gibt nichts her; selbst die andern Wirtschaftsgebiete müssen ihre Ersparnisse beisteuern, um sie zu erhalten. Auf den ersten Blick überraschend, und doch ganz einleuchtend: Denn was geschieht mit den Ersparnissen der Welt? Soweit sie nicht Kultureinrichtungen schaffen, dienen sie den Produktionseinrichtungen; eiserne Bestände und goldne Schätze sammeln in mäßigem Umfang die Staaten; der Rest geht auf in wirtschaftlicher Anlage, und mit ihm wachsen die Bestände der papiernen Abbilder, der gedruckten Umlaufsformulare. Diese Vermehrung der werbenden Anlagen aber muß andauern, solange die Bevölkerungen sich vermehren und solange der einzelne an künftigen Erzeugnissen weniger besitzt, als er sich wünscht.

Entsprechend wächst die Weltinvestition. Sie wächst um genausoviel jährlich, als nach Deckung des Verbrauchs, des Kultur- und Verteidigungsaufwandes an Arbeitseinkommen und Renteneinkommen erspart wird. Die Ersparnis am Arbeitseinkommen ist verhältnismäßig gering; es ist zweifelhaft, ob sie im Verhältnis zum Arbeitseinkommen wächst, solange der durchschnittliche Verbrauchswille ungesättigt ist. Die jährliche Weltinvestition besteht somit im wesentlichen aus Kapitalrente nach Abzug des verzehrenden Verbrauches der Kapitalbesitzer. Dieser Verzehr hängt ab von einer Reihe von Faktoren, die mit der Höhe der Gesamtrente durchaus nichts zu tun haben: von der Verteilung der Rentenabschnitte, von den durchschnittlichen Ansprüchen der Lebensführung, von sittlichen Werten. Wäre alles Weltkapital im Besitze eines einzelnen und verschwände somit der Verzehr zu minimem Verhältnis, so könnte ohne Lebensgefahr der Wirtschaft, und somit tatsächlich, die Rente und mit ihr der Durchschnittszinssatz der Welt niemals geringer sein, als dem Aufwand entspricht, dessen die Weltwirtschaft für Ergänzung und Erweiterung ihrer Anlagen bedarf.

Die Rente ist somit dem Grunde und dem Umfang nach bestimmt durch den Bedarf der Weltinvestition; sie ist die Zwangsrücklage der Welt zum Zwecke der Aufrechterhaltung ihrer Wirtschaft; sie ist eine Produktionssteuer, die erhoben wird an jedem Punkte der Gütererzeugung, und zwar an erster Stelle; sie ist unvermeidlich, auch wenn alle Produktionsmittel in einer Hand liegen, gleichviel ob eines einzelnen, eines Staates oder einer Staatengemeinschaft, sie läßt sich lediglich vermindern um den Verzehr der Kapitalbesitzer.

Somit hat die Verstaatlichung der Produktionsmittel keinen wirtschaftlichen Sinn; umgekehrt bringt die Vereinigung des Kapitals in wenigen Händen an sich keine andere wirtschaftliche Gefahr als die der Willkür in Verbrauch und Investitionsform; da aber die letztere unter dem Bilde der Konkurrenz der Renten sich einwandfrei bewährt hat, so hätte die rein wirtschaftliche Sorge gerechter Aufteilung sich auf den Verbrauch zu beschränken. Die Rente an sich ist unabweislich zur Deckung der jährlichen Weltinvestition; entscheidend ist auch nicht die Frage, wer sie bezieht – sofern sie nur schließlich ihrem Investitionszweck zugeführt wird –, sondern die Frage, ob und wieweit der Beziehende das Recht hat, ihren Ertrag zu Lasten der Gemeinschaft für unersprießlichen Aufwand zu verwenden oder für Genuß zu vergeuden. Wirtschaftspolitik wird Verbrauchspolitik.

Die gerechte Sorge hat sich indessen weiter zu erstrecken; zunächst auf die Machtfrage. Wäre alles Kapital in den Händen eines vernünftigen Menschen, so wäre sein relativer Selbstverbrauch sehr gering; alle ersparte Rente flösse in verständiger Auswahl den Unternehmungen zu, um ihre Leistung zu steigern, und insofern wäre dieser Mensch ein nützlicher Verwalter der Weltwirtschaft. In einem andern Sinne wäre er es nicht. Denn von seiner Gunst hinge alles Menschlich-Wirtschaftliche, alles Politische, zuletzt sogar alles Kulturelle ab. Auf seinen Wink würde dieser erhöht, jener erniedrigt, diese Landschaft bevorzugt, jene verwüstet; an seine Abmachungen könnte er jede Gegenleistung binden, die Freiheit der Welt wäre zerstört: denn Besitz in seiner heutigen Form ist Macht.

Eine weitere Frage schließt sich an: die des ungerechten Anspruchs. Gelänge es auch, durch Beschränkung des übermäßigen Verbrauchs die Rente zu verkleinern, so wäre noch immer keine Gewähr gegeben, daß der Anteil der untern Stände am Weltbesitz sich erhöhte. Monopole, Risikogewinne, Schwindel können sich einschieben, Rentner und Erben können sich von der Gemeinschaft leistungslos ernähren lassen; ein Drohnenstaat entsteht im Staate.

Scheidet das sozialistische Mittel der Kapitalverstaatlichung aus, weil es undurchführbar und wirkungslos ist, so erhebt sich mithin die unlösbar scheinende Antinomie: Vermögensansammlung verringert den relativen Verbrauch und somit die Rente, gefährdet jedoch das Machtgleichgewicht; Vermögensaufteilung vermindert die Machtansammlung, steigert aber den Verbrauch und verringert die Leistungsfähigkeit der Rente. Zu beiden Alternativen tritt die Gefahr des ungerechten Anspruchs.

Das Bild eines ähnlichen Zwiespalts bietet uns die Natur der Erde in ihrem großen Werke der Bewässerung. Ein ausschließliches System gewaltiger Ströme würde die Wassermassen verlustlos zusammenhalten, jedoch, unbändig in der Handhabung, die Flächen verdorren lassen; ein enges Netz von Quellen und Bächen läßt zwar viel versickern und verdunsten, tränkt jedoch Wiesen und Gründe und widerstrebt nicht der Lenkung; die Natur fügt indessen diesen Systemen ein drittes hinzu: Sie hält durch Verdampfung die Wassermengen in schwebender Bewegung; beständig müssen die Festen und die Behälter der Meere die Atmosphäre mit Strömen beladen, die gewaltiger sind als die sichtbaren Ströme der Erde und die in unermüdlicher Verteilung den tragenden Boden benetzen.

Hier, wo befruchtende Teilung des Weltbesitzes zur Aufgabe gestellt ist, gilt es, die dritte Kraft zu finden, die eine neue Beweglichkeit schafft, die senkrecht zu der Ebene starrer Zwangsläufigkeit das Auf- und Niedersteigen der Massen bewirkt, vom Überfluß schöpft und dem Mangel zuteilt und in den Kreislauf den Behälter des Staates einschaltet, der nicht wie jetzt ein ausgedörrter Boden der Überschuldung, sondern ein lebenspendender Grund der Fülle und des Überflusses sein soll.

Genug der Gleichnisse! Wir wissen, daß nicht eine einmalige mechanische Handhabung des Weltvermögens die sittliche und gerechte Regelung des Besitzwesens herbeiführt; wir werden unsre Vorstellungen vom Eigentum, vom Verbrauch und vom Anspruch zu prüfen haben, um zu erkennen, welch bleibendes Recht, welch überaltetes Erbe von Schuld und Irrtum in diesen Begriffen ruht, und um zu ermessen, welchen Weg die vernünftige und unbeirrbare Realität einschlagen wird, um uns auch auf der Bahn des Materiellen dem Ziele zu nähern, das diesseits Sittlichkeit, jenseits Seele genannt wird.

Eigentum, Verbrauch und Anspruch sind nicht Privatsache.

Solange die Welt weit war und die Besiedlung spärlich, die Wirtschaftsgebiete getrennt und jedes in sich geschlossen, konnte jeder der Natur abgewinnen, was er wollte, an pflanzlicher, tierischer, menschlicher Beute; nach Belieben sie verwenden, tauschen, dienstbar machen, vernichten. Heute ist die Erde ein dicht besiedelter, kunstvoll gegliederter Bau, von zahllosen sichtbaren und unsichtbaren Adern, Nerven, Scheidewänden und Behältnissen durchsetzt, von zahllosen

lebenden und leblosen Kräften gepflegt, geschützt, bewacht, geordnet; jeder Schritt bedingt Rechte, fordert Pflichten, macht Kosten, bringt Gefahren, berührt fremde Rechte, fremdes Eigentum, fremde Lebenssphäre. Jeder bedarf des gemeinsamen Schutzes, der gemeinsamen Einrichtungen, die er nicht geschaffen, des Korns, das er nicht gesät, des Leinens, das er nicht gesponnen hat. Das Dach, unter dem er schläft, die Straße, die er betritt, das Werkzeug, das er hebt, dies alles ist von der Gesamtheit geschaffen, und er hat nur den Teil daran, den Übereinkunft und Herkommen ihm zuweisen. Selbst die Luft, die er atmet, ist nicht frei; sie ist geschützt und reingehalten von Ausdünstungen und Dämpfen, von Krankheitskeimen und Giften.
Überblickt man diese Unendlichkeit der Bindung, der Verschuldung und Verpflichtung, so bleibt kaum begreiflich das Maß der wirtschaftlichen Freiheit, das dem einzelnen belassen wird. Er kann für die Gemeinschaft, der er alles schuldet, arbeiten, soviel oder sowenig er will, er kann diese Arbeit frei wählen, so nützlich oder überflüssig sie sein mag, er kann das, was als Eigentum ihm zugestanden ist, mißbrauchen, verderben, vernichten; er kann von der Gemeinschaft die Garantie seines Besitzes, ja selbst die Fürsorge für die Maßnahmen seines erstorbenen Willens verlangen.
Eine kommende Zeit wird schwer begreifen, daß der Wille eines Toten die Lebenden band; daß ein Mensch befugt war, Meilen irdischen Landes abzusperren; daß er ohne staatliche Genehmigung Äcker brachlegen, Bauten vernichten oder aufführen, Landschaften verstümmeln, Kunstwerke beseitigen oder schänden konnte, daß er sich berechtigt hielt, jeden beliebigen Teil des Gesamtvermögens durch geeignete Geschäfte an sich zu bringen und, sofern er einige Abgaben zahlte, nach Gutdünken zu verwenden, jegliche Zahl von Menschen zu beliebiger Arbeitsleistung in seine Dienste zu nehmen, sofern seine Kontrakte nicht widergesetzliche Bestimmungen enthielten, jegliche Geschäftsform zu praktizieren, sofern sie nicht staatliches Monopol oder im Gesetzbuch als Schwindel erklärt war, jeden noch so unsinnigen Aufwand zum Schaden des Gesamtvermögens zu treiben, solange er im zahlenmäßigen Verhältnis zu seinen Mitteln blieb.
In den letzten Jahrzehnten haben wir erlebt, wie das Bürgertum alle Fragen jenseits einer emsigen Individualwirtschaft als brotlose Kunst und politische Spielerei auffaßte, solange nicht ein gewinn- oder verlust-

bringendes Wirtschaftsgesetz zur Erörterung stand. Jetzt, beim Beginn des zweiten Kriegsjahres, dämmert die Erkenntnis, daß alles Wirtschaftsleben auf dem Urgrund des Staates ruht, daß Staatspolitik der Geschäftlichkeit vorangeht, daß jeder, was er besitzt und kann, allen schuldet.
Zu lange hat im Wirtschaftlichen der Zustand gedauert, daß individuelle Betriebsamkeit, von dem rationalistischen Gedanken des eigenen Rechts und der Unbeschränkbarkeit geleitet, schrittweise und mürrisch im Gefühl erlittenen Unrechts den Forderungen der Gemeinschaft wich, so wie man einem aufdringlichen, eigentlich unbefugten Petenten nachgibt. Die Gemeinschaft hat sich zu fragen, welche Ansprüche sie im Namen höhern Rechts zu stellen hat, und der Wirtschaft gebührt, was übrigbleibt und was zur Erhaltung des Mechanismus und zur würdigen Lebensgestaltung seiner Aufseher unentbehrlich ist.
Nach dieser Befugnisprüfung wollen wir im Auge behalten, daß die Regelung des Verbrauchs den einzigen Speicher erschließt, aus dem die Fülle des verfügbaren Wirtschaftsmaterials absichtsvoll gemehrt werden kann; denn die natürliche Steigerung der erzeugten und erzeugbaren Gütermengen unterliegt nicht, wie manche glauben, dem Willen; sie ist jederzeit begrenzt durch den jeweiligen Bestand der geschaffenen Arbeitsmittel und Arbeitskräfte.
Zu Beginn unsrer Wirtschaftsepoche galt der Satz: Luxus nützt, denn er bringt Geld unter die Leute.
Das stimmt zur Not für eine beginnende Gewerbetätigkeit, die mit äußern Mitteln angefacht werden muß. Durchgebildetes Wirtschaftsleben beruht auf planvollem Zusammenhalten aller Kräfte, und mit Recht tragen die Bezeichnungen der Ökonomie und des Haushalts den Beigeschmack sparsamer Abwägung.
Wenn ein Römer fünfhundert Sklaven aussandte, um einen seltenen Fisch zu fangen, wenn die Ägypterin ihre Perlen in Wein löste, so mochten sie eine Vorstellung von berechtigtem Aufwand hegen, denn Sklaven waren während ihres Arbeitstages ernährt, die Perlenfischer für Jahre der Gefahr entschädigt. Unsre Vorstellung muß eine andre sein. Arbeitstage und -jahre, vergeudet für den Endzweck eines kurzen Glanzes oder Genusses, sind unersetzlich. Sie sind der begrenzten Arbeitsmenge der Welt entnommen, ihr Ergebnis ist dem kargen Ertrage des Planeten entzogen. An der Arbeit, die in unsichtbarer Verkettung alle leisten, sind alle berechtigt.

Die Arbeitsjahre, die der Herstellung einer kostbaren Nadelarbeit, eines gewobenen Schaustücks dienen, sind unwiderruflich der Bekleidung der Ärmsten entzogen, die sechsfach geschorenen Rasenflächen eines Parks hätten mit geringerem Aufwand Korn getragen, die Dampfjacht mit Kapitän und Mannschaft, Kohlen und Proviant ist dem nutzbringenden Weltverkehr auf Lebenszeit entzogen.

Wirtschaftlich betrachtet, ist die Welt, in höherem Maße die Nation, eine Vereinigung Schaffender; wer Arbeit, Arbeitszeit oder Arbeitsmittel vergeudet, beraubt die Gemeinschaft. Verbrauch ist nicht Privatsache, sondern Sache der Gemeinschaft, Sache des Staates, der Sittlichkeit und Menschheit.

Hier entsteht eine Antinomie. Alles, was erzeugt wird, vergeht, vergeht durch Verbrauch. Bestenfalls hat es zur Erzeugung neuer Dinge gedient, die wiederum durch Verbrauch vergehen. Wird nun jedes Gut für den Verbrauch erzeugt und dient jeder Verbrauch der Lebenserhaltung und Lebenssteigerung, warum dann den einen Verbrauch als berechtigt, den andern als schädlich hinstellen; wenn alles den gleichen Weg nimmt, so bleibt schließlich nur die Frage der Reihenfolge.

Die Reihenfolge ist es tatsächlich, und zwar die Reihenfolge des Bedarfs, die den Fluß der Begriffe vom notwendigen Verbrauch bis zum frivolen Luxus ordnet. Luxuriös ist jeder Verbrauch, solange ein ursprüngliches Bedürfnis unbefriedigt bleiben muß, das an seiner Statt hätte gestillt werden können.

Ein Lehrbuch des Luxus soll hier nicht gegeben werden, noch eine Kasuistik; daß auch der Begriff des elementaren und notwendigen Bedürfnisses ein fließender ist, wird nicht bestritten und bleibt ohne Belang. Niemand wird eine mechanisch rechnerische Abfertigung des Begriffs verlangen; wenn eine Provinz hungert, so muß nicht unbedingt der Extrazug als Verschwendung gelten, der den verantwortlichen Staatsmann in die Mitte der Notleidenden führt; verschwenderisch ist nicht die notwendige Ausschaltung des Geistesarbeiters aus täglichen Reibungen und Störungen, selbst wenn diese Absonderung mit Gemeinschaftsopfern an Raum und Arbeit erkauft wird. Wohl aber ist luxuriös, was etwa eine gedankenlose Menge als Feste der Wohltätigkeit bezeichnet; genußsüchtige Aufwendung, die den Namen der Nächstenliebe mißbraucht und mit kalter Barmherzigkeit ihren Opfern den Wert geleerter Sektflaschen gutschreibt.

Unsrer Betrachtung genügt es, daß eine Reihenfolge der Bedürfnisse gesundem Ermessen faßbar ist; und somit löst sich die Antinomie des Verbrauchs.

Betrachtet man vom Stande dieser Reihenfolge die Produktion der Welt, so zeigt ein furchtbares Erschrecken uns den Irrsinn der Wirtschaft. Überflüssiges, Nichtiges, Schädliches, Verächtliches wird in unsern Magazinen gehäuft, unnützer Modetand, der wenige Tage lang falschen Glanz spenden soll, Mittel für Rausch, Reiz und Betäubung, widerliche Duftstoffe, haltlose und mißverstandene Nachahmungen künstlerischer und kunstgewerblicher Vorbilder, Gerätschaften, die nicht dem Gebrauch, sondern der Blendung dienen, Albernheiten, die als Scheidemünze eines erzwungenen Geschenkverkehrs umlaufen; alle diese Nichtsnutzigkeiten füllen Läden und Speicher in vierteljährlicher Erneuerung. Ihre Herstellung, ihr Transport und Verschleiß erfordern die Arbeit von Millionen Händen, fordern Rohstoffe, Kohlen, Maschinen, Fabrikanlagen und halten annähernd den dritten Teil der Weltindustrie und des Welthandels in Atem. Wer im Wirtshaus die unvergleichliche Höhe unsrer Kulturepoche gepriesen hat, der möge auf dem Heimwege in die Straßenläden blicken und sich davon überzeugen, daß unsre Kultur seltsame Begehrlichkeiten pflegt; wer eine Rasenfläche von dem läppischen Humor tönerner Gnomen, Hasen und Pilze geschändet sieht, der möge sich bei diesem Sinnbilde der mißleiteten Wirtschaft unsrer Zeit erinnern. Würde die Hälfte der verschwendeten Weltarbeit in fügliche Bahnen gewiesen, so wäre jeder Arme der zivilisierten Länder ernährt, bekleidet und behaust.

Von der unsäglichen Schuld am wirtschaftlichen Mißbrauch und von dem Anteil, der leider unsre Frauen trifft, ist später zu reden. Hier sei bedacht, daß aus der ersparten Vergeudung unsres Zeitalters die Zukunft Mittel schöpfen kann und wird, um gerechten Wohlstand über alle zu breiten. Uns steht die Aufgabe zu, den Mißstand zu erkennen und Abhilfe zu suchen, in dem Bewußtsein, daß Güterverbrauch nicht Privatsache ist, daß dieser Verbrauch aus Vorräten an Kräften und Stoffen geschöpft wird, die in begrenztem Maße zuströmen und für die wir Verantwortung tragen.

Deshalb sind auch die Methoden der Gewinnung und Verarbeitung nicht Einzelsache, sondern von öffentlichem Interesse. Der Wohlstand unsrer Zeit im großen betrachtet, gleichviel ob er aus Produktion oder

Verkehr zu stammen scheint, wurzelt letzten Endes in dem edelsten Stoff unsres Planeten, der Kohle. Was Jahrhunderttausende an köstlicher Vegetation getragen, zu Balsam und Essenzen vielfältiger Zusammensetzung verdichtet und im Schoß der Erde aufgespart haben, reißt unser Geschlecht aus ihren Flanken zum unedlen Dienst wahlloser Verbrennung. Es wäre verdient, wenn dies Wirtschaftsalter dereinst nach dem Kohlenraubbau benannt würde, aus dem es seine Schätze gezogen hat. Zu spät haben wir den Wert dieses wahren Steins der Weisen erkannt und beginnen ihn zu schonen. Sache der Gesetzgebung ist es, sorgfältige Sonderung der fossilen Substanz durch Destillation und Abspaltung zu verlangen und nur die wertloseren Abgänge zur kalorischen Kraftgewinnung zuzulassen; Sache der Gesetzgebung ist es ferner, der Kraftvergeudung aus mangelhafter Einrichtung und übler Sparsamkeit und der Arbeitsverschwendung zu begegnen. Würde Kohle geehrt wie Korn und Brot, so wäre schon heute die Sorge der Gestehungskosten und mit ihr der Kampf um die Bergwerkslöhne behoben. So wie man Wirtschaftsaufsichten eingesetzt hat, um den Geboten der Sicherheit und Wohlfahrt Nachdruck zu geben, so bedarf es des gesetzlichen Schutzes der Wirtschaftsgüter gegen unwissende und raubbauende Vergeudung.

Daß die rechnende Betrachtung des Verbrauchs den eigentlichen Kulturaufwand der Nationen nicht umfaßt, bedarf keiner Erklärung; doch ziemt es, diesen Aufwand aus dem Verbrauchsbegriffe so klar herauszuheben, daß entgegengesetzte Schlüsse sich an die Erörterung knüpfen lassen.

Wir haben die Reihenfolge der Bedürfnisse aufgestellt, um die Relativität des Luxus als Richtungsgröße hervortreten zu lassen: doch haben wir die Frage vermieden, wohin am Ende aller Verbrauch führt und wozu er dient. Glaubten wir, daß die Erhaltung und Wiedererzeugung des Lebens den Sinn der Weltarbeit und ihres Güterstromes erschöpfte, so wären Mitleid und Genußsucht die dürftigen Kräfte, die unüberzeugt und leidenschaftslos unserm Willen die Richtung ins Künftige wiesen. Unser gläubiger und heißer Wille zur Vollendung setzt voraus und beweist das Emporsteigen absoluter Werte; indem wir das Wachstum der Seelen erschauen und verkünden, bereiten wir seinen Weg durch den Aufbau der Mittelwelt, die auf Materie ruht und im Erhabenen gipfelt. Diese Welt ist bleibend; was die Menschheit an

Werken der Liebe, der Kunst, des Glaubens und Denkens erahnt und erlebt hat, bleibt unverloren; der Jakobstraum verwirklicht sich als ewiges Werk der Menschheitssendung.

Der Sinn aller Erdenwirtschaft ist die Erzeugung idealer Werte. Deshalb ist das Opfer materieller Güter, das sie erfordern, nicht Verbrauchsaufwand, sondern endgültige Erfüllung der Bestimmung. Deshalb scheiden alle echten Werte der Kultur aus der ökonomischen Erwägung; sie sind inkommensurabel mit Gut und Leben; sie sind wertfrei, niemals zu teuer erkauft, es sei denn im Tausche gegen höhere Idealitäten, sie sind nicht Mittel und Rechnungsgrößen, sondern Wesenheiten aus eigenem Recht.

Die Umkehrung der Frage aber lautet und wird mit der Besitzverteilung zu erörtern sein: Wie kann der Zustrom irdischen Gutes zu den Opferstellen, wo Materielles sich zum Geistigen verflüchtigt, gesteigert werden?

Wir berühren hier ein Gebiet, das eigenem Zusammenhange aufgespart werden soll: die Umstellung des ethischen Empfindens, die der neuen Anschauung der Wirtschaft voran und zur Seite schreitet. Schon hier wird der Dreiklang vernehmbar: Wirtschaft ist nicht Privatsache, sondern Gemeinschaftssache, nicht Selbstzweck, sondern Mittel zum Absoluten, nicht Anspruch, sondern Verantwortung.

Die mechanischen Mittel, die Maßnahmen und Gesetze zu erörtern, die zur Verwirklichung der Grundgedanken in einem bestimmten Lande, also weitaus in erster Linie in Deutschland führen, wird nur da die Aufgabe dieser Schrift sein dürfen, wo es sich um neuartige Begriffe handelt, die in der Luft zu schweben scheinen, wenn nicht ihr Zusammenhang mit dem Bestehenden und Menschlichen, also ihre Realität konstruktiv bewiesen wird. Wir behalten die Aufgabe im Sinn, Ziele zu setzen; und wie etwa der Architekt die Lehre vom Gewölbebau und ihren Wert darzulegen vermag und dennoch sich versagt, Bauzeichnung zu fertigen, bevor Größe und Lage, Umgebung und Baumittel gegeben vorliegen, so haben wir uns auf den Hinweis zu beschränken, daß erkannte und vereinbarte Ziele auf unendlich vielen, der Praxis hinlänglich bekannten Wegen erreichbar sind, deren Auswahl den Zeitumständen und den mechanischen Gegebenheiten überlassen werden kann. Hier jedoch handelt es sich darum, einen verkannten Baustoff dem Schutt des Vorurteils zu entreißen und grundsätzlich für die Errichtung künftiger Wirtschaftsstrukturen zu sichern: Auf den Begriff der Luxusgesetzgebung haben wir den Blick zu richten.

Der Aufwandsbesteuerung und den Luxuszöllen haftet die gemeinplätzliche Marke an, daß ihre Erträge enttäuschen, weil sie den Verbrauch einschränken. So scheinen sie wirkungslos, wenn man sie von der finanziellen Seite betrachtet und somit die Nebenwirkung als Hauptsache, die Hauptwirkung als schädliche Nebensache faßt. Kehrt man die Frage um, so daß die Aufgabe der Einschränkung unnützen Verbrauchs gestellt wird, so ist die Antwort der Wirksamkeit bereits gegeben. Bedenkt man, daß jede eingeführte Perlenschnur dem Meliorationsaufwand eines Gutsbesitzes entspricht oder uns für den Ertrag eines reichen Bauernhofes dem Ausland zinsbar macht, daß jedes Tausend aus Frankreich bezogener Champagnerflaschen die Kosten der Ausbildung eines Gelehrten oder Technikers verschlingt, daß der Aufwand unsrer Einfuhr an Seide, Putzfedern, Duftstoffen und allerhand Kram ausreichen würde, um alle Not und Entbehrung im Lande zu stillen, daß unser spezifischer Mehrverbrauch an Spirituosen im Vergleiche mit Amerika den Lasten unsrer Kriegsanleihen gleichkommt: Bedenkt man dies und hundert Beispiele ähnlicher Art, so wird es schwer zu begreifen, daß die Gesellschaft jede Vergeudung nationalen Gutes sich gefallen läßt, ohne durch das gerechte Mittel der Steuern und Zölle entscheidend einzugreifen. Noch immer spukt die Vorstellung, Luxus bringe Geld unter die Leute, Verbrauch sei Privatsache, Menschen würden arbeitslos, wenn man sie aus zerstörenden Berufen in schaffende Berufe hinüberführt.

Man hält die Besteuerung der Einkommen bei uns für etwas Selbstverständliches, man ist geneigt, sie mit einer leichten sittlichen Empfindung zu verbinden, etwa dahingehend, daß, wer viel bekomme, auch leicht etwas abgeben könne. In diesem Sinne folgert man naturgemäß weiter, daß, was einer erspare, ihm als behäbige Vermögensvermehrung zuwachse und daß auch von diesem Zuwachs eine Kleinigkeit abzutragen sei. Was aber einer verbraucht, das bleibt unangetastet.

Diese Rentenbürgerauffassung betrachtet den Anspruch der Gemeinschaft als eine unliebe Kostgängerei, die man mit geringem Aufwande abfindet. Freilich ist das Einkommen steuerpflichtig, freilich ist es die Ersparnis; am schuldigsten aber ist der Verbrauch, und zwar sollte er so besteuert werden, daß oberhalb eines auskömmlichen Mindestsatzes, auf jeden Kopf berechnet, für jede Mark weiteren Verzehrs zum mindesten eine Mark dem Staate gebührt.

Der gleiche Einwand, daß hierdurch die Ersparnis entlastet, die Neigung der Vermögen zu Wachstum und Ungleichheit gefördert werde, wird sich aus dem beantworten, was über das Schicksal der Privatvermögen zu künden sein wird. Es gibt andre Möglichkeiten genug, und wirksamere, um der wachsenden Ungleichheit vorzubeugen; die Besteuerung der Ersparnis ist überdies niemals erfolgt, um die Ersparnis zu mindern, sondern um die Besteuerung weniger fühlbar zu machen; während wir davon ausgehen, daß die Besteuerung so fühlbar sein kann, wie sie will, wenn sie nur mit Entschiedenheit auf Minderung hinwirkt, auf Minderung dessen, was den Gemeinschaftsbesitz am schwersten schädigt, des ungeziemenden Verbrauchs.

Aus diesen Vorklängen wird mancher schließen, daß ein sinnenfremder Puritanismus angepriesen werden soll, der ausschließlich auf emsige Arbeit, kräftige Nahrung, handfestes Kleid und Gerät und bestenfalls auf tüchtige Mittelerziehung und ausgebreitete Kirchlichkeit hinaus will. Das Bekenntnis, daß alles innere Leben dem Wachstum der Seele, alles äußere Leben der Steigerung idealer Güter geweiht ist, steht dieser Sorge entgegen; es mag immerhin schon jetzt angedeutet sein, daß die bunte Hülle des materiellen Übermuts, des Luxus, der Pracht und Repräsentation, die Hülle, die heute unserm geschwächten Auge zuviel von der wahrhaftigen Herrlichkeit der Welt verbirgt, der künftigen Ordnung nicht vorenthalten sein muß. Überall da, wo die Gemeinschaft selbst als Wirtin auftritt, mag sie zum Zeichen ihrer Freiheit und Liberalität sich mit Dingen des Glanzes umgeben, nicht karger als im Banne der Herzen von Rom und Athen, Venedig und Augsburg, Versailles und Potsdam. Anders wird man denken über die Raffiniertheit der Absperrung, über die Unersättlichkeit, die hinter Gittern und Vorhängen, Scheiben und Flügeltüren in Polstern und Schätzen wühlt. Bis zum Mißbrauch ist unsre Zeit mit dem Begriff der Pracht vertraut, den Begriff der Vornehmheit scheint sie zu verlieren. Pracht und Repräsentation wirken auf eine ferne, zur starren Bewunderung verdammte Menge und entfremdet; Vornehmheit drückt innern Adel in stiller Zurückhaltung aus, sie besteht im Verzicht; indem sie sanft zurückzuweichen scheint, zieht sie nach und empor.

Sparta und das alte Preußen waren vornehm, Paris und das späte Rom zeigen die untrennbare Einheit von Prunk und Pöbeltum. Die unterschätzte Kunstepoche der preußischen Wiedergeburt vor hundert Jahren sei uns ein Vorbild, wie nicht aus Nachbildung des Prunkhaften, sondern aus stiller Vertiefung in die bescheidenste Aufgabe Schönheit entsteht.

Wir haben die gewaltige Bedeutung des Verbrauchs und seiner Regelung für das künftige Wirtschaftsleben umrissen und zugleich eine veränderte ethische und ökonomische Auffassung und deren Ausstrahlung in den gesetzlichen Aufbau des Staates als Forderung hingestellt.

Indem wir zur Frage der Besitzverteilung schreiten, haben wir von neuem auszuholen und die Richtung der Gestirne zu suchen; denn die Orientierung des Verbrauchsproblems verläßt uns. Wir haben gesehen, daß äußerste Ungleichheit der Vermögen der Berichtigung des Verbrauchs eher förderlich als schädlich ist; wäre alles Vermögen der Welt in einer Hand und einigermaßen verständig verwaltet, so wäre die Verbilligung der Verbrauchsgüter so bedeutend, daß bei gleichbleibendem Verhältnis der Löhne und Gehälter zum Umsatz der Verbrauchsanteil des einzelnen einer bürgerlichen Lebenshaltung genügte. Höher läßt er sich in unserm Zeitalter durchaus nicht steigern, und diejenigen Theoretiker irren, die von irgendwelchen sozialpolitischen Maßnahmen eine plötzliche Vermehrung und Verbilligung der Produktion in bedeutendem Umfang erwarten; denn die Menge der jeweils erzeugten Güter ist durch den jeweiligen Vorrat an Produktionsmitteln eindeutig bestimmt, ein rascherer Zuwachs der Produktionsmittel wäre nur durch zeitweilige gewaltsame Einschränkung des Verbrauchs erzwingbar. Das, was die Welt in jedem Jahre zu verzehren und zu verbrauchen hat, steht also fest; die Wirkung läßt sich, wie wir gesehen haben, nur dadurch verbessern, daß durch Umstellung der Produktion törichter Verzehr in nützlichen Verbrauch verwandelt wird. Mag hierdurch die Summe der nützlichen Gütererzeugung sich um ein Drittel erhöhen, so ergibt die aufteilende Berechnung für zivilisierte Länder den Durchschnitt einer bürgerlichen Lebensführung, die sich in unserm Gelde mit einem Jahresaufwande von etwa dreitausend Mark für eine Familie bezeichnen läßt.

Versagt die Verbrauchstheorie als Richtlinie für die Besitzverteilung, indem hier gleichsam der Punkt 0:0 durchschritten wird, so scheint auch die Forderung der Proletariatsbefreiung gegenüber der Frage der Besitzverteilung sich indifferent zu verhalten, so paradox dies klingen mag. Denn das Verhältnis des Proletariats ist, soweit es sich in Wirtschaftsbeziehungen ausdrückt, nicht sowohl eine Sache des Besitzes wie des Verbrauchsanspruchs. Auch hier den äußersten Fall der Ungleichheit gesetzt: daß ein einzelner das ganze Weltvermögen besäße – und dieser Fall ist nur sittlich, nicht wirtschaftlich verschieden von dem Grenzfall der Utopie, wo dieser einzelne »Staat« heißt, in diesem angenommenen Falle brauchte dem Weltbesitzer durchaus kein Proletariat gegenüberzustehen. Seine Angestellten freilich wären wir alle, doch von unserm Gemeingefühl und Vorgehen hinge es ab, welche Aufteilung der jährlich erzeugten Gütermenge wir durchsetzten. Immer vorausgesetzt, daß der Besitzer die Weltproduktion verständig lenkt, so stehen ihm nicht mehr als fünf Verwendungsarten frei: Einen Teil muß er uns, seinen Arbeitern und Beauftragten, überlassen und aufteilen; einen zweiten Teil muß er zur Erneuerung und Verstärkung seines Produktionsapparates und andern der Gesamtheit dienenden Einrichtungen vorbehalten; einen dritten Teil kann er aufsparen, so etwa Lebensmittel, um künftigen Knappheiten vorzubeugen; einen vierten Teil kann er selbst verbrauchen und einen fünften Teil willkürlich vernichten, sofern er ein böser Narr ist; eine sechste Verwendung ist nicht gegeben. Da der vierte und fünfte Fall vernachlässigt werden kann, der dritte nicht wesentlich ist, so werden wir mit unserm Brotherrn nur über die Teilung zwischen eins und zwei zu verhandeln haben. Er wird anführen, daß die Sorge für die Zukunft eine größere Aufwendung für werbende Zwecke fordere, wir werden einwenden, daß auch wir leben wollen und die Nachkommen für sich selber sorgen mögen. Und wohlgemerkt: Diese Verhandlung wird in gleichem Sinne verlaufen, gleichviel ob der Besitzer Rockefeller heißt oder sozialer Universalstaat.

Die Einigung erfolgt; der Investitionsanteil ist festgesetzt – er wird mindestens soviel, vermutlich mehr ausmachen als bei der heutigen Wirtschaft –, und es kann dem Arbeitgeber ziemlich gleichgültig sein, wie wir den Verbrauchsanteil unter uns aufteilen, sofern keine Unzufriedenheit und Arbeitsunlust entsteht. Wiederum wird, wenn wir das heutige Produktionsmaß zugrunde legen, ein durchschnittlicher Jahresaufwand im heutigen Gegenwert von dreitausend Mark ermöglicht. Sind wir nun Proletarier? Durchaus nicht. Für Bildung und Unterhalt unsrer Nachkommen ist gesorgt; niemand auf der Welt, mit Ausnahme des *einen* – der ja auch die Staatsgewalt sein kann – hat größeres Recht als wir; der gesamte verbrauchsgerechte Teil der Welterzeugnisse steht zu unsrer Verfügung; die Aufteilung haben wir selbst vorgenommen.

Seltsamer Widersinn: Die Höhe des Einzelbesitzes zum Gipfel getrieben, hebt das proletarische Verhältnis auf! Nun liegt es sicherlich nahe, den Schluß von einem Universalbesitzer auf zwei, von zweien auf zehn, hundert, tausend zu machen und nachzuweisen, daß die Besitzverteilung ohne jeden Einfluß auf die Proletariatsgestaltung ist, weil eben diese, im wirtschaftlichen Sinne gefaßt, auf dem Verbrauchsrecht mehr als auf dem Vermögen steht.

Die Folgerung wäre übereilt, denn sie läßt zwei Dinge außer acht: den ständischen Charakter des proletarischen Zustandes und den Machtcharakter des Vermögens. Die Macht eines Weltbesitzers wäre gewaltig, doch träte sie außer in seiner unmittelbaren Nähe niemals voll ans Licht, am wenigsten dann, wenn eine organisierte Einheit ihm gegenüberstände. Seine Privatinteressen wären dieser Einheit gegenüber kaum schädlicher als die gewöhnlichen Hausinteressen eines verständigen Dynasten, der sich von Klassenbegünstigung fernhält; im wesentlichen wäre er bedacht auf Erhaltung seines Machtverhältnisses und Festigung des Erbganges. Ist beides gesichert, so hat er kein weiteres Interesse, seinen Arbeitern Bildung, Rechte und Verantwortungen vorzuenthalten.

Eine Mehrzahl von Besitzern dagegen vereinigt sich, zumal wenn Erblichkeit ihres Rechts gegeben ist, zur Klasse. Außer auf Sicherung sind sie auf Zuwachs bedacht; mögen sie untereinander kämpfen: der Hauptgegner bleibt der Unterworfene, und um so mehr, wenn dieser nicht grundsätzlich vom Besitz ausgeschlossen ist, sondern erwerben kann oder gar bereits besitzt. Das dringende Interesse entsteht, den Enterbten machtlos zu halten, die Machtmittel der Bildung, der Organisation und des Besitzes ihm zu verschließen, ihm Rechte und Verantwortung nur so weit zu gewähren, als die Erhaltung des notdürftigen Gleichgewichts jeweils erfordert.

Die Frage der Besitzverteilung gewinnt an Bedeutung. Obgleich die

Ungleichförmigkeit der Verteilung die gerechtere Formung des Verbrauchs begünstigt, steigen zwei Begleiterinnen empor, die zum Schaden entscheiden; die eine, untrennbar mit dem Besitz verbunden und im künftigen Verlaufe je mehr in den Vordergrund tretend: die Macht; die andre, durch lange Überlieferung, jedoch vielleicht nicht für immer ihr anhaftend: die Erblichkeit. Vereinigt bilden sie die Macht der Klasse.

Haben wir diesen Zusammenhang erkannt, so werden wir niemals mehr für das freie Spiel der Kräfte, weder hinsichtlich der Ansammlung noch der Verteilung der privaten Vermögen, eintreten können.

Wir haben den Begriff der bildenden Erziehung gestreift und bemerkt, wie eine herrschende Klasse diese schicksalbestimmende Wohltat ihren Unterworfenen mißgönnen muß. Unsre Zeit, die im Umfassenden nicht nachzudenken wagt, weil sie das Wissen überschätzt und deshalb das Gestalten verlernt hat, verfügt über den Blick des Praktikers für naheliegende Unebenheiten. Sie kann nicht verkennen und ist müde zu bemänteln, daß an jedem Staatsbürger, dem von seiner Kindheit an die Bildungsmittel der Epoche vorenthalten werden, ein Raub geschieht; ein Raub am Menschen und ein Betrug am Staat. Unsre Zeit, um leichte Antworten nicht verlegen, hat sich entschlossen, einige Stimmen aufzurufen, die für die Gleichmäßigkeit der Erziehung, allgemeinen und gleichen Unterricht eintreten.

So wohlgemeint diese Absicht, so bedingt ist ihre Erfüllung. Auch wenn die Erfahrung schwiege, die in benachbarten Ländern seit Jahren sich darbietet, so müßten wir mutmaßen, daß diese unvermittelte jugendliche Annäherung der Stände den bürgerlichen Aristokratismus der Bildungsüberlegenheit nicht mildert, sondern schärft. Aus Mietspalästen und Vorstadthäusern werden die kleinen Klassenfeinde herbeigeholt und als Klassennachbarn untergebracht. Die einen gepflegt und standesbewußt, an wohlgesetzte Gespräche Erwachsener gewöhnt, von leidlichen Manieren, leichtem Ausdruck, im Besitz der zarten Bildungsansätze, die aus einer Umgebung von guten Büchern, Kunstwerken, aus Reisen und gelegentlichem Vorunterricht erwachsen, frisch, ausgeschlafen, gut genährt, körperlich geübt. Die andern so ziemlich das Gegenteil. Nun wird von ihnen eine neue Haltung, Sprache und Anschauung verlangt, sie sollen aus einem gewohnten Kreise heraustreten und mühsam neben dieser Verwandlung, die einen Teil der Kräfte und des Willens verzehrt, die neuen Kenntnisse erwerben, die den Gutgekleideten so leicht werden, ja die sie zum Teil schon besitzen. Verlegenheit und Hilflosigkeit treten hinzu, wandeln sich auch wohl in Starrköpfigkeit, wenn den kleinen Bürgern dunkel und schmerzlich der Abstand fühlbar wird, der sie und die ihren von den Glücklichen trennt. Nur ungewöhnliche Willenskraft und Begabung wird ihn unter dieser Belastung überbrücken und vielleicht ohne Ergebnis für das Lebensziel; die übrigen sinken nach kurzer Berührung zurück in tiefere Hoffnungslosigkeit, die nicht mehr dem äußeren Geschick allein, sondern der vermeinten eigenen Unzulänglichkeit die Schuld zumißt.

Ist hingegen Erziehung und Unterricht von der Einsicht getragen, die sich des Schwächeren und Mühseligeren annimmt, so muß die Neigung zum Fassungsmaß des Zurückgebliebenen verzögernd, verbreiternd, verflachend auf alle wirken. Die tötende Feindschaft der Schule gegen die Begabung, der klägliche Wirkungsgrad, die Weltfremdheit, die lederne Schrulligkeit des Unterrichts, die unsre Jugend vergällt haben und die aus der Unbefriedigung eines geizig behandelten und überbürdeten Standes fließen, diese Philistrositäten finden den berufenen Anlaß, den Bildungsstand weiterhin zu senken und geistiges Mittelstandswesen auszubreiten.

Nur auf der Grundlage ähnlicher Lebensumstände, Häuslichkeit und bürgerlicher Herkunft kann gleichartige Erziehung fruchten; auf dieser Grundlage ist sie sittliche Notwendigkeit; Klassengegensätze gleicht sie niemals aus, so sehr sie auch die Messungsebene herabdrückt.

Abermals finden wir uns zu einer Politik des wirtschaftlichen Ausgleichs aus sittlicher Notwendigkeit hingewiesen, und diese Bestimmung bekräftigt sich, sobald wir eine neue Spiegelfläche, das ökonomische Verhältnis des Staates zu seinen menschlich höchsten Aufgaben betrachten.

Die Staaten unsrer Tage sind tiefverschuldete Bettler. Die höchsten, allmächtigen Gebilde, die bestimmt sind, die Menschheitszweige unter dem Bilde der Willensorganisation darzustellen, die das Recht haben, jedes Hindernis, das einer reinen Willensentfaltung entgegensteht, niederzubrechen und in dauernder Wandlung sich und ihren Elementen die gültige Form, den zeitlichen Ausdruck zu schaffen, diese Gebilde, die auf der Erde uns das hohe Vorbild und die experimentelle Gewißheit kollektiver Geistesverschmelzung und übergeordneter Geisteseinheit geben: sie sind heute an die trivialsten aller Fragen, »was kostet es« und »langt es«, gebunden. Sie sind befangen in dem traurigen Wirtschaftskampf der Väter gegen die Söhne, der im Hintergrunde jeder Gesetzesvorlage gekämpft wird; der entweder endet mit neuen Steuern – die Väter opfern, damit die Söhne genießen –, oder mit neuen Schulden – die Väter verbrauchen, und die Söhne mögen zahlen. Beides ist mißlich, und es befestigt sich die unsinnige Anschauung, Staatsausgaben seien an sich ein Übel, der glücklichste Staat sei der billigste, Sparsamkeit am Nötigen sei kein Verbrechen, sondern eine Tugend, sittliche Aufgaben seien vom Klassenstandpunkt zu beurteilen. Arbeitslosigkeit, Not, endemische Krankheiten könnten ausgerottet werden – es kostet zuviel. Ein Teil des Volkes wohnt in menschenunwürdigen Räumen und könnte mit einem Aufwande von einigen hundert Millionen in Gartenstädten angesiedelt werden – woher das Geld nehmen. Die edelste Volksaufgabe der Erziehung liegt in den Händen schlecht bezahlter, zum Teil verdrossener Mittelbeamten; die ländliche Schulung ist mangelhaft – es fehlen die Mittel. Aufgaben der Wissenschaft, der Kunstpflege, der Menschenliebe treten heran – sie müssen privater Fürsorge, dem Kollektenwesen oder der planmäßigen Anzapfung bürgerlicher Eitelkeit überlassen werden.

Ein Dritteil der Kosten des europäischen Krieges hätte ausgereicht, um die Staaten auf ein halbes Jahrhundert wirtschaftlich souverän zu machen. Die Geschichte, die ihre Lehren streng und anschaulich austeilt, wird ihren Mund öffnen, wenn das Schlachtenwetter schweigt; sie wird in der Bildersprache der Folgen zu uns reden und die Folgerungen uns überlassen; dabei wird manch eins der Worte, die wir heute ausgiebig reden, mit verändertem Tonfall zu uns zurückkehren. Eine der Lehren aber wird unsern kleinbürgerlichen Parlamenten wohltun, die teils aus Mißtrauen gegen ihre beauftragten Regierungen, teils aus beruflicher Enge, teils aus Furcht vor dem Wähler den Staat als ein Geschäft mit beschränkter Haftung und beschränkten Mitteln verwalten möchten: die Lehre vom großen Einmaleins. Mögen die Mittel des einzelnen sich schmälern und den Taler zur Mark umschmelzen; um so mehr muß als Rechnungseinheit des Staates an die

Stelle der Million die Milliarde treten. Nur dann wird unser Gemeinschaftsleben nach innen und außen neue Kraft gewinnen, wenn wir uns entschließen, dem Gemeinwohl weitherziger zu dienen in den Zeiten der Beschränkung als ehedem im Überflusse.
Das Ziel aber ist der materiell unbeschränkte Staat. Er muß mit seinen Mitteln dem Bedürfnis vorauseilen, nicht nachhinken, nicht die Frage stellen »wie bringe ich auf«, sondern »wie bringe ich unter«. Er soll eingreifen können in jeder Not, zu jeder Sicherung des Landes, zu jedem großen Werk der Kultur, zu jeder Tat der Schönheit und der Güte. Auf des Staates Macht, Reichtum und Überschwang mag der Bürger mit stolzer Freude blicken, nicht auf seinen eigenen, beiseite getragenen, gespeicherten Mammon. Wer diese Umlagerung der Kräfte für grundsätzlich unmöglich hält, weil er Mißbrauch durch die Regierenden, Reptilienwesen, Umtriebe fürchtet, der mißtraut seinem Volk und sich selbst; seinem Volk, wenn er nicht an die gewaltige Schar derer glaubt, die dem Goldrausch widerstehen; sich selbst, wenn er für sich und seinesgleichen daran verzweifelt, eine Regierungsform durchzusetzen, welche die Echten und Starken zur Verantwortung führt. Nicht einen Tag lang wird eine Nation anders regiert, als sie regiert zu werden wünscht und somit verdient.
Soll nun der Staat wahrhaft im Lande der Reichste, der Spendende und Mächtige sein, so kann er es nicht auf Kosten der Armen werden. Wir wissen, daß die Summe der Güter, der Verbrauchsrechte jederzeit bemessen und begrenzt ist und daß es die tollste der Utopien bedeutet, wenn jemand glaubt, daß aus einer Umstellung der Ansprüche und Rechte an sich eine Steigerung der hochgespannten Weltproduktion hervorgehen kann. Was der Reiche an Rechten und Mitteln zuviel hat, ist das, was dem Staate fehlt, zwischen der Gemeinschaft und ihm besteht ein unüberbrückbarer Antagonismus des Besitzes.
Diesen Gedanken ernsthaft zu erwägen hat man sich immer wieder gescheut, obwohl er gefühlsmäßig aller Sozialreform zugrunde liegt, ja ihren gesundesten Kern bildet. Die Werbekraft des Sozialismus liegt nicht in der farblosen These von der Verstaatlichung des Kapitals, sondern in dem anschaulichen Endziel, daß, gleichviel auf welchem Wege, der übersatte Reichtum verschwindet und hiermit das Los eines jeden sich bessert. Diesen Kern in eine überflüssige Theorie zu verwickeln, sah man sich gedrungen, weil man der scheinbaren sitt-

lichen und wirtschaftlichen Widersprüche nicht Herr wurde. Wenn es jedem freistand, wenn es von den meisten erstrebt wurde und den Gesetzen nicht zuwiderlief, sich zu bereichern, so mußte es unehrlich scheinen, den Erfolgreichen seiner Arbeitsfrucht zu berauben. Auch schien es mißlich, sich bloßzustellen und für einen Grundsatz einzutreten, der dem eingewurzelt bourgeoisen Empfinden gerade der Umstürzler nach Unrecht, ja nach Wegelagerei, wo nicht nach unwissenschaftlicher Mißgunst schmeckte. Daneben glaubte man im stillen an die Unentbehrlichkeit des Reichtums für die Aufgaben der Kapitalbildung, der wirtschaftlichen und technischen Risiken, der großen Unternehmungen, des finanziellen Weitblicks. Diesen Bedenken konnte nichts Besseres geschehen, als untergetaucht zu werden in einer umfassenden Theorie, in der sie zwar nicht aufgelöst, doch jedenfalls unsichtbar gemacht wurden. Der Reichtum sollte getroffen werden, und somit wurde das Kapital verstaatlicht, mit dem er dann freilich dahinsank; aus dieser Verstaatlichung an sich sollte die Erhöhung des Arbeitswertes entstehen, die nichts, wie wir sahen, mit ihr zu tun hat; ungelöst und unlösbar aber blieb die Frage, wie die Gemeinschaft ohne Wettkampf, ohne innere Triebkraft, ohne Vergleichsnorm auf bürokratischem Wege das Grundprinzip ersetzen mag, ohne das selbst die große Natur die Aufgaben ihrer Entwicklung nicht lösen kann, das Prinzip des Daseinskampfes, der Auswahl, der Lust am Überwinden.

Die Lehre von der sozialen Freiheit wird, wenn endgültig erkannt ist, daß dem Ausgleich des Besitzes, somit der Beschränkung des Einzelreichtums, zugestrebt werden muß, das Problem bewältigen, und zwar durch entschiedene Trennung der drei Wirkungsformen des Vermögens: des Anrechts auf Genuß, des Anrechts auf Macht und des Anrechts auf Verantwortung. Wird diese Scheidung durchgeführt, so lassen sich Wirtschaftsformen finden, die innerhalb der herkömmlichen Eigentumsordnung den Forderungen der Freiheit, der Menschenwürde und Gerechtigkeit genügen und der Entwicklung Raum lassen. Noch immer bewegen wir uns im Bereich der Frage vom Besitzausgleich und empfinden nun, daß unmittelbare Gebote der Sittlichkeit die wirtschaftlichen Erwägungen überschatten.

Die Seele freilich erhebt für sich selbst keinen Anspruch auf zeitliches Glück, Macht und Ehren, sie verlangt für sich selbst keine irdische

Gerechtigkeit. Sie erwacht im Glück des Leidens, sie lebt in der Einsamkeit der Entsagung und erstarkt in der Seligkeit des Opfers. Dennoch ist Gerechtigkeit als Menschheitsbegriff ihr nicht fremd. Was wäre Barmherzigkeit, wenn man die Folge zöge, daß auch dem Nächsten die Entbehrung glückbringender ist als die Fülle? Was wäre Gerechtigkeit, wenn man sich anmaßte, seine Mitmenschen durch zugefügtes Unrecht zu stärken? Diese objektive Bedeutung dieser Tugenden ist, daß sie das Übel und die Schicksalslast der Welt aufsaugen, die feindlichen Lanzenspitzen auf das eigene Herz raffen und sättigen; doch weit sind sie entfernt, das Übel zu wollen oder zu schonen.

Wir werden da, wo wir binnen kurzem den persönlichen Anspruch des einzelnen auf seinen Anteil an den Gütern der Welt zu prüfen haben, erkennen, daß es bestenfalls mittelmäßige, weitaus elende menschliche Eigenschaften sind, die zum eigentlichen, nämlich zum genießenden Besitz ermächtigen. Hier aber waltet die Frage, was denn überhaupt einen Menschen zum Ausspruch berechtigt, ein Leben zu führen, das durch Anmaßung und Verwüstung, durch Absonderung und Ablehnung das Dasein und die Daseinskraft Ungezählter in Staub tritt. Alte Herrschaftsgewohnheit, die Schutz erteilte und im Austausch Vorrechte forderte, solche alsdann auf Weiber und Nachkommen erstreckte, bildet die alleinige Herkommensgrundlage repräsentativer und anspruchsvoller Lebensführung. Symbolischer Ausdruck dieses Zusammenhanges ist die Parodie altherrschaftlichen Zeremoniells, die vom neuen Reichtum affektiert wird; gekaufte Kanonen auf den Terrassen, Fahnen in den Vorräumen, gepuderte Diener auf den Treppenabsätzen, falsche Ahnenbilder an den Wänden, altertümliche Gebräuche der Tafel, der Empfänge, der Jagd; Wappen, Livreen, Pokale.

Heute hat niemand Schutz zu gewähren außer dem Staate, niemand Schutz zu empfangen außer von den Beauftragten des Staates und in seinem Namen. Mögen Gerichtshöfe, Magistraturen, Kirchenfürsten, Dynasten sich mit Prunk und Pomp umgeben, um das Vergangene zu ehren, dem Bürger ein gelegentliches Schauspiel zu geben und der Menge zu imponieren, mögen sie mit Takt versuchen, die Grenze des Mummenschanzes und der Komödie zu vermeiden; in unsrer Zeit wie in jeder früheren liegt die Würde des Menschen und der Stellung in der Verantwortung; wo diese sinnbildlich wird, entsteht das Repräsentative; Gebräuche und Zeremonien sind Symbole, die nur von der

Fortdauer der Kräfte, die sie abbilden, ihr Licht empfangen; sind diese erstorben, so bleibt die dürre Hülle der Formel und Etikette.

Die bürgerliche Wirtschaftsüberlegenheit des Wohlstandes jedoch beruht auf keiner Institution; wie manche andre starke Realität ist sie von Ursprung eine Nebenerscheinung, die so lange harmlos und unbeachtet blieb, als sie sich in mittleren Grenzen hielt und nicht in die Reihe der öffentlichen Wirkungen trat. Wenn ein östlicher Patriarch durch glückliche Zucht seine Herde verhundertfachte, so war das eine schöne Sicherung des Stammes und, solange andern nicht die Wasserplätze streitig gemacht wurden, Privatsache. Wenn ein mittelalterlicher Kaufmann im Spezereihandel erfolgreich war, so konnte er sich ein behäbiges Haus bauen, es mit Linnen und Gerät reichlich ausstatten und einen Silberschatz in seinen Truhen bewahren. In öffentliche Wechselwirkung trat sein Wohlstand nur dann, wenn er zur Begründung ständischer Vorrechte führte. Reichtum als sozial umgestaltende Macht tritt erst dann auf, wenn unter gesteigerter Bevölkerungsdichte die kollektive Organisation der Wirtschaft sich zum Kreise lückenloser Wechselwirkung schließt. Dies geschah vereinzelt im späten Rom, in vollem Umfang und ungestört seit Beginn der mechanisierten Epoche, die man einseitig als die kapitalistische bezeichnet. Heute leben wir, wirtschaftlich betrachtet, in der gesamten zivilisierten Welt unter der Herrschaft einer gewaltigen Plutokratie, die in einzelnen Staaten sich der gesamten politischen Gewalt, der Bestimmung über Recht und Verfassung, über Krieg und Frieden bemächtigt hat, in andern den unmittelbaren politischen Einfluß mit herkömmlichen Mächten teilt, während sie den Arbeitsaufbau der Länder schrankenlos besitzt.

Es wäre ungerecht, die Leistungen der plutokratischen Weltmacht zu verkennen. Sie hat die Bewegung der Mechanisierung vollendet, sie hat die zivilisierte Erde im Laufe weniger Geschlechter maßlos bereichert, sie hat der Verteidigung der Staaten gewaltige Mittel geliefert und dadurch, entgegen ihrem innersten Wesen, den Nationalismus gestärkt. Sie hat, zumal in den Zeiten ihres Aufstiegs, in weitherziger Auswahl starke Geister der Nationen in sich aufgenommen, sie hat ihnen und dem Gesamtgeist der Völker das mechanistische, rationalistische und unternehmermäßige Denken aufgezwungen, das patriarchalische, feudalistische und zünftlerische Denken abgewöhnt und hiermit eine neue, wirkungsvolle, freilich nicht minder einseitige

Geistessphäre geschaffen. Sie hat mitgewirkt, die Weltpolitik wirtschaftlich auszurichten, und unwissentlich die Gegensätze so gewaltsam gesteigert, daß ihr selbst nachgerade durch Reihen nationaler Katastrophen Gefahren drohen. Im Zusammenhange der politischen Forderungen wird diese Wirkungsreihe erörtert werden; hier bleibt die höhere, die sittliche Frage gestellt und mit abschließenden Sätzen zu beantworten.

Plutokratie ist Gruppenherrschaft, Oligarchie, und von allen oligarchischen Formen die verwerflichste, denn sie ist an keine ideale Anschauung, an kein Sakrament gebunden. Die alten Theokratien des Ostens nahmen ihr Recht von der Gottheit; sie verloren dieses Recht, indem sie sich in Priesterpfründen verwandelten. Die griechischen Aristokratien beriefen sich auf den Herrenanspruch der Göttersöhne. Durch erbliche Pflege königlicher Gesinnung und leiblicher Schönheit behauptete der Adel der Eroberer seine Obmacht über die Niederung der Urstämme, bis er durch Vermischung in ihr aufging. Der Bauernadel der Römer herrschte durch den Alleinbesitz des Staatsgedankens und Kriegertums; er wurde abgelöst durch einen neutralen, ideallosen Beamtenadel, dann folgte Vermischung der Rassen und Untergang. Die mittelalterliche Kirche wurde zur organisatorischen Oligarchie, als sie die Macht des Glaubens in eine heidnische Welt zu tragen berufen war. Nach der Bekehrung Europas wandelte sich diese Sendung in Staatspolitik, und ihre Trägerin betrat den Weg, der sie von einer Weltmacht zur staatlich anerkannten internationalen Organisation herabführte. Der europäische Feudalismus ruhte auf dem Idealbegriff der Gefolgschaftstreue, zu dem die Verantwortung für die beherrschte Urschicht des Landes und späterhin die Glaubenspflicht sich gesellte. Das Christentum wurde zum Gemeingut, die Bevölkerung verschmolz, der Feudalismus wich der Territorialherrschaft und zum Teil der Demokratie, und Adelsherrschaft konnte sich nur da behaupten, wo sie den Idealbegriff der Königstreue, des Kriegertums und des ländlichen Patriarchats sich rettete, vornehmlich im slawogermanischen Norden und Osten.

Plutokratie hingegen wirkt nicht durch gemeinschaftliche Ideale, sondern durch gemeinschaftliche Interessen. Nicht als Erobererstamm, nicht als Glaubensgemeinschaft hat sie sich vereint erhoben, sondern einzeln, Mann für Mann ist sie aus den Schichten der Nationen durch wirtschaftliche Auslosung der Sonderbegabung, des Zufalls, des geglückten Risikos hervorgetreten. Sie will nichts als ihre Erhaltung und Bereicherung, sie ist zu keiner andern Gemeinschaft der Anschauung gedrungen oder verpflichtet; ihre Kraft liegt im Opportunismus. Sie ergänzt sich durch Erblichkeit und, im klaren Erfassen ihres Interesses, soweit als irgend nötig, durch Kooptation; die Vorliebe des Vaters wird durch die Klugheit des Sozius gebändigt. Von geistigen Potenzen vererbt sie zunächst Bildung, sodann eine gewisse wirtschaftliche Einsicht und Unternehmerschulung, die sich durch frühzeitige Einwirkung der Umgebung und häusliche Überlieferung fortpflanzt. Ohne dauernden Zutritt frischen Blutes hätte diese Fortwirkung freilich keinen Bestand, denn die Gewohnheit üppigen Lebens und intellektueller Einseitigkeit auf der einen, die äußere Nachahmung aristokratischer Gebräuche auf der andern Seite scheidet in jeder Generation Existenzen aus, die teils erschlaffen, teils, wie der Ausdruck lautet, sich ruinieren.

Die zeitweilige Aufnahme neuer, das gelegentliche Ausscheiden angestammter Elemente nimmt der plutokratischen Kaste nicht die Eigenschaft einer geschlossenen Einheit. Geringem Wechsel und Austausch ist jede Oligarchie unterworfen, und die hier beobachtete Bewegung bleibt wirkungslos, weil der Zuwachs unter streng beobachteter Auswahl sich stets auf die eng benachbarten Stände, nicht auf das ganze Volk erstreckt, weil die Gleichartigkeit der Lebensauffassung eine Vorbedingung bildet und weil die erblich gefestigten Elemente das Übergewicht der Tendenzen aufrechterhalten, ja sogar durch feudalistische Nachahmung sie zum Mißbegriff eines Geldadels umgestalten und versteinern.

Solange menschliche Unvollkommenheit die Abstufung der Fähigkeiten, Gesinnungen und Seelenkräfte zu den äußersten Gegensätzen steigert, wird jede Gesellschaftsordnung die gleichen Gegensätze in der Schichtung ihrer Verantwortungen, Bedürfnisse und Ansprüche zeigen. Wie auch immer die Form und Lagerung dieser Schichten auftreten mag, stets wird eine Ähnlichkeit mit oligarchischen Gebilden aufweisbar sein. Der Verschiedenheit sittlicher Auffassung bleibt es vorbehalten, ob man diese Ordnung will oder ob man sie erträgt, ob man die Gegensätze steigert und verewigt, indem das Vorrecht der Zugehörigkeit geschlossen, das Maß der Rechte erweitert und durch das Band der Erblichkeit gefestigt wird, oder ob man der Ausgleichsbewegung Raum gibt, die Ungleichheit der Rechte beschränkt und jedem Menschengeiste den Aufstieg offenhält. Dann strebt die Entwicklung dem Indifferenzpunkte zu, der den Begriff des Aristokratismus gleichzeitig erfüllt und auslöst: wenn nämlich die stärksten und edelsten Naturen, gleichviel welcher Herkunft und Gestalt, die Verantwortung für ihre Brüder tragen; dann bleibt die Oberschicht geschlossen in ihrer Natur und dennoch im beständigen Wechsel ihrer Substanz; der Name der »Herrschaft der Besten« ist gerechtfertigt und unsre Vorstellung einer Kastenwirtschaft vernichtet.

Schwerlich haben diesen Idealzustand die im Auge, welche in ästhetisierender Neigung mit dem Blick auf Athen und Venedig uns eine gebildete und gesinnungsvolle Erbschicht als Endziel hinstellen. Oligarchie, sofern nicht im Sinne des Wortspiels der Begriff im Indifferenzpunkte aufgehoben werden soll, erbliche Oligarchie verträgt sich nicht mit der Würde und Freiheit menschlichen Anrechts und kann niemals einen sittlichen Idealbegriff dem Denkenden bilden, der sich zur Lehre vom Aufschwung aller Seelen bekennt.

Die plutokratische Oligarchie jedoch nähert sich dem indifferenten Grenzbegriff in keinem Sinne; ihre Einrichtung müssen wir als sittlich unzulänglich bezeichnen. Auch wenn wir die Ungleichheit der Ansprüche hinnehmen und im Gegensatz zum Sozialismus in der Vielfältigkeit der Bedürfnisse, in der Verfeinerung, deren eine geistige Existenz bedarf, in der Farbigkeit, die ein künstlerischer Hang zu seiner und andrer Freude anstrebt, eine Grundlage der Weltkultur erblicken, so können wir das freie Spiel der Kräfte, das auf dem Boden unsrer Wirtschaftsordnung gleichsam als unbeabsichtigte und unbesprochene Nebenwirkung die erbliche Plutokratie erbaut, nicht hinnehmen. Das Menschendasein ist nicht geschaffen, um nach vorausbestimmtem Schicksal unter die Zufallsmächte gebeugt zu werden, die aus dem willkürlichen Spiel des fessellosen Wirtschaftskampfes emporsteigen. Besitzverteilung ist ebensowenig Privatsache wie Verbrauchsanrecht. Wir haben keinen Grund, nach dem Eisenbartrezept des Sozialismus das tausendjährige Gebäude organischer Arbeit zu zerbrechen, um polizeilichen Bürokratismus an die Stelle des Wettkampfes, verbreitertes Speisemarkenwesen und gehobenes Armenrecht an die Stelle bürgerlicher Freiheit zu setzen; doch von neuem und endgültig sehen wir uns zu einer Reformation gewiesen, die ein neues Reich sozialer Freiheit auf der Grundlage gerechteren Verbrauchsanspruchs, gleichmäßigerer Besitzverteilung und kräftigeren Staatswohlstandes erbaut.

Eine Zwischenschaltung, die den Kreis des Vorausgegangenen schließt, indem sie den letzten Widerspruch zwischen Schluß und Anfang beseitigt, möge zu den folgenden empirischen Erwägungen überleiten.

Der überflüssige Verbrauch erreicht, wie wir gesehen haben, einen Mindestbetrag in dem theoretischen Grenzfalle, wo alles Vermögen sich in einer Hand befindet. Besteht nun die Gefahr, daß bei erhöhtem Gleichmaß des Besitzes sich dieser Verbrauch dermaßen steigert, daß die nötigen Rücklagen für Erweiterung und Erneuerung des Weltbetriebes gefährdet werden?

Diese Gefahr besteht nur bedingt. Zweifellos wird der Durchschnittsverbrauch an solchen Gütern, die zur Lebenserhaltung und Lebenserhöhung beitragen, sich steigern; doch dieser Aufwand wird erfahrungsgemäß zurückerstattet durch Arbeitsmaß und Arbeitsgüte. Vermindert wird der Aufwand des großen Luxus selbst dann, wenn der Gemeinschaft das Recht zu hohem und glanzvollem Schaffen und Walten gewonnen wird. Der einzelne wird, wenn Neigung ihn unwiderstehlich zu prächtigen Entfaltungen zieht, durch Beschränkung des alltäglichen Bedarfs das Gleichgewicht einstellen. Als störende Möglichkeit verbliebe eine allgemeine Zersplitterung der Mittel in überflüssigem Kleinkram und banalem Putz. Die Macht des wirtschaftlichen Gewissens, dessen Erweckung Ursache und Folge der neuen Epoche zugleich sein wird und von dem wir im Zusammenhange der Wirtschaftsethik zu handeln haben, wird eine grenzenlose Verachtung unsres Männer- und Weiberspielzeuges der sittlichen Menschheit einpflanzen und Kram, Tand, Imitation, Novitäten, Galanterie-, Scherz-, Mode- und Spezialartikel und was sonst mit greulichen Namen unwürdige Dinge bezeichnet, wilden und halbzivilisierten Völkerschaften überlassen. Der gewaltige Teil der Weltarbeit, den Ungezogenheit und Mißgeschmack heute vernichtet, wird gerettet. So wird ein zweites und neues Minimum des überflüssigen Verbrauchs auf natürlicher und sittlicher Grundlage in der Wirtschaftsform des ausgeglichenen Besitzes geschaffen, und es tritt hervor, daß unsre bestehende gegensatzreiche und plutokratische Wirtschaftsverfassung auch deshalb ihr Urteil verdient, weil sie den Verbrauch mißleitet.

Wir betreten das Gebiet der Praxis. Doch bevor wir dem Aufbau der neuen Ordnung uns zuwenden, liegt es ob, den herrschenden Anspruch auf Bevorzugung zu prüfen, den heute der einzelne gegenüber dem Gesamtbesitz und Gesamtverbrauch persönlich zur Geltung bringt. Wenn wir erwogen haben, wer diesen Anspruch auf Reichtum und Vermögen erhebt; mit welchem sittlichen Recht er die Gewährleistung der Gesellschaft und des Staates verlangt, welchen Schutz die Gemeinschaft bisher gegen Überforderung und Unrecht sich geschaffen hat, so werden wir deutlicher die wirtschaftlichen und sittlichen Grundlagen einer freieren und gerechteren Ordnung überblicken.

Wer ist reich und mit welchem Recht? Wer darf sagen: Aus dem Gesamtvermögen und Ertrag der Welt gebührt mir das Zehnfache, Hundertfache, Zehntausendfache dessen, was der Durchschnitt der Menschheit besitzen und verbrauchen darf? Woher stammt persönlicher Reichtum, und wie wird er erworben?

Die Entstehung der Vermögen in der Vergangenheit soll uns hier nicht beschäftigen; genug, daß sie durch Erbgang auf ihre heutigen Träger herabgekommen sind, bei diesem Begriff der Übertragung werden wir später verweilen. Zuvor behandeln wir die Ansammlungen der Gegenwart.

Ist Reichtum Ersparnis? Bei der Kürze des menschlichen Lebens kann aus regelmäßigem Arbeitseinkommen zur Not ein mittlerer Wohlstand erspart werden; die Einkünfte, die sich zum Reichtum aufhäufen lassen, sind nicht Arbeitsvergütungen, sondern Gewinne andrer Kategorien. Die Volksmeinung, daß man durch Sparsamkeit an sich reich werden könne, ist irrig.

Möglich, jedoch nicht häufig ist die Bereicherung durch Fund. Schatzgräberei frommt unsrer Zeit nicht mehr, es sei denn um der Wissenschaft willen, und die Entdeckung Rembrandtscher Werke in Trödelläden bereichert vornehmlich den Zeitungsschreiber; doch der Fund mineralischer Schätze hat die afrikanischen, die kanadischen und manche deutsche Vermögen geschaffen.

Damit gemeinhin Reichtum entstehe, müssen Tausende bewogen werden, einen Teil ihres Besitzes herzugeben; dazu sind sie nur dann bereit, wenn ein dringender Wunsch ihnen nur gegen dieses Opfer erfüllt werden kann. Diesen dringenden Wunsch, mag er verständig oder töricht sein, nennt man einen wirtschaftlichen Bedarf; wer reich werden will, muß einen allgemeinen Bedarf befriedigen. Doch dieser Vorsatz genügt nicht: denn der Wettbewerb ist zur Stelle; er reißt einen Teil der Bedarfsdeckung an sich und verkleinert den Nutzen, und schließlich erntet der Unternehmer statt der erhofften Schätze nur eine mäßige Rente oder ein mittleres Arbeitseinkommen.

Die Aufgabe der Bereicherung wird also nur dann gelöst, wenn der Unternehmer den Wettbewerb beschränken, den Nutzen nach Gutdünken bemessen oder den Kreis der Opferwilligen beliebig ausdehnen kann. In diese Lage bringt ihn nur das anerkannte oder erzwungene Monopol.

Der glückliche Erfinder nutzt das Monopol des Patentes oder des Fabrikgeheimnisses. Wer seine Erfindung nachahmt oder seinen Werkmeister besticht, wird bestraft.

Der Bergbau einzelner Mineralien bereitet ein natürliches Monopol; wenn nämlich die Fundstellen selten oder beschränkt sind.

Die Großbank, das Warenhaus, die industriell verzweigte Riesenunternehmung übt das Monopol des Vorsprungs. Wer es ihnen gleichtun wollte, müßte viele Jahre mit gewaltigen Mitteln und langdauernden Gewinnausfällen konkurrierende Organisationen auszubauen suchen, und es gibt wenige, die solchem Versuch ihre Kapitalien anvertrauen.

Chemische Industrien stützen sich auf das Monopol der Lage: oftmals gibt es nur einen geographischen Schwerpunkt in günstiger Entfernung der Rohstofflager, der Kraftquellen, der Arbeitskräfte und der Absatzgebiete.

Der große Tenor trägt das Monopol der Seltenheit in seiner Kehle; die Opernhäuser sind zahlreicher als die gutgebildeten hohen Männerstimmen.

Verbände und Syndikate erzwingen das Monopol der Kartellierung, indem sie die Gesamtheit einer Industrie einheitlicher Geschäftsführung unterstellen und den Wettbewerb ausschließen.

Der Besitzer eines Zinshauses zehrt von dem Monopol großstädtischen Bodens: gewisse Geschäfte und Personen sind auf Räume in bestimmten Stadtteilen angewiesen; die Nachfrage wächst, der Platz bleibt beschränkt.

Der Modelieferant lebt vom Monopol seines Namens, denn es gibt Leute, die betrübt sind, wenn ihr Hut oder Regenschirm eine andre als die bevorzugte Firma aufweist.

Der Besitzer einer Bahn, eines Wasserwerks, eines Hafens erhält sein Monopol unmittelbar vom Staat oder von der Gemeinde; das Recht, das er ausübt, nähert sich dem Hoheitsrecht.

Diese und zahlreiche andre Monopole machen reich; andre Wege zum Reichtum gibt es nicht. Denn Spiel, Risiko und Spekulation gleichen, wie es im Wesen der Wahrscheinlichkeitsrechnung liegt, bei längerer Dauer ihre Ergebnisse aus, und die seltenen Fälle, in denen der Gewinner durch rechtzeitigen Abschluß oder Tod seinen Raub sichert, können außer Ansatz bleiben.

Befragen wir über das Recht oder Unrecht der Monopolbereicherung unser unbefangenes inneres Gefühl, so empfinden wir: In der erzwungenen Beitreibung, in ihrer willkürlichen Bemessung, in der rücksichtslosen Machtstellung des einzelnen gegenüber den vielen liegt ein Unsittliches.

Gemildert erscheint es im Monopole des Vorsprungs und der Technik, zumal wenn es nicht von einer Person, sondern von einer Genossenschaft ausgeübt wird, denn hier ist der Nutzen des Geleisteten erkennbar, und trotz der Ausnahmestellung des bevorrechteten Organs kann ein bedeutender Vorteil für die Gemeinschaft gegenüber der Zersplitterung gegeben sein.

Um so unerträglicher tritt das Monopol hervor, je unverdienter es erworben, je müheloser es gehandhabt, je zügelloser es genutzt wird; und so ist das Monopol des grundbesitzenden Großstadtrentners eines der wenigst erfreulichen.

Zugleich wird ersichtlich, daß es nur weniger Handgriffe der gesetzlichen Ordnung bedarf, um alle Quellen des persönlichen Reichtums zu regeln und, wenn es nötig scheint, zu schließen. Diese Frage der Pragmatik behalten wir dem Abschluß der wirtschaftlichen Erörterung vor; zunächst muß nun die zweite und entscheidende Seite des Anspruchs auf Reichtum uns beschäftigen.

Nur ein geringer Teil des heutigen Wohlstandes ist vom Besitzer erworben; die weitaus überwiegende Menge der Vermögen ist ererbt.

Wenn die Betrachtung des erworbenen Reichtums, zurückgeführt auf die wahren Quellen des Ursprungs, ein inneres Gefühl des Unrechts uns erweckt, so versagt dieses Gefühl gemeinhin bei der Kritik des Erbes; die Geschlechterfolge des Besitzes erscheint dem heutigen Empfinden als ein Unantastbares. Diese Erkenntnis nötigt zur Einschaltung einer methodischen Vorbemerkung.

Alles gesellschaftliche und politische Fortschreiten geht hervor aus dem Kampf zwischen Überlieferung und Neuerung. Keine Zeit hat so sehr wie die unsre sich der Neigung hingegeben, diesen Gegensatz zu vertiefen, mit der deutlichen, doch unterbewußten Tendenz, für das Überlieferte Partei zu nehmen, wie es allen unschöpferischen Epochen eigen ist.

Und dennoch besteht der Gegensatz nur in der Betrachtungsrichtung, nicht im Absoluten: das Revolutionäre von heute ist das durch Überlieferung Geheiligte von morgen, und das Reaktionäre von heute ist das Revolutionäre von gestern. Stellt man somit dem Überlieferten, als einem gleichsam durch Naturkraft organisch Erwachsenen, das Neuerliche als ein Willkürliches, dogmatisch Erklügeltes, auf keinerlei Erfahrung und berechtigte Eigenart Gestütztes entgegen, so findet eine Verwechslung statt: die Verwechslung zwischen den Eigenschaften der Entwicklungskontraste und den Eigenschaften der Menschen, in denen sie sich verkörpern. Es wird verwechselt die Art der erhaltungliebenden Menschen mit der Art des Überlieferten, und die Art des Neuerers mit der Art der Neuerung.

Die Neuerung, wenn sie Tatsache wird, ist genauso organisch, genauso aus der Natur der Menschen und Umstände erwachsen wie die Alterung; sie selbst wird in kurzem Gewohnheit, Überlieferung, ehrwürdiges Altertum und überholte Veraltung sein. Dagegen ist freilich der Mensch, der mit seiner Neigung am Überlieferten hängt, ein andrer, als der das Neue verkündet und schafft. Der eine stützt sich auf Erfahrung und liebevolles Beobachten des Bestehenden, zuweilen wohl auch auf liebgewordene Vorrechte und Vorurteile, der andre auf die Kraft des Bedürfnisses, auf die Gabe des Schauens und auf Ideale, gelegentlich auf eigene Unzufriedenheit und persönliche Wünsche. Die Tugenden des einen sind Treue und Verständnis, die Tugenden des andern sind Schöpferkraft und Intuition; die Gefahren des einen sind Borniertheit und Trägheit, die Gefahren des andern Dogmatismus und Leichtfertigkeit.

Von diesen Gefahren trägt fast jede Neuerung etwas an sich, sie erscheint zuerst dogmatisch, rationalistisch rücksichtslos, ohne zureichendes Verständnis für berechtigte Eigenart. Doch bald sind durch den Gebrauch diese Kanten abgeschliffen, die scharfen Farben tönen sich, das Werkzeug schmiegt sich in die Hand. Ein Wunder, so sagen die Orientalen, währt nicht länger als drei Tage.

Berechtigte Abneigung gegen Volkslaster und Greuel, verbunden mit dem tiefgewurzelten Hang der Slawogermanen zu bequemer Beibehaltung, verführt unsre Geschichtsbetrachtung, in jeder plötzlichen Neuerung verbrecherischen Umsturz zu sehen. Mit Recht ist unserm Empfinden die Bewegung der großen Französischen Revolution fremd; und dennoch sind in ihren erregten Nächten bedeutende Grundbegriffe der kommunalen Verwaltung, der Volkserziehung, der Volkswehr aus reinen Erwägungen der Vorstellungskraft entstanden. Unser deutsches politisches Fühlen ist monarchisch, und hierin liegt eine seiner wenigen Stärken; wir sind leidenschaftlich geneigt, jede republikanische Bestrebung als Hochverrat auszurotten; immerhin ist es gut, daß uns genügende Objektivität bleibt, um nicht in jedem Schweizer einen Nachkommen von Königsmördern und pietätlosen Nihilisten zu sehen und den Deutschen, der etwa in Basel sich ansiedelt, als Jakobiner zu verfolgen.

Unter dem allgemeinen Blick der geschichtlichen Bewegung erscheint somit der subjektive Gegensatz der Überlieferung und Neuerung als verzögernde Kraft, als physisches Trägheitsmoment. In der Ökonomik der Weltgeschichte fällt dem Traditionalismus die Aufgabe zu, Stetigkeit der Bewegung zu wahren, das Schleudern des Wagens zu verhindern, willkürliche Experimente einzuschränken. Aber es darf niemals vergessen werden, daß diese Kraft eine negative ist. Konservativismus ist scheinbar Bejahung des Bestehenden, in Wahrheit aber Verneinung des Lebens und seines Wachstums.

In einer Betrachtung, die künftigen Dingen gewidmet ist, muß diese Einstellung stets von neuem vorgenommen werden. Auch aus ihrer negativen Richtung haben wir zu lernen; sie gibt uns die Frage auf: Welches Kriterium unterscheidet zwischen den Begriffen der utopischen Phantasterei und der organischen, wenn auch grundsätzlichen Neuerung?

Nicht die Praxis kann hier entscheiden, denn auch das Unvollkommene, selbst das Widersinnige ist eine Zeitlang in der Praxis möglich. Es entscheidet ausschließlich die Stärke und Einheit der Gesamtanschauung. Tritt ein Widerspruch auf zwischen der Weltanschauung und einem erworbenen Gefühlsmäßigen der Einzelanschauung, so hat diese zu weichen. Über die Gesamtanschauung jedoch entscheidet nicht der Richterstuhl der Generation, sondern der Areopag der Zeiten.

Von dieser Seite kehren wir zurück zur herrschenden Gefühlsauffassung des Erbes und nehmen uns das Recht, ihr zu Leibe zu rücken.

Im Gegensatz zu der Bereicherung durch Monopole und Spekulation, die einen Gefühlston des Widerstrebens in uns auslöst, erscheint dem gemeinen Empfinden die Bereicherung durch Erbschaft an sich nicht verwerflich.

Wir sehen die Rennplätze und Vergnügungsorte einer Großstadt angefüllt von gutgewachsenen, selbstbewußten jungen Männern, die in einer Stunde für ein Pferd oder eine Tänzerin mehr Geld ausgeben, als ein armer Student, ein Dichter oder Musiker für den Lebensunterhalt eines Jahres ersehnt; ihre Ansprüche an die Leistung des Landes übersteigen den Aufwand eines Ministerpräsidenten und Kanzlers. Die Gegenleistung besteht in Genuß und Repräsentation. Nach Maßgabe seiner Gesinnung und Interessen behandelt sie ein jeder mit Höflichkeit, Achtung, Unterwürfigkeit, und sie antworten korrekt, leutselig, herablassend. Sie halten es für selbstverständlich, daß der junge Gelehrte oder Kaufmann bescheiden ihnen Platz macht, wo sie als Spendende oder Bestellende auftreten; das Volksbewußtsein findet ihr Auftreten gelegentlich anmaßend, ihre Untätigkeit bedauerlich, sieht aber in der bevorzugten Lage etwas Unabänderliches, den Ausdruck eines geheiligten Herkommens von erblichem Glanz und erblicher Macht.

Hart beurteilt wird die Dirne, die, von einem reichen und alternden Manne als Witwe hinterlassen, sich in fürstlichem Aufwand gefällt. Man wirft ihr die Herkunft vor, bestreitet ihr aber nicht das Recht, die Einkünfte einer Herrschaft zu verprassen, denn sie verfügt über ihr Erbe.

Ein industrieller Machtbesitz geht auf einen mündigen, aber unbefähigten Sohn über. Generaldirektoren machen ihm submisseste Berichte, suchen sich seinen Liebhabereien anzupassen, erbitten Gehaltserhöhungen und Vollmachten; eine Schar ergrauter Werkleiter schart sich um den Wagenschlag des jungen Herrn.

Ein wohlhabender Mann stirbt, hinterläßt eine Frau und vier Kinder. Alle fünf beschließen von ihren Renten zu leben; die Kinder heiraten Männer und Frauen, die in gleicher Lage sind, und der Staat ist um vier Familienstämme bereichert, die ein Jahrhundert lang nichts schaffen, außer daß gelegentlich ein Nachkomme Kunstgeschichte oder Diplomatie studiert.

Wieviel gesunde Männer unter sechzig Jahren leben in einem zivilisierten Lande von ihren Renten? Wieviel junge Männer begründen ihre Existenz auf die Ehe mit einer Erbin?

Wieviel unproduktive Familien hat ein Land von Geschlecht zu Geschlecht zu ernähren?

Alle diese Erscheinungen sind weit entfernt, im Gewissen der Gemeinschaft einen Gefühlston von Unrecht auszulösen; sie können gelegentlich als ungefällig, doch seltsamerweise nicht als unsittlich gelten.

Man lasse jeden Kultureinwand aus dem Spiel. Die Lebensansprüche der Unproduktiven, an die Schaffenden aufgeteilt, würden höhere kulturelle Aufgaben erfüllen; die Arbeitskräfte der Unproduktiven, in den Dienst der Gesellschaft gestellt, würden neue geistige und wirtschaftliche Werte schaffen.

Tief eingewurzelt durch die Gewohnheit der Jahrhunderte ist der Sittenbegriff des Erbes, und so hat die Welt nicht gefühlt, daß längst die Substitution des Grundes eingetreten ist und die Voraussetzungen verschoben hat.

Geräte mögen in Urzeiten ebensohäufig dem Verstorbenen ins Grab gegeben wie vererbt worden sein. Sie waren Ausstattungsteile des Menschen und seiner Hütte, überlebten das Geschlecht und bildeten Attribute des kollektiven Individuums, der Familie. Das gleiche mag von Herden gegolten haben, deren animalische Geschlechter in Parallelismus zu den menschlichen erwuchsen; ähnliches vom Acker und Ackergerät, sobald die Einzelwirtschaft sich abgesondert hatte und der Familie die Aufgabe der fortgesetzten ländlichen Pflege zufiel.

Macht, Ansehen, Kriegstum und Vorrechte vererbten sich auf der Grundlage der Volksschichtung. Der unterworfene, somit entadelte Stamm durfte niemals mehr herrschen oder sich selbst bestimmen; der Schutz nach außen, die Adelsgewalt nach innen konnte nur durch Vererbung sich erhalten. Priesterweihen, Königtum, Standesrechte wurden in diesen Erbwandel einbezogen.

Aus der Epoche der feudalen Erblichkeit löste sich unmerklich die Epoche des Kapitalismus, und ohne Prüfung der Sache und des Gewissens fiel ihr kraft Überlieferung und mangels andrer Analogie von selbst der unzerstörbare Charakter der Erblichkeit in den Schoß. Die Wesensgründe waren verblaßt; während erblicher Adel Rechte und Pflichten umfaßte, Schutz und Dienste von Geschlecht zu Geschlecht verlangte und gewährte, bot erblicher Reichtum nur Rechte, nur Macht und Genuß und erwiderte nichts.

Die staatliche Gemeinschaft der Römer empfand zuerst und unbewußt die gewaltige Paradoxie, daß ein Toter als Wollender, als willkürlich Spendender von Macht, Land, Geschäft und Genußrecht auftritt, und begegnet ihr mit der genialen Kasuistik ihrer Rechtsstrukturen, bis endlich ein wo nicht organischer, so doch organistischer Aufbau das fragwürdige Fundament bedeckte. Und bis auf den heutigen Tag setzt der Staat jedes zivilisierten Landes seine Macht und sein Ansehen dafür ein, daß ein Verstorbener gegen Lebende recht behält, daß jede seiner gesetzlich zulässigen Schrullen Geltung findet, daß ein unbekannter, ferner Verwandter am Nachlaß beteiligt wird, daß von aufgespeicherten Schätzen und Rechten, deren Anhäufung bedenklich genug war, den beliebigen, durch Herkommen und Bestimmung geschützten Erben nicht ein Titel verlorengeht. Wenn es heute einem Manne gelänge, den letzten Fußbreit Bodens, alle Kunstwerke, alle Schriften eines Landes in seine Gewalt zu bekommen und er dem Staat nichts ließe als ein paar Landstraßen und Verwaltungsgebäude, so würde dieser Staat, sofern einige Formeln ausgefüllt und einige Abgaben bezahlt werden, alle verfügbaren Kräfte aufbieten, um diesen Machtkomplex ungeschmälert in die Hände eines noch so übel beleumundeten Universalerben zu überführen, und ihm das Recht gewährleisten, Ländereien abzusperren und brachzulegen, Landschaften zu schänden, Werke stillzulegen, Arbeiter brotlos zu machen, Denkmäler zu vernichten — sofern dieser Staat sich nicht entschlösse, durch Sondergesetze die Paradoxie der Erblichkeit anzutasten.

Diese Erwägung genügt, um uns zu versichern, daß unter den unantastbaren, jeder Kritik enthobenen Gütern der Menschheit der Sittenbegriff der Güter- und Machtvererbung keinen Platz findet. Er mag uns gewohnt und vertraut sein; sakrosankt ist er nicht, sondern ledig-

lich eine vorherrschende, ungeprüft hingenommene ethnologische Eigenart. Seine Grundlagen haben sich verschoben, seine Folgerungen führen zum Widerspruch.
An diesem Sittenbegriff aber hängt das ganze Wesen unsrer gesellschaftlichen Schichtung, die ganze unveränderliche, leblose Starrheit der nationalen Kräfteverteilung. Das lebendige Auf- und Niedersteigen des Lebens, das die Natur beherrscht, der organische Wechsel dienender und bestimmender Glieder, das spendende Spiel der goldnen Eimer erstarrt vor dieser Schicksalsmacht der Geschlechter, die Menschenwerk ist. Sie verurteilt den Proletarier zu ewigem Dienst, den Reichen zu ewigem Genuß. Sie bürdet die Verantwortung auf den Müden, der sie verleugnet, und erstickt die Schaffenskraft des Unverbrauchten, der die Verantwortung ersehnt. Die zähe Ölschicht des Herkommens lagert sich trennend zwischen die wahlverwandten Lösungen, die sich zu durchtränken streben, und steigert die Spannung eines unbetätigten Willens.
Die Anfänge eines neu sich bildenden Sittenbewußtseins haben wir wahrgenommen. Es findet sich ein Winkel unsres Empfindens, der nicht mehr bereit ist, die Ansprüche auf materiellen Weltanteil, wie sie aus dem freien Spiel der Kräfte in den respektierten Neutralgebieten des Sachrechts und Handelsrechts sich entwickeln, ungeprüft hinzunehmen. Zu den unsittlich sich färbenden Ansprüchen des Spekulanten und des Monopolisten gesellt sich der Anspruch des verdienstlos auf sein Herkommensrecht pochenden Massenerben.
Wir haben den Wirtschaftskreis des Verbrauchs, des Besitzes und des Anspruchs umschritten und dürfen die gewonnenen Wertungen in grundsätzlicher Form dem Gedächtnis einprägen.
1. Der Gesamtertrag menschlicher Arbeit ist zu jeder Zeit begrenzt. Verbrauch, wie Wirtschaft überhaupt, ist nicht Sache des einzelnen, sondern der Gemeinschaft. Aller Verbrauch belastet die Weltarbeit und den Weltertrag. Luxus und Absperrung unterliegen dem Gemeinwillen und sind nur so weit zu dulden, als die Stillung jedes unmittelbaren und echten Bedarfs es zuläßt.
2. Ausgleich des Besitzes und Einkommens ist ein Gebot der Sittlichkeit und der Wirtschaft. Im Staate darf und soll nur einer ungemessen reich sein: der Staat selbst. Aus seinen Mitteln hat er für Beseitigung

aller Not zu sorgen. Verschiedenheit der Einkünfte und Vermögen ist zulässig, doch darf sie nicht zu einseitiger Verteilung der Macht und der Genußrechte führen.

3. Die heutigen Quellen des Reichtums sind Monopole im weitesten Sinne, Spekulation und Erbschaft. Der Monopolist, Spekulant und Großerbe hat in der künftigen Wirtschaftsordnung keinen Raum.

4. Beschränkung des Erbrechts, Ausgleich und Hebung der Volkserziehung sprengen den Abschluß der Wirtschaftsklassen und vernichten die erbliche Knechtung des untersten Standes. Im gleichen Sinne wirkt die Beschränkung luxuriösen Verbrauchs, indem sie die Weltarbeit auf die Erzeugung notwendiger Güter verweist und den Wert dieser Güter, gemessen am Arbeitsertrage, ermäßigt.

Auf diesen Grundsätzen ruht das System des wirtschaftlichen Ausgleichs und der sozialen Freiheit.

Seine gesetzgeberische Durchführung ist eine Frage minderer Bedeutung. Denn die Betrachtung der gesetzlichen Einrichtungen in den verschiedenen Staaten zeigt die Vieldeutigkeit aller praktischen Lösungen. Die Lebensformen sind durchweg viel ähnlicher als die gesetzgeberischen Systeme, durch die sie geregelt werden sollen; die Ziele sind ähnlich, die Ergebnisse sind ähnlich, nur die Anordnungen sind verschieden. Entscheidend ist, daß die Ziele, die Idealanschauungen geändert werden; die Einrichtungen werden ihnen folgen und abermals in Mannigfaltigkeit der praktischen Gestaltung.

Von unermeßlich größerer Bedeutung ist es, daß der künftigen Umgestaltung Änderungen der Gesinnungen und ethischen Wertungen vorausgehen, so wie es stets im geschichtlichen Laufe geschehen ist, wenn neue Wege gewiesen wurden. Die Gesinnungen warten auf diesen Anstoß. Aus sich selbst haben sie zwar die Kraft, doch nicht die Neigung, ihre Gleise zu verlassen; die Veraltung der Ziele drückt sich nicht darin aus, daß die Gesinnungen sich mit einem Schlage wandeln, sondern daß sie unsicher und verzagt werden.

Dieses Verzagen ging allen großen Umwälzungen zuvor, wir empfinden es heute in unsern Tiefen so stark, weil es mit unbewußten Regungen des bösen Gewissens verbunden ist. Deshalb wurde mit echter Leidenschaft, die tiefer wurzelte als in Politik, ja tiefer als im Volkstum, der Krieg ergriffen; man erhoffte von ihm neue Richtung der Gesinnung und neuen Sinn des Lebens. Doch soviel er hinwegläutern, ausbrennen mag: dies letzte kann er nicht geben. Denn nicht aus sozialen und innermenschlichen Nöten ist er emporgebrochen, sondern aus nationalen Konflikten. Nationalismus aber bildet nur die Außenfläche des kollektiven Empfindens und Bewußtseins, dessen innerster Kern transzendent bleibt und sich im Sittlich-Sozialen kundgibt. Manchen überalteten Wert wird der Krieg erschüttern, jedoch nur soweit, als der nach außen wirkende Wille des Volkes betroffen wird; sein innerstes Gewissen wird nicht tiefer getroffen als in seinen Zusammenhängen mit diesem Willen. Rückt man diesen äußeren Willen in den Mittelpunkt des Lebens, so ist der Weg nicht mehr weit, und der Krieg wird zum Selbstzweck, der Frieden zum müden und müßigen Traum. Krieg ohne Leidenschaft und Haß ist sachliche, unmenschliche Schlächterei; Haß und Leidenschaft aber können niemals letzte Ziele sein, denn die Erfüllung der Seele ist Liebe.

Der Wandlung der Gesinnung wollen wir den nächsten Hauptabschnitt unsrer Betrachtung widmen; die Kasuistik der Einrichtungen soll in aller Kürze in einer einzelnen, einfachen Lösungsform alsbald versinnlicht werden.

1. Das nächstliegende Mittel zur Regelung des Verbrauchs ist ein ausgedehntes, teilweise bis an die Grenze der Prohibition getriebenes System von Zöllen, Steuern und Abgaben auf Luxus und übermäßigen Verbrauchsgenuß.

Dieses System soll kein finanzielles sein; der Ertrag ist eine gleichgültige Nebenwirkung; sein Sinn liegt ausschließlich in der Beschränkung.

Die Abgaben sind um so höher zu bemessen, je überflüssiger und je kostbarer das eingeführte oder erzeugte Produkt sich darstellt. Man vergesse nicht, daß jede Einfuhr nicht anders bezahlt werden kann als durch Ausfuhr. Um eine einzige Perlenkette zu bezahlen, muß der zehnjährige Arbeitsertrag von fünf deutschen Arbeiterfamilien dem Auslande preisgegeben werden.

Auf Tabak und Spirituosen, auf kostbare Textilstoffe, Rauchwaren, Putzfedern, Hölzer, Gesteine, vor allem auf gefertigte Luxuswaren sind Zölle und Abgaben zu erheben, die bis zum Mehrfachen des Wertes ansteigen; Juwelen, deren Einfuhr schwer zu überwachen ist, sollten außer dem Zoll eine hohe Jahressteuer tragen.

Es gibt Gegenden in Deutschland, wo der Bierverbrauch, auf den Kopf des erwachsenen Mannes berechnet, im Durchschnitt mehr als drei Liter am Tage ausmacht. Für geistige Getränke und Tabak berechnet sich unser Jahresaufwand nach Milliarden. Unbekümmert um die Interessen der Brauer, Zapfer, Fabrikanten und Detaillisten, die reichlich entschädigt werden können, müssen diese Genußmittel zu Trägern gewaltiger Verbrauchsabgaben werden. Umsatzabgaben sind zu erheben von allen im Lande gefertigten Luxus-, Galanterie-, Putz- und Modewaren, soweit sie nicht der Ausfuhr dienen.

Zu besteuern ist der Raumaufwand. Abgesperrte Parkanlagen, luxuriöse Gebäude und Wohnräume, Remisen und Garagen müssen zu den Lasten des Landes beitragen. Persönliche Bedienung in starker Progression der Kopfzahl und der Gehälter; Luxuspferde, Equipagen und Automobile, Beleuchtungsaufwand, kostbares Mobiliar, Rang und Titel sind Steuerobjekte nicht im Sinne des Finanzertrages, sondern der Beschränkung.

2. Dem Ausgleich der Vermögen dienen die bekannten Einrichtungen der Vermögens- und Einkommenbesteuerung; jedoch nicht wie bisher in dem Sinne einer Notquelle für den Staat, mit Bangen auferlegt und mit Unmut entrichtet: sondern vielmehr als Anerkenntnis dafür, daß oberhalb eines bürgerlichen Auskommens der Erwerbende nur bedingter Mitbesitzer des Erworbenen ist und daß es dem Staate freisteht, von diesem Überschuß ihm soviel oder sowenig zu belassen, wie er will. Wer die Entwicklung der sogenannten gemischtwirtschaftlichen Unternehmungen beobachtet, die für einzelne Erwerbszweige monopolistischer Art schon heute dem Gedanken Ausdruck geben, daß oberhalb eines auskömmlichen Ertrages der Fiskus den weitaus überwiegenden Teil des Nutzens zu beanspruchen hat, dem wird die Aussicht nicht widersinnig erscheinen, daß der Staat auf übermäßige Erträge und Vermögen bis zu einem beliebigen Anteil die Hand legen könne.

Der Einwand des Antriebs zur Auswanderung der Wohlhabenden hat nichts zu bedeuten. Denn diese Einrichtungen werden nur in dem Zeitmaße entstehen, wie ihre Berechtigung und Notwendigkeit erkannt wird, und langsam sich ihrem Endzustand nähern. Solche Erkenntnis aber bleibt nicht national begrenzt; umgekehrt wird vielmehr die Einsicht, welche Stärke das vorschreitende Land gewinnt, nicht nur den

Schritt der übrigen beflügeln, sondern auch die Vermögen fester an ihre Heimat fesseln, die den Segen ihres Opfers vor Augen sehen. Bei der Betrachtung der Umstellung sittlicher Begriffe wird diese Erkenntnis uns in neuem Licht erscheinen.

Noch kurzsichtiger ist der Einwand des Antriebes zur Verschwendung. Hat ein Mensch jenen seltsamen und unerforschten Hang zum Sammeln, der unsre Zeit beherrscht und eine der stärksten Triebkräfte des wirtschaftlichen Handels darstellt, so wird er von dieser Leidenschaft nicht frei, weil ihre Befriedigung erschwert ist; durch Verarmung ist bisher noch kein Habsüchtiger zum Verschwender geworden. Fehlt ihm die Neigung, ist er an sich dem Aufwand zugetan, so wird das größere Einkommen ihn nicht sparsamer finden als das kleinere.

Ein dritter Einwand verdient die Prüfung, die wir ihm vorbehalten: Welchen Ersatz findet der Unternehmergeist, der zur Zeit ausschließlich von privater Kapitalansammlung befruchtet wird und dem auch der reichste Staat die Mittel und Anregungen nicht zu bieten vermag, die freier Wettlauf um neue Ziele erfinderisch und hoffnungsfreudig hervorlockt?

3. Der Kampf gegen private und persönliche Monopole ist eine Tendenz, die nur gemeingültig und nachdrücklich anerkannt zu werden braucht, um in jedem Einzelfalle ihre gesetzliche oder geschäftliche Handhabe zu finden. Unausgesprochen, zum Teil bestritten, hat diese Tendenz bereits den Anlauf genommen, der nur des auslösenden Zeichens bedarf. Schon jetzt werden Erfindungspatente, fiskalische Konzessionen, Naturkraftverwertungen zeitlich begrenzt, die Ausbeutung seltener Bodenschätze, die Nutzung monopolistisch wachsender Grundwerte tritt in den Kreis fiskalischer Erwägung. Für die Wirtschaft öffentlicher Betriebe sind Formen gefunden, welche den Unternehmungsgeist beteiligen, ohne sich seinen Ansprüchen zu unterwerfen. Fast unbeachtet blieben bisher die bedeutenden Monopole des Vorsprungs, der Organisation und des Kapitals; schwer ist es, sie grundsätzlich zu beseitigen, da sie durch Zentralisierung die Wirtschaft anspornen und stärken; doch lassen sich Formen finden, von denen demnächst die Rede sein soll, die den Vorteil der Allgemeinheit sichern, ohne den einzelnen über Gebühr zu bereichern.

Im Zusammenhang mit den Monopolen und ihren Gegenmitteln muß einer wilden Berufsart Erwähnung geschehen, die zwar nicht regelmäßig zu großem Reichtum führt, die aber in ihrer Gesamtheit der Nation unverhältnismäßig große Beträge entzieht und sie vielfach solchen Persönlichkeiten zuweist, deren Anspruch auf Besitz mit ihrer menschlichen Artung und Leistung streitet. Nicht die alten und verdienstvollen Formen des Handels und des Kommissionswesens sind gemeint, sondern die Gelegenheitsgeschäfte großen Umfangs, Spekulationen, Gründungs- und Geldvermittlungen, Patent- und Grundstücksschiebereien, verborgene Beleihungs- und Wertpapiergeschäfte. Hier helfen nur nachhaltige Stempelgebühren und entschiedene Sonderbesteuerungen akzidenteller Gewinne, Gewerbescheine, Firmeneintragung und Bilanzrevisionen.

Im weiteren Zusammenhange sei eine Tätigkeit gestreift, die, an sich ehrenhaft und gutwillig, durch die Rückständigkeit ihrer Voraussetzungen der Wirtschaft größeren Schaden zufügt als irgendeine falsche Maßnahme seit Beginn der kapitalistischen Ordnung, indem sie Hunderttausende schaffensfähiger Existenzen zu einer Leistung aufsaugt, die von wenigen tausend erfüllt werden könnte.

Jede verwitwete Inhaberin eines Strickwarengeschäfts beansprucht, daß fünfzigmal im Jahr junge Abgesandte ihrer bevorzugten Großhändler bei ihr vorsprechen, einige Stündchen mit ihr verplaudern, ihr Neuigkeiten erzählen und vorzeigen, während sie sich vorbehält, dem einen oder andern gelegentlich einen Auftrag zu erteilen. Jeder dieser Verkäufer mußte für drei oder vier solcher Besuche, die er vor seinen Mitbewerbern streng zu verbergen sucht, eine Reise machen, welche die Ware verteuert und seine Arbeitskraft für einen Tag aufzehrt. Millionen von Arbeitstagen werden in jedem Jahre durch sogenannte Geschäftsreisen verloren, die erspart werden könnten, wenn in jeder größeren Provinzialstadt ein gemeinsames Musterlager der Grossisten unterhalten und von den Geschäftsleuten der Umgegend zwei- oder dreimal im Jahre besucht würde. Eine scharfe Besteuerung der Handelsgeschäfte, die aus Mangel organisatorischer Entschlüsse die Volkskraft durch unwirtschaftliche Rundreisen verbrauchen, würde diese Reform des Kleinhandels erzwingen und um Hunderte von Millionen die Produktionskraft erhöhen.

Solange es in einer Wirtschaftsgemeinschaft Erzeugnisse gibt, die auf dem Wege vom Hersteller bis zum Verbraucher um mehr als ein Viertel, bisweilen um die Hälfte, gelegentlich auf das Doppelte des

Preises sich verteuern, ist das Handelssystem tief reformbedürftig. Nicht die Schonung des Verbrauchers ist hier das Höchstzuerstrebende, noch die Bereicherung des Händlers das Meistzufürchtende: sondern das überflüssige Hin und Her der Ware, das übermäßige und zinsraubende Ansammeln der Läger, das überflüssige Anbieten, Feilschen und Mäkeln zwischen den einzelnen Stufen des Handelsweges, vor allem das übertriebene Hegen der Bequemlichkeit des Käufers, dem der Weg bis zur nächsten Straßenecke zu lang erscheint, der sieben Detaillisten verlangt, wenn in einem Häuserviertel ein einziger genügt, der spät, mehrfach gemahnt, oder gar nicht zahlt. Diese leicht zu beseitigenden Reibungen des Handels erfordern einen ungemessenen Aufwand an nationaler Arbeit und Kapitalaufwendung, der erspart und der Landeserzeugung zugeführt werden muß. Es ist nicht gleichgültig, sondern Sache der Nationalwirtschaft und Gesetzgebung, ob die Arbeitsleistung eines Armeekorps aufgewendet werden darf, um die Verteilung des Tabaks, des Schreibpapiers und der Seife in einer Großstadt zu sichern.

4. Oberhalb einer mäßigen Vermögenseinheit gehört jeder Nachlaß dem Staat. Die obere Grenze des vererbbaren Besitzes ist gegeben durch die Wirtschaftsform des Landbaus, der nach dem Stande unsrer Kenntnis nicht anders als privatwirtschaftlich und im Erbgange nachhaltig und erfolgreich vor sich geht. Hingegen ist alles, was für die Notwendigkeit der Erhaltung latifundialer Besitze angeführt wird, teils zeitlich eng begrenztes, teils irriges Urteil; denn jeder wirtschaftliche, technische und kapitalistische Vorsprung des Großbetriebes läßt sich auf dem Wege der Assoziation gewinnen. Die allmähliche Überleitung zum staatlichen Heimfall des Erbes bildet die wachsende, nach Umfang und Verwandtschaftsgrad hoch gestaffelte Besteuerung; der Unfug des Erbanfalls außerhalb des engsten Familienkreises sollte sobald als möglich beseitigt werden.

Vom staatlichen Heimfall auszunehmen sind in beschränktem Maße wohltätige Legate, in weiterem Umfange gewisse Stiftungen, auf deren Bedeutung wir zurückzukommen haben. Selbst Familienstiftungen können innerhalb bestimmter Grenzen zugelassen werden, soweit sie der Erziehung und Ausbildung, ethischen und kulturellen Zwecken dienen. Höchste Werke und Denkmäler der Natur, der Kunst und der Geschichte können nicht vererbt werden.

Bedeutender sind die Wirkungen dieser Maßnahmen auf das Gesamtgebiet sittlich-gesellschaftlicher Beziehungen als diejenigen irgendeines andern Umschwungs, den die neuere Geschichte kennt. Das äußere Leben erscheint unter neuer Auffassung. Neben seiner Beziehung zur Klasse entsteht dem einzelnen eine vertiefte Beziehung zur Gemeinschaft, der er entstammt und zu der er durch sein Haus zurückkehrt. Die losgelöste, von der Masse getragene Existenz verliert ihren Sinn; das bürgerliche Dasein besteht nur so lange, als es dient und leistet, und schattenhaft, soweit es seine Untauglichkeit bekennt. Die schnöde Luxusexistenz hört auf, und zugleich mit ihr die erbliche Gebundenheit; die Anschauungen gleichen sich aus zum Volksgefühl. Die Herrschaft eitler, diebischer, frevelhafter Naturen wird zur seltensten Ausnahme, Wirkung und Achtung treten sich näher. Die Erziehung gewinnt neue Formen und neue Wirksamkeit; war sie leichte Rüstung, so wird sie zur Lebenswaffe. Die Notwendigkeit, jede Anlage zu erforschen und zu fördern, wird unabweisbar; sie lohnt der Gemeinschaft mit einer ewigen Ernte geistiger Kräfte, wie nur die Perioden der großen Umwälzungen bisher sie erkannt haben. Der Frau wird ihre mütterliche Würde und häusliche Verantwortung zurückgewonnen, die in damenhaftem Selbstzweck, in Leerheit und in Tagesfron ersticken sollte. Jedem gutwilligen Menschen erschließt sich ein Aufblick und Aufstieg; niemand ist ausgestoßen noch verachtet; ausgeschlossen nur der Verächter.

Aufzuklären bleibt ein letzter Widerspruch.

Betrachtet man die heutige Wirkungsweise der größeren Privatvermögen im rein mechanistischen Sinne und ohne den Blick auf die sittlich-soziale Seite des Problems zu richten, so ergibt sich, daß sie eine ihrem eigentlichen Wesen fremde, doch wirtschaftlich bedeutende Aufgabe erfüllen: sie tragen das Risiko der Weltwirtschaft.

Alle Unternehmungen des kapitalistischen Arbeitssystems stimmen darin überein: sie fordern große Mittel und sind gefährlich. Jede fiskalische Verwaltungsgemeinschaft ist imstande, Mittel zu beschaffen; Risiken zu tragen vermag sie nicht, denn es fehlt ihr der leidenschaftliche Anreiz, der die Sorgen der Verantwortung überwindet, und es fehlt ihr das autokratisch waltende, instinktive Urteil, das die Aussichten jenseits der Gefahr vorwegnimmt. Fernstehende neigen zu dem Irrtum, daß dieses Urteil durch fachmännisches Studium und Gutachten ersetzt werden könne, diese Hilfsmittel versagen bei allen großen Zukunftsfragen; die Meinungen der Autoritäten widersprechen sich, und wenn sie sich einigermaßen geeinigt haben, ist der Augenblick verpaßt.

Das Privatkapital begegnet der Größe der Aufgabe durch Assoziation; es begegnet den Risiken seiner Unternehmungen durch unermüdliches Streben nach Erfolg und Gewinn; es überwindet die Dunkelheit des Zukunftsurteils durch die sorgfältigste Auswahl seiner Beauftragten und durch die große Zahl der Versuche.

Bisher konnte dieser Forderung nur das überschüssige Kapital genügen, das über den Notbedarf hinaus geschichtet im Besitze der Wohlhabenden nach Anlage und Vermehrung strebte; die kleinsten Ersparnisse begnügten sich gern mit erhöhter Sicherheit und geringerer Abenteuerlust.

Es entsteht nun die Frage: Welche neuen kapitalistischen Formen können an die Stelle der privaten Unternehmungsmittel treten, wenn der überschüssige Einzelreichtum dem gleichmäßigen Volkswohlstand gewichen ist?

Um zu antworten, müssen wir der späteren Darlegung über die sittlichen Probleme der Wirtschaft einen Begriff vorwegnehmen: den Hinweis auf die vorschreitende Verdrängung der Habsucht durch Verantwortungsgefühl.

Überblicken wir die große Zahl wahrhaft vorbildlicher Unternehmungen, und zwar unter völliger Abstraktion vom historisch Gewordenen, lediglich auf das Seiende und Werdende den Blick gerichtet – denn überall hat die Substitution des Grundes stattgefunden –, so haben wir folgendes festzustellen:

Fast ausnahmslos tragen diese Unternehmungen die unpersönliche Form der Gesellschaft. Niemand ist ständiger Eigentümer; ununterbrochen wechselt die Zusammensetzung des tausendfältigen Komplexes, der als Herr des Unternehmens gilt. Die ursprüngliche Veranstaltung, daß mehrere wohlhabende Kaufleute sich zusammentaten, um gemeinsam ein Geschäft zu errichten, dessen Anforderungen die Kräfte eines einzelnen überstiegen, ist zur historischen Fiktion geworden. Fast im Vorübergehen erwirbt dieser und jener einen oder mehrere Anteile, die er bezeichnenderweise Papiere nennt; er erwartet einen Ertrag oder eine Wertvermehrung; in vielen Fällen denkt er an möglichst raschen Verkauf. Die Tatsache, daß er Mitglied einer geschlossenen Gesellschaft geworden ist, kommt kaum zu seinem Bewußtsein; häufig hat er nur gleichsam auf die Prosperität des einen oder andern Geschäftszweiges gewettet, und das Symbol dieser Wette ist ein Papier.

Zugleich aber besitzt dieser Erwerber noch andre, vielleicht zahlreiche andre Papiere; er wird zum Kreuzungspunkt verschiedenartiger Besitzrechte, und auch die Zusammensetzung dieser Anrechte wechselt. Manchmal kennt er sie nur dem Namen nach; man hat ihm zum Erwerbe geraten; er hat eine Zeitungsnotiz gelesen; er ist einer allgemeinen Neigung gefolgt.

Dieses Verhältnis aber bedeutet die Entpersönlichung des Eigentums. Das ursprünglich persönlichste Verhältnis eines Menschen zu einer greifbaren, genau bekannten Sache ist zu einem unpersönlichen Anspruch auf einen theoretischen Ertrag geworden.

Die Entpersönlichung des Besitzes bedeutet jedoch gleichzeitig die Objektivierung der Sache. Die Besitzansprüche sind derart unterteilt und beweglich, daß das Unternehmen ein eigenes Leben gewinnt, gleich als gehöre es niemand, ein objektives Dasein, wie es vormals nur in Staat und Kirche, in städtischer, zünftischer oder Ordensverwaltung verkörpert war.

Dieses Verhältnis drückt sich im Lebensprozeß des Unternehmens aus als eine Schwerpunktsverschiebung; zum Mittelpunkt werden die leitenden Organe einer Beamtenhierarchie; der Gemeinschaft der Eigentümer verbleibt das souveräne Recht der Bestimmung, doch dieses Recht wird mehr und mehr theoretisch, indem eine Mehrzahl anderer Kollektivorganismen, etwa Banken, mit der Wahrung ihrer Rechte betraut und indem diese Treuhänder wiederum unmittelbar an der Verwaltung des Unternehmens mitwirken.

Schon heute ist der paradoxe Fall denkbar, daß das Unternehmen sein eigener Eigentümer wird, indem es aus seinen Erträgen die Anteile der Besitzer zurückkauft. Das deutsche Gesetz schränkt diesen Vorgang ein und verlangt, daß dem Vorbesitzer sein Stimmrecht gewahrt werde; ein organischer Widersinn der vollkommenen Loslösung des Besitztums vom Besitzer besteht jedoch nicht.

Die Entpersönlichung des Besitzes, die Objektivierung des Unternehmens, die Lösung des Eigentums führt einem Punkte entgegen, wo das Unternehmen sich in ein Gebilde nach Art einer Stiftung, oder besser gesagt, nach Art eines Staatswesens verwandelt. Dieser Zustand, den ich als den der Autonomie bezeichnen will, läßt sich auf vielfachen Wegen erreichen. Der eine Weg der Rückzahlung des Kapitals wurde erwähnt. Ein zweiter Weg, den Besitz an die Angestellten und Beamten des Unternehmens aufzuteilen, wurde in einiger Annäherung von einem deutschen Industriellen beschritten. Der Besitz kann an behördliche Stellen, Universitäten, Stadtverwaltungen, Staatsregierungen gebunden werden; dies ist bei einem der ältesten deutschen Bergwerke geschehen. Erforderlich sind lediglich zulängliche und brauchbare Bestimmungen, welche dafür sorgen, daß das Unternehmen dauernd von den jeweils besten auffindbaren Organen geleitet werde.

Ist die Verfassung wohldurchdacht, so kann das Unternehmen allen künftigen, wenn auch noch so stark wachsenden Kapitalansprüchen genügen. Zunächst verbleibt ihm die Rente, die es bisher jährlich an seine Gesellschafter auszuzahlen hatte. Sodann kann es vorübergehend oder dauernd mit Schuldverschreibungen belastet werden. Es kann im Notfall einen Rückschritt tun und von neuem tilgbare Anteilsrechte begeben; es kann und wird vor allem unter dem Schutze eines unerschöpflich reichen Staates, und an sich der Kontrolle dieses Staates unterworfen, erwarten, daß nach Bedarf ihm Staatsmittel gegen gebührende Verpflichtungen überwiesen werden. Noch mehr: Der Staat selbst wird wünschen und verlangen, daß die autonomen Unternehmungen jederzeit die überschüssigen Mittel seiner Kassen unter entsprechender Aufsicht aufzunehmen und anzulegen bereit sind.

Dem objektiven Streben zur Autonomie entspricht die subjektive psychologische Entwicklung des Unternehmens und seiner Organe.

Soweit größere Privatunternehmer noch bestehen, haben sie sich längst gewöhnt, ihr Geschäft unter der objektiven Gestalt der Firma als ein selbständiges Wesen zu betrachten. Dieses Wesen führt eigene Rechnung, arbeitet, wächst, schließt Verträge und Bündnisse, nährt sich von eigenem Ertrage, lebt als Selbstzweck. Daß es den Inhaber ernährt, ist, wo nicht Nebenwirkung, doch in den meisten Fällen nicht Hauptsache; ein tüchtiger Geschäftsmann wird dazu neigen, seinen und seiner Familie Verbrauch mehr als nötig zu beschränken, um der Firma reichlichere Mittel zur Erstarkung und Ausdehnung zuzuführen. Das Wachstum und die Macht dieses Geschöpfes ist des Besitzers Freude; weitaus mehr als der Ertrag. Die Habsucht weicht dem Ehrgeiz und der Schaffenslust.

Gesteigert findet sich diese Denkweise in den Häuptern großer Gesellschaftsunternehmungen. Hier herrscht schon heute der gleiche Beamtenidealismus wie im Staatsbetriebe. Die leitenden Organe sorgen für Zeiten, in denen sie nach menschlichem Ermessen längst nicht mehr dem Unternehmen angehören werden. Fast ausnahmslos kämpfen sie dafür, dem Unternehmen den größten Teil seiner Erträge zu wahren, den kleinsten Teil auszuschütten, obwohl ihre persönlichen Einkünfte darunter leiden und das Ergebnis der Verwaltungsperiode ihren Nachfolgern zugute kommt. Ein hervorragender Oberbeamter, vor die Wahl gestellt, seine Einnahmen zu verdoppeln oder in die Leitung einzutreten, wird die Verantwortung an Stelle des Reichtums wählen. Die Macht und Vorbildlichkeit des Instituts ist zum absoluten Zweck des äußeren Lebens geworden; der vollkommene Ersatz der Habsucht als treibenden Motors durch Verantwortungsgefühl hat sich vollzogen.

So arbeitet die Psyche des Unternehmens in gleicher Richtung wie die Entwicklung des Besitzverhältnisses: beide wirken im Sinne der Autonomisierung.

Der wirtschaftliche Sinn der gesamten Bewegung aber ist im letzten Sinne der: Nicht mehr die Erwerbslust des reichen Kapitalisten ist es, die das Unternehmen schafft, sondern das Unternehmen selbst, zur objektiven Person geworden, erhält sich selbst, schafft sich seine Mittel, wie es sich seine Aufgaben schafft, und ist bereit, diese Mittel aus eigenen Erträgen, aus vorübergehendem Anlagebedürfnis, aus Staatsdarlehen, aus Stiftungen, aus Spargeldern seiner Angestellten und Arbeiter oder wie immer sonst zu entnehmen.

Es lagert sich somit zwischen das Gebiet der Staatsverwaltung und das Gebiet der Privatgeschäfte eine Schicht mittlerer Gebilde; autonomer Unternehmungen, die der privaten Anregung entstammen, von privater Initiative geleitet werden, der Aufsicht des Staates unterliegen und ein selbständiges Leben führen, das in seiner Wesensart von der Privatwirtschaft zur Staatswirtschaft überleitet. Dieser objektiv und unpersönlich gewordene Besitz wird vermutlich in künftigen Jahrhunderten die hauptsächliche Daseinsform aller dauernden Güter bilden; ihnen gegenüber werden die Verbrauchsgüter als Privateigentum, die gemeinnützigen Güter als Staatseigentum ihre Stellung wahren; den Betriebsmonopolen dienen die Formen gemischtwirtschaftlicher Unternehmung.

Der Lage der autonomen Unternehmungen muß die Eigentumsgesetzgebung in gleicher Weise Rechnung tragen wie den Stiftungen, deren wachsende Bedeutung gleichfalls der kommenden Zeit gehört. Beiden Institutionen ist die Annahme von Legaten zu gestatten, sofern es sich um billigerweise anzuerkennende Zwecke handelt. So findet der Schöpfer eines wirtschaftlichen Organismus die Möglichkeit, seinem ideellen, auf Dauer seines Werkes gerichteten Willen Ausdruck zu leihen, ohne daß müßigen Generationen Eigentumsrechte und Renten übertragen werden; der wirtschaftliche Wille, soweit er produktiv wirkt, erhält Bestand, soweit er materielle Güter anhäuft, stirbt er ab. Die objektive, vom Einzelleben losgelöste Stiftung wird zum wahrhaften Denkmal eines nach außen wirkenden Lebens; sie gewinnt eine, wenn auch nicht im geistigen Inhalt, so doch im absoluten Dasein begründete Analogie zur idealen Schöpfung des Kunstwerks.

Daß unser deutsches, dem Wesentlichen und Ideellen zugewandtes Land an Stiftungswerken, die nicht engen Familienzwecken dienen, soviel ärmer ist als etwa Amerika oder selbst Griechenland, beweist, daß der Unternehmergedanke nicht eigentlich deutschen Ursprungs ist und deswegen bei uns noch nicht zu seinen letzten Folgerungen kommen konnte. Diese Folgerungen aber, die weder im Sinne des einzelnen noch im Sinne des Familienstammes eigennützige sein dürfen, weil der aus Eigennutz gebaute Organismus nicht bestehen kann, würden zu voller Wirkung hervortreten, sobald die Erblichkeit, die aus falscher Analogie der Gewohnheit diesen Schöpfungen zugestanden wurde, ihren Charakter verliert. Was heute seltene Ausnahme ist, wird zur Regel; was eine Generation erschafft, wird in die Sphäre allgemeiner Gültigkeit erhoben, um der nächsten Generation zu dienen; Wirtschaftseinheit ist nicht mehr ausschließlich der Stamm der Familie, sondern die Gemeinschaft; jedoch nicht ausschließlich die schematisch gebundene Gemeinschaft des Staates, sondern daneben ein ideelles Zwischenvolk wirtschaftlicher Individualitäten, die nicht Menschen sind, sondern Verkörperungen menschlicher Willenseinheiten.

Es hindert nichts zu gestatten, daß Stiftungen insofern auch dem Familiengedanken dienen, als sie in gemessenem Umfange zur Ausbildung und Lebensausrüstung individueller Nachkommenschaften beitragen, sofern die Leistung ein gegebenes Verhältnis zur gemeinnützigen Wirkung nicht übersteigt; doch wird niemals die Ausartung zum Rentnertum und zur Züchtung vorversorgter Stände zugelassen werden dürfen.

Überblicken wir nun das Wirtschaftsleben eines Landes, das die Grundsätze unsrer Ordnung verwirklicht, so finden wir folgende Wirkungsreihe:

Die Produktion hat ein verändertes Aussehen gewonnen. Alle Kräfte des Landes sind tätig geworden; müßig bleiben nur Kranke und Greise. Die Einfuhr und Erzeugung überflüssiger, häßlicher und schädlicher Produkte ist auf ein Geringstes beschränkt; hierdurch ist ein Drittel der nationalen Arbeit erspart, die Produktion der notwendigen Mittel erheblich verbilligt und gesteigert.

Die Konzentrierung der Landeserzeugung auf die notwendige und nützliche Produktion verbessert den Wirkungsgrad menschlicher Arbeit in ihrem Verhältnis zu diesen Erzeugnissen; der Faktor der Erschwinglichkeit wächst. Der Konsumanteil der Bevölkerung steigt, bei gleicher Arbeitsleistung erhöht sich die Lebensführung.

Während der Gesamtwohlstand des Landes sich dauernd, durch die Heranziehung müßiger Hände und die Rationalisierung der Produktion, doppelt und dreifach steigert, ist die Ansammlung privaten Reichtums gehemmt. Somit muß das Wachstum des Besitzes der Gemeinschaft zugute kommen. Dies geschieht in doppeltem Sinne.

Zunächst wird der Staat über alle Begriffe reich.

Er kann allen bisherigen Aufgaben in erhöhtem Umfang genügen; er kann alle Not und Arbeitslosigkeit im Lande beseitigen; er kann gemeinnützige Pflichten in ungeahntem Maße erfüllen, ohne der Steuerkraft seiner Bürger zu bedürfen. Staatsaufgaben, die heute zum höchsten Schaden der Wirtschaft mit fiskalischen Ausbeutungen verknüpft werden, können ohne Gewinnabsicht behandelt werden. Dieser Grundsatz, auf ein einziges Problem, das des Verkehrs und Transportes angewendet, bedeutet eine Vervielfältigung der Produktionsfähigkeit und eine unabsehbare Verbilligung der Erzeugung; denn praktisch wird das ganze Verkehrsgebiet frachtfrei; die Wirkung ist die gleiche, als wenn alle Fundstätten und Erzeugungsmittel des Landes in seinem Schwerpunkt vereinigt wären. Gleiches gilt von der Erzeugung und Verteilung der Kräfte.

Der Staat wird zum Bewahrer und Verwalter großer Anlagemittel, die er mit mäßigem Gewinnanspruch den werbenden Berufen zur Verfügung stellt und an deren Hergabe er die Bewilligung normalisierter Arbeitseinkommen knüpfen wird. Ein neuer Mittelstand entsteht durch staatliche Finanzierung solcher Gewerbe, deren Erhaltung neben den Großbetrieben von Nutzen bleibt. Der Andrang der staatlichen Kapitalien ermäßigt den gewerblichen Zinssatz des Landes und erleichtert die Errichtung mittlerer Unternehmungen.

Zugleich wird es dem Staate ermöglicht, geistige Arbeit aus dem Mechanismus des materiellen Erwerbslebens loszulösen und ihr den würdigen Ertrag zu sichern, der heute an den Zufall des ungeistigen Erfolges gebunden ist. Der Künstler, Gelehrte und Denker wird unabhängig vom Urteil und Entscheid eines Marktes, der grundsätzlich das Echte nur dann belohnt, wenn es das Glück hat, mit dem Schein verwechselt zu werden.

Neben dem Staat gewinnt das Volk an Wohlstand, freilich nicht in der Form großer einzelner Vermögen, sondern nach Art großbürgerlicher Behäbigkeit. Die Klassengegensätze sind geschwunden, der Weg zur Selbständigkeit und Verantwortung steht einem jeden offen, die Mittel der Bildung sind jedem Begabten erschwinglich. Er kämpft nicht gegen die geschlossene Phalanx der Bevorrechtigten; eine beständige Vermischung, ein dauerndes Auf- und Niedersteigen von Leistenden und Leitenden findet statt. In gleichem Maße, wie einerseits die Ansammlung von Ersparnissen, die Erlangung wirtschaftlicher Kredite sich erleichtert, anderseits der Neubeginn von Existenzen durch Rücktritt in die Kolonnen der minderqualifizierten Arbeiter zur alltäglichen Erscheinung wird, verlieren die Lohnkämpfe an Erbitterung, um so mehr, als in erhöhtem Maße sittliche und intellektuelle Eigenschaften über Lebensaufgabe und Beruf entscheiden. Vor allem aber hat sich das Verhältnis des Arbeitsangebots geändert. Die freie Verfügbarkeit des Kapitals, das Wachstum der Produktion gewinnt einen Vorsprung gegenüber dem Angebot der Arbeitskraft: während heute zuweilen Hände feiern und Maschinen und Arbeitsmittel überbeansprucht sind, wird Maschine und Kapital auf das Zugreifen der Hände warten und somit ein erhöhter Anteil des Arbeitswertes dem Arbeitswilligen zufallen.

Die Schicht neuer Gebilde, der autonomen Unternehmungen, die sich zwischen Privatwirtschaft und Staat schalten, trägt zu dieser Wirkung bei. Denn das autonome Wirtschaftsorgan sucht seine Bestimmung nicht überwiegend in der Gewinnung hoher Erträge; es sammelt Überschüsse nur insoweit, als Erneuerung und Ausdehnung sie erfordern; der Gegensatz zum Lohninteresse ist gemildert. Noch mehr: Einzelne dieser Gebilde werden ihre Mitarbeiter am Arbeitsergebnis grundsätzlich teilnehmen lassen, andre werden die Vorteile einer Wirtschaftsform, die nicht mehr dem Geldinteresse von Aktionären und Kapitalisten unterliegt, darin suchen, daß ihnen durch Heranbildung eines hoch entlohnten Arbeiterstandes eine Verbesserung der Qualität und des Wirkungsgrades der Arbeit erwächst. Das Dasein und der Wettbewerb dieser autonomen Werke übt rückwirkend und anspornend seinen Einfluß auf den Markt der Arbeit aus.

Bei einem wirtschaftlichen Zustande dieser Art kann Gleichmäßigkeit der Erziehung und sorgfältige Auswahl aller Begabungen verwirklicht werden und zur Kräftigung des nationalen Aufbaues entscheidend beitragen, während gegenwärtig an der Verschiedenheit häuslicher Herkunft, körperlicher und geistiger Vorbestimmung aller gute Wille vorurteilsloser Volkserziehung scheitert. Die Reife eines Volkes, die Fülle seiner geistigen und sittlichen Mächte kann aber nur dann sich entfalten, wenn kein Samenkorn verloren und jedem Sproß die Wartung zuteil wird, die der Würde und dem göttlichen Anspruch des Menschengeistes zusteht.

Daß kein Trugschluß die scheinbar utopische Darlegung eines erreichbaren Zustandes fälscht, möge die kürzeste Gegenüberstellung nochmals vergewissern:

1. Produktion und Wohlstand des Landes müssen steigen, denn es wird
   Vergeudung ausgeschaltet,
   überflüssige Produktion auf nützliche Produktion umgestellt,
   Müßiggang beseitigt und jede verfügbare Kraft zu geistiger und materieller Produktion herangezogen,
   freier Wettbewerb und private Unternehmungslust erhalten,
   die Verantwortung in die Hände der sittlich und geistig Befähigten gelegt.

2. Die Ansammlung übermäßigen und toten Reichtums wird verhindert.
3. Die starre Gliederung der Stände wird verflüssigt; an die Stelle dauernd tragender und dauernd lastender Glieder tritt lebendige Bewegung und organisches Auf- und Niedersteigen.
4. Somit wächst
die Macht des Staates, seine materielle Stärke und seine ausgleichende Kraft,
und gleichzeitig entsteht ein gleichmäßiger mittlerer Wohlstand, der alle Stände durchdringt, Klassengegensätze ausgleicht und die Nation zur höchsten denkbaren Entfaltung ihrer geistigen und wirtschaftlichen Kräfte führt.

2. Der Weg der Sitte

Es ist ein Irrtum unsrer Zeit, den Begriff fortschreitender Entwicklung zu leugnen, den sie ein Jahrhundert lang gepriesen hat.

Freilich ist Entwicklung ein zeiträumliches Geschehen; und wenn wir wagen, den Blick zum Absoluten zu erheben, so versinkt das in Raum und Zeit Bedingte. Es steht uns frei, dies Jenseitige als ein Ruhendes zu benennen, obwohl auch dieser Begriff der Raumzeit nicht entrinnt, die er zum Nullpunkt drängt; obwohl wir radikaler verfahren, wenn wir Kontraste unbekannter Kategorien als Urgrund unsrer Symbole fordern. So mag ein unzulängliches Bild zugelassen bleiben: Ruhe im Zentrum des Wesens; wachsende Bewegung bis zur Peripherie der Erscheinung.

Diese Erwägung verliert alle Bedeutung, sobald wir uns auf die Bühne der Erscheinung begeben. In diese Erscheinungswelt sind wir gesetzt, um zu handeln; diese Welt wird beherrscht vom intellektualen Denken; hier wird der Spuk: Raum, Zeit, Bewegung reales Requisit.

Ihr Licht erhält die Bühne aus andern Reichen; dies Licht ist Ethik. Das jenseitige Reich, aus dem sie stammt, ist nicht mehr Gebiet des Intellekts; die Geisteskraft des Menschen, die dieses Reich erschließt, ist seine Seele.

Hier liegt der naive Irrtum aller Philosophie zutage, die sich vermaß, mit der Kraft des Intellekts, der Logik, des Einmaleins alle Reiche zu durchdringen, ohne sich je zu fragen, ob denn diese intellektuelle Denkkraft wirklich eine absolute sei, ja ob sie denn die einzige Macht des Geistes bedeute; ob nicht vielmehr jede Erkenntniswelt adäquate Geistesmächte verlange, ob nicht in uns selbst Ansätze dieser Mächte im Intuitiven, in der Liebeskraft der Seele sich offenbaren. Die Jahrtausende vergingen, und immer wieder drängte sich das Einmaleins an die Geheimnisse, die nicht einmal die Sehnsucht der Seele zu bewältigen vermag.
Hier scheiden sich die Urbetrachtungen: Sollen wir das Absolute in der Sprache des Intellekts, sollen wir die Erscheinungswelt in der Sprache der Seele zu umschreiben suchen? In der Betrachtung der Seele ist die Erscheinungswelt ein Gleichnis; eine Bühne, auf die wir gestellt sind, um nach dem Willen des Dramaturgen bewegliches Schicksal zu schaffen und zu erleben; in der Betrachtung des Intellekts ist das Jenseitige ein Aufstieg. Der Indifferenzpunkt beider Betrachtungen ist unser sittliches Sollen; hier steht die Notwendigkeit der Verknüpfung; hier ist es unerlaubt, die Erscheinung ganz als Selbstzweck oder ganz als Spiel zu nehmen; hier lehrt die Seele den Intellekt und erweist sich als höherer Herkunft.
Unzulässig bleibt die Vermengung: das reale Leben zu trüben durch die transzendente Betrachtung der Bewegungslosigkeit oder das transzendente Reich anzutasten durch das Hineintragen irdischer Ordnungen. Auf der Seite der intellektualen Betrachtung im Reich der Erscheinung haben wir das Recht und die Pflicht, das Beginnen der Seele als Aufstieg und Entwicklung hinzunehmen, obwohl in transzendenter Betrachtung das Wesen der Seele ohne Anfang und Ende ist.
Eine Betrachtung wirtschaftlicher, geschichtlicher und sozialer Dinge muß sich stets bewußt sein, daß sie auf der Bühne der Erscheinung agiert. Sie muß das reale Leben ernst nehmen, an Wissenschaft und Entwicklung im Rahmen ihrer Aufgabe glauben, soweit es sich um Bestehendes handelt. Treten Ziele hervor, so übernimmt der Sittenbegriff die Führung. Dann ist das Bestehende nicht nebensächlich zwar, doch auch nicht entscheidend; die Forderung wirkt aus größter Ferne, und dennoch mächtig, wie die Kraft der Gestirne auf Ebbe und Flut. Das Bestehende bleibt fest und wird dennoch plastisch wie zähes

Metall; wir dürfen der Entwicklung vertrauen, daß sie das Widerstrebende, das scheinbar ewig Beständige, und wenn es die Leidenschaften, die Wünsche und Verblendungen der Menschen wären, einem klareren und vollendeteren Stande, dem Reiche der Seele näher führt.

Daß die Welt seit dem Verlöschen der absoluten dogmatischen Ideale überhaupt es vermocht hat, sich neben ihren mechanischen Schutzwehren ein paar Schritte vorzutasten, erklärt sich nur daraus, daß in den Winkeln ihres Gewissens allerorten noch Glaubensreste der Zeiten, transzendenter, mythologischer, fetischistischer und animistischer Herkunft, sich vorfanden, die, einzeln verfallend, in ihrer Sammelwirkung noch eine Richtung andeuten.

Unfaßbar und nicht ausdenkbar ist es, diese Welt, in der ein nie erhörtes Maß von geistigen Kräften kreist, preisgegeben sich vorstellen zu müssen den zufälligen Konstellationen materieller Bedürfnisse, physischer Gleichgewichte, majorisierender Bestrebungen, ohne das Gegengewicht einer einigen, unerschütterten ethischen Triebkraft. Ohne die Überzeugung eines absoluten Gutes, das not tut. Ohne Glauben an ein gemeinsames Ziel, das Leben und Tod umschlingt. Ohne eine gültige Wertung, die sagt: Dies ist gut und jenes böse.

Freilich, auch Interessen schaffen Glauben! Eine landwirtschaftliche Existenz kapitalisiert ihren Jahresnutzen zu einer religiös-politischen Anschauung. Ein Freihandelsinteressent steigert seine Geschäftsaussicht zum lukrativen Deismus. Der Forscher schafft sich eine Professorentranszendenz, die seinem Arbeitsgebiet lächelt. Ein Machthaber tauscht mit seiner Gottheit Verleihungen aus. Der arme Schlucker rächt sich und setzt sie ab. Ist es denn noch keinem aufgefallen, daß in dieser weiten Welt anscheinend niemand, aber niemand eine Überzeugung hat, die mit seinen Interessen streitet?

Soll nun die Richtung der Welt, ihr geistiges Wollen, der Kräftediagonale überlassen bleiben, die sich aus der Unzahl transzendentalisierter Interessen ergibt?

Und doch liegt das Reich der Seele vor aller Augen und mit ihm die Ordnung der Ideale und Ziele, reiner und organischer gereiht und geklärt als die trübe Ordnung der Wirklichkeiten.

Unfaßbar ist noch ein Zweites und Geringeres, das immerhin gerade dem pragmatischen Sinn der Zeit am Herzen liegen sollte: Der Mensch, der alle Reiche des Himmels und der Erde zu durchforschen glaubt, ihm fehlt noch immer die wertende Erkenntnis des Menschen; er kennt und wertet nicht seinen Nächsten, nicht seinesgleichen. Verbrauchte Wertungssysteme aller Zeiten und Zonen durchkreuzen sich im Bewußtsein der Menschheit, und keines vermag die Führung zu gewinnen, weil die leitende, gemeingültige Grund- und Weltanschauung fehlt.

Im westlichen Volksbewußtsein und seiner ästhetischen Anschauung überwiegt die germanische Polarität von Mut und Furcht. Geschätzt wird jede Eigenschaft, die Mut beweist, verachtet und gehaßt jedes Laster, das auf Furcht beruht. Jede Gewalttat ist verzeihlich, wenn sie mit Offenheit, Treue, Tapferkeit vereinbar ist; die Feigheit der Lüge, der Hinterlist, des Betrugs schändet und macht ehrlos. Jeder Vorwurf ist Vorwurf der Feigheit; Ehre ist anerkannter Mut. Der Mutbeweis des Zweikampfs heilt die angegriffene Ehre. Klugheit, Energie, Frömmigkeit, Barmherzigkeit sind indifferente Eigenschaften, die nützen oder schaden, die aus benachbarten Wertungssystemen eine gewisse Anerkennung oder Abneigung finden können, jedoch für die unterbewußte und entscheidende Wertung außer Ansatz bleiben. In der Dichtung bestimmt das Kennzeichen des Mutes und der Wahrhaftigkeit die Sympathie und Teilnahme; eine dichterische Figur darf träge, träumerisch, gewalttätig, unklug, unwissend, egoistisch sein und kann dennoch das Mitgefühl des Lesers finden; ist sie grundsätzlich feige, lügenhaft, heimtückisch, so ist ihre Verwendung im Mittelpunkt des Dichtwerkes unmöglich; daher ist die Bezeichnung der Hauptfigur als Helden zutreffend. Der tragische Konflikt treibt die dem Volksempfinden unbewußte Antinomie auf die Spitze: der Held ist mutig und erweckt daher tiefe Teilnahme; er übertreibt oder entbehrt indifferente Eigenschaften und geht daher nach dem Lauf der Welt oder des Schicksals, dem diese Eigenschaften seltsamerweise nicht indifferent sind, unter sympathisch erregtem, intellektuell erstauntem, unbewußt begreifendem Mitempfinden des Zuschauers zugrunde. Im französischen Dichtungskreise genügt es, wenn der Held sich mutig, gelegentlich großmütig erweist; im übrigen tut es der Sympathie keinen Abbruch, wenn er, wie Julien Sorel in Stendhals berühmtem Roman, lügt, mißtraut und intrigiert; die deutsche und angelsächsische Dichtung erträgt nur den klar umschriebenen Mutmenschen als Teilnahme fordernde Hauptfigur.

Ein anerzogenes theoretisches Bewußtsein läßt neben der Mutwertung die orientalische Schätzung der Barmherzigkeit und Klugheit gelten, das Patriarchenideal, das dem deutschen Mittelalter widerstrebte und dem Eingang der Bibel in das deutsche Dichterbewußtsein wehrte.

Das berufskünstlerische Empfinden des letzten Jahrhunderts schuf Ansätze einer intellektualen Wertung; die Steigerung der geistigen Fähigkeit zum Talent, der intuitiven Fähigkeit zur Genialität schien entscheidend zu werden und sich von ethischen Bedingungen loszulösen.

Das mechanisierte Denken verehrt den Erfolg; es drang eine neue Polarität der Wertung ein, die im Volksbewußtsein nachhaltig fühlbar wurde: die amerikanische Stufenleiter der Arbeitskraft, Nachhaltigkeit, Entschlußkraft und Willensphantasie.

Der chronistische Niederschlag des Sittenempfindens auf dem Pergament der Gesetze entspricht in seiner dürftigen Anpassung der Verworrenheit der Systeme. Die Lüge ist erlaubt, auch vor Gericht, der Meineid ist verboten. Streng bestraft werden Eigentumsvergehen, zumal wenn sie die Feigheit der Hinterlist verraten. Der Mutbeweis des Zweikampfes wiederum ist untersagt, wird aber dem Volks- und Standesempfinden zuliebe in Grenzen geduldet.

Gleiches Durcheinander bürgerlicher Nützlichkeiten spiegelt die gesellschaftliche Schätzung. Feigheit und betrügerische Tücke ächten, wenn sie nachweisbar und offenkundig geworden sind. Lüge, Habsucht, Hinterlist, Schadenfreude, Verleumdung, Bosheit, Unbarmherzigkeit, Hochmut, Eitelkeit, Undankbarkeit, Geiz, Trägheit, Lüsternheit, Roheit werden hingenommen, solange sie dem bürgerlichen Erfolg keinen Abbruch tun. Fleiß, Energie, Willenskraft, Schlagfertigkeit, Talent, Witz, Gedächtnis werden anerkannt; wenn sie zum Erfolg führen, bewundert. Güte, Edelmut, Opfersinn, Begabung finden Beifall, wenn sie öffentlich verbrieft sind.

Dies ist das ungefähre Inventarium der unterbewußten, bewußten, gesetzlichen und gesellschaftlichen Menschenwertung unsrer Zeit. Indessen leben in Europa wohl an tausend Menschen, die nichts voneinander wissen und deren Augen sehend geworden sind. Sie tragen in sich den Maßstab einer neuen Wertung, und mehr: es ist ihnen der verhängnisvolle Blick verliehen, der das Menschliche wie einen Kristall durchdringt. Ihnen reden nicht nur Mund und Augen, sondern Stirn, Gestalt und Hände; die Wahl und der Klang eines Zufallswortes, das unausgesprochene Glied einer Gedankenverbindung, die unwillkürliche Bewegung, jede Wahl, Vorliebe, Abneigung in Gedanken, Dingen und Menschen, jedes Band der Umgebung, des Verkehrs, der Handlung und Lebensführung offenbaren mit der gleichen Eindringlichkeit und Eindeutigkeit das Wesen des Angeschauten, wie es der Mehrzahl nur durch den Brennspiegel dichterischer Vision vermittelt wird.

Man spricht gemeinhin von der Gabe der Menschenkenntnis, und viele stellen sich darunter eine Art von mißtrauischer Schlauheit vor, welche hinter die geheimen Beweggründe, Schliche und Schwächen der Menschen zu kommen sucht, um sie desto leichter zu nutzen und zu beherrschen. Diese falsche Sklaventugend führt zu nichts, es sei denn zu kleinen ungerechten Vorteilen; denn sie kann von niederen Naturen nur gegen ihresgleichen geübt werden. Wahre Menschenkunde ist nur tief verantwortlichen, das heißt echten Herrschernaturen gegeben, die deshalb nicht einmal genial zu sein brauchen; das königliche Menschenvertrauen Wilhelms I. beruhte auf solcher Kraft und hat auf ein Jahrhundert den streng monarchischen Gedanken gerettet.

Einfühlende Menschenkenntnis führt nie zur Verachtung und nie zur Überhebung. Das organische Empfinden, auf dem sie beruht, begreift die Notwendigkeit der Schöpfungsfülle, die in der gleichzeitigen Harmonie aller Möglichkeiten, im lebenden Aufbau der Stufenglieder sich vollendet; Verachtung ist doppelte Blindheit: gegen sich selbst und gegen die Allseitigkeit der Natur.

Die Wertung verliert hier ihren pharisäischen Geschmack, der aller beschränkten Ethik anhaftet und sie schöpferischen Naturen verleidet; die Frage lautet nicht mehr, was ist besser und schlechter, was ist selbstgerecht und verächtlich, erlöst und verdammt, sondern vielmehr: Was weist ins Künftige und was ins Vergangene? Was verlangt nach Verantwortung und was nach Schonung? Was fordert Leben, und was neigt zum Tode?

Fragt man aber die Menschen, die in menschlichen Dingen sehend geworden sind, nach welchen Polen ihre unbewußte und unbeirrbare Wertung sich richtet, so wissen sie es nicht. Wir wissen es und wollen es abermals bekräftigen: es ist die Richtung der Seelennähe und der Seelenferne. Jene haben den Gegensatz des seelenvollen und des seelenlosen Menschen erahnt und erblicken seine Übergänge in allen menschlichen Manifestationen.

In früheren Schriften habe ich den Urkontrast dargelegt und seine Herkunft erläutert: der Geister, die ihren Schwerpunkt im Absoluten, ihr Gleichgewicht in den Erfüllungskräften der Transzendenz, Intuition und Liebe finden, und jener andern, deren Schwerpunkt in der Erscheinung, deren Gleichgewicht in Wünschen und Ängsten liegt. Der transzendente Geist fühlt sich hingegeben als dienendes Glied des Unsichtbaren; die Erscheinungswelt schafft er sich und beherrscht sie, doch nicht in Willkür und Genuß, sondern eingedenk des Auftrags und der Verantwortung. Der erdgebundene Geist wird von der Welt beherrscht, von Körperlichkeit, Freuden und Leiden, Dingen und Menschen. Indem er sich zu befreien trachtet, ringt er um Leben und Genuß, um der Sinne mächtig zu werden; nach Wissen und Besitz, um die Dinge zu bewältigen; nach Macht und Herrschaft, um die Menschen zu unterwerfen. Dreifacher Irrtum, widerlegt durch Ungenügen, Zweifel und Tod.

Die Stimmung dieses Geistes ist Begierde und Furcht, ihre Objektivation heißt Zweck. Seine Kraft ist der reine analytische Intellekt; die hoffnungslosen Versuche dieser einseitigen transzendenzlosen und zweckhaften Kraft, ein Weltbild oder eine Sittenlehre zu schaffen, bilden den Inhalt aller früheren Philosophie. Sie konnten niemals weiter als bis zur Selbstbeschränkung und Abdankung des Intellekts gelangen; glückte ein Schritt darüber hinaus, so hatten verschämt geleugnete intuitive Kräfte sich eingedrängt. Psychologisch merkwürdig sind die verschiedenartigen Schreckphänomene, die auftreten, sooft die Intellektualkraft an die Kristallmauern des Nachbarreiches stößt, und die wechselnden Bezeichnungen, die sie negierend ihm verleiht. Jede Ethik auf der Grundlage des zweckhaften Intellekts mußte notgedrungen utilitarisch enden; die Beschämung über diese Erdgebundenheit, die Verzweiflung über die dialektische Anpreisung unverbindlicher Nützlichkeiten hat zu seltsamen, zwitterhaften Verschleierungen geführt.

Utilitarisch bleibt vor allem die praktische Ethik und Religion des intellektualen Geistes. Beide kommen über das *do ut des* des Handelns nicht hinaus; schon im Begriff des beweislosen Glaubens ist der Intellekt wiederum zur Abdankung gezwungen, sofern er nicht unter heimlicher Angst vor seiner eigenen Forschung sich an geschichtliche Offenbarung hält. Auch wenn er die Erscheinungswelt durch eine theokratische Übererde, die Lebenszeit durch eine postume Verlängerung erweitert, bleibt Hoffen und Fürchten, Handeln und Zweck entscheidend, mag man diesen Zusammenhang nennen, wie man will: sein Inbegriff ist Nutzen.

Es ist zu beachten, wie die reinsten Religionen, den Bezirken echter Transzendenz entstammend, sich materialisieren, sobald sie in die Hände intellektual-zweckhafter Bevölkerungen gelangen; ob sie beim Gebet-Rade oder bei der Reliquie enden, stets führt sie der Weg vom wunschlosen Glauben zum klugen Handeln.

Für den transzendenten Geist gibt es kein ethisches Handeln, sondern vielmehr einen ethischen Zustand. Die reine, wunschlose, in Schauen und Glauben erfüllte Gesinnung kann nicht fehlgehen, gleichviel was sie tut; sie kennt keine Vorschrift. Sie hat kein Mittel und wünscht keins, um seliger zu werden, als sie ist; sie wird es durch die einströmenden Kräfte, denen sie entgegenatmet. Hier ist jeder Kompromiß des Lasters mit der Tugend, des Willens mit der Gewährung beendet; der ethische Vorgang ist der intellektualen Ordnung enthoben und in den Bereich seines eigenen erfüllenden Wesens gerückt.

Wiederholt habe ich dargelegt, was unsrer Zeit zu wissen so bitter not tut, in welchen erkennbaren menschlichen Ausstrahlungen das Wesen des Intellektualen, Furcht- und Zweckhaften sich kundgibt; wie die Sorge und Erdgebundenheit sich ausdrückt in egozentrischem Denken und Fühlen; die Abhängigkeit von Menschen in Ehrgeiz und Scheinsucht, Geschwätzigkeit und Lüge; die Abhängigkeit von Dingen in Habsucht, Wißbegierde; der Gesamtkomplex der transzendenzlosen Geistesrichtung in unsachlicher, liebloser, kritischer Haltung zur Welt und ihren Geschöpfen, in unsicherem, instinktlosem Wandel, im Verschmähen des Augenblicks und Hängen an der Zukunft, in der Neigung zum Sinnfälligen, Deklamatorischen, Pathetischen, im Hang zum Aberglauben und zur interessierten Frömmigkeit.

Niemals tritt eine dieser Eigenschaften gesondert auf, niemals bleibt ihr Ausdruck dem empfindenden Auge verborgen. Sie bilden das äußere Maß der Seelenferne des einzelnen und des Volkes; ihr mählicher Übergang zu den Äußerungen der Transzendenz, zur Schöpfungsliebe, Wahrheit, Sachlichkeit, Intuition, zur Freiheit von Dingen, Menschen und vom Ich, zur Versenkung in die Dinge um der Dinge willen, zur Liebe um der Liebe willen, zur wunschlosen Frömmigkeit, zum Dank, zur Hingabe und zur Erleuchtung: Dies ist der wahre Menschheitsweg, dies sind, ob Mensch, ob Volk ihn schreitet, seine Stationen und zugleich die einzigen wahren und untrüglichen Maße menschlicher Entfaltung.

Wer diese Maße unbewußt in sich empfindet, dem können solche Darlegungen nichts Neues sagen, nur allenfalls Zusammenhänge klären, die sich dem Denken leicht ergeben. Doch ist es von höchster Wichtigkeit, daß endlich die allgemeine Wertung voreempfinde, was ihre Schulung die Menschheit lehren soll; daß nicht mehr abgestorbene Reste widersprechender ethischer Systeme bald dies, bald jenes loben und empfehlen, so daß schließlich ein jeder beifällig und zuversichtlich sein Los betrachtet, das in irgendeiner Ziehung herauskommen muß, und die Welt in Selbstgerechtigkeit erstarrt. Daß heute eine Minderheit, unaufgerüttelt von Propheten und Zeloten, in stiller, unausgesprochener Übereinstimmung diese Wertungsmaße in sich trägt und ohne Haß und Proselyteneifer sie in jeder Individualität bestätigt findet, ist ein frohes Zeichen; nur wenige Jahrzehnte werden vergehen, bis zum mindesten Deutschland den menschlichen Weg in Ziel und Maßstab vor sich sieht.

Uralt ist der Intellekt, vormenschlich. In seiner Schule ist die Menschheit greisenhaft geworden, seine Denkrezepte und Nützlichkeitslehren handhabt sie in unendlichen Erbreihen mit unbewußter Meisterschaft. Jung ist die Seele; ihren Anteil muß jeder Mensch von neuem erringen, ihre Sprache ist noch ein Stammeln, in ihrem Geist sind wir Kinder. Die Nationen, junge Gebilde von wenigen Jahrtausenden, haben in ihrem Kollektivbewußtsein sich der intellektualen Methoden bemächtigt und legen sie dem innren Ausbau, der äußren Verteidigung zugrunde; ihr beginnendes Seelenbewußtsein wurde bisher nur im Kollektivgebilde der Sprache, in Sitte, Überlieferung, Mythos, sodann im Kollektivkunstwerk, Städtebau, Dombau, Hausgerät, Volkslied wahrnehmbar; religiöse Transzendenz dagegen wurde im

Kollektivbewußtsein ausnahmslos zum Ritual und Kirchenwesen intellektualisiert und erniedert; ein nach außen wirkendes politisches Gewissen ist noch nicht entstanden, die Staaten verkehren als anethische Wesen.

Von den Vermächtnissen des reinen Intellekts ist das gewaltigste die Schöpfung der europäischen Wissenschaft und ihre Materialisierung in der mechanistischen Weltepoche. Wie äußere und innere Umstände, Volksverdichtung, Wechselwirkung gegensätzlicher Bevölkerungsschichten, Kämpfe intuitiven und intellektualen Geistes wirken mußten, um diese Bewegung emporzuführen, habe ich geschildert und wiederhole ich nicht. Hier ist zu betonen, daß die mechanistische Epoche, ihrem Höhepunkt noch fern, in sich die Gegenkräfte zu nähren beginnt, die zwar nicht bestimmt sind, die Mechanisierung in ihrer Praxis zu zertrümmern – denn als Hebel gegen die Schwerkraft toter Massen bleibt sie unentbehrlich –, wohl aber ihr die Herrschaft über den Geist zu nehmen und sie zur Dienerin des Menschentums zu machen.

Je mehr nämlich die einstmals unerhörten Denkformen, Forschungs- und Handlungsmethoden der Mechanisierung, gleichviel ob auf Wissenschaft, Technik, Wirtschaft, Politik angewendet, Gemeingut und Erbteil der Zivilisationen werden, nachdem sie zwei Jahrhunderte lang Geheimmittel und Vorrecht einer intellektuellen Minderheit gewesen sind, je mehr sie, ins Unbewußte verdaut, aufhören, Vorsprung und Sonderrechte zu verleihen, desto wirksamer und weltnotwendiger treten wiederum die Abstufungen des rein schöpferischen, intuitiven und verantwortlichen Geistes hervor und beanspruchen die Führung.

Schon heute, zunächst in Politik und Wirtschaft, sodann in Technik und Wissenschaft, übermüdet das Überangebot intelligenter, versagt der Bestand intuitiver und charaktervoller Kräfte. Der Intellekt beginnt selbstverständliche Voraussetzung zu werden; wirksam bleibt nur die Erhöhung, die ihm durch die edlere Komponente zuteil wird. Es treten die angebornen Kargheiten der Intelligenz zutage; die unerträgliche Ähnlichkeit alles dessen, was gedacht und getan wird, im Größten wie im Kleinsten, ebnet die Bahn für unerhörten Vorsprung dessen, der Pelion auf Ossa türmt, der die Kraft des Verstandes durch Intuition überhöht. Ein gewisses intellektuelles Normalmaß ist jedem erreichbar, selbst auf Gebieten, die der Schulung fast unzugänglich scheinen; das mittlere Kunstwerk sogar ist erlernbar geworden, und die Herstellung eines leidlichen Bildes, eines lesbaren Romans bedarf nur einer mäßigen, nachahmungsfähigen Bildung, die mit schöpferischer Begabung denn auch oft genug verwechselt wird.

Die ethische Bedeutung der Bewertung menschlicher Eigenschaften steigert sich zur sozialen Notwendigkeit, denn nur die höhere Menschlichkeit allein vermag die Tyrannei der Mechanisierung zu überwinden und ihre Kräfte zur Heilsamkeit umzulenken. Eine spätere Zeit wird schwer begreifen, daß wir dem freien Wettspiel unedler, selbst unehrlicher Eigenschaften und Begabungen Führung, Verantwortung und Macht überließen, weil uns Blick und Unterscheidung fehlten; daß wir Behendigkeit, Schlagfertigkeit, unbekümmerte Wahrheitsverachtung, Schwätzerei, Brutalität, Eigennutz, Geschäftigkeit, vorsichtige Niedrigkeit, Streberei und Kriecherei vertrauensvoll schätzten, sobald sie sich eines Hebels der Mechanisierung mit einigem Erfolg bemächtigten; daß wir als unabänderliche Notwendigkeit es hinnahmen, daß diese Teufelskräfte das größere Maß irdischen Ansehens und Anspruchs verschlangen. Daß wir uns nicht schämten, edle Naturen vergehen zu sehen, weil sie in der Wahllosigkeit der Kampfmittel nicht standhielten. Daß wir nicht einmal die äußeren Zeichen zu erkennen vermochten, die sich beim ersten Blick, beim ersten Wort offenbaren, obwohl die Zahl der Sehenden, Erkennenden schon ausreichte, um eine Menschenkunde zu begründen, die, in Schulen und Lehrsälen verbreitet, der Jugend Augen und Ohren hätte öffnen können. Statt dessen halten wir uns an schattenhafte Züge theoretischer Moralsysteme verschiedenartigster Herkunft und Orientierung, die einander derartig widersprechen und sich wechselseitig aufheben, daß vollkommene Gleichgültigkeit entsteht und schließlich alle Schätzung mit der übrigbleibenden gemeinen Minimalforderung der sogenannten Anständigkeit sich zufriedengibt. Ein anständiger Mensch im Sinne der europäischen Restmoral aber ist einer, der seine dringendsten Schulden bezahlt, sich über Lügen nicht ertappen läßt, kein öffentliches Ärgernis gibt, in Geschäften das Strafbuch achtet, sich an öffentlichen Kollekten beteiligt, Satisfaktion gibt, gute Kleider trägt, mittlere Schulkenntnisse besitzt und die gleichen Eigenschaften bei seinem ehelichen Vater nachweisen kann.

Diese Gaben berechtigen heute, 1915, in allen zivilisierten Ländern, soweit das bürgerliche Sittenempfinden in Betracht kommt, zu jedem Ansehen, zu jedem wirtschaftlichen Anspruch, zu jeder menschlichen Verantwortung, und sobald irgendeine ausgesprochen nützliche Anlage oder Kenntnis hinzutritt, zu jeder Machtstellung.

Besteht Übereinstimmung, daß alle Wirtschafts- und Gesellschaftskunde nichts ist als angewandte Ethik; daß Staat, Wirtschaft und Gesellschaft des Unterganges wert sind, wenn sie nichts andres bedeuten als Gleichgewichtszustände gezügelter Interessen, bewaffnete und unbewaffnete Produktions- und Konsumgenossenschaften; daß nur der seelische Lebensinhalt des Daseins würdig ist; daß er sich selbst Form und Kleid schafft in Dingen und Einrichtungen, die zur Leiche werden, wenn der Hauch entflieht: ist dies ausgemacht, so bleibt uns die Aufgabe, den Wechselwirkungen zwischen Bett und Bach, zwischen schaffendem Willen und geschaffener Satzung nachzuspüren. Wir sind mit der Beschreibung der Institutionen vorausgeeilt, die wir im ›Weg der Wirtschaft‹ aus allgemeinem Gesetz entwickelt haben; wir sollen die Wandlungen des Bewußtseins betrachten, die den Gang der Einrichtungen begleiten, ihm voraufgehen, ihm folgen müssen. Eine kurze Bemerkung hat uns die Verworrenheit des metaphysischen und sittlichen Bewußtseins, den Mangel an Kunde und Wertung des Menschen enthüllt; die Forderungen, die hieraus entspringen, müssen erfüllt, die Erfüllungen in das Bild des Künftigen verwoben werden.

Entäußerung haben wir als den Leitstrahl der sozialen Sittlichung erkannt; Lossagung vom Dienst des Überflüssigen, von den Dingen als Machtquelle, vom Eigennutz des Familienstammes; Hinstreben zum Wesentlichen des äußeren Lebens, zur Solidarität, zur Hingabe an die Gemeinschaft, Verwerfung des ungerechten und unsittlichen Anspruchs, Übergang der Verantwortung an geistige und sittliche Mächte.

Ist dies der sichtbare Weg, so liegt uns ob, den unsichtbaren zu beschreiben, den Kurvenlauf der menschlichen Gesinnung aufzuweisen, auf dem die äußere Bewegung abrollt. Wir wissen, daß das heutige Bewußtsein dieser Kinetik widersteht; der Mechanismus des äußeren Lebens würde sich klemmen und pressen, ja zertrümmern, wenn er durch Zwang vorschnell und unbereitet in neue Rhythmen gedrängt würde. Erkenntnis ist das erste; ihr folgt langsam und unaufhaltsam die Formung der Gesinnung; nun gerät das starre System in Fluß, es sucht das neue Gleichgewicht, und schon sind höhere Forderungen und Problème entstanden, die abermals nach Erkennung ringen.

Die geistigen Motoren haben wir zu prüfen, die das heutige Getriebe erhalten und dem künftigen entgegenwirken; ihre Verflüchtigung und Beseelung wird dem Ausblick ermeßbar sein. Von Trägheit, Sinnlichkeit, Leidenschaft, Eitelkeit, Herrschsucht ist zu handeln und von ihren bändigenden Gegenkräften; kann nur ein neues soziales Sittenbewußtsein das neue Gleichgewicht errichten, so werden wir die Nichtigkeit der Theoreme bestätigt finden, die Frieden und Gerechtigkeit von Einrichtungen erhoffen und vermeinen, die Widersprüche, die Auflehnungen der menschlichen Natur durch Gewalt zu brechen oder durch Redensarten hinwegzutäuschen.

Gewaltige Forderungen an unsre Wandlungsfähigkeit werden hier erhoben; der Wahn, daß sie durch rasche Anpassung, durch eilige Vorbilder, selbst durch Martyrien einzelner vorschnell gereift werden könnten, findet hier keinen Platz, denn die Straße der Erkenntnis ist nicht durch Feldwege zu kürzen. Hingegen handelt es sich nicht um ferne Dämmerungsgesichte; der Lauf der letzten beiden Jahrhunderte hat größere Bewußtseinswandlungen gebracht, als die wir fordern. Aus leibeigenen Volksschichten, die den Rocksaum küßten und die Peitsche fürchteten, sind zur Hälfte Menschen bürgerlichen Bewußtseins, zur Hälfte organisierte Gegenkämpfer geworden. Wie vormals in dreißig Jahren aus festem Bürger- und Bauerntum ein verwahrloster Stand der Armut und Knechtung entstand, so sind in dreißig Jahrzehnten den zerfallenen Hütten und verblühenden Städten die Geister unsrer Denker und Forscher, Dichter und Führer entsprossen. In wenigen Menschenaltern aus dem Boden gestampft, hat sich in Preußen das Standesbewußtsein der Beamten und Offiziere erhoben; ein sittliches Bewußtsein ohne Vorbild, von großartigerer Einseitigkeit und Entsagung als irgendeine der Forderungen, die wir stellen. Im kurzen Laufe einer Kriegsperiode hat der Spartanergeist des bewaffneten Volkes mit allen seinen Werten der Hingebung, des Opfermutes, des Ehrgefühls sich über unser Land ergossen; eine größere Erhebung, als wir an neuer Wandlung vorhersagen.

So unabänderlich die tiefsten Regungen der Herzen, Liebe und Haß, Freude und Leid, Leidenschaft und Erkenntnis uns erscheinen, so wandelbar sind die Wertungen und Meinungen, die Auswahl der bändigenden und treibenden Kräfte, die Überzeugungen. Aus dieser kreisenden Bewegung aber lösen sich leise die langatmenden Abwandlungen, die von der Tierheit zur Menschheit, von der Menschheit zur Gottheit führen. Was wir erwarten, ist im Vergleich nur eine jener leichten Umgestaltungen des Wertens und Wollens, des Zurückdrängens und Emportragens, wie die beiden Jahrtausende deutscher Geschichte sie zehnfach aufweisen.

Wenn Deutschland nicht der Ort ist, wo alle Pragmatik als Willensübersetzung transzendent ethischer Wertung und nur als diese betrachtet werden muß, so haben wir uns über die deutsche Sendung getäuscht. Glauben wir an Pflicht und Recht zum Absoluten, so ist Kepler am Werk: Die menschlichen Triebe und Neigungen verharren nicht mehr unbewegt und unantastbar im Zentrum der pragmatischen Bewegung, sondern der Drehpunkt ist in die Sonne der Transzendenz verlegt, und urnotwendiger Bewegung müssen Erde und Planeten folgen. Nicht Eigenwille unsrer Eitelkeiten bestimmt den Gang der Welt; Erkenntnis schreitet voraus, Einrichtung hinterdrein, und zwischen beiden tut die Menschheit ihren schwersten Gang zum Opfer und zur Freiheit.

So haben wir nun zu ermitteln, welche Wandlung des sittlichen Gesamtbewußtseins als voraufgehende und gleichlaufende, als mitreißende und mitgerissene Strömung uns bevorsteht. Das wirtschaftliche Opfer, das zu erbringende, ist uns bekannt: Verzicht auf eine Reihe käuflicher Genüsse, Verzicht auf einen erheblichen Teil des erarbeiteten oder ersessenen Ertrages, Verzicht auf jede Laufbahn, die in leichtem Dienst, mit leichtem Gepäck an Geist und Charakter zum Ziele führt, Verzicht auf dauerndes wirtschaftliches Vorrecht gesicherter Familienstellung.

Diesen vier Grundforderungen der Wirtschaft entsprechen zum Teil gesonderte, zum Teil gemeinsame hemmende und treibende Motoren. Sinnlichkeit, Ehrgeiz, Sammelsinn wirken vorwiegend der ersten und zweiten entgegen, Ehrgeiz und Familienstolz der dritten und vierten, mangelnde Menschenkenntnis und Wertung der dritten, mangelndes Staats- und Gemeinschaftsempfinden allen vieren.

Von Sinnlichkeit, Bequemlichkeit und Trägheit wollen wir nicht ausführlich handeln. Nicht daß wir diese treibenden und beharrenden Motoren als unveränderliche einschätzen; doch ist ihr Wesen dem physischen so viel näher verwandt, daß die Einwirkung der Erkenntnis sie nur mittelbar trifft. Um so durchdringender haben wir die Familie der Machtmotoren zu betrachten, der eigentlich bösen Mächte im menschlichen Herzen.

Die guten Mächte sagen: Ich will schaffen und sein; die bösen sagen: Ich will haben und scheinen. Was willst du haben? Zunächst, was genügt. Was Not lindert, Sinnlichkeit stillt, Arbeit kürzt, Freiheit stärkt. Soweit gut. Sind Sinn und Trägheit nicht zügellos, ist die Freiheit dem innern Gleichgewicht verwandt, so bedeutet es nicht viel. Die Welt könnte zwei Drittel ihrer Mühen sparen, wenn dieses Los allen genügte.

Was willst du weiter? Was sicherstellt. Was auf möglichst lange, auf absehbare Zeiten mir und den Meinen den Genuß dieser ersten Güter verbürgt. Warum das? Weil ich um die Zukunft sorge und – fürchte.

Mag eine Vorsicht um Alter und Krankheit klug sein, solange die Unzulänglichkeit unsrer Sitten die Siechen und Greisen schmachvoll preisgibt. Die Vorsicht abzugelten, wäre unsrer reichen Zeit ein leichtes. Doch hier trifft uns zum erstenmal ein Hauch des Abgrundes: die Furcht, die Quelle alles Bösen und Schlechten, der Urzeitfluch, das Tierheitserbe, das Scheidungsmal alles unedlen und edlen Blutes.

Du hast Auskommen und Sicherung; was willst du weiter? Das, was den andern fehlt. Was Eindruck macht, was Neid erweckt, was Ansehen gibt, was Macht spendet. Warum das? Ich weiß es nicht.

Du sprichst wahr: du weißt es nicht. Denn alles, was du an Worten aufbringen könntest: Ehrgeiz, Sammeltrieb, Herrschsucht, Wille zur Macht, ist Umschreibung des gleichen, des Rätsels. Dies Dunkelste der Menschennatur ist so gemein, so tief eingeboren, so unergründlich, daß wir es nicht mehr für problematisch, sondern für selbstverständlich halten.

Verwirren wir nicht die eitle Neigung des Ehrgeizes, der Herrschsucht, der Neidfreude und Scheinsucht mit der berufenen Willenskraft zum Schaffen und Ordnen, die herrscht, indem sie dient, dient, indem sie waltet; mit der organischen Kraft der Verantwortung, die in der Führung Ruhe findet, und doch nur so weit, als auch sie einem höheren Gesetz und Wesen sich beugen darf; mit der Opfergewalt, die sich verschenkt und neigungslos Tribut empfängt, nicht zu genießen, sondern unberührte Spende im Kreislauf notwendiger Ordnung fortzureichen. Nennen wir diese schaffende Kraft Verantwortung, die eitle, nach Herrschaftszeichen und nach deren Scheine langende dagegen, um den doppelsinnigen Namen des Ehrgeizes nicht einseitig zu belasten, Machtgier, so lautet die Frage: Wie konnte die Leidenschaft der Machtgier entstehen und die Welt derart unterjochen, daß in ihrem Namen die Knechtschaft erwuchs?

Der Kenner der Völker und Rassen und Erblichkeiten möge uns darlegen, wie diese Leidenschaft nur bei furchthaften Menschen und Stämmen möglich ist, weil diese dem Druck der Unterwerfer nur die eine Hoffnung entgegensetzen können, das Blatt zu wenden und den Fuß auf den Nacken des Bedrückers zu setzen; wie sich noch heute bei gequälten Kindern von einiger Begabung unbändiger Ehrgeiz entwickelt. Sie mögen Erinnerungen alter Sklavenbitterkeit, ja selbst geschlechtlicher Unterlegenheiten für die psychotische Erscheinung haftbar machen und nicht übersehen, daß seltsame Zusammenhänge zwischen Machtgier und schwacher Männlichkeit zu finden sind. Sie mögen erörtern, wie das Aufkommen und Durchwachsen der europäischen Unterschichten die furchthaften Eigenschaften ans Licht gebracht und das Gewebe der historischen Menschheit durchtränkt haben.

Dem Kenner der Gesellschaft möge gesagt sein: daß die Welterscheinung, die wir von außen betrachtend Mechanisierung nennen, einen inneren Gefühlston, ein Zeit- und Weltgefühl auswirken mußte, so einseitig, hart und irrig wie die Bewegung selbst. Den Fliegenden und Schwimmenden erfüllt ein Gefühl des Schwebens und Strömens, den Wandernden ein Gefühl des ruhigen Eilens; der Gefühlston der Mechanisierung ist Machtgier; mit ihren Ausstrahlungen der Neugier, Wißbegier, Geldgier, Kritiklust, Zweifels- und Verkleinerungssucht.

Uns genügt es festzustellen, daß wir in Machtgier die pragmatische Verneinung aller Transzendenz zu sehen haben. Wer in dem Schein, den wir Wirklichkeit zu nennen pflegen, den Inbegriff alles Seins erblickt, der kann ein vermessenes Glück erträumen, das dieses Wunderspiel von Farben, Tönen und Reizen unterwirft, um es zu besitzen und zu beherrschen; so wie ein Kind den Stern und Schmetterling in seine tastenden und zerstörenden Hände begehrt. Wer aber das Dasein über der Erscheinung bekennt, der kann sich nicht an ein tötendes Spiel verlieren; er fühlt, daß Besitz vernichtet, wenn er andres ist und will als Pflicht und Pflege, daß Macht verderbt, wenn sie andres ist und will als Verantwortung; er weiß, daß seine heiligsten Kräfte der Wollust eines Traums nicht verfallen dürfen, daß ein Nichtseiender ist, wer den Dienst der Welt verleugnet und den Dienst der Überwelt verschmäht.

Anderwärts ist dargetan, daß nicht sittliches Handeln besteht, sondern sittlicher Zustand. Der Willensschwerpunkt im Seelischen, die Geistesbeharrung im Transzendenten, die Richtung zum Gotthaften ist Sittlichkeit und Seligkeit zugleich, und innerhalb dieses Bestehens und Beharrens ist die Handlung nicht mehr wägbar; urteilspendend bleibt allein die Bona voluntas der Gesinnung.

Herrschsucht, am Maße der Gesinnung gemessen, sagt aus, es sei recht, wenn ein Mensch sich eindrängt in die Ordnung der Schöpfung, um zu beschatten, was er nicht schöpfen und schützen kann; es sei recht, Menschen und Dinge zu Zweckmitteln herabzuwürdigen, den Anspruch an Lebensraum nach Leidenschaft zu bestimmen, Gottesvormundschaft über Mündige zu verlangen. Neidfreude sagt aus, sie habe im Mitmenschen den Todeskeim ungesättigter Erdenwünsche, ungetrösteter Blindheit am Ewigen, zehrenden Neidhasses erblickt. Sie wolle dies Siechtum reizen und steigern, bis ein Ausbruch der Verbitterung oder der Unterwürfigkeit die Würde des Gottesbildes zerstört und der feindseligen Macht huldigt. An der Schwäche des Menschen und ihrer Ausbeutung zur Vernichtung der Seele sei ihr gelegen. Sie hat sich ihr Urteil gesprochen und steht neben ihrer Schwester, der Schadenfreude, im satanischen Abgrund.

Die furchtbarste Irrealität, selbst unter dem kahlen Licht der Tageswirklichkeit betrachtet, gibt Zeugnis von der Antinomie des Kräftepaares Besitz und Macht.

Abgesehen von leiblicher Bequemlichkeit und sinnlicher Sättigung: Was ist Besitz? Verzeichnis von Sachen, die man ungestraft bewegen, absperren, zerstören oder gegen andre Sachen vertauschen darf, die wiederum bewegt, abgesperrt und zerstört werden können. Ein totes

Leben gewinnen diese Sachen, die der Besitzer nur dann kennt und einigermaßen besitzt, wenn sie wenig zahlreich sind, nur dann, wenn sie im Sinne jener Leidenschaften auf andre wirken; ein lebendiges Leben gewinnen sie, wenn sie schaffend, ordnend, waltend, verantwortungsvoll gehandhabt werden. Aber dann verlieren sie die Eigenschaft des Besitztums; sie werden anvertrautes Gut; sie sind des Schaffenden und brauchen ihm nicht zu gehören, sie gehören dem Eigentümer und sind nicht seine Sache. Der Begriff des Eigentums wird unerheblich; dem Förster gehört der Wald, nicht der Kommune; dem Wanderer die Landschaft, nicht dem Grundeigner; dem Kunstfreund die Galerie, nicht dem Fiskus. Des Bildners ist ewig das Werk, nicht des Käufers.

Macht! Vergessen wir den Vorzug einiger bequemerer Eingänge, die Befriedigung, aus einigen gleichgültigen Kreisen nicht ausgeschlossen zu sein; so bleiben schändliche Formen und Formeln der Menschen, die gezwungen oder selbsterniedrigend dem Mächtigen huldigen; zumeist weil sie etwas wollen, das sie nicht schaffen können. Wem jubelt die Menge zu, wenn ein Triumphator einzieht? Einer menschlichen Hülle zu Pferd oder Wagen, die sich neigt; der Mensch sitzt träumend, an sein Ohr schlägt eine Welle, die einer Form und Vorstellung gilt, von der er nichts weiß. Mund und Ohr bleiben sich ewig fremd, und am Abend, bevor er entschlummert, ist er mit seinem Gott so allein wie der letzte seines Gefolges. Aus der Fremdheit der Macht entreißt nur Liebe; doch wehe dem Mächtigen, wenn er die Beteuerungen derer, die wollen, für Liebe hält; tief verachtet fühlt auch er sich zum Mittel erniedrigt und spendet mit verstelltem Glauben, um nicht zu beschämen. Von jener Irrealität schweigen wir, die dem Machtbewußten zu spät die Relativität der Mächte offenbart und, je höher er steigt, desto mehr ihn zugleich vom Obern und Untern abhängig macht, so daß zuletzt der Tyrann nur noch dem Pöbel gehorcht, dem er entstiegen ist. Im Steigen aber war er doppelt geächtet: verhaßt jenen, über die er wegstieg, verachtet jenen, welchen er zustrebte.

Es bleibt, wie vom Besitz so von der Macht nur das verantwortende Schaffen, und wiederum bedarf dieses der Macht nicht, es setzt sie als unbegehrte Wirkung; es nimmt ihr alle die Formen, die den Machtlüsternen beglücken, mit denen allein er sich begnügen möchte, und läßt nur die Sorgen, Schmerzen und Mühen, die jener verschmäht. An die Stelle des Machtbereichs tritt der Wirkungskreis, an die Stelle der Herrschaft die Verantwortung, an die Stelle des Rausches die Sorge: wo Macht sich erfüllt, da hebt sie sich auf.

Gegenstandslos sind die Leidenschaften der Machtgier und Habsucht; so sind sie auch erfolglos. Der begrifflichen Irrealität entspricht die praktische.

Solange die brutalste Unkenntnis vom Menschentum die Zivilisation noch beherrscht, kann und wird es geschehen, daß Menschen, die *speciem reprobationis*, das Zeichen der Verworfenheit, jedem reinen Auge erkennbar, an Stirn und Antlitz, an Haupt und Gliedern tragen, daß Menschen, deren Tracht und Wort, Bewegen und Benehmen dem ersten Blick Gemeinheit und seelischen Tod verrät, alle Wege der Achtung und des Vertrauens offen finden, während Edle, denen es zum Leben nur an Schlangenklugheit fehlt, verhöhnt und verachtet, bestraft und entehrt zugrunde gehen. Solange diese Pöbelblindheit die Augen umfängt, die von nun an weichen soll, so lange wird der Gierige mit angeborenen Mitteln der Schamlosigkeit, der Lüge, List, Aufdringlichkeit, Beschwatzung, Bettelhaftigkeit und schmutzigen Betriebsamkeit seine Wege bahnen und, wenn er ankommt, als Vorbild der Klugheit, Erfindsamkeit und Tatkraft mit Ehren empfangen werden. Doch selbst in der hemmungslosen Mechanisierung, im ungezügelten Kräftespiel der Zeit kann er nicht weiterdringen; zum objektiven Schaffen kann er nicht gelangen, der Welt nicht dienen. Sein Besitz kann wachsen und seine Macht sich mehren; doch das, was er letztlich begehrt, die Notwendigkeit seines Daseins, das wird ihm nicht zuteil. So schädlich der Raub des Raumes, den er beansprucht, die Verderbnis des Wandels, die er einimpft, so nötig die Pflicht der Abwehr gegen sein Wesen und Wirken: die letzte und verantwortliche Macht bedarf gegen ihn keines Schutzes, denn sie gehört dem Dienenden und Treuen, sie gehört der Kraft der Entäußerung und der schaffenden Gewalt der Phantasie.

Ist es nun verwegen zu behaupten und zu verlangen, daß diese Hauptmotoren der mechanistischen Weltbewegung, die Leidenschaft der Macht und des Besitzes, sterblich, ja trotz der Feuerkraft ihrer Mittagshöhe sterbend sind? Ist es nicht trostlos vermessener, zu glauben, daß den Lügenmächten, die wir als himmelsfeindlich, tief versündet, als irreal und wirkungslos erkennen, vergönnt sein soll, auf immerdar ein Menschenvolk zu betören und zu knechten, das ihre Leerheit durchschaut? Wenn wir nicht glauben dürfen, daß Erkenntnis und sittlicher Wille erworbenes Laster lösen und ererbtes Sklavenmal tilgen kann, so bleibt dem Sittenträumer nur die Wahl, sich still und hastig aus der Welt zu retten. Nun wird mancher kommen und sagen: Wie soll eine altgewordene Menschheit sich ändern? Haben wir je das Opfer einer Leidenschaft gesehen?

Ihm sei erwidert: Wir haben Größeres erlebt. Wir haben manchen Sturz und Umsturz von Gut und Böse erlebt; wir haben Menschenopfer und Greisenmord und Aussetzung und Blutschande und Götzendienst und Blutrache und allerhand Unzucht gehen und kommen sehen. Zu jeder Zeit schlummert jede Leidenschaft, Sünde und Tollheit im Menschen; jede ist zu wecken und jede zu bändigen. Gebändigt wird sie vom einzelnen; wenn er nieder ist, durch Furcht, wenn er edel ist, durch seelisches Dasein; gebändigt wird sie von der Gesamtheit durch das Gewissen der Sitte. Deshalb sei es immer wieder gesagt: Daß unsrer Zeit die Richtkraft mangelt, daß sie aus sterbenden Erinnerungen der Zeiten sich ein überzeugungsloses Gewissen flickt, das ist ihr tödliches Übel; und neue Weltanschauung ist berufen, den zu ordnenden, gleichzurichtenden Kräften die tausendfältige Spannung zu entlocken. Ist in diesen Tagen jeder, der Opfer der Liebe und des Lebens bringt, im Innersten und von Natur ein Held und ein Liebender? Ist er es nicht, so lernt er es sein und dankt seine Lehre der Gleichrichtung einer Gesamtheit, die noch die Stärke hat, in schweren Augenblicken Opfer zu befehlen. Was nicht freier Wille schafft, das schafft Erkenntnis, die zum allgemeinen Wertungsurteil sich erbreitet. Das Gesamtgewissen, das heute nur Lug und Feigheit verachtet, wird morgen Machtgier und Habsucht, Genußsucht und Eitelkeit, Neidfreude und Niedrigkeit verdammen; nicht alsobald wird jeder einzelne von diesen Lastern lassen, doch ihre Herrschaft ist gebrochen; was heute erhoben stolziert, fristet morgen ein verängstetes Leben; die Welt ist befreit, und ihre Freiheit wirkt bildend und schaffend in jeder Seele. Die Welt ist wahrhaft frei, denn alle Bitterkeit des Kampfes ist ihr genommen. Vergessen wir nicht: Der Kampf ums Leben ist es nicht, der das Leben vergiftet, sondern der Kampf ums Überflüssige, der Kampf ums Nichts.

Dämpfen wir die beiden überhitzten Motoren falscher Freuden, so ist ein jedes Glied des verkrampften Menschheitsleibes entspannt. Es endet der Blutglaube zum Gelde, daß jeder seinen Besitz und Erwerb verteidigt und verheimlicht als ein Heiligtum seines Lebens. Luft und Wasser sind unentbehrlicher und dennoch frei, gern gegönnt und gern gespendet, weil niemand leidenschaftlich fürchtet, an diesen Elementen zu verarmen, niemand Narr genug ist, sie zu sammeln, und niemand die geringe Mühe achtet, sie zu schöpfen. Der Blutglaube will, daß wir dankbar einen Trunk empfangen und entrüstet eine Münze verschmähen, die nicht erkauft ist. Schöpfen wir unsern Lebensunterhalt leidenschaftslos und maßvoll, wie man reines Wasser schöpft, das nicht von Pestkranken umlagert ist, so sinkt der Blutglaube dahin.

Das Schöpfen aber wird leicht und frei, wenn nicht mehr eigene Gier das Überflüssige verlangt und fremde Gier alle Quellen leertrinkt, weil sie ein Dritteil der Weltarbeit in Kram und Tand vergeuden muß. Mit Entsetzen durchschreitet ein denkender Mensch die Straßen und erblickt die Kaufläden, Magazine, Warenläger und Arbeitshöfe. Schauderhaft häßlich, gemeinen Lüsten dienend, läppisch und schädlich, nichtig und hinfällig ist das meiste, das sorgsam gespeichert, glänzend hingestellt und teuer feilgeboten wird. Ist es wahr und möglich, daß Millionen frönen, um diese Dinge zu machen, zu transportieren, zu verkaufen, die Werkzeuge und Rohstoffe zu schaffen und zu sammeln, damit sie gemacht werden können; daß Millionen abermals frönen, um die Greuel erwerben zu dürfen, und Millionen sie hoffnungslos begehren und entbehren? Es gehört Kraft dazu, um an eine Menschheit zu glauben, die von solchen Dingen und für solche Dinge lebt. Was tut sie damit? Sie speichert sie in ihren Häusern, verzehrt sie im Übermaß, hängt sie um ihre Leiber, steckt sie in Haare, Ohren und Taschen, läßt sie in Althandlungen, Auktionslokalen, Leihhäusern einen zweiten und dritten Kreislauf beginnen und schafft zuletzt nach Afrika, was nicht im Abfallhaufen oder Schmelzofen sein Ende und seine Erneuerung gefunden hat. Was bezweckt eine zivilisierte Menschheit mit diesem Unfug des Warenhungers, der Gier nach käuflichen Substanzen? Ein wenig Bequemlichkeit und Sinnenreiz. Dann aber, und vor allem: Schein und abermals Schein. Es soll nach etwas aussehen. Man hat irgendwo ein prächtiges Ding gesehen und möchte das gleiche haben; wo nicht das gleiche, so doch ein scheinbar ähnliches. Es soll Eindruck gemacht werden; die andern sollen staunen und beneiden. Man möchte etwas reicher scheinen, als man ist, weil nach der entsetzlichen Vorstellung der Zeit Reichtum Ehre bringt.

Dieser Hang zum Narrenstand und zur Sklavenfreude kann nicht ewig sein. Er ist es nicht. Wäre er ewig, so schwände jede Hoffnung, ein stolzes und würdiges Menschenvolk erwachsen zu sehen. Er ist es nicht; die Einsicht in die Nichtigkeit käuflicher unreiner Freuden und die Erkenntnis ihrer radikalen Schändlichkeit und Schlechtheit muß nur in wenigen tausend Gewissen erwacht sein, und die Teufelsblume zerblättert. Freude am unbegehrten Schönen bricht hervor, Natur und reine Kunst, Kraft und Herrlichkeit des menschlichen Leibes, Ehre des Geistes und Anbetung des Göttlichen werden zur Wahrheit; Spuk und Wust, die uns vor unsern Enkeln schänden, fliehen nach dunklen Kontinenten, wo sie bis zur letzten Erlösung ihr Dasein fristen mögen.

Zögernd stellen wir dieser Zuversicht eine Anmerkung entgegen, die nicht entkräften darf und dennoch ein zeitliches Bedenken ernst erwägen soll: sie betrifft die Frauen.

In andern Schriften habe ich geschildert, wie von Grund auf Mechanisierung das Leben der Frauen durchwühlt hat. Vor hundert Jahren sind die häuslichen Hantierungen der bürgerlichen Frau erloschen. Die Berufsteilung übernahm die Sorge für Gespinst und Gewebe, für Kleidung, Licht, Feuer und Nahrung; Garten und Hof gingen ein, es verblieben Haushalt, Erziehung und Küche. Der wachsende Wohlstand schuf die bürgerliche Dame, an die Stelle der Arbeit trat Bildung. Es entstanden in gehobenen Kreisen die Anfänge der Geselligkeit; nachbarliche Gassengespräche und Volksfeste wurden in Häusern, deren Wohnstube sich öffnete, durch gesellschaftlichen Besuch und Verkehr verdrängt. Von der Wohnung trennte sich die Werkstatt, von der Heimstätte löste sich der Geschäftsraum; die Arbeitszeit dehnte sich aus, der Geschäftsmann, Beamte, Gelehrte verließ tagsüber das Haus, der Hausstand war aus dem Rahmen immerwährender Gemeinschaft gesprengt.

Nun war ein äußerer und innerer Bezirk geschaffen; den äußern, des Berufs und Erwerbs, verwaltete der Mann, den innern, der Ordnung

und Erhaltung, übernahm die Frau. Sie wurde Herrin der Häuslichkeit, Verwalterin, und wie es die Geldwirtschaft forderte, Käuferin. Der Mann erwarb, die Frau gab aus. Ab und zu war vorzeiten ein Küchengericht, selten ein Kleidstück, kaum je ein Hausgerät von der Frau erstanden worden; Handwerker, gar Bauleute hatten mit dem Mann zu tun. Heute ist die Frau fast alleinige und unaufhörliche Käuferin; sie füllt Kaufhäuser, Straßen und Verkehrsmittel der Städte, sie bestellt und verrechnet, sie stattet aus, richtet ein und baut.
Der furchtbare Verfall der gewerblichen Künste seit achtzig Jahren, den das ernsteste Bestreben nicht aufzuhalten vermag, fällt weit weniger der Maschine als der kaufenden Frau zur Schuld. Denn ihr fehlt der Blick fürs Handwerkliche, fürs Tüchtige, Brauchbare und Echte, vor allem für Maß und Kunst; es fehlt ihr auch die Festigkeit des Willens zum Notwendigen, die Unabänderlichkeit des Entschlusses; sie unterliegt dem Reiz, der flüchtigen Ähnlichkeit mit Gediegenem, der Gelegenheit, dem glänzenden Schein, der trügerischen Rechnung, dem Geschwätz des Verkäufers. Jede schändliche Gepflogenheit des Kleinverkaufs entstammt dem Verkehr mit Käuferinnen; was den Mann entrüstet, den ein Mißgeschick in diesen und jenen Kaufladen verschlägt, das ist zumeist gewohnte Spekulation auf weibliche Käuferschwächen. Nur im Vorübergehen sei gestreift, was an andern Stellen erläutert wurde: daß Kunst und Kunstrichtertum den gleichen Weg des Verderbens beschreiten mußten, seitdem der Mann des Berufs dem Ernst der Bildung zugunsten der Frau entsagte, seitdem die Hallen der Theater und Konzerte, der Kunstsammlungen und Vorträge der Frau gehören, seitdem sie die Leserin der Bücher und Besprechungen, Freundin der Künstler und Empfängerin ihrer Werke geworden ist. Die sterile Sentimentalität der nachromantischen Literatur war die erste Frucht des Damensalons, und vielleicht die unbewußte Erkenntnis dieses Zusammenhangs hat die beiden letzten freien Geister unsrer Zeit, Schopenhauer und Nietzsche, bewogen, sich gegen die Frauen zu wenden.
So ward die Frau der neuen Wirtschaft unvermittelt und gewaltsam im Lauf des Jahrhunderts in unerhörte Lagen versetzt: Hinausgetrieben aus dem häuslichen Abschluß, mit Bildung belastet, geselligem und rechnerischem Verkehr zugewiesen, mit der Pflicht äußerer Lebensgestaltung behaftet, vielfach in männliche Berufe geleitet, hat

sie den gewaltigsten Forderungen standgehalten, die jemals unvorbereiteter menschlicher Natur zugemutet wurden; sie ist nicht erlegen und hat unser Jahrhundert zum mann-weiblichen gestaltet.
Bedenkliche Nebenwirkungen aber waren unvermeidlich. Rechenhaftigkeit, Kaufgewohnheit, Straßenverkehr, äußeres Auftreten, Selbstbestimmung haben die mütterliche Seite des Frauenwesens nicht vertieft. Dirnenhang, vormals vom Manne gebändigt, durfte sich entfalten. Es erhob sich eine der unerquicklichen Erscheinungen unsrer Zivilisation, das Luxusweib. Alte Repräsentationspflichten adliger Frauen waren im Erlöschen, weil die Schutzpflichten geendet hatten; diese entwerteten Tagewerke und Allüren boten die Vorlage des Zerrbildes. Die neu bereicherte Gesellschaft verlangte maßlose Geselligkeit, um sich im Reichtum zu üben und soziale Vorteile zu erschleichen; aus diesem gefährlichen und frechen Spiel wurde eine Art Pflicht, eine herzlose Unterhaltung, ein Geschäft und ein Leben. Sorge für üppige Wohnräume, Dienerschaft, Schmuck, Kleidung, Körperpflege, Tafelaufwand, vornehme Gäste füllten dieses Leben aus; vorteilhafte Liebschaften gaben ihm Erregungen; Pferde, Jagden, Reisen, herabgewürdigte Künste schafften Gesprächsstoff; kümmerliche Wohltätigkeiten, Hofbeziehungen und politische Kabalen sorgten für den Schein der Daseinsberechtigung; Erziehung und Haushalt wurden bezahlt, und neben der Beratung des Mannes in gemeinschaftlichen Interessen der Laufbahn beschränkten sich die Pflichten des Weibes darauf, zwei- oder dreimal in der Narkose zu gebären.
So verworfenes Frauenleben wurde an der Spitze der mechanischen Stufenleiter geduldet und verherrlicht; in den Tiefen Arbeitslast und schmerzliche Prostitution, im unteren Mittelstande rechnende Sorge, im oberen Kampf um Repräsentation, Bildung und männliche Berufsarbeit. Diese Ausartung mechanisierten Lebens haben das Wesen unsrer Frauen berührt. Sie haben Begehrlichkeit, Freude am Schein, Lust zu imponieren und Koketterie emporgetrieben, Dinge, die Deutschland vordem nur unter der Form harmloser und schnell gebändigter Weibernarrheit kannte. Die sittliche Folge dieser Laster ist schwer, die wirtschaftliche und soziale ist unermeßlich. Dem Neid der Nachbarin, dem lüsternen Blick des Straßengängers, der gutmütigen Nachgiebigkeit der Männer opfern wir die Tages- und Nachtarbeit von Millionen. Was wird im Einzelhandel feilgeboten? Neben

Tabak und starken Getränken Dinge, die Frauen kaufen, überflüssige, häßliche, wacklige Geräte, die man haben will, weil ein andrer sie hat, weil sie modisch sind, weil man ähnliches von weitem, auf Bildern, bei anscheinend vornehmen Leuten gesehen hat und für unerschwinglich hielt, während es hier billig, verblüffend billig, wie der ekle Ausdruck sagt, angepriesen wird. Gewänder und Putz, mit handgreiflich unternehmender Sinnlichkeit aufgebauscht, tragbar, solange der dünne Tand und der Wille des Händlers es zuläßt. Namenlose Gegenstände, Artikel genannt, die man kauft, um zu kaufen, die man verschenkt, um sie los zu sein. Aller Kram nach dem Gesetz der Mode der periodischen Erkenntnis unterworfen, daß er wertlos und nichtsnutzig ist und somit nach dem gleichen Gesetz erneuert werden muß.

Dieses Spiel mochte geduldet werden, solange es als Privatangelegenheit eines törichten Haushaltes galt. Da wir erkannt haben, daß Warenhunger, Gier nach Käuflichem zu den fressenden Schäden unsrer Wirtschaft gehört, ist dieses Laster und seine Stillung Staats- und Menschheitssache geworden.

Es wäre gegen die Würde der Frauen, wollten wir ihnen die Verantwortung für die Not der Zeit mit gefälligem Lächeln vorenthalten. Wir müssen ihnen sagen, daß das Hundertfache der Tränen, die sie durch stille Wohltat trocknen, an den harmlosen Nichtigkeiten haftet, die sie in Schachteln, Paketen und Gefährten in ihre Häuser schleppen lassen.

Die Schuld für jede Schlechtigkeit des Mannes trägt die Mutter, die Schuld für jedes Irren und Gleiten der Frau trägt der Liebende und Mann. Der Mutter entwächst der Knabe, sein frühes Irren ist nicht wiederbringlich; das Weib bleibt der Liebe bildsam, ihm wird das Reuetor des Himmels nie verschlossen. Erkenntnis, Welt und innere Stimme bleiben dem Mann vernehmlich und wälzen ihm die Verantwortung zu, seine Schuld ist die höhere. Gegen den Mann darf das irrende Weib Klage führen, und die fruchtbare entwurzelte Wirrnis der weiblichen Suchung ist die härteste Klage.

Durch die Mechanisierung des Lebens hat der Mann die Gefährtin aus der schützenden Hausstatt gerissen, in Welt und Wirtschaft getrieben, ihr den Schlüssel entwunden und den Geldbeutel in die Hand gedrückt; er hat ihr die Wahl gelassen zwischen Rechnerei, Koketterie, äußerer Arbeit und vereinsamtem Leben. Nicht der Haustyrann, der Egoist und Fronherr hat die schlimmste Sünde begangen, sondern der Müßiggänger und Verweibte, der sie zum flachen Spiel, zum Sachenglück, zur Vergnügungsgier verführte, den haltlosen Mädchensinn, der in jedem Weibe schlummert, erweckte und zum Dirnensinn verkehrte, um die Seele zu töten. Er trägt die Schuld, daß negerhafte Urgelüste, durch Jahrtausende gebändigt, im Frauenleben unsrer Zeit emporgestiegen sind, deren Schande und Not die Enkel entsetzen wird.

Wir haben den Frauen zu danken, daß ihr verängstetes Suchen eine Bewegung verbreitet, die nur im Ziele irrt. Uns liegt es ob, dies Ziel zu entschleiern, das nicht in äußerer Herrschaft begründet ist; nicht Rückkehr zum verödeten Hof und Garten, zum veralteten Rocken und Webstuhl dürfen wir erzwingen, auch nicht ödes Fortschreiten zu Kanzeln und Tribunalen. Wandlung zu hoher Menschlichkeit ist das erste Ziel, Verachtung käuflichen Glücks, albernen Schmucks und schnöden Müßiggangs; Verantwortung für inneres Glück und Ordnung des allmenschlichen Hausstandes das letzte. Je entschiedener Wohlfahrt und Erziehung, Pflege und Lebensschmuck zu Sorgen der Gemeinschaft, zu Verantwortungen der Gesellschaft werden, desto reiner und bedeutender werden die neuen Pflichten des Weibes; und wenn der Inhalt dieser Pflichten frauenhaft und in höchstem Sinn natürlich bleibt, so dürfen wir vor den Formen, mögen sie auch der Mittel der Organisation, des gedankenmäßigen Aufbaues, der Verkettung bedürfen, nicht erschrecken.

Den letzten der Motoren sollen wir nun betrachten, die den Schwung unsres mechanistischen Weltwesens treiben: den Eigenwillen des Familienstammes.

Auszuschalten ist die krankhaft unbewußte Irreführung, die vor sich selbst den rätselhaften Sammeltrieb mit der Fürsorge für Nachkommen zu erklären und zu rechtfertigen sucht und dabei bis zum Tode den knapp gehaltenen Kindern das Erbe mißgönnt, am liebsten es den fremderen Enkeln überweist. Auszuschalten ist gleichermaßen die vielverbreitete postume Eitelkeit jener Geizigen, die vom Staunen der Testamentseröffner sich ein jenseitiges Labsal versprechen. Nur die echte und edle Form des Geschlechterstolzes, die Freude an der Erhaltung des klingenden Namens, die frohe Erinnerung an das

Verdienst der Väter, die liebende Sorge um das Glück des Blutes ist unsrer Gegnerschaft würdig.

Die jahrtausendalte Zweischichtigkeit Europas liegt uns im Blut. Noch immer sind wir kein Volk, zur Not ein Staat. Ein echter, herrschender Adel des achtzehnten Jahrhunderts reckte sich noch einmal zu tiefster Verachtung des Bürgers und Leibeigenen auf, für die er die Namen Roture und Kanaille erfand. Nun wäre die Zeit gekommen, uns als Volk zu fühlen, und es gibt Augenblicke, wo das Gefühl der Gemeinschaft mächtig wird: Wenn wir unsre Heere schreiten und sterben sehen, so steigt die einende Liebe empor, und es blinkt der Traum des verschmelzenden Feuers: Traum; denn die gesonderten Völker einen sich nicht. Ein Adel, schroff im Reichtum, gemäßigt im Verfall, vielfach erneuert, verfälscht, mit werbenden Kasten verschwägert, zur Hälfte bürgerliche Namen tragend, zur Hälfte geschichtliche, dieser Adel regiert und teilt sich in kriegerische und staatliche Gewalten. Ein Stand der Reichen beherrscht die großen Gewerbe, übt heimlichen und offenen Einfluß, sucht Eindrang in den Adel der Verwaltung und des Bodens, ergänzt sich durch einseitige intellektuelle Auswahl aus den Resten des Mittelstandes und schützt sich gegen Abspaltung nach unten. Ein verblühender Mittelstand, dem der Boden des Handwerks verkümmert, die Scholle beengt ist, wehrt sich gegen den Abstieg ins Proletariat, folgt dem Zuge zur plutokratischen Beamtenleiter, wird zum Gefolge des reichen Standes und begnügt sich schließlich, innerhalb dieses Einzelstandes eine Art opponierenden Sonderproletariats zu bilden, das wehrlos bleibt, weil es die Grundlagen seines immerhin gehobenen Bürgerdaseins nicht anzugreifen wagt. Ein tief bewegtes, furchtbar schweigendes Proletariat ruht zu unterst, ein Volk für sich, ein dunkler See, aus dem zuweilen ein Blick und Schrei nach oben dringt; der Inbegriff der Schuld und Sünde mechanisierter Gesellschaft.

Diese vierfach gesonderte Macht nennen wir Volk. Es gab Verblendete, die leugneten, daß im Augenblick nationaler Gefahr die Gemeinschaft der Sprache, des Erlebens und des Landes vermögen würde, die Einheit des Wollens zu schweißen; es gibt Verblendete, die hoffen, Gemeinschaft des Opfers werde genügen, um zeitliche Entäußerung in dauernden Verzicht zu wandeln.

Die wir die demutsvolle Verantwortung des Herrschens, die stolze

Freude des Dienstes als Wechselkräfte des Organischen verehren; wir haben die anonyme Dienstbarkeit erblichen Standes, die hoffnungslose Verurteilung eines Volkes zu ungeistiger Fron, die Entseelung seiner Wünsche und Freuden als dem Segenskreise des Natürlichen entwichen, als Übel und Unrecht erkannt. Der Wille zum Volke schließt den Willen zur Schichtung aus. Wer den deutschen Menschen will, kann nicht den proletarisch gebundenen Deutschen wollen. Wir aber wissen, daß nur die ewig wechselnde Durchdringung, das stets erneute Wechselspiel von Leistung und Leitung das Volk schafft, daß Erblichkeit der Rechte und Pflichten, des Schicksals und Erlebens das Volk aufhebt und die Kaste bildet.

Der Gefühlston des Widerwillens zum Volke, des Willens zur namenlosen Unterwerfung und zur Knechtschaft der Ungeborenen, der Gefühlston der Lösung vom Bruderkreise ist der Eigennutz und Eigenwille des Familienstammes, die Selbstsucht des Hauses. Selbstsucht, sofern sie sich nicht begnügt mit der Überlieferung edlen Namens, mit dem Vorzug der Erziehung und der Gemeinschaft des Lebenskreises, sondern unvergängliche Sicherstellung der Begüterung und dauerndes Empfangen verlangt, indes die Übrigbleibenden fronen. Wer sich dieses Gesetzes bewußt bleibt, daß es kein erbliches Behagen gibt ohne erbliche Knechtschaft, daß die vielgestaltige menschliche Natur in gleichem Maße verkümmert, wenn sie geschlechterlang in Arbeitsfreiheit oder in Arbeitszwang mißbraucht wird, der wird im Eigenwillen des Stammes die radikale Sünde der menschlichen Gesellschaft spüren; er wird, wenn er auf der Neigung zum eigennützigen Abschluß beharrt, nicht mehr wagen, von der Einheit und Brüderlichkeit eines Volkes zu reden, sondern sich offen zur Verachtung eines vom Schicksal gezeichneten Pöbels bekennen und seinen Willen zur unabänderlichen Beherrschung dieses Schlages verkünden.

Als natürlich gegebener, sittlich gerechtfertigter Motor der Menschengesellschaft fällt hiermit der Haus- und Stammeswille mit seinem Anspruch auf erbliche Güter und Rechte dahin, und die Welt wird frei, in jedem Zeitalter die Auswahl ihrer Geister und Kräfte zu erneuen. An die Stelle der leiblichen und stofflichen Erbschaft tritt die geistige, die heute schon die immateriellen Reiche beherrscht, an die Stelle der Kindschaft die Jüngerschaft, an die Stelle des Nepotismus die Erwählung. Überlieferte Sitte und Gesinnung wird Eigentum des Volkes,

Erziehung Sache der Gemeinschaft; das adlige Volk in beherrschendem Dienst und dienender Herrschaft wird zum Träger seines Geschicks und zum Hüter seiner Auserwählten.

Damit dies Wort sich wahrhaft vollende, damit der wahre Adel des Volkes nicht verfälscht werde, damit die Verantwortung mit sittlicher und Geisteskraft in Wahrheit sich decke, damit nicht der falsche Verführer, der geschmeidige Sklave sich zur Herrschaft schleiche, bedarf es jener neuen Kraft, deren wir mehrmals gedachten, die heute heranbricht: der unbeirrbaren Kenntnis und Schätzung menschlicher Eigenschaften und Werte.

Denn dieser Gefahr müssen wir ins Auge blicken: Je beweglicher und selbstbestimmbarer die menschlichen Schicksale sich gestalten, je mehr die Bindungen des Herkommens und der Geburt ihre unabweisbare Richtkraft verlieren, desto freier wird der Kampfraum sittlicher und intellektueller Mächte, und mit dieser Freiheit wächst die Möglichkeit des Glücksrittertums, des intellektuellen Betrugs und der sittlichen Komödie. Schon die heutige plutokratische Ordnung ermutigt eine höchst unsittliche Auswahl des Erfolges; zumal eine Reihe mittlerer Lebensgebiete geben dem Lügner und Schwätzer, dem Schlauen und Streber, dem Unsachlichen und Gierigen, dem Heuchler und Kriecher, dem Frechen und Betrüger unleugbaren Vorsprung vor sittlicher Arbeit und sachlicher Begabung. Schon heute besteht die Gefahr, daß die Wirtschaft dem Freibeuter, die öffentliche Meinung dem Advokaten unterliege, daß alle edlen und stillen Eigenschaften der Not und dem Tode verfallen.

Doch die Gegenkräfte erwachen. Tritt einer von den wenigen sehend Gewordenen in erlauchte Versammlungen geistiger und machttragender Größen, so erblickt und vernimmt er da und dort unerwartet und mit tiefstem Staunen aus Gestalten und Worten die unverhüllten Male, die unbewußten Selbstbezichtigungen, die dereinst zur Verbergung und zum Schweigen mahnen werden und die heute dem Träger wie der Menge unwahrnehmbar entgehen. Begegnen sich Menschen sehenden Blickes, so begreifen sie kaum, daß ihr klares Wissen und Schauen noch immer der Menge Geheimnis sein kann. Sie lächeln trauervoll, wenn gepriesene Größen mit dem ersten Worte ahnungsloser Selbstgewißheit ihre seelenlose Blöße spreizen, sie leuchten auf, wenn Blick und Ausruf des gemeinen Mannes ein tiefes, reines,

würdevolles Herz enthüllt. Heute wird ein Mensch geächtet, weil von einem Vergehen der Unbesonnenheit ihm der Makel des Kerkers anhaftet oder weil Armut ihn zu niederer Arbeit zwingt; andre, die das Zeichen des Sklaven weithin sichtbar an Antlitz, Gliedern und im Herzen tragen, urteilen in purpurnen Talaren, segnen unter Baldachinen, lenken menschliche Geschicke und führen die Siegel der Macht.
Kommende Zeiten werden die Verachtung nicht kennen, weil sie das Verbrechen gegen die Würde Gottes ist. Sie werden den zurückgebliebenen Menschen, der an Leib und Seele noch Sklave ist, nicht ächten und quälen, sondern in Liebe emporheben. Doch werden sie ihm von Jugend auf Verantwortungen entziehen, bis er geläutert sie tragen darf, sie werden ihm nicht eher vertrauen, als bis er sich zur Wahrheit aufgerungen hat, sie werden seinen Einfällen und Späßen, Entrüstungen und Ausreden, Schmeicheleien und Überredungen unerbittlich bleiben. Schon das kindliche Alter wird diese Gifte erkennen und fernhalten, klare Namen und Begriffe werden sie umschreiben. Berufsgattungen, die solcher Eigenschaften bedürfen, Lebensführungen, Trachten, Vergnügungen, die sie verraten, werden nicht mehr als ehrenhaft gelten; man wird die Arbeit eines Abtrittreinigers höher stellen als die eines Schwätzers und Schiebers, man wird krankhafte Verirrungen minder verpönen als Üppigkeit und Schaustellung, man wird Matrosenbordelle milder beurteilen als Stätten gemeiner Kunstverzerrung.
Welch gewaltige Richtkraft bewußter Volksüberzeugung innewohnt, das erkennt man in einem Lande, das uns nicht Vorbild ist, wo die einseitigen und unbeseelten Begriffe der Herrenwürde und der Stammesgepflogenheiten zum Kanon allen Menschenurteils geworden sind. Das drohende Wort »dies ist nicht herrengemäß« und »dies ist nicht heimisch« hält Millionen in den Schranken eines wenn auch nur intellektual-sittlichen Gehabens. Der transzendenten Pflicht und Not unsrer Zukunft kann dieser karge Imperativ nicht genügen. Sie hat die Frage aufzurichten: »Was ist der Menschenseele würdig und angemessen?«, und vor dieser kategorischen Losung, die alle empirischen, intellektualen und utilitarischen Pflichten tief unter sich läßt, verblassen Charaktere und Berufe, Begabungen und Rechte, die heute die Welt beherrschen, und es zieht die Stille ein, die den Menschen, den Dingen und der Gottheit ihr Recht gibt.

Wir nähern uns nun der letzten und ernstesten Prüfung. Die mächtigen Motoren des Willengetriebes haben wir als gestillt betrachtet: die Gier nach Schein und Geltung, nach Kram und Tand, den Eigenwillen und Eigennutz der Häuser; kann es nun geschehen, daß der Mechanismus der Gesellschaft, solcher Triebkräfte beraubt, abstirbt, daß die Zivilisationsarbeit der Erde abreißt, die leiblichen und geistigen Güter der Menschheit verkommen? Oder bleiben Kräfte lebendig, die den planetaren Prozeß unter reineren Bedingungen fortsetzen?
Wäre es wahr, daß der Zweck nicht nur die Mittel heiligt, sondern gar die Motive, daß nur aus schlechten und törichten Trieben das Leben dieser tellurischen Gemeinschaft sich erbauen ließe, so wäre es besser und an der Zeit, daß dieses Leben zugrunde ginge. Setzen wir jedoch in unverbrüchlichem Bekenntnis die ewige Sittlichkeit des Weltgeschehens voraus, und nur dann haben wir das Recht, anders als aus gemeiner Feigheit sittlich zu handeln, so wissen wir, daß wir keiner Schlechtigkeit bedürfen, um zu leben.
Fast ist es begreiflich, daß in unsern Tagen der Segen der Arbeit ein Daseinskampf genannt werden muß und daß dieser Kampf mit Haß und Verzerrung in einer Arena voll Blut und Tränen geschieht. Unmenschlich, daß diese Gesellschaft es ansieht, wie der junge Kämpfer ungewarnt und ungeschult herniedersteigt, um stündlich wiederholt sein und der Seinen bürgerliches Leben, Nahrung, Hausung und Pflege gegen die Gier und Härte der andern zu wehren. Ein irrender Blick, ein unbedachter Schritt, eine kranke Schwäche kann ihn stürzen; und ist der innerste Mensch nicht gegen jedes Schicksal gefestigt, so kann der Sturz Tod des Leibes sein und Vernichtung der Seele. Sicherheit schuldet die Gesellschaft einem jeden ihrer Glieder; sie hat die alte Sicherheit der nährenden und schaffenden Berufe vernichtet, sie hat aus dem alten Pflichtenkreise der Gewerbe einen Kampfplatz geschaffen, auf dem die schlaue Finte und die giftige Waffe siegen; ihr liegt die Blutpflicht ob, den Sold zu opfern, den ein Kriegsmonat kostet, um den Daseinskampf über krasse Lebensgefahr emporzuheben. Erst dann kann die tiefe Angst und Bitterkeit schwinden, mit der Tausende an den kommenden Tag denken, das Gift der Unfreiheit, das Überzeugungen fälscht, und die unreine Leidenschaft, die sich in Fragen des Mein und Dein nistet. Erst dann ist Raum geschaffen für die reinen Kräfte, die das künftige Willensdasein bewegen sollen.

Diese Kräfte aber sind nicht neu noch fremd. Schon heute folgt ihnen alles höhere Schaffen; gefordert wird, daß sie künftig das gesamte Schaffen ergreifen, das dann kein niederes Schaffen mehr sein wird.
Alles Schaffen ist edel, das um seiner selbst willen geschieht; alles Schaffen ist gering, das durch den Stachel des Wunsches, durch die Peitsche der Angst erzwungen wird, das nicht sich selbst dient und genügt, sondern dem Zwecke.
Die wundervolle, väterlich göttliche Liebe zum Geschaffenen ist es, die den alten Dingen der Handwerkszeit Mark und Leben, Fülle und Sprache leiht; der Massenkram unsrer Zweckgewerbe ist taub und verlogen, sein grinsender Glanz schielt nach dem Kehrichthaufen, wo sein Eintagsleben endet. Der Überschuß spendender Liebe, der dem alten Gerät die zweckfreie Schönheit und den sorgsamen Schmuck der Gestalt ersann, wird von der kalkulierten Phrase des Maschinenornaments verhöhnt; als letzter, versöhnlichster Abglanz versiegten Reichtums bleibt die Exaktheit, eine hochgezüchtete technische Tugend ungezählter Geschlechter aus der Erbreihe der Geräte, deren Stammbaum mit eignem Leben neben dem der Menschheit einherwächst.
Erheben wir jedoch den Blick von den armseligen Werken zweckhafter Gewinnsucht zu jeglichem Schaffen, das wahrhaft unsrer Zeit Bestimmung gibt, so erkennen wir: Nur da wird schöpferisches Leben, wo frei von Zweck und Absicht um der Sache willen geleistet und geschaffen wird. Der Künstler wirkt aus Gestaltungsdrang und Liebe, der Forscher aus Wissenstrieb und Ordnungsgeist, der Staatsmann aus Willenskraft und Ideenzwang, und selbst die erdgebundenen Berufe wollen Verwirklichung des Gedachten, Leben des Organisierbaren. Der Finanzmann und Organisator, der schafft, um sich zu bereichern, ist ein Stümper und Krämer; nie ist lebenskräftige Saat seiner Hand entflossen; denn das Wort und Werk, das zweien Herren dient, der Sache und dem Eigennutz, ist das schwächere, es wird zu Boden geschlagen von dem freieren, das nur der Sache dient und daher einfach ist.
Was also andres ist nötig, als daß der freie Geist der Liebe zur Sache, der heute alles höhere Schaffen leitet, sich auch des mittleren und niederen bemächtige? Es gibt nicht ein einziges Werk auf Erden, das nicht in Liebe verrichtet, durch Geist und Willen veredelt werden kann. Die

menschliche Natur ist so wandlungsreich wie die menschlichen Berufe; sie schafft nicht nur den geborenen Soldaten und Geistlichen, sie schafft den geborenen Buchdrucker, Radfahrer, Schachspieler und Stenotypisten. Freiheit von Erbfron ist nötig, Freiheit von Not und Freiheit der Berufswahl; von diesen Bedingungen haben wir gesprochen; sie sind erfüllbar. Sind sie erfüllt, so bedarf es nicht mehr des Antriebs unedler Bewegungskräfte, der Despotengeißel Gier und Angst: nicht Hunger und Wollust, sondern Liebe hält den Menschenbau lebendig.

Doch wo bleibt der leidenschaftliche Auftrieb, der die Kräfte der Führung und Herrschaft emporschnellt? Wer ist bereit, die doppelte Arbeit und Sorge des Kampfes und Aufstiegs, des Lebens für sich und die andern zu tragen, wenn Eitelkeit geächtet und Ehrgeiz gesänftigt ist? Kann die Welt diesen letzten und stärksten Hebel, dieses selbstbestimmende Werkzeug der Auslese entbehren?

Schon heute bedarf sie seiner nicht und wird seiner nie bedürfen. Sowenig der Wille zum Gewinn die wahren Werke der Wirtschaft erzeugt, sowenig vermag der Wille zu persönlicher Macht das wahre Werk der Herrschaft zu erfüllen. Der eitle Herrscher ist der schwächste; schwächer als der beschränkte, gefährdeter als der böse. Eitelkeit tötet die Sache. Eitelkeit erfordert ein Leben für sich, ein zweites Leben neben dem des Schaffens, ein Leben, das die Kräfte des Menschen derartig hinnimmt, daß für die einsamen, losgelösten, hingegebenen Stunden des Schauens und Schöpfens kein Raum bleibt. Der Respekt vor der Wahrheit und Notwendigkeit sinkt dahin, Dinge und Menschen verlieren ihren Selbstzweck und werden zu Mitteln, der Entschluß verliert Charakter und Richtung und wird zum Spiel. Nur der gesetzhaften Einseitigkeit und Eindeutigkeit ist es verliehen, ihren Weg zu Ende zu schreiten; das Dickicht durchdringt, wer in gerader Richtung wandert, gleichviel in welcher; wer im Kreise sich bewegt, kommt um. Wenn aber der Dienst der Sache mit dem Dienst der Person gekuppelt ist, so wird die Richtung verloren. Wer Jahre des Lebens am kläglichen Werk seiner Laufbahn gearbeitet hat, dem ist Welt und Leben nicht mehr der Garten des Herrn, sondern eine bretterne Bühne der Kabale und Intrige, niemals wieder wird sein Auge den reinen Glanz, sein Arm die sehnige Kraft und sein Herz den kindlichen Willen empfinden, der Saat und Ernte segnet. Die Sache verlangt den

ganzen Menschen, verlangt ihn bei Tage und bei Nacht, und hinter dieser Leistung bleibt der Stärkste und Begabteste zurück, der seinem eignen Leben und Gedeihen nachhängt.
Endgültiges ist von Ehrgeizigen nie geschaffen worden. Wer das Beispiel jenes gewaltigen Dämons der Schwelle anführen wollte, der das Tor der alten Welt hinter sich zuschlug und den Weg in das Reich der Neuzeit aufriß, das er betrat und verkannte, der hat den Geist des Korsen nicht begriffen. Diesen Fanatismus der Dinglichkeit bringt nur der auf, der nicht sich selbst lebt, sondern dem Gegenstand; und ist der Gegenstand ein Idol, das Spielbrett tollen, unbegründbaren Willens, so ist er dennoch königlich, weil er den Menschen sich selbst und gemeiner Lust entreißt und adelt. Nicht um der Oper willen in Notre-Dame und Erfurt hat dieses Herz sich entmenscht, sondern für die imperiale Macht; und weil ein Irrensrest nicht zuließ, daß die Idee sich vom Menschen löste, darum kam der Mensch um.
Verantwortung ist die einige Kraft, die Herrschaft fordern und rechtfertigen darf. Nie wird sie Herrschaft fordern um der Abzeichen willen, nie wird sie Macht fordern um des Menschen und seiner Freude willen. Verantwortliche Herrschaft ist Dienst, doch nicht der mystische Dienst eines Despotengottes, der Willkür verleiht, weil er Willkür übt, der Anbetung verleiht, weil er Anbetung fordert, sondern Dienst am idealen Gedanken, der die andern zum gemeinsamen Werk emporreißt. Verantwortliche Herrschaft macht den König zum Knecht, den Knecht zum König, nicht um von ihm bestimmt zu werden, sondern ihn im Geist zu seinesgleichen zu erhöhen. Sie verlangt nicht Unterwerfung und Gehorsam, sondern Mitwirkung und Folge; Kniefall und Buhlschaft ist ihr verächtlich, Pomp und Götzenweihe ein Greuel. Wer Lust hat, über Sklaven zu herrschen, ist ein entlaufener Sklave; frei ist, wem Freie willig folgen und wer Freien willig dient.
Die Freude, die Despotismus bringt, ist die Freude an der Selbstüberhebung, an der Niedrigkeit der Menschen, an Bequemlichkeit, Glanz, Ruhm und Neid, und wenn zuweilen die Bequemlichkeit geopfert wird, so geschieht es, um neue Machtfreuden einzutauschen. Die Freude der Verantwortung ist Freude an der Gefahr, an Arbeit und Sorge und Freude am Schaffen. Opferndes Schaffen aber ist tätige Liebe, die höchste Bürgschaft unsres transzendenten Rechts. Wenn jemals vor dem Richterstuhl der Welten die Menschheit des tellurischen

Planeten erschiene, so wäre sie durch das selige Wort: »Mein Glück war schaffende Liebe« gerichtet und erlöst.

Der Verantwortung ist es gegeben, in der Reihe der menschlichen Motoren die falsche Kraft der Ehrsucht abzulösen und jene leidenschaftliche Steigerung zu erwirken, deren das Einzelstreben bedarf, damit es der Welt nicht an Führung fehle. Dem strengen Gefühl steht nicht allein die Nachhaltigkeit bei, der im Laufe eines Lebens nichts versagt bleibt, sondern auch die Gerechtigkeit der selbstbestimmenden Auslese. Ehrgeiz fördert Schwache und Toren, die den großen Moment für Lichtbilder verschwenden, Wille zur Verantwortung bezeichnet den Fähigen und Erwählten; denn jeder liebt, was er kann, und kann, was er wahrhaft und selbstlos liebt.

Neue Grundgestaltungen gesellschaftlicher Sitte sahen wir emporsteigen, Umstellungen der treibenden Kräfte, der Wertungen und der Ziele. Dennoch enthalten Forderung und Erfüllung nichts der Menschheit Fremdes, utopisch Gewolltes: Denn in allen reinen Geistern unsrer Zeit ruht unbewußt eine jede unsrer Hoffnungen verwirklicht. Was ist vermessen: Zu erwarten, daß viele dereinst begreifen, was heute wenigen vergönnt ist, oder für alle Zeit den Aufstieg zu freierem Empfinden zu leugnen; doch wage der Leugner zu bekennen, daß alles Sinnen und Trachten, das den Stempel sittlichen Willens trägt, alsdann bestimmt ist, ewiges Vorrecht und ewige Verwerfung zu bekräftigen. Die Stetigkeit des Vorschrittes, die Entwandlung aus den Keimen der Zeit wird von neuem sichtbar, wenn wir das Gesamtbild versittlichter Weltstimmung mit den Linien erschauter Gesetze umschreiben. Das äußere Leben wird stiller, denn die grellen Verlockungen und Reize haben aufgehört zu wirken; sie sind den Weg des Zuckerzeugs, der Glasperlen und Knallerbsen gegangen. Der aufdringliche Bettel und Schrei, die freche Preisung des Verkäufers ist nicht mehr selbstverständlich und angemessen; der Not kann der Mann nicht mehr verfallen, und seine Bereicherung ist gleichgültig. Eile ist Angst; das Drängen und Schieben der Menschen, heute verzeihlich als Rettung vor Untergang und Verzweiflung, wird unwürdig, wenn für alle gesorgt ist; Vorsprung durch Rücksichtslosigkeit ist verpönt. Die Gier und Hast des Kaufens ist erloschen und mit ihr die schreiende Angst des Gewerbes und des Interessenzanks. Arbeit wird ernst, still und würdig; die Erinnerung an unsre Zeit erscheint wie im Bilde vergangener Trödelmärkte. Die Stätten des giftigen Luxus und der verpesteten Freuden, der geistlosen Vergnügung und der groben Reize wandern ab, zuerst nach Vorstädten und Fabrikorten, dann nach dem Balkan, zuletzt nach tropischen Bezirken. Ihr Besuch steht jedem frei, der in Gegensatz zur Kulturgemeinschaft treten mag; doch die forsche Verwegenheit der Verführung wird verschämt. Frauen mögen hier und da nach Art der Negerweiber bunte Flitter, Vogelfedern und glänzende Kiesel durch die Straße schleifen, schwänzelnd und tänzelnd Freier locken, in gepolsterten und durchdüfteten Winkeln schmollen und den letzten Weinreisenden und Modeberichter bezaubern; doch sie wissen, was sie tun; denn das Gemeinschaftsbewußtsein hat den schaffenden Beruf des Weibes erkannt. Bereicherte Lieferanten mögen hinter Gittern und Mauern Köstlichkeiten an Gerät und Nahrung stapeln und verprassen, Menschenkräfte vergeuden, Werke der Kunst und der Natur versperren: Neider und Bewunderer werden sie nur in wenigen Gleichgesinnten finden, die bewußt die alten Freuden der Gier und Prunksucht über die Einsicht der Kulturgemeinschaft stellen. Der Begriff der materiellen Überbietung, der in seiner Gemeinheit aus Häuserfronten und Fensterauslagen, Geräten und Trachten grinst, hat ein Ende; Bereicherung hat aufgehört, ein allgemeines, selbstverständliches, gebilligtes Ziel zu sein; Bewunderung des Luxus weicht einem traurigen Erstaunen. Technik dient dem Leben wie zuvor, doch wird Beschleunigung und Bequemlichung jeder Verrichtung nicht zum Selbstzweck. Pflicht der mechanischen Sklavin ist und bleibt, Massen zu bewältigen, Arbeit zu vergeistigen, den Menschen tierischer Last und Fron zu entheben und die wachsende Zahl der Erdbewohner zu versorgen. Die Hingerissenheit vor jeder Verschärfung der Reize, vor jeder Steigerung dimensionaler Wirkung ist kindisch und mag noch kurze Zeit den Amerikaner freuen; einer geistigen Gemeinschaft ziemt sie nicht.

Heute ist die Stimmung menschlicher Beziehung Fremdheit und Feindschaft. Wen man nicht kennt, mit dem soll man nicht reden. Ihm darf man die Härte der Interessen, gemildert durch oberflächliche Höflichkeit, entgegenkehren. In Geldsachen, sagte ein umgedeutetes Staatswort, hört die Gemütlichkeit auf. Wird man bekannt, so steigert sich die Höflichkeit zur Fratze, die Feindschaft bleibt; denn sie hat ihren tiefen und furchtbaren Grund in der Lebensgefahr des Wirtschaftskampfes. Ist der Mensch gegen Obdachlosigkeit und Hunger, gegen Not und Siechtum dereinst so geschützt wie heute gegen Mord und Raub, so verliert die gesellige Feindschaft ihr Recht, und wer sie übt, bekennt Eigennutz und Habsucht. Mißtrauen, die wohlfeilste der Klugheiten, gilt manchem heute als Niederschlag der Lebenserfahrung, und es mag wahr sein, daß einem Geschlecht, das in der Wertung menschlicher Eigenschaften ahnungslos, das blind ist in der Deutung ihrer Zeichen, allzu häufig Vertrauensbruch, Lug und Tücke widerfährt; ist doch dieses Geschlecht das gleiche, das von Tausenden Beschwätzern überredet, von Verkäufern geblendet, von groben Lockmitteln gereizt sein will. Ist die Menschheit der Angst und Gier überhoben, so kehrt Selbstbesinnung ein und Würde und Selbstvertrauen; und hat sich der Mensch gewöhnt, ohne Überhebung noch Verachtung, doch unbestechlichen Blickes Leib und Geist seines Nächsten zu durchschauen, so weiß er, was er dem andern anvertrauen und auferlegen darf, was er von ihm erwarten kann und was er ihm schuldet. Die verängstete Blindheit des Mißtrauens schwindet; der Mensch blickt dem Menschen ins Auge und erkennt den Bruder.

Unter dem Stachel der Gier und des Ehrgeizes steigerte sich gesellige Feindschaft zu dem grausamen Wettlauf um die Güter des äußeren Lebens; der Furienruf: Entsage, damit ich besitze, opfere, damit ich genieße, stirb, damit ich lebe, trieb die Völker in Raserei und Vernichtung und entzweite die Glieder des Brudervolkes zum Erbkrieg der Klassen und Stände. In jeder menschlichen Erwägung mischte sich die Frage des Mein und Dein. Kein politisches Besinnen kann mehr die Kräfte einer Nation auf reine Ziele richten; keine Einheit des Wollens kann dem Drang nach innerer Gerechtigkeit die Gewalt der Naturkraft verleihen; alle Werte sind bestritten, und über allen erhebt sich uneingestanden und unbezweifelt die Schicksalsmacht der Interessen.

Nur die Verflüssigung und Entwertung des Reichtums, die Überbrückung erblicher Spaltungen, die Aufhebung der Teilung in ewig tragende und ewig lastende Glieder, nur die Verschmelzung der menschlichen Gesellschaft zu einem lebenden, unstarren, aus sich selbst sich erneuernden Organismus, nur diese stille und gewaltige Umformung aus der Tiefe des sittlichen Gewissens, wie unsre neue Lehre sie dargetan hat, kann und wird den Bruderkampf der Menschen und Völker stillen. Nicht um irdische Paradiese zu schaffen, nicht um diesem das Dasein zu erleichtern, jenem Wunden zu sparen, nicht allein um der Gerechtigkeit, noch weniger um der Barmherzigkeit willen: sondern aus der ewigen Pflicht, zu neuen und schweren Kämpfen aufzurufen, um die Welt nicht ersterben zu lassen in materiellen Schranken, die unwürdig sind, um sie zu neuem, härter zu erringendem Leben zu führen, zum Leben der Gemeinschaft und der Seele um des Gottes willen.

Das innerste Lebensgefühl des Menschen wird zum Gefühl der Solidarität. Wenn heute als erlaubt gilt, was nicht verboten ist, wenn heute ein jeder die äußersten Grenzen zulässiger Rechte ausspäht, so umfaßt dereinst ein jeder die äußersten Grenzen seiner helfenden Kräfte. Das Leben, losgelöst von der Angst und Gier der Leiden und Genüsse, wird nicht zum kalten Spiel noch zum gelangweilten Sport der Glieder und Köpfe; die königliche Kraft des Willens bleibt uns erhalten, doch nicht im Dienst selbstverzehrter Zwecke, sondern im Bewußtsein der Gottespflicht, die uns in dieses Leben gestellt hat, die uns verantwortlich macht für die Verwaltung und Gestaltung jeder Sehne unsres Leibes und jeder Fühlung unsres Geistes, die von uns fordert nach dem Gesetze der Vergöttlichung den Aufstieg vom tierischen zum geistigen, vom geistigen zum seelischen Dasein.

Wie leicht ist es, von dieser heiligen Zuversicht sich lächelnd abzuwenden und mit dem entsagenden Hinweis auf die uralte Unveränderlichkeit der menschlichen Natur jedes höhere Ziel den Jahrtausenden anheimzustellen, damit immer wieder den Tagesfragen um so mehr Raum geschaffen werde.

Tagesfragen!, denen ihr eure Tage und Nächte opfert: Was sind sie? Der Sickerweg ungefaßter Quellen und Bäche, die im Moorland verrinnen, weil kein Geisteswille ihnen den Weg weist; hier ein Balken, dort ein Steinblock hingebreitet, damit von Not zu Not der irrende Fuß eine Stütze findet, die unter dem Tritt versinkt. Verzicht auf Selbstgestaltung des Menschengeschlechts nach dem Licht seiner eingeborenen Einsicht, Anheimgabe an die Willkür der Zeit, die nach tausendfacher Vergeudung des Lebens ein wankendes Gleichgewicht erschüttelt, das alle Kräfte erstickt, bis die Lawine sich löst und nach schmerzvoller Zerstörung den neuen Nullpunkt sucht. Politik des geringsten Widerstandes, Durchsetzen dessen, was am leichtesten möglich, nicht dessen, was nötig, hart und schwer ist; Vermittlung zwischen bestehenden Willenskräften, nicht weil sie zu Recht bestehen, sondern weil sie eingewurzelt oder häufig sind. Die Welt läßt ihre Torheiten, Eitelkeiten und kleinen Bedürfnisse darüber abstimmen, welche zuerst befriedigt werden soll, und diejenige kommt zuerst, die am lautesten schreit. Niemals zuvor hat es eine geschichtliche Zeit gegeben, die darauf verzichtet hätte, ihre Wollungen zu werten und zu formen nach dem Bilde ihrer intuitiven Einsicht; uns war es vorbehalten, unter der Herrschaft des allklugen und allwissenden Intellekts unser irdisches und göttliches Leben dem Kräftespiel des Zufalls, der Mehrheit, des Herkommens, der abergläubischen Reste und eklektischen Werte anheimzugeben und mit gravitätischer Ratsherrenmiene Tagesfragen zu erörtern.

Unveränderlichkeit der menschlichen Natur! Wie lieb ist diese Redensart den Behäbigen, die manches zu verlieren und nichts zu erringen haben, die am Künftigen zweifeln und diesen Zweifel Lügen strafen, indem sie an Tageswerken und Tagesfragen feilen. Gewiß, Lachen und Weinen, Liebe und Haß, Lust und Schmerz sind alt und neu; und dennoch lebt der Buschmann und Papua als Erinnerung an alte Menschenzeiten, dennoch hat Christus das Menschendasein in zwei Epochen gespalten, dennoch haben drei Jahrhunderte genügt, um alles Wirken des Abendlandes auf das Denken zu stellen, dennoch hat sich im Laufe von vier Menschenaltern eine unbekannte Masse in das tatkräftigste Bürgertum verwandelt und den deutschen Volkskörper von innen heraus erneuert, dennoch ist durch einen Königswillen der preußische Stand der Landesverwalter und Verteidiger geschaffen worden. Unsrer Zeit, die aus Trägheit des Denkens und willentlicher Verblendung sich gewöhnt hat, ganzen Völkern das Recht des Daseins abzusprechen, obgleich sie weiß, daß in jedem Gemeinschaftskörper Muttermörder und Betrüger, Irrsinnige und Sieche, Denker, Feldherren, Heilige, Werbende, Genießende und Schaffende in ähnlichster Folge, Zahl und Mischung erscheinen, unsrer Zeit ist es schwer klarzumachen, daß der Wechsel des geschichtlichen Antlitzes nicht den Wandel aller bedeutet, sondern das Emporbrechen neuer Schichtung, die Umgestaltung der leitenden Wertung, den Sphärenschritt des herrschenden Gedankens, der Idee. Natur verschmäht den Wandel von Grund auf, sie bewahrt als Erinnerungszeichen die Bilder des Verflossenen in den Kammern stets entfernterer Abgeschlossenheit; noch immer lebt die vorweltliche Muschel und der Steinzeitmensch, und noch in Jahrtausenden wird der angst- und giererfüllte Intellektualmensch leben; doch seiner wird die Herrschaft der Welt nicht mehr sein. Zeit und Menge gilt ihr nichts; sie treibt nicht herdenweise die Menschen in die Pforten des Paradieses, sondern sie schafft wie der Künstler: der nur den auserwählten Stein mit dem Hauch seiner Seele belebt. Das Meer bleibt ein unveränderliches, gefügtes Reich, und dennoch färbt und gestaltet es sich in jeder Stunde neu, wenn Trübungen emporsteigen und Winde es kräuseln, wenn Wolken beschatten und nächtliches Leuchten aufbricht. So ist in jeder Nation jedes Glauben und Wissen, Denken und Wollen gleichzeitig vorhanden und wirksam, und es ist keineswegs die Mehrheit und Mehrzahl, welche die zeitliche Geistesfärbung bestimmt, sondern die festere und geschlossenere Schichtung und Vereinigung. Die herrschende Geistesmacht aber hat in einem Mehrheitsgeist die Gewalt, auch den ungefärbten, den indifferenten Bestandteil sich anzugleichen und allmählich die Vormacht zur Mehrheitsmacht heranzubilden. Alles assimilatorische Wirken beruht auf diesem Gesetz; deshalb kann nur die sittlich und willenhaft gleichförmige Nation zivilisieren und kolonisieren.

Nicht eine sittliche Wandlung von Grund auf in rascher Bewegung und Gleichzeitigkeit bei allen Völkern ist das Ziel und die Voraussage unsrer Lehre und die Grundlage der künftigen Menschheitsgestaltung, sondern zuerst ein dämmerndes Aufsteigen und Ausbreiten herrschender, vereinigender und mitreißender Geistesmacht, ein schnelles Anklingen und langsames Schwellen des seelischen Rufes und Einklangs, der einstmals auch das unharmonische Gefäß zum Nachhall zwingt. Der erste leise Ton ist erwacht und wird niemals mehr schweigen, zögernde Stimmen setzen ein, und noch in unsern Tagen wird der Ruf vernehmlich. Ist er über die Bewußtseinsschwelle auch nur einer Volksgemeinschaft gedrungen, so beginnen die Wandlungen des sichtbaren Lebens, und sind sie durch das Gesetz der Herrschaft zur vollen Wirkung erwachsen, so ist die Zeit der neuen, der strengen Forderungen angebrochen.

Noch einmal bekräftend zum Ausgangspunkt zurückzukehren, zwingt uns die Frage: Woher die Gewißheit? Woher seit Jahrhunderten zum ersten Male die rechtfertigende Zuversicht, daß neue Einheit des Glaubens und Wertens uns beschieden sein könne, da doch der intellektualisierten und mechanisierten Welt jede Überzeugung zerrissen, jede absolute Schätzung durch Vergleichung erstickt und verboten, jede Verbindlichkeit gelöst und nur der Eigenwille gestärkt ist? Sind wir nicht allem heißen Glauben zum Trotz dem blinden Gange der Mehrheitsbewegungen verfallen, dem öden Kompromiß der Interessen und Leibesnöte, die schließlich, wie die materielle Geschichtsauffassung es verlangt, den namenlosen Gesetzen der Naturkräfte folgen müssen und ihnen zum Sieg über den Menschheitsgedanken helfen? Haben wir nicht endgültig die Selbstbestimmung des Geistes dem mechanischen Schicksal des Gleichgewichts geopfert?

Die Obmacht einheitlichen Menschheitswillens und sittlicher Gewißheit über die Widerstrebung materieller Gegebenheit bestand so lange, als offenbarte Religion jeden Schritt des Gemeinschaftswillens bestimmte. Sie brach zusammen, als das Wunder aus der alltäglichen Natur verschwand und dem Gesetze wich, als Sonne und Mond nicht mehr auf Gottes Geheiß verweilen durften, weil das Denken ihnen rastlose Ruhe und tote Bewegung vorschrieb. Sie mußte zusammenbrechen, weil offenbarte Religion sich nicht erneuert, es sei denn, daß sie wie im Osten an jedem Tage von neuem durch Zeichen sich bekräftigt; das ursprüngliche Wunder wird historisch, der Glaube dogmatisch, die Botschaft Gesetz; die Gottheit verpriestert. Aus der Gemeinschaft der Geheiligten wird die mechanisierte Kirche, aus Frömmigkeit Politik, das ursprünglich Transzendente wird durch Deutung und Umdeutung eine terrestrische Macht, welche die Realitäten zu bekämpfen geeignet und bestimmt ist, nachdem sie nicht mehr vermag, sie zu gestalten. Herrschaft offenbarter Religion setzt voraus ein Volk, das den Höllenweg des Intellekts noch nicht durchschritten hat, sie setzt voraus beständige Erneuerung durch Zeichen und Wunder, die den ursprünglichen transzendenten Inhalt lebendig erhalten und sein Verhältnis zum Gange der Wirklichkeit unaufhörlich neu deuten und unerschütterlich bestimmen. Nicht Priesteredikte und Kirchenversammlungen erneuern die herrschende religiöse Einheit, sondern Propheten.

Die Obmacht der Religion erlag der Vernunft. Mut und Gewissen der

Völker germanischer Färbung verzichteten auf die materialisierten Tröstungen der Mystik und erstrebten den Einklang des Glaubens und Denkens. Sie schufen ein religiöses Gebilde, das jahrhundertelang den Menschheitsweg begleiten durfte, weil es den Blick auf die ursprüngliche Transzendenz des Evangeliums offen hielt; das jedoch zur allbeherrschenden Geistesmacht nicht werden konnte, weil es schismatisch war, weil es nicht auf Prophetie beruhte, weil es das forschende Denken frei ließ und vom ersten Tage an hinter der politischen Macht, der es sein Dasein schuldete, zurücktrat. Der Protestantismus hat im letzten Sinne stets ein privates Leben geführt, mochte er auch unter staatlichem Schutz in einzelnen monarchischen Staaten zu politischem Einfluß gelangen; die höchste Macht der Wertbestimmung für alles Leben konnte und wollte er nicht erringen; der Hofprediger durfte den Weg des Propheten und Märtyrers nicht beschreiten.

Den intellektualisierten Geist der Völker beherrschte die Vernunft. Abermals, wie vordem in der Zeit des naiven vorchristlichen Staatsgedankens, fiel der Philosophie die Aufgabe zu, Werte zu setzen. Sie fand wenig Gehör. Denn die Welt war auf Jahrhunderte mit der beispiellosen Arbeit der Mechanisierung beschäftigt; Wissenschaft, Technik, Kapital, Verkehr, Staatsverfassung, Kriegskunst, Ständewesen, Lebensführung, Kunst mußten der Übervölkerung des Erdballs, der Umschichtung der Volkskörper angepaßt werden. Die gewaltigste aller Erdumwälzungen verlangte unbekümmerte Freiheit des einzelnen; gegensätzliche Kräfte und Nationalitäten hatten sich in die Weltarbeit zu teilen; ohne die zügellose Freiheit des Denkens und der Denkmethoden wäre sie nicht bewältigt worden. Unvermeidlich war der großartige Irrtum, die triumphierende Analytik könne den letzten Schritt wagen, der Menschheit Ziele zu setzen; gleich als ob der Buchdrucker dem Dichter, der Lokomotivführer dem Reisenden, der Farbenhändler dem Maler oder der Kanonier dem Feldherrn die Wege weisen wollte.

Pflichtgetreu und bekümmert machte immer erneut die Philosophie sich ans Werk, die zerrinnenden Fäden zu sammeln, ewige Richtungen, Gesetze, Imperative zu ersinnen. Vergeblich! Jede kritische Frage hatte sie sich gestellt, an Begriffen und Welt, an Gott und Dasein zweifeln gelernt, und dennoch war sie aus reiner Vernunft an der einfachsten Vorfrage blind vorbeigeschritten: ob nämlich der denkende, messende, vergleichende Intellekt, die Kunst des Einmaleins und des Warum die einzige dem ewigen Geist verliehene Kraft sei und bleibe, um Menschlichgöttliches zu durchdringen. Sie blieb Intellektualphilosophie. Sie benahm sich, als wollte ein Schwingungstheoretiker mit Kurven und Diagrammen das Erlebnis der Symphonie ergründen, als wollte ein Meteorologe mit Wetterkarten die Stimmung eines Frühlingsmorgens erschöpfen, als wollte ein Hydrauliker das Urempfinden der Meeresbrandung errechnen. Sie sah nicht ein, warum das Wogen und Sehnen der Gefühle sich nicht sollte auf mathematisch-logischem Wege erklären lassen, warum die Beobachtung und Spaltung der Begriffe nicht auf das höchste Erlebnis anwendbar sei. Sie erstaunte nicht über die Armseligkeit und Kahlheit ihrer Definitionen, wenn sie sich an die inneren Gewalten der Liebe, der Natur, der Gottheit wagte. Sie fragte nicht, warum allen ihren sittlichen Lehren die zwingende Macht der absoluten Verbindlichkeit fehle, sie fragte noch weniger, auf welchen Voraussetzungen eine absolute Verbindlichkeit überhaupt beruhen könne. Denn auf den Nachweis der allgemeinen Nützlichkeit hat jeder das Recht zu antworten: ich verzichte; und auf jede theoretische Pflichtkonstruktion: ich schließe mich aus und nehme die Folgen auf mich. Logisches Denken kann Recht begründen und Sitte, niemals absolute, jedem Einwand enthobene Wertsetzung und Sittlichkeit. Die kann nur aus dem Absoluten, dem unantastbar Göttlichen fließen; und nur dann hätte der Mensch das Recht, mit grübelndem Verstande konventionelle Sittenformeln zu errechnen, wenn jeder Geistesweg zur Transzendenz ihm verschlossen wäre. Dieser Weg aber steht himmelweit offen; es ist nicht der Weg der Kirchen und Klöster, der Dogmen und Riten, sondern der Weg des seelischen Erlebens und Erschauens, und jeder hat ihn betreten, der jemals losgelöst vom zweckhaften Zetern des intellektualen Denkens sich wunschlos schweigend der Liebe, der Natur, der Gottheit hingab. Freilich, auf diesem Wege sind wir nicht altklug, wohlerfahren, unerstaunt wie auf den tausendjährigen Straßen des ewig gleichen, weit übersehbaren Intellekts; wir irren und stammeln und staunen an den Pforten des Bezirks, in den unsre Sprache nicht reicht; doch ewige Gewißheit treibt uns vorwärts, und wir kehren heim, die Augen erfüllt von unvergänglichem Erinnern, und erkennen, was wir heimbrachten, wieder in den Sprüchen und Lehren unsrer Größten, die alle das gleiche gesagt und verkündet haben: das Gebot der Liebe, das Reich der Seele, das Erlebnis Gottes.

Das sind wenig Worte, sie scheinen alt und erschöpft und sind unergründlich. Keine Frage des Lebens, keine, und ginge sie um die entlegensten, erbärmlichsten Dinge, die in diesen Quell getaucht nicht den klaren Kern ihrer Wahrheit und Würdigkeit erleuchten ließe. Kein Zusammenhang und kein Irrtum ist so verworren, daß er im Lichte der erschauten Wahrheit sich nicht einfach löste. Alle Werte stufen sich ab, alle Urteile werden zum erlebten Gefühl, und selbst das irdische, flüchtige Leben behält sein Recht; nicht als ein Letztes, das sich anmaßen dürfte, aus seinen Bedürftigkeiten Gut und Böse herzuleiten, sondern als der *Orbis pictus*, aus dem wir lernen mit dem Aufblick zum Höheren, als die Schule des Herzens und Willens, die Palästra des irdischen Leibes, die nicht Selbstzweck ist, noch letztes Glück und letzte Trauer spendet, noch letzter Leidenschaften und Verzweiflung würdig ist, sondern die vielmehr uns Pflicht und Erbteil und vergängliches Schicksal bedeutet, die wir ernst und würdig nehmen, ja die wir lieben sollen.

Nicht die Philosophie des Intellekts hat uns den alten und neuen Doppelweg zu Welt und Gott gewiesen, sondern die schauende Kraft, die vordem viele Namen hatte und die uns seelische Einsicht heißen soll. Sie wird das alte Erbe der Menschheitsführung übernehmen, das die Religion verlor und die Intellektualphilosophie nicht ergriff, und weil wir in dem Glauben an diese Einsicht leben und sterben, ist die Frage nach der Gewißheit der Lehre erschöpft.

Es möchte nun manchem scheinen, als würden Welt und Leben, in diesem Kern erfaßt, schon fast ein Spiel, als könnten abermals treibende Kräfte im Sinne tätigster Leidenschaft verlorengehen, als könnte die Menschheit in quietistischer Beschaulichkeit zu tief gesänftigt und gesättigt werden. Gier und Angst freilich, Übermut und verzweifelte Trauer werden sich stillen. Doch sie haben das Große auf Erden nicht geschaffen. Das Staunen vor dem zweckhaften Intellekt und seinen mechanistischen Taten wird erblassen; denn schon heute fühlen wir die Erlernbarkeit und die handfertige Gleichförmigkeit dieser Kraft, die ebnen, aber nicht schaffen kann, die sehend, aber nicht erleuchtet ist. Dennoch wird die Welt nicht unklug werden. Es gab eine Zeit, wo das Gehen und wo das Reden neu waren und alle Geister des Menschen in Anspruch nahmen; heute ist es uns geläufig, wir können gehen und zugleich reden, wir können reden und zugleich denken. Auch das alltägliche Denken ist uns heute schon vertraut; es füllt unsre Tage aus und viele unsrer Nächte; es gibt Zeiten, wo wir vor dem erbarmungslosen ungewünschten Denkstrom flüchten möchten. Dann nimmt Schlaf uns auf, zuweilen Meditation. Daß wir des Denkens, zumal des abstrakten, der grundsätzlichen Entschlüsse uns weit bewußter sind als des Atmens, beweist den Schülerstand, die Geringfügigkeit unsrer Meisterschaft selbst in dieser geringen Kunst. Je mehr wir wunschlosem, meditativem Schauen Raum geben, je häufiger das mühselige Urteil durch die reine Erkenntnis berichtigt wird, desto leiser und sicherer arbeitet der intellektuelle Geist, desto tiefer versinkt er in die Sphäre des Überwundenen. Wer die Selbstverständlichkeit, Reinheit und Sicherheit in den Entschlüssen glücklich erzogener und freier Menschen mit der dumpfen Mühsal des unsicheren Intellektualcharakters vergleicht, der hat ein Bild von der unbewußten und bescheidenen Meisterschaft, zu der das intellektuale Denken heranreift, um dereinst größere Dienste der Menschheit zu leisten als der geringe und beneidete Vorsprung unsrer wenigen denkgeschulten und beneideten Naturen.

Nicht Unklugheit wird das Geistesmerkmal jener Zukunft sein, sondern Überwindung banaler Klugheit durch die Sicherheit seelischen Urteils. Die Unsicherheit unsrer Zeit und ihrer Klügsten in Wertung und Urteil ist ohne Vorbild, denn niemals zuvor hat ein ähnliches Übermaß hemmungslosen Intellekts auf Erden gekreist und wahllose Willkür der Gefühle entfesselt und gerechtfertigt. Schwankend und instinktlos wie unser ästhetisches Urteil, das die Welt verunziert, sind Liebe und Haß in ihrem jähen Wechsel, sind die Urteile vom Erträglichen, vom Gerechten und Zumutbaren. Da alles bewiesen werden kann, wird täglich alles bewiesen und jeder Beweis ertragen. Und doch bringt jeder Tag einer kleinen Zahl Menschen den Beweis, daß auch heute noch die wenigen, die schöpferisch die Welt verkörpern, weil sie aus den Tiefen der Intuition ihr Sein und Urteil schöpfen, daß diese wenigsten und besten, gleichviel welchen Ursprungs und Berufs, in allen großen Fragen das gleiche fühlen und verkünden, zum Ruhm und Preis der absoluten Wahrheit. Nichts Ungeheures ist es, zu erhoffen, daß eine Zeit bevorsteht, in der auch eine größere Zahl es lernt, Herz und Sinn zu befragen und von dem Urteil innersten Empfindens die Dinge des Tages, der Welt und der Ewigkeit richten zu lassen. Nicht ein kühles Spiel des Lebens wird die Folge sein, auch wenn die jähe Angst um Schein und Tand dahinsinkt, wenn manche Narrenfreude und heimliche Lust erstirbt; heißere Leidenschaften werden entfacht von höherem Willen, und weil das Gebiet dieses Willens nicht mehr in Notdurft, Zwang und Tierheit begründet ist, so ist sein Siegel Freiheit. Nicht Gleichgültigkeit gegen Menschen, kaltes Erbarmen und höfliche Fremdheit stehen uns bevor; denn wenn die Mittel des niederen Kampfes um Brot und Achtung erschöpft sind, Wettbewerb und Buhlerei, Neidhaß und Schadenfreude, Gleißnerei und Herrschsucht, so erhebt sich, wie heute bei den besten und in großen Zeiten, Verantwortung und Sorge für die Gemeinschaft, Gemeinsinn und Solidarität. Nicht die beiden Gegenformen erdgebundener Denkart sind zu befürchten: Nihilismus und materielle Gläubigkeit; denn die Verzweiflung weicht, die zur Verleugnung treibt, und die Not, die alle falschen Gebete und abergläubische Betteleien und irdische Vorteile lehrt; und der Geist des Dankes und der Hingebung, des Schweigens und der Liebe erhebt sich zu wahrhaftiger Transzendenz.

Den Dreiklang Glaube, Hoffnung und Liebe hat der letzte Prophet den Jahrtausenden zugerufen, und alles göttlich-irdisch-menschliche Verhältnis ist in diesen Worten beschlossen. Tote, offenbarungslose Zeit hat sie überschattet. Glaube gilt als die unbehagliche und doch unabweisliche Pflicht, Dinge für wahr zu nehmen, von deren Unwahrheit man eigentlich überzeugt ist; das Opfer nicht nur des Intellekts, sondern auch des Gewissens zu bringen um eines Gebotes willen. Hoffnung wird mißdeutet als die Erwartung, daß nach dem Grundsatz der Vergeltung das Opfer nicht vergeblich sei, sondern Vorteile bringe. Verklungen ist das Gebot der Liebe; ihr Rest ist Mitleid und ein kalt-gemessenes Gefühl für den Ausgleich der Nöte; dies ist die einige Friedensinsel im Kampf der Begierden. Neben der Liebe der Geschlechter, der Blutsverwandten und Befreundeten hat tätige Menschenliebe sich nicht behauptet.

Nicht hier soll von künftigem Glaubensleben gehandelt werden, das bleibe späterem Werk vorbehalten; hier ist von menschlicher Gesellschaft die Rede. Deshalb sei das Wort des Paulus nur im sozialen Sinne unsrer Zeit umgedeutet und im Einklang mit dem dargelegten Gange; so lautet es: Selbstbestimmende, verantwortliche Freiheit, Solidarität und Transzendenz.

Blicken dereinst unsre Nachkommen zurück auf unsre Epoche, so werden sie mit erschreckter Bewunderung rühmen, wie in den wenigen Jahrhunderten der europäischen Schichtenverschmelzung das intellektuale Denken zum Gipfel stieg und als sein Wahrzeichen die Mechanisierung der Welt hinterließ. Ein ähnliches Gefühl erschüttert uns, wenn wir die Anfänge unsres Geschlechts überdenken, die freilich über Jahrhunderttausende gebreitet sind; wenn wir die Urfindungen des aufrechten Gangs, der Sprache, des Feuers zurückahnen; doch mischt sich in unser Gefühl nicht die Bitterkeit unsrer kommenden Richter. Nur aus dem Aufstieg der unvordenklich geknechteten Unterschichten werden sie den niederen, negerhaften Zug unsrer Zeit erklären können, den gierigen Hang zu Kram und Tand bei Weibern und Männern, die Lebensangst und Menschenfeindschaft, die Sammelwut der Erhaltungsmittel, die Haltlosigkeit der Wertungen, den Mangel an bindender Sitte, an Verantwortung, Selbstgefühl und Solidarität. Wie gemeinhin die Zeiten aufbrechender Leibeigenschaften und Urschichten, die Alter des verkommenden Griechentums, des späteren Römerreichs, so wird unsre Epoche als ein Ende und als ein Anfang gelten; daß aber nicht fremde Unterjochung, sondern innerer Wille die Wiedergeburt erzwang, das sei und bleibe vorbildloses Verdienst unsrer Geschlechter.

Ist es nun möglich und ersprießlich, das Kommende zu beschleunigen; durch Gesetze und Einrichtungen, durch Vorkampf und Werbung, durch Vorbild und Kundgebung das Werdende herbeizuziehen? Vergessen wir nie, daß die Gesinnung es ist, welche die Einrichtung bewegt; in die Gesinnung greift die Weltbewegung ein, sie widerstrebt, aber gehorcht wie die Feder der Uhr. Ihr folgt das Räderwerk, nicht umgekehrt, und kein vorschnelles Stellen des Zeigers kann das Werk beflügeln. Langsam reift ein Zeitalter, dessen tiefstes Gewissen erst heute berührt wird. Nicht die Frühlingsstürme des Krieges, nicht die Strahlen des Friedens dringen in die tiefe Stille des Erdreichs, in der das Korn des Lebens keimt. Geist erzeugt Geist, Ding schafft Dinge. Selbst vom Willen hängt der Geist nicht ab, weder kann der Wille ihn schaffen noch ihn zerstören. Ist die Zeit gekommen, so werden die Stimmen der Sehnsucht sich mehren, die nach neuer Gerechtigkeit verlangen, und sie werden nicht schweigen, ehe die Gewißheit neuer Werte, unantastbarer Wahrheitsgüter aus der Nacht des Zweifels erwacht ist. Diese Güter aber, die der Einsicht unsrer Zeit sich erschließen, sind die Güter der Seele. Die Verkündung ihres Reiches ist geschehen, heute wie vor tausend Jahren; ihr Sinn hat sich nicht geändert, ihre zeitliche Form ist gewandelt. Dieses Reich aber beginnt in der Tiefe des Bewußtseins und wirkt auf die Tiefe des Gewissens, erst dann keimt es auf zur Welt des Tages. Mag der Tageswille des einzelnen zweifelnd oder vertrauensvoll im Gewebe des sterbenden Dickichts sich diesen oder jenen Weg bahnen, es verschlägt nichts. Der Widerstand toter Massen kann nichts verzögern, der Opferwille am materiellen Gegenstand wird nichts beschleunigen. Mag ein erwachtes Gewissen das seinige opfern, so wird das ein Zeugnis sein, keine bestimmende Tat; denn neues Unrecht wird sich des Opfers bemächtigen. Im Licht des Tages wird erwachendes wirtschaftliches Gewissen sich darin bekunden, daß Besitz nur noch als anvertrautes Gut erscheint, worüber Rechenschaft geschuldet wird, daß an die Stelle besitzender Willkür Verantwortung des Besitzes tritt, daß ein Leben und eine Arbeit weder um des Erwerbes noch um des Genusses willen geführt werden kann.

Der Sinn dieser Entwicklung also ist, daß der gleiche Staats- und Glaubensgedanke, der das politische und sittliche Handeln des einzelnen nicht gesondert gelten läßt, sondern Ausgleich, Grenze und Verantwortung dem Leben einer höheren Einheit unterwirft, daß dieser Gedanke sich auch des wirtschaftlichen und geselligen Daseins bemächtigte und die höhere Freiheit an die Stelle der niederen setzte. Die individuelle Freiheit gehört dem inneren Erschauen und Erleben und seinen Schöpfungen, den Werken der Transzendenz, des Herzens, der Kunst und des Denkens.

Wenn somit das letzte Gebiet des menschlichen Handelns, das wirtschaftlich-soziale Dasein seiner vorstaatlichen Willkür entkleidet und auf die Ebene gemeinsamer Verantwortung, göttlichen Willens, seelischen Aufstiegs gehoben wird, wenn eine neue Sittlichkeit und Bedingtheit auch das materiellste Wollen der Menschheit durchgeistet, so kann nicht einer beliebigen staatlichen Form die Bürde und

Verantwortung so gewaltiger Beschränkung und konzentrierender Beherrschung auferlegt werden. Es entsteht die politische Frage des Staatenaufbaues in neuem Sinne; jene Frage, die Jahrhunderte hindurch als höchste irdische Obliegenheit dem theoretischen Denken, der Religion und Philosophie erteilt war, bis sie bei Beginn der mechanistischen und nationalistischen Epoche der geschichtlichen und ethnischen Praxis, dem Gleichgewicht zwischen Überlieferung und zeitlicher Nützlichkeit anheimfiel.
Fordert das zügellose und richtungslose Wesen der menschlichen Bewegung und Gesellung die Verankerung im Transzendenten und Absoluten, die gestaltende Kraft einer neuen Ethik und Sitte, so kann der Staat im Ererbten und notdürftig Zulänglichen nicht beharren. Somit fordert auch unsre Darlegung einen Fortgang, der dem politischen Wege zu widmen ist. Den Weg der Ethik haben wir beschlossen; er ging vom Gesetz der Seele aus und führt zum Gesetz der Verantwortung und zum Leben nicht um des Glückes und der Macht, sondern um der Gerechtigkeit und des Gottes willen.

3. Der Weg des Willens

Indem wir uns anschicken, den dritten Weg zu beschreiten, den Weg des Willens, des Gemeinschaftswillens, der allem politischen Handeln Grund und Triebkraft ist, fühle ich eines persönlichen Bekenntnisses mich schuldig und will zum erstenmal seit Jahren von eignem Erlebnis sprechen.
Ich schreibe diese Worte am Nachmittag des 31. Juli 1916, und morgen jährt sich zum zweiten Male der europäische Krieg. In tausend Städten werden stolze und wehmutsvolle, ernste und zuversichtliche Betrachtungen gelesen und gehört werden, und der leise Beginn der Müdigkeit wird weichen vor der Hoffnung auf Sieg, Macht und Glück.
Über die Baumwipfel vor meinem Fenster blicke ich in die farbige Ferne des Bruchs, bläuliche Wiesen, weißblonde Felder, silberne Hügelstreifen am Himmelsrand. Eine reiche Ernte wird eingebracht, die Nahrung des Jahres gilt als gesichert. Draußen an den blutenden

Grenzen in Ost und West erlahmt abermals, so heißt es, der tolle feindliche Angriff; dies war der letzte, dann kommt die Einsicht und der Friede. Sollen wir viel, sollen wir wenig fordern? Die Parteien kämpfen um das Wie, nicht um das Ob.

Heute sind es zwei Jahre, daß ich von der Denkweise meines Volkes mich schmerzlich getrennt fühle, soweit sie den Krieg als ein erlösendes Ereignis wertet.

Seit Jahren hatte ich die Volksdämmerung erblickt und in Wort und Schrift verkündet. Ihre Zeichen traten mir entgegen im frechen Wahnsinn der Großstadtstraßen, in der Arroganz des materialisierten Lebens, im Milliardenwahn der Säkularfeier von 1813, im Hohn der geschichtlichen Epigramme von Köpenick und Zabern, vor allem in der tödlichen Indolenz unsres verantwortungsscheuen, von Geschäften umnebelten Großbürgertums. Zum letzten Male habe ich im Jahr vor Kriegsausbruch auf die nahende Wende hingewiesen: Nicht aus politischer Notwendigkeit, sondern aus transzendentem Gesetz müsse das Schwere kommen, denn Preußen habe nie anders als durch Schläge gelernt.

Im Sommerglück der Julisonne jubelte das reiche, lebensfrohe Volk von Berlin dem Kriegsruf entgegen. Lebende und Todgeweihte in hellen Kleidern, heitern Auges, fühlten sich auf dem Gipfel lebendiger Macht und politischen Daseins. Ein Schatten des Hasses zuckte durch das wogende Menschenfeld: es hieß, ein russischer Spion sei auf den Stufen des Doms verhaftet worden; als Postbote verkleidet habe er Wurfgeschosse bei sich geführt. Doch die Augen hellten sich auf, der Schreck versank in der tausendfältigen Spannung der Siegeshoffnung und Kampfessehnsucht.

Den Stolz des Opfers und der Kraft durfte ich teilen; doch dieser Taumel erschien mir als ein Fest des Todes, als die Eingangssymphonie eines Verhängnisses, das ich dunkel und furchtbar, doch niemals jauchzend und um so furchtbarer geahnt hatte.

Und während der Siegeszug über den Westen brauste, die Türme von Paris sich zeigten, die zweite Siegeskrönung von Versailles erschimmerte, war mein Gedanke: Rettung aus Not, aus starrer Umklammerung, aus tödlicher Friedensfeindschaft. Damals saß ich im preußischen Kriegsministerium, um durch Gedankenarbeit die Wirkung der Meereskettung brechen zu helfen; daß nicht täuschende

Erinnerung mir die Sorge jener Zeiten übertreibt, dessen sind Zeuge die Maßnahmen, die sich auf viele Jahre erstreckten und deren Wirkung Berufene bekräftigen.

An ehrenvolle, gottgesandte Rettung glaubte ich und glaube ich noch heute, doch ebensowenig an volles Friedensglück wie in jenen gesteigerten Tagen unsrer nationalen Geschichte. Und abermals sind nicht politische und militärische Gründe bestimmend, sondern transzendente.

Ich glaube nicht an unser Recht zur endgültigen Weltbestimmung – noch an irgend jemandes Recht dazu –, weil weder wir noch andere es verdient haben. Wir haben keinen Anspruch darauf, das Schicksal der Welt zu bestimmen, weil wir nicht gelernt haben, unser eigenes Schicksal zu bestimmen. Wir haben nicht das Recht, unser Denken und Fühlen den zivilisierten Nationen der Erde aufzuzwingen; denn welche auch ihre Schwächen sein mögen, eines haben wir noch nicht errungen: den Willen zu eigener Verantwortung.

Heiß und zuversichtlich glaube ich an glücklichen Ausgang; darüber hinaus fürchte ich. Denn dieser Krieg ist nicht ein Anfang, sondern ein Ende; was er hinterläßt, sind Trümmer. Und um diese werden sich alle streiten: Völker, Parteien, Stände, Kirchen, Familien. Trüge nicht jeder Verfall die Keime neuen Lebens, so dürften wir nicht mehr atmen. Das neue Leben aber kann kein andres mehr sein als das Erwachen der Seele, denn es ist verkündigt; nur dieser Keim kann knospen, wenn jeder andre zertreten ist. Verschlägt es etwas, daß keiner von uns Lebenden diese Verheißung erlebt? Nein und ja: Wir sind des Künftigen sicher, doch wir sterben als ein Geschlecht des Übergangs, ein heimgesuchtes, zum Düngen bestimmt, der Ernte nicht würdig.

Was haben diese Bekenntnisse mit dem Kommenden zu tun? Sie bedeuten den Abstieg aus dem freien Reich des Gedankens, in dem wir uns bewegten, zur Not des Tages. Die Aufgabe, die Gedankensphären, deren Ziel und Erfüllung an bestimmbare Zeitläufe nicht gebunden war, im Wirklichen zu verankern, ist unentrinnbar; denn sind sie Wahrheit, obschon sie dem Bestehenden zu widersprechen scheinen, so müssen zum mindesten die Fugen im festen Bau der Gegenwart aufgezeigt, die Breschen geschlagen werden, durch die der erste Hauch des neuen Reichs hereindringen soll. Das ist mühsame Erdarbeit, Wühlen im Gegebenen, im örtlich, zeitlich, zufällig Gebundenen; die Geschlossenheit des Gedankens, die Fühlung mit dem Meteorischen geht zeitweise verloren. Hartes Werkzeug wird gefordert; das leichte Klopfen an den Wänden, das der Gebildete liebt, frommt nicht; an manches Liebgewordene gehört die Axt.

Ist der Abstieg vom Lichten ins Gemäuer beklemmend, so hat es fast Unmenschliches zu bedeuten, wenn jetzt dem reinsten Volk, da es aus seinen Wunden blutet, da es zum Heer gewandelt das Unvordenkliche leistet und trägt, wenn Härte jetzt, die Undankbarkeit scheint und Liebe ist, ihm alles Schwere und Unverklärte entgegenhält, das in seinem klaren Wesen dunkelt. Noch härter ist es, wenn im Übergang vom schwer gehaltenen Burgfrieden zum Kampf aller gegen alle nicht die Stimme zum Frieden erhoben werden soll, sondern zur Verurteilung von Werken und Werten, die beständig schienen.

Ein Jahr lang hat diese schmerzliche Erwägung die Fortsetzung meiner Niederschrift gehemmt. Ich nehme sie auf, weil die Pflicht mich bestimmt, nicht zu verschweigen, was als Überzeugung mir auferlegt ist, und weil ich glaube, daß im Zwiespalt zwischen Zeiterwägung und absolutem Drange die zeitlose Wahl nicht zum Unrecht führen kann.

Eine Reihe von Vorfragen sind zu erörtern, die zum Teil im Voraufgegangenen gestreift wurden.

1. Tradition und Ideal. Seit hundert Jahren bedient man sich in Deutschland in politischen Dingen unausweichlich der historischen Methode. Es mag daher einmal gestattet sein, mit ihr selbst die historische Methode zu bekämpfen.

Soweit unsre gemeinhin anerkannten Ziele nicht lediglich abgewandelte materielle Interessen sind, entstammen sie nicht der erblichen Arbeit politischer Geister, wie sie in westlichen Ländern durch Parteibesitz, in östlichen durch Dynastenüberlieferung sich objektiviert, sondern der Kathederpraxis des deutschen Gelehrten; denn unsre Parteien sind jung, ohne verantwortliche Erfahrung, durch lebhafte Materialinteressen geblendet, und unsre Krone war bisher, da sie eine bestimmte Regierungsform verteidigte, gezwungen, Partei zu sein.

Der Forscher aber steht nach seiner Wesensanlage im polaren Gegensatz zum Tatmenschen, zum handelnden Politiker und Geschäftsmann. Sein Vehikel ist der Beweis, der diametral dem unbeweisbaren Instinkt, der Intuition gegenübersteht. Beim Handeln kommt es nicht sowohl darauf an, ob eine Tatsache wahr sei, sondern welche von zwei oder vielen wahren Tatsachen oder Tatsachenkomplexen schwerer wiege. Forschen heißt suchen, und suchen ist nicht wägen. Freilich wird auch der gewissenhafte Gelehrte Gelegenheit haben, im Kreise seines Berufes die Arbeit des Wägens zu üben, etwa da, wo es sich um dokumentale Glaubwürdigkeiten handelt, doch vollzieht sich diese Übung im Bereich des Herkommens, das Wägen bleibt Hilfsbegriff und wird nicht zum Grundprinzip.

Aber auch dies Prinzip des Wägens ist nicht das letzte; das letzte ist: Ziele in sich fühlen, die nicht vom Suchen und Lernen, sondern von einer bewußt oder unbewußt erschauten Weltauffassung gegeben sind. Unverrückbares Wissen, Gedächtnis und erprobte typische Denkmethoden sind unentbehrliche Arbeitsmittel des Gelehrten; dem Handelnden sind sie gelegentliche Stützen; immer wieder muß sein Tatsachenmaterial geändert, beständig sein Gedächtnis geleert und gefüllt werden, immer wieder müssen die Methoden seines Denkens und Entschließens improvisiert sich erneuern, weil sein Handeln Kampf ist; nur das vorleuchtende Ziel darf seine Richtung bewahren. Wer zum Handeln taugt, der taugt nicht zum Forschen; die Zumutung, sich in Abhängigkeit von fremdem Denken und gesammeltem Material zu setzen, wird ihn lähmen; wer zum Forschen taugt, wird in der dauernden Anspannung des unbeweisbaren Entschlusses ein irrationales Element der Verwegenheit erblicken. Das Gebiet des Handelns steht dem künstlerischen Schaffen unendlich näher als der Gelehrsamkeit.

Wird der Gelehrte politisch, so muß er, was seine Ziele anlangt, die Neigung zeigen, sie aus dem Gegebenen, etwa in der Form der Extrapolierung einer Kurve, entstehen zu lassen. Wäre die Vorsehung seiner Methode gefolgt, so hätte es die großen Beugungs- und Wendepunkte der Weltgeschichte nie gegeben; die jeweilige Richtung hätte sich in milder Asymptotenschwingung dem unerreichbaren Nullpunkt zugesenkt.

Subjektiv stellt die Gelehrtenpolitik sich dar als eine zugestandene Neigung zur Tradition, zur Herleitung aus örtlichen, zeitlichen, physischen und menschlichen Gegebenheiten, als Abneigung gegen alles Unvermittelte und Ideelle, das unter dem Bilde des Dogmatischen und Spekulativen erscheint.

Durch Augentäuschung scheint die Kontinuität des Vergangenen die geschichtlich-gelehrte Auffassung der Politik zu rechtfertigen. Die Täuschung ist eine dreifache: Zunächst wirkt die Patina des Alters. Sie läßt das Ungleichartige scheinbar zusammenwachsen, indem sie mit dem Auswuchs örtlicher, historischer Eigenart auch das Paradoxe überdeckt. Der russische Feldzug Napoleons wird, wenn in zweitausend Jahren die Dokumente zerstört sein sollten, vielleicht in seiner Paradoxie als ein Sonnenmythos gelten; uns erscheint er in Kenntnis der Einzelheiten als ein sehr französisches Unternehmen. Sodann: In der Kontinuität selbst liegt eine Täuschung; sie ist nur rückblickend zu erkennen. Wenn jemand die unbekannte Blüte einer neuen Pflanze erwartet, so mag er aus Stamm und Blättern vielerlei Gebilde organisch sich ersinnen: erst der Anblick überzeugt ihn von der einleuchtenden Notwendigkeit der naturgewollten Form und Farbe. Er erblickt *a posteriori* eine Kontinuität, die ihm eindeutig erscheint, bis er aus gleichartiger Pflanze eine variierte Blüte sich entfalten sieht, die ihm die Mehrdeutigkeit der Funktion offenbart. Und endlich: Der rückgewandte Blick ändert die Voraussetzungen. Tritt das absolut Überraschende ein, so wird es dem Beschauer leicht, aus dem Dunkel des Voraufgegangenen neue Bedingungseigenschaften zu entdecken, die vorher unbeachtet waren und nunmehr die Vergangenheit und ihre Voraussetzungen umschaffen. Das Bild der Gegenwart ist fast so subjektiv wie das der Zukunft, und die scheinbar so objektive Vergangenheit ist veränderlich.

Objektiv gefaßt, ist Traditionalismus das Element der Trägheit und als solches gerechtfertigt. Die Einrichtungen und Begebenheiten einer Gemeinschaft müssen nicht über ein gewisses Maß labil sein, sonst ergeben sie das Bild einer Negerrepublik. Freilich genügen gemeinhin die verwachsenden Wurzeln der Interessen, um das Bestehende zu erhalten. Tritt bremsende Auffassung der Tradition hinzu, so erhöht sie das Maß der Zähigkeit; übernimmt sie die Führung, so entsteht Überalterung des Systems. Ist dies in einem Lande wie dem unsern, das ohnehin politischer Initiative und jeglicher Formfindung abneigt, der Fall und erkannt, so bedarf es eines gesteigerten Einschlages von spekulativem Idealismus und intuitiver Schwungkraft, um das Schwergewicht des Bestehenden zu entlasten.

Und hierin löst sich die Antinomie von Tradition und Idee: Das Überlieferte wird stets die Erdkraft besitzen, um das Meteorische sich anzugleichen und so die Kontinuität des Geschehens zu wahren; das Ideelle, und mag es noch so abstrakt und ungewohnt erscheinen, muß das Verknöcherte und Verholzte zu neuen Trieben auflockern.

2. Der deutsche Freiheitsbegriff, gleichfalls eine Schöpfung der Gelehrsamkeit, besagt, wenn man ihn des metaphysischen Beiwerks entkleidet, etwa das folgende: Zügellos zu sein wünschest du nicht. Zwischen Zügellosigkeit und Freiheit liegt die organische Beschränkung. Du unterliegst keiner andern als dieser organischen, gottgewollten Beschränkung. (Dieser Zwischensatz wird selten bewiesen, vielfach mit dem Hinweis, daß es anderswo auch nicht besser sei, abgetan.) Erkennst du dies an, so bist du innerlich frei; es bleibt dir überdies die transzendentale, die sittliche, ästhetische und religiöse Freiheit.

Es ist unabweisbar, daß mit dieser Gedankenkette sowohl die antike und moderne Sklaverei, wie die Inquisition, der Absolutismus, die Leibeigenschaft, das Schwitzsystem und die Kolonialausschreitungen, sich rechtfertigen lassen. Denn es kommt nur auf den Zwischensatz an; die transzendente Freiheit bleibt den Objekten der Fürsorge stets gewahrt. In diesem Zwischensatz aber entscheidet der Begriff des Organischen, und daß dieser Begriff von den Vertretern der Schlußkette ausgedehnt interpretiert wird, geht daraus hervor, daß erbliche Abhängigkeiten von Mensch zu Mensch, von Schicht zu Schicht, von Religion zu Religion, gelegentlich auch von Volk zu Volk als innerhalb des gottgewollten Rahmens erachtet werden.

Ist aber die vermeintlich gottgewollte Bindung in Wahrheit keine organische, so geht sie in willkürlichen Zwang über, der zweifellos unter keinen noch so philosophisch gefaßten Freiheitsbegriff zu ordnen ist, und die Unerträglichkeit des Zwanges wächst mit der Willkür, die weder durch geschichtliches Herkommen noch durch Autorität gerechtfertigt werden kann.

Da nun über Kasuistik und Kriterien des deutschen Freiheitsbegriffs abermals derjenige zu entscheiden gewohnt war, der ihn geschaffen hatte, nämlich der Berufsgelehrte, so sind seine bürgerlichen Veranlagungen für die herrschende Auffassung lehrreich. Die bürgerliche Stellung des bestallten Gelehrten wird von keinem andern Kraftfeld bestimmt als von der Schätzung, die er bei seinesgleichen findet. Weder von einem Publikum hängt er ab wie der Berufskünstler noch von

Gesetzgebung und Konjunktur wie der Gewerbetreibende noch von Parlamenten, Vorgesetzten und Souveränen wie der Staatsmann noch von einer Arbeitgeberschicht wie der Proletarier. Er lebt, nicht nur geistig, sondern auch bürgerlich in einer Gelehrtenrepublik, in einem Staat im Staate, in den neben der Vorsehung und der Steuergesetzgebung nur gelegentlich der milde Finger eines Kultusministers leise eingreift. Eine breite Autorität nach unten sichert der Ruf des Lehrstuhls, ein gefälliges Verhältnis nach oben kommt durch Formen und Beziehungen zustande und verkörpert sich in unausbleiblichen akademischen, höfischen und staatlichen Würden. Dieses elastisch schwebende Gleichgewicht innerhalb des flüssigen Körpers der Gesellschaft stimmt wunschlos und läßt sich als Inbegriff staatlicher Freiheit deuten. Hier ist wohlverstandene organische Gebundenheit mit geistiger und bürgerlicher Beweglichkeit, Autorität und Herrschaft mit erträglicher Unterordnung vereinigt; das Lob der Gelehrtenlaufbahn ist die Apologie der deutschen Freiheit.

Angenommen nun – was nicht zu befürchten ist –, der Gelehrte lehne sich künftig als befangen ab, das Schiedsgericht über die Auslegung des Freiheitsbegriffes zu üben: Welche Möglichkeit eigenen Urteils bliebe uns erhalten?

Zweifellos ist das Kriterium der organischen Gebundenheit kein absolutes, dennoch läßt es sich zwischen Grenzen einschließen. Eine Bindung hört auf, organisch zu sein, wenn sie nicht mehr notwendig ist. Sie ist nicht mehr notwendig, wenn glaubhaft gemacht werden kann, daß das Ziel auch mit minder beschränkenden Mitteln erreicht werden kann. Das Ziel aber ist das durch die entscheidende Weltanschauung gebotene; und diejenige Weltanschauung entscheidet, die unabhängig von Interessen und persönlichen Wünschen aus tiefer Überzeugung in den Herzen der Menschen Wurzel faßt.

Damit wäre nicht viel gewonnen, weil nun das Rätsel der Freiheit durch das Rätsel der Weltanschauung ersetzt sei? Damit ist manches gewonnen. Denn nunmehr geht das Richteramt über das, was Freiheit ist und was Bedrückung, vom Historiker, Juristen und Verwaltungsmann über auf den praktischen Staatsmann, der entscheidet, ob die Ketten unentbehrlich sind, und der sein Licht nimmt von dem, der Weltanschauung schafft und empfängt. Damit hat jede Einzelbindung aufgehört, an sich gottgewollter Selbstzweck zu sein; und keine ist unantastbar. Das Problem der Freiheit wird von neuem lebendig, es wird zum Problem der Entwicklung und der höchsten Fragen; der Fordernde kann nicht mehr mit überlegenem Sittlichkeitsbewußtsein von der Schwelle gewiesen werden; die Beweiskraft der Weltanschauung und Praxis lastet auf dem Bevorrechteten und Bevorzugten. Weltanschauung ist aber nicht jeder beliebige Komplex übersetzter Interessen, sondern nur derjenige harmonische und geschlossene Glaube, der in der Tiefe des Menschlichen und Göttlichen wurzelt. Wer ihn ablehnt, indem er an das Schwert seiner Macht schlägt, der verteidigt Gewaltrecht und stellt sich außerhalb der Kämpfe des Geistes auf den Streitplatz der Interessen; er kann Mitinteressenten werben, aber er begibt sich des Rechtes, menschlich zu überzeugen.

Von allen politischen Auffassungen gibt es heute nur eine, die sich auf eine Weltanschauung stützt, nämlich die konservative, soweit sie sich auf das Christentum, und zwar nicht im Sinne einer Konfession, sondern des absoluten Glaubens gründet. Daher die schöne Einheit ihres Empfindungskreises und die charakterformende Stärke ihrer Überzeugungen. Um jedoch die bestehenden Bindungen zu rechtfertigen, muß auch sie über den Kreis der evangelischen Wahrheiten, selbst der christlich-mittelalterlichen Gefühlsinhalte, weit hinausgreifen und auf das Gebiet der Interessen übertreten.

Im Gegensatz zur überkommenen Denkform bemüht sich diese Schrift, alle ihre Forderungen, die deshalb über den Bezirk der praktischen Politik zum Teil transzendieren und somit eine Transzendentalpolitik bilden, aus der Geschlossenheit einer Weltanschauung abzuleiten, die sich auf das Wesen und Werden der Seele gründet. Mit einer Ausnahme: Die pragmatischen Aufgaben dieses letzten Teiles erfordern eine empirische Voraussetzung, um tiefer in das Wesen der bestehenden Dinge und Einrichtungen zu dringen. Diese Voraussetzung ist der transzendental nicht unbedingt beweisbare Satz vom Machtanspruch des Staates, der den Gegenstand der dritten Vorfrage bilden soll.

3. Bedarf ein innerlich wachsender Großstaat wachsender äußerer Macht? So selbstverständlich die Bejahung im interessenpolitischen Sinne erscheint, im menschlichen Sinne kann sie zweifelhaft sein. Niemandem fällt es ein, den Bürger der Eidgenossenschaft oder der Niederlande zu verachten, weil sein Staat keine Großmacht ist, keine Bot-

schafter unterhält und zu Kongressen nicht ständig zugezogen wird. Je länger der nationalistische Zerfall Europas vorschreitet, desto häufiger werden die Fälle sich wiederholen, wo mittlere, kleine, selbst unansehnliche Staaten von Großmächten emsiger umworben werden als die schwer zu bewegenden Imperialstaaten, weil im Gleichgewicht der Konflikte der Zutritt der kleinsten Belastung den Ausschlag geben kann. Balkanisiert sich weiterhin Europa noch einige Menschenalter, so muß eine derartige Beweglichkeit der lockeren und festen Staatenbünde eintreten, daß mit Ausnahme weniger restlicher Nationalstaaten jede Nationalität eine Art von Recheneinheit bildet, die sich in wechselnden Verbindungen fraktionsartig summiert und nur in der Summierung nach Maßgabe der geographischen und physischen Gesamtstärke Macht übt.

Unzutreffend ist auch die abstrakte Erwägung, es sei in der geistigen Ökonomie der Welt irgendeine Kulturform so unentbehrlich, daß sie zum Heil der übrigen mit wachsender Macht umhergetragen und eingeimpft werden müsse. Es gibt eine extensive Macht der Zivilisation, weil diese auf Einheitlichkeit der Lebensführung beruht; es gibt keine extensive Macht der Kultur, denn sie besteht in der Eigenartigkeit und Einmaligkeit des Geistigen. Die stärkste und unsterblichste der Kulturen, die wir kennen, die hellenische, wurde in ihrer Höhezeit von einer kleineren Zahl freier Menschen getragen, als heute in einer mittleren deutschen Provinzstadt beisammen wohnen; diese Kultur ist nach ihrem irdischen Tode Beherrscherin ihrer Besieger und ohne Propaganda über Europa hinaus bis nach China, Amerika und Australien mächtig geworden. Die ethische Kultur Palästinas umspannte die Welt nach dem politischen Erlöschen ihres Landes, solange sie konfessionell nicht gebunden war, und findet erst heute ihre Gegenkräfte in unerstarrten Glaubensformen. Fast hat es den Anschein, als leuchte das Kulturphänomen wie ein Abendrot über den Erdenhimmel erst dann, wenn das spendende Gestirn sich gesenkt hat. Sicherlich aber geht der Welt von diesem Phänomen nichts verloren; ist die Blüte der Nation, die mit ihrem politischen Höhepunkt selten zusammentrifft, vorüber, so kann sie, sofern ihr Blut sich nicht gänzlich erneuert, nur noch sich selbst parodistisch wiederholen; doch das Geschaffene geht über in das Bewußtsein des planetaren Geistes, gleichviel ob Pergamente, Erze und Steine vernichtet werden.

Unwiderleglich bleibt jedoch der Trieb des Lebens. Jedes Geschöpf lebt so lange, bis es sterben will. Der kollektive Geist der Nation aber, wie jeder andre Geist, drückt seinen Lebenswillen sichtbar aus durch Wachstum und Mehrung. Wachstum bedeutet Willen zur Vernichtung des andern, denn das Leben lebt vom Tode, und erst die keimende Seele wendet das Urgesetz durch Liebe. Hochkonstituierte Sammelgeister, wie die der Nationen, sind jugendlich, um Jahrhunderttausende jünger und primitiver als die scheinbaren Einzelgeister der menschlichen Individuen, und wenn es auch dereinst gelingt, die Mordlust ihres Lebenswillens zu bändigen, so wird friedlicher oder gewaltsamer Kampf um Lebenselemente hier wie in aller organischen Natur den gesetzlichen Beweis des Daseinswillens und des Daseinsrechtes erbringen.

Billigen wir den Lebenswillen und seinen kämpferischen Ausdruck der Selbstverteidigung, so nötigt uns die säkulare Gestaltung des Völkerlebens, deren Ablauf auf Jahrhunderte wir nicht abzusehen vermögen, auch ein werbendes Recht der Nationen auf Machtzuwachs anzuerkennen.

Die zeitliche Gestaltung des Machtwillens haben wir nunmehr zu kennzeichnen; ihre Bezeichnung durch die beiden Tendenzen des Nationalismus und Imperialismus mag beibehalten werden, obwohl sie nichts andres bedeuten als einen zweifachen Anblick der Mechanisierung des staatspolitischen Lebens.

Gegen Ende des vorletzten Jahrhunderts vollzog sich in Europa der Abschluß einer tausendjährigen Bewegung; die Verschmelzung der doppelschichtigen Bevölkerungen der historischen Nationen. Bis dahin war alle Geschichte ausschließlich Geschichte der Oberschicht gewesen; das Erleben der Unterschicht blieb unhistorisch wie das Erleben des Orients. Deshalb wissen wir fast nichts von der Art und Herkunft dieser Unteren und Unfreien, die bei Beginn der geschichtlichen Epoche vielleicht nicht zahlreich waren, die aber sich geschwinder vermehrten als ihre Herren und überdies alle Elemente aufnahmen, die aus der Oberschicht proletarisch absanken. Auch von ihrem Leben, Denken und Fühlen wissen wir wenig, und das wenige ist meist negativ. Sie hatten kein Nationalbewußtsein und keinen politischen Willen. Staatsrechtlich mehr oder minder geschützt oder entrechtet, waren sie Eigentum; ob der gnädige Herr ein Italiener, ein

Franzose, eine Pole oder Schwede war, ob ein eingeborener, ein fremder Landesherr oder Kirchenfürst hoch darüber schwebte, galt ihnen gleich. Wenn heute ein romantisch-konservatives Empfinden uns dies Verhältnis zum Patriarchentum verklärt, so sollen wir nicht vergessen, daß bei mancher an Tierschutz erinnernden Fürsorge diese Menschen als Ware verkäuflich waren und daß sie ihren Eignern ohne übelwollenden Beigeschmack zeitweilig schlechtweg Kanaille hießen.

Überwiegend sind es die Nachkommen dieser Unterschicht, die heute den Körper und die Kraft Europas bilden. Sie haben den Firnis aufgezehrt, den die germanischen Oberschichten den europäischen Ländern auferlegt hatten, sie haben die Völker entgermanisiert und den neuen Gemeinschaftscharakter der kontinentalen Bevölkerungen in Aussehen, Bildung und Lebensform geschaffen. Sie haben die neuen dem Germanentum fremden und widerstrebenden Denkformen des mechanisierten Zeitalters emporgetragen, sie haben neue Sprachen, Künste, Gewerbe und Lebensauffassungen erfunden, die aus den Wurzeln alter unterschichtiger Klugheit, disziplinierten Gehorsams und individualitätsloser Betriebsamkeit gesogen sind. Vielfach hat ein qualitativ sicheres, kausal irrendes populäres Empfinden die Juden für diese gewaltigste Geistesumwälzung der Zeiten verantwortlich gemacht, weil man erkannte, daß ihr Denken mit dem der mechanisierten Epoche seltsam übereinstimmt. Es hieße die Juden zu den geistigen Herren der Welt machen und die europäischen Völker rücksichtslos unterschätzen, wollte man den wenigen Hunderttausenden, und noch dazu für Länder, in denen sie nicht wohnen, und für Zeiten, in denen sie kein bürgerliches Leben führten, Verdienst und Schuld der Mechanisierung zuweisen. Diese Weltbewegung konnte nur entstehen, indem die westliche Welt ihr Antlitz änderte, sie mußte es ändern, weil eine gewaltig angeschwellte Menschenflut die dünn gewordene aristokratisch-germanische Haut durchbrach und weil zum erstenmal seit den Völkerwanderungen eine neue Bevölkerung den Westen überdeckte.

Die große Französische Revolution wird von unsrer Geschichtsschreibung, eingedenk ihrer staatsgelehrten Blütezeit, vorwiegend mit den Augen der Restauration betrachtet; sie gilt nicht als ein Grundphänomen der Bevölkerungsgeschichte, sondern als ein geschichtlicher Zwischenfall verdächtiger Art, durch Mißstand und Mißwachs verursacht, von einem Großstadtpöbel angerichtet; als ein peinliches Übel, das eine Reihe überraschender, dogmatisch-rationalistischer Experimente zeitigte und den wohlgesinnten Völkern unabsehbare Unbequemlichkeiten brachte. Dieser im Sinne der Abschreckung verdienstlichen Betrachtung gegenübergestellt bleibt die Auffassung, daß jener Umsturz die explosive Erscheinung bedeutet, die in Frankreich die Umschichtung vollendete und die mit ungewollt angesteckten Detonationen auch in den Nachbarländern das neue Gleichgewicht, wenn auch mittelbar, erzwang.

Daß Deutschland die Wirkung mittelbar erlebte, daß bei uns die Revolution latent blieb und sich stückweis in Putschen und Kongressen, in Parteikämpfen und Bürgerkriegen auswirkte, trägt zur Farbigkeit des deutschen Bildes bei, begründet aber unsern Mangel an politischem Verantwortungsgefühl, der, wie wir später sehen werden, eine der tieferen Ursachen des gegenwärtigen Krieges bildet. Immerhin: Die Umschichtung wurde auch uns nicht erspart, und auf ihr ruht, was uns hier beschäftigt, das Phänomen des Nationalismus.

Die überwiegend germanische Oberschicht Europas hatte eine verwandtschaftliche Internationalität gezeigt von der Art etwa, wie die heutigen Dynastien und höchsten Adelsgeschlechter über alle Grenzscheiden und Glaubensgegensätze hinweg gleichsam eine kosmopolitische Familie bilden, die nur eine grundsätzliche, durch Hausgesetze verbürgte Scheidung kennt: den unteren Ständen gegenüber; und die nur gelegentlich, soweit sie durch Erbgang, Heirat oder politischen Anfall Besitz und Herrschaft übernimmt, die Konvention nationaler und konfessioneller Eigentümlichkeiten sich aneignet. Diese Freizügigkeit der Oberen stieß nicht auf nationale Kulturgegensätze. Wohin sie sich wendete, traf sie die gleiche Glaubensherrschaft der Kirche, die gleichen ritterlichen Gebräuche, die gleiche Sprache der Gebildeten, den gleichen Inhalt der Bildung und Kultur. Der Begriff der Nationalität wurde nur undeutlich, etwa im Sinne einer Sprachabgrenzung, empfunden. Erst die beginnende Umschichtung schuf das städtische Bürgertum und mit ihm die nationalen Spaltungen, die sich schließlich selbst auf den Glauben erstreckten.

Der vollendete Übergang der Volkskraft auf die Unterschichten fand diese Spaltungen vollendet und bemächtigte sich ihrer zum Ausbau des nationalen Empfindens. Der Niedergeborene hat nur *eine* Heimat, *eine* Sprache, *einen* Glauben, *eine* Überlieferung, die seiner Väter. Das Fremde ist ihm unverständlich und verhaßt; das eigene Haus schließt er ab, der Nachbarort ist ihm ein Spott, der Nachbarstamm verdächtig, das fremdsprachige Nachbarvolk ein geborener Feind. Die Schalen des Hasses umhüllen wie die Schalen der Liebe; nur der Überblickende vermag Kontraste aufzulösen und Gemeinsamkeiten zu achten; ein Nationalgefühl, das ein ganzes Land umfaßt, setzt entweder große Gleichförmigkeit der physischen und geistigen Artung voraus oder die beginnende Hebung des Blickes; uns Deutschen erwächst erst jetzt das volle und reine Nationalgefühl.

Der politische Nationalismus bedarf nicht sowohl dieses Gefühls als der gewußten oder vorgestellten Erfahrung des feindlichen Gegensatzes, der weit über die Grenze des Kontrollierbaren hinaus bei jeder politischen Verwicklung und vor jedem Feldzuge bewußt und mit einfachen Mitteln entfacht werden kann. Es ist uns schwer begreiflich, daß die älteren Kriege selten nationale Erbitterungen, häufig nicht einmal entfremdende Erinnerungen hinterließen, außer etwa im Hinblick auf neue und ungewohnte Greueltaten; es kommt uns freilich auch kaum zu Bewußtsein, daß die deutschen Kriege der letzten drei Jahrhunderte fast durchweg Bürgerkriege waren. Krieg wurde geführt, wenn der Herr es wollte und der Komet erschien; ins Feld zogen Berufene; wer die Saaten zerstampfte und Dächer zündete, Landsmann, Freund oder Feind, war Zufallssache.

Die große Schule des Nationalismus brachten die Napoleonischen Kriege. Der Gegner war ein greifbarer dämonischer Franzose, sein Volk hatte unbarmherzig gehaust, die Söldnerheere Europas reichten zur Abwehr seines Volksheeres nicht aus; die Fürsten mußten zu ihren Völkern herniedersteigen und Waffenbrüderschaft mit ihnen schließen, den Stachel der unbewußten Erkenntnis im Herzen, daß sie damit die Umschichtung des Kontinents vollendeten oder, wie sie es nannten, der Revolution dienten. Doch in Frankreich selbst, das fast ein Menschenalter lang die Schale der nationalen Begeisterung gekostet hatte, war der eigentliche Nationalismus so wenig erwacht, so undifferenziert, daß man den Zaren als Befreier bejubelte und daß keine Spur von Haß gegen die Eroberer von Paris zurückblieb.

Die Völker waren die Träger wo nicht ihrer Schicksale, so doch ihrer politischen Vorstellungswelt geworden; wo Ehrgeiz und Bestimmungswille herrschte, verlangten sie Verantwortung, sonst zum mindesten Loslösung von Fremdherrschaft, daneben Einheit. In Deutschland wurde das Einheitsstreben nur von einem Teil der Gebildeten getragen; es konnte daher nicht vom Volke verwirklicht werden, sondern vom diktatorischen Sieger im Bürgerkriege und Eroberungsfeldzug.

So ist das neunzehnte Jahrhundert zur Epoche der großen nationalen Absonderungen und Zusammenschlüsse geworden; das Osmanische Reich zollte dieser Bewegung seine europäische und afrikanische Existenz, und dieser gewaltige Auflösungsprozeß bildete das zentrale Ereignis der westlichen Politik, von dem mit Ausnahme der deutsch-französischen Abrechnungskonflikte alle europäischen Krisen ausstrahlten. Unberührt blieben bisher die beiden Sammelgebilde Österreich und Rußland, die beide wechselseitig ihre Spaltungsprozesse fördern, und zwar gegenwärtig mit Gewalt.

Die höchstmögliche Steigerung wurde dem nationalistischen Gedanken durch die weltwirtschaftlichen Folgen des Umschichtungsprozesses zuteil.

Die Bevölkerungszunahme, der wachsende Wohlstand, der steigende Bedarf an Dingen, die nicht unmittelbar der notwendigsten Lebenshaltung dienen, läßt die landwirtschaftliche Grundlage der zivilisierten und dichtbewohnten Staaten unzulänglich werden. Mechanisierte Produkte werden gefordert, und um sie zu erzeugen, werden Grundstoffe jeder möglichen mineralischen und organischen Konstitution benötigt. Kein europäisches Land genügt sich selbst durch Bodenfülle und klimatische Reichhaltigkeit, um diese Mittel sämtlich aus seinen Flanken hervorzubringen; sie müssen gekauft und bezahlt werden. Für die Tauschzahlung werden zunächst die eigenen Überschußprodukte herangezogen; doch bleibt noch immer für die Länder des europäischen Kontinents ein gewaltiger Restbedarf zu decken und zu bezahlen. Wie bezahlt man ihn? Es gibt nur ein einziges Mittel: die Lohnarbeit. Man kauft mehr Rohstoff, als man für den eigenen Bedarf nötig hat, veredelt ihn und führt das fertige Produkt aus, um durch den Wertunterschied den eigenen Verbrauch zu entgelten. Man wird zum Lohnarbeiter der Welt, das Land wird zur Lohnwerkstatt. Und da jeder in der Lage ist, sich um einen Anteil an der Gesamtheit zu bemühen, so entsteht ein Wettbewerb aller auf dem Weltmarkt der Arbeit; dieser Wettbewerb spielt sich ab in den Formen des Kampfes um Ausfuhr.

Denn Ausfuhr ist, gemeinwirtschaftlich betrachtet, nicht bloßer Ausdruck der Erwerbslust der Industriellen, sie ist auch nicht der übermütige Drang strotzender Gewerbe; sie ist Verkauf einheimischer Arbeitsleistung zur Abdeckung der Warenschulden, die jedermann macht. Denn jedermann kleidet sich in fremde Wolle und Baumwolle, verzehrt fremde Nahrungsmittel, gebraucht Maschinen aus fremdem Metall oder Erzeugnisse dieser Maschinen aus fremden Substanzen.

Die angelsächsischen Länder allein stehen diesem Wettkampf um den Lohnmarkt oder Absatzmarkt der Welt leidenschaftsloser gegenüber; die Amerikaner, weil ihr kontinentales Riesenreich der einzige geschlossene, nahezu selbstgenügende Bezirk der Erde ist, die Engländer, weil ihre Vorfahren in einer der Entwicklung unbegreiflich vorauseilenden Erkenntnis ein Kolonialgebiet erschlossen, das liefert, was man verlangt, und empfängt, was man ihm bietet, während zugleich die Vormundschaft des europäischen Handels an Gewinnen das erübrigte, was, als werbende Investition fremden Ländern anvertraut, jährliche Warentribute in geforderter Höhe eintrug.

Mochten die übrigen Staaten bis auf den heutigen Tag den eigentlichen Zusammenhang ihres erbitterten Wettbewerbes um den Arbeitsmarkt nur unbewußt empfinden: – kollektives Handeln folgt gemeinhin dunklen Instinkten und wird der logischen Begründung erst rückblickend sich bewußt – ihr Vorgehen entsprach folgerichtig den Bedürfnissen der neuen Not.

Warum soll der andre sich bereichern an der Arbeit, die er uns abnimmt? Mag er sein Unentbehrliches von uns beziehen, er soll es uns teuer bezahlen; und wir wollen ihm das Zahlungsmittel entwerten, indem wir ihm die Tauschzahlung erschweren. Man nannte es Schutz der nationalen Arbeit, denn tatsächlich haben die Systeme des Schutzzolls die Kraft, erwachsende Wirtschaften zu stärken und einheimische Lebensbedingungen zu heben. Eine Übertragung des Nationalgefühls auf wirtschaftliche Interessenfragen war die Empfindungsform, in der die Logik des Erwerbskampfes unbewußt sich auswirkte.

Nicht genug; denn es blieb noch die eigene Bedürftigkeit an fremden

Urprodukten, die immer wieder den notgedrungenen Käufer zum Bittsteller bei seinem Gläubiger machte. Hier konnte nur die englische Formel frommen, da die amerikanische unerreichbar blieb: der Kolonialstaat, der vom fremden Bezuge unabhängig machte, die Flotte, die ihn erwarb und beschützte, die Landwege, Häfen und Stützpunkte, die den Halt des Weltreiches stützten.

Zwei neue Begriffe waren durch das Übergreifen der mechanistischen Lebens- und Denkform auf die Staatswirtschaft geschaffen: der wirtschaftliche Nationalismus als feindlich wirkende Arbeitskonkurrenz auf dem beschränkten Markt der Erde, mit der begleitenden Erscheinung der Umstellung eines wesentlichen Teils der äußeren Staatspolitik auf wirtschaftliche Ziele; sodann der Imperialismus, das nie zu stillende Bedürfnis der Machtausdehnung auf jedes erschließbare Gebiet, weil jedes zum Baustein, zum mindesten zum Tauschwert für die Errichtung des ideellen Baues selbstgenügender Universalität werden konnte.

Das alte Idealgebäude der klassischen Wirtschaftslehre war niedergerissen. Daß ein jeder zugunsten der Weltökonomie das erzeugen und zur Gesamtwirtschaft beisteuern sollte, was er bevorzugt gut und billig leisten konnte, daß ein freier Ausgleich der Güter, ein reibungsloser Fluß den Mindestaufwand zur Höchstleistung befähigen sollte, war als dogmatische Forderung erledigt. Was machte es aus, wenn man ein Produkt teurer bezahlte, sofern es von einheimischen Kräften und Menschen erzeugt war? Das Land der höchsten wirtschaftlichen Stärke mußte Sieger bleiben; es konnte über die Materialquellen der Welt verfügen und seinen Restbedarf nach Gutdünken bezahlen. Konnte der Lieferant nicht billig genug herstellen, um mit Gewinn zu verkaufen, so verkaufte er im Zwang mit Schaden; um so schlimmer für ihn, wenn er tributpflichtig wurde, um so besser für den selbstherrlichen Empfänger.

Nationalismus und Imperialismus sind Zeittendenzen. Aber sie beherrschen das politische Denken, mehr noch das Empfinden der Epoche vollkommen, sie haben als inneres Moment den gegenwärtigen Krieg vorbereitet und heraufgeführt, sie haben als Rüstungsgedanken die Staaten in Spannung gehalten, als Konkurrenzgedanken jeden herrschenden Gegensatz zwischen Ebenbürtigen vertieft, und sie werden nach dem Kriege erst zu ihrem Höhepunkt aufsteigen.

Wir haben, obwohl wir uns im Rahmen einer Zwischenfrage bewegen, der Entstehung und dem Wesen dieser Tendenzen mehr Zeit gewidmet, als der rasche Schritt dieser Schrift zu gestatten schien, weil wir der entwickelten Begriffe auch für die Folge bedürfen. Im gegenwärtigen Zusammenhang sollen sie uns nochmals bekräftigen, daß unter der vorläufig unabsehbaren Herrschaft der beiden Prinzipien und im Sinne einer Politik, die auf Realität Anspruch macht, der Satz vom Machtbedarf der Staaten bejaht werden muß.

Hiermit sind die gestellten Vorfragen erledigt, und wir wenden uns der kurzen und allgemeinen Erörterung zu, die dem geschilderten gesellschaftlichen Aufbau die politische Hülle schaffen soll.

Jede der Forderungen, die wir aus sittlichen, gesellschaftlichen und wirtschaftlichen Erwägungen erhoben haben, stärkt die Macht und Fülle des Staates. Er wird zum bewegenden Mittelpunkt alles wirtschaftlichen Lebens; was die Gesellschaft treibt und schafft, geschieht durch ihn und um seinetwillen; er verfügt über Kräfte und Mittel seiner Glieder mit größerer Freiheit als die alten Territorialherrschaften; der größere Teil des Wirtschaftsüberschusses fließt ihm zu; in ihm verkörpert sich der Wohlstand des Landes. Die wirtschaftlich-gesellschaftliche Schichtung ist aufgehoben, folglich übernimmt er die ganze Machtfülle der jetzt herrschenden Klassen; die geistigen Kräfte, über die er verfügt, mehren sich, die Torheit der Produktion, die Unverantwortlichkeit des Verbrauches sind in neue Bahnen gelenkt und werden der Erhaltungskraft, soweit nötig der Verteidigungskraft, dienstbar.

Dieser zum sichtbar gewordenen Volkswillen erhobene Staat kann kein Klassenstaat sein. Herrschen in ihm weiterhin ständische Schichtungen oder wie immer geartete erbliche Mächte mit alleiniger Ausnahme der monarchischen, so ist die Unfreiheit, unter der wir leiden, zur Unerträglichkeit und zur Vernichtung des innersten Gedankens wie der äußeren Existenz gereift. Es erhebt sich die Forderung des Volksstaates.

Der Volksstaat setzt voraus, daß jede Bevölkerungsgruppe in ihm zur Geltung komme, daß jede berechtigte Eigenart des Volkes sich in seinen Organisationen spiegle, daß jeder verfügbare Geist der ihm adäquaten Aufgabe dienstbar gemacht werde. Wie in einem gesunden Hausstand sollen Arbeit, Autorität, Beziehung und Verantwortung,

Stimmung, Aufwand, Gemeingefühl und Vertrauen in harmonischer Teilung und Vereinigung wirken; nicht wie in einer Fabrik, wo die Schicht der Besitzer die Erträge bezieht, die Schicht der Beamten die Verwaltung leistet, die Schicht der Arbeiter im Tagelohn dient; nicht wie in einer Kolonie, wo unter dem Schutz der Waffen die Gruppe der Freien auf der Masse der Heloten ruht.

Daß der Volksstaat nicht mit Volksregierung, nicht einmal mit dem sehr theoretischen Begriff der Volkssouveränität gleichbedeutend ist, sollte in unsrer Zeit, die mit Organisationen im großen wie im kleinsten vertraut ist, nicht ausgesprochen werden müssen. Wem würde es einfallen, auch nur in einem Verein oder einer Aktiengesellschaft die Geschäfts- und Verwaltungssorge der Hauptversammlung aufzubürden? Kollektiveinheiten sind Geisteselemente von langsamer Bewegung und im Einzelfall primitivem Urteil, das erst auf lange Zeitspannen ausgedehnt, sich zu sicherer Auffassung ausgleicht; Verwaltungen und Geschäfte bringen verwickelte Aufgaben, verlangen tiefes Eindringen und raschen Entschluß; sie können nur von einzelnen gelöst werden. Bestimmung des kollektiven Geistes ist es, in anfänglich roher, ständig sich verfeinernder Auslese die Kräfte auszusondern und zu vereinigen, die sein höchstes Denken und Wollen verkörpern. Daß nicht der mechanische Wahlakt ausschließlich oder zum wesentlichen die Form der Aussonderung darstellen soll, mag erwähnt werden. In vollem Gegensatz zum organischen Vorgang, der im Aufbau jedes empfindenden Geschöpfes sich abspielt, steht jedoch die Wechselwirkung entfremdeter Elemente, die im dauernden Gegensatz von Leitung und Leistung sich beiderseits erschöpfen und wechselseitig zerreiben.

Die täppische Frage, ob denn anderswo der Gedanke des Volksstaates verwirklicht sei, darf abgelehnt werden, wie überhaupt jede grundsätzliche Erörterung der Frage, ob alles in allem es bei diesem und jenem Volke besser oder schlechter bestellt sei. Jedes Volk schafft sich seine Gegenwart und sein Ideal und ist für beides verantwortlich. Das Ideal des einen durch die Gegenwart und Wirklichkeit des andern zu verkümmern und zu töten ist niederster Tagesstandpunkt und führt zum Abstieg dessen, der seine Forderung nicht an der Idee, sondern an der äußerlich und oberflächlich erfaßten fremden Wirklichkeit mißt.

Nicht Einrichtungen, nicht Verfassungsparagraphen und Gesetze schaffen den Volksstaat, sondern Geist und Wille. Ist die Gesinnung gewonnen, so folgen die Einrichtungen, soweit es ihrer überhaupt bedarf, gefügig nach. Es gibt altertümliche, formal erstorbene Gesetzesschalen, die mit freiem Lebensinhalt erfüllt sind; es gibt neuzeitliche, elastische Verfassungen, die durch eigenen Willen zur Unfreiheit erstarren.

Es bedürfte bei uns nicht der Änderung eines geschriebenen Wortes, um die Herrschaft des Feudalismus, des Kapitalismus und des Bürokratismus zu brechen; es bedürfte nur des Willens. Aber eines Willens, der aus der Tiefe der Volksseele stiege, von der Kraft der Nation getragen, und von der Erkenntnis dessen, was hemmt und was niederzukämpfen ist, geleitet. Weshalb der Wille bisher gefehlt hat, soll in der Sonderprüfung deutscher Verhältnisse weiterhin dargetan werden; was hemmt und erstickt, soll vorgreifend schon hier genannt sein: Es sind nicht Menschen und Dinge, bewußter Wille und aufzählbare Einrichtungen, sondern das, was zwischen Menschen und Dingen schwebt, scheinbar nicht zu fassen und doch mit jedem Atemzug empfunden, die geistige Atmosphäre.

Das klingt verschwommen und nebelhaft, und dennoch wird es uns gelingen, dies luftige Wesen zu fassen, zu pressen und zu filtern, bis es uns seine ungesunden Bestandteile preisgibt; freilich wird es uns nicht verdrießen dürfen, bis in die Trivialität alltäglicher Vorkommnisse hinabzusteigen. Für jetzt sei erläutert: Dies atmosphärische Element bedeutet den Inbegriff von Überlieferungen, praktischen Gepflogenheiten, erblichen Anschauungen, Selbstschutz der Klassen, kooptierender Auswahl, Gesetzesbeugung, Familienbeziehungen, Reichtumsvorrechten, Begehrlichkeiten, Anmaßungen und Unterwürfigkeiten. Diese Dinge haben, mit Ausnahme unbedeutender Reste, mit gesetzlichen und verfassungsmäßigen Bestimmungen nichts zu tun; sie sind Erscheinungen des Charakters und Herkommens, die den meisten aus Mangel an Vergleichen und Gegenbeispielen unwahrnehmbar bleiben und schon deshalb den atmosphärischen Vergleich rechtfertigen, weil auch die geatmete Luft uns als ein gewohntes, nicht kritisierbares Element erscheint, bis ein Luftwechsel unsre Nasen und Lungen empfindlicher gemacht hat.

Wir fragen uns unermüdlich, warum ausgewanderte Deutsche nicht heimkehren, da doch ihr Heimatgefühl wärmer und lebendiger ist als bei andern Nationalitäten, die dennoch sich schwerer bestimmen lassen, in der Fremde zu sterben. Wir begegnen diesen Ausgewanderten im Auslande: Ihre Vergleichsfähigkeit ist erwacht, und wir sind erstaunt darüber, daß sie mehr an der neuen Heimat auszusetzen hahaben als vormals an der alten. »Warum also kehrt ihr nicht zurück?« – Sie schütteln den Kopf. »Nein. Niemals. In diese Verhältnisse können wir uns nicht mehr finden.« Mehr ist aus ihnen nicht herauszubringen. Sie wissen nicht mehr; denn die Atmosphäre zu erläutern, die ihnen nun fühlbar geworden ist, sind sie nicht fähig. Iren, Russen und Deutsche bereichern den Boden der Vereinigten Staaten. Daß Millionen unsrer Brüder, uns verloren, die beste Stärke dieses entfremdeten Staates bilden, spricht für die Realität unsrer geistigen Atmosphäre.

Studieren wir die Gesetze der Freimaurer oder der Jesuiten, so werden wir aus geschriebenen Worten manchen Anhalt über Wesen und Ziele der Orden gewinnen; ihr innerstes Sein und Wirken wird sich nur dem erschließen, der dem ererbten und erworbenen lebendigen Geist der Institutionen nachspürt. Die Satzungen unsrer Wirtschaftsunternehmungen sind mit Ausnahme der kargen Zweckbestimmungen im zweiten oder dritten Paragraphen fast wörtlich die gleichen, und doch wie verschiedenartig sind Lebensinhalt, Überlieferungen und Gepflogenheiten, sind Geist und Wille, der die verschiedenen Organisationen erfüllt. Es ist ein beklagenswerter Mangel unsrer politischen Betrachtungen, daß sie, abgesehen von allgemeinen Kennzeichnungen einzelner Stände, den Einrichtungen mehr Beachtung und Kritik zuwenden als dem Geist, der sie belebt. Uns soll es angelegen sein, bei unsrer Kennzeichnung des Volksstaates zu gedenken, daß nicht Gesetze hauptsächlich ihn schaffen, sondern freier, guter Wille, der nicht gehemmt sein darf durch gespenstische Reste alter und fremder Ordnungen, der gerichtet sein muß auf Unvoreingenommenheit, Gerechtigkeit, Sachlichkeit und Vertrauen.

Nicht aus bloßer Abneigung gegen Wahlumtriebe und Streberei, gegen Advokaten- und Publizistenmache bin ich Anhänger des monarchischen Gedankens, sondern aus angeborener Empfindung und der Überzeugung, daß an der Spitze staatlicher Macht ein tief verantwortlicher Mensch stehen soll, allen Wünschen, Strebungen und Versuchungen des gemeinen Lebens enthoben und entrückt; ein Geweihter, nicht der Ankömmling einer glücklichen Laufbahn. Die Tiefe dieser Überzeugung rechtfertigt es, die Konflikte anzudeuten, die zwischen Monarchismus und Volksstaat möglich sind.

Im Schoße der internationalen Familie, die von den europäischen Dynastien gebildet wird, hat es von jeher Anschauungen gegeben, die etwa den Standesbegriffen mancher größerer Rittergutsbesitzer nahestehen; eine Neigung, die ererbten, erheirateten oder erworbenen Staatsgebiete als Hauseigentum, die sogenannten Untertanen als lebendes Inventar zu betrachten und über die Köpfe dieser zuweilen stammverwandten, zuweilen fremden Masse hinweg das Band der Standesgemeinschaft zu den Nachbarherrschaften zu schlingen, mit ihnen Reichtümer, Rechte und Macht zu vergleichen, gemeinsame Interessen und Gefahren zu beraten. Gesetze des Herkommens schienen die Auffassung von fürstlicher Zusammengehörigkeit und überbrückbarer Gegensätzlichkeit zu den Massen zu bestärken: jede Vermischung mit dem eigenen Volksblut schloß für alle Zeiten die befleckte Nachkommenschaft von Herrscherrechten aus, jede Vermischung mit fremdestem Blut, sofern es dem christlichen Dynastenkreise entsprang, war gestattet.

Intelligenten und freigesinnten Dynasten gelang es, sich aus dem Banne der physisch empfundenen Volksgegensätzlichkeit zu lösen; schwerer war ein zweiter, ideeller Gegensatz zu durchbrechen, dessen Wirkungen nur in einer Minderzahl von Monarchien beseitigt sind.

Rückwärts blickend nimmt der Dynast wahr, daß jedes der letztvergangenen Menschenalter seinem Hause Beschränkungen der Machtfülle gebracht hat, und nicht nur ihm allein; Dynastien haben gewechselt und sind gestürzt worden; Verfassungen wurden ertrotzt oder erschmeichelt; ab und zu sind Republiken entstanden. Vor hundert Jahren nannten sie die feindselige Gegenkraft Jakobinertum, Revolution oder Bonapartismus, heute heißt sie Demokratie oder Radikalismus. Da nun das Volk oder ein Teil des Volkes, vielfach ein hochentwickelter Teil, Erzeuger und Träger dieser feindlich beschränkenden Bewegung ist, entsteht bisweilen ein bedenklicher Gegensatz, der tief in das dynastische Leben eingreifen kann. So sehr in öffentlichen Kundgebungen der feindliche Gegensatz zugunsten einer harmonischen Landesväterlichkeit ignoriert wird, deren Ausdruck naive

Formen annehmen kann; so vorsichtig selbst vertrauenswürdigen alten Staatsdienern gegenüber die Frage behandelt wird: bei Begegnungen innerhalb der dynastischen Gesamtfamilie erscheint sie als wichtige Gemeinschaftssache; die Zu- und Abnahme des monarchischen Gefühls, die Möglichkeiten von Staatsstreichen und Revolutionen werden bei Gelegenheit in Formen erörtert, von deren Offenheit der durchschnittliche Untertanenkreis sich keine Rechenschaft gibt. Durch Bismarck wissen wir, welchen Einfluß auf die Entschließungen solche Erörterungen selbst im Hause Wilhelms I. und seines Sohnes gehabt haben.

Die bürgerliche Denkweise hinsichtlich staatlicher Berufungen, die davon ausgeht, daß jede Verantwortung mit Hingabe und Leidenschaft erfüllt wird, solange sie gefordert wird, daß aber niemand einer Aufgabe sich oktroyiert, vielmehr jeder in gleichem Maße zurückweicht, wie das Bedürfnis nach persönlich gebundener Amtsmacht abnimmt: diese Auffassung darf auf das dynastische Verhältnis nicht angewendet werden. Denn das vorherrschende Staatsrecht macht aus dem Dynasten nicht den oft genannten ersten Diener des Staates, sondern einen der Gesamtnation mehr oder minder gleichberechtigten Teilhaber; wird daher der Schwerpunkt zwischen beiden nach Lage der menschlichen Dinge nicht als absolut unverrückbar angesehen, so ist nicht der mindeste Grund einzusehen, weshalb er nicht ebensowohl zuungunsten der Nation verschoben werden sollte.

Die vollkommenste Lösung des Konfliktes scheint mir auch hier, wie in allen scheinbar verwickelten Verhältnissen, diejenige zu sein, die sich auf die rein menschlichen Grundlagen der Dinge aufbaut. Sind in einem Hausstande die Söhne erwachsen, haben sie zum Teil sich eigene Hausstände gegründet, so muß darum die väterliche Autorität sich nicht vermindern. Sie wird Formen annehmen, die nicht mehr auf Zwang beruhen, sondern auf natürlichem Gleichgewicht; gesunde Natur und Vertrauen werden die Söhne dazu führen, Rat, Ansehen und Entscheidung des Vaters gelten zu lassen, gesunde Natur, Erfahrung und Überblick werden den Vater zum Führer auch des erwachsenen Hauswesens machen. Dies Verhältnis wird um so fester sein, je unbewußter und unerzwungener es ist. Wird es auf eifersüchtige Vereinbarung, auf Angriff und Abwehr gestellt, so hat es seine innere Kraft verloren.

Man spricht, zumal bei uns, viel von dem Begriff einer kräftigen Monarchie. Eine Monarchie ist kräftig, nicht wenn Zahl und Ausdehnung ihrer Vorrechte und Verantwortungen ungewöhnlich groß ist, sondern wenn sie dauernd den kräftigsten Teil der Bevölkerung für sich hat; am kräftigsten ist sie, wenn sie von einem tiefen und unzerstörbaren Gefühl des Volkes getragen wird. Denn im letzten ruht auch diese Grundmacht nicht auf geschriebenen Sätzen und exekutierbaren Rechten, sondern auf menschlicher Übereinstimmung und menschlichem Vertrauen. Ein absoluter Monarch, der ungestraft jede Willkür im einzelnen begehen kann und begeht, kann im wesentlichen vollkommen machtlos sein, unfähig, einen starken Willen zu verwirklichen, und wenn er ihn verwirklicht, ein Werkzeug Dritter. Der Träger einer scheinbar beschränkten Vollmacht kann eine fast unbeschränkte Herrscherkraft üben, wenn er sich bewußt ist, in jedem Konflikt die Nation für sich zu haben und ausschließlich für die Gesamtheit zu wirken.

Diese unwägbaren Dinge und zarten Ketten, die nicht immer in objektivem und leidenschaftslosem Geist gehandhabt werden, berühren uns in ihrer Wirkung auf die Anschauungen der Dynasten und in ihrer Rückwirkung auf die Atmosphäre des Volksstaates. Empfindet der Monarch stärker den Konflikt als die Bindung, ist sein Rückblick durch Bedauern, sein Vorblick durch Besorgnis getrübt, ist sein Geist auf die Verteidigung seiner Rechte und auf die Stabilisierung seines Hauses nachdrücklicher gestellt als auf das Vertrauen zur Unzerstörbarkeit seines Verhältnisses zur Gesamtnation, so gewinnen sein Denken und Entschließen jene Duplizität, die dem dynastischen Charakter häufig unentzifferbare und problematische Züge leiht.

Jeder Schritt wird ein Doppelschritt, wie des Springers auf dem Schachbrett; er soll gleichzeitig der Sache und dem Hause dienen. Jedes Verhältnis zu Menschen wird ein Doppelverhältnis: Wie dient er der Sache? Wie dient er mir? Jede Äußerung erhält ein Doppelantlitz: Sie soll nützen und zugleich wirken.

Das Verhältnis zu Menschen und Umgebung ist es, das wir in seinem Wesen und in seinen Folgen für unsre Betrachtung des Volksstaates deutlicher hervorzuheben haben.

Auch die dynastische Familie ist, trotz ihrer übernationalen Beziehungen und Verwandtschaften, eine Familie des Landes. Sie bedarf des Verkehrs, vielleicht des repräsentativen Verkehrs, und hat das Recht, ihn zu wählen. Ein Element des Selbstschutzes tritt ein: Es liegt im dynastischen Wesen eine so vollkommene Abgrenzung des eigenen Standes, daß in der Fernperspektive Größenunterschiede kaum mehr empfunden werden; jedes Landeskind erscheint als begrenzter Typ oder Spezialist, jede Beziehung wird einseitig. Immerhin wird eine Abstufung sich dadurch ergeben, daß die großen Familien des Landes dem Hofe näherstehen und eine Gesellschaft bilden, deren Mitglieder untereinander und der Dynastie bekannt und vertrauter werden, in Anschauung, Lebensauffassung und Lebensgewohnheiten sich angleichen.

Ist nun das obengeschilderte Verhältnis gegeben, daß die Dynastie eines besonderen Schutzes gegen destruktive Neigungen der Bevölkerung zu bedürfen glaubt, indem sie sich nicht entschließt, sich auf die Gesamtheit der Nation zu stützen, so tritt die bewußte Erwägung hinzu, daß der erbliche, vor allem der grundbesitzende und militärische Adel denjenigen Teil der Nation bildet, der gleichfalls bei jeder Demokratisierung zu fürchten hat, dessen Glanz, Stellung und Beruf eng von der Krone abhängen, der vor allem bereit und in der Lage ist, Militär und Beamtenschaft zu durchsetzen, zu kontrollieren und in der von beiden Teilen für erforderlich erachteten Verfassung und Stimmung zu erhalten. Es entsteht eine ausschließliche und stets sich verengernde Interessengemeinschaft zwischen Dynastie und Adel, die gelegentlich durch Einzelkonflikte getrübt, jedoch nie gelöst werden kann, deren Wirkungen dem Außenstehenden kaum sichtbar werden und deren Nachhaltigkeit und Universalität von keiner geschriebenen Verfassung gehemmt wird.

Mit andern Worten: Jede Dynastie, die nicht bewußt mit höchster Liberalität und vertrauensvoller Hingabe auf das Ideal des Volksstaates hinstrebt, schafft einen Aristokratismus militärisch-agrarischer Verfassung, dessen Atmosphäre das Staatswesen erfüllt und dessen Tendenz die Nation beherrscht. Ob und wieweit in Preußen Bestandteile des sichtbaren und unsichtbaren Feudalismus sich erhalten haben, bleibt im besondern Teil zu prüfen; hier setzen wir die allgemeine Betrachtung im Hinblick auf den Volksstaat fort.

Um die absolute Herrschaft der Feudalschicht zu sichern, ist es weder nötig, daß die gesamte Armee noch daß die gesamte Beamtenschaft von Gliedern der Feudalschicht durchsetzt sei; es genügen vier Elemente. Zunächst muß die Hofgesellschaft, die leitende Gesellschaft des Landes, aristokratisch sein, um dauernd die Pflanzstätte, Schulung und Prüfstelle der Gesinnung und Gepflogenheit zu bilden, um die geeignete Auswahl geprüfter und repräsentabler Persönlichkeiten zu bieten und ein allgemeines Vorbild zu schaffen. Sodann muß ein ansehnlicher Teil der Generalität und die Offizierschaft der bevorzugten Regimenter dieser Gesellschaft angehören. Der Bestandteil muß groß und einheitlich genug, die Bevorzugung genügend ausgesprochen sein, um Nacheiferung und Nachahmung bis in entfernte Landesteile zu sichern; die auserwählten Truppen dürfen daher nicht an einer Stelle konzentriert sein. Es muß drittens die Landesverwaltung mit aristokratischen Führern so weit als möglich, zum mindesten an zusammenfassenden Stellen, durchsetzt werden; endlich müssen die rein politischen Zentralbehörden des Äußern und Innern in ihren sichtbarsten und maßgebendsten Positionen aristokratisch verwaltet sein.

Weiter in der Verquickung zu gehen ist zwecklos. Freilich wird es sich von selbst ergeben, daß auch in bloßen Verwaltungsstellen, in provinziellen Offizierskorps, in Bildungsanstalten und Selbstverwaltungskörpern die herrschende Schicht die ihr zustehenden Positionen besetzt, doch ist dies für die Gesamtheit ohne Bedeutung.

Denn da die feudale Tendenz dynastisch verankert ist, somit weder Gefahr noch Hoffnung besteht, sie könne sich überleben, da ferner an allen entscheidenden Stellen Kontrollen eingesetzt sind, die widerstrebenden Elementen den Durchgang verbieten, da maßgebliche Vorbilder im Lande in genügender Zahl geschaffen sind, nach denen jeder gutwillig sich orientieren kann, da endlich und vor allem eine verwandtschaftlich und gesellschaftlich eng zusammenhängende Schicht in ihrer Gesamtheit einen so unbeschränkten Personaleinfluß ausübt, daß sie jeden Widersetzlichen beseitigen und jeden gefährdeten Posten mit zuverlässigen Mitgliedern besetzen kann, so entsteht eine vollkommen neue Erscheinung, die zwar offen vor aller Augen liegt und dennoch von Außenstehenden kaum gewürdigt werden kann, weil selbst die Betroffenen sich der Zusammenhänge nicht durchweg bewußt sind: die Erscheinung der feudalen Anpassung und Imitation.

Menschen, die nach Ursprung, Veranlagung, Weltanschauung und Interessen nicht die mindeste Veranlassung haben, aristokratisch zu denken und zu fühlen, gelangen in das Räderwerk der Staats- und Militärmaschinerie. Ihre jugendliche Bildsamkeit wird in Anspruch genommen, um ihnen die herrschenden Anschauungen und Gepflogenheiten, den Respekt vor feudalen Einrichtungen und Stellungen auf dem Wege einer langen amtlichen Erziehung einzuprägen. Gänzlich Unbekehrbare scheiden aus unter dem harten Opfer der glänzendsten Zukunft, die das Land bietet; andre werden gleichgültig; viele beginnen unter dem peinlichen Eindruck, sich selbst und andern verdächtig zu sein, die geforderte Denk- und Führungsweise zu übertreiben; sie bilden eine breite Schicht gelernter Aristokraten, die, den geborenen Standesgenossen verglichen, sich mit geminderter Freiheit bewegt und keineswegs die Vorzüge der beiden Standesschichten summiert. Erwachen, was ab und zu geschieht, in vorgerückter Laufbahn, wenn gemeinhin der Druck der inneren und äußeren Beaufsichtigung einer zunehmenden Indolenz gewichen ist, die zurückgedrängten Instinkte der Unabhängigkeit, so ist müder Verzicht oder aussichtsloser Kampf die Folge.

Wie nun aber der Mensch seines angeborenen Charakters selten, seines fiktiven Charakters niemals sich bewußt ist, so werden die Erziehungs- und Anpassungsprodukte einer bezwingenden Atmosphäre sich selbst als gänzlich unbefangen empfinden und sich mit Entrüstung gegen die Unterstellung einer unorganischen Denkweise wehren, die ihnen ohne Vergleichskenntnis als die absolute erscheint. Wird von Außenstehenden der Vorwurf erhoben, das unter feudaler Atmosphäre stehende Staatswesen sei ein aristokratisch beherrschtes, so wird man mit Erfolg den Nachweis erbringen, daß an Zahl das bürgerliche Element in staatlichen Positionen überwiege; und da die hier aufgestellte Anschauung des beherrschenden Geistes und der entscheidenden Atmosphäre niemand geläufig ist, so gibt der Angreifer, nahezu überzeugt, sich zufrieden. Fremdländische Kritik tritt meist in so gehässigen Formen auf, daß das Ehrgefühl es ablehnen muß, ihr näherzutreten; überdies kennt sie das Tatsächliche nicht, benennt die Dinge mit falschen Namen und führt schließlich zur Bekräftigung des gegebenen Zustandes.

So bleibt dieser Zustand im Gegensatz zu andern unsichtbaren Mächten, wie Freimaurerei und Jesuitismus, deren Wirksamkeit erkannt, häufig übertrieben wird, in tiefer Verborgenheit. Gelegentlich wird ein gestürzter Minister sich die Frage vorlegen, woher ein Privatmann in fürstlicher Stellung die Kraft nahm, ihn zu entwurzeln, und einen Teil der Zusammenhänge vorübergehend dem eigenen Bewußtsein enthüllen, häufiger werden radikale Organe den Klassenstaat in abgegriffenen Gegensatz zum Rechtsstaat bringen und hilflos versagen, wenn Beweise verlangt werden.

Ein Rechtsstaat kann, ein Volksstaat kann nicht unter dem Druck einer feudalen Atmosphäre bestehen, denn sie wird immer wieder einen Teil des Volkes zum erblichen Herrn des andern Teils machen, sie wird zwei Völker schaffen, von denen das größere dauernd zu Unwillen und zur Auflehnung geneigt ist; und so schließt sich der Zirkel, indem die Dynastie von neuem die scheinbare Bestätigung dafür erhält, daß sie nur auf die Kaste, nicht auf das Volk sich stützen kann. Nur sie kann den Zirkel durchbrechen durch die Tat des endgültigen Vertrauens; dies ist der Anteil, der ihr für die Errichtung des Volksstaates zufällt.

Kein kleineres wird vom Volke selbst verlangt. Der Staat darf ihm nicht als Zweckverband gelten, als bewaffnete Produktiv- und Verkehrsassoziation, seine Zugehörigkeit als lästige und kostspielige Mitgliedschaft eines Vereins, der wertlose Rechte gewährt und aus dem man nicht austreten kann. Noch weniger darf der Staat dem Volk erscheinen als eine erweiterte Polizeimacht, die ungerufen in alle menschlichen Verhältnisse sich eindrängt, mit Organen, die, wo sie auftreten, als Vorgesetzte sich entlarven, die daher außerhalb des Kreises bürgerlicher Sitte stehen und hintergangen werden dürfen, wenn sie nicht zuschlagen können. Am wenigsten darf der Staat das werden, was er in verkommenen romanisierten Ländern ist: Objekt des allgemeinen Betrugs und der Streberei, Versorgungsanstalt kaufender und käuflicher Gruppen, Gemeinschaftskasse zugunsten der Schlauen auf Kosten der Dummen.

Der Staat soll sein das zweite, erweiterte und irdisch unsterbliche Ich des Menschen, die Verkörperung des sittlichen und tätigen Gemeinschaftswillens. Eine tiefe Verantwortung soll den Menschen an alle Handlungen seines Staates binden, die gleiche Verantwortlichkeit soll ihm bewußt machen, daß jede Handlung, die er begeht, eine Handlung des Staates ist. Wie im Anblick der transzendenten Mächte kein Denken oder Handeln gering oder gleichgültig sein kann, so gibt es innerhalb des Staates keinen verantwortungslosen Bereich. Die dreifache Verantwortung: den göttlichen, den inneren und den staatlichen Mächten gegenüber, schafft jenes wundervolle Gleichgewicht der Freiheit, das nur dem Menschen beschieden ist und ihn zum Grenzbewohner des planetaren Reiches erhebt. Indem wir die Richtung des Gewissens zum Staate so fest gewinnen, daß die Tendenz ins Unbewußte versinkt und zur Natur wird, haben wir das Maß der Staatsgesinnung geschaffen, das die Nation zur echten überpersönlichen Einheit erhebt und unsterblich macht.

Solches Ereignis ist wiederum nur innerhalb des Volksstaates möglich, und deshalb muß dieser geschaffen sein, bevor der letzte Anspruch an die Nation erhoben wird. Im Machtbereich des Stände-, Klassen- und Kastenstaates reine Staatsgesinnung durch Bitten und Beschwörung, Drohung und Versprechen zu entfachen, ist naive Täuschung seiner selbst und der andern. Der Gewaltstaat hat die Macht; er mag sie, solange er kann, benutzen, um seine Unterworfenen zu zwingen; doch soll er den Mut haben, von den Übervorteilten nicht Dankbarkeit und Hingabe zu erbetteln.

Von dieser allgemeinen Erörterung politischer Ideale, die keine einzelne Nation und doch wiederum alle im Auge hat, wenden wir uns allgemach den Dingen der Heimat zu, weil die aufs engste zeitlich und örtlich geschärfte Prüfung auf hartem und bekanntem Prüfstein unsrer Gedankenkette nicht erspart werden darf. Und indem wir fortschreiten, wird der Weg beschwerlicher: teils deshalb, weil wir von der Menge des einzelnen nicht überwältigt werden dürfen und weil wir ein Gleichgewicht zu erstreben haben zwischen den Forderungen des Tages und den absoluten Zielen; teils und hauptsächlich, weil die schmerzlich große Epoche des Krieges uns einen Konflikt der Empfindung auferlegt.

Wenn es Zeiten gegeben hat, wo mehr noch als der Vergleich an absoluten Normen die Sorge uns zur Kritik geneigt machte, die Sorge um ein kommendes Unvermeidbares, das uns und unserm Bauen ein Ende drohte und erst den Späteren einen Anfang versprach; wenn in jenen Zeiten ein Wort der Härte, ja des Unwillens uns leichter über die Lippen ging, so ist es menschlich, wenn das herrliche Leisten, das heilbringende Leiden unsres Volkes in dieser Zeit uns blind macht vor Liebe, so daß wir nur Licht und keine begrenzende Form mehr empfinden. Der Form, des Maßes und der Begrenzung aber bedürfen wir mehr als sonst, da wir bauen wollen; Idealarchitekturen, die ohne Gegenkraft und Beschränkung erwachsen, sind Luftschlösser. Auf die natürlichen Schranken unsres Charakters kommt es an, wenn wir die glücklichste Möglichkeit unsrer Zukunft ermessen wollen, und wir dürfen uns dieser Schranken nicht schämen, denn sie sind weitgezogen und naturgeschaffen, und überdies: Erkenntnis reißt sie ein. Der Grundriß freilich, der sie verzeichnet, wird und kann nur ein Netz dunkler Linien und Schattierungen bieten; des farbig helleren Aufrisses bleibt der innere Blick sich bewußt.

Deutschland, vor allem das bestimmende nördliche und mittlere, von dem wir vorzugsweise zu reden haben, ist, wie wir wiederholt erwähnten, das Ergebnis einer Schichtenverschmelzung. Von der früheren germanischen Oberschicht, die zugleich die herrschende Schicht der übrigen Westländer gewesen war, reden wir, wenn wir von der Vergangenheit erzählen. Wir kennen ihre Geschichte, ihre Namen und Stämme, ihre alte Sprache, ihre mittelalterliche Glaubenskultur und Kunst. Wir kennen die Wandlungen, die diese geschlossene Welt erfuhr, als die Anfänge der Mischung sich geltend machten, als großbäuerliche, städtische, patrizische Elemente vom vierzehnten und fünfzehnten Jahrhundert an die deutsche Kultur der Neuzeit schufen. Bis in die Zeit der Romantik hielt die Epoche vor, noch die Werke und Taten unsres klassischen Zeitalters sind fast ausnahmslos vom adlig-patrizischen Volksteil geschaffen worden; nur selten tauchte einer der Namenlosen empor, um fremde, seltsam unzeitliche Dinge zu sagen und zu schaffen. Und doch war um die Wende des achtzehnten Jahrhunderts die Schicht der Oberen bis zum Zerreißen verdünnt und gespannt: Die Erben von Namen, Bildung und Besitz zählten nach Tausenden, die Zahl der Ungenannten nach Millionen.

Mit dem neunzehnten Jahrhundert traten die Untertanen in die Geschichte ein, mit dieser Epoche begann die letzte deutsche Wandlung in Lebens- und Denkweise, Sprache und Wirken. Jeder Betrachter des Vergangenen empfindet den tiefen Einschnitt, der das Ältere vom Neuen scheidet; und doch wird es uns schwer, den Gedanken zu fassen, daß wir ein neues Volk geworden sind. Mancher möchte lieber der Welt Goethes, Kants und Beethovens gehören, die wir jetzt zu erfassen beginnen, als der Welt der Massen und Realien, welche die unsre ist; lieber Nachkomme und Erbe als Vorfahr und Erwerber. Mancher möchte mit fremdem Einfluß und äußerer Infektion das Grundphänomen unsrer Zeit, die Mechanisierung, erklären. Die Menschen, die unsre Zeit und unser Leben bestimmen und erfüllen, sind aber nicht die Söhne jener Alten; aus jenen Tausenden sind nicht unsre Millionen entsprungen; ein Blick auf Gestalten und Namen, der Vergleich mit den echten Nachkommen in kleinen unvermischten Landesteilen beweist es. Diese Millionen, den Millionen fremder Völker enger verwandt, äußerlich und innerlich ähnlicher, als sie ahnen, sind ein neues Volk und mögen mit Freude und Stolz bekennen, daß sie es sind; denn ein Anfang ist härter und verantwortungsvoller als ein Ende.

Freilich war unser Anfang schlimmer als schwer, er war in mancher Weise unfroh und unheilig. Jene, welche die Mechanisierung emporbrachten, prägten der Zeit ihren Stempel alter Unterworfenheit auf; Streben und Gier, Beflissenheit und Übergeduld erfüllten die abstrakten, mechanischen, massenhaften Formen des Schaffens mit ihrem Geiste vorzeitlicher Erdgebundenheit. Das neue Volk war ein Urvolk in der Fassung raffinierter Zivilisation und höchster intellektueller Anspannung.

Hätte das Empordringen der Unterschicht sich bei uns mit vulkanischer Gewalt vollzogen, wie es bei andern Völkern revolutionär geschah, so wäre von Anfang an die Verantwortung der Herrschaft ihr zugefallen. So aber drang sie hydraulisch zäh, langsam und unbewußt zur Oberfläche, sie empfing Herrenrechte, ohne Herrenpflichten zu übernehmen.

Denn die Herrscherkaste, zum großen Teile aufgesogen, vor allem durch Überzahl bewältigt, blieb in kleinen, aber mächtigen Resten erhalten, hauptsächlich in Preußen. Die wirtschaftliche Herrschaft mußte sie mit der neuen, plebejischen Plutokratie teilen, die Verwaltungsherrschaft trat sie zum Teil an eine assimilierte Beamtenkaste ab, die ländliche Herrschaft verblieb ihr, die politische und militärische Kontrolle wurde ihr durch Verbindung mit der Dynastie gesichert. Vor allem hielt sie ihr Blut, wenn auch nicht völkisch rein, so doch physisch hochgezüchtet, so daß, wie in keinem zweiten Lande, der Adelsdurchschnitt von dem Volksdurchschnitt auf den ersten Blick sich abhebt.

Sinnfällig und sinnbildlich tritt der Volksgegensatz hervor, wenn man etwa ein vornehmes Regiment im Vorüberziehen betrachtet. Die Herren, die auch mit diesem Namen gern gerühmt werden, glänzen hervor durch blinkenderes Metall, feineren Gewandstoff und Schnitt, zierlichere Waffen, schmalere und gewähltere Abzeichen. Ihre edleren Pferde tragen silberbeschlagenes Zaumzeug und leichte Sättel. Ausgezeichneter als die äußere Form der Ausrüstung hebt sich die Gestalt hervor. Schmal erscheint das Haupt, scharf das Profil, weich und blond das Haar. Der Nacken, beim Mann kurz und gedrungen, ist beim Herrn schlank und beweglich, der Rücken lang und schmal, der Körper von stählerner Schlankheit. Vornehm geformt und weiß sind die Hände, der Sitz federnd und leicht, Schenkel und Füße edel und scharf gezeichnet. Im Vergleich mit dieser wahrhaft adligen Erscheinung wirkt der Mann, mit Ausnahme etwa eines Holsteiners oder Friesen, breit, untersetzt, schwer.

Dieses Verhältnisses, das in körperlicher Erscheinung den Gegensatz von Herrschaft und Dienst auswirkt, ist der Mann sich tief bewußt. Er verehrt die weiße Hand und läßt sich gern von ihrem scharfen Griff zurechtrücken, er erwidert das freundschaftlich hingeworfene Du mit der ehrfürchtigen dritten Form Pluralis, er übt bereitwillig die mit ganzem Körper zu leistenden Ehrenbezeigungen. Nicht von Natur aus, sondern nur da, wo höchste persönliche Achtung erworben wurde, wird er dem gebildeten Vorgesetzten des eigenen Blutes die gleiche, halb unbewußte Vergötterung zollen. So hat schon sein Vater den Vater dieses Herrn verehrt, so hat der Alte, während er die eigenen Kinder prügelte, andächtig zu dem jungen Herrn aufgeblickt. Und dieser kleine siebenjährige Graf fühlte sich mit fünfhundertjähriger Erfahrung als gütiger und selbstbewußter Patron, der seine Leute als Schutzbefohlene, sonntags als seinesgleichen pflegt, der weiß, was ihnen zuträglich und schädlich ist, was sie krank und was sie übermütig macht, der gibt, was billig ist, und fordert, was ihm zusteht: Respekt gegen Vertrauen, Unterwerfung gegen Nachsicht. Niemals braucht der Herr vor seinen Leuten sich zu schämen; er kann sich nach Belieben gehenlassen: denn seine kleinen Laster und Schwächen sind als Herrenrechte berücksichtigt; wer sie nicht übt, ist verdächtig, und wer an ihrer Stelle bürgerliche Eigenschaften zeigt, Gelehrsamkeit, Geschäftigkeit und Überfleiß, der ist nicht echt. Sprache, Behandlungsweise, Auftreten, Gesprächsinhalte, Nachsichten und Unerbittlichkeiten sind seit Jahrhunderten zwischen beiden Kasten vereinbart; jede zulässige und mögliche Charakterform und Abart ist bekannt und umschrieben, jede erträgliche Beziehung vorausgesehen. Zu den unerträglichen gehören von oben Bosheit, geistiger Hochmut, Hohn und Ironie, von unten Kritik, Störrigkeit, Murren und Auflehnung.

Dieses hingebungsvolle Unterschichten- und Untertanenbewußtsein erfüllt in Preußen Millionen von Seelen und dringt bis hoch hinauf in das freiere Bürgertum, wo es dann freilich verderbte und sittlich gefährliche Formen annimmt. In seiner reinsten Form zeigt es kindlich schöne Züge und fügt sich in das glückliche Patriarchenverhältnis, das uns in jeder Völkerjugend rührt. Volkspsychologisch sind diese Züge von hohem Wert; sie schaffen die disziplinierbarste und organisierbarste Masse, die wir kennen, einen Massenkörper, der unabhängig von Stimmungen und Meinungen bis an die äußerste Grenze der Kraft jede geforderte Leistung hergibt, einen Massengeist, der mit unverbrüchlichem Vertrauen jedem autorisierten Führer folgt, der ihm verständlich und nachfühlbar handelt und redet. Weder wird Begeisterung zur Voraussetzung noch wird Aufklärung gefordert noch Kritik geübt; Pflichtbewußtsein ist nicht der Ausdruck dieses Verhältnisses, in dem überhaupt kein Konflikt auftritt, noch weniger ist es blinder Gehorsam, weil freie Neigung mitspricht, am nächsten ist es kindlicher Folgsamkeit verwandt.

Der Bildsamkeit der Massen entspringen die beiden großen preußischen Organisationen: die Armee und die Sozialdemokratie, die eine ländlichen und primären, die andre städtischen und mechanisierten Ursprungs.

Der Kreis von Eigenschaften, den wir umschrieben haben, ist nicht germanisch. Er widerspricht allen älteren Beschreibungen vom trotzigen, eigenbrötlerischen und individualistischen Wesen, vom Unabhängigkeitsdrang und organisationsfeindlichen Selbstbewußtsein der germanischen Stämme, er widerspricht unsrer geschichtlichen Kenntnis ihres Handelns, er widerspricht vor allem dem Bilde der überlebenden germanischen Reste in Südschweden, Friesland, Westfalen, Franken und Alemannien, ja selbst der reineren patrizischen und adligen Schicht. Es ist slawischer Charakter mit leichtem germanischen Einschlag, der die weibliche Weichheit und Schwermut der Halborientalen in kindliche Heiterkeit auflöste, der ihren passiven Gehorsam durch Erinnerung an alte, selbsterwählte Gefolgschaft zu tätiger Beflissenheit kräftigte.

Wie weit die großen Züge der alten deutschen Oberschicht, die schöpferische Sehnsucht, die mystische Leidenschaft, die Tiefe und Transzendenz in die Seele der Massen gedrungen sind, ist schwer zu bestimmen. Zum höchsten geistigen Leben haben sie noch wenig beigetragen, das Volkslied ist verarmt, Volkskunst ist uns nicht erwachsen, Vergnügungen verdrängen die Feste. Daß gewaltige, von keiner irdischen Nation erreichte Kräfte der Liebe, der Hingebung, des Opfers und des Mutes lebendig sind, bedurfte nicht der Bestätigung des Krieges; Klugheit, Geduld und Betriebsamkeit schufen die Mechanisierung. Oft haben wir diese Eigenschaften sittlich gewertet; hier haben wir sie politisch auszudeuten im einzigen Hinblick auf nationale Zukunft.

Schaffen Bildsamkeit und Fügsamkeit, Autoritätsrespekt und Abhängigkeitsgefühl die handlichsten Untertanenverbände, so ist doch der Untertan nicht das letzte Ziel des Staates. Wie bei meisterlichen Bauwerken sollen alle Glieder zugleich lasten und tragen; zeigt uns der westliche Nachbar den haltlosen Organismus eines Volkes, wo jeder herrschen und keiner leisten will, es sei denn, daß man ihn düpiert oder entflammt, so schreckt uns der Osten durch die tödliche Apathie der Massen, die, bis zur Zermalmung belastet, verkommen oder in Gewalt ausbrechen. Unsre Gefahr ist Unselbständigkeit und Mangel an Selbstbewußtsein, Verantwortungslust und eigenem Urteil.

Ist Kindlichkeit und Unselbständigkeit der politische Rohstoff, den unsre unbearbeiteten Massen dem staatlichen Aufbau steuern, so häufen sich die schwachen Stellen des Materials, sobald wir die von der Mechanisierung ergriffenen Massen prüfen: städtisches Proletariat und Mittelstand.

Das unentweichliche Abhängigkeitsverhältnis hat auch hier nicht aufgehört. Auch hier ist der Staat nicht die Sache aller, sondern ein Verwaltungsbereich der Vornehmen; auch hier wimmelt es von Vorgesetzten, zu denen man nicht gehört und nie gehören wird; doch sind sie nicht mehr edel, von patriarchalischer Persönlichkeit, sondern es sind anonyme Stände und Ämter, vertreten durch den Direktor, Betriebsingenieur, Prokuristen und Werkmeister, durch Auftraggeber, Kunden, Geldleute; es ist das Beamtentum, vertreten durch den Steuereinnehmer, Schutzmann, Schalterbeamten; daneben ist man zwei Dienstjahre lang unter der Obhut der Feudalschicht, vertreten durch Leutnant und Unteroffizier. Die Hingebung an diese Mächte ist nicht mehr undifferenziert und instinktiv, sie ist auch nicht erzwungen, denn es fehlt an Vergleichsmöglichkeiten, wie sie sich dem Auswanderer bieten; sie wird als peinliche Lebensnotwendigkeit hingenommen, und zwar mit dem Gefühlston einer schuldhaften Verpflichtung, daher ist selbst die Auflehnung nicht ein Pochen auf das freie Recht, sondern eine bewußte, mit einem Rest von bösem Gewissen begangene Insubordination.

Der brutale Schnarrton des Wortes Subordination macht uns die hoffnungslose Duldung anonymer Herrschaft fühlbar. Ist die Auflehnung organisiert, wie die der Sozialdemokratie, so nimmt sie bei dem tiefeingewurzelten Wesen des Abhängigkeitsverhältnisses sofort wiederum die Form der Subordination an, ist sie es nicht, so erniedrigt sich der Ton der Unzufriedenheit zu wehrlosem Dienstbotenklatsch und kannegießernder Nörgelei.

Kein Weg führt von den unteren Ständen zu den oberen. Reichtum und Bildung ziehen gläserne Mauern um ihre Bezirke, und der tiefe Einschnitt zwischen den Lebensformen diesseits und jenseits wird nicht von südländischer Nachahmungslust und Zutunlichkeit überbrückt.

Grüblerische Tiefe, Sinn für das Wesentliche, von dem die Dinge nur ein Abglanz sind, starke Persönlichkeit und systematische Universalität, die zu jeder Möglichkeit die Gegenmöglichkeit erblickt und wertet, diese großen und größten Eigenschaften haben seit Anbeginn den Deutschen zu einem Gegner der Form gemacht. Denn alle Form ist Begrenzung und Einseitigkeit, sie beruht auf selbstgefälligem Genügen, auf der kindlichen Meinung, daß es neben dem Guten ein Bestes gibt, das nicht zu übertreffen sei, und daß es neben dem Bewährten nicht anders geht. Freilich beruht sie auch auf dem menschenparadieslichen Drang zum reinen Akkord, zur gefüllten Harmonie, auf jenem klassischen Gleichgewichtsgefühl, dem vor himmlischen und höllischen Abgründen schaudert. Auf den gesamten Gebieten der Künste und Wissenschaften, des persönlichen, gesellschaftlichen und staatlichen Lebens, gibt es kaum eine Grundform, die aus unsrer Heimat stammt. Die Formen der Bauten und Stile, des Hausrats, der Bildtafeln, der Musik, des Romans und Dramas, des Armeewesens, des Kultes, der Manufaktur, des kommerziellen und industriellen Betriebes, des Aktienwesens und der Konstitutionen, alle diese äußeren Fassungen und Bildungen, die heute noch fremde Namen tragen, haben wir zu entwerfen andern überlassen. Doch hat deutscher Geist eines nach dem andern dieser Gefäße ergriffen, mit reiner Hand und fühlendem Verstehen seinen Formgedanken vollendet, dann mit so reichem Feuertrank die Rundung gefüllt, daß der überströmende Quell neue Formen verlangte.

Dies Schauspiel hat uns beglückt und die Welt bereichert; doch blieben wir arm an Form, weil wir sie verachten lernten; wie jene Formenschöpfer, die uns verspotten, am Geist verarmten.

Da aber politisches Wesen nicht ein absolutes ist, sondern ein Kampf von Kräften mit gegebenen Gegenkräften, so müssen wir eine gewisse Formlosigkeit betrachten, die uns schädigt. Wir haben von Gegensätzen der Lebensführung gesprochen und dürfen eingestehen, daß die unsre bis zum Zerfall jeder Gleichförmigkeit, und da eine lässige Bequemlichkeit, eine abgesagte Gleichgültigkeit gegen den Schein uns innewohnt, bis zum formlosen Gehenlassen sich steigert.

Die zivilisatorische Kraft, die auf entschlossener Haltung bewährter Lebensformen ruht, geht uns verloren. Und mehr noch: Wenn das Abhängigkeitsgefühl, in dem wir leben und das in der ständigen Doppelspannung: untergeben nach oben, vorgesetzt nach unten, sich auswirkt, wenn dies wenig adlige Verhältnis es uns erschwert, ein freies Herrenvolk zu sein, so trägt Formlosigkeit weiterhin dazu bei, nach innen das Herrenbewußtsein, nach außen die Herrenwirkung zu mindern. Daß wir so wenig wie in unsern Grenzen in fremden Ländern kolonisatorische Kraft entfalteten, daß wir weder die Nationen, die wir mit unserm Blut gesättigt haben, noch die stammverwandten an uns ketten konnten, liegt weniger an unsern Einrichtungen als am Mangel angeborenen Herrentums. Unter Herrentum aber ist nicht zu verstehen hochmütiges Anmaßen, denn das verträgt sich sehr wohl mit innerlich abhängigem und gedrücktem Wesen, sondern das instinktive, der Überlegung nicht bedürfende Gleichmaß der Pflichten und Rechte, der innere Sinn für Abstand und Nähe, der Verzicht auf kleinliche Ansprüche und das Festhalten am Wesentlichen, das Opfer der Bequemlichkeit zugunsten der Würde, vor allem die rückhaltlose, freie, von Vorurteil und Verachtung gelöste Gerechtigkeit.

Verbindet sich Abhängigkeit mit bedrängter Wirtschaftslage, so entsteht die Gefahr der Kleinlichkeit. Für sich selbst kann selbst der härteste Mangel mit Unbefangenheit und selbstbewußter Freiheit einhergehen; wer jedoch mit ungewollter Abhängigkeit sich abzufinden weiß, gerät leicht in Versuchung, sich im Scheinen Ersatz zu schaffen; Schein und Mangel aber vertragen sich schlecht. Dies Mißverhältnis zehrt am häuslichen Leben, es zieht die Frauen in den Kreis der Sorgen und züchtet unfrei erwachsende Geschlechter.

Wem Unfreiheit im Blute steckt, wer unbewußt eine herrschende Kaste über sich anerkennt, die er nicht mehr liebt, zuweilen beneidet, wer sein und seiner Kinder Schicksal als unentrinnbar kennt, der findet seinen Trost im Anblick von seinesgleichen und in der Gemeinsamkeit der Last. Er will schließlich lieber verschärften Druck von den geborenen Obern ertragen, als daß er es mit ansieht, wie sein Nächster emporsteigt und sich freimacht. Daß einer aus seiner Nähe und Umgebung es zu Wohlstand oder Macht gebracht hat, macht ihn nicht stolz und hoffnungsvoll, sondern verdrießlich, denn er weiß, daß der andere nun an jene olympischen Tische sich setzen und verachtungsvoll herabblicken wird. Die naive Freude der Amerikaner, die nicht müde werden, die Milliarden ihres Landsmanns zu preisen und hinzuzusetzen, daß er als Zeitungsjunge angefangen hat, ist nur möglich in einem Lande, wo jedem alles offensteht; das Ideal unsrer Unzufriedenen wird sicherlich nie das kahle Geldziel der Überseeischen, aber auch nicht das Bild eines ungehemmten geistigen Aufstiegs sein; sondern vielmehr die nüchternste, unwirklichste und gefährlichste aller materiellen Utopien: nämlich die Gleichheit; und wenn es auch die ist, zu der alle hinabsteigen.

Es wäre ungerecht, diese Gefühlsreihe mit dem verächtlichen Ausdruck des Neides abzutun. Der idealpolitischen Gefahr dieser gebundenen Gefühle aber müssen wir uns bewußt bleiben; denn wenn jeder freie und wünschbare Zustand nicht auf schwungloser Demokratie, sondern auf bewegtem Auf- und Niedersteigen geistiger Kräfte beruht, so sind Empfindungen der Mißgunst die stärksten Anker, um den Aufstieg zu hemmen und absterbende Herrschaften, weil man ihrer einmal gewohnt ist, an der Macht zu halten.

Überblickt man den ganzen Kreis großer und schöner Eigenschaften, die unsern mittleren und tieferen Ständen eigen sind, die unbeirrbare Ehrenhaftigkeit, Sachlichkeit und Pflichttreue, die mutige Entschlossenheit zur Arbeit, zur Gefahr und zum Leiden, den stillen, echten und andächtigen Sinn zu Gott, Mensch und Natur, die Heimatliebe und Selbstvergessenheit, das Streben zum Wissen, Begreifen und Können, so haben die Schattenzüge unsres Bildes menschlich nichts zu bedeuten, und unsre Nation ist glücklich zu preisen, daß der Dunkelheiten so wenige sind. Im Sinne politischer Ideale, die den Prüfstein dieser Untersuchung bilden, dürfen wir uns nicht so leichthin abfinden. Denn leider sind die wenigen Gefahren unsres Charakters gerade die, welche ein Volk zum unpolitischen machen können und lange gemacht haben. Was wir brauchen, ist Unabhängigkeit, Adelsgefühl, Herrenhaftigkeit, Verantwortungswillen, Großmut, Freisein vom Vorgesetzten- und Untergebenengeist, von Kleinlichkeit und Mißgunst. In dieser Forderung liegt die ganze deutsche Politik und politische Zukunft beschlossen, sie ist nicht eine Frage der Einrichtungen, sondern des Charakters. Jeder künftige Politiker, sofern er nicht Macht oder Interessen vertritt, wird sich bewußt bleiben müssen, daß die Erweckung neuer sittlicher Kräfte die Grundbedingung unsrer Gestaltung bildet und daß die Institutionen nachgiebig und beweglich der menschlichen Entwicklung folgen wie die Rinde dem Wachstum des Stammes. Sind wir vor hundert Jahren zur Nation, vor fünfzig Jahren zur Staatsnation geworden, so müssen wir von jetzt an durch innere Neugeburt zur politischen Nation und zum Volksstaat erwachsen.

Freilich ließ noch vor wenigen Jahrzehnten der größte Kenner der Nation uns geringe Hoffnung. Er rühmt das Volk, wenn er von seiner ländlichen Herrschaftstreue und Untertänigkeit spricht; er wird bitter, wenn von öffentlicher Meinung, von politischer Strömung und Verantwortlichkeit die Rede ist. Publizisten, Gelehrten, Berufspolitikern und Dilettanten schiebt er die Schuld an den populären Irrtümern zu, die sein Werk gefährdeten; die Unmündigkeit des Volkes setzt er voraus, indem er so weit geht, ihm ein unmittelbares Nationalgefühl abzusprechen: nur mittelbar, durch das dynastische Gefühl hindurchgeleitet, könne ein deutschnationaler Sinn zum Wirken kommen.

Gewisse Formen des Patriotismus in den starren Jahren vor dem Kriege schienen das harte Urteil zu bestätigen. Wie selten brach der männliche freie Stolz auf unser Land, auf unser Volk, auf unsre Gemeinschaft aus uns hervor; wie sehr bedurften wir vermittelnder Huldigungssymbole, ja selbst der Aufreizungen gemeinsamer Haßgefühle.

Bedrückender wird unser Bewußtsein, wenn wir zu den großbürgerlichen Schichten, den mächtigen, wo nicht leitenden, so doch bestimmenden Gliedern unsrer kapitalistischen Gesellschaft aufsteigen. Sinnbildlich stellt das Kraftfeld dieser politischen Zentralmacht sich dar in der Haltung ihres fraktionellen Abbildes, der nationalliberalen Partei des Deutschen Reichstages.

Sie kann wenig erzwingen, aber alles verhindern; sie trägt eine höhere Verantwortung, als deren sie sich bewußt ist. Sie vertritt die großbürgerliche Intelligenz, aber auch die Interessen des Kapitalismus; sie bewahrt die alten liberalen Ideale, aber gedämpft durch Kompromisse mit bestehenden Mächten; sie neigt zum freien und unvoreingenommenen Urteil, aber sie bedarf der Mittel und Kräfte bevorrechteter Beschützer. Sie könnte die Entscheidung in Händen haben; und überblickt man die Jahrzehnte, so hat sie unfreiwillig und unbedankt dem Feudalismus gedient.

Wie der Partei, so mangelt es dem Stande, den sie vertritt, an Richtkraft. Interessen gehen Idealen vor. Von unten her ist der Besitz bedroht, und welches Interesse ist höher als das des Besitzes? Schlimm genug, daß in der Volksvertretung die Stimme des Besitzlosen über das Vermögen des Reichen bestimmt; deshalb muß zuerst die Gefahr des Kommunismus bekämpft werden, das übrige wird sich finden. Davon abgesehen: Was bedeutet überhaupt Politik? Zeitverlust. Für Verwaltung und auswärtige Angelegenheiten sorgen Fachleute; wo nicht vollkommen, so doch mindestens so gut wie anderswo. Man kann sie kritisieren, und wo sie persönlichen Interessen zu nahe treten, Einfluß nehmen. Dringender sind die Aufgaben des Tages; der Jahresertrag, die Machterweiterung des Unternehmens, die Dividende sind Dinge, die nicht warten können. Da sagt einer, daß diese

Dinge auf einem tieferen, niemals unbedrohten Grunde ruhen, der Staatsmacht und dem Landeswohl? Laßt uns erst dies und jenes in Sicherheit bringen, vielleicht bleibt dann Zeit, auch für Ungeschäftliches zu sorgen. Freilich wäre es besser, wenn ..., und nun folgen harte Urteile über verantwortliche und unverantwortliche Personen, weil man nicht begreifen kann noch will, daß für alle Personen das System und für alle Systeme die Nation verantwortlich ist.

Mit dieser Indifferenz ist es nicht abgetan. Je höher man die bürgerliche Stufenleiter hinansteigt, desto tiefer blickt man in die Schatten einer freiwilligen Abhängigkeit, die kaum milder als mit dem Begriff ideeller Bestechlichkeit bezeichnet werden kann.

Man hat für Stellung und Karriere zu sorgen. Man möchte den Verkehr mit hochgestellten Würdenträgern nicht opfern; ein großer Haushalt fordert vornehme Gäste. Ohnehin bleiben zuweilen kleine Bildungs- und Erziehungsmängel zu vertuschen; nichts bedeckt sie gefälliger als ein dicker Auftrag vorschriftsmäßiger Gesinnung. Das Regiment und Korps des Sohnes, die Freunde und Verwandten des Schwiegersohnes verlangen Rücksichten. Beziehungen dürfen nicht verscherzt werden, Ranges- und Standeserhöhungen bieten frohe Aussicht; und selbst kleinere Befriedigungen des bürgerlichen Ehrgeizes erfordern neben der materiellen Leistung eine einigermaßen zuverlässige Gesinnung.

Gewiß gibt es noch Beispiele eines patrizischen Bewußtseins, das nicht bittet noch empfängt, das, auf eigene Pflichten und Rechte gestützt, es verschmäht, verwechselt zu werden, und auf Gäste verzichtet, die einander in der Haustür die Entstehung des Verkehrs entschuldigend aufklären. Häufiger finden sich diese Beispiele in Städten und Häusern älteren Wohlstandes; dem neuen Reichtum, der in Deutschland zahlreicher ist als in irgendeinem der europäischen Länder, mag es zugute gehalten werden, daß er, erschreckt über den eigenen Aufstieg, nichts für unmöglich hält und weiterzusteigen glaubt da, wo er nur eindringt.

Ludwigs XIV. ränkevolle Klugheit bändigte seinen Adel, indem er ihm ein neues Ziel glaubhaft machte: den Hof. Unbewußt hat unser Feudalsystem dem anstrebenden Bürgertum das gleiche Schicksal bereitet: Für den Preis der Gesinnung wurde ihm ein neuer Aufstieg eröffnet. Die Nachahmung der Feudalgesinnung gelang im Ergebnis besser als im Anblick; denn da ihr die leichte Beimengung von Skepsis fehlt, die dem echten, der Prüfung überhobenen Adel eignet, so schreitet sie etwas zu überzeugt, etwas zu mißtrauisch und etwas zu prächtig einher.

Gleichviel ob man diese Schwächen sittlich ernster oder leichter nimmt; politisch entnerven sie einen Stand, indem sie ihn zum Kostgänger eines andern Standes machen. So besteht in Preußen-Deutschland eine einzige wahrhaft politische Macht: der konservative Feudalismus. Das Volk folgt der Autorität, ursprünglich der feudalen und geistlichen; wo es ihr entfremdet wird, der agitatorischen. Der Sozialismus verfügt über Massen und Interessen, jedoch nicht über eine geistige Weltanschauung. Der organisierte Katholizismus stellt die konfessionellen Interessen über die politischen. Der Feudalismus allein besitzt eine historisch-religiöse Weltanschauung, die sich aufs glücklichste mit seinen politisch-materiellen Interessen vereinigt. Er verfügt über die bestehende Exekutivgewalt, ist verbündet mit dynastischen, militärischen und familiären Mächten und zwingt den mächtigsten Teil des Bürgertums in seine Gefolgschaft.

Das stärkste Argument für das Bestehende ist der Erfolg. Brächte der gegenwärtige Krieg den raschen, unbedingten Erfolg eines vollwertigen Sieges, so wäre die Verwirklichung des deutschen Volksstaates nicht beschleunigt. Und dennoch gibt es keinen Deutschen, der Volk und Heimat liebt und der nicht tausendmal lieber die verschärfte Reaktion von 1815 ertrüge als den kleinsten Abbruch der nationalen Macht und Ehre. Wie aber auch der Weltkampf enden mag: Für die letzten Ziele der Nation, die uns hier befassen, bleibt er Vorbereitung, nicht Entscheidung. Drei Fernwirkungen in die Zukunft dürfen wir indessen erwarten; und vornehmlich einer von ihnen, der dritten, haben wir prüfende Beachtung zuzuwenden.

Zuvörderst. Dies ist das erste wahrhafte Gemeinschaftserlebnis der zum Kern des deutschen Volkes gereiften alten Unterschicht. Die Kriegsheere des neunzehnten Jahrhunderts waren kleine Ausschnitte der Bevölkerung, vorwiegend der ländlichen, des höheren Bürgertums und des Adels. Heute zum ersten Male steht das ganze Volk in Waffen. Und nicht das Heer allein kämpft, leistet und leidet, sondern jede lebende Seele des Landes. Nicht die Augusttage schufen das verschmelzende Ereignis, so herrlich die unermeßliche Begeisterung emporbrach; denn sie war im höchsten Sinne ein Festrausch; ein Blick hinter den Schleier der Zukunft hätte ihn gedämpft, und die wenigen, die sehend waren, standen, nicht kälter zwar, doch ernster zur Seite. Was heute uns einigt, ist nicht so freudenvoll, nicht so schattenlos einhellig, doch von keiner Zukunft und Enttäuschung bedrohbar; es ist die Pflicht und Verantwortung, die unbeirrbar alle Proben bestanden hat. Heute fühlen wir die Einheit des Doppelklangs: der Sorgen und Schmerzen wie der Hoffnung und des Vertrauens. In höherem Maße schafft diese Gemeinschaft des Lebens und Leidens Nationalität, als Herkunft, Sprache, Sitte und Glauben; was unter solchem Druck sich vereinigt, das bleibt gebunden, was sich trennt, das bleibt für immer gesondert. Bis dahin war die Unterschicht ein Bestandteil der Nation und weitaus der größte; von heute ab ist sie ein Glied und weitaus das mächtigste: sofern sie ihrer Verantwortung sich bewußt bleibt. Denn diese Verantwortung des Volkskörpers ist es, die alles entscheidet; können wir sie erwerben und erhalten, so sind und bleiben wir eine Nation und ein Volksstaat; erwerben wir sie nicht, so bleiben wir die beherrschte Schicht eines politischen Bundes. Was immer uns von Unselbständigkeit, von Unreife und unpolitischem Wesen anhaften mag, wird hinweggeläutert, wenn wir begreifen und behalten: Staat und Land sind Res publica, die Sache aller, nicht die Sache von Einzelmenschen, Ständen und Klassen; jeder einzelne ist für diese Sache verantwortlich und haftbar wie für sein Selbst, Weib und Kind, Haus und Herd, Geschlecht und Namen.

Zum zweiten. Die Verminderung des europäischen Wohlstandes, die der Krieg herbeiführt, die Verschiebung des Besitzes und die Erhöhung der Lasten, die ihm folgen, werden allenthalben den Umfang und die Tragfähigkeit des oberen Mittelstandes schmälern. Mag der Reichtum noch so entschieden und bis an die Grenze dessen, was die heutige Wirtschaftsform zuläßt, belastet werden, so wird sich zwar merklich sein Gesamtvermögen, doch nicht in gleichem Maße die Zahl seiner Träger verringern, wenngleich durch teilweise Verarmung und Vermögensbildung ein Wechsel der Personen eintritt. Der Stand der Landwirtschaft wird ungeachtet vorübergehender Betriebserschwerungen kapitalistisch gehoben und der allgemeinen Lage entsprechend von schweren Lasten verschont. Der untere Mittelstand und die Arbeiterschaft werden die gewohnten Existenzbedingungen gegenüber jeder Mehrbelastung im Lohnkampf zurückerobern. Ohne Ersatz bleibt der Stand der Rentenempfänger, Hausbesitzer, mittleren Geschäftsleute; er wird geschwächt, zum Teil proletarisiert, und der herabsinkende Teil der plutokratischen Schicht ist nicht breit genug, um ihn zu ergänzen.

Dieser mittlere Stand aber ist der Träger einer nicht gering zu schätzenden gelehrten, publizistischen und bürokratischen Intelligenz, in jüngerer Zeit auch eine der Quellen, die den Wirtschaftskörper mit wissenschaftlich gebildeten und kommerziell verantwortlichen Oberbeamten versorgen. Der Rückgang eines geistig unentbehrlichen Standes wird nicht nur seinen Gliedern eine dauernd schmerzliche Mahnung bleiben und zugleich einen empfindlichen Ausfall im gesellschaftlichen Organismus hinterlassen: Vor allem muß er zur Erkenntnis führen, daß ebenso wie unser Regierungskörper auch der Behälter unsrer Geistesarbeit auf einer zu schmal geschichteten Grundlage ruht.

Diese Erinnerung aber weist tief hinein in die Fehlerhaftigkeit unsres gesellschaftlichen Aufbaues, der grundsätzlich in urzeitlicher Form die Aufteilung der Verantwortungen an erblich geschichtete Kasten beibehält, gleichviel, ob diese sich quantitativ und qualitativ erschöpfen, während zuunterst die geistig unerprobte Masse des Volkes anschwillt, in der Gleichförmigkeit mechanischer Arbeit sich verbraucht und dem nationalen Dienst und Wesen entfremdet wird. Daß ein lebendiger Körper nur durch das organische Auf- und Absteigen der Kräfte und Säfte sich dauernd innerlich erneuen und erzeugen kann, daß an die Stelle der unorganischen Starrnis das organische Prinzip der Bewegung und des Wachstums treten muß, wird hier zum erstenmal und unbeweisbar dem praktischen Empfinden bewußt werden.

Zum dritten. Der Krieg vernichtet endgültig die Ungebundenheit der Privatwirtschaft und bereitet künftige Formen der Gemeinwirtschaft vor, indem er fühlbar macht, daß Wirtschaftsangelegenheiten eines zivilisierten Staates nicht die Sache des einzelnen, sondern die Sache aller sind.

Bisher war die Einmischung des Staates in den privaten Wirtschaftsbetrieb gering. Sanitäre und soziale Fürsorge geboten die notwendigsten Einschränkungen und Belastungen, Handels- und Aktienrecht sicherten gegen die nächstliegenden Mißbräuche des Verkehrs, einige Regale waren dem freien Betriebe entzogen, Handelsverträge genügten, um den auswärtigen Tauschhandel zu regeln. Im Lichte der Forderung vom freien Spiel der Kräfte betrachtet, waren diese Beeinflussungen fühlbar und vielen unwillkommen. Im Sinne einer rationalen Gemeinwirtschaft waren sie geringfügig und primitiv. Die Beurteilung unsrer unvorbereiteten und dennoch im Entscheidenden glücklich improvisierten Kriegswirtschaft gipfelt häufig in der Klage der Überorganisation und in der Hoffnung auf spätere Entspannung. Überorganisiert sind wir freilich durch manchen ins Kleinliche gezogenen, mit Widersprüchen behafteten Ausbau, denn wir verwechseln leicht unsre stark entwickelte Organisierbarkeit mit Organisationsfähigkeit und tun des Guten zuviel im Verzetteln und Verordnen. Starke organisatorische Kräfte sind bei uns häufig im Eigenbewußtsein, weil jeder im systematischen und schematischen Denken sich geschult fühlt: sie sind höchst selten in der Wirklichkeit, weil der Sinn für das Entscheidende, für die Ausschaltung des Unwesentlichen und für Menschenbeurteilung hohe Sonderbegabung und alte Schulung im Verfügen voraussetzt. Solcher Kräfte werden wir jedoch ernstlich bedürfen; denn wenn auch der Begriff des Umlernens in tausendfachen schulmeisterlichen Abwandlungen mißbraucht wurde: hierin wird er sein Recht behalten, daß wir niemals wieder in die alte Ungebundenheit der Privatwirtschaft zurückgleiten können, die den Nachkommen nicht minder eigennützig naiv erscheinen wird als uns die Praktiken aus der Zeit des Robert Macaire. Diese dritte Fernwirkung des Krieges, die Umstellung des Wirtschaftsbegriffes auf den Satz: Wirtschaft ist Sache aller, bedeutet den ersten merkbaren Schritt ins Reich des Künftigen; er ist wert, daß wir im einzelnen seine Bedingungen und Folgen erörtern.

1. Den mechanisierten Krieg entscheidet die Maschine: Schießzeug und Transportmittel. Die Umstellung der Gesamtindustrie des Landes, das Krieg führen will, auf Rüstungsarbeit wird gefordert. Rüstung bedeutet von nun an nicht mehr Vorrat an Waffen, sondern ein zum Arsenal umgeschaffenes Land, in dem alle Unbewehrten Rüstung schmieden. Rüstung aber besteht aus jedem erdenklichen Stoff, den die Erde erzeugt, und da seine Bestimmung ist, zu vernichten und vernichtet zu werden, so ist sein Ersatz die technische Grundaufgabe des Krieges.

Das Problem der Rüstung wird zu einem Problem der Arbeit und des Materials; der Ernst des Problems wächst zur Schicksalsbedeutung empor, wenn das kämpfende Land von seinen Feinden eingesperrt werden kann.

Es ist somit für den Staat von Bedeutung, dauernd zu beobachten und zu beaufsichtigen, was und wie in seinen Gebieten produziert wird, welche Stoffe zur Verfügung stehen, welche verwendet und welche erzeugt werden. Er dringt in das innerste Gewebe der Produktion, in die Werkstatt des Fabrikanten, in die Rechenkammer des Grundbesitzers, in den Geschäftsraum des Händlers. Er schafft Mobilmachungspläne für den wirtschaftlichen Feldzug, teilt Beamte und Arbeitskräfte zu, er kontrolliert die Arbeitsmethoden, denn es kann ihm nicht gleichgültig sein, ob Raum, Kräfte und Werkzeuge vergeudet werden, er kümmert sich um den Aufwand an fremden Rohstoffen und Hilfsmitteln, die nach Möglichkeit erspart oder ersetzt, wiedergewonnen, vorrätig gehalten und zugeteilt werden müssen. Ein neuer Begriff, der des Rohstoffschutzes, tritt ins Leben, der sich vom bekannten Industrieschutz wesentlich unterscheidet: Der inländische Rohstoff muß bevorzugt und verwendet werden, gleichviel ob es den nackten Rechnungsinteressen entspricht oder nicht, gleichviel ob er in der Gewinnung merklich teurer ist als der ausländische; Betriebsersparnisse, notfalls Beihilfen, müssen den rechnerischen Ausgleich schaffen. Die Elastizität der Betriebe, nämlich ihre Ausdehnungsfähigkeit und Umstellbarkeit im Kriegsfalle, muß dauernd geprüft und gefördert werden; wo die Opfer dieser Forderung gerechtes Maß überschreiten, müssen Subventionen, in letzter Linie Staatsbetriebe eingreifen.

Schon hiermit ist der freiwirtschaftliche Grundsatz durchbrochen, daß es jedem freisteht, sich Geld oder Kredit zu beschaffen, vor dem Notar eine Firma zu errichten und nun nach Belieben über die beschränkte Zahl der verfügbaren Werkzeuge und Arbeitsmittel, über die Arbeitskräfte des Landes, über seine eigenen oder die tauschweise überlassenen fremden Rohstoffe, ja selbst über die Wertbewegung der Valuten nach freiem Ermessen der jeweiligen Konjunktur zu verfügen. Kapital, Arbeitskräfte und Materien sind zwar nicht und werden nicht nach sozialistischem Rezept Eigentum der Gemeinschaft, wohl aber sind sie ihrem Schutze anvertraut.

2. Der wirtschaftliche Nationalismus wird, wenn die Zeit der großen

politischen und ökonomischen Kraftproben vorüber ist, möglicherweise rationaleren Anschauungen weichen. Die Bedeutung dieses Fortschritts soll man nicht überschätzen, denn die Periode der nationalen Überspannung wird – und dies könnte ihre wirtschaftsgeschichtliche Aufgabe werden – vermutlich den Nachweis erbringen, daß bei entsprechender Steigerung der Technik nahezu jeder Boden die seinen Bewohnern unentbehrlichen oder wünschenswerten Erzeugnisse zu wirtschaftlich erträglichen Bedingungen sich abtrotzen läßt. Der Ausgleich des Fehlbetrages wird soweit wie möglich durch Austausch eigener natürlicher Monopolprodukte erzwungen werden. Ausfuhrzölle und Ausfuhrmonopole werden bei Staatsverhandlungen die frühere Bedeutung der Einfuhrzölle gewinnen. Überdies werden große natürliche Wirtschaftsgruppen zu zollverbundener Gemeinwirtschaft sich zusammenschließen. Ein ästhetischer Vorteil wird überdies der uns noch widersinnig erscheinenden Absperrung zufallen: die mechanistische Verähnlichung der Verbrauchsgüter wird aufgehalten; und wie in früheren Zeiten der Reisende sich von Stadt zu Stadt, von Land zu Land an fremden Früchten, Gebäcken, Geräten, Kleidern und Bauten erfreute, so werden die Erzeugnisse eines jeden Landes die ihnen vom Boden zukommenden Eigenheiten zeigen und nicht ein jedes Gut überall zu sehen und zu haben sein.

Wird mithin eine ferne Zeit der Rückkehr zum freien Weltaustausch mit geringerer Bewegung entgegenblicken als wir heute der Abschließung, so haben wir uns mit der Tatsache abzufinden, daß diese nationalistische Scheidung, gleichviel wie lange sie anhält, sich mit steigender Kraft fühlbar machen wird und demnach, wenn auch nur als Übergangsperiode, die herrschende Auffassung vom Privatcharakter der Wirtschaft umgestalten muß.

Die Ursachen der gewaltigen Wirtschaftstrennung, die uns bevorsteht, liegen offensichtlich da.

Der Krieg, wie er auch ausgehen mag, wird keiner einzigen Macht ihre letzten Wünsche stillen, ja nicht einmal einer einzigen ihrer Opfer voll ersetzen. Wohl aber werden zu den alten Haßgefühlen neue, durch Schuldfragen geschärfte, erwachen, denn es gibt heute kein Paar, das in dieser furchtbaren Prüfung auf letzte Eigenschaften einander nichts vorzuwerfen hätte. Der Nationalismus erwacht nicht nur neu auf politischem, sondern vor allem auf wirtschaftlichem Gebiet. Denn jeder wirft dem andern vor, er habe mit seinem Kalbe gepflügt; mit seinen Kapitalien, mit seinen Stoffen, mit den auf seinen Fluren gewonnenen und erhandelten Reichtümern habe er ihn bekämpft. Jeder fühlt, daß einige Jahrzehnte später der kahle Besitz, die brutale Wirtschaftskraft allein, fast ohne kriegerische Beweisführung die Überlegenheit besiegelt hätte; jeder fragt sich: Wie konnten so ungeheure, nie vermutete Vorsprünge der ökonomischen Leistung errungen werden, und jeder antwortet: Ich habe selbst dazu beigetragen. Jeder fühlt, daß er bei gesonderter Wirtschaft manches teurer kaufen, auf manchen Vorteil des Absatzes und Handels verzichten wird; aber der Krieg hat an zwei Dinge gewöhnt: an Verzicht und an große Zahlen, und man will lieber verlieren, als die Gewinne des andern fürchten, die politisch vernichtend werden können. Sollten selbst vertragliche Versprechungen bei Friedensschluß ausgetauscht werden, so gibt es für den Böswilligen keine Begrenzung der Schikane. Sanitäre, technische, verwaltungsmäßige Vorkehrungen stehen einem jeden frei, der Städte, Länder, Häfen, Kanäle, Kohlenstationen dem Freunde offen, dem Feinde verschlossen halten will, und dieser Maßnahmen wird es kaum bedürfen, denn der Haß von Volk zu Volk tut sein Bestes.

So stehen wir vor einer Epoche, die den wirtschaftlichen Nationalismus wo nicht an die Grenze der Binnenwirtschaft der Gruppen, so doch bis zu einer starken Verminderung des internationalen Austausches steigern wird. Da gewinnt die Handels- und Zahlungsbilanz eine Bedeutung, wie sie kaum zur Zeit der ältesten französischen Wirtschaftslehre auf andrer Gedankengrundlage ihr zugesprochen wurde; es entsteht ein neuer Begriff: der Neomerkantilismus.

Auf die Dauer kann kein Land, soweit es nicht Empfänger ausländischer Renten ist, seine Einfuhr anders bezahlen als mit Waren, denn der Gesamtbetrag seiner Umlaufsmittel reicht kaum für die Deckung einer Quartalsrechnung hin. Ausfuhr ist somit weder Selbstzweck noch eine Art von Übermut der Wirtschaft, wie manche glauben, sondern Schuldenzahlung; nicht die Ausfuhr ist das primär bestimmende Element der Wirtschaftsbeziehung, sondern die Einfuhr. Würde aus irgendeinem Grunde die Ausfuhr unterbunden, während die Einfuhr unentbehrlicher Stoffe andauerte, so würde das Land seine Wertschriften und Besitztitel exportieren müssen und somit allmählich die wirtschaftliche Oberhoheit den Fremden ausliefern, das heißt verbluten.

Was gemeinhin bei Verbrauchsaufwand und Bezahlung gilt, das gilt auch hier: Meinen Importverbrauch kann ich bestimmen; die Art der Exportzahlung bestimmt der andre. Es steht ihm frei, mein Güterangebot zu verschmähen, sei es, weil die Art, sei es, weil der Ursprung ihm nicht gefällt, er kann es beliebig entwerten, indem er ihm Zollschranken entgegensetzt, die einseitig den Verkäufer belasten, sofern er nicht Monopolware anzubieten hat. Wirksamer noch als Zollschranken können Schranken der Schikane, der Handels- und Verkehrsbehinderung, ja selbst des nationalen Eigengefühls aufgerichtet werden, indem dieses dazu gebracht wird, unter Preisopfern der einheimischen Erzeugung freiwillig den Vorzug zu geben. Die Entwertung des Zahlungsmittels aber bedeutet Verteuerung des Einkaufs, und da dieser vor allem die unentbehrlichsten Grundprodukte umfaßt, kommt das betroffene Land in die Lage, unökonomischer als andre zu produzieren und somit abermals an Ausfuhrkraft einzubüßen.

Wiederum also, wie vor zweihundert Jahren, richtet sich das Interesse der Volkswirtschaft auf die Handelsbilanz, wenn auch aus verändertem Antrieb. Von der aufgezwungenen Tendenz zur Binnenwirtschaft geleitet, zieht der Neomerkantilismus nicht mehr die Ausfuhr und den Golderwerb, sondern die Einfuhr in den Mittelpunkt der Betrachtung.

Während bis dahin es selbstverständlich schien, daß ein jeder berechtigt sei, im Ausland zu kaufen und einzuführen, was ihm gefiel, kommt jetzt zu Bewußtsein, daß jeder Auslandskauf die Gemeinschaft belastet, daß somit jede importierte Maschine, Perle oder Champagnerflasche nicht nur fremde Arbeitskräfte ernährt und einen Teil des Nationalvermögens opfert, sondern auch die künftige Gemeinschaftsproduktion erschwert, indem diese gezwungen wird, nicht nach eigenem Bedarf und Ermessen zu erzeugen, was ihr angemessen ist, sondern nach fremdem Gutdünken, was sie schuldet und was man ihr abnimmt. Im äußersten Grenzfall könnte es geschehen, daß reiche Leute so viel Luxuswaren einführen, daß an Nahrungsmitteln und Rohstoffen Mangel entsteht; wenn nämlich gerade diese es sind, die das Ausland, gestützt auf die entsprechende Valutenverschiebung, zu entnehmen geneigt ist.

Diese neomerkantilen Erwägungen werden zu dem bestehenden landwirtschaftlichen und industriellen Schutz, zu dem besprochenen Rohstoffschutz noch einen allgemeinen Importschutz verlangen, der sich auf alle irgendwie entbehrlichen oder ersetzbaren Güter, auf alle Produkte, die sich in leidlichen Surrogaten im Inland wiederholen lassen, vor allem aber auf sämtliche Luxuserzeugnisse erstreckt.

Wir haben vorhin auf einen ästhetischen Nutzen der angenäherten Binnenwirtschaft hingewiesen; hier entsteht, zunächst für eine Übergangszeit, ein bemerklicher ästhetischer Schaden. Ist schon jetzt die mechanisierte Ausbildung der künstlichen Verbrauchsgüter, mit Ausnahme der technischen, traurig genug in ihrer Erscheinung, aus Gründen, die wir wiederholt dargelegt haben, so wird eine Wirtschaft der Verbilligungen, der Surrogatwaren, der täuschungslustigen Nachahmungen entstehen, die der anspruchslos verzichtenden Naivität der vergleichbaren Biedermeierzeit entbehren wird. Auch hier bedarf es des Vertrauens zum guten menschlichen Willen und zum gesunden nationalen Empfinden, um in allmählicher Anpassung aus der Not eine Tugend von neuer Tönung und Charakteristik zu erhoffen.

So geht aus dem Begriff der nationalen Wirtschaftssonderung eine zweite Durchbrechung des privatwirtschaftlichen Prinzips hervor.

3. Keine Nachwirkung des Krieges, jede mögliche politische Verschiebung eingeschlossen, wird an Bedeutung der inneren Vermögensumschichtung und der zeitweiligen Verarmung der europäischen Länder gleichkommen. Von den gesellschaftlichen Folgen haben wir gesprochen; das wirtschaftliche Problem der Kapitalneubildung, das erschwert ist durch die Entstehung eines Staatsrentnerstammes, durch den Verlust an Arbeitskräften und Intelligenzen, durch kommende Belastungen des Verkehrs und erhöhte innere Reibung, tritt uns neu entgegen.

Die Notwendigkeit längerer und strengerer Arbeitsanspannung ergibt sich von selbst, doch sind ihr Grenzen gesetzt. Bedeutsamer und wünschenswerter sind Erhöhungen des Nutzeffekts in der Ausnutzung der Arbeitskräfte, der Rohstoffe, der Werkzeuge, der Wirtschaftsmethoden und der Kapitalien. Diese Fragen, mit unvollkommenem Einschluß der letzten, waren bislang dem Erwerbstrieb und der freien Konkurrenz anheimgegeben; sie durften es bleiben, solange die Zunahme des Wohlstandes jeden gestellten Anspruch übertraf. Da nun, weit mehr als zuvor, die nationale Macht von materieller Rüstung, das Maß der Rüstung ohne Rücksicht auf zeitweiligen Wohlstand, von der kriegserprobten Konkurrenz der Mächte abhängig geworden ist, hat die Wiederherstellung und Mehrung des nationalen Reichtums politische, von der Staatsgemeinschaft zu verantwortende Bedeutung gewonnen.

Die Einwirkung des Staates wird da einzusetzen haben, wo entweder unter besonderer Gunst der Verhältnisse die freie Konkurrenz letzte Anspannungen bisher nicht erforderte oder wo die Kraft des einzelnen nicht ausreicht, um den Wirtschaftskreis umzugestalten, oder wo das zeitweilige Interesse des Individuums dem dauernden Interesse der Gemeinschaft zuwiderläuft.

Das Nächstliegende ist, daß technische und landwirtschaftliche Betriebe auf ihre Wirtschaftlichkeit geprüft werden. Veraltete, Kraft, Stoff und Arbeit vergeudende Einrichtungen können erneuert oder, falls dies nicht lohnt, Betriebe geschlossen und zusammengelegt werden. Krafterzeugungen werden zentralisiert. Syndikate werden unter Aufsicht gestellt. Soweit sie dazu dienten, zersplitterten, schlecht gelegenen oder unvorteilhaft verwalteten Betrieben zur Last des Verbrauchers eine künstliche Lebensfähigkeit zu erhalten, können sie dazu angehalten werden, mangelhafte Werke stillzulegen. Für sparsamen Rohstoffverbrauch und jede mögliche Wiedergewinnung können Berufsvereinigungen haftbar gemacht, Kleinbetriebe, denen es an vervollkommneten Arbeitseinrichtungen mangelt, können zu Genossenschaften vereinigt werden.

Bedeutungsvoller und schwieriger als die Ausgestaltung der Einzelwirtschaften ist die wirkungssteigernde Ausbildung der wirtschaftlichen Gesamtmethoden und Gebräuche, die tief in die Gewohnheiten der Verbraucher eingreifen.

An sich ist es gleichgültig, ob eine Zigarre oder Haarnadel auf dem Wege vom Erzeuger zum Verbraucher sich um einen Teil oder ein Mehrfaches ihres Wertes verteuert; selbst bei einem Gewebzeug ist dies nicht wichtig, sofern es sich nicht um den unentbehrlichen Bedarf der Armen handelt; bei Luxuswaren ist es eher wünschenswert, wenn ihr Verbrauch sich durch Teuerung einschränkt. Wesentlich aber im Gemeinschaftsinteresse ist es, daß nicht Hunderttausende von Händen und Köpfen mißbraucht werden, um durch Warten, Anpreisen, Sortieren, Reisen, Überlisten und Überreden den Gang der Ware zu begleiten; daß nicht in ungezählten Groß- und Klein- und Zwischenlägern Milliarden des Nationalvermögens sich zinslos und nutzlos stauen. Vielleicht würde etwas weniger Tabak verbrannt, wenn nicht an jeder Straßenecke zwei schwach beschäftigte Beamte in zinsfressenden Lägern und Ladeneinrichtungen auf einem Boden, der vom Mietpreis jährlich mit Silber neu gepflastert werden könnte, auf Käufer warten; vielleicht würde weniger Seife und Schreibpapier verkauft, wenn der Kunde zweihundert Schritt weiter zu laufen hätte; vielleicht würde der Kleinhandel in Wirkwaren anstrengender sein, wenn die Besitzerin zweimal im Jahr ein Sammellager aufsuchen müßte, statt zweimal in der Woche von einem beredten Reisenden begrüßt zu werden. Es ist möglich, daß Damen es beklagen würden, wenn jährlich einige Zehntausende neuer Stoffmuster weniger auf dem Markt erschienen, von denen die Hälfte, vom Publikum abgelehnt, verschleudert werden muß und den normalen Konsum mit ihren Kosten belastet. Es ist möglich, daß der organisierte Reklamewettkampf völlig gleichwertiger Verbrauchsartikel die Millionenaufwände durch eine mäßige Absatzsteigerung lohnt: doch alle diese Fragen betreffen die Interessen einzelner, nicht der Gesamtheit. Für sie kommt allein die Rettung und Ersparnis nationaler Arbeitskräfte und Kapitalien in Betracht, sie wird zu erwägen haben, ob durch Genossenschaften von Erzeugern, Händlern und Verbrauchern, durch Vereinbarungen über Musterbeschränkung, Gemeinschaftsläger, Kreditnormalisierung, durch Rationierung der Kleinverkaufsstellen und Festlegung der Zwischenarbeit wie der Zwischengewinne die Handelsmethoden und Gebräuche des Landes umzugestalten sind, um ungezählte Arbeitskräfte produktiv zu machen, Lageransammlungen, Warenverderb und Verteuerung zu vermeiden.

Das Verfügungsrecht der Gemeinschaft über die Arbeitskräfte des Landes kann ausgedehnt werden. Heute steht es jedem Wohlhabenden frei, arbeitslos zu bleiben, somit von der Gemeinschaft ohne andre Gegenleistung als die Darleihung seiner Mittel sich ernähren zu lassen, es steht ihm frei, ohne Begabung und Leistung einen der freien Berufe zu ergreifen und unter Anspruch einer gehobenen gesellschaftlichen Stellung ein nicht einmal durch Betrachtung gerechtfertigtes müßiges Leben zu führen; ja mehr als das, es darf ein jeder beliebige Mengen von Arbeitskräften dem Lande entnehmen und, sofern er sie bezahlt, für jeden ihm geeignet scheinenden Wirtschaftsbetrieb, gleichviel ob er nötig oder überflüssig ist, verwenden; er darf, wenn er sich gebührend bereichert hat, eine ebenso beliebige Arbeiterzahl zu seiner persönlichen Bedienung in Anspruch nehmen und der Landesproduktion entziehen. Wenn die Not es fordert, werden auch diese Gebräuche zu erörtern und zu beschränken sein.

Ohne Aufschub jedoch sind Mißstände abzustellen, die die Freizügigkeit des Kapitals betreffen. Mit diesem Begriff soll das Recht bezeichnet werden, das heute jedem zusteht, seinen Teil am Nationalvermögen nach freiem Ermessen im Inlande oder im Auslande anzulegen. Dieses Recht führt dazu, daß Private, Kreditinstitute oder andre Erwerbsgesellschaften je nach Lage des Kapitalmarktes Wertschriften des In- und Auslandes nach freiem Ermessen feilbieten ohne andre Kontrolle als die einer ausreichend erscheinenden Sicherheit oder einer oberflächlichen politischen Prüfung hinsichtlich der Beziehungen zum leihenden Auslandsstaat. Gewährte dieser Staat einige industrielle Aufträge, so bedachte man nicht, daß der Gewinn den Erwerbspreis nur um ein Geringes verbilligte, und nahm es gerne hin, daß der Empfänger mit dem Ertrage des Leihkapitals eine Wirtschaft begründete, die fremde Arbeiter und Beamte ernährte und fremde Produktionen befruchtete. Man war zufrieden, daß das der heimischen Wirtschaft entzogene Kapital sich um einen Bruchteil höher als landesüblich verzinste.

Die Sorge um die Neubildung des Kapitals wird zu der Erwägung führen, daß nicht das Zinsangebot allein über Investitionen entscheiden darf. Auch im Inland ist das gemeinwirtschaftliche Bedürfnis zu prüfen, das im allgemeinen, doch nicht in jedem Einzelfall seinen Maßstab in der Rente findet – sonst wäre eine Spielbank eines der dringendsten Wirtschaftsbedürfnisse –; Kapitalausfuhr jedoch sollte niemals eine Frage des Zinsfußes, sondern der entschiedensten politischen und ökonomischen Gegenleistung sein und nur im Ausnahmefall bewilligt und von den politischen Behörden genehmigt werden. An die Stelle der Freizügigkeit des Kapitals tritt der Schutz.

4. Die Umschichtung der Vermögen als Folge der Kriegswirtschaft

findet ihren Ausdruck im Wachstum der Staatsschuld. Beträge in der Höhe der früheren jährlichen Nationalersparnis sind von der Gesamtheit aufzubringen und an Rentenempfänger abzuliefern, die freilich auch ihrerseits mit einem Anteil an der Aufbringung beteiligt sind. Mit andern Worten: Der Gesamtertrag der Ersparnis fließt durch die Hände des Staates zum Zweck neuer Aufteilung.

Daß die Aufbringung solcher Beträge nicht mit alten Mitteln erreicht werden kann, liegt auf der Hand. Gleichviel ob der Weg der teilweisen Vermögenseinziehung, der Erbschaftsteuer, der Monopole, der Rentensteuer, der Verkehrs- und Produktionsbelastung oder der Summe dieser Finanzmittel beschritten wird: der Vermögensbegriff kommt ins Wanken. Es festigt sich die Vorstellung, daß der Staat nicht als Kostgänger der Privaten mit einem notdürftigen Zehnten abzufinden ist, sondern daß er nach freiem Bedarf über Besitz und Einkommen seiner Glieder verfügt. Wird überdies im Falle einer Vermögenskonfiskation oder einer Monopolwirtschaft der Staat Eigentümer und Verwalter ungezählter wirtschaftlicher Einzelinteressen, die er, soweit es ihm gutdünkt, auf halbstaatliche oder gemischtwirtschaftliche Institute abwälzen mag, so ist die letzte der Schranken gefallen, welche die Privatwirtschaft als scheinbare Sache des einzelnen von der staatlichen Sache der Gemeinschaft schieden, und gleichwie alles materielle Schaffen schlechthin, wird Wirtschaft erkennbar als mittelbare oder unmittelbare Staatshandlung.

Von der Dauer und Beendigungsform des Krieges allein wird es abhängen, in welchem Zeitmaß und Umfang die Gestaltungen, die wir betrachtet haben, sich verwirklichen werden. Wir gingen davon aus, daß sie nur als vorbereitende Erscheinungen zu würdigen sind; denn ein zeitliches Ereignis, mag es noch so gewaltige Ausmessungen gewinnen, kann vorbereitend, beschleunigend, auslösend wirken; das menschliche Herz vermag es nicht zu wandeln. Die großen Schritte der Menschheit aber werden von den Wandlungen innerster Gesinnung bestimmt, nach Bewegungen letzter Gesetze. Wenn es überhaupt eine vom Willen bewegte Macht gibt, die in diese Tiefen dringt, so ist es die Erkenntnis. Und ist auch dieses Täuschung: so daß in Wahrheit die Erkenntnis nichts bewegen kann, sondern nur als begleitende Harmonie der gesetzten Urbewegung folgt, so bleibt unsre Pflicht unverändert, die Klarheit der Erkenntnis zu suchen,

mit der gleichen Freiheit und Verantwortlichkeit im harmonischen Verbande, als wäre unsre Stimme die führende Melodie.
Nehmen wir also die Folgen des Krieges, so hart oder leicht sie werden mögen, als vorbereitende Erscheinungen hin, so bleibt ihre Tendenz, die auf übermächtiges Erstarken des Staates gegenüber dem Individualwillen zielt, eine solche, die mit erneutem Nachdruck das Werden des Volksstaates fordert. Denn solche Machtfülle einerseits, solche Hingabe anderseits kann nicht von Klasse zu Klasse, sondern nur vom Volk zu sich selbst verlangt und gewährt werden. Es wäre das schwerste Unrecht und die ungeheuerste Verantwortung, wenn nach orientalischer Art erbliche Kasten die Vormundschaft gottähnlicher Macht sich anmaßten und namens der Gottheit Opfer verlangten, die der Priester verzehrt.
Wir haben den Volksstaat als zeitliche und unabweisbare Forderung Deutschlands an sich selbst erkannt und durchleuchtet. Wir haben die politischen Eigenschaften der Deutschen geprüft und vor allem dic hemmenden beachtet. Wir haben die einleitenden und in die Ferne weisenden Folgen des Krieges erörtert, und empfunden, wie das Ruhende in Bewegung gerät. Ehe wir nun den letzten Teil unsrer politischen Aufgabe antreten, die Erwägung der Entschlüsse und Maßnahmen zur Verwirklichung des Zieles, haben wir die seltsame Bemerkung vorauszuschicken und zu begründen, daß diese letzte, durchaus praktische Erwägung trotz ihrer scheinbaren Eindeutigkeit keineswegs die entscheidende ist; ja wir werden einen Schritt weitergehen und versuchen, eine Anzahl der ältesten und volkstümlichsten politischen Grundbegriffe zu Fall zu bringen.
Wenn jemand einen Wald aufzuforsten hat, so wird er eine gesunde Lage und geeigneten Boden wählen. Den örtlichen Verhältnissen wird er die Baumart anpassen und weder Oliven noch Zypressen in der Mark anpflanzen. Ein geschultes Forstpersonal wird für die Abwehr von Schädlingen, für den Schutz der Schonung und geeigneten Umtrieb sorgen. Das übrige wird er Licht und Sonne, Regen und Frost anheimgeben, und ohne in den Kampf der Pflanzen und Insekten, der Stämme und Kronen einzugreifen, wird er für Kinder und Enkel das Laubdach sich breiten sehen. Wenn jemand eine Anzahl von Wirtschaftsunternehmungen zu verantworten hat, so wird er ihnen die Grundlagen ebnen, ihre Ziele stecken, ihnen die Grundsätze ein-

prägen, die ihm wichtig scheinen, Sparsamkeit oder Ausdehnungslust, Intensität oder Vielseitigkeit, doch wird er nicht ohne zwingende Not in die Verzweigungen des Organisationsausbaues eingreifen, den seine berufenen Verwalter schaffen.

Wiederholt haben wir von der Atmosphäre des Staates im Gegensatz zu seinen starren Einrichtungen gesprochen. Diese Atmosphäre nährt sich von den Willensimpulsen, Überzeugungen, Wertungen und Haltungen der Völker, unter ihrem Druck sterben ungemäße Einrichtungen und Gesetze ab, andre werden mit neuem Inhalt erfüllt, andre erwachsen. Sie selbst aber stammt nicht aus Einrichtungen, wenn sie auch eine Zeitlang von Einrichtungen gehemmt und verdüstert werden kann. Es ist falsch zu glauben, daß Einrichtungen von eindeutiger Notwendigkeit sind; ein Unternehmen verliert seinen schöpferischen Leiter: unter seinem Nachfolger schlägt es neue Richtungen ein; der Sturm fällt den Hauptast eines Baumes; der Nebenast begrünt sich stärker und wird zum Hauptast; ein Staat wird im Kriege besiegt und gewinnt neue Aufgaben und Bildungen. Voraussetzung ist Lebenskraft und Umwelt, bestimmend ist Bewußtseinsinhalt und Wille, vieldeutig, doch stets zum Schicksalsziele führend ist Bau und Wachstum.

Deshalb ist es irrig, scheinbare Grundformen der Verfassung als primär entscheidende Erscheinungen hinzustellen: Aristokratie und Demokratie, Parlamentarismus und Absolutismus. Wenn jemand mich fragt, ob ich Demokrat oder Absolutist sei, so kommt es mir vor, als ob er im Sinne der Scholastik mich auf Nominalismus oder Realismus prüft; ich kann nur das vedische »nein, nein!« ihm entgegenrufen. Eine radikale Demokratie kann sich als versteckter Absolutismus oder plutokratische Oligarchie enthüllen, ein absolutes Staatswesen als leicht überdeckte zügellose Herrschaft des Haufens. Jede dieser Kategorien, auf reinste Form gebracht, wird vollkommen sinnlos: Niemals kann ein einzelner alle Macht haben, er sei denn unendlich; niemals kann ein Demos eigentlich regieren, er höre denn auf, Demos zu sein. Die Institutionen zivilisierter Staaten, mögen sie verschiedene Namen und äußere Formen tragen, sind in der Zusammensetzung ihrer verwickelten Gleichgewichte ähnlicher, als man vermutet, weit verschiedener ist der Geist, der sie erfüllt. Im allgemeinen reifen sie, indem sie sich von ihren Ursprüngen hinwegbegeben: die Republiken, indem sie konservativ werden, die Monarchien, indem sie sich liberalisieren.

Wenn das Gewissen des deutschen Volkes es wollte, so würde ohne Änderung einer Zeile des geschriebenen Rechts – einschließlich des preußischen Wahlrechts – jeder Wunsch des werdenden Volksstaates erfüllt. Denn dränge der Ruf nach Verantwortung und Freiheit, der diese Schrift erfüllt, durch tausend hellere Stimmen erhöht und gekräftigt in die Seelen der Deutschen, so würde allen materiellen Sonderinteressen zum Trotz alles parteiliche Denken so stark ergriffen, daß unabhängig von aller Geometrie und Arithmetik der Wahlen die rechten Männer gefunden und die rechten Gedanken verwirklicht würden. Die Parteien wären eben dann nicht mehr, was sie heute sind: Interessenprogramme mit phraseologischer Entschuldigung, sondern die natürlichen Gegensätze des Wie auf dem gemeinsamen Boden des Was.

Indem ich unbedenklich dem trägen Bekenntnis zum Bestehenden dieses starke Argument überliefere, gedenke ich um so vertrauensvoller der Jugendkraft unsres neugemischten und neuerprobten Volkes, dem es zwar auf den Wein ankommen wird und nicht auf die Schläuche und das dennoch einige der verbrauchten erneuern wird, damit nicht zu viel des Geistigen ungenossen verrauche. Deshalb hinweg mit den gefürchteten Gespenstern der Demokratie und des Parlamentarismus, der Oligarchie und des Absolutismus!

Auch der strengste Absolutismus ist Demokratie, wenngleich in gefälschten Formen. Der absolute Dynast hat das Recht und die Macht, jeden Teil seines Volkes, auf den sein Blick sich gerade richtet, zu zertreten und zu vernichten. Jedoch der unzertretene Teil – und alle zertreten kann er nicht – beherrscht ihn selbst und herrscht durch ihn, wenn auch unter Wahrung byzantinischer Formen. Absolutismus ist Volksherrschaft eines Volksteils über den andern, und diese Partialdemokratie stuft sich ab bis zu der feudalen oder plutokratischen Vorherrschaft konstitutioneller Monarchien. Man wende nicht ein, daß die Person des Dynasten gewissermaßen ein Drittes, eine selbständig auftretende Singularmacht sei. Kaum an den großen Wendepunkten von Krieg und Frieden kann die Person eine solche freie Schicksalsmacht zum Glück oder Verhängnis entfalten; der Bau des neuzeitlichen Staates ist so unendlich verzweigt, daß jene dritte Macht zur dauernden Wirksamkeit nicht gelangen kann, auch wenn sie die kontinuierliche Genialität der Unabhängigkeit in sich trüge. Vor Zeiten konnte der Dynast die dritte Politik, etwa die der Hausmacht oder der Kirche oder eines Fremdstaates oder der gutsväterlichen Erziehung, verkörpern; heute herrscht durch ihn hindurch ein Volksteil über den andern. Einer Oligarchie geht es nicht besser; auch sie kann ihren Plutokratismus nur durch Gefolgschaft zur Geltung bringen; ein von ihr beherrschter, in Wahrheit sie beherrschender Volksteil muß hinter ihr stehen, damit die Restmasse geknechtet werden kann.

Ebenso ist Demokratie als reiner Begriff unmöglich, es sei denn in jenen seltenen und kurzen Zeiten des Überganges, in denen ein Pöbel, und zwar ein sehr oligarchischer, das Volk beherrscht, während für eine Spanne die herkömmliche Autorität unsichtbar wird. Gibt es überhaupt geordnete Formen der Regierung – und ohne sie könnte heute ein zivilisierter Staat nicht länger als wenige Monate auskommen –, so kann niemals das Volk diese Regierung ausüben. Es bleibt ihm nichts übrig, als seine Mächte zu übertragen, nämlich an Vertrauensleute, und so eine jeweilige Oligarchie und Absolutie zu schaffen, der es doch wohl oder übel die stärksten Rechte gegen sich selbst einräumen muß. Und nun erheben sich vielfach jene Mißstände, die uns Deutschen als eigentlich demokratisch erscheinen und unsre große Abneigung gegen diesen Scheinbegriff erwecken. Das Volk kann, sooft es will, seine Vertrauensmänner in ihrer Berufsarbeit stören, sie durch unsachliche Kontrollen ermüden, sie zur Unzeit abberufen, unfähige Lieblinge mit Ämtern betrauen. Der Kampf um die Macht beginnt und wird zügellos. Lärmende Wahlkampagnen setzen ein, Bestechung der Wähler wird geübt und aus der Korruption der Ämter bezahlt; der Schwätzer und Schreier, der Abenteurer und der Krösus, Advokaten, Journalisten, Spekulanten und Generale balgen sich um die Macht und das Geld. Daß diese Dinge mit veränderten Namen auch in Monarchien sich abspielen können: als Ministervergeudung, Dilettantismus, Regierungsstörung, Intrige, Kriecherei, Bluff, Bestechung, Kamarilla, Militärherrschaft, Klassenjustiz, und wie sonst die Gegenstücke heißen mögen, dies berührt uns nicht. Es berührt uns nicht, daß auserlesene Dynasten diese Verbrechen in gewissen Grenzen zügeln können, daß gute Demokratien, wie etwa die der Schweiz, der Niederlande, des schwedischen Reichs, der Hansestädte und vieler deutscher Kommunalverwaltungen sie niederhalten. Diese Dinge haben nicht mit der Form, sondern mit dem Wesen zu tun, sie sind Geisteszüge der Völker, denen sie entspringen. Was uns betrifft, ist dies: Auch die Demokratie ist nicht Herrschaft des Volkes, sondern die Beherrschung eines Volksteiles durch den andern; meist des ländlichen durch den städtischen, des permanent armen durch den permanent reichen, des ungebildeten durch den halbgebildeten oder zivilisierten.

Die anscheinend so tiefgreifenden Gegensätze der Verfassungsform dringen also nicht ins Innerste. Sie haben sehr ähnliche Lasten und Tugenden, sie haben sehr verschiedene Formeln und Riten; sie sind in guten und schlechten, kraftvollen und schwachen Vorbildern wirksam: aber sie sind an sich darin gleich, daß sie das Volk in herrschende und beherrschte Massen spalten.

Da nun neue Vorstellungen sich deutlicher einprägen, wenn sie an einen neuen Klang gebunden werden, so mag der Begriff der Organokratie den Anspruch ausdrücken, den der Volksstaat an sein Verfassungsgebilde, gleichviel ob es dynastische oder demokratische Außenformen trägt, zu stellen hat; wobei doch niemals vergessen werden soll, daß auch im Lichte dieses Begriffes nicht der Buchstabe entscheidet, sondern der Volksgeist.

Der Begriff aber bedeutet, daß überhaupt kein Ruhezustand beherrschter und herrschender Massen eintreten darf, sondern daß das organisch bewegte Leben im Auf- und Abstieg der Geister und Kräfte herrscht. Jedes Glied der Nation ist aufgerufen zu Herrschaft und Dienst, Verantwortung und Leistung. Nirgends darf der Geist versumpfen und nirgends verschmachten. Jeder zureichenden Kraft muß ihr Anspruch auf Bildung und angemessene Arbeit gewährt sein; es herrscht nicht Gleichheit der Rechte und Pflichten, sondern Gleichheit des Zutritts; es besteht kein gemeiner Anspruch auf Auserwählung, wohl aber auf Berufung. Das Volk herrscht nicht und regiert nicht, doch bildet es den stets sich erneuenden Urstoff der Herrschenden und Regierenden, mit Ausnahme der Monarchie, die losgelöst und erblich für sich allein steht, auch wenn es ihr nicht verwehrt sein sollte, ihren Stamm durch gesundes Volksblut zu erneuen. Immer werden erbliche Vorzüge erhalten bleiben, denn Gesinnungen, Erfahrungen, Bildung und Begabung können sich vererben; doch um wirksam zu sein, bedürfen sie des Beweises; aus Abstammung allein dürfen ebensowenig erbliche Tugenden und Veranlagungen wie Laster und Entartungen gefolgert werden. Volksbildung und Erziehung wird schlechthin die höchste aller inneren Aufgaben, die sorgsamste Auslese und Fortbildung jeglicher Begabung zur Grundlage aller sozialen Arbeit. Religion und Kult genießen die Unterstützung des Staates, jedoch unter freier Entwicklung ihrer Lehren; niemandem steht das Recht zu, die seelischen Güter der Nation im gemeinen Interesse ständischer oder gesellschaftlicher Abhängigkeiten zu mißbrauchen.

Der Einwand des Utopismus, der an dieser Stelle mit Sicherheit zu erwarten steht, kann dialektisch niemals widerlegt werden. Wer im Leben gewohnt ist, Entschlüsse zu fassen und durchzuführen, die der Kritik und Voraussage unterworfen sind, weiß, daß dem hoffnungsvollen Gedanken stets das unerbittlichste »Unmöglich« entgegengehalten wurde. »Uferlose Pläne«, »weites Feld«, »großzügig gedacht, aber unrealisierbar« sind die Stichworte aller unproduktiven Einwendungen und haben manchen Entschluß getötet. Nur möge man sich fragen, unter welcher Gefühlstönung des Vernehmens denn überhaupt Starkes und Gutes in die Welt treten kann. Unter Zustimmung niemals, denn jeder stimmt nur dem zu, was ihm geläufig ist; was aber als Forderung geläufig ist, das ist falsch, denn wäre es das nicht, so wäre es ja durch die übereinstimmende Meinung längst verwirklicht. So sind denn jene geringschätzenden Ausrufungen stets der Gruß der Welt an das Gute gewesen, und jeder, der es brachte, hat ihn erfahren; was nicht diesen Gruß empfängt, das kann nichts taugen.

Auch ich weiß, daß dieser Satz nicht umkehrbar ist; es gibt Dinge, die uferlos erscheinen und es auch sind. Doch bleibt es von Wert, wo innere Gewißheit spricht und Beweise versagen, die Zuversicht zu rechtfertigen, die aus einigen Erfahrungen die Kraft nimmt, nicht gleich beim ersten Weheruf »Utopien!« in die Knie zu brechen.

Beweisen freilich läßt sich die Möglichkeit nicht, einen Staatsaufbau zu schaffen, der als ein lebendiger Organismus seine edelsten Kräfte aus allen Schichten des Volkskörpers zieht und sich die Aufgabe stellt aus sechzig Millionen Menschen jederzeit ein Aufgebot von Genialitäten, Begabungen und Charakteren zu erzeugen, das die napoleonischen Ernten verdunkelt; einen Aufbau, der unbeschadet der Verschiedenheiten menschlicher Anlagen und Pflichten nur freie, ihr Schicksal selbst bestimmende Menschen umfaßt. Beweise gibt es nicht, doch Analogien. Von allen großen und blühenden, sich selbst organisch erneuenden Menschheitsgebilden greife ich ein deutsches heraus: die preußische Armee.

Daß der berufliche Eintritt in diesen Organismus nicht jedem freisteht, ist bekannt und kommt hier nicht in Betracht; hier handelt es sich um den Vorgang der freien und selbsttätigen Auslese vom Leutnant bis zum Generalstabsoffizier, Regimentskommandeur und Brigadier; oberhalb dieser Grenze setzen andre Prinzipien der Selektion ein, die nicht zur Erörterung stehen. Der Weg der Prüfungen und Beobachtungen, das System der kriegsakademischen, praktischen und stabsmäßigen Ausbildung ist bekannt; nie ist in Zweifel gezogen worden, daß diese Formung aus Zehntausenden von Kräften fast restlos die stärksten zu entscheidenden Verantwortungen emporleitet, die ungeeigneten aussondert und die mittleren zu normalen Aufgaben anhält. Da das feudale Prinzip bei der ersten Auswahl der Zuzulassenden sich bereits hemmungslos betätigen konnte und somit die Normalisierung der Gesinnung den ganzen Körper umfaßt, scheidet innerhalb des Selektionsvorganges selbst jede Standesrücksicht aus, die Auslese ist mithin, so erstaunlich dies klingen mag, eine demokratische, nicht in dem abwegigen Sinne, daß der Aufstieg durch Majoritätswahlen erfolgt, sondern derart, daß eine durch keinerlei Standesvorrechte bestimmte Vorgesetztenschicht aus einer gleichartigen Subalternschicht sich ständig nach pflichtmäßiger Auswahl ergänzt und erneut, und zwar, was entscheidend ist, ohne Eingriff von außen, ohne Monopol der Anciennität noch Beschränkung der Konkurrenz der einmal zugelassenen Zehntausende. Selbst den beiden unmilitärischen Königen, dem zweiten und vierten Friedrich Wilhelm, ist es nicht widerfahren, daß der Geist der Armee erschüttert wurde; der Körper ist so gesund, die Methode so vollkommen, daß selbst unter gebrochener Spitze das organische Wachstum fortlebt.

Diese kurze kritische Betrachtung politischer Grundbegriffe darf nicht geschlossen werden ohne einen Hinblick auf das Wesen des Parlamentarismus; denn trotz aller berechtigt wachsenden Abneigung gegen die Volksvertretungen aller Staaten wird ihnen eine neue und bedeutende Aufgabe erwachsen.

Ursprünglich ständische Versammlungen, die Lasten und Auflagen bewilligten und verteilten, sind sie auf dem Wege der Substitution des Grundes zu gesetzgebenden, in parlamentarischen Staaten zu regierenden Körperschaften geworden. Aus der Ursprungszeit ihrer ständischen und örtlichen Interessenvertretung haftet ihnen zumeist noch der völlig sinnlos und schädlich gewordene Modus der Bezirkswahlen an, der die Minoritäten vernichtet, das Land in zahlreiche, falsch abbildende Atome zersplittert und den Wahlakt verderbt. Die vorgestellte Wirkung der Parlamente äußert sich in der Übertragung der Mächte; das Volk überträgt die gesetzgebende Gewalt, soweit sie ihm zusteht, auf eine Versammlung, die Versammlung überträgt im Falle des parlamentarischen Systems die Exekutivgewalt einem Ausschuß. In Gedanken wird die gesetzgebende Macht von der exekutiven streng gesondert; in Wirklichkeit sind sie nicht zu trennen, denn im wesentlichen geht die Gesetzgebung von der Regierung aus, während die Volksvertretung dauernd in Form der Kontrolle und Bewilligung sich in die Geschäfte der Exekutive mischt. In beiden Fällen steht den Parlamenten die Kritik und Hemmung zu; vorwiegend verschlechtern sie die Gesetzentwürfe und stören die Verwaltung.

Dennoch sind sie unentbehrlich. Der eine, mechanische Grund liegt auf der Hand: Sie erzwingen Öffentlichkeit und Kontrolle der Vorgänge und sichern eine gewisse äußere Übereinstimmung mit einem starken Teil der öffentlichen Meinung. Diese Wirkung ist notwendig, könnte aber auch mit andern und einfacheren Mitteln erreicht werden. Den wahren Grund der Unentbehrlichkeit erkennen wir, wenn wir absehend von aller theoretischen Phraseologie die praktische Wirkungsweise der Volksvertretungen beobachten und vornehmlich die Beispiele parlamentarischer Staaten im Auge behalten.

Gedacht sind die Parlamente als Organe der Beratung: Das Volk im verkleinerten Abbild und Auszug bearbeitet seine Geschäfte. Dies ist in Wirklichkeit nie und nirgends der Fall. Die Miniatur des Volkes ist vorhanden, und zwar in der Form eines mehr oder minder verzerrten arithmetischen Abbildes. Dieses Zahlenbild grob skizzierter Interessen verdichtet sich zu Majoritäten und bildet so eine Art primitiven Filters, von dem angenommen wird, daß es etwa diejenigen Vorlagen durchläßt, die dem jeweiligen Willen und Interesse der Volksmajorität entsprechen. Auch dies ist eine Fiktion, denn das Volk nimmt an den Vorlagen in der Regel geringen Anteil, Parlamentsauflösungen und Neuwahlen ergeben häufig ein verändertes Bild, und die Mehrheit des Parlaments deckt sich in ihrer Zusammensetzung selten mit der Mehrheit des Volkes, sofern von einer solchen in konkreten Fragen überhaupt gesprochen werden kann.

Ein gewisses arithmetisches Abbild ist also vorhanden, mag es auch kein zutreffendes sein, und dieses Abbild wirkt durch Abstimmung. Jedoch es berät und bearbeitet nicht.

Das Parlament redet. Die Rede ist Empfehlung oder Protest, Kritik, Begründung oder Theorie, doch ist sie nicht bestimmt, im Hause jemand zu überzeugen; sie ist als politische Kundgebung gedacht und soll auf die Regierung, die Öffentlichkeit oder den Wahlkreis wirken. Ausnahmen kommen in romanischen Ländern, bei uns in Augenblikken hoher Erregung vor, wenn Stimmung die Überlegung bewältigt. Wenn nun das Parlament weder berät noch arbeitet, sondern redet und abstimmt: Wie kommt parlamentarische Arbeit zustande? Durch drei halboffizielle Organisationen: die Partei, die Fraktion, die Ausschüsse. In parlamentarisch verwalteten Staaten führt der vornehmste und permanente Ausschuß als Kabinett die Regierung; in halbparlamentarischer Verfassung verhandeln die Ausschüsse mit der Regierung und in sich selbst, soweit nicht die Parteiführer in persönlicher Absprache die Geschäfte erledigen.

Das Parlament ist somit nicht solidarische Vertretung und Beratungsstätte des Volkes, sondern die Börse der Parteien, sofern dieser Begriff nicht im Sinne persönlich materieller Interessenvertretung, sondern des geschäftlich handelnden allgemeinen Interessenausgleichs verstanden wird.

Der Teil der Volksvertreter, der in den Zwischenorganisationen keine entschiedene Tätigkeit ausübt, wirkt, abgesehen von Gelegenheitsreden und Fürsprachen für Wahlkreisangelegenheiten, statistisch. In vielen romanisierten Ländern ratrappiert er sich geschäftlich, in andern atmet er aus Liebhaberei, gelegentlich in Verbindung mit einer privaten Beschwerdekanzlei, die aus ideellen Motiven, jedoch mit der Wirkung der Pression, die Behörden drangsaliert. Wirklich Agenten des Volkes, genauer der Partei, sind die Führer, und ihre Zahl ist um so größer, ihre Begabung um so stärker, je verantwortlichere Aufgaben ihnen der Staatsorganismus zuweist.

Dies Bild erscheint dem ersten Anblick seltsam und doch bei näherer Betrachtung vernünftig; wagt man es, den gegebenen Wirklichkeiten fest ins Auge zu blicken, so ergeben sich Folgerungen, die den parlamentarischen Apparat aus einem notwendigen Übel in einen entwicklungsfähigen und fruchtbaren Organismus verwandeln. Wir müssen daher noch kurz bei der Frage der Notwendigkeit beharren.

Auch unabhängig vom Idealbegriff des Volksstaates kann eine Beamtenhierarchie – denn eine solche ist die normale Regierung – auf die Dauer sich nicht lebenskräftig erhalten, wenn sie auf sich selbst gestellt bleibt. Der Vergleich mit der Armee trifft hier nicht zu; denn bei einseitigeren und konstanteren Aufgaben steht dieser ein ungleich größerer, rascher sich erneuender Stamm verantwortlicher Kräfte und, als Vergleichsmaß, die analoge, gleichgerichtete Konkurrenz des Auslandes zur Verfügung, während die Leistungen einer Regierung nur in ihren Endergebnissen, nicht in ihren Maßnahmen auswärtige Vergleiche zulassen.

Vor Zeiten, als die Verwaltung eines Königreichs nach Art und Geschäftsumfang einer Domäne sich bemaß, konnte ein hausväterlicher Monarch durch Überblick und Stichproben sein Land überwachen, in sich selbst den Maßstab seiner Regierungsorgane tragen und durch ein einfaches Testament die Grundsätze der Sparsamkeit, Unbestechlichkeit und Schlagkraft vererben. Heute übertrifft ein einziges Ressort wie Telegraphie oder Gesundheitspflege den Gesamtumfang der friderizianischen Verwaltung; ein begabter Monarch, der auch nur die wichtigsten der Verwaltungsvorgänge zur Kenntnis nehmen wollte, würde, von Tatsachen erdrückt, ein Gefährliches unternehmen, wenn er auch nur den Schein einer sachlichen Kontrolle erwecken wollte. Eine losgelöste Regierung jedoch würde, selbst wenn sie nicht durch Inzucht erstürbe, nicht nur zum Tschin verknöchern, sondern auch einer entwickelten Wirtschaft und Meinung gegenüber sich rettungslos festrennen.

Die zweite und unabhängige Instanz aber kann ebensowenig wie vom einzelnen von einem Senat oder Tribunal gebildet werden, denn hier mangelt die unabhängige Beweglichkeit; nicht von ständischen Korporationen, denn hier herrschen materielle Berufsinteressen. Vor Jahrhunderten hat die Kirche eine unabhängige Instanz gebildet; heute kommt nur das Volk in Betracht.

Doch hier setzt die Gegenschwierigkeit ein. Weder kann eine Menge herrschen noch auch nur beraten. Von ihr ist nicht intellektuale Entscheidung zu verlangen, sondern allgemein umrissenes Willenselement. Selbst die Vorstellung einer Vertrauenswahl, die im kommunalen Organismus Platz finden kann, hält dem Staatsorganismus gegenüber nicht stand. Eine Zentralmacht kann nicht auf örtlichen Vertrauensleuten beruhen; sie erfordert Politiker und Staatsmänner. Auch für die Beurteilung dieser Zulänglichkeit fehlt einer Wählermenge die Fähigkeit; urteilskräftig hingegen ist sie im Anschluß an ein ihr verständliches und geläufiges Parteiprogramm. Abermals begegnen wir der Paradoxie unsrer Wahlsysteme, die Parteiwahlen schaffen und wollen, während sie Ortswahlen verordnen. Wir kommen hierauf zurück; für den Augenblick ist der springende Punkt der, daß aus den atomistischen Wollungselementen der Wahl zwar eine Volksvertretung hervorgeht, doch nicht ein arbeitsfähiger, kontrollfähiger oder regierungsfähiger Körper.

Die Übertragung der Mächte versagt; sie muß ersetzt oder ergänzt werden durch eine neue Abwälzung: nämlich auf die politische Partei, und von dieser wiederum auf die politischen Führer.

Die Partei bildet die Zusammenfassung eines bestimmten, geistig, stimmungsmäßig, materiell umrissenen Volksteils, einer Willenseinheit, eines Volks im Volke. Landesteile, Provinzen, Bezirke, Städte können örtliche Gemeinschaftsinteressen auskristallisieren und durch diese hindurch mittelbar zur Staatspolitik gelangen; aber die Summe örtlicher Interessen an sich macht Staatspolitik nicht aus. Die Partei dagegen hat zum Zentralwillen ein unmittelbares Verhältnis, und da sie sich örtlich zusammensetzt, schließt sie Distriktsinteressen nicht aus, ohne auf ihnen zu ruhen. Sie ist organisierbar, in sich zusammenhängend, auf dauernden Austausch und fortlaufende Arbeit gestellt; sie kann daher mit vollem Urteil Organe und Einzelkräfte bestellen.

Es hat sich somit im stillen und unabhängig von geschriebenen Verfassungsworten der Zwischenorganismus gebildet, der die Riesenvölker unsrer Zeit willensfähig macht; diese selbsttätig entstandene Schöpfung ist gesund und organisch und steht daher auch zur Forderung des Volksstaates nicht im Gegensatz. Wenn wir daher den eigentlichen Mechanismus der Volksvertretung als Verhandlungsstelle, als politische Börse der Parteien bezeichneten, so liegt in diesem Begriffe keine Geringschätzung, sondern der zugespitzte Ausdruck einer verwertbaren Realität.

Indem wir dieser Realität handfest nähertreten, erkennen wir den eigentlichen Sinn der Volksvertretungen unsrer Zeit, sofern sie richtig verstanden und ausgebildet werden: Das unvollkommene, doch ähnlichere arithmetische Abbild der Volkswollungen, das in der Parteizusammensetzung gegeben ist, bildet den dynamischen Untergrund, das Kräftemaß für den Rückhalt im Volke; es würde fast genügen, wenn in jeder Wahlperiode dieses Kräfteverhältnis auf Tafeln verzeichnet im Saale hinge und jede Führerstimme mit der Parteizahl multipliziert würde; unentbehrlich aber ist der seltsame und nicht immer erfreuliche Parlamentsapparat deshalb, weil er eine Auswahl und Schule des Staatsmanns und Politikers ist – oder sein sollte.

Diese Wesenhaftigkeit kommt in parlamentarisch geführten Ländern im schlechten und im guten Sinne weit stärker als bei uns zur Geltung, obwohl eine bewußte Klarheit des Zusammenhanges auch dort nicht zu bestehen scheint. Die Dynamik wirkt lebendiger, und zwar zum Schaden, indem sie in allzu häufigem Wechsel, oft unabhängig von der Stimmung des Landes, Regierungen erneuert und den Zusammenhang der Geschäfte stört; die Auslese und Schulung wirkt im Verhältnis zu den geistigen Durchschnitten jener Länder unendlich erfolgreicher, indem sie aus kargerem Boden reichere und häufig bessere Geistesernten gewinnt.

In diesem Zusammenhang wird die geringe Volkstümlichkeit, die schwache Substanz, der mangelhafte Wirkungsgrad der deutschen Parlamente, insonderheit des Reichstages, verständlich. Der örtliche Wahlakt schreckt ab. Die Herauspeitschung einer absoluten Majorität aus einem Bezirk, der nicht stark politisch gestimmt zu sein braucht, setzt Mittel voraus, die ebenfalls nicht immer rein politische sind. Fehlt an der geforderten Majorität eine Stimme, so sind Zehntausende von Stimmzetteln ohne Wirkung abgegeben, und eine gewaltige, vielleicht hochintellektuelle Minorität bleibt ohne politische Vertretung. Ortsgrößen haben einen Vorsprung. Örtlichen Wählern werden oft Dinge erzählt und versprochen, die mit dem innersten Wollen des Redners wenig zu tun haben. Es sind nicht immer die geistigsten und ehrlichsten Naturen, die an solchen Voraussetzungen Gefallen finden.

Das Leben der Parteien mit Ausnahme der agrarischen und sozialistischen ist schlecht und kleinlich organisiert und ausgestattet. Neben dem Stammtischgast, dem Vergnügungs- und Berufspolitiker und Zeitungsleser müßte die ganze denkende und wirkende Intelligenz des Landes in Klubs und Vereinen, in Vortrags- und Wahlversammlungen sich zusammenfinden, um das Schicksal des Staates zu beraten; die stärksten politischen Kräfte des Volkes müßten in ständigem Austausch mit ihren Freunden und Mandanten bleiben, aus Kannegießerei und Personalkritik müßte Mitarbeit werden.

Nun aber schließt sich der Zirkel: Tragen diese mangelhaften Voraussetzungen dazu bei, daß nicht die stärksten Kräfte des Volkes sich der Politik widmen, und somit die Volksvertretungen an Einsicht und Macht verarmen, so ist es wiederum die Stellung und Arbeitsweise des Reichstages selbst, die diese stärksten Kräfte zurückschreckt.

Auf leeren Bänken sitzen, Fraktionsbeschlüsse durchführen, Wahlreden anhören und gelegentlich für die Sekundärbahn des Kreises oder die Ziegenhaltung eintreten, ist nicht für jeden der Ersatz eines hingegebenen Arbeitsjahres. Der Bedarf an Fraktionsführern und Ausschußarbeitern ist nicht groß, und bei der parlamentsmüden Stimmung des Landes mag mancher schon die saloppe Frage sich vorgelegt haben: »Wenn schon?«

In parlamentarischen Staaten fühlt jeder der Volksboten sein Portefeuille in der Tasche, manchmal schlimmeres. Sind diese Motive nicht edel, so sind sie stark. Bismarck hat, und nicht mit Unrecht, den Reichstag, als das Geschöpf seiner Hände sich auflehnte, erniedrigt. Häufig hat das Volkshaus sich selbst zur unfruchtbaren Kritik verdammt, selten hat es erlösende Worte und Taten gefunden. So ist seine schöpferische Macht nicht gewachsen; nur zum Schöpferischen jedoch lassen sich die exponentialen Geister der Nation gewinnen. Nun tritt die Abneigung des deutschen Volkes hinzu, dem alles Rednerische und Propagandistische fremd ist, das in politischen Meinungen sich nicht sicher fühlt und mißmutig wird mit jedem neuen unerfüllten Versprechen, das aber ein gesundes Empfinden hat für menschliche Eigenschaften und schließlich die ehrliche Arbeit der Regierung, die es vor sich sieht, höher stellt als die Dialektik ihrer Kritiker.

Einer tiefen Reform des deutschen Parlamentarismus bedarf es, nicht nur im Hinblick auf den Volksstaat, sondern schon um der kahlen Notwendigkeit willen, eine gesicherte politische Existenz schlechthin zu schaffen.

Die Beseitigung der Ortswahl ist die erste Notwendigkeit und ihr Ersatz durch ein gesundes Proportionalsystem. Diese Forderung ist wichtiger als alle übrigen Wahlrechtsänderungen, Preußen und Mecklenburg inbegriffen.

Das zweite ist die Ausgestaltung der Parteien und ihrer Organisationen.

Das dritte ist, den deutschen Parlamenten einen positiven Inhalt und die Möglichkeit schöpferischer Arbeit zu geben außerhalb der bloßen Gesetzesmacherei und Geldbewilligung. Das bedeutet nicht die rückhaltlose Forderung des parlamentarischen Systems, das an sich weder gut noch böse ist, dem normalen Deutschen aber heutzutage einen kalten Schrecken einjagt. Ist es der gegenwärtige Sinn der Volksvertretungen, als Korrektiv der Beamtenhierarchie eine Schule des Politikers und Staatsmannes zu bilden, so kann nicht der Schulgang Selbstzweck des Schülers werden mit der schmächtigen Hoffnung auf die kritisch-dialektischen Erfolge und den tolerierten Regierungseinfluß eines Fraktionshäuptlings. Es hieße zu weitgehend den ideellen Selbstverzicht normaler Naturen in Rechnung stellen, wollte man erwarten, daß talentierte und tatkräftige Menschen, zur Kontrolle der wichtigsten Regierungshandlungen berufen, sich dauernd mit halbinformierter Beobachtung und nachträglicher Begutachtung zufriedengeben, statt einzugreifen. Die Stimmung, die aus dieser Haltung hervorgeht, ist überdies schädlich; sie schlägt nur zu leicht um in nörgelnden Pessimismus und verkümmert das letzte, was der überkontrollierten Regierung an Schaffensfreude bleibt. Vor allem aber lernt der zur Kritik herangereifte Staatsmann nie das Wesentliche, er lernt parlamentarische Methoden und gesetzgeberische Formalarbeit, doch niemals die Verantwortung des Handelnden, Erfindenden und Schöpfenden. Was man nicht kennt und machen kann, das kann man im letzten Sinne auch nicht beurteilen. Ein Staatsmann muß schaffende Verantwortung tragen oder getragen haben, um einer zu sein; der Spieler stummer Klaviaturen wird nicht zum Künstler; der verantwortungslose Kritiker vergißt seine Irrtümer und wird mit dem Gefühl der Unfehlbarkeit impotent. Der Beruf zieht den Menschen nicht aufwärts noch abwärts; wohl aber zieht er den Menschen heran, dem er und der ihm entspricht. Abermals schließt sich ein Zirkel: Der Beruf unsres Parlamentes schafft nicht die rechten Staatsmänner; die vorhandenen können endgültige Wege und Ziele nicht erkämpfen; die Unvollkommenheit der Leistung schreckt fähige und verantwortungsfreudige Kämpfer ab, die Aufzucht versagt – und der Kreislauf beginnt von neuem.

Auf das Volk, vertreten in der partialen Willensorganisation, die Partei heißt, wirkt dieser Zustand entpolitisierend. Kehrten die Männer, die eine Partei führen, aus dem Kreise einer verantwortlichen Erfahrung zurück, besäßen sie die Kenntnis der inneren Vorgeschichten, der Motive und Hemmungen, hätten sie den Blick erworben für dasjenige, was durchführbar und wünschenswert, was chimärisch und gefährlich ist, wären die Autoren der europäischen Bühnen ihnen bekannt und durchschaubar, so würden die parteilichen Beratungen der Atmosphäre des Gefühlsurteils und der kannegießernden Bürgerpolitik entrückt; sie gewännen pragmatischen Wert. Sähe überdies der parteiführende Politiker sich in der Lage, gegebenenfalls von neuem aktive Verantwortungen übernehmen zu müssen, so wäre nicht nur ein Schutz gegen unfruchtbare Störungen der Staatspolitik gegeben, sondern auch der Begriff einer Parteiverantwortlichkeit geschaffen, der im Sinne der Mäßigung und Realpolitik wirkte. Unter dem Schutze dieser Parteiverantwortlichkeit aber würde ein unschätzbares und unentbehrliches Gut erwachsen, auf dessen Bedeutung wir zurückzukommen haben: ein Inbegriff echter, erblicher, durchdachter, real-idealistischer Ziele der inneren und vor allem der äußeren Politik, der an die Stelle farbloser und phrasenhafter Parteiprogramme mit täglich wechselnden Ausdeutungen träte und unserm politischen Schaffen gewährleistete, was ihm aufs bitterste not tut: Stabilität. Der Mangel an Stabilität, dies sei hier angemerkt, die Überraschungsgefahr, die aus plötzlich auftretenden, undurchsichtigen und undurchdachten Zielen entsteht, verbunden mit stärkster militärischer Macht, feudaler Atmosphäre und der fast widerstandslosen Lenksamkeit eines vertrauensseligen Volkes: das ist die Gruppe von Voraussetzungen, die unsre Gegner mit dem unzutreffenden Namen Militarismus bezeichnet haben. Es entspricht nicht unsrer Würde, uns nach der Willkür unsrer Feinde zu modeln, doch es entspricht höchster

Menschenwürde, jedes Urteil zu prüfen, es vom Unrecht zu befreien und mit Sinn zu erfüllen, auch wenn es das Urteil des Feindes ist.

Wir bedürfen nicht unbedingt des parlamentarischen Systems, vor dem die Interessenten des Feudalismus, des gefestigten und ungefestigten Kapitalismus, die beamtete Gelehrtenschaft, die der Probe unsicheren Politiker und der von diesen Elementen beeinflußte Teil des gebildeten Volkes sich fürchten. Die Gründe, die man anführt, sind freilich abwegig: die Zersplitterung der Parteien ist ein Grund nicht gegen, sondern für das System; denn sie verlangt Koalitionsministerien, die einen stetigen Ausgleich und zunächst selbst ein Übergewicht der älteren Regierungsgrundsätze zulassen; Stimmungsumschläge und Ministerwechsel würden in Deutschland weniger heftig und häufig geschehen als anderswo, weil unser politisches Temperament kälter ist; Bestechlichkeit und Personalpolitik sind, wie die Erfahrung der Kommunalverwaltungen dartut, kaum zu befürchten; Auswahl und geistiger Durchschnitt der Staatsmänner dagegen würde jede Erwartung übersteigen, wenn auch nur annähernd das gleiche Güteverhältnis zwischen der Masse und den Erwählten eintritt, wie es in allen parlamentarischen Staaten besteht. Vor allem muß hier ein akademisches, zum Gemeinplatz gewordenes Argument zurückgewiesen werden: die gefährdete geographische Lage Deutschlands fordere einen gewissermaßen halbstarren konservativen Verwaltungsaufbau. Gerade diese Gefährdung fordert hohe Beweglichkeit und Gelenkigkeit, fordert die wirksamste Auslese der Kräfte; fordert, im Gegensatz zum politischen Dogmatismus, Fähigkeit zur Anspannung und zum zeitweiligen Opportunismus; die Gegenkraft stärkster Beanspruchung von außen ist nicht Sprödigkeit, sondern Elastizität.

Gleichviel; wir bedürfen keiner absoluten Parlamentsherrschaft, wohl aber der Erziehung der Parlamente und ihrer Staatsleute zur Wirklichkeit, zur Verantwortung und Macht, einer Erziehung der Parteien zur realen Arbeit, zur Tradition und zu politischen Zielen, einer Erziehung des Volkes zur Politik und Selbstbestimmung. Die Möglichkeiten der Verwirklichung sind mannigfaltig und einfach; sie bedürfen keines geschriebenen Gesetzes. Der leichteste und im Stande unsrer schlaftrunkenen Indolenz schwerste Beginn wäre der, daß die Parlamente verlangen, ein Teil der Ministerien müsse aus ihren Mitgliedern bestehen. Der wahrscheinlichste und gänzlich unbrauchbare

Beginn wäre die Anwendung unsres universellen Verlegenheitsmittels: Kommissionen. Parlamentarische Ausschüsse natürlich, die man mit indiskreten, störenden und unverantwortlichen Befugnissen den Ämtern zur Seite setzte, so daß vor Auskunftserteilungen, Rechtfertigungen und Abwehr undurchführbarer Vorschläge alle Selbstachtung und Schaffensfreude der Beamten erstürbe. Es ist schade um Geister, die über die Irrtümer der andern ihr Leben lang berufsmäßig verzweifeln und sich standhaft weigern, an ihrer Stelle Hand anzulegen. Mehrfach haben wir dem letzten Teile unsrer Ausführungen vorgegriffen, der den Inbegriff unsres künftigen politischen Lebens bezeichnen und seine Angleichung an das Wesen des Volksstaates vermitteln soll. Zum Zeichen dessen, daß wir uns inmitten praktischen Lebens befinden, wohin der Gang von höchster Anschauung uns geführt hat, wo wir verweilen, nicht als bei einem Ziel, sondern als bei einer rationalen Bekräftigung des Übergangs und der Anknüpfung an ein Künftiges, soll von nun ab die Behandlung sich vorwiegend der utilitarischen Denkform bedienen, denn in diesem Kreise muß der Schritt zum Endgültigen, um sich als realisierbar zu erweisen, zugleich ein Schritt zum zeitlich Erstrebenswerten sein. Als solches aber hat der Begriff von der Macht und Stetigkeit des Staates der Prüfung standgehalten.

Nach dem Gesetze des Lebenskampfes und nach dem Bilde jedes Einzellebens und Kollektivlebens steht der Staat, auf sich selbst gewiesen, schutzlos und nur von seinem Genius gehütet im Kreise seiner Lebensgegner und Wettkämpfer. Sein Erbteil ist ihm gegeben in der Kraft seines Bodens, seiner Lage und seines Volkes. Diese Gegebenheiten sind begrenzt wie das zeitliche Erbteil eines Menschen, eines Tieres, einer Herde oder eines Waldes, begrenzt sind aber auch die Fundamente seiner Gegner. Unbegrenzt ist daher die Relation der Wirkung, denn diese vervielfacht sich durch die Macht des Geistigen.

Ja, diese Macht vermag die physischen Bedingungen zu ändern; sie verzehnfacht den Ertrag des Bodens, sie entreißt der Erde ihre Schätze, sie bewältigt die Naturgewalten, formt Küsten, Gewässer und Gelände, heilt Siechtum, kräftigt und vermehrt das Blut, bildet und vollendet ungeborene Geschlechter. Aus Massen schafft sie Organismen, denen verleiht sie Sinne, Denkens- und Willenskräfte und werktätige

Glieder. In den Lebenskampf aber dringt sie mit dreierlei Kräften ein: mit äußerer Richtkraft und Stoßkraft, mit innerer Widerstandskraft.

Wenn zwei gleich starke Organismen miteinander kämpfen, so siegt auf die Dauer derjenige, der weiß, was er will. Stärken, Vorrechte, Unangreifbarkeiten erwachsen aus unscheinbaren, unbegehrten, leicht beweglichen Saatkörnern. Der tausendjährige Eichenstamm, keiner Menschenkraft um einen Zoll verrückbar, entsproß der Frucht, die eines Kindes Hand entglitt, dem Urstrom hat ein Kieselstein seinen Weg gewiesen, ein Überseereich entspringt dem falschen Kurs eines Schiffes, ein Adelsgeschlecht entstammt dem Rausche eines Herrn, eine Mädchenlaune bestimmt die Schicksale von Dynastien. Zeit und gleichbleibende Richtung verschmelzen zu einer Macht, der nichts standhält. Jeder Augenblick aber streut von neuem Keime des Unvergänglichen aus, nun und jetzt werden die Schicksale der Jahrtausende gesät, und der gleichgerichtete Wille bestimmt, welches Korn aufgeht. Das beste Mittel, jede Saat zu zertreten, ist aber, sich endlos auf dem gleichen Boden hin und her zu drehen, immer wieder die Scholle zu lockern, immer neue Früchte wahllos zu versenken. Ein großer Handelnder ist unablässig ein Sämann, der andern die Ernte gönnt. Wer heute bedenkt und betreibt, was in einem, in zehn, in hundert Jahren wirklich sein wird und wirksam sein soll, schafft frei und ungehemmt; belächelt, aber nicht behindert; später mißverstanden und unbedankt; aber meisterlich ausgestaltend und unbezwingbar. Das allerrealste Schaffen ist das visionäre, sofern nicht das nebelhafte, von ungemäßen Gefühlen verblasene Phantom, sondern die greifbar körperhafte Gestalt ihm entspringt. Wirklichkeit, schauend durchdrungen und vergeistet; Träume, durch Willenskraft verdichtet und an die Erde gekettet: das ist das Geheimnis aller Produktion.

Getötet wird alles starke Schaffen durch den Hinblick auf den Tag. Wer kurzatmige rasche Erfolge sucht, wer seiner Zeit und seinen Gehilfen Schauspiele der Größe gibt und in historischen Momenten schwelgt, wer jeden Tag die reifenden Früchte betastet, statt zu graben und zu pflanzen, wer mißgelaunt jedes neue Ereignis als zeitraubende Störung betrachtet, statt ihm seine stärkste Seite abzugewinnen, wer mühsam Tagespensen abarbeitet, Widerständen ausweicht und statt zu erfinden erledigt: der kann bestenfalls eine Stellung verteidigen und den Zusammenbruch aufhalten; Leben und Wachstum schaffen kann er nicht, denn alles Natürliche stirbt ab, wenn es in die Defensive gedrängt ist. Sorgenlosigkeit im höchsten Sinne, die Freiheit von jedem persönlichen Wunsch und Druck, Kräfteüberschuß, ausgedrückt in Humor und geistiger Souveränität, freie Verfügung über freie Zeiträume ohne Furcht vor Sturz und Nachfolgerschaft: das sind die Bedingungen weittragender politischer Richtkraft.

Wer verwirklicht sie in unserm Staatswesen? Erbreihen, in denen ununterbrochen Cäsar und Karl, Friedrich und Bonaparte wechseln, würden nicht genügen, um einer Dynastie die Aufgabe zuzuwälzen. Die Stetigkeit dynastischer Politik ist stark beansprucht durch die Verteidigung der eigenen Stellung; sie wird beeinflußt durch den gefährlichen Wechsel verwandtschaftlicher und freundschaftlicher Beziehungen; nach Bismarcks Wort durch Frauen und Günstlinge, durch Lokkungen territorialer Machterweiterung. Noch weniger ist von unsern unverantwortlichen Parlamenten politische Stabilität zu erwarten, denn sie sind, wie wir gesehen haben, auf Tagesaufgaben, Kritik und Gesetzesmacherei gestellt, sie haben keinen inneren Zusammenhang, sondern zerfallen in feindliche Fraktionen, die ihrerseits farblose, untereinander zum Verwechseln ähnliche Ideal- und Parteibanner entfalten, in deren Schatten sie die anvertrauten Tages- und Wirtschaftsinteressen verarbeiten.

Es blieben die Minister und ihre Spielarten. Zustatten kommt ihnen im Sinne einer gewissen traditionellen Stetigkeit die Identität ihrer politischen Überzeugung. Was sie sind, können sie nur sein und werden auf Grund des offiziellen Konservativismus, jener feudalistisch-professoralen atmosphärischen Färbung, von der wir gesprochen haben. Ist ihre Vergangenheit liberalisierend oder katholisierend behaucht, so finden sie Gelegenheit, ihre politische Normalität klarzustellen; ohne diese Läuterung könnten sie kaum auf Wochen in einer widerstrebenden Atmosphäre sich behaupten.

Doch diese Übereinstimmung der allgemeinen politischen Ansicht genügt nicht, um auf lange Zeiträume die Richtkraft innerer und äußerer Leitung zu sichern; und alle übrigen Voraussetzungen sind negativ. Mag die durchschnittliche ministerielle Lebensdauer sich von fünf auf zehn Jahre erhöhen: sie ist zu lang oder zu kurz. Zu lang: wenn ein Mann den Inbegriff seines Lebensgedankens dem Staatsgeist vererbt hat und in Verwaltungsroutine abstirbt; zu kurz: wenn ein Menschenalter mit fernhinschauenden Plänen umspannt werden soll. Welcher Schaffende begnügt sich mit Anfängen, die der Nachfolger unter dem Beifall der Gehilfen überlegen lächelnd beiseite schiebt oder, zur Unkenntlichkeit verbessert, sich aneignet? Und wenn er das Opfer wollte, wie könnte er es erschwingen? Eine Tagespolitik drängt, die nach drei bis vier Seiten verteidigt werden muß: Von oben bestimmt der Monarch, von unten das Parlament, von der Seite droht die öffentliche Meinung, vielleicht auch das Ausland; ein halbes Wunder, wenn ein diagonaler Ausweg sich ergibt; zuviel verlangt, wenn er dazu den Schritt zum Absoluten lenken soll. Die Unfreiheit des Handelns wird aber weiter beengt durch die Bedrängnis der Zeit; die Hälfte des Jahres verschmilzt unter parlamentarischer Arbeit, dem Suchen von Beweisen, Rechtfertigungen, Materialien, dem Verhandeln und Paktieren mit Kommissionen und Führern eines Parlamentes, das unermüdet seine kritische Aufgabe wichtig nimmt, an die Voraussetzungen schöpferischer Arbeit nicht gewöhnt ist und an die Stelle eines Einheitswillens zersplitterte Anregungen setzt, deren Ablehnung verstimmt und deren Annahme nicht verpflichtet.

Es fehlt unserm Staatsleben das Organ, welches die Richtkraft sichert. Solange die Stetigkeit dieser Kraft uns mangelt, solange unsre Ziele nach der Einstellung des Tages, nicht der Menschenalter und Jahrhunderte geregelt sind, bleiben wir bei gleicher Leistung jedem Wettkämpfer unterlegen, der weiter vorschaut und stetiger handelt; wir sind schlechthin auf die Länge im Wettkampf der Nationen nicht konkurrenzfähig. Der erschreckend schlechte Nutzeffekt unsrer äußeren Politik bei höchstem Aufwand an Arbeit und Mitteln erklärt sich zur Hälfte aus Mangel an Richtung. Das unerhörte, uns unbegreifliche Mißtrauen, das die Außenwelt jahrzehntelang uns, die wir der Stille, der Aufrichtigkeit und Harmlosigkeit unsres Sinnes sicher zu sein glaubten, entgegenbrachte, ist eine der Folgen unstetiger, somit unverständlicher, somit verdächtiger Haltung. Staaten des wildesten Parlamentarismus, scheinbar sprunghafter Entschlüsse, beständiger Regierungswechsel haben trotz scheinbarer Zusammenhanglosigkeit ihres Wollens durch die Richtkraft ihrer Entschlüsse uns übertroffen; denn auch die einseitige, die absonderliche, die fanatische Richtung erzwingt den Erfolg, wenn sie stetig bleibt.

Kein künstliches Organ kann auf die Dauer dem Staate Richtung geben, weder Ämter, Kommissionen, Senate noch Parlamente; auch die Dynastie kann es nicht. Am wenigsten kann es der Stand der beamteten Gelehrten, der nicht existierte, wenn seine Glieder zum Handeln statt zum Betrachten geboren wären. Richtung geben kann nur das Volk; nicht als herrschender Pöbel noch als Masse, sondern als Schoß des Geistes, dem die Zeiten seine Saat entlocken; das politisierte, denkfähige Volk, vergeistigt in Parteien; die Parteien vertreten durch ihre Organisationen, vor allem durch ihre Führer, Staatsmänner und Denker.

Man hüte sich, diesen Gedanken an der Kläglichkeit und Kärglichkeit unsres heutigen Parteiwesens zu messen. Solange die Parteien nur Zweckorganisationen waren zur Erhöhung oder Ermäßigung gewisser Zoll-, Steuer- oder Lohnsätze, zur Aufrechterhaltung oder Zerstörung gewisser Vorrechte, zur Versorgung oder Schädigung gewisser Stände oder Personen; Zweckverbände mit der Verbrämung phraseologischer Ideale, an deren Verwirklichung niemand glaubte; Organisationen, bestehend aus Interessenten und Geldgebern einerseits, aus Dilettanten, Bierbankphilistern und Mitläufern anderseits; solange das politische Leben der Nation gipfelte im Interessenkonflikt der Gesetzesmacherei, die politische Laufbahn gipfelte im Versammlungsbändiger und in der berufsmäßigen Parteigröße; solange das Volk verantwortungslos seine Geschicke einer Regierungskaste überließ, die Gemeinschaft und Einheit seiner letzten Ziele verkannte und sich am innern Interessenkampf berauschte: solange war der Volksstaat unmöglich, solange war jeder objektive Ausdruck kollektiven Willens illusorisch, solange war das politische Leben der Nation nicht steigerungsfähig über den Pegel des Bezirksvereins und der Turnerschaft. Der Krieg hat in seinem Beginn gezeigt, daß ein höheres Leben möglich ist; die Not, die kommt, wird zeigen, daß es dauern kann.

Vor Jahren habe ich in Furcht und Sorgen diese Not angerufen und hinweggesehnt; im Taumel des Erwerbs und Genusses verhallte die Stimme. Von jetzt ab und auf immer wird uns deutlich, daß wir alle, wenn auch durch Meinung gespalten, ein Haus sind, und daß uns selbst, und niemand sonst, der Schutz und die Sorge für Gut und Blut obliegt. Niemals wieder darf Interesse und Erwerb uns das Erste, Nation und Staat uns das Zweite und Gott das sonntäglich Dritte sein;

niemals wieder darf unser Schicksal in die Hände der professionellen Erbverwalter und unser Haus in die Hände der Bierbankphilister fallen; sonst sind wir reif für eine neue Völkerwanderung. Das letzte, was unsre Politisierung, unsre Ermannung zum geistigen Volksstaat erzwingen kann und muß, ist die Not.

Diese Ermannung aber wird sich auf kein Gebiet so rückhaltlos erstrecken wie auf das der Partei und ihrer Reform. Die Klugen und Starken, die bisher atemlos an ihre Werke gekettet der Macht, dem Erwerb, der geistigen Schöpfung, der Betrachtung dienten, den Staat für ein Fremdes, anderes hielten, das man Berufsleuten überläßt wie ein Gaswerk, eine Kirche oder ein Theater, die selten aufblickten und mit einem Kopfschütteln, weil die Sache so schlecht gemacht wurde und doch so leidlich ging, sich wieder an ihre Arbeit machten: diese Menschen werden endlich Willen und Verantwortung fühlen einzugreifen; freilich nicht mit dem leicht befriedigten Ehrgeiz des bierabendfrohen Parteilöwen, sondern mit dem Willen zur Tat. Sie werden, was sie haben und können, auf die Schale werfen und die Wirtshausgrößen der Ortsbezirke aufwägen. Das politische Leben hört auf, tägliches Interessenspiel und mittlere Versorgung zu sein, und wird zur Willensorganisation des Staatsvolks.

Oberflächliche Selbstgefälligkeit sagt, Deutschland sei zu vielfältig in Meinungen und Wollungen gespalten, als daß eine Willensrichtung selbsttätig aus den Kräftebündeln hervorbrechen könne; deshalb müsse eine erbliche Hirtenweisheit uns lehren und lenken. Niemals kann aus Überreichtum der Eigenarten und Färbungen eine vernichtende Hemmung erwachsen, solange alle Richtungen ins Positive gehen, indem sie auf Selbsterhaltung und Wachstum zielen. Eine Kräftediagonale kommt zustande nicht bloß aus zwei, sondern aus beliebig vielen Komponenten, und sie wird um so unverrückbarer sich erweisen, je mannigfacher sie verpflöckt und verankert ist. Absolut schwankend und unzuverlässig ist nur diejenige Kraft, die sich aus sich selbst im Einflusse des Tages orientiert; der Wanderer, der von früh bis spät der Richtung seines eigenen Schattens folgt, dreht sich im Kreise. Hat ein Volk, dessen innere Hemmungen durch Organisation überwunden sind, nicht mehr die Kraft, aus eigenem Fühlen seine Weltrichtung zu bestimmen, so ist seine Geschichte geschlossen, und es verdient das Schicksal, Werkzeug fremden Willens zu werden. Immer wieder erinnere ich daran, daß unter dem Willen eines Volkes nicht zu verstehen ist die plumpe physische Laune einer Tagesabstimmung oder die Regung einer Straßenmenge, sondern die organisch destillierte Einsicht seiner stärksten Kräfte, die alle Wollungen des Körpers in sich sammelt und vergeistigt. Nicht der zeitliche Müdigkeitshang, der Hungertrieb oder der Schwerkraftswille meiner Glieder bestimmt mein Wollen und mein Handeln, sondern der seelisch vergeistete Kern meines Wesens, der freilich jedem Gliede Schutz und Hilfe schuldet.

Daß es uns an Richtkraft fehlte, hat dazu geführt, daß wir Bismarcks Erbe, einen straffen, altmodisch gegliederten, soldatisch überkräftigen Machtstaat, den Schiedsrichter Europas, weder nach außen noch nach innen entwickelt haben, daß wir ihm die Hegemonie entreißen ließen durch geduldete, ja geförderte fremde Bündnisse, daß wir an keiner der Weltteilungen beteiligt wurden, daß wir aus Planlosigkeit, die niemand uns glaubte, und aus Verdrossenheit, die jeder uns ansah, verdächtig wurden, daß unser staatlicher Leib das quellende Fett ansetzte, das aus der Einseitigkeit von Technik und Finanz ihm erwuchs und das der Krieg nun hinwegschmelzen soll.

Schlimmer ist, was der Mangel an Stoßkraft, das Fehlen führender Menschen verschuldet hat. Jede Aktion und Verhandlung mußte mißlingen, jeder Entschluß endete mit einem Kompromiß. Aus der Unzahl angebotener Gedanken konnte keiner zu objektiver Größe emporwachsen, die Probleme wurden gestreift und kopfschüttelnd beseitigt. Dies Land, das so gesund in seinen Wurzeln war, daß es den Begriff der schiefen Situation vergessen hatte, lernte wieder das Gefühl der Verlegenheit. Der Reibungsverlust der Personalsorgen und der Schwierigkeit persönlicher Lagen und Gebundenheiten zehrte an der lebendigen Kraft. Die Besetzung der Verantwortungen begann mit Ratlosigkeit und endete mit Enttäuschung. Fortgerissen werden durch irgendeinen starken Willen und irgendeine kühne Phantasie, war romantische Vergangenheit; die Photographie, der Knalleffekt vermeintlich geschichtlicher Momente, die Pose vor dem künftigen Historiographen und die monumentale Redensart traten an die Stelle organischer Arbeit und entsprachen den bombastischen Architekturen, die der erwerbende Eifer um sich streute.

Richtkraft und Stoßkraft, die beiden Hauptwaffen im Daseinskampf der Nationen, sind Sache der Völker. Nicht Geschlechter noch Kasten können diese Kräfte verleihen, denn der Wettkampf fordert, daß die Gesamtheit aller verfügbaren Menschenkräfte aufgerufen werde, um ihr ganzes Besitztum an Geist und Willen zu steuern. Richtkraft ergibt sich als Destillat aller erschwingbaren Gedanken, Stoßkraft als Aussonderung aller erreichbaren menschlichen Genialitäten. Die Beschränkung beider Kräfte auf einen begrenzten Kreis von wenigen hundert oder tausend Seelen bedeutet eine freiwillige Verarmung des Geistes und Willens, an der ein Volk stirbt, wenn seine Nachbarn ihren vollen Besitz ihm entgegenstellen. Ein Volk von Millionen ist metaphysisch verpflichtet, zu jeder Zeit und auf jedem Gebiet eine starke Willensrichtung und eine Vielheit höchster Begabungen zu erzeugen; geschieht das nicht, oder werden diese Kräfte durch Einseitigkeit, etwa des Erwerbstriebes oder der Technik oder des Müßiggangs, abgelenkt, oder werden sie aus politischer Indolenz und Verantwortungslosigkeit nicht aufgefunden, so hat das Volk sich ein Urteil gesprochen.

Bevor wir von den Dingen der Stoßkraft handeln, die sich nunmehr darstellt als Resultante der selbsttätigen Auswahl aller verfügbaren Begabungen und Genialitäten des Geistes und Willens, haben wir die intellektuelle Form des politisch wirksamen Geistes zu kennzeichnen.

Noch im vorletzten Jahrhundert war Regierung Verwaltungsarbeit. Für Initiative, Erfindung und schöpferischen Entschluß genügte eine Stelle, die oberste, die der königlichen Gewalt; die Kabinettsregierung war nicht der willkürliche, sondern der organische Ausdruck dieses Verhältnisses. Der Verwaltung, kriegerischer wie friedlicher, diente der gehobenste Stand hausväterlicher Verfügungsgewohnheit, wie sie in ländlicher Gutsherrschaft vorbildlich sich darstellte.

Reine Verwaltung ist Arbeit im uranfänglichen, unmechanisierten Sinne, wie Landbau und altes Handwerk, vermehrt um die Autorität der ordnenden Entscheidung und väterlichen Fürsorge; sie ist bezeichnet durch Tradition.

Normen und Ziele sind gegeben, örtliche und menschliche Verhältnisse bleiben stetig. Jedes Problem ist dagewesen, jede Lösung erlernbar; auch das selten Geschehende wird durch Erfahrung bewältigt; daher der Wert und die Schätzung des Alters. Der Greis ist über legen und irrt sich seltener, der Jüngling ist unerfahren und wird gebändigt. Land und Volk, der Gegenstand der Verwaltung, sind willige Objekte; nie würde der Landmann und Handwerker sich vermessen, seine Meinung dem Befinden des Verwaltenden entgegenzustellen, denn auch er ist sich des herkömmlichen Wechselkreises seiner engbegrenzten Bürgerleistung bewußt, der Gedanke des fremden und neuen Entschlusses liegt ihm fern.

Im Kreise aber wiederholen sich alle Geschehnisse, Geburt, Leben und Tod, Saat und Ernte, Wohlstand und Teuerung, Feuersbrunst, Wassersnot, Krieg und Pestilenz, Verbrechen und Hochgericht. Ein großes, seltenes Ereignis ist ein Bau, ein Fürstenbesuch, eine Menagerie, eine Hexerei oder gar eine Reise. Häufiger sind Prozesse, Aufläufe, Soldatenwerbungen, Marktzänkereien. Man weiß, was in jedem Falle zu geschehen hat, die Arbeit ist milde, die Zeit billig. Die Verwaltung ist vollkommen, wenn sie unbestechlich ist, die Augen offen hält und Erfahrung besitzt. Das Einmalige geschieht weit über den Häuptern der Regierenden und Regierten; Entscheidungen über Krieg und Frieden, über Eroberung und Reform, über Kirche, Gericht, Steuer, Wegbau, Besiedlung kommen von oben; wo nicht vom Himmel, so vom König.

Die geistigen Bedingungen der Verwaltungskunst sind persönliche Autorität, Selbstbewußtsein, Treue und Erfahrung, ihre Wurzeln sind Tradition: des Geschlechtes, der Gesinnung und der Praxis. Es sind die Eigenschaften des alten adligen Grundbesitzes. Erfindung, Phantasie, Schöpferkraft, Ausdehnungslust sind diesem Gesinnungskreis fremd und feindlich, sie verkehren ihn zum Aufruhr, zur Neuerungssucht und zum gefährlichen Draufgehen. Ein schönes Bild dieses natürlichen Konflikts ist uns erhalten: der jugendlich schäumende Bismarck, der in ländlicher Gebundenheit sich und seine Umgebung aufreibt.

Die neue Welt der Mechanisierung brach an, jede Arbeit verwandelte sich in Kampf und Denken. Technik, Verkehr, Konkurrenz überstürzen sich; was gestern galt, ist heute verjährt; was heute unmöglich scheint, ist morgen verwirklicht und übermorgen vergessen. Erfahrung bedeutet nichts mehr; schlimmer noch: sie ist gefährlich, denn sie verführt zur Schablone. Jede Lage ist neu, jeder Entschluß ohne Vorgang, das Wirken schiebt sich von der Gegenwart in die

Zukunft; nicht der Rückblickende siegt, sondern der Vorschauende; im Kampf, dessen Maß und Beschleunigung vom andern, vom Feinde, bestimmt wird, sinkt die Tradition, und die Intuition tritt an ihre Stelle.

Sinn und Bedeutung des napoleonischen Sturms ist: daß zum erstenmal das mechanisierte, erfahrungswidrige Denken aus den Werkstätten und Laboratorien hervorbrach und sich der Politik bemächtigte, nicht bloß der leitenden und planenden Zentralpolitik, die auch früher schon traditionslos schuf, sondern aller helfenden und dienenden Glieder, der technischen, finanziellen und administrativen. Vor dieser Explosivgewalt brach das überlieferte Europa zusammen und gewann erst dann wieder Halt, als es sich der neuen Methoden des Denkens und Handelns wenigstens in ihren Anfängen bemächtigt hatte. Noch im Herbst 1813 blieben die Verbündeten monatelang vor dem Rhein liegen, weil in einem Lehrbuch der Kriegsgeschichte stand, ein Fluß sei ein Abschnitt, und vor einem Abschnitt müsse man sich sammeln und neue Kräfte schöpfen.

War Tradition die Grundlage der alten Regierungskunst, so ist die treibende Kraft neuerer Politik jene Fähigkeit, die den Organisator, den Unternehmer, den Kolonisator und Eroberer schafft. Ihr Kennzeichen ist die Vorstellungsfähigkeit für das noch nicht Bestehende, die Veranlagung, die organische Welt unbewußt im Innern nachzubilden und zu erleben, gefühlsmäßig inkommensurable Wirkungen und Motive zu werten und abzuschätzen, die Zukunft im eigenen Geist entstehen zu lassen. Ihre Wirkungsweise ist reale Phantastik, Entschlußkraft, Wagemut und jene Verbindung von Skepsis und Optimismus, die auf einfache Naturen sinnlos und widerwärtig wirkt und alle Meister der Politik bei Lebzeiten unpopulär gemacht hat.

Es ist nicht wunderlich, daß die deutsche Sprache für die Zusammenfassung dieser Kräfte keine Bezeichnung hat; ich wähle den Ausdruck Geschäftskunst, in dem die alte Bedeutung des Wortes Geschäft fühlbar wird, das von Schaffen kommt.

Der adlige Stand der Grundbesitzer, der seinen Ablegern, Anhängern und Nachahmern die Regierungsverantwortung in Preußen trägt, ist heute wie zur Zeit Friedrichs der unübertroffene Meister traditioneller Verwaltungskunst, sowohl auf eigener Scholle wie im Dienst des Staates. Unbescholtenheit und Idealismus, Gerechtigkeit

und Vornehmheit, Pflichterfüllung und Treue, Mut und Männlichkeit machen heut wie ehedem diesen Stand zu einer der edelsten Kasten der Geschichte. Der preußische Subalternoffizier findet in unsrer Kenntnis der Vergangenheit und Gegenwart nicht seinesgleichen. Der preußische Landrat hat kraft seiner Eigenschaften ein theoretisch überflüssiges Geschäft zu einer staatlichen Einrichtung höchster Art, ja fast zur Unentbehrlichkeit erhoben.
Nicht nur Verwaltungen zu führen liegt in den schönen Fähigkeiten unsres Beamtenadels, sondern auch sie auszubauen, und zwar unter kraftvoller Überwindung der angeborenen Abneigung gegen das Neue, mit Hilfe aller wissenschaftlichen und technischen Methoden, selbst der ausländischen. Für solchen Ausbau freilich muß ihm Zeit und Eingewöhnung gewährt werden, denn alles Improvisatorische liegt ihm fern.
Hiermit aber ist der Kreis seiner Wirksamkeit geschlossen.
Das Einmalige, Neue, Nochnichtdagewesene liegt dem preußischen Beamten fern. Unter eigener Verantwortung, voraussetzungslos, eine verwickelte, vielleicht verlegene Situation intuitiv durchbrechen, neue Verhältnisse und Dinge schaffen, kommende vorbereiten, ist nicht seine Stärke. Ja, hier begegnet eine offenkundige Hemmung: Sein Handeln ist mit der vorausgesetzten und unbezweifelten politischen Anschauung des Konservativismus so eng verquickt, daß zu jeder Bindung der Lage eine zweite, die Bindung des subjektiv politischen Ziels hinzutritt und die Auswahl des Entschlusses verengt. Aus sich heraus den Geist zu versetzen in fremde Anschauung, in die Lage des andern, wird ihm schwer; so ist er weder ein Verhändler noch ein Kolonisator. Es fehlt ihm der Blick ins Ferne und ins Künftige. Es fehlt ihm der Hang zum Schrankenlosen, ohne dessen Sehnsucht der Blick für das Realisierbare sich ernüchtert. Es ist kein Zufall, daß mit Ausnahme des einen, der nicht reinen Adelsblutes war, Preußen seit Friedrichs Tode keinen europäischen Staatsmann geschaffen hat.
Man hat erzählt, der Krieg habe den Beweis ungemessener preußischer Organisationsfähigkeit erbracht. Es ist wahr, daß die dagewesenen Organisationen des Heeres, der Eisenbahnen, der Zentralbank in Betrieb und Ausbau jeder Forderung entsprachen; was dagegen neugeschaffen und improvisiert werden mußte, als das Unvorher-

gesehene – weshalb unvorhergesehen? – herantrat, war, soweit es sich bewährt hat, nicht Werk des Staates.

Kehren wir zum Problem der Stoßkraft zurück: Die Auslese der traditionellen Verwaltungsfähigkeit genügt nicht; wir bedürfen der Auslese absoluter politischer Befähigung mit entschiedenem Hinblick auf die Forderung der Geschäftskunst im neuen Sinne. Der Stand, der bisher ausschließlich mit politischer Verantwortung betraut war, ist nicht nur im Verhältnis von fünfundsechzig Millionen zu fünftausend zu eng; er ist für die Aufgaben, die außerhalb des Verwaltungsgebietes liegen, nicht einmal der vorzugsweise befähigte.

Der Einwand, die Herbeiziehung Außenstehender habe sich mangelhaft bewährt, zerfällt. Denn solange die Atmosphäre besteht, von der wir wiederholt gesprochen haben, wird der Herbeizuziehende in der Regel vierfach gekennzeichnet sein: durch zweifelhafte Erfolge im bisherigen Beruf und folgliche Abneigung, ihn fortzusetzen; durch organische Ähnlichkeit mit seinen künftigen Amtsgenossen, die ihn wünschenswert erscheinen läßt; durch eine gewisse Fixigkeit des merkantilen Denkens und Ausdrucks, die man für tiefgreifend hält und von der man das Neue erwartet; durch Bereitschaft zu unerläßlichen Konzessionen, die innerhalb der neuen Laufbahn Voraussetzung sind, jedoch die Aussichten des Versuchs verringern.

In den führenden westlichen Staaten haben im Laufe langer Zeiträume parlamentarischer Gewöhnung selbsttätig wirkende Selektionsmethoden sich herangebildet, durchweg ohne Zutun der Gesetzgebung und fast ohne in das politische Bewußtsein der Nationen zu treten, die diese Entwicklung vergleichslos als selbstverständlich hingenommen haben. Diese Methoden, die unserm wissenschaftlichen Studium stets entgangen sind, weil das Problem der politischen Auslese niemals ernst gefaßt wurde, sollen hier nicht entwickelt werden. Es genügt der Hinweis, daß sie sämtlich im parlamentarischen Leben wurzeln, daß ihr Aufbau in England auf bewußter Auswahl, Züchtung und Erziehung von Führern innerhalb der Parteien, in Frankreich auf parlamentarischer und publizistischer Praxis, in Amerika auf plutokratisch-demagogischer Grundlage ruht. Schwer nachahmbar ist die Methode Englands: Dort ist der werdende Parteiführer gleichsam schon den Schulgenossen erkennbar als der leiblich und geistig Bevorzugte, ein Minister greift ihn heraus, macht ihn außerhalb jeder hierarchischen Laufbahn zu seinem Sekretär und Hilfsarbeiter, treibt ihn durch die stetig verfeinerten Siebe der Parlamentswahl, der parlamentarischen Praxis, der versuchsweise übertragenen höheren Verantwortung, und überträgt ihm, wenn er sich bewährt, Erfahrung, menschliche und gesellschaftliche Kenntnis, Einfluß und Amt. Man behauptet, daß in diesem Lande kein politisches Talent unentdeckt und kein entdecktes Talent unverwertet bleibt.

Frankreich betrat den Schauplatz der neuesten Geschichte als ein zerschmetterter, in seinen Festen schwankender Staat, so schwach und tiefgedemütigt, daß sein Botschafter den deutschen Kaiser bei seiner Ritterlichkeit um Frieden beschwor. Dank seiner Staatskunst hat Frankreich im Laufe von vierzig Jahren, während deren Deutschland von der Hegemonie herabstieg, seine Wehrkraft wiedererlangt, drei Kolonialreiche erworben und die stärksten Allianzen Europas geschlossen, die im Gegensatz zu zwei der unsern die Belastungsprobe des Krieges ertrugen. Ein Land, das seine Finanzleute und Industriebeamten aus dem Auslande beziehen mußte, weil es an einheimischen Kräften und Talenten fehlte, konnte durch geeeignete Auswahl mühelos seinen maßlosen Bedarf und Verbrauch an Staatsmännern decken und darüber hinaus so reichliche Reserven sammeln, daß für jede neue Aufgabe organisatorischer, finanzieller, diplomatischer, parlamentarischer Art Männer aller Schattierungen zur Verfügung stehen, während bei uns mancher Wechsel unterblieb, weil kein Nachfolger zu finden war.

Vergleicht man Einwohnerzahl, Bildungsstand, Leistungsfähigkeit, Kulturhöhe und talentbildende Kraft beider Länder, so ergibt sich die hohe Wahrscheinlichkeit, daß Deutschland ein Vielfaches an Zahl und Stärke der französischen Staatsbegabungen jederzeit in Dienst stellen könnte, wenn wir selbsttätige Mittel der Auslese kennten.

Wir kennen sie nicht; mehr als das: wir üben Methoden der Gegenkunst. Was kein Aktiendirektorium, kein Gewerkschaftsvorstand, kein Bezirksverein ertrüge, das vollbringen wir, wo es sich um das höchste Wohl der Gemeinschaft handelt: wir übertragen Verantwortungen ohne die Überzeugung, daß wir uns des stärksten Trägers versichert haben.

Das mächtigste Erwerbsinstitut ginge im Laufe eines Lebensalters rettungslos zugrunde, wenn es durch seine Satzung gezwungen wäre,

verantwortliche Leiter nur aus einem Kreise von tausend Familien oder deren Atmosphäre zu wählen. Für die geistige Verteidigung des Reiches gegen einen überhitzten Wettkampf nach außen und innen, für eine Aufgabe, die nichts Geringeres ist als die Daseinsfrage unsres Volkes, sind diese Methoden gut genug. Dieses Unbegreifliche läßt sich nur durch ein andres Unbegreifliches erklären: in die Bezirke, in denen unser Schicksal entsteht, sind die Begriffe des Wettkampfs, der organischen Arbeit, der natürlichen Begabung noch nicht gedrungen. Da, wo so vieles erblich ist, glaubt man an die Inspiration des Amtes, an die geborene Überlegenheit über die Masse, an die Historie der Geschichtstabellen, wo Zeile für Zeile die großen Momente aufeinanderfolgen, während von der unermeßlichen Arbeit und Genialität, die zwischen den Zeilen liegt, nichts erscheint; die Weltgeschichte verläuft wie ein Feuilleton, wo jede eingeführte Figur ihre Schuldigkeit tut, und zwischendurch verbleibt die Zeit für Aperçus, Haranguen und Staatsaktionen. Sonst ließe sich auch die Nebenerscheinung nicht erklären: wie rücksichtslos über die Zeit der Staatsbeamten verfügt wird, nicht zum wenigsten seitens der Parlamente; wer große Aufgaben lösen soll, braucht dreihundertfünfundsechzigmal vierundzwanzig Stunden für sich und seine Werke; Rechenschaften, Feste und Eröffnungen müssen andre für ihn erledigen. Die anekdotische Auffassung der Geschichte hat in allen Zeiten vielleicht nur einmal gegolten, und mehr in den Augen der höfischen Berichterstatter als in Wirklichkeit: während des kurzen Höhepunktes der langen Regierung Ludwigs XIV., als dem französischen Reiche ebenbürtige Konkurrenzkräfte nicht erwachsen waren.
Ein angehender Staatsbeamter bewirbt sich um die Laufbahn des auswärtigen Dienstes. Ein adliger Name, eine vornehme Erscheinung, eine Millionärsrente, die Zugehörigkeit zu einer der bevorzugten studentischen Verbindungen, zu einem der bevorzugten Regimenter, die traditionelle politische Überzeugung sind nachgewiesen; die Empfehlung einer höfischen Stelle tritt hinzu. Es ist schwer, diesen Bewerber abzuweisen, der, wenn er sein Vermögen verloren oder seinen Dienst quittiert hätte, sich vielleicht mit der Aufgabe des Verkaufs von Automobilen begnügen würde. Zweifelsohne kann auch dieser bevorzugte Bewerber die Eigenschaften höchster politischer Genialität besitzen, denn zuweilen gefällt sich die Natur in verschwenderischer

Gebelaune; doch die kalte Wahrscheinlichkeitsrechnung, die auf lange Zeiträume unbarmherzig recht behält, sagt aus, daß mit jeder geforderten schönen Gabe, sofern sie nicht sachlich unerläßlich ist, der an sich kleine Kreis der Auswahl auf Bruchteile und abermals Bruchteile zusammenschrumpft, so daß schließlich das Wohl und die Existenz des Staates statt auf dem gesamten Spiel der Volkskräfte auf wenigen Karten ruht.

Abermals unzulässig ist der übliche Einwand und Hinweis auf mehr oder minder zahlreiche Außenseiter in den entscheidenden Ämtern: denn die Assimilanten an eine gegebene, nicht überwindbare Atmosphäre haben die Anwartschaft auf die doppelten Schwächen des verlassenen und des imitierten Standes und verarmen weiter in der Assimilation, die zu übertreiben sie gezwungen sind.

Ist der geistige Rohstoff nach falschen Grundsätzen ausgesiebt, so wächst die Gefahr im Aufstieg. Die letzte Auswahl zur hohen Verantwortung ist nicht, wie bei den Verwaltungsbehörden mit geringer politischer Bedeutung, Sache hierarchischer Klimmung, sondern Kabinettsmethode. Die Vorstellung obrigkeitlicher Erleuchtung, die dieser Methode zugrunde liegt, kann in Zeitläuften besonders günstiger Menschenkonstellation zutreffen. Es sind im Laufe der Geschichte Dynasten und Kabinettschefs von so überwältigender Menschenkenntnis und so durchdringender Sachlichkeit aufgetreten, daß keine andre Methode an die Intuition ihrer Auswahl herangereicht hätte. Doch die Einrichtungen eines Staates müssen auf die Jahrhunderte gestellt sein; versagen sie nur eine Spanne lang, so droht Vernichtung. Deshalb muß auch die Möglichkeit unsachlicher, willkürlicher, günstlingsmäßiger Tendenz erwogen werden, und es bedarf keines Hinweises, wie in solchen Epochen Gaben des Äußeren, der Unterhaltungskunst, der höfischen Anpassung, zufällige Dienste und Begegnungen das Staatsschicksal entscheiden können.

Wir haben die Bedeutung echter Parlamente darin erkannt, daß sie nicht der Massenregierung, sondern der Volksvergeistigung, der Sublimation des nationalen Denkens und Wollens dienen sollen; daß sie neben ihrer herkömmlichen mechanischen Eigenschaft als Barometer der Interessen in Zukunft die Schule des Staatsmannes bilden müssen. Gelingt es uns, und es wird uns gelingen, die Parlamente auf diese Höhe zu heben, so erwächst in ihnen das volksmäßige Regulativ für die Auswahl zur Verantwortung. Es ist nicht unbedingt nötig, daß die Parlamente die höchsten staatlichen Leiter ernennen; es ist unbedingt nötig, daß sie die hohen Begabungen, deren die Ernennung bedarf, zur Verfügung halten und daß die Parteien, denen sie entnommen sind, die Männer ihres Vertrauens so stark unterstützen, daß ihnen jegliche Neugestaltung im bürokratischen Aufbau ihrer Ämter ermöglicht wird. Weder die Bürokratie noch die Feudalklasse werden durch diese parlamentarische Reform und Regelung geschädigt, soweit ihre Begabungen dem Wettbewerb standhalten, denn auch sie sind wählbar und werden ihre auf Überlieferung beruhende Erfahrung und Geschäftskenntnis zur Geltung bringen. Die Reform der Parlamente aber, die mit dieser Entwicklung Schritt halten muß, ist Sache der Nation, die, wie wir gesehen haben, durch Schaffung geeigneter Wahlsysteme, durch Vertiefung des Parteilebens, durch Neurichtung der Parteien den einsichtsvollen Regungen der Obrigkeiten, die heute allenthalben keimen, zum Lichte helfen muß.

Ein letztes Wort muß über die dritte der staatlichen Kräfte gesagt werden, die den beiden ersten, der Richtkraft und der Stoßkraft, den Halt und die Festigkeit des kämpfenden Organismus verbürgt: die Widerstandskraft.

Alle Staatenpolitik ist dauernde Kraftprobe, und die höchste Steigerung der Politik, die des Krieges, ist eine Prüfung, die sich auf alle Fächer, physische, psychische und intellektuelle, erstreckt und die normalerweise nicht beendet werden kann, solange noch eine einzige Frage des Vergleichs unerschöpft ist. Die Reichstagung des 4. August 1914 hat offenbart, was unser inneres Empfinden wußte, daß keine Not des Landes unser Volk gespalten findet. Doch zugleich hat sie fühlbar gemacht, daß die innere Einheit nicht eine Folge, sondern eine bewußte sittliche Überwindung unsrer Einrichtungen bedeutet. Wenn Volksteile geminderten Rechtes, deren Überzeugungen als gesellschaftsunfähig gelten und nach Belieben als staatsfeindlich, vaterlandslos und landesverräterisch bezeichnet werden dürfen, den Kampf um die Heimat, die sie bewohnen, mit gleicher Begeisterung ergreifen wie diejenigen, denen diese Heimat rechtlich und wirtschaftlich gehört und gehorcht, so ist diese Entsagung für jeden, der deutsch empfindet, selbstverständlich. Auf Vorrecht und Entsagung aber erbaut man keinen Staat.

Wenn wir in diesem, der zeitlichen Praxis gewidmeten Abschnitt die ideale Forderung der Aufhebung erblichen Proletariats in den Hintergrund treten lassen, so ist denn doch der politische Aufbau des Staates aus herrschenden und beherrschten Volksgruppen selbst im Sinne der kühlen Festigkeitsberechnung zu verwerfen, weil das Gleichgewicht ihm mangelt.

Uns ist so eingeboren und eingewurzelt der Gedanke, der Staat sei eine Sache, die nur den bevorrechteten Spezialisten angehe, er sei ein Erbbesitz von Familienverbänden, Parteigruppen und Weltanschauungsformen, er sei ein despotisches Sonderwesen, das mit Polypenarmen in Lebensführung, Recht und Besitz des einzelnen eingreift, und dem man sich fügt, teils aus Zwang, teils weil dies Wesen die öffentlichen und politischen Pflichten gut oder schlecht versieht, wir sind so auferzogen im Bewußtsein, jeder von uns habe sich seinem bürgerlichen Beruf, heiße er Erwerb, Beamtenpflicht oder Geisteswerk, restlos hinzugeben mit seltenem Aufblick zur privilegierten Obrigkeit, mit Verzicht auf unbotmäßige und unwissende Kritik, die abgelöst ist durch das Recht, in Zeitläuften einen Wahlzettel zu beschreiben, der im Millionenstrudel der Stimmen verschwindet: daß wir den Staat als Res publica, als Sache aller, als Gemeinschaft unsres irdischen Wollens zu denken kaum vermögen. Es fehlen uns die Gegenbilder; was Geschichte und Umwelt an solchen uns bietet, erscheint uns verzerrt durch Übertreibung der Fehler, denn die wenigen, die unsern Blick auf Vergleichsgebilde richten, sind Professoren, reisende Kaufleute und Journalisten gebundener Willensrichtung.

Wir erschrecken nicht vor dem Gedanken, diejenige Hälfte des Volkes, die unsre Lebens- und Wirtschaftsformen als feindlichen Zwang betrachtet, von der Mitgestaltung des öffentlichen Wesens auszuschließen und sie auf agitatorische und parlamentarische Kritik zu verweisen; wir glauben, auf Grund höherer Erkenntnis sie zum Objekt gesetzgeberischer Abwehr, ja selbst kirchlicher und erziehlicher Besserungsversuche machen zu können; wir empfinden nicht das Unorganische, das in der rückhaltlosen Beherrschung einer begehrenden und expansiven Intelligenz durch eine besitzende und restriktive gegeben ist.

Wir halten es für zulässig und politisch vertretbar, daß eine obrigkeitliche Regierung eine unveränderliche Parteipolitik betreibt, Parteipolitik von Klasse zu Klasse, von Gruppe zu Masse; wir nennen diese Politik konservativ und staatserhaltend. Was gibt es denn, das inmitten organischen Lebens dauernd erhalten werden könnte? Nur das organische Leben selbst, das sich aus sich selbst heraus erneut; nicht seine zeitlichen und individuellen Formen. Der scheinbar Erhaltende verbürgt sich für ein lebenbekämpfendes Prinzip, für Verzögerung und Veraltung. Schlimmer aber ist, daß jede Politik, die nicht Gesamtpolitik ist, sondern Parteipolitik, dauernd mindestens zwei Herren dienen muß, ihrem äußeren objektiven Ziel und ihrer inneren geheimen Parteiüberzeugung; sie bleibt unfrei und unsachlich gebunden und unterliegt auf die Länge jeder dem Zwange enthobenen und in der Wahl der Mittel unabhängigen Gegenpolitik.

Seit zwei Jahren sucht man nach innerer, metaphysischer Begründung unsres Weltkriegsschicksals; dieses ist sie und keine andre: Eine Politik ohne Stetigkeit und ohne Erfolge hat das deutsche Volk nicht davon überzeugt, daß es verpflichtet ist, die Verantwortung für sein Leben und Geschick zu tragen. Das Volk, in unermeßlicher Bereicherung, Geschäftigkeit und Technisierung befangen, begnügte sich mit schlaftrunkenen Stoßseufzern über die Mangelhaftigkeit einzelner Ämter und lehnte es ab, von den tief fundamentalen Gebrechen, deren äußere Symptome es für zufällig, ja für nebensächlich hielt, sich Rechenschaft zu geben. Ein paar weitere glückliche Jahre persönlichen Erfolges schienen einem jeden wichtiger als die Sache der Gemeinschaft, die schließlich wohl oder übel sich selbst erhalten mochte. In jenen Tagen habe ich immer wieder in Wort und Schrift auf die drohende innere Logik hingewiesen, die unabhängig vom politischen Sonderfalle die Schicksalsstunde herausforderte. Der Krieg, dessen Ursachen heute noch durch populären Hinweis auf nebenseitige Auslösungsmomente abgetan werden, mußte kommen, um uns durch die Not der Gemeinschaft auf die Verantwortung und Solidarität der Gemeinschaft zu weisen.

Es gibt eine schöne Tugend dienender Naturen: für Leben und Besitz nicht der Menschheit, sondern des andern, des Herrn dazusein; in seinem Hause und Betrieb, in seinem Schicksal und Charakter aufzugehen und die anhängliche Treue auch den Nachkommenden zu wahren. Dies Geschick und Dasein ist echt und gut; es kann ehrwürdig sein, denn jedes vollkommen menschliche Verhältnis, ob schaffend oder leistend, ist Selbstzweck. Es ist die Bestimmung dessen, der nicht Herr sein kann, dem kein Haus, kein Freiheitsdrang, kein individuell gelöstes Leben und Wirken beschieden ist. Dem deutschen Volke aber ist es nicht bestimmt, in einem Staatsverbande zu wohnen, der nicht in jedem Sinne sein eigen ist, ein Schicksal zu vertreten, das eine erbliche Kaste ihm fügt, Einrichtungen zu beschirmen, die das Vorrecht einzelner bedeuten. Dies Volk, das eigenlebigste von allen, die sind und waren, hat Rechenschaft zu geben von eigenem Wollen und eigenen Pflichten.

Wenn es überhaupt möglich sein soll, auf lange Dauer den schillernden Individualismus, die reichen und fruchtbaren Gegensätze der Naturen und Interessen, die unser Land kreuz und quer durchfurchen, in einem und einheitlichen Staatsverbande zu erhalten, so müssen von allen geistigen und leiblichen Gliedern starke und ungestaute Nerven und Adern zum Zentralorgan der Bestimmung führen; nur dann gelingt der Ausgleich der Rechte und Lasten und die Erweckung der freien Kräfte. Wege zu diesem Ziele haben wir dargetan: die Reform des politischen und parlamentarischen Lebens, die Auswahl der Befähigten, die Mitwirkung des geistigen Volkes an der Verwaltungsarbeit und Staatspolitik. Im Sinne der Widerstandskraft des Staates erscheint uns das Ziel als Ausgleich der inneren Spannungen, die heute den Körper spröde und brüchig machen. Tragfähig aber ist nur der organische Körper, der von gesunden, geordneten Sehnen durchzogene. Auf ihm ruht jede Last fremden Drucks und eigener Verteidigung, weil jedes gesunde Element den gemeinsamen Endzweck der Erhaltung will und sich für ihn und seine Mittel verantwortlich und stark macht. Auf ihm ruht gesichert und beschützt die Krone der Monarchie, über parteilichen Willen erhoben und freudig getragen, weil in ihr nur das Gemeinwohl, unbeschattet von persönlichen Wünschen, sich verkörpert und weil ein jeder im Aufblick zu ihr der selbstlosen, zum Dienste aller verklärten Gerechtigkeit sich bewußt wird. Auf ihm ruht das höchste der politischen Güter, das wirkende Staatsbewußtsein, weil nicht einer aus dem Besitz und Verbande des vaterländischen Staates sich ausgeschlossen fühlt, weil keiner, der sich dem Dienste der Gemeinschaft hingibt, insgeheim von dem Bewußtsein bedrückt wird, nur einer klugen Schicht und Klasse zu dienen, weil jeder die Solidarität und mitbestimmende Verantwortung erlebt, die Quelle jenes adligen Stolzes auf Staat und Königtum, der uns von fern berührt und jedem Untertanenlande fremd ist.

So sind wir aus zeitlichen und politischen Erwägungen zum Volksstaat zurückgekehrt, der uns aus absoluten und sittlichen Betrachtungen vorschwebte. Wir haben das zeiträumlich gebundene Gebiet der eigenen Zustände durchschritten, so nahe es unsre Herzen berührt, nicht als ein Hauptgebiet unsrer Aufgabe, sondern nach dem Bilde des Antäus, um der kämpfenden Idee durch den Druck der Heimaterde die Kraft der Wirklichkeit einzuhauchen. Zum letzten Male umspannen wir das Gesamtbild unsres gesellschaftlichen Daseins mit rückgewandtem Blick des Abschieds.

Von der gewaltigsten Bewegung unsrer planetaren Menschheit sind wir getragen, der mechanistischen. Ihre Anfänge wurden verspürt, wo immer vor Jahrtausenden in wasserreichen Niederungen, an Küsten und Flußläufen das menschliche Geschlecht seßhaft wurde und zu Myriaden sich verdichtete, sei es am Euphrat, am Nil, am Mittelbecken oder in Ostasien. Die Verdichtung schritt auf drei Kontinenten unaufhaltsam fort, das Waldreich war gelichtet, das Tierreich wich. Das Werben des einzelnen, der Horde, des Stammes um die Güter der Natur wurde unergiebig, der Eroberungskampf der Menschheit gegen die Gesamtheit der Naturkräfte setzte ein. Ihn haben wir Mechanisierung geheißen.

In der Weltenära der Mechanisierung leben wir; als Naturkampf hat sie ihren Höhepunkt noch nicht erreicht, als Geistesepoche hat sie ihn überschritten, denn sie ist bewußt geworden. Physisch betrachtet ist sie ein Urzeitliches, denn sie ist animalischer Kampf um Nahrung, Leben und Glück, metaphysisch betrachtet ist sie kein Endgültiges, denn sie ist Herrschaft der niederen Geisteskraft des Intellekts.

Aller menschlichen Kräfte hat Mechanisierung sich bemächtigt, allen Denkens und aller Tätigkeit. Um sich selbst zu schaffen hat sie Wissenschaft und intellektuale Philosophie gebildet, um sich zu erhalten bedarf sie der Technik, des Verkehrs, der Organisation und der Politik.

Alles praktische Denken hat ihre Formen angenommen; ausnahmslos bewegt es sich in den Zeitmaßen der Polarität, der Abstraktion, der Entwicklung, des Gesetzes und des Zwecks, mit den Werkzeugen des Maßes und der Beobachtung. Alles metaphysische Denken hat unwillkürlich diesen Formen sich angeschmiegt und die Bewegungen des zweckhaften Intellektes nachgeahmt; ja selbst das religiöse Empfinden hat innerhalb der Mechanisierungsform der Kirchen, des organisierten Erbauungs- und Erlösungsbetriebes seine transzendentale Ursprünglichkeit auf die Bedürfnisse diesseitiger und jenseitiger Massenordnungen eingestellt. Die seltenen Stimmen, die im Laufe der Jahrtausende von Indien und Palästina her, ahnend aus Griechenland und schwärmend aus dem germanischen Mittelalter, durch die Atmosphäre des intellektualen Denkens drangen, haben im Bewußtsein der Welt nur Niederschläge mechanisierten Kompromisses hinterlassen.

Doch das Denken selbst, die riesenhafte, gebundene Macht der Erde, bricht über seinen zweckhaften Willen hinaus und ringt um Freiheit. Es erkennt die notwendige Gewalt der Mechanisierung, die im Physischen liegt, und begreift ihre transzendente Armut. Es erblickt die intuitive Macht der schauenden Seele, erkennt ihre weltvernichtende Einheit und erschrickt nicht vor dem Opfer seiner selbst. Entschleiert liegt die Mechanisierung in irdischer Hilflosigkeit; sie hat alle Kräfte des Planeten und seiner Sonne aufgerufen, doch nur, um sich neue Massen und neue Arbeit zu schaffen; sie hat alle Menschheit zu gemeinsamem Dienst verkettet, doch nur, um hinter dem Schutzschild sie zu heißerer Wechselfeindschaft zu reizen; sie hat alles Sinnen und Trachten geordnet, doch nur, um es in Reih und Glied in den Abgrund der Unwirklichkeit zu treiben.

Der unbekannte Erdgeist, dem wir dienten, wird zum Objekt; bald duldet er das Siegel Salomonis, das zum Dienste bindet. Hatte die Mechanisierung das Unerhörte geleistet, indem sie unser geistiges, leibliches, gesellschaftliches Sein zum Naturkampf formte, so hatte sie weder den Sinn dieses Kampfes uns gegeben noch unsre urzeitlichen Regungen gemeistert. Ja, sie hat aufs höchste diese Regungen gestachelt und mißbraucht, die Furcht, die Gier, den Eigennutz, den Haß: alles, was den ewigen Geist zur Täuschung des Ich und seiner Herrschaft spaltet. Die Formen des Raubes, des Schatzes, des Kampfes und der Knechtschaft hat sie zur anonymen Not vernebelt und verewigt; als Lockung und Drohung gewährte sie uns Entbehrung und Genuß, die kalten Pflichtideale und Nothilfen der intellektualen

Philosophie, das himmlische Spiegelbild unsrer irdischen Hölle, oder das Nichts.

Unabhängig vom Zweck und Denken ist der Sinn unsres Seins in uns erwacht; der ist das Werden, Wachsen und Leben der Seele. Unabhängig von Zweck und Wollen prüfen wir das Wesen der Mechanisierung und erkennen im Kern des erdgebundenen Werks der Naturbezwingung ein echtes Gut, das uns gegeben ward und dessen wir uns in der Trübnis seines Widerspiels noch nicht in Reinheit bewußt sind.

Der Naturkampf der Mechanisierung ist ein Menschheitskampf. Alles frühere Streben war Werk des *einen*, des Geschlechts, der Kaste, des Stammes; so wurden Tierheit und Wildheit, Boden und Meeresfläche bezwungen. Der Gesamtkampf der menschlichen und natürlichen Gewalten aber schließt jedes menschliche Dasein und Wesen ein; der planetare Geist kämpft als Einheit. Praktisch und handgreiflich hat die Mechanisierung nach dieser Voraussetzung gehandelt; zu millionenfachen Organisationen hat sie die menschlichen Einheiten zusammengeschlossen, durch Ketten aus Äther, Luft, Wasser und Metall die Erdfesten verbunden, zu Werken und Handlungen die entferntesten Glieder und Geister vereinigt. Im Geiste aber hat sie das Wesen der Bindung und des Gemeinschaftswirkens nicht erkannt; noch immer bedient sie sich der urzeitlichen und sklavischen Reize und Instinkte im Sinne des Kampfes und der Entzweiung. Begehrlichkeit und Eigensucht, Haß, Neid und Feindschaft, die Furiengeißeln der Vorzeit und der Tierwelt halten den Mechanismus unsrer Welt im Schwunge und trennen Mensch von Mensch, Gemeinschaft von Gemeinschaft. Die Tränen des Glaubens vertrocknen am Feuer des mechanistischen Willens, und Priesterworte müssen sich zum Segen des Hasses fügen. In die Galeere geschmiedet, sollen wir uns in Ketten zerfleischen, obwohl es unser Schiff ist, das wir rudern, und unser Kampf, zu dem es auslief.

Doch so wahr wir wissen, daß die erwachende Seele das göttliche Heiligtum ist, für das wir leben und einstehen, daß Liebe die Erlöserkraft ist, die unser innerstes Gut befreit und uns zur höhern Einheit verschmilzt, so unbeirrt erkennen wir in dem unentrinnbaren Weltkampf der Mechanisierung das eine Wesentliche: den Willen zur Einheit. Indem wir der Mechanisierung das Zeichen entgegenhalten, vor dem sie erblaßt, die transzendente Weltanschauung, die sie bei allem Aufgebot intellektualer Philosophie zu verdunkeln wußte, die Andacht zur Seele, den Glauben zum Absoluten; indem wir ihr Wesen durchleuchten und zum verheimlichten Kern des Einheitswillens hinandringen, ist sie entthront von der Herrschaft und zum Dienst gezwungen.

Wir werden sehend; um des Hungerlohns willen und des Höllenglücks von etlichen Genüssen und Eitelkeiten, vom Dank der Trägheit, der Eigensucht und Verantwortungslosigkeit verschreiben wir nicht die Würde unsrer Menschheit und das Leben unsrer Seelen. Wir streben zur Einheit und Solidarität menschlicher Gemeinschaft, zur Einheit seelischer Verantwortung und göttlicher Zuversicht. Wehe dem Geschlecht und seiner Zukunft, wenn es den Ruf seines Gewissens betäubt und beharrt in materieller Stumpfheit, in der Freude am Flitter, in den Banden der Eigensorge und des Hasses.

Wir sind nicht da um des Besitzes willen, nicht um der Macht willen, auch nicht um des Glückes willen; sondern wir sind da zur Verklärung des Göttlichen aus menschlichem Geiste.

1916

POLITISCHE SCHRIFTEN

Der Kaiser

1

Viele Jahre vor dem Kriege schrieb ich an einer Schrift, die hieß ›Psychologie der Dynasten‹.

Sie ist nicht gedruckt, nicht einmal beendet. In jener Zeit, die eine Form ihres Abhängigkeitsbedürfnisses mit dem Namen des monarchischen Gefühls bezeichnete und damit nicht den kühlen Begriff des kleineren Übels, sondern eine schlechthin sittliche Forderung verband, in jener Zeit war es mir nicht möglich, den richtigen Ton zu finden.

Denn das vollkommen Sinnwidrige, das zu schildern ich mich unterfangen hatte, neigte, so sehr ich mich bemühte, gerecht und unbeteiligt zu bleiben, als Hohn zu wirken; ein Gefühl aber, das mißleitet und mißbraucht, doch immer ein menschliches blieb, durfte nicht mit kalter Sachlichkeit, die wider Willen an Ironie grenzte, abgetan werden.

In unseren gleichgewichtslosen Tagen, die mit entfesselter Rede und Schrift nicht tief genug schwärzen können, was bis vor Wochen sinnlos vergöttert wurde, ist entgegengesetzte Gefahr: die Leidenschaften zu steigern. Sie kann behoben werden, wenn man dies im Auge behält: zwar ist nicht alles Wirkliche sinnvoll; es gibt schwere Irrtümer auch der Völker und Zeiten. Doch sind solche Irrtümer nicht zufällige und versehentliche, sondern tief organische. Daher auch nicht plötzlich abstellbar durch Entschluß und Maßnahme, sondern langsam tilgbar: durch Erkenntnis und Einkehr. Die Gründe unserer überalteten Irrungen sind überschüttet, nicht verflüchtigt; sie müssen ans Licht gezogen, durch das Licht der Betrachtung, durch die Luft der Freiheit unschädlich gemacht werden.

2

Wer waren die Leute, die sich um jeden königlichen Aufzug drängten und Vivat schrien? Es mögen manche dabei gewesen sein, die sich heute mit roten Bändern schmücken.

Wer waren die, die am 1. August 1914 jubelten? Es waren so gut wie alle.

Wer waren die, die zweimal wöchentlich flaggten, auf den Untergang der Lusitania tranken, dem Unterseekrieg zustimmten, über jede Kriegserklärung scherzten? Es waren manche gute Sozialisten darunter.

Das sind keine Vorwürfe, sondern Erinnerungen. Erinnerungen daran, wie tief das monarchisch-militärische Bewußtsein in den Massen saß. Es sitzt heute noch darin, nur trägt es andere Namen und Formen. Denn das Gefühl ererbter Autoritätsgläubigkeit und Abhängigkeit verliert sich nicht vom Sonnabend auf den Sonntag.

Bismarck glaubte nicht an das Nationalgefühl der Deutschen, und es waren in unseren dunklen Zeiten Augenblicke, die ihm recht gaben. Er glaubte jedoch an das dynastische Gefühl.
Was ist das?

Nimmt man es von seiner besten Seite – ein starkes Zugeständnis –, so ist es die Anhänglichkeit an den angestammten Herrn, in dem man den Ausbund des nationalen Wesens, den Ausdruck des nationalen Charakters sieht.

Der deutsche Dynast ist der deutscheste Mann, in dessen Zügen jeder sein eigenes Bild gesteigert wiederfindet, die Landesmutter ist die verklärte Frau.

Es ist nicht der römische, der englische Gedanke: Diesen Mann haben wir aus freiem Willen, aus nationaler Stärke so hoch gestellt, daß wir in ihm den Ausdruck unseres majestätischen Willens verehren. Es ist das kindlich vertrauliche Gefühl: Hier ist uns vom himmlischen ein irdischer Vater gegeben, der uns ein Vorbild ist und dem wir gehorchen. Er wird dermaleinst auch im Jenseits, in allerhöchster Seligkeit unser Herr sein.

Dem Germanentum war diese Weichheit fremd; sie hatten Herzöge und selbstgewählte Könige.

3

Dennoch hatte diese Gefühlsordnung vorzeiten ihren Wahrheitswert: von den Fürsten der Reformation bis zu den Fürsten der Aufklärung.

Ein spärliches Stadtvolk, ein bildungsloses, gutartiges Landvolk wurde nach Art eines Gutsbezirks väterlich verwaltet. Die Interessen des Besitzers – so muß man ihn nennen – und seines anvertrauten Gesindes waren schlechterdings gleichgerichtet; mit bekannten Ausnahmen, wo der Herr nach Versailles schielte, Schlösser baute, Schulden machte und einen Teil seines lebenden Inventars verkaufen mußte.

Sinnlos wurde der Gedanke mit dem Aufkommen der Verwaltungsstaaten und der Millionenreiche. Wie sollte hausväterlicher Wille durch die tausendfache Übertragung des Verwaltungsapparates auf den Untertan wirken? Wie sollte das Landeskind hinter dem Beamtenmechanismus in Meilenferne den allbewegenden Vater erkennen?

Hier trennten sich die Wege. Politisch entwickelte Nationen schritten entschlossen zur Republik und repräsentativen Monarchie, die mittleren und östlichen Staaten begnügten sich mit den äußeren Formen der Konstitution als Verkleidung militaristisch-feudaler Dynastie. Im offensichtlichen Interessengegensatz und Kampf zwischen Volk und Herrscherhaus wurden die patriarchalische Obmacht und ihr frommer Gefühlsausdruck gewaltsam erhalten.

Für die herrschende Schicht, die ihren Bestand der Monarchie verdankte, die daher in der Person des Monarchen, im engsten Sinne und leider mit Recht, einen der ihren sah, für diese Schicht behielt das dynastische Gefühl seinen Wahrheitswert, durchsetzt freilich mit Interessen. Für die beherrschte Schicht wurde dies Gefühl, aufgedrungen und eingetrichtert durch Schule, Kirche und Instruktionsstunde, zur ungeprüften Konvention und tiefen inneren Unwahrheit.

Doch reichte es aus, einmal den Monarchen selbst, sofern er nicht von großer Freiheit der Auffassung war, vollkommen zu umnebeln; sodann den ganzen Tatbestand des Dynastentums unter dem Schutze der Sitte und Gesetzgebung undurchdringlich zu verdunkeln.

Schmachvoll war hier wie überall die Haltung des Großbürgertums, das durch Beziehungen und Vergünstigungen preiswert bestochen, seinen Vorteil im Ankriechen an die herrschende Schicht und in der Lobpreisung des Bestehenden suchte. Die geistige Verräterei des Großbürgertums, das seine Abkunft und Verantwortung verleugnete, das um den Preis des Reserveleutnants, des Korpsstudenten, des Regierungsassessors, des Adelsprädikats, des Herrenhaussitzes und des Kommerzienrats die Quellen der Demokratie nicht nur verstopfte, sondern vergiftete, das feil, feig und feist durch sein Werkzeug, die nationalliberale Partei, das Schicksal Deutschlands zugunsten der Reaktion entscheiden ließ: Diese Verräterei hat Deutschland zerstört, hat die Monarchie zerstört und uns vor allen Völkern verächtlich gemacht. Einer der tragischen Züge des Kaisers war, daß er dieses Großbürgertum lieben mußte, so wie er alles lieben mußte, was ihm tödlich war, und alles verfolgen, was ihn hätte retten können.

4

Nun liegt der dynastische Tatbestand offen vor Augen, und das monarchische Gefühl in seiner kindlichen Gehorsamsform erscheint als das, was es ist: nicht eine liebenswerte, sondern eine krankhafte, ja unwürdige Schwäche.

Wie sahen die »nationalen Exponenten«, die »Exponenten des Volkscharakters« aus?

Zunächst in allen europäischen Ländern zum Verwechseln ähnlich. Wer einen europäischen Dynasten kannte, kannte alle, einschließlich der größeren Magnaten, die nach ihnen arten.

International. Eine große europäische Familie, eine Art von Übergutsbesitzern. Jeder mit jedem verwandt, nur die eigene Art achtend, nur ihr – mit Ausnahmen – vertrauend, in steter Wechselbeziehung Briefe, Glückwünsche, Geschenke, Verleihungen, Besuche tauschend. Mit seinesgleichen kann man sich aussprechen; man wird verstanden. Man zeigt seine Besitztümer (Länder, Städte und Untertanen), rühmt, vergleicht, entschuldigt. Offene, dauernde Aussprachen über die Volksgefahren: Umsturz, Revolution. Die Völker – man sagt es nicht – sind schließlich gefährliche Bestien, die weise, nach überlieferten Rezepten, behandelt werden müssen. Fällt man in die Hände des Volkes, der heißgeliebten Untertanen, und ist der Zauber der Furcht und des Respekts abgestreift, so ist man verloren.

Die staatlichen Besitztümer, Länder, Kronen lassen sich vertauschen, erheiraten; dann werden Nationalität, Name und Glauben gewechselt. Vermischung mit dem Blut des eigenen Volkes entadelt und entrechtet.
Mit Ministern und Generalen kann man das wenigste besprechen. Viele sind komisch, absonderlich, unappetitlich, den Frauen und Kindern widerlich. Sie sind Volk, auch mit adligen Namen, haben beschränkte Überzeugungen, fangen mit großen Reden an und scheitern nach fünf Jahren. Entweder servil oder anmaßend oder beides; hat man sie erzogen, so ist ihre Zeit um. Am Ende hat jeder dem Thron nicht genützt, sondern geschadet.
Erholung findet man in der Familie. Hier ist die Insel, wo diese armen Menschen, von aller Welt verschieden und geschieden, sich selbst nicht verständlich, einander verstehen. Die Kinderstube mit ihren unendlichen Rücksichten und Vorsichten, mit ihren englischen Nurses und hygienischen Überzüchtungen, Familienhort und Staatsheiligtum zugleich, die Kinderstube der Fürsten, die Zuflucht ihres Menschentums und ihrer Einfachheit, hell, zart, behütet, auf Sprache, Wetter, Weltbild, ablehnende Menschenbeobachtung, höfische Religion und flüchtigen Unterricht sorgsam eingestellt: sie ist der Kern, von dem das neuzeitliche Dynastenwesen sich niemals löst, von dem aus allein es begriffen werden kann.
In kindlicher Abgeschlossenheit entstehen die entscheidenden Vorstellungen. Man lebt in einem schmerzlich abgesperrten, geschützten Paradies. Draußen brandet ein böses, schmutziges Volk, das ferngehalten, behütet und geliebt werden muß. Oberstes Gesetz ist Abschluß, Schutz gegen Luftzug, Ansteckung, Erkältung. Von draußen kommen Keime, unpassende, widerliche, lächerliche Dinge. Desinfizierte Dienerschaften, übelduftende Lehrer und Ärzte, groteske alte Exzellenzen schleppen sie ein. Unpäßlichkeit stürzt alles um. Unverletzlichkeit des Körpers und Lebens gilt vor allem. Mama pflegt, Papa schilt.
Papa und Mama sind die Götter des Paradieses. Sie sind fürs erste unfehlbar. Sie müssen sich anbeten lassen in prächtiger, immer wechselnder Kleidung in Kirchen, Krankenhäusern, Parlamenten, bei Festen, Paraden, Einweihungen, Schauspielen, auf Reisen und Jagden. Jeder naht sich ihnen untertänig, jeder will etwas, jeder macht etwas

falsch und muß zurechtgewiesen werden, jeder hat unangenehme Eigenschaften und meist ein böses Gewissen. Sie bringen Ärger nach Haus, und aller Ärger kommt vom aufsässigen Volk und von dummen Ministern.

In der Vergangenheit lebten die großen Vorfahren. Alles, was es Gutes in der Welt gibt, kommt von ihnen. Sie haben sich für das störrische Volk geopfert, für das man sich immer weiter opfern wird und das zum Dank immer weitere Rechte verlangt: Lehrer und Pastor reden von nichts anderem, und immer noch nicht genug; sie sind schließlich auch Volk.

Fern, in glänzenden Hauptstädten wohnen die Verwandten. Auf sie kommt es in der Welt an; jeder hat seine berühmten Sonderheiten, Seltenheiten und Besitze. Man kennt sie und besucht sich. Es gibt ganz große Verwandte, denen man gefallen muß, mittlere, die gleichgültig sind, und kleine, arme, die sich herandrängen. Auch sie sind immerhin ebenbürtig, nicht gewöhnliches Volk oder putzige Landaristokratie.

Über der fürstlichen Familie steht Gott, der unsichtbare Familienchef, der sich in große Fragen einmischt, sonst sich mit den herkömmlichen Rücksichten begnügt. Das Volk sollte sich daran ein Muster nehmen, fleißiger seinen Fürsten und seinem Gott dienen, dem selbst die Fürsten im gewöhnlichen Gottesdienst offensichtlich zu huldigen nicht verschmähen.

Das Volk ist keine ganz gleichartige Masse, sondern gegliedert. Jeder hat etwas zu leisten oder zu liefern. Die meisten haben Arbeit zu leisten, Straßenarbeit oder ähnliches. Die besseren sind Lieferanten. Vom einen bezieht man Schmucksachen, vom anderen Stiefel, vom dritten Baumkuchen. Sie sind manchmal nett, meistens unterwürfig, aufdringlich und etwas betrügerisch. Der Professor liefert römische Geschichte, der Ingenieur verblüffende Erfindungen, der Minister Staatsrecht. Andere Sachen haben sie nicht, andere kann man von ihnen nicht verlangen, und von anderen kann man mit ihnen nicht reden. Bei großen Festen findet sich die ganze Sippschaft zusammen: man merkt es noch nach drei Tagen.

Die Kindheitseindrücke verlieren sich nie, kein Sturz in Welt, Volk und Leben spült sie ab. Die Haut wird nicht hart; der Dynast wird nicht im Männerkampf gestählt; er bleibt zeitlebens ein Produkt der

Kinderstube und des Salons, trotz Kommersen, Jagden und Paraden. Bei Magnaten das gleiche.

Jugendliche Probleme stellen sich ein und werden beschwichtigt. Wie kommt es, daß unter Millionen mir dieses Blut, mir diese Größe zufiel? Gott hat es gewollt; er steht zu meinem Hause, zu mir in einem Sonderverhältnis.

Es ergibt sich die typische, transzendenzlose Gegenseitigkeitsreligion der Dynasten. Do ut des. Gott zu mir, wie ich zum Volk. Jeder Erfolg der dynastischen Politik ist ein Gottesurteil. Alles sittliche Geschehen spielt sich ab auf der Ebene der greifbaren Tatsächlichkeit. Alles Transzendente verwandelt sich in ein jenseitiges Spiegelbild mit unveränderter Rangordnung. Zwischen religiösen und politischen Aufgaben gibt es keinen Unterschied; man baut Kirchen, wie man Pulverfabriken baut. Man bekehrt Heiden, wie man Tuberkulose bekämpft.

Ein ernstes Problem der eigenen Zulänglichkeit kann nicht entstehen; das hieße, an Gott zweifeln. Hat er meinen Vorfahren dieses Land, dem Land diese Verfassung, der Verfassung mich als Herrn gegeben, so muß bei gutem Willen und angemessener Pflichterfüllung alles stimmen. Es kann von mir keine Einsicht verlangt werden, die ich nicht habe; sie wird verlangt: folglich habe ich sie.

Die Weltgeschichte, von höfischen Professoren in faßlicher Darstellung geboten, rückt zu einer Kettenfolge großer Momente zusammen. Cäsar beschloß – Karl verkündete –, der Kurfürst rüstete – Friedrich dekretierte –, Napoleon schrieb –; so geschahen die großen Dinge Schlag auf Schlag; die Jahrzehnte der Überlegung, der Vorbereitung, der Einzelarbeit, der Beratung stehen nicht im Heft. Die Geschichte ist eine Reihenfolge inspirierter monarchischer Entschlüsse. Der Tag hat vierundzwanzig Stunden; zieht man das unentbehrlich Repräsentative und die Lesung einiger Denkschriften ab, bleibt noch gerade die Zeit für eine Schlag-auf-Schlag-Politik; folglich muß sie die richtige, folglich kann sie bei einiger Begabung und gutem Willen nicht schwer sein. Da nun die eigene Arbeit nicht schwer ist, so ist die geringe Teilarbeit der Würdenträger geradezu leicht. Minister heißt Diener. Sie müssen zur Verfügung stehen und mögen ihre Kanzlei- und Parlamentsarbeit machen, wann sie wollen. Talent? Sie brauchen wenig; Fehler machen alle, und die brauchbarsten sind die langweiligsten.

Die Jugend sucht Freundschaft. Studiengenossen wachsen heran, die Kameradschaft wird einseitig. Auf »Du« und Schulterschlag lautet die Antwort: »Eure Königliche Hoheit befehlen.« Unmerklich gewöhnt man sich, das blaue Auge blitzen zu lassen und Bedeutung in den Händedruck zu legen. Außerdem: der Kamerad beginnt seine untergeordnete Karriere, wahrscheinlich hat er Wünsche, vielleicht Schulden – alle haben Wünsche.

Freundschaft der Monarchen! Dieser Dichtertraum ist unmöglich. Schon die kleinsten unter den Großen wissen: Die dritte Begegnung, der dritte Brief – und aus dem Verhältnis der Menschlichkeit wird eine Beziehung der Nützlichkeit. Den stets erneuten guten Willen zur Enttäuschung bringen wenige auf.

Die Sucht nach Menschen kämpft mit gleichgültigem Mitleid und unterliegt. Zu viele haben sich vor ihm erniedrigt, vor ihm geweint, verzweifelt gebeten, seine Hände geküßt, ihre Schuld bekannt. Er erblickt nur erweichte, schmiegsame Menschen; nur ein Wort, ein Augenwink, und die Härten entspannen sich, schmelzen hin. Der Widerstand, den Freundschaft fordert, findet nicht statt; fände er statt, so wäre sie beendet.

So scheint das Menschenherz keine Geheimnisse zu haben, und leider, auch die Welt hat keine.

Auf alles erhält man eine Antwort, eine ganz leicht faßliche, vom besten Antwortlieferanten. Ausgrabung? Geschichtsepoche? – Soundso, da und da, die und die. Erfindung? – Zwei Schlagworte, drei Zahlen. Historische Personen? – Eine unbekannte, entzückende Anekdote. Politische Nachrichten? – Einen Tag früher als alle Welt. Man kennt alle Großstädte, alle Sprachen, alle zeitgenössischen Menschen, alle Kunststätten, alle Gebräuche. In einer Stunde hat man sie alle kennengelernt. Die Welt ist eine illustrierte Beilage, eine Festschrift, ein Kino ohne Hintergrund.

5

Thronbesteigung.

Eintritt in die Weltgeschichte. Es gibt keinen Privatakt mehr, das Leben ist sakral, ein ununterbrochenes Schaustück, Epopöe.

Jedes Wort eine Gnade, ein Segen. Priester, Generale, Staatsmänner

Würdenträger empfangen ihn mit tiefem Aufblick. Für jeden ist der Moment der höchste des Lebens.

Bei jedem Schritt knallt, läutet, trommelt, tutet, bläst und flaggt es. Nicht zum Vergnügen, sondern, wie das Hofgesinde sagt, des Volkes und der Überlieferung wegen. Das bestätigt sich, denn ungezählte Revolutionäre machen diese Dinge beseligt mit.

Alle alten Bräuche und Zeremonien beleben sich. Früher, als sie symbolischen Sinn hatten, waren es zwei oder drei im Jahr; jetzt sind es zwei oder drei in der Woche. Alle Tage ist irgendwo ein Fest, alle Stunden ist irgendwo ein feierlicher Augenblick. Er wird, wie man sagt, festgehalten: photographisch, kinematographisch, telegraphisch, journalistisch, protokollarisch. Weltgeschichte wickelt sich von der Walze.

In stetig wechselnder Verkleidung muß gefahren, geritten, gegangen, gegessen und immer geredet werden. Jeder Augenblick hat etwas Endgültiges. Jede Gebärde entscheidet. Jeder Wink bewegt. Manches wiederholt sich, wenig setzt sich fort, das meiste beginnt von neuem.

Unabsehbar strömen die Menschen vorüber, gewöhnlich auf Nimmerwiedersehen. Sie müssen ihren Eindruck auf Lebenszeit empfangen. Jedes Wort eine Mitgift. Zehn, zwanzig Jahre lang nie ein Widerspruch. Titulaturen und Gebärden der Gottesverehrung. Das Gefolge in stiller Anbetung, die Fremden in starrer Bewunderung. Eine Frage nach der Heimat ist Leutseligkeit, ein Dialektwort unvergeßlicher allerhöchster Witz. Große Männer machen feine Komplimente, gefürchtete Herren schmeicheln dem Teckel. Keiner ist unzugänglich, jedem leuchten die Wünsche aus dem Auge. Einer kann alles erfüllen.

Huldigung! Gelöbnis unverbrüchlicher, ewiger Treue. Hingabe bis zum letzten Blutstropfen. Alles für den Herrscher. Er, der Herr, wir die Diener. Wie geschworen, so geglaubt; geglaubt, nicht aus Anmaßung, sondern zum Besten des Landes.

Alles ist zum Besten des Landes: die Treue, die Bewunderung, die Anbetung, das Opfer; Gott will es so. Daher kann es Anerkennung geben, doch keinen Dank. Dank setzt Freiheit der Leistung voraus. Der Vorwurf monarchischer Undankbarkeit ist ein logischer Widerspruch. Als Wilhelm I. nach der Versailler Krönung Bismarck die Hand verweigerte, war er im Recht.

Jeder Irrtum wird vergessen. Jede Wahrsage wird ewig wiederholt. Von jedem Gegner wird erwiesen, daß er ein böser Narr ist. Ungnade vernichtet. Wen sie trifft, ist ausgelöscht aus der Tafel der Lebenden. Er hat sich selbst gerichtet.

Es gibt keine Unzulänglichkeit, denn es gibt keine Appellation. Einer ist höchster Schiedsrichter für alles. Die vier freien Künste, Militär und Marine, Verwaltung und Rechtsspruch, Verkehr und Technik: alles reicht kniend seine letzten Fragen zur Entscheidung dar. Banknoten und Briefmarken, Theaterszenen und Lichteffekte, Straßennamen und Denkmäler, Bauten und Gärten, Kirchen und Ausstellungen, Tornister und Federbüsche, Kriegsschiffe und Flugzeuge, Eisenbahnwagen und Unterführungen, Fahnen und Vereinsabzeichen: alles bedarf eines Namenszuges, einer rettenden Korrektur, einer genialen Handskizze.

Kein großes Ereignis darf unbegrüßt vorübergehen. Der höfische Chronist, der theologische Lobspender verlangt ein historisches Wort, ein Telegramm. Im Fluge erledigt sich die auswärtige Politik; es gibt eine Erleuchtung, von der der Beamte nichts ahnt, die den Grund der Dinge erhellt. In einer Stunde der Monarchenbegegnung zerschmilzt das Problem, das Kabinette in Jahren nicht bezwingen. Ein kühnes Wort begeistert Völker, ein Runzeln schreckt den Erdball.

Nachdenken, Sammlung, Bücher, Natur? Ja, wer so glücklich wäre! Wenn Pflicht und Repräsentation vom Tage das ihre genommen haben, so bleibt für Familie, Erholung und Vergnügung ein Weniges, für Erbauung das Notwendige, für Erneuerung nichts.

Wie? Diese Welt und Umwelt des Dynastentums scheint unglaubhaft grotesk?

Unglaubhaft, unglaublich scheint nur das eine, daß jahrein, jahraus mit tiefem Ernst ein ernstes und tiefes Volk diese Dinge nicht hingenommen nur, sondern gepriesen und beschworen und jeden verlacht, verachtet und verfolgt hat, der an ihrer Notwendigkeit, Endgültigkeit und Gottgegebenheit zweifelte.

6

Was wird aus einem Menschen, der dies Leben treibt?

Wohl ihm, wenn nicht grenzenlose Menschenverachtung, würgender Überdruß ihn packt. Körperliche Natur, wenn sie stark ist, kann standhalten, überreizter Geist kann sich selbst zur Unersättlichkeit stacheln, Seelenkräfte müssen erstarren.

Mußte und muß dieses Leben irgendwo und irgendwann getrieben werden?

Ja; überall dann und da, wo eine überaltete, von indolentem Volk geduldete Verfassung dem Monarchen übermäßige Rechte mit entsprechenden Pflichten zuweist und ein normaler Dynast aus echtem Dynastengeschlecht von diesen Rechten gutgläubig Besitz nimmt.

Denn jeder übermächtigte Dynast ist, unbewußt, geborener Gegner des Volkes, das ihm und den Seinen Recht um Recht abtrotzt, dem er Recht um Recht zu wehren hat. Daher fühlt er, der angeblich nationalste Mann der Nation, die Pflicht, jeden Punkt seines Machtkreises gegen das Volk zu besetzen und zu verteidigen, gleichviel, ob seine eigene Persönlichkeit zerrissen wird.

Gewiß! Er könnte mäßigen, entsagen: wäre er eine Genialität des Charakters, eine auf Wesenhaftigkeit eingestellte Natur. Es gab zwei Greise und eine Frau, die es konnten. Doch wäre er dann nicht der normale Dynast und Dynastensohn, sondern eine Spielart, auf die Jahrhunderte warten.

Gewiß! Es könnte ein Volk aufstehen, die Charte zerreißen, die unerfüllbar geworden ist, und seinen Willen neu gegen den des Monarchen abgrenzen. Es könnten vor allem die Würdenträger sich erheben und das für sie mehr als für das Volk würdelose Spiel beenden.

Ja, würdelos für beide; nur nicht für den, der sein Recht wahrt, für ihn nur irrig. Denn welche Zumutung liegt darin, daß ein Volk angesehen wird als urteilslose Masse, die jene Fiktionen und Vergötterungen nicht nur glaubt, sondern fordert und heilig hält, die sich ihre Unterworfenheit und mindere Einsicht täglich bescheinigen lassen muß?

Bei uns standen hinter dem Thron die Feudalen. Sie wahrten ihre alten Rechte, vergaben sich nichts, lächelten bisweilen und hatten keinen Grund, Einspruch zu erheben. Hinter ihnen, lüstern und grinsend, stand das Großbürgertum, gierig nach Würden, Verkehr und Einfluß, überbot sich in Servilismus gegen das System und rächte sich für jeden Mißerfolg durch persönliche Kritik.

Wann aber hat je ein Kanzler sich aufgemacht, der den Zusammenhang durchschaute und sich für die Erweiterung der Volksrechte, die Beschränkung der Monarchenrechte geopfert? Hier war Stein-Hardenbergsche Arbeit zu tun, und es war keiner, der es nicht wußte, dem es nicht gesagt war.

Von sieben Kanzlern der hochmonarchischen Zeit ist nicht einer freiwillig gegangen, geschweige um dieser Dinge willen. Die besten haben über den Monarchen geklagt, doch ihr Mißtrauen gegen das Volk war größer als ihre Einsicht. Mag sein, es hätte nichts geholfen, wenn sie gegangen wären: Wäre das ein Grund, so wäre nie einem Menschen mit Lebensgefahr das Leben gerettet worden.

7

Als Dynast, Glied jener höchst offenkundigen und vollkommen unbekannten, überständigen, rätselhaften europäischen Dynastenfamilie; als Monarch, Träger des unmöglichsten aller neuzeitlichen Berufe, ist Wilhelm II., deutscher Kaiser, König von Preußen, untergegangen. Retten konnte ihn aus der Hoffnungslosigkeit der Voraussetzungen nur Genialität des Charakters. Daß er sie nicht besaß, ist kein Vorwurf.

Sein Fall ist beklagenswert, nicht tragisch: denn der Konflikt spielt sich ab nicht im Urgrund dunkler Seelenkräfte, sondern auf der belichteten Fläche der Intellektualität. Die Kämpfe, Wunden und Schmerzen sind scharf, nicht tief. Noch heute wird ihm die flach intellektuelle und falsche Fragestellung der Feinde: Schuld oder Unschuld? verständlicher sein als das menschliche Problem des *sacrificium intellectus*, des freien, überzeugten, rechtzeitigen Opfers einer intellektualen Existenz zur Sühne eines unverschuldeten, unlösbaren Zwiespalts. Denn sein Gottempfinden ist echt zwar, doch ganz rational, auf gläubig-sittliche Abrechnung gegründet, immer wieder auf reale Gerechtigkeit, Prüfung und Gnade, Lohn und Sühne weisend. Das Unfaßbare und doch Verantwortliche, das unter der Schwelle der Persönlichkeit liegt, besteht für diese Betrachtung nicht.

Sein Fall ist nicht tragisch, doch schicksalhaft, denn verschlungen und verflochten in ihn ist die Schuld und Unschuld eines Volkes, das seine Tiefe vergaß. So wenig der Exponent seines Volkes, so sehr der Exponent seiner Zeit, der Zeit und Vergessenheit seines Volkes.

Dies Volk in dieser Zeit, bewußt und unbewußt, hat ihn so gewollt, nicht anders gewollt, hat sich selbst in ihm so gewollt, nicht anders gewollt. In der unbeschreiblichen Dramatik ihrer Geschichtswebung hat es Klio gefallen, in einem großen Menschenschicksal den Deutschen ihr zeitliches Wesen, ihre Selbstentfremdung, ihren Abgott und ihren Sturz zu verknüpfen.

Niemals zuvor hat so vollkommen ein sinnbildlicher Mensch sich in der Epoche, eine Epoche sich im Menschen gespiegelt.

8

Unterdrückt im Tiefschlaf schlug der Epoche das Gewissen.

Um 1909, auf einer Eisenbahnfahrt im Rheinland, saß ich im Abteil mit vier oder fünf Großindustriellen. Man sprach vom Kaiser, wie es damals üblich wurde: maßlos, verbittert.

Ich sagte: »Ist es nicht unritterlich, den Menschen statt der Einrichtungen verantwortlich zu machen? Wann hat je der Kaiser die Grenzen seiner verfassungsmäßigen Rechte überschritten? Begrenzen Sie diese Rechte enger; mit Ihrer nationalliberalen Partei haben Sie die Macht, der Monarch fügt sich jeder vollzogenen Tatsache.«

»Warum schreiben Sie das nicht? Sie schreiben ja Bücher«, warf jemand ein.

»Ich schreibe es jedes Jahr zweimal«, sagte ich. »Aber gestatten Sie eine Gegenfrage. Wenn ich das nächste Mal mir einfallen ließe, der Sache die Form einer Petition an Kaiser und Reichstag zu geben –: würden Sie unterschreiben?«

»Warum nicht?« »Gewiß«, meinten mehrere.

»Sie irren. Keiner würde unterschreiben. Die Aussicht auf das Herrenhaus und den Adel wäre zu Ende. Die Karriere des Sohnes erledigt, der Verkehr mit Hof und Würdenträgern abgeschnitten.«

Es widersprach niemand. Sie alle wußten es. Das Großbürgertum wußte und wollte es und behielt sich mündliche Kritik vor.

Nicht einen Tag lang hätte in Deutschland regiert werden können, wie regiert worden ist, ohne die Zustimmung des Volkes. Das Volk ist unschuldig, denn es fehlten ihm die Vergleiche und es fehlte ihm die treibende Not, ohne die es sich nicht bewegt. Der Feudalismus ist entschuldbar, denn er verteidigte alte Rechte; das Großbürgertum ist es nicht. Gleichviel! Das Gewissen, das sich im Lande regte, wurde dem Monarchen nicht bewußt; er fühlte Zustimmung, wo er ging und stand; er berührte die Grenzen seiner Rechte und überschritt sie nicht; es hätte tiefster, instinktiver Einfühlung bedurft, um ihn zur Wandlung ererbter Weltanschauung zu bewegen.

Fünfundzwanzig Jahre des Erfolges!

Das größte Unternehmen der Wirtschaft geht längstens nach drei Jahren zugrunde, wenn die bauenden Kräfte, die es schufen und erhielten, nicht mehr wirken; die lebendige Kraft des Deutschen Reiches war so gewaltig, daß sie ein Menschenalter in Schwung hielt. Dem, der nur Sonne zu sehen gewohnt war, blieb ein Menschenalter jedes Todeszeichen verborgen, nur der Erfolg sichtbar. Der Reichtum quoll unter den Füßen, Städte wuchsen, Land und Meer belebten sich, alles arbeitete und schuf: selbst der Fehler wurde zum Gewinn, jeder Wurf schien zu gelingen. Freilich, die Herrschaft über eine Welt ist schwer; doch in dieser Fülle des Segens –: kann sie irrig sein?

Kanzler, Staatsmänner, Generale machen Fehler und werden ersetzt, einer bleibt. In ihm häuft sich Erfahrung, Erinnerung, Fertigkeit. Kann er inmitten des glänzenden Erfolges plötzlich haltmachen, sich besinnen, umkehren, umlernen?

Aus eigener Kraft kann er es nicht. Denn die Natur, die selbsttätige Richtkraft in sich trägt, geht nicht fünfundzwanzig Jahre in die Irre. Diese Kraft besteht von Anfang, oder sie erwacht nie.

Er kann es; wenn ein großes Drohen im Volke oder von außen sich rechtzeitig und wahrnehmbar erhebt.

Der Geist der Geschichte hat es nicht gewollt. Er wollte, daß dieses Volk seine überspannt mechanisierte Epoche durch sich selbst und durch ihr zeitliches Abbild vernichtete. Es mußte in seinem Irrtum reifen. Als die Drohung kam, war sie zugleich Urteil und Vollstreckung. Das Schicksal würdigte ihn und holte gewaltig aus, um ihn zu fällen.

9

Im ganzen habe ich den Kaiser etwa zwanzigmal gesehen, von 1901 bis Anfang 1914, durchschnittlich ein- bis zweimal im Jahr, manchmal freilich einige Stunden lang.

Das erstemal sollte ich vor ihm einen wissenschaftlichen Vortrag wiederholen, den ich zuvor in einem größeren Kreise gehalten hatte und der mir daher geläufig war. Der Kaiser saß dicht vor mir, ich konnte ihn genau betrachten.

Wie anders, als ich ihn erwartet hatte. Ich kannte die schneidigen Jugendbilder mit breiten Backen, gesträubtem Schnurrbart, drohenden Augen; die gefährlichen Telegramme, die kraftstrotzenden Reden und Denksprüche.

Da saß ein jugendlicher Mann in bunter Uniform, mit seltsamen Würdenzeichen, die weißen Hände voll farbiger Ringe, Armbänder an den Handgelenken; zarte Haut, weiches Haar, kleine weiße Zähne. Ein rechter Prinz; auf den Eindruck bedacht, dauernd mit sich selbst kämpfend, seine Natur bezwingend, um ihr Haltung, Kraft, Beherrschung abzugewinnen. Kaum ein unbewußter Moment; unbewußt nur – und hier beginnt das menschlich rührende – der Kampf mit sich selbst; eine ahnungslos gegen sich selbst gerichtete Natur.

Viele haben es mir seither gestanden: Hilfsbedürftige Weichheit, Menschensehnsucht, vergewaltigte Kindlichkeit, die hinter physischer Kraftleistung, Hochspannung, schallender Aktivität fühlbar wurde, hat sie ergriffen und empfinden lassen: diesen Menschen muß man schützen und mit starkem Arm behüten, vor dem, was er fühlt und nicht weiß, was ihn zum Abgrund zieht.

Ein Freund fragte nach dem Eindruck der Erscheinung und des Gesprächs. Ich sagte: ein Bezauberer und ein Gezeichneter. Eine zerrissene Natur, die den Riß nicht spürt; er geht dem Verhängnis entgegen.

Der Mann, dem ich dies in der höchsten Blüte wilhelminischer Ära sagte, ein Kenner der Menschen, erstaunte nicht und hat in der langen Glanzzeit bis zum Kriege mir das Wort nicht vorgehalten. Als der Krieg begann, begegneten wir uns, beide vom schlimmen Ausgang überzeugt. Abermals widersprach er mir nicht, als ich sagte: Nie wird der Augenblick kommen, wo der Kaiser, als Sieger der Welt, mit seinen Paladinen auf weißen Rossen durchs Brandenburger Tor zieht. An diesem Tage hätte die Weltgeschichte ihren Sinn verloren. Nein! Nicht einer der Großen, die in diesen Krieg ziehen, wird diesen Krieg überdauern.

Moltke stürzte und starb, Falkenhayn, Bethmann, Jagow, Tirpitz stürzten; im letzten Jahr war nur der Kaiser übrig, und zum Schluß stürzte auch er.

Der sichtbarste Riß, so offenkundig wie unbeachtet, ging durch die physische Natur des Monarchen.

Es gibt schwache Seelen in starken Leibern. Da wirkt die schwache Seele nicht müde, verzagt und verdrossen, freilich auch nicht liebevoll, leidenschaftlich, nachhaltig brennend; sondern sie wird angefacht, ruhelos getrieben, maßlos genährt, ein kaltes Feuer, das strahlt und zehrt, nicht wärmt.

Das physische Leben des Kaisers war sehr stark. Es gab wenige Menschen in Deutschland, die am Tage so viel verrichten, aufnehmen und wiedergeben, sich wandeln, Haltung bewahren, stehen und reden konnten wie er. Ein erstaunlicher Sprecher von liebenswürdiger Einfühlung, unermüdlichem Gedächtnis, gestaltender Unterhaltungsgabe, ganz auf den Gegensprecher eingestellt; ein glänzender Redner, zwar nicht von künstlerischem, selbst nicht stilistischem Ausdruck, doch von den stärksten Mitteln der Geistesgegenwart, der geordneten und gesteigerten Darstellung, des mitreißenden Schwunges und Vortrags. Nirgends hat sein heraldischer Geschmack, sein wagnerischer Apparat so treffend den Nerv der prusso-mechanischen Bevölkerung berührt wie in den Reden, die unvorbereitet, mit der gemilderten Kommandostimme des gebildeten Militärs gehalten wurden, fast immer vor Gleichgesinnten.

Mit dem mechanisierten Begriff der Pflicht erkauften und bezahlten die Mächtigen der Wilhelminischen Epoche alle ihre Vorrechte. Mit dem Hebel der Pflicht wirkte die starke physische Natur des Monarchen auf die Kräfte seiner Seele. Die vorgesetzte Gottheit, die traditionelle Armee, das ernstgenommene Priesteramt, die Staatskunst Friedrichs und die Volksbeherrschung al Raschids schrieben nicht nur dem Tagesgestirn seinen Gang, sondern auch der Seele ihre Bewegungen und Erregungen vor.

Das Unbewußte verlor sich. Ein zweiter Riß entstand. Ein aufgeregter, an herkömmliche (»pflichtgemäße«) Ziele gebundener Geist, ein dynastisch ererbter, auf Selbstverteidigung, Macht und Repräsentation gerichteter Wille, eine heimliche Einsicht der Grenzen und Schwächen, gemildert durch Erfolg und göttliches Einvernehmen, ein Streben nach unbedingter, ausnahmsloser, nach sofortiger Wirkung;

diese intellektualen Kräfte ergriffen die Führung. Jeder Augenblick unterlag der Selbstkontrolle, der Selbstbeobachtung; die unterbewußten Kräfte flüchteten sich in die unbedeutenden Kanäle des Lebensgeschmacks, und um die tief natürlichen Quellen des naiven Daseins, Instinkt, Richtkraft, Augenmaß war es geschehen.

Von Anfang an waren diese unbewußten Kräfte nicht stark. Mit Übertreibungen begann es. Übertreibung ist unzureichende Selbstüberzeugung. Kam ein Mißerfolg, so wurde umgesteuert. In bunter Folge reihten sich die aufgegriffenen, durchgeführten, halberledigten, aufgegebenen Probleme, wie der Tag, die Umwelt, die Gelegenheit sie brachten. Wollte man wagen, von Grundtendenzen zu reden, so könnte man drei benennen, die mehr einer allgemeinen Geschmacksrichtung als innerer Notwendigkeit entsprangen: die unbestimmte preußisch-deutsche Machttendenz, die ererbte dynastische Tendenz der Selbstverteidigung, und in verborgenem Widerspruch mit diesen beiden eine allgemeine Tendenz zur Modernität, vornehmlich im technisch-mechanistischen, gelegentlich im sozialen Sinne. Unausdenkbar der Idealbegriff, zu dem die Verwirklichung solcher Wollungen geführt hätte; eine Art elektrisch-journalistischen Cäsaropapismus.

Der Gefühlsinstinkt versagte seinen Dienst in der Wahl der Menschen. Nur stille Anbetung war weich und sorgsam genug, den Monarchen zu umgeben. Die sie leisten konnten, durften nicht Frauen sein, waren nicht immer Männer. Der Begriff persönlichen Dienstes war auf alle hohen Staatsbeamten und Militärs übertragen; wissend oder unbewußt waren sie Hofleute im Hauptamt, Staatsverantwortliche im Nebenamt; Langweiligkeit und Unscheinbarkeit schadete mehr als Unfähigkeit. Der dynastische Begriff vom Wesen der Arbeit kam hinzu: daß sie eine Sache sei, die irgendwo in Kanzleien von Unbekannten geleistet wird, so daß der Oberstverantwortliche nur mit gelegentlichen Geistesblitzen die Lichter aufzusetzen braucht.

Der Gefühlsinstinkt versagte im geistigen und religiösen Leben.

Der Geist war ein Mittel. Wofür? Für jene allgemeinen, unbestimmten Tendenzen, die von vornherein gegeben waren, also göttlich sein mußten.

Für Kunst lag eine entschiedene formale Begabung zugrunde, die in rätselhafter Weise über die kunstfremde Umgebung emporhob und die von auftragheischenden Hofkünstlern als unfehlbar gepriesen wurde. So ergab sich von selbst der Anspruch des künstlerischen Oberkommandos. Da im Lande der Pflicht alles diente, so diente die Kunst der Verherrlichung; sie war dynastisches, staatliches, repräsentatives Mittel. Architektur lieferte Pomp; Malerei Dekoration; Plastik Kostümfiguren. Der fettsüße Makronen- und Marzipangeschmack dieser angeblich barocken, romanischen, byzantinischen und napoleonischen Sachen entzückte das Kaufmannsgeschlecht der Epoche.

Ein unerfreulicher Notbehelf der protestantischen Kirchenbürokratie war das Summepiskopat. Selbst innerlich religiösen Dynasten mußte das im Nebenamt betriebene Hohepriestertum der Verwaltung den Glauben zur Zwecksache bestimmen, zumal wenn es ein Staatsglauben war und ein solcher, der Propaganda machte. Der normale Dynast ist religiös, sonst wird er mit seiner Stellung nicht fertig; doch ist seine jenseitige Welt nur eine Fortsetzung der diesseitigen mit veränderten Mitteln; das diesseitige Glaubensmittel dient zur Erhaltung der Autorität, es mechanisiert sich in den Betrieben der Kirche, der Erziehung, der Missionen. Die Gottheit ist eine Monarchie höherer Ordnung; ihr untersteht die sichtbare Welt, in der sie wirkt nach den Grundsätze einer durch Offenbarung bekanntgegebenen politischen Weltordnung mit der Exekutive des geschichtlichen Ablaufs.

Diese nicht materielle, doch transzendenzlose Gläubigkeit führt zur Bekräftigung des Bestehenden, zur unbefangenen politischen Anwendung des kirchlichen Apparates, zur Selbstprüfung auf Grund konventioneller Ethik, zur Überbrückung jedes tieferen Problems, zur Ablehnung jeder Urfrage. In Zeiten des Erfolges (also des göttlichen Einvernehmens) ist alles in Ordnung, geht alles seinen Gang weiter; in Zeiten des Mißerfolges (der Prüfung) ist alles in Frage gestellt, jede Richtung verloren, sofern nicht eine neue Eingebung Rat schafft.

Das Augenmaß versagte. Jede willkommene Sache und Tat schien kolossal, jede unerwünschte Kraft verächtlich klein. Kolossal war jede neueste Erfindung, Entdeckung, Ausgrabung, jede Baute und Organisation, jeder diplomatische Erfolg (Fachausdruck der Beteiligten: »auf die Knie zwingen«); unbedeutend, dem Verfalle preisgegeben, frevelhaft jede gegnerische Bewegung, jede feindliche Politik, jede kontrollfreie Kunstleistung. Zu allen Dingen der Welt mußte »Stellung genommen werden«; die kühnste Geste galt mehr als jahrelange Vorbereitung. Die wachsende politische Gegnerschaft der mächtigsten europäischen Staaten schien unbedenklich; ein Krieg gegen die Länder des Erdballs wurde vier Jahre lang für durchführbar gehalten.

In halb absolutistischen Staaten ist die Wirkung monarchischer Eigenheiten auf Politik und Verwaltung unabsehbar. Ein Ruhm der preußischen Tüchtigkeit ist es, daß die Beamtenschaft dem Sturm der Sensation, der plutokratischen Wertsetzung, der Verschleuderung der Würden standhielt. Die obersten Leiter, zivile und militärische, Minister, Generale und Gesandten, mußten sich anpassen, denn unter dieser stillschweigenden oder ausgesprochenen Voraussetzung waren sie angestellt, ja nach dem Maße ihrer Anpassungsfähigkeit waren sie untersucht und ausgesucht; sie mußten, um nicht trockene Philister zu sein, unterhaltende, überraschende, sensationelle und kolossale Dinge liefern, sich den Eingebungen beugen und den Erfolg der großen Gesten ausdrücklich anerkennen. Die Politik eines nüchternen, wahrheitsliebenden, naiven Landes erschien daher als die ausgesprochene Politik der Undurchsichtigkeit, der Hinterhältigkeit und des Bluffs: Eigenschaften, die nicht des Monarchen waren, sondern groteske Verzerrungen des Projektionsbildes als Folge mäßiger Unebenheiten der Spiegelfläche.

Wie stellte sich Klio zu dieser organisch folgerichtigen Verkörperung des Dynastentums, zu der Anwendung antiker Hierarchie auf ein starkes, lebendiges Volk? Lakonisch und steinern. Sie verzeichnet unbewegten Gesichts jene berühmten Worte von herrlicher Zukunft, vom Königswillen, vom Schießen auf Brüder und ähnlichem, die ein Schicksal offenbarten, indem sie es herausforderten. Niemals zuvor sind einem Volke solche Tafeln von dämonischen Mächten geschrieben und gereicht worden.

Zum letzten Pochen der eisernen Fäuste wurden die Geister Aristophanes' und Shakespeares beschworen. Als der Totenkopf des Hauptmanns – »von Köpenick« mußte er heißen – den preußischen Militarismus und Kadavergehorsam verhöhnte, schmunzelte Deutschland und schauderte Europa. An einem Wintertage in Rom, im Hause eines deutschen Staatsmannes, kam aus Deutschland die Depesche von Zabern, dem Leutnant mit der Schokolade und der schneidigen Kolonisationsgewalt des preußischen Proprätors. Die Tischgesellschaft lachte, und der Hausherr fragte: »Warum macht Ihnen die Geschichte keinen Spaß?« – »Es sind die Pasquille«, sagte ich, »die Klio an die Türen der Gezeichneten heftet. Es geht um das Größte; denn seit der französischen Halsbandgeschichte hat sie diese Bitterkeit des Sarkasmus nicht mehr gezeigt.«

10

Je problematischer der Charakter, desto problemloser erscheint ihm die Welt. Gutgelaunt trat der Monarch ihr entgegen, denn zwei schöne, in zerrissenen Naturen seltene Kräfte waren ihm verliehen, Erbteile des starken Physikums, des glücklichen Lebenslaufs, der religiösen Simplizität und des vergrößernden Augenmaßes: Optimismus und Güte.

Wer den Monarchen in einer Umgebung sah, wie er sie liebte und wie sie ihm gemäß war; strahlende Großbürger, liebenswürdige Hanseaten, reiche Amerikaner – die er als freie Republikaner fast als seinesgleichen ansah –, der empfand mit Wärme inmitten aller Übertreibungen das, was in seiner vielspältigen Natur das Gesundeste war; die Überzeugtheit seiner Sendung, den Glauben an den Fortschritt – freilich den verordneten –, vor allem das Große, das jede lebendige Menschenseele im letzten Augenblick vor Gott rettet: den unbekümmerten guten Willen.

Wenn er unermüdlich, überschäumend, redelustig, mit jener quantitativen, zahlenmäßig und tatsächlich belegten Begeisterung, die des Amerikaners, des Journalisten und Berliners ist, Neuheiten wertete, Erfolge pries, Pläne auslegte; dann wiederum regte sich die aufsteigende Menschenneigung, einen Gefährdeten zu warnen, zu hüten, zu schützen. Könnte nicht ein gutes, menschliches Wort die Abgründe enthüllen, die dunklen Probleme weisen, die einsame Vertiefung in das Niebeachtete fordern? Das Wort konnte in der Menge nicht gesprochen, im Gewieher der Dienstbeflissenheit nicht vernommen, von einem durch Tatsachen und Gewühl übertäubten, der Einsamkeit entfremdeten Geist nicht begriffen werden.

Daß Beflissenheit, Schmeichelei von der sklavisch gröbsten bis zur mannhaft feinsten Form, spendende Begehrlichkeit, aufgedeckter Betrug, immerwährender Beifall, Überbietung aller Vergötterungsformen und Gewinsel menschlicher Miserabilität, daß alle diese Gifte und bösen Künste den Vorwärtsglauben und unenttäuschbar guten Willen dieses Mannes nicht brachen, das lag zum Teil an der Unfehlbarkeit der Sendung und der übermenschlichen Entrücktheit; zum besseren Teil war es unantastbare Gabe.

Die Gabe war des Schenkens fähig; sie spendete Liebe der Menschheit, Liebe dem Volke, Güte dem Menschen. Liebe und Güte freilich dynastisch begrenzt: soweit es anging, soweit es nicht schädlich schien, nicht Opfer verlangte; ähnlich wie bei griechischen Göttern. Es war schönste Pflicht, die Menschen glücklich zu machen, so wie sie nach höherer Einsicht glücklich sein sollten; es war Freude, den einzelnen zu erfreuen, nicht nur aus bequemer Neigung zu frohen Gesichtern; doch es durfte nicht der allgemeine Plan verrückt, das einzelne Vorhaben gestört werden. Es konnte Augenblicke geben, wo gewettert werden mußte und wo auch das Wettern schön war.

Nichts aber ist ungerechter, als diesem Monarchen Grausamkeit des Herzens vorzuwerfen; sein Herz war weicher, als seine Güte es verlangte. Wäre diese Güte aus stärkerem Herzen geflossen, so wäre manches unterblieben, was hart schien und ängstlich war.

Mit Güte verband sich Liebenswürdigkeit, die nicht allein aus Güte kam, jedoch reicher und echter war als das gewohnte Bezauberungsmittel der Dynasten, die dem eigenen oder fremden Untertan für Anbetung ein Lächeln oder ein forsches Wort als Handgeld zahlen.

Auch des Kaisers Liebenswürdigkeit war nicht von Werbung frei, auch er wußte, daß eine Miene das Wort zum Witz und die Frage zur Gnade machte; doch er gab mehr, als er verlangte. Seine Rede hatte Inhalt, seine Frage Teilnahme. Er fühlte sich ein, mit jedem sprach er anders, und die beste Tugend seines Verkehrs war, was ihm am meisten Schaden brachte: die schöne Kühnheit des Vertrauens zum Hörer. Auch darin war er frei und undynastisch, daß er Antwort verlangte und ertrug. Manche fanden ihn im Verkehr zu frei, keiner unritterlich.

11

Die problemlose Welt, die ihn umgab, beherrschte er mit den Mitteln eines ungewöhnlichen Verstandes, einer erstaunlichen Dialektik.

Es gibt eine große Gefahr intellektual überstarker Naturen. Da sie vorwiegend die Fragen der Verstandessphäre sehen, unbeschwert von tiefen Zweifeln, Ahnungen und Gesichten, da sie sich auskennen in der Bewältigung solcher Fragen und mit Anderen, Vergrübelten und Versonnenen, ein leichtes Spiel haben, so wächst mit dem Erfolge eine beherrschende Überlegenheit, und Sicherheit geht in Sorglosigkeit über.

In seiner Sphäre war der Kaiser ein geistiger Mensch. Sein langer, ganz erfüllter Tag verging im Geben und Empfangen; ermüdet sah man ihn nicht. Kein Gebiet war ihm verschlossen, keines fremd, keines gleichgültig.

Hier war das unerhörte Staunen seiner rassigen, vorwiegend ungeistigen Umgebung, die in solcher Vielseitigkeit schlechthinnige Genialität sah; hier war das höchst ungerechte Mißtrauen überkritischer Fachnaturen, die ein unzähmbares Interesse für Spielerei und Mache hielten.

Mir scheint die geistige Spannkraft und Spannweite des Kaisers so bedeutend, daß sie auf einem Untergrund unbewußter Kräfte, Ahnung und Intuition, und verbunden mit eigensinniger Liebe und Nachhaltigkeit zum Gesonderten das Maß der Genialität erfüllt hätte.

Ein starkes und glückliches Gedächtnis erschloß den geistigen Besitz, überraschende Fähigkeit der Analogie machte ihn verwertbar. An abstrahierten Sätzen der Erfahrung fehlt es in hohen geistigen Kreisen nicht, die sich mit den weitesten Erscheinungen des Weltgeschehens zu befassen haben; ein Sinn für das Charakteristische und Anschauliche belebte Erzählung und Gedanken. Denn jeder Sinn war lebendig, ja innerhalb der eigentümlichen Grenzen schöpferisch; daher blieb auch der Ausdruck sinnlich, das Wort bezeichnend; übersteigert oft, selten verstiegen.

Dem Problematischen mußte diese Denkweise ausweichen, sie war eigentlich unphilosophisch. Die Neigung und Nachfrage nach dem Tatsächlichen herrschte; genauer gesagt, nach dem ungewöhnlichen

Tatsächlichen; sie herrschte derart, daß sie im langen Tagesdienst nicht befriedigt wurde, noch weniger vom einzelnen. Gelehrte und Fachleute, die es übernahmen, in Abständen regelmäßig Interessantes zu liefern, kamen in Verlegenheit; sie empfingen schließlich mehr, als sie brachten.

Liegt im Streben vom Gedankenhaften hinweg zum Tatsächlichen ein Unphilosophisches, doch immerhin Schöpferisches, das auch mittleren Künstlern und Tatmenschen zusteht, so liegt im Streben zum Quantitativen und sogenannten Interessanten und Erstaunlichen ein mechanisch-kindlicher Zug, der im Amerikanismus und in der Journalistik endet. Dem Größten ist das Kleinste groß; der gewohnte Einzelfall enthält das tiefste Geheimnis, und die vorbereitenden Momente sind entscheidender als der »historische« Moment.

Zum Überdruß haben wir in historischen Momenten gelebt, die, mit dem Gerümpel der Jahrhunderte aufgedonnert, dem Geschichtschreiber bestimmt, den Reporter und Knipser sättigten. Der Ablauf der Geschichte war ein Opernhandbuch, und wer mit Bangen nachzählte, daß alle friedlichen Effekte erschöpft waren, wußte mit Sicherheit, daß die Ironie der Geschichte nicht ruhen würde, der Sammlung die kriegerischen anzufügen. Potpourri und Film der gesamten Weltgeschichte in dreißig Jahren.

Manch einer mag sich gefragt haben: ob nicht der bedeutende Verstand des Monarchen – wenn schon der Instinkt versagte – zum Zweifel müsse geführt haben: ob denn dies auch Weltgeschichte sei? Ob mit dieser Leichtigkeit des Allverständnisses in einer ununterbrochenen Reihe großer Augenblicke eine Welt in ihren unendlichen Verzweigungen sich verwalten lasse? Ob die gewohnte Mittelmäßigkeit der Würdenträger auch nur zur stellvertretenden Verantwortlichkeit dauernd tauge? Ob schließlich ein neues Zeitalter durchaus keines neuen Gedankeninhalts bedürfe, sondern sich ruhig verlassen könne auf die Erhaltung des Überkommenen, vermehrt um Technik und vergrößert in Abmessungen?

Es regten sich ja im Lande, wenngleich verschmäht und niedergehalten, genugsam Kräfte, die eine neue Epoche forderten: konnte nicht von ihren Spannungspunkten zum Throne eine Leitung gelegt werden?

Gewiß, es hätte gut getan und der Würde Deutschlands entsprochen, wenn ein paar Staatsmänner zum Opfer neuer Zeit ihre Vollmacht dem Monarchen zu Füßen gelegt hätten. Sie waren nicht zu finden; im neuen Preußen opferte man nicht, und vielleicht wußten die es anging – was nicht entschuldigt –, daß das Opfer nicht befreite.

Denn hier beginnt die große Schuld des Volkes. Keine sittliche noch intellektuelle, sondern die geschichtlich schwerste, die wir unsagbar büßen und büßen werden: die Schuld des Charakters, die Passivität.

Den Monarchen umgab das Hofgesinde, das in entsagungsvoller Sorgsamkeit ihn vergötterte, den Staat als allerhöchste Familienangelegenheit ansah und alles Widrige fernhielt. »Er muß Sonne haben«, hieß es.

Den Hof umschloß die Schicht des ländlichen, militärischen und bürokratischen Adels. Ihr gehörte Preußen, sie hatte es mitgeschaffen, sie war in Wechselbeziehung der Interessen mit der Krone verbunden. Sie wollte im altpreußisch-kleinstaatlichen Sinne ein starkes Königtum und begriff nicht, daß dieses starke Königtum im deutschen Weltreich ein gefährdetes und schwaches Monarchentum, vor allem einen schwachen Monarchen bedeutete.

Um diese Schicht lagerte sich das plutokratische Bürgertum, Einlaß fordernd um jeden Preis und bereit, alles zu verteidigen, für alles einzustehen. Die Theorie zu seinem Willen saugte es von den Kathedern, die von Historismus troffen, die Führungsatteste seiner Gesinnung erschmeichelte es von der Beamtenschaft.

Draußen aber lag das Volk. Das Landvolk zäh, ohne Vergleichsbild, der Führung des ländlichen Adels, der Kirche, des Instruktionsfeldwebels und Landrats hingegeben, das Stadtvolk beweglich, respektlos, doch imponierbar, im Taumel des Verdienens und Vergnügens sich verbrauchend. Abseits grollend die Arbeiterschaft, abweisend und abgewiesen, grundsätzlich die Gegenwart verneinend, der Zukunft lebend.

12

Die Isolation des Thrones war vollkommen. Das monarchische, halbabsolutistische System im Fels verankert.

Verankert durch Tradition und größte Namen, durch gefügige Wissenschaft, durch Kirche, Schule und Verwaltung; durch Agrarverfassung und Militarismus; durch kriegerischen, bürokratischen und plutokratischen Adel; durch verfitzte Reichs- und Staatsverfassung, die alle Mächte in schwebendem Gleichgewicht hielt, überragende Persönlichkeit unmöglich machte, die Parlamente entkräftete; durch Gegensätze der Bevölkerung, der Konfessionen und Interessen, die sich wechselseitig neutralisierten; vor allem durch den stärksten aller politischen Anker: den jahrzehntelangen materiellen Erfolg.

Dennoch hätten, aller Geistesträgheit und Indolenz zum Trotz, Strömungen aufwärts dringen können, die von schlechthin dilettantischer äußerer Politik, von romantisch konservativer innerer Politik, von bombastisch leerer Kulturpolitik ausgelöst wurden: hätte sich nicht zur alten Schuld der deutschen Passivität und Unterwürfigkeit die neue Schuld der mechanisierten Epoche gesellt.

Längst fühlte die unwandelbare innere Substanz des Volkes im internationalen Dynastenwesen nicht mehr ihren Exponenten; die Epoche jedoch, die entseelte Ewigkeitsstunde, und nicht bloß die deutsche, fühlte sich im persönlichen, auf Wirkung gestellten Regiment bestätigt und bekräftigt.

Man war reich geworden, mächtig geworden und wollte es der Welt zeigen; so, wie sich der reisende Neuling im Auslande benahm, kritisch, laut und maßgeblich, so wollte man sich in Welthändeln benehmen. Eine Politik der Telegramme und plötzlichen Entschlüsse lag in dieser Linie. Ein überhitztes, tatsachenhungriges Großstadtleben, auf Technik und sogenannte Errungenschaften gestellt, begierig nach Festen, Erstaunlichkeiten, Aufzügen und lärmenden Nichtigkeiten, für die der Berliner die Spottnamen Klimbim und Klamauk erfunden hat, verlangte eine Repräsentation, die Rom und Byzanz, Versailles und Potsdam auf einer Platte vereinigte. Die militärisch gedrillte Masse wollte ihre erlernten Künste in kriegerischen Glanzspielen zeigen und gezeigt sehen. Dem Steuerzahler tat es wohl, dem Kaufmann nützte es, wenn aus seinen Talern und Groschen die prachtvoll bedrohliche Flotte erwuchs. Der leichte Erfolg im Geldverdienen sollte in vierteljährlichen politischen Erfolgen seinesgleichen haben. Der Kunstgeschmack, der in den Bauten des Kurfürstendamms ins Kraut schoß, in brutalen Bismarcksäulen sich blähte, wollte in üppiger Hofkunst sein Abbild und Vorbild sehen, so wie die bürgerliche Prunksucht und Schwelgerei sich gern davon überzeugen ließ, daß es auch in den Höhen mit altpreußischer Einfachheit zu Ende sei und daß auch dort alle Trivialitäten des Tages und der Mode so viel galten wie in den Tiefen. Die kindliche Folgsamkeit ländlicher Hintersassen und die nutzbringende Loyalität ihrer Beschützer, der Abhängigkeitssinn der Staats- und Hofpfründner, die Hurradisziplin der Kriegervereine labten sich an Erlassen, worin der Untertan allergnädigst zurechtgewiesen wurde, und an Hofberichten, worin allerhöchste Herrschaften auszufahren geruhten. Barhäuptige Oberbürgermeister hätten nicht am Brandenburger Tor jeden kleinen Raubfürsten im Namen einer gebildeten Bürgerschaft angewinselt und Gelübde der Huldigung und Treue bis zum letzten Blutstropfen ausgestoßen, preußische Grenadiere hätten nicht vor Säuglingen und angeheirateten Landprinzessinnen strammgestanden und getrommelt, wenn nicht ein Tropfen im deutschen Blut gewesen wäre, der von Würde nichts wußte und wollte, den der Knechtsdienst freute.

Es hätte beim Monarchen einer unerbittlichen inneren Richtkraft, einer gewaltsamen Umstellung des dynastischen Denkens, einer sittlichen Genialität der Konzeption bedurft, um zu sagen: so will ich das Volk nicht. So will ich mich nicht inmitten des Volkes. Wenn sie schon gezwungen sein wollen, so werde ich sie zur Würde und Freiheit zwingen.

Es hätte einen Kampf gegeben mit allen jenen unglücklichen Halb- und Scheinexistenzen, deren Geburt man mit Kanonenschüssen begrüßte. Mit Magnaten und Aristokraten. Mit Hof- und Kommißgeneralen. Mit Bankdirektoren, Industrieherren, Hanseaten. Mit allen, denen ein byzantinisches Kaisertum Geld, Macht, Stellung und Glanz brachte. Hoffnungslos war der Kampf nicht, aber sehr gefährlich. Verloren, war er reine Tragik; gewonnen, die Rechtfertigung und Neubegründung deutscher Monarchie.

Es ist kein Vorwurf, daß dem Monarchen das Problem unsichtbar war. Aus dem, was er hätte bekämpfen sollen, zog er seine Bestätigungen, und die Lautverstärkung der höfischen Akustik sorgte dafür, daß er nichts als Bestätigung vernahm.

Ein Vorwurf ist es der Epoche und dem Volkscharakter, daß sie so regiert sein wollten. Das neue Deutschland ist das unbekannteste aller Völker. Was wir seine Begabung nennen – »Dichter und Denker« –, war die Begabung der aufgesogenen bürgerlich-patrizischen

Schicht, die seit hundert Jahren dahin ist; was wir seinen Charakter nennen, ist der Charakter des feudalen Herrentums, das jetzt verendet. Wer Deutschland beurteilt, denkt an seine Heimat; wohl dem, der aus einer süddeutschen Mittelstadt stammt; er hat mittelalterliche Augen.

Bekannt ist die Epoche. Wir haben sie entschleiert, ihr den Gegenbegriff der Mechanisierung und Beseelung entgegengehalten und durch dieses Zeichen ihren Teufelszauber gebrochen. Die Epoche war nicht bloß eine deutsche, sondern eine allokzidentale. In Deutschland aber war sie Verrat an Geist und Vergangenheit, und in Deutschland stieg sie zum Gipfel.

In Deutschland mußte sie gebrochen werden. Sind wir *wir*, so ist der Besiegte befreit, der Sieger gebunden – das wird sich zeigen. Um aber diese Epoche zu treffen, diese deutsche Epoche ins Herz zu treffen, mußte im Namen der Geschichte das Sichtbarste, das Zweifelfreiste, das Größte und Vorbildliche geschehen.

In der Wechselwirkung von Volksaufbau und sterbender Dynastie, von Volkscharakter und Monarchencharakter mußte ein Menschenalter lang die tollste Fuge erklingen. In der symbolischen Figur und Person eines Monarchen, der in keinem Zoll anders sein durfte, als er war, mußte Frage auf Antwort, Antwort auf Frage stimmen. Um ein solches Volk zu fällen wie das deutsche, mußte das Problem und Sinnbild einer Zeit in einem vollgültig repräsentativen Menschenleben auf die Spitze getrieben und widerlegt werden.

Nie hat eine Epoche mit größerem Recht den Namen ihres Monarchen geführt. Die Wilhelminische Epoche hat am Monarchen mehr verschuldet als der Monarch an ihr; sie waren verstrickt in Leben und Tod, und wie beim Holzscheit Meleagers war der Brand des einen das Ende des andern.

13

Zur Tragik fehlte dem Kaiser das Bewußtsein, ja selbst das unbewußte Gefühl des Problems. Er war keine naive Natur, denn der Intellekt saß an seinen Wurzeln, doch eine unerschlossene. Sein Denken geschah in der Tageshelle, im Licht der Tatsächlichkeit; was die Franzosen *clarté* nennen, fehlte ihm nicht. Mag sein, daß er seit den

Schriften Chamberlains, die ihm angepaßt waren, noch Bücher gelesen hat, die mehr als Tatsachen enthielten: Zum Zweifel und Rätsel wurde ihm nichts, und seine echte Religiosität verharrte in der Sphäre dynastischer Kirchlichkeit, die auf einen vernünftigen, geregelten Gottesverkehr hinausläuft.

Zur Genialität fehlte ihm die Richtkraft aus der Tiefe der Seele, die Phantasie aus ihrer Höhe. Seine Fassungskraft auf intellektuellem Gebiet war ungemessen; sein Denken unermüdlich und scharf in hergebrachten Formen; sein Wort interessant und wirksam, oft bewegend, niemals zwingend. Die Beschäftigung mit dem Ich wurde nie überwunden; auch in den Momenten der Einfühlung erwuchs keine unmittelbare Menschenkenntnis, Menschen und Dinge gewannen kein eignes Leben, sie blieben Requisiten. Das Denken selbst nährte sich von Argumenten, nicht von Erlebnis und Gefühl; und wenn die Schlußfolgerung unangreifbar stark schien, so war sie schief.

Zur Größe fehlte die Begründung der Natur auf reinem Menschentum und unwandelbarem Willen. Jede dynastische Existenz beruht auf Konvention, auf äußerer Gegebenheit, gebundenem Verhältnis. Sie loszureißen von zeitlicher Zufälligkeit bedarf es höchster Menschenkraft, das gottgewollte Ziel muß sich über die gottgegebene Macht erheben. Die Konvention wurde nicht zerrissen. Nicht eine neue Menschheit, ein neues, innerlich ergriffenes Monarchenverhältnis schwebte vor, sondern alte Vorbilder der Größe, und ihre Größe wurde nicht erfaßt von der Seite des Vorbildlosen, das sie geschaffen hatten, sondern von der Seite der Hinterlassenschaft – von wo aus betrachtet das, was Schöpfung war, zur nachahmbaren Geste verblaßte.

Was aber der Monarch im Innersten erstrebte, das wurde, wie es recht ist, ihm mit vollen Händen gewährt. Er wollte wirken, sich als wirkend fühlen: und eine Epoche Deutschlands trägt sein unverlöschliches Abbild, so wie er das ihre trägt. Die Epoche brach zusammen, wie es ihr nach Sternengesetz zur Buße der Schwachheit und des Irrens beschieden war: und wie die betroffene Zeit über Anklage und Unwillen nicht hinauskommt, so wird der Monarch, in immer erneuter Betrachtung, den Zufall und das einzelne Mißlingen verantwortlich machen.

Vor den Augen der Geschichte, die das Zufällige mißachtet, vor den

Augen des menschlichen Herzens und der ewigen Güte erlöst ihn der gute Wille. Ist sein Sturz nicht tragische Befreiung, so ist er großes und ergreifendes Geschehen, schicksalhaft in der Verstrickung mit einer weiten Umwelt. Mißgeschick zwar; doch in seiner größten Form: voraussehbar, unentrinnbar, mit unerhörten Mitteln bekämpft, durch Naturgewalt vollzogen. Ein Prozeß, nicht um das Höchste geführt, doch vor der höchsten Instanz; vor dem Weltgericht geführt und verloren.

14

Die simplistische Frage nach der Schuld am Kriege, auf einen einzelnen Menschen, und sei er absoluter Monarch, bezogen, kann von deutschem Geist nicht erörtert werden.

Mag man, naiver Rechtspflege zulieb, bei einer zerbrochenen Fensterscheibe unterstellen, es müsse jemand schuld daran sein: Vor dem Naturgesetz enthüllt sich die Frage als das, was sie ist, kindlich und kindisch.

Dem gewerbsmäßigen Richter, der einen Anschlag nicht nach der Gesinnung, sondern nach dem Erfolg beurteilt, mag es schwer werden zu begreifen, daß es nur eine Schuld in sich, nicht eine Schuld an etwas gibt.

Ein entseeltes, übermechanisiertes Europa, worin jeder Mensch jedes Menschen Feind war, jedes Volk jedes Volkes Feind, in ahnungsloser, schamloser Selbstverständlichkeit; wo jeder, Mensch und Land, in tierischer Unbefangenheit nur genießen und leben wollte, wenn der andre sich quälte und starb, wo alle Politik zugestandenermaßen nur Wirtschaftspolitik war, nämlich plumper und dummdreister Versuch der Übervorteilung, oder Rüstungspolitik, nämlich zynisches Pochen auf Menschenüberschuß, Geld, Technik und Massendisziplin; wo die Begriffe der Vorherrschaft zur See, der Vorherrschaft zu Lande, der Weltherrschaft mit Augenaufschlag besprochen wurden, als ob es sich um ein Schweineauskegeln und nicht um das todeswürdigste Verbrechen handelte: in diesem unglücklichen und nichtswürdigen Europa brach der Krieg nicht am 1. August 1914 aus.

Schon vor Jahrzehnten war er ausgebrochen. Wenn auch nicht die sichtbaren Armeen des Imperialismus und Nationalismus marschierten, sich eingruben und sich zerrissen, nicht die sichtbaren Schlacht- und Mordschiffe zerbarsten, die sichtbaren Menschenvögel sich zerhackten: im Ätherraume der Erde kreiste der geballte Haß, die böse Tücke, der entfesselte Tod.

Jeder, der einen Schimmer sehenden Gefühls hatte, wußte, daß der Krieg nicht drohte, sondern längst ausgebrochen war; daß die armen Weltbezwinger Kinder waren, die zwischen Pulverfässern mit wichtiger Miene unerlaubte Zigaretten rauchten.

Soll man nun den letzten Rest europäischer Bildung und Urteilskraft – den letzten auf lange Zeit hinaus – an die armselige Frage setzen: Hätte die sichtbare Explosion noch einige Zeit hinausgeschoben werden können, wenn der und der das und das anders gemacht hätte? Dann werden Bände über das österreichische Ultimatum, die russischen Rüstungen, die Kriegserklärung an Serbien und die kläglichen Monarchendepeschen geschrieben werden, Bände, die der Teufel lesen mag. Wenn es eine Schuld gibt, so ist es die Schuld des europäischen Gewissens. An ihr ist jeder beteiligt, der aus dem verborgenen Weltkrieg der Konkurrenz und des Brotneides Vorteil und Unterhaltung zog, gerecht zu sein glaubte, weil es ihm gut ging, und die Stimme nicht erhob, weil er sich fürchtete.

Der Kaiser aber ist freier von Schuld als die meisten. Denn seine dynastische, problemfreie, vom Kirchenglauben gestärkte Auffassung sah im Bestehenden das schlechthin Notwendige, von Gott Gewollte. Keiner von uns kennt heute seine Gedanken. Das gute Recht seiner Natur ist es, zurückzudenken an allen militärischen und sakralen Glanz, mit Wehmut das Bild verwüsteter Schlösser, gestürzter Autorität, barbarischer Unordnung zu betrachten und für sein Volk, für alle Völker, die Wiederkehr des Hirtenfriedens zu erhoffen.

So verläßt er die Bühne der Welt. Jenseits des Kanals, von Menschen vergessen, vom Geist der Geschichte sorglich aufgespart, lebt die Gegenspielerin seines Hauses, die uralte Kaiserin Eugenie. Ihr Leben umfaßt eine gewaltige Doppelepisode, die zweite französische und die zweite deutsche Kaiserzeit. Es endet da, wo es aufstieg, beim Triumphe der Franzosen.

Auch ihr legte man die Schuld an einem Kriege zur Last. Der Krieg ist gesühnt, ein Mythos ist geblieben, die gebrechlichen Schultern, die einst im Glanz von St. Cloud leuchteten, sind entbürdet.

Wenn Klio will, daß diese Menschensymbole sich dereinst begegnen, so werden sie in einer kurzen, konventionellen Unterhaltung sich verstehen. Am Ende läuft alles auf Mißverständnisse zwischen den Häusern Brandenburg und Bonaparte hinaus. Der Vorhang fällt; das große Schauspiel dynastischer Herrlichkeit ist beendet.

15

Amerika, frisch, männlich, geradlinig, von fremder Kenntnis nicht belastet, denkt anders.

Ihm ist dies ganze europäische Dynasten- und Freistaatwesen ein Unfug; ein Altenasyl, wo die Großväter sich zanken. Man konnte es mit ansehen, bis das große Unglück geschah; jetzt ist die ganze Welt durch diese Stänker in Blut ersäuft; es hilft nichts, die Greise zu schonen, es muß Ordnung geschaffen werden.

Es geschieht. Der neue Wiener Kongreß tagt in Paris.

Kläger und Angeklagte haben die Plätze gewechselt. Schiedsrichter England ist unter die Kläger gegangen, seinen Sitz nimmt Wilson.

Der Unfug der Kriege soll ausgeräumt werden. Wie also? Kriege sind Streitigkeiten. Streitigkeiten schlichtet man. Schiedsgerichte. Völkerbund.

Was hat der Krieg verschuldet? Unrecht. Also muß Recht geschaffen werden. Rechtsfriede. Selbstbestimmung.

Was droht? Bolschewismus. Damals hieß es Jakobinertum. Was hilft? Verständigung. Damals hieß es Heilige Allianz.

In dem ungezogenen europäischen Greisenhause sind diese einfachen Zuchtmittel nicht zu verachten. Sie können wirklich eine Zeitlang Ruhe stiften, wenn ein handfester, gutartiger Polizist dahintersitzt und bisweilen dreinschlägt.

Die Amerikaner sind stark, die Franzosen fein, die Engländer klug. Die braven Tschechen, Polen und Serben dürfen mitberaten. Wir stehen vor der Tür, denn an uns muß das Exempel statuiert werden. Die Weltgerechtigkeit fordert es. (Talleyrand lehnte sie ab. Er sagte: Was wollt ihr von mir? Habe ich den Krieg gemacht?)

Mit einer prachtvollen Geste, die auf Jahrhunderte (vorausgesetzt gleicher Denkweise) berechnet sein wird, werden wir im Namen der Menschlichkeit, der Gerechtigkeit, der Zivilisation und des ewigen

Friedens degradiert und verurteilt. Das Weltgericht im Konferenzsaal. Die Historienmaler mögen die verbitterten Züge der deutschen Verhändler bei der Unterschrift sich einprägen.
Es ist zwar nicht mehr ganz das amerikanische Ordnungsschema, die europäische Klugheit und Feinheit hat es leise abgewandelt, Annexionen und Entschädigungen, Abhängigkeiten und Unterdrückungen sind unter veränderten Namen hineingeraten. Die Spiegelgalerie von Versailles in umgekehrter Aufmachung.
So. Damit wäre nun die Welt geordnet und befriedet, das Unrecht gesühnt, die neue Epoche geschaffen, der Weltfriede und das Glück der Völker verbürgt.
Nein und abermals nein!
Die Gerechtigkeit ist kein elastischer Stab, der gerade wird, wenn das alte Unrecht ihn nach links gebogen hat und das neue Unrecht ihn nach rechts biegt.
Die Welt der Völker ist keine Erziehungsanstalt lateinischen Musters, wo in einem pathetischen Schlußakt den strebsamen Schülern Prämien, den mißliebigen Rügen erteilt werden.
Der Lebensraum der Menschheit ist kein Gegenstand von Urteilssprüchen.
Der Krieg war kein Unfug und kein Mißgeschick, das man auf administrativem Wege beseitigt, sondern er ist eine Weltrevolution, und diese Weltrevolution ist nicht beendet.
Ja selbst der Krieg ist nicht beendet und durch keinen Friedensschluß beendbar, auch wenn nicht mehr von Volk zu Volk mit Waffen und Giften gekämpft wird; denn der Krieg, von den Hautflächen der Länder verdrängt, sitzt in den Knochen der Länder.
Beendet aber ist die Epoche. Beendet ist die Epoche, in der eine Handvoll erhobener Menschen in kriegerischen Uniformen und sorgsamen Gehröcken im Namen ihrer Völker und der Menschheit, wie sie glauben, in Wahrheit im Namen ihrer Klassen und deren Interessen, im Namen einer alten Gleichgewichts- und Machtpolitik, im Namen einer mechanisierten Weltordnung, im Namen der alten Gewaltstaaten, Land- und Seemächte Recht sprechen, Erde und Wasser, Reichtum und Armut, Leben und Tod verteilen, ihre Akte mit Staatssiegeln heiligen und mit Gepränge vor den Augen der Nachwelt verherrlichen.

Die Nachwelt, auf die solche Staatsaktionen abzielen: diese Nachwelt kommt nicht.

16

Das hindert nicht, daß wir Deutsche in diesem Augenblick wehrlos, machtlos, gedemütigt und geschändet, politisch vernichtet sind.

In diesem Augenblick der Vernichtung ergreifen wir wie damals, nicht aus wollendem Entschluß, sondern aus Zwang unseres Wesens, was uns bestimmt war, was wir versäumten und was uns vielleicht nur auf kurze Zeit bestimmt bleibt: Wir Deutsche ergreifen abermals die Verantwortung für das Denken der Erde.

Wir verhüllen uns vor den Schatten und Lichtern des Tages; mit der alten Unbarmherzigkeit und Niegenügsamkeit der Frage greifen wir in unser Herz und zwingen den wandelbaren Gott zu immer neuen Formen und Weissagungen.

Den Krieg haben wir uns deuten lassen als Revolution der Welt; das genügt uns nicht, denn noch immer ist das Werdende, die Zukunft nicht klar genug sichtbar; auch die Vergangenheit soll reden.

Fast ein Jahrtausend ist vergangen seit der letzten Wanderung, die Völker der Erdumdrehung entgegengeschleudert hat.

Was ist Völkerwanderung? Massenwirkung vom Ort des stärkeren Druckes nach dem Ort des schwächeren Druckes.

Wir sahen uns um nach Osten und fanden die fernsten Asiaten durch einen unermeßlichen Kontinent gesondert, abgeschlossen, ungefährlich. Wir fühlten nicht, daß der Druck in Rußland, im Balkan, in unbefreiten Nachbargebieten, ja bei uns selbst im Wachsen war.

Nicht der Krieg selbst war ost-westliche Völkerwanderung; doch der Druck, der ihm vorherging, war Völkerwanderungsdruck. Ein Jahrtausend früher: und die Bewegung wäre ausgebrochen, von Rußland ausgehend, Deutschland fortreißend. Durch vorgreifenden Gegendruck des gesamten entgegengestemmten Westens ist die Bewegungskraft erstickt; zermalmt liegen Rußland, Deutschland und Österreich, der Balkan und die Türkei am Boden. Julius Cäsars Geist hat abermals den Rhein überschritten, das Abendland ist gerettet.

Gerettet? Das Völkerwanderungsgesetz ist breiter: es gilt nicht nur vom Nebeneinander, sondern vom Übereinander. Ermattende Herrschaft unterliegt dem Angriff; ist kein erlösender Rival zur Seite, so kann er aus der Tiefe steigen.

Die alten, stammesfremden Schichtungen der europäischen Welt sind aufgezehrt, eingeschmolzen, aber die Schichtung selbst ist nicht beendet. Riesenvölker der Tiefe werden von Zwergvölkern der Höhe beherrscht; freilich sind beide nicht mehr verschiedenen, sondern im wesentlichen gleichen Blutes, doch das Herrschaftsverhältnis ist geblieben, unveränderlich und erblich, durch die mechanisierte Weltordnung besiegelt.

Wer ein europäisches Heer oder eine Arbeiterschaft sah, mußte sich fragen: Wie kommt es, daß je tausend einem gehorchen bis zum Tode und die Söhne der tausend den Söhnen des einen?

Das Geheimnis lag in der Isolation. Zwischen den Kupferstreifen im Kollektor einer elektrischen Maschine sind dünne Blätter eingebettet, die genügen, um den Stromübergang von Metall zu Metall zu hindern. Jeder Mensch war in ein Seidenpapier gewickelt, das mit kräftigen Zaubersprüchen bedruckt war. Subordination, Disziplin, Kriegsartikel, Hochverrat, Strafgesetz, Denunziation war darauf zu lesen und manches andre, das aus Kirche und Schule, Verwaltung, Presse und Vereinsleben stammte. Jedes Kriegsjahr, jede enttäuschte Hoffnung hat das dünne Isolationsmittel abgenutzt – oder haben gar die beiden besonderen Säfte, Blut und Tränen, es durchfeuchtet? –, genug, das Trennungsmittel ist entwirkt, die lebendigen Massen sind verschmolzen, und auf ihrer heißen Woge schwimmt die dünne, schillernde Haut der zerrissenen Oberschicht.

Die Völkerwanderung von unten nach oben hat begonnen. In Rußland, im Lande der schwächsten Oberschicht hat sie begonnen, wo die Zauberkünste der heiligen Autorität immer weiter sich verstiegen, bis die stumm leidende Seele des Volkes sie nicht mehr ertrug. So hatte die verstandesklare, kleinbürgerliche Bewegung von 1789 in Frankreich beginnen müssen, wo sich herausstellte, daß die herangewachsene Unterschicht wider Erwarten und plötzlich das Denken gelernt hatte.

In hundert Jahren hat die Französische Revolution den Kreis der Erde umschritten und sich restlos verwirklicht. Kein Staat, keine Verfassung, keine Gesellschaft, kein Herrscherhaus blieb vor ihr bewahrt.

Ihr pathetischer Gedanke war: Freiheit und Gleichheit. Ihr unausgesprochener Wunschgedanke war: Befreiung des Kleinbürgers. Ihr unbewußter, wahrer und praktischer Gedanke war: Verdrängung der feudalen Vorherrschaft durch die kapitalistische bourgeoise unter der Staatsform des plutokratisch-konstitutionellen Regiments.

Der pathetische Gedanke der russischen Revolution ist Menschheit. Der Wunschgedanke: Diktatur des (zeitweiligen) Proletariats und idealisierter Anarchismus. Der praktische Zukunftsgedanke: Aufhebung der europäischen Schichtung unter der Staatsform sozialisierender Freistaaten.

In einem Jahrhundert wird der praktische Gedanke des Ostens so restlos verwirklicht sein wie heute der praktische Gedanke des Westens. Im Hintergrunde der Zeiten steht wartend ein letzter Gedanke: die Auflösung der Staatsformen und ihre Ersetzung durch ein bewegliches System selbstverwaltender Kulturverbände unter der Herrschaft transzendenter Idee. Dieser Gedanke aber setzt eine veränderte Stufe der Geistigkeit voraus.

Die gegenwärtige Weltrevolution ersetzt die unzeitgemäß gewordene, durch Mangel an Horizontalkräften undurchführbare und keineswegs erwünschte Westwanderung durch die Erneuerung aus der Tiefe, die Vertikalbewegung. Ihr Erfolg ist unaufhaltsam, denn die schwachen Oberschichten sind der Erneuerung bedürftig und des Widerstandes unfähig.

Unaufhaltsam, jedoch nicht rasch. Langsamer vielleicht, trotz des mechanisch beschleunigten Zeitmaßes, als die Wanderungen des Altertums.

Welch bittere Enttäuschung für alle, die sich nach Ruhe sehnen und nach einigermaßen angenäherter Wiederherstellung des Früheren! Erbittert werden sie ablehnen, wenn man ihnen sagt: Kaum hat die Wanderung begonnen, kaum eure Kinder werden ihren Höhepunkt erleben.

Und welchen Höhepunkt! In manchem Sinne vielmehr: welchen Tiefpunkt!

Die europäischen Unterschichten, in langer Geschichtslosigkeit zu Geduld, ungeistiger Arbeit, beaufsichtigter Leistung erzogen, haben längst nicht die Eigenschaften erworben, die einst die oberen Schichten besaßen und durchaus nicht ganz verloren. Mechanistischer Aberglauben ist es, zu erwarten, daß ein paar Menschenalter Schulbildung die Eigenschaften des Charakters: Selbstzucht, Selbstverleugnung, Verantwortung, Seelenadel, innere Freiheit und Idealismus erzwingen können.

Eine Probe der Entsagung wird gefordert, deren die materialisierte, vor der Entrechtung stehende Oberschicht heute noch weniger fähig ist: die Entrechtung hinzunehmen und mehr noch den geistigen Besitz als den materiellen mit ihren Brüdern zu teilen, um ihnen den feindlichen Aufstieg zu erleichtern.

Jahrzehnte des Kampfes, unterbrochen von Jahren des Waffenstillstandes, Jahren des Massensieges und Jahren der Reaktion. Der Kampf, geführt mit kulturfeindlichen Mitteln: Streik, Selbstverstümmelung, Sabotage, Geldbestechung aus unerschöpflichen skrupellos betriebenen Druckerpressen. Geschlechter, die zuchtlos und respektlos aufwachsen, Versiegen der Arbeitslust, Entbehrung, durch Genuß betäubt, Machthunger, hemmungslose Selbstsucht und unaufhörliches Gerede. Bildung verkommt, Geist verkriecht sich in Einsiedeleien, Güter der Kunst und Kunstfertigkeit werden verschleudert, Waldungen und Naturschätze zerstört. Es gab eine Zeit, wo Rom ein Landflecken war mit zwölftausend Einwohnern; ein mildes Bild, verglichen mit den Großstadthöllen, in denen der neue Kultursturz geschieht.

Hat die Erde Jahrhunderte gebaut, gesammelt, bewahrt, geschont, in Schätzen aus Materie und Geist gewühlt, dem Genuß, der Bildung und Verfeinerung der wenigen gedient, so folgt das Jahrhundert des Abbaus, der Zerstörung, Verstreuung und Verrohung. Wehe den Bauten und Gemälden, den Büchern und Gärten! Kunstfertigkeit und Handwerksüberlieferung, Gelehrsamkeit, Bildung und Technik, Formen des Lebens und des Verkehrs, Arbeitsliebe, Ordnung und Pflege durchschreiten langvergessene Tiefen der Verarmung; und wenn sich dereinst eine Welt aus schwerem Winterschlaf erhebt, so wird sie mit erstaunten Augen, mit romantischer Sehnsucht unsrer Kulturen gedenken und ihre zerstreuten Reste sammeln. Nur in einem wird sie uns überlegen sein, doch im Entscheidenden; sie ist nicht mehr die Welt und Zeit der wenigen, sondern aller. Mag ihr Glück reicher oder ärmer sein als das unsere: aus Schmerz und Sünde ist es nicht gekeltert.

Trümmer hinter uns und Trümmer vor uns. »Wir sind ein Geschlecht des Übergangs, zum Düngen bestimmt, der Ernte nicht würdig«, schrieb ich zu Beginn des Krieges.
Dennoch: Wir müssen nicht nur den Weg gehen, wir wollen ihn gehen. Nicht weil am Ende die irdische Seligkeit steht und unsere Enkel erwartet, sondern weil die Gerechtigkeit es verlangt, die Gerechtigkeit für das Vergangene und die Gerechtigkeit für das Kommende. Nicht das Paradies erwartet uns, sondern die erweiterte Menschheit, die neue Würde des Lebens und der Mühen.
An jenem Ende, am Ende der Barbarisierung und Erneuerung, wird nicht der Bolschewismus herrschen noch das Proletariat diktieren; es wird niemand herrschen und niemand diktieren, sondern Völker werden sich verwalten, neue Arbeit, neue Verantwortung, neue Sorgen und neue Wünsche lernen. Neue Führer werden sie führen; die werden aus der Kulturzeit der Vergangenheit das Beste zu retten suchen in die Zeit der neuen Tatkraft, die eine Tatkraft des Menschengeschlechts, nicht seiner Herrscher sein wird.
Verglichen mit dem, was wird, ist das Handeln des großen Pariser Kongresses eine letzte Krönung der Vergangenheit. Den letzten Herrenkrieg endet der letzte Herrenfrieden. In Gedanken und in Mitteln: ein Denkmal der alten Horizontalpolitik.
In Gedanken: sie beruhen auf Staatenpolitik, Machtverteilung, Herrschaft der Gebildeten und Wohlhabenden, auf militärischer Entscheidung durch disziplinierte Heere, auf politischer Vergeltung und Gerechtigkeit, mit einem Einschlage nationaler Glorie.
In Mitteln: sie beruhen auf Grenzverschiebungen, Wirtschaftsregelung, Kolonialpolitik, Geldausgleich, Gleichgewicht und Vormacht.
In die Zukunft weisen nur die amerikanischen Gedanken: ein echter Völkerbund wäre ein Element des Aufbaus; doch müßte er ein sozialer, nicht ein horizontalpolitischer sein. Durch Schiedsgerichte werden Rechtsfragen gelöst, nicht Lebensfragen und nicht Menschheitsfragen.
Folgerichtig wäre es, wenn der Kongreß in den Fußstapfen seines Vorgängers von 1815 auf den Völkerbund verzichtete und offenkundig eine Heilige Allianz zur Bekämpfung der Weltsozialisierung an seine Stelle setzte. Er darf es nicht wagen, denn er besteht nicht aus gottgesandten Herrschern, die ihre Häuser verwalten, sondern aus Staats-

männern, die ihre Völker vertreten. Diese Völker dulden die Klassenherrschaft, aber sie billigen sie nicht.

Fernsichtig wäre es, wenn der Kongreß die innere Solidarität, die organische Evolution der irdischen Gesellschaft vorbereitete. Es ist nicht unwahrscheinlich, daß seine stärksten Führer das empfinden: doch glauben sie den militarisierten Nationalstaaten das große, das letzte Schauspiel der alten politischen Repräsentation schuldig zu sein.

So wird denn auch inmitten des Glanzes der geschichtlichen Apotheose die poetische Gerechtigkeit aus Wolken steigen, die sich nach ihrer tausendjährigen Gepflogenheit an Personen hält, nicht an Naturgewalten. Nach den vorgeschriebenen Regeln der Schuld, der Unschuld und des Verdienstes wird sie verdammen, freisprechen und bekränzen.

Diese Urteile können einen Gefühlswert für die Mitwelt haben, den Geist der Geschichte binden sie nicht. Mit ihm, im Hinblick auf das Schicksal des letzten wirkenden und wirklichen europäischen Dynasten hatten wir zu tun.

Deshalb war es geziemend, den Hintergrund seines Bildes über das Maß zu erweitern und zu vertiefen.

Wir sind Geschöpfe der Grenze, auch im Geschichtlichen. Hinter uns liegt Abschluß und Abschied. Wir spüren das Wehen der Mächte, die uns über Menschenschicksal hinaus in den Weltraum ewiger Gesetze entführen.

Das Ende

Noch immer stehen wir in Deutschland unter der geistigen und politischen Vormundschaft der Umlerner.
Dieses Geschlecht beliebter Vereinsredner, in der Gründerzeit geboren, in der Streberzeit erwachsen, hat seit einem Vierteljahrhundert auf jedem politischen Gebiet versagt und fühlt sich darum in seiner Mission nur bestärkt. Es unterscheidet sich von allen Politikern der Erde dadurch, daß es nichts begreift, nichts lernt und stets das Gegenteil von dem voraussieht, was geschieht. Aber es ist und bleibt über die Maßen beliebt, weil es genau dasselbe denkt und sagt wie der halbgebildete Durchschnitt und die Meinung der Mittelmäßigkeit mit öligen Phrasen salbt.
Diese Barden und Vereinspfründner haben vor dem Krieg vor jeder Freiheit gezittert und den Parlamentarismus mit Grausen abgewehrt. Vom Krieg haben sie nichts geahnt. Als er kam, haben sie die große Zeit gefeiert, England verflucht und sich zum Mundstück jeder offiziellen Lüge gemacht. Den Unterseekrieg herbeigejubelt, Kriegserklärungen begrüßt, Amerika verhöhnt, Belgien und Briey annektiert, Randstaaten gegründet, baltische Hohenzollernkronen verteilt. Jedem Besonnenen haben sie ihre Lieblingsworte »Flaumeier« und »Miesmacher« ins Gesicht gespien.
Als die Niederlage kam, beeilten sie sich, statt der Liquidation den Bankrott zu erklären, trösteten sich über jede Lansingnote, auch die vernichtende letzte, den Waffenstillstand und die Schmach der Flotte.
Als die Abdankung kam, wurden sie Republikaner. Als die Revolution kam, wurden sie Sozialrevolutionäre.
Als die Nationalversammlung kam, saßen sie wieder auf ihren Stüh-

len. Und als die Gegenrevolution kam, waren sie wieder bei 1914 angelangt. Inzwischen hatten sie Wilson lieben gelernt, den sie bis dahin den Heuchler nannten, und erwarteten, trotz Weltkrieg, Welthaß, Wehrlosigkeit, einen schönen Frieden.

Jedesmal, wenn man diesen Menschen ihre falschen Voraussagen, ihre blöden Irrtümer, ihre verkehrten Entschlüsse nachwies, sagten sie: »Wir lernen um.« Und bei jedem Umlernen wurde es schlimmer. Je kindlicher sich die Unfähigen ihrer Macht freuten, desto tiefer trieben sie uns ins Unglück.

Der Friedensentwurf traf ein, wie er zu erwarten war: ein Dokument wissenschaftlicher Entmachtung. Als ich am 5. Oktober vor dem Bankrott warnte, waren die Umlerner nicht zu finden. Jetzt, da der Gerichtsvollzieher kommt, rufen sie zum Widerstand.

1914 mit untauglichen Mitteln.

Eine neue Volksbewegung wird angefacht. Wenn abermals das belogene Volk sich hinreißen läßt, so kann es diesmal nicht mit dem Verdummungsapparat des Militarismus entschuldigt werden.

Freilich ist unerträglich, was von uns verlangt wird: Zerreißung des deutschen Landes, Entfremdung deutscher Menschen, Schuldfron, Verarmung, Bevormundung. Man sage es dem Volk; aber man sage ihm die Wahrheit.

Man sage ihm, daß durch die Bankrotterklärung, die unsere Umlerner billigten, durch die Entmannung des Waffenstillstandes jeder Widerstand, aktiver und passiver, unmöglich ist. Man sage ihm: Wenn der Waffenstillstand gekündigt ist, wenn die Kohlengruben in Ost und West von Feinden besetzt sind, bricht nach kurzer Frist Verkehr, Ernährung, Wirtschaft zusammen. Nach kurzer Frist ist das Land leiblich und seelisch am Ende, und gleichviel ob inzwischen eine neue Revolution erfolgt oder nicht: so geht eine zweite Friedensdelegation, aus anderen Umlernern bestehend, nach Paris und unterschreibt blindlings, was man ihr vorlegt. Das werden nicht mehr die jetzigen Bedingungen sein, sondern andere, und weder das Reich noch die letzte Spur von Selbständigkeit wird bestehenbleiben.

Warum sagt man das dem Volk nicht? Aus Schlauheit, um den Feind zu täuschen? Das wäre dieselbe Schlauheit wie damals, als man Versenkungszahlen fälschte in der Hoffnung, den Feind über seine eigenen Verluste zu täuschen.

Oder um der schönen Geste willen? Gewiß ist es ein echtes Gefühl, zu sagen: Wir wollen lieber sterben, als den Vertrag unterschreiben. Die Einwohner von Numantia und die meisten von Jerusalem sind gestorben, weil sie sich nicht ergaben. Aber glaubt ein Mensch, daß sechzig Millionen Deutsche sterben werden?

Also saget nicht die halbe Wahrheit, sondern die ganze. Saget: Der Vertrag ist unerträglich; aber fügt hinzu: dennoch wird er, sofern wir uns nicht zu neuem Entschluß aufraffen, bevor der Sommer zu Ende geht, unterschrieben sein, dieser, ein ähnlicher oder ein schlimmerer. Weder aktiver noch passiver Widerstand bessert das mindeste daran; im Gegenteil: er verschlechtert.

Nicht ein Wort von dem, was geschehen wird oder geschehen kann, ist in den Reden der Umlerner zu vernehmen. Sie lassen sich vom armen, abermals irregeleiteten Volke bejubeln und legen sich schlafen. Nicht ein einziger von ihnen hat gewagt, den Menschen zu sagen, was ihnen bevorsteht; allenfalls ein vieldeutiges, verlegenes »Komme, was kommen mag«. Hazard der Borniertheit, von außen kühn, von innen feig.

Was also soll geschehen?

In Versailles muß das Äußerste darangesetzt werden, den Vertrag entscheidend zu verbessern. Gelingt es, gut. Dann unterschreiben. Gelingt es nicht: was dann?

Dann darf weder aktiver noch passiver Widerstand versucht werden. Dann hat der Unterhändler, Graf Brockdorff-Rantzau, das vollzogene Auflösungsdekret der Nationalversammlung, die Demission des Reichspräsidenten und aller Reichsminister den gegen uns vereinten Regierungen zu übergeben und sie aufzufordern, unverzüglich alle Souveränitätsrechte des Deutschen Reichs und die gesamte Regierungsgewalt zu übernehmen. Damit fällt die Verantwortung für den Frieden, für die Verwaltung und für alle Leistungen Deutschlands den Feinden zu; und sie haben vor der Welt, der Geschichte und vor ihren eigenen Völkern die Pflicht, für das Dasein von sechzig Millionen zu sorgen. Ein Fall ohnegleichen, unerhörter Sturz eines Staates; doch Wahrung der Ehrlichkeit und des Gewissens.

Für das Weitere sorgt das unveräußerliche Recht der Menschheit – und der klar vorauszusehende Gang der Ereignisse.

Die Zukunft, 31. Mai 1919

Der Völkerbund

Ein Schutzmann ist angestellt, um zu verhindern, daß in Städten zwischen Menschen Unfug geschieht.
Wenn ich einem Schutzmann sage: Ich habe keine Arbeit. Ich kann nicht leben. Ich habe Hunger. Ich habe keine Grundlage meines Daseins. Was wird er antworten?
In den meisten Ländern wird er antworten: Hat Sie jemand überfallen? Hat Sie jemand bestohlen? Hat Sie jemand beleidigt?
Wenn ich ihm sage: Nein, alles das ist nicht geschehen. Aber ich weiß nicht, wie ich leben soll. Es muß mir jemand mit seinem Besitz, mit seiner Macht, mit seiner Arbeit helfen – ich fürchte, er wird mir gar nichts antworten, sondern mich als einen Geisteskranken festnehmen.
Der Völkerbund soll eingesetzt werden, um zu verhindern, daß auf der Welt zwischen den Völkern Unfug geschieht. Krieg ist Unfug.
Man hat mehrere neue Staaten geschaffen und mehreren alten Staaten ihren Lebensraum beträchtlich verkleinert.
Es kann kommen, daß Staaten vor dem Völkerbund erscheinen und sagen: Ich kann weder leben noch sterben. Ich habe keine Nahrung, keine Rohstoffe, keine Arbeit, keine Guthaben, keine Schiffe, keine Kolonien. Ich soll mehr zahlen, als ich besitze. Ich bin überschuldet und verhungert. Es muß mir jemand helfen; jemand, der mehr hat, als er braucht, muß mir etwas von dem geben, was er hat.
Wird der Völkerbund antworten: Komm, es soll dir geholfen werden. Hier ist ein Verband opferwilliger Nationen, die die Lebensbedingungen eines jeden prüfen und aus ihrem Überfluß dem spenden, der zu wenig hat. Wir selbst haben ja die neuen Lebensbedingungen der Nationen schaffen helfen, deshalb werden wir den-

jenigen nicht verlassen, der zu kurz gekommen ist. Wird der Völkerbund diese menschliche und schöne Antwort geben?
Oder wird er eine diplomatische Antwort geben?
Oder wird er die Antwort des Schutzmanns geben?
Davon hängt viel ab.

An Frank E. Mason, Berlin, 10. Oktober 1920

Die neue Gesellschaft

1

Gibt es ein Merkmal für die vollendete Sozialisierung einer menschlichen Gesellschaft? Ja, es gibt eines, ein einziges: das Aufhören des arbeitslosen Einkommens.

Ein Merkmal, nicht ein Ziel. An sich ist es nicht entscheidend, sofern alle genug zum Leben haben, wofür jemand Geld oder Ware bekommt, auch wenn er sie für nichts bekommt. Reste arbeitslosen Einkommens werden immer bestehenbleiben, zum Beispiel Altersversorgung.

Das Ziel ist nicht irgendeine Einkommensverteilung oder Güterverrechnung. Das Ziel ist auch nicht Gleichheit, Arbeitsminderung oder Genußerhöhung, sondern Abschaffung des proletarischen Verhältnisses. Abschaffung der lebenslänglichen Erbfron, der anonymen Erbuntertänigkeit des einen der beiden gleichnamigen Völker, die Aufhebung der erblichen Zweischichtigkeit des Volkes, das Abtun der verruchten Bruderknechtschaft, des okzidentalen Mißbrauchs, der die Grundlage unsrer Zivilisation ist, wie Sklaverei die Grundlage der antiken Zivilisation war, und der jede unsrer Handlungen, Schöpfungen und Freuden zum Unrecht macht.

Auch dieses Ziel ist nicht ein letztes – wie könnte ein letztes Ziel Sache der Wirtschaft oder Gesellschaft sein? –, ein letztes und endgültiges Ziel unseres tellurischen Schaffens und Wirkens ist die Entfaltung der menschlichen Seele. Doch die letzten Ziele zeigen der Politik Richtungen, nicht Wege.

Das politische Ziel: Aufhebung des proletarischen Verhältnisses, läßt sich, das habe ich in den ›Kommenden Dingen‹ gezeigt, in großer Annäherung erreichen durch geeignete Vermögens- und Erziehungspolitik, vor allem durch Beschränkung der Erblichkeit. Einer Sozialisierung im engeren Sinne bedarf es nicht. Doch wird weitreichende Sozialisierungspolitik – nicht mechanische Verstaatlichung der Produktionsmittel ist hier gemeint, sondern radikaler Ausgleich der Wirtschaft und Gesellschaft – deshalb nötig und dringlich, weil sie Verantwortungen weckt und schult und weil sie die Zeit- und Wegbestimmung aus den zögernden Händen der herrschenden Klassen in die gerechteren Hände der Gesamtheit legt, die heute vor lauter Demokratie nichts zu sagen hat. Denn Demokratie ist Volksherrschaft nur in den Händen eines politischen Volkes, in den Händen eines unerzogenen und unpolitischen Volkes ist sie Vereinsmeierei und kleinbürgerlicher Stammtischkram. Das Symbol deutscher Bürgerdemokratie ist das Wirtshaus; das Wirtshaus als Sitz der Aufklärung und Urteilsbildung, als Heimstätte des Parteivereins, als Rednerforum, als Wahllokal.

Merkmal des vollzogenen Zustandes dieser weitreichenden Sozialisierung aber ist das Erlöschen des arbeitslosen Einkommens. Merkmal sage ich, nicht alleinige Voraussetzung. Denn vorausgesetzt muß werden vollkommene und wahrhafte Demokratisierung des Staates und der Wirtschaft und allen gleichmäßig zugängliche Erziehung: erst dann ist das Monopol der Klasse und der Bildung gebrochen. Das Aufhören des arbeitslosen Einkommens aber beweist den Sturz des letzten ständischen Monopols, des plutokratischen.

Die gesellschaftliche Stimmung nach dieser Verwirklichung ist nicht leicht vorstellbar, wenn nicht ein kurzer Zeitraum, wie der russische, ein vorübergehender, wie der ungarische, sondern ein andauernder stationärer Zustand ins Auge gefaßt wird. Eine diktatorische Oligarchie, wie die bolschewistische, kommt als Vorbild nicht in Betracht, die gutmütigen Utopien sozialer Romane, die samt und sonders auf der naiv unwissenden Voraussetzung eines zehnfach übertriebenen Volkswohlstandes beruhen, zerfallen in nichts.

Die Kenntnis des gesellschaftlichen Zustandes, dem gegenwärtig wir, später Europa, später die übrigen auf dem Wege der vertikalen Völkerwanderung entgegengehen, entscheidet nicht nur die Stellung jedes einzelnen zu der sozialen Hauptfrage, sondern unser ganzes politisches Verhalten. Es entspricht ganz dem Gange unserer sozialen Überlieferung, daß wir uns in Zielsetzungen und Entschlüssen nicht von positiven, sondern von negativen Antrieben leiten lassen, nicht vom Streben zu etwas hin, sondern vom Streben von etwas weg. Diesem Streben, das ein Flüchten ist, geben wir den positiven Namen des Sozialismus, ohne uns im mindesten darum zu kümmern, wie der Endzustand aussieht – nicht schlagwörtlich, sondern dinglich betrachtet –, dem wir zustreben.

Das liegt nicht bloß an mangelndem Vorstellungsvermögen, sondern daran, daß wir eigentlich politische Tendenz noch gar nicht kennen; geschäftlich, wissenschaftlich, idealistisch einigermaßen geschult, stehen wir politisch etwa auf der Stufe ostslawischer Bauernvölker. Bestenfalls wissen wir – auch das nicht immer –, was uns drückt, ärgert und quält; wir kennen die Beschwerde, kehren sie um und glauben ein Ziel zu haben. Wir verstehen Gedankengänge wie etwa die: die Polizei ist schuld, die Kriegswirtschaft ist schuld, die Preußen sind schuld, die Juden sind schuld, die Engländer sind schuld, die Pfaffen sind schuld, die Kapitalisten sind schuld. Wie bei den Slawen wäre, wenn Gutartigkeit und Ordnungsliebe seit zwei Jahrhunderten uns nicht hemmten, der Pogrom – in den Formen des Bauernkrieges, des Glaubenskrieges, der Hexenprozesse, der Judenhetzen – die eigentliche Ausdrucksweise unsres primitiv politischen Wollens. Der Hurrapatriotismus trug davon die deutlichen Züge; halb Nationalismus, halb Aggressivität gegen irgendeinen Popanz; niemals stolzes Beruhen, liebevolles Weilen, idealpolitisches Streben.

Wir haben eine Republik: niemand hat sie ernstlich gewollt. Wir bekamen vor Toresschluß den Parlamentarismus: niemand wollte ihn haben. Wir haben eine Art von Sozialismus: niemand hat daran geglaubt. Es hieß: »Das Volk lebt und stirbt für seine Landesherren, den letzten Blutstropfen für die Hohenzollern« – niemand hat es geleugnet. »Das Volk will verwaltet sein von seinen angestammten Herren, es geht durchs Feuer für seine Offiziere, lieber den Tod als einen Fußbreit deutschen Bodens dem Feinde.« War das Täuschung? – Nein, es war die Wahrheit. Nur ging sie nicht tief. Es war die Wahrheit aus mangelnder Vorstellung des Andersmöglichen.

Als das andere möglich und wirklich wurde, war man republikanisch bis in die Kätnerhütten Ostelbiens; als der Militärstreik die Disziplin gebrochen hatte, mißhandelte man die Offiziere; als der Krieg verloren war, die Flotte geschändet und die Heimat besudelt, fing man an zu spielen und zu tanzen.

War das Frivolität? Nein. Kindlicher Mangel an politischem Vorstellungsvermögen. Die Polen, an Gemütstiefe und talentbildender Kraft den Deutschen nicht entfernt vergleichbar, haben ein Jahrhundert keinen andern Gedanken gekannt als den der nationalen Einheit; wir opfern regungslos unsere Landesteile. Nie wird ein Engländer, ein Japaner, ein Amerikaner es verstehen, wenn wir ihm sagen: Dieser Militärgehorsam, diese Kriegsbegeisterung war nicht politischer Macht- und Angriffswille, sondern Folgsamkeit eines kindlichen Volkes, das sich nichts anderes wünscht und vorstellen kann als das gerade Bestehende.

Wir wissen wenig von den Gesetzen der Völkercharaktere. Fähigkeit eines Volkes zur Tiefe ist weder Tiefe jedes einzelnen noch der Gesamtheit. Sie äußert sich in der Masse vielleicht nur als Bildsamkeit und Gemütsweichheit. Fähigkeit zur kollektiven Klugheit und Willensstärke verlangt vom einzelnen nur nüchternen Menschenverstand und Egoismus. Daß unsere politische Schwäche nur Ausdruck seelischer Stärke sei, wäre zuviel gesagt, denn in Geschäften hat diese Stärke uns nicht behindert. Indolenz und Autoritätsglaube tun das ihre. Doch waren wir nicht das klassische Land der Sozialdemokratie, sind wir nicht das klassische Land des Radikalismus geworden? Freilich sind und waren wir, autoritätsgefügig und disziplinierbar, das klassische Land der organisierten Beschwerde; so auch das klassische Land des Antisemitismus, der uns Kräfte entzog, deren wir zumeist bedurften: produktive Skepsis und reale Phantasie. Doch organisierte Beschwerde ist nicht politische Schöpfung. Einen ideenärmeren Sozialismus und Radikalismus als den nachmarxischen deutschen hat es nicht gegeben, zur Hälfte war er Sekretärsarbeit, zur Hälfte billigste agitatorische Utopik.

Bezeichnendste Tatsache: das gewaltige Ergebnis des deutschen Umsturzes war nicht ein Ergebnis des Willens, sondern des Widerwillens. Nicht wir haben uns befreit, sondern die Feinde haben uns befreit, die Vernichtung hat uns befreit. Am Tage vor dem Waffenstillstandsgesuch, vielleicht noch am Tage vor der Kaiserflucht, hätte Volksabstimmung eine überwältigende Mehrheit für die Monarchie und gegen den Sozialismus ergeben. Es geschah, was ich oft genug vor dem Kriege aussprach: wer seine Kinder mit Schlägen erzieht, lernt nur durch Schläge.

Auch heute, wo alles gärt und siedet – ohne Verdienst der Sozialisten – muß alle Gedankenarbeit außerhalb der Sozialdemokratie geleistet werden, die auf den Krücken der »Sozialisierung« und der »Räte« einherstolpert. Noch immer ist der rechtgläubige Sozialismus die Lehre vom kleineren Übel, er ist, was die französische Sprache ein »pis aller« nennt. »Es ist alles so schlimm, daß es nur besser werden kann.« Wodurch es besser wird, sagt der soziale Katechismus; wie es aber besser wird, wie und was überhaupt wird, diese Frage, die einzige, auf die es ankommt, gilt als unsachlich. Ein verlegenes und unaufrichtiges Gestotter über den Mehrwert, der alle wohlhabend machen soll – er leistet, wie ich gezeigt habe, fünfundzwanzig Mark Mehrverbrauch auf den Kopf –, gilt als Antwort. Fünfzehn Millionen erwachsener Menschen drängen in ein Land der Verheißung, das ihnen im Qualm der Volksversammlungen, im Donner eingelernter Schlagworte erschienen ist und aus dem keine Traube ihnen gebracht werden kann.

Könnte man das unbewußte Gewissen – nicht der Agitatoren, sondern der Hörer – befragen, wie dies Land der Zukunft eigentlich aussieht, so würde man die kindlich schüchterne Antwort vernehmen, die zugleich die tiefste und die gescheiteste ist, die gegeben werden kann: es ist das Land, wo es keine reichen Leute mehr gibt.

Wahr und wahrhaftig! Doch ein tiefer Irrtum bleibt verschwiegen, verschwiegen und ungeahnt. Nicht wahr, in dem Lande, wo es keine reichen Leute mehr gibt, wird es auch keine armen Leute mehr geben? Staunen. Wie könnte es arme Leute geben, wenn es keine Reichen mehr gibt? Und doch ist es so. In dem Lande, in dem es keine reichen Leute mehr gibt, wird es nur arme, nur sehr arme Leute geben.

Wer das nicht weiß und Sozialist ist, der ist ein Mitläufer oder ein Betrogener. Wer es weiß und verheimlicht, ist ein Betrüger. Wer es weiß und dennoch, nein deshalb! Sozialist ist, der ist ein Mensch der Zukunft.

Mag der Menge das dunkle Gefühl genügen, dies sei ohnehin der Lauf und das Gefälle der Zeit, mit diesem Strome müsse geschwommen sein; mögen Einsichtigere die Schäden der Epoche betrachten und sich mit dem »pis aller« begnügen. Den verantwortlich Denkenden ist es zugewiesen, den Boden zu prüfen, auf den man das Volk führt. Wir müssen wissen, wie es in dem Lande aussieht, wo es keine reichen Leute mehr gibt, in dem Lande, wo das arbeitslose Einkommen aufhört, wir müssen, in der Sprache unseres Denkens zu reden, die neue Gesellschaft kennen, um sie zu gestalten.

2

Die Frage ist nicht aktuell.

So wenig der hundertjährige Gang der begonnenen sozialen Weltrevolution aufgehalten werden kann, so sicher kann vorausgesagt werden, daß das Ereignis in seiner ganzen Breite das rasche Zeitmaß seiner Anfänge nicht beibehalten wird. Entscheidend wird die Phasenverschiebung der siegreichen und der besiegten Länder sich herausarbeiten, denn in der heutigen Entwicklung mischen sich organische und pathologische Erscheinungen; schon jetzt gibt es einen Sozialismus der gesunden und einen der kranken Länder. Die Hoffnung der bolschewistisch Kranken auf Infektion der Welt ist eitel.

Der kleine Tages- und Jahresgang unsres mitteleuropäischen Gebietes läßt sich nicht vorausbestimmen, weil er von kleinen, zufälligen, örtlichen und äußern Kräften abhängt. So sicher die großen und naturnotwendigen Abläufe sich voraussagen lassen, so töricht ist es, das zufällige Hin und Her zu erörtern. Wenn ein unbewachtes Haus vom Keller bis zum Dach mit Sprengstoff gefüllt ist, so weiß man, daß es eines Tages in die Luft fliegt; ob an einem Sonntag oder Montag, ob morgens oder abends, ob der linke Eckpfeiler stehenbleiben wird, das zu erörtern, ist müßig.

Im geschichtlichen Sinne gleichgültig ist es somit, ob hier und da noch ein Einbruch des Radikalismus geschieht, ob hier und da eine offenkundige, auf die Spitze getriebene Reaktion und Restauration sich vorübergehend auftut. Der große Gang, wie nach jeder ausgewirkten Katastrophe, verlangsamt sich, und diese Verlangsamung an sich erscheint als Reaktion. Wir, die wir an katastrophale Vorgänge überhaupt nicht gewöhnt sind und diesen ersten nicht bewirkt, sondern erduldet haben, die wir nach jeder raschen Regung Katzenjammer bekommen – denkt an den frühern Reichstag –, wir werden als erste tiefere Einsenkung des revolutionären Wellenzuges einen aristokratischen, dynastischen und plutokratischen Romantismus erleben, eine

Sehnsucht nach dem bunten Glanz der Ruhmeszeit, einen Abscheu gegen die geistlose, mechanische Weltbeglückerei durch stellenlose Volksredner mit Reife für Quarta, gegen die eintönige, sich selbst nicht glaubende Tirade bezahlter Emissäre und schiefliegender Mitläufer, gegen die volkswirtschaftlich-wissenschaftliche Einkleidung von Faulheit, Unwissenheit, Habgier und Überhebung, gegen die brutale und erpresserische Streberei von unten. Die umgekehrte Torheit wird folgen, Bewunderung und üble Nachahmung des strotzenden Auslandes, hochmütiger Individualismus und menschliche Verhärtung. Die intellektuellen Kriegsgewinner, die heute auf Radikalismus setzen, werden Kornblumen im Knopfloch tragen. Zum drittenmal wird die naive Schamlosigkeit der Umlerner sich erheben. Zu achten ist der seelische Vorgang der Bekehrung; Paulus wurde bekehrt zum Bekehrer. Doch das Umschnappen des intellektuellen Spekulanten aus dem erwiesenen Fehlschlag in die erfolgreiche Gegenposition, mit dem Vorbehalt, notfalls von neuem zu schnappen, und mit dem Anspruch, andere zu belehren, ist Ausdruck der erschreckenden Tatsache, daß an Stelle innerer Überzeugung in Lebensfragen der Tip getreten ist.
Das Umlernen begann, als kurzsichtige Urteilslosigkeit, mit billigen Mitteln benebelt, von einem raschen und siegreichen Krieg die Bekräftigung der Mächteelemente erwartete und bei der Abrechnung zu kurz zu kommen fürchtete. Selbst der fadenscheinigste Liberalismus erschien kompromittierlich, man schrie nach schimmernder Wehr. Die ärmsten Opfer des Leibes und der Seele, denen die Flucht nach hinten verlegt war und nur die Flucht nach vorn übrigblieb, nannte man Helden und entwertete das mannhafteste Wort unserer Sprache, das nur dem Freiesten und Größten gebührt. Wer den Haß und Geifer der Umlerner erlebt hat, der jedes Wort gegen den Krieg und die große Zeit verhöhnte, der begreift nicht, daß ein ganzes Land ohne Scham und Gram seine Irrung fahren ließ – oder begreift es zu gut. Heute belehren und verspotten uns die Umlerner zweiter Ordnung, und morgen werden die des dritten Grades uns belächeln.
Es bedeutet nichts. Die bewegenden Kräfte der Epoche kommen nicht aus Geschäftsstuben, nicht von der Straße, nicht von Tribünen, Kanzeln und Kathedern. Der lärmende Schwung von gestern, heute und morgen ist nur die rasende Bewegung des äußersten Kreises, das Zentrum wandert still wie die Sterne.

Wir haben mit unsrer Betrachtung mehrere Perioden vor- und rückläufiger Bewegung zu überspringen und dürfen von keiner Dank erwarten. Was der einen zu konservativ ist, wird der andern zu revolutionär sein, und der grinsende Ästhet wird uns pflaumenweich nennen. Wenn wir finden, daß kein Schlaraffenland, sondern die Gefahr zeitweiligen menschlichen und kulturellen Rückschritts uns erwartet, wird der angelernte Weltverbesserer mit den beiden Schlagworten das Maul aufreißen, wenn wir aus Menschenpflicht, aus Einverständnis mit dem Weltengang und aus Vertrauen zum inneren Recht den Weg der Gefahr, selbst des Abstiegs schreiten, wird der Machtverehrer und Menschenverächter die Nase rümpfen.
Der Macht zuliebe und den Massen zuliebe wird von uns nichts geschehen. Wir dienen nicht Gewalten. Unsere Liebe gilt dem Volk, doch das Volk ist nicht die Masse einer Versammlung noch die Summe der Interessenten noch die Insassen der Schreibe- und Redehäuser. Das Volk ist der wache oder schlummernde, der versickerte, erfrorene, verschlammte oder hervorbrechende Quell des deutschen Geistes. Mit ihm, seiner Gegenwart und Zukunft, seinem Lauf in das Meer der Menschheit haben wir zu tun.

3

Das Kriterium des künftigen sozialisierten Zustandes ist ein materielles. Soll eine materielle Ordnung für den geistigen Zustand einer Epoche bestimmend sein? Ist das ein Bekenntnis zur materialistischen Geschichtsauffassung?
Von einem Kriterium, nicht von einer Grundkraft ist die Rede. Die Auseinandersetzung mit der materiellen, besser gesagt, mechanischen Deutung der Geschichte scheue ich nicht, sie ist in meinen größeren Schriften mehrfach gegeben, eine wiederholende Andeutung wird den Zusammenhang erklären.
In den kollektiven Abläufen wiederholen sich die Gesetze des individuellen Schicksals. Das Erleben eines Menschen wird nicht erzwungen durch seine Körperform, seinen Gesichtsausdruck, seine Umwelt, wohl aber besteht ein Zusammenhang, ein Parallelismus. Denn die gleichen Urgesetze, die den Ablauf des geistigen Daseins bestimmen, spiegeln sich im leiblichen und sächlichen Ausdruck. Jeder

Augenblick, den wir erleben, jede Umgebung, die uns ersteht, jede Gliedform, die uns erwächst, jeder Zufall, der uns trifft, ist eine Summe unseres Charakters. Freilich sind wir als Menschgeschöpfe begrenzt, es steht uns nicht frei, im Wasser oder auf fremden Planeten zu leben, doch innerhalb dieser weitgezogenen Begrenzung steht uns die Schaffung jeglichen Lebens frei. Wer einen Menschen, sein Schaffen und sein Schicksal, seinen Leib und Ausdruck, seinen Anhang und seine Ehe, sein Gerät und seine Umwelt betrachtet, der kennt den Menschen.

In diesem letzten Sinne verliert soziale, wirtschaftliche, politische Strebung ihre Bedeutung: denn ist der Mensch so souverän, so braucht man nicht für ihn zu sorgen. Sie gewinnt ihre relative Bedeutung wieder durch den erfahrungsmäßigen Durchschnittsbetrag der menschlichen Geistes- und Willenskräfte, die in der Regel einen gewissen Höchstdruck der äußern Verhältnisse nicht überwinden. Gleichzeitig aber sind diese Strebungen selbst wiederum ein Teil des Willensdruckes, mit dem der kollektive Mensch gegen seine Umwelt und Mitwelt kämpft und sein freies Schicksal gestaltet.

Die innern Gesetze der Gemeinschaften stimmen mit denen der Individuen überein. Wenn gewisse Völkereigenschaften des Geistes, Willens und Charakters von Armut oder Reichtum, von Boden und Klima, von Binnen- oder Seelage, von Ernährung und Beschäftigung abhängig, ja aufgezwungen erscheinen, so wird die Tatsache verdunkelt, daß diese äußern Gegebenheiten den Völkern nicht auferlegt, sondern von ihnen gewollt sind. Ein Volk will das Nomadentum, will die See, will den Ackerbau, will den Krieg und hat, wenn es stark genug will, die Kraft, seinen Willen zu verwirklichen, wo nicht, sich aufzulösen oder zu sterben. Es ist der gleiche Wille und Charakter, der Wohlstand und Kultur will, der Trägheit und Abhängigkeit will, der Arbeit und Vergeistigung will. Den Venezianern wurde nicht eine Baukunst und Malerei geschenkt, weil sie zufällig reich geworden waren, den Briten nicht eine Seemacht, weil sie zufällig auf einer Insel saßen, sondern die Venezianer wollten Freiheit, Macht und Kunst, die Angelsachsen wollten die See.

Es ist ein Funke Wahrheit in dem populär-politischen Glauben, ein Krieg sei ein Gottesurteil. Ein Charakterurteil ist in ihm enthalten: wiederum nicht in dem populär-politischen Sinne, daß eine hoffnungslose Lage »durchgehalten« werden könne, sondern deswegen, weil die Vorgeschichte, die Fähigkeit oder Unfähigkeit der Politik und Leitung Charakterfrage ist; bei uns war sie eine Frage der Indolenz, der politischen Trägheit, der Klassenherrschaft, des Philisterdünkels und der Gewinnsucht. Nirgends wurde, wie bei uns, der Begriff des Gottesurteils in blasphemischer Blähung übertrieben: indem der Herr der Heerscharen auf die Machtwünsche der Kaserne, der Bierbank, der Hofkanzeln und Vereinslokale gleichsam verpflichtet und kurzerhand angewiesen wurde, England, das man aus Zeitungsberichten kannte, zu strafen. Heute ist Würdelosigkeit Folge dieser Übertreibung, denn der Gott ließ sich nicht meistern, und seine naiven Lästerer müssen in der Stille den Feinden knirschend recht geben, wenn diese ihrerseits sein inappellables Urteil schrankenlos für sich in Anspruch nehmen.

Nach dieser kurzen Erörterung des psychophysischen Zusammenhangs Geist und Schicksal wird es verständlich sein, wenn wir der Kürze des Ausdrucks zuliebe so reden, als ob der Geist der Gesellschaft von ihrem materiellen Aufbau entschieden werde, während er in Wahrheit sich in diesem Aufbau verkörpert. Doch der Aufbau ist das leichter zu Übersehende, deshalb wählen wir ihn als Grundlinie.

4

Alle uns bekannten Kulturen sind von zweigeschichteten, dichten und reichen Völkern ausgegangen. Ihren Höhepunkt erreichten sie im Augenblick der Schichtenverschmelzung.

Es genügt also nicht, daß ein Volk dicht und reich sei, es muß in seinem Reichtum und in seiner Macht eine große Zahl armer, ja unterdrückter und versklavter Menschen haben. Hat es die nicht, so kann es sich fremder, stellvertretender Kulturen bemächtigen und bedienen. Das tat Rom, das tut Amerika.

Furchtbar! doch begreiflich. Denn bis hierhin reicht das unbewußte Naturgeschehen, der Kreaturenkampf. Kollektivgeschöpfe sind bislang Raubtiere, die Menschengrenze sollen sie erst von jetzt ab überschreiten.

Begreiflich und erklärlich. Denn alle Kulturwerke hängen zusammen, es lassen sich nicht die billigen unter Verzicht auf die kostspieligen gesondert betreiben. Wohlfeile Kulturen gibt es nicht. In ihrer Ganzheit erfordern sie Aufwand, den gewaltigsten Aufwand, den die Menschheitsgeschichte kennt, den einzigen Aufwand, der menschlicher Arbeit – über die Notdurft – lohnt.

Wie die lebenden und die toten Geschöpfe, wie Pflanzen, Menschen, Tiere und Geräte, haben die Werke der Kultur ihre Geschlechterreihen. Es muß zehntausend Jahre gemalt und Malerei betrachtet worden sein, damit ein neues Bild entstehe. Unsere Dichtung und Forschung beruht auf Jahrtausenden. Das tut dem genialen Werk und Gedanken keinen Abbruch; es ist neu, alt und ewig, wie die Blüte neu ist auf altem Stamme, und aus ewigem Geschlecht. Wenn wir hören, es sei in Innerafrika oder in Neuseeland von einem Eingeborenen ein Ölbild geschaffen worden, so wissen wir, ein Zufall hat den Menschen nach Paris verschlagen. Wenn ein europäischer Künstler in Tahiti dichtet oder malt, so ist das keine Kultur von Tahiti. Ist auf einem erstorbenen Boden die Kultur verdorrt, so kann sie nur durch neuerschaffenes Erdreich und fremden Samen erweckt werden.

Die Stetigkeit der Kultur, selbst der Zivilisation, aber erhält sich nur durch dauernden Aufwand, wie in dürren Landstrichen eine blühende Vegetation sich nur durch dauernde Bewässerung erhält. Die Güterströme des Ostens mußten sich über Italien ergießen, damit die Kunstblüte der Renaissance zustande kam. Tausende von Patriziern, Hunderte von kirchlichen und weltlichen Fürsten mußten Tempel und Paläste, Gärten, Monumente, Aufzüge, Spiele, Hausrat stiften und schmücken, damit der Kunst und Forschung Schule, Meisterschaft, Anhang, Überlieferung erwuchs. Die Ausländerei Deutschlands im siebzehnten und halben achtzehnten Jahrhundert bedeutet nichts weiter, als daß unser Boden zu arm geworden war, um eignes Gewächs zu tragen. Die Kultur des Mittelalters blieb so lange international, als die europäische Bevölkerung zu spärlich, die Auftragsgelegenheit zu gering war, um seßhafte Kräfte zu beschäftigen; auch im volksarmen griechischen Mittelalter Homers war der Architekt und war der Dichter nicht ein ansässiger, sondern ein umherziehender Künstler. Wenn die Republik Guatemalas oder Honduras heute ein Kapitol oder eine Bahnhofshalle braucht, so wird sie sich wahrscheinlich einen Baumeister aus London oder Paris verschreiben.

Nicht einmal die zivilisatorischen Künste der Technik, des Handwerks und Gewerbes können des großen und dauernden Aufwandes an Schulung, Auftrag und Absatz entbehren, um führend zu bleiben. Obwohl es bisher nicht geschehen ist, besteht kein Grund, warum nicht ein Serbe oder Slowake eine bedeutende Erfindung machen sollte, wenn er auf einer europäischen Hochschule an der Überlieferung der Technik Anteil genommen hat. Eine dauernd und selbständig schaffende serbische oder slowakische Technik aber wird auch dann noch nicht entstehen, wenn die kostspieligsten Hochschulen und Forschungsanstalten im Lande errichtet und fremde Lehrer berufen werden. Dann bedarf es erst noch des Absatzes im Lande, des sachkundigen Bestellers, Fabrikanten, Zulieferanten, der geschulten Mannschaft von Ingenieuren, Technikern, Meistern, Arbeitern, des ausländischen Absatzes, um die Aufgaben und die Vergleichsnorm auf der Höhe zu halten, kurz der technischen Atmosphäre.

Hochwertige Produkte kann ein armes Land nicht für ein reiches liefern; es fehlt die Erziehung durch den Abnehmer. Einrichtungen des Sports und Komforts, für die England vorbildlich war, wurden in Frankreich in lächerlich mißverstandener, töricht verzierter Fassung nachgeahmt, anderseits wurden französische Waren des Luxus und des Kunstgewerbes von allen Ländern übernommen. Die deutsche Ware galt als billig und schlecht, bis das Land reich geworden war und alle Kräfte der Wissenschaft und Technik, der Produktion und des Absatzes, der Hilfsgewerbe und Rückgewinnungen, der Finanzierung und des Handels, der Erziehung und Schulung, des Urteils und Ausspruchs, der Lebensgewohnheit und des Vergleichs zusammenwirkten.

Die menschlichen Kräfte aber bedürfen der gleichen Pflege, des gleichen Aufwandes und der gleichen Hochzüchtung wie die Einrichtungen und Dinge. Feine Arbeit verlangt empfindliche Hände und geschonte Lebensweise, Erfindung und Schöpfung verlangen Muße und Freiheit, Geschmack verlangt Schulung und Überlieferung, wissenschaftliches Denken und künstlerisches Empfinden verlangen eine ununterbrochene fortlebende Umwelt der Bildung, der Gesinnung und des Verständnisses. Eine sterbende Kultur kann noch eine Zeitlang vom vorhandenen Humus der Bildung, von der vorhandenen Atmosphäre der Gesinnung leben, diese Lebenselemente neu zu bilden, vermag sie nicht.

Man täusche sich nicht, sondern blicke den Dingen ins Auge! Alle die braven Kanadier, die sich proletarischer Voraussetzungslosigkeit kindlich rühmen, gleichviel ob mit oder ohne akademischen Grad, sind Adoptivsöhne der plutokratischen und aristokratischen Bildung. Auch wenn sie ihre Stehkragen und Kneifer ablegten: jedes ihrer Worte und Argumente, ihre Denkform, ihr Wissen, ihre stark betonte Geistigkeit und Vorliebe für Kunst und Wissenschaft, ihr ganzes Handwerks- und Arbeitszeug ist Erbteil dessen, was sie glauben abtun zu können, und Tribut an das, was sie zu verachten vorgeben. Echter Radikalismus ist nur dann achtenswert, wenn er die Zusammenhänge begreift und die Konsequenzen nicht fürchtet. Er muß begreifen – ich werde es ihm klarmachen –, daß ein rasches Vorgehen die Kultur tötet; er muß die Konsequenz ziehen, sie zu verschmähen, nicht sie anzupumpen. Die jungen Christen taten den heidnischen Kram und Greuel von sich, die jungen Radikalen möchten zuvor noch rasch die Rosinen klauben.

Kultur und Zivilisation, wie wir sehen, verlangen dauernden, ungeheueren Aufwand, Aufwand an Muße, an Arbeitskraft, an Mitteln. Sie brauchen Auftrag und Absatz, Schule, Vorbild, Überlieferung, Vergleich, Urteil, Verständnis, Bildung, Gesinnung, Kinderstube, Atmosphäre. Jeder Außenstehende kann ihnen dienen – mit seinen ungebrochenen Kräften oft wirksamer als der Eingewöhnte –, doch muß die überkommene Atmosphäre ihn tragen und beleben. Kultur und Zivilisation verlangen reiches Land.

Doch der Reichtum des Landes genügt nicht; er muß durch den Gegensatz gehoben und getragen sein. Das reiche Land muß über große Mengen armer und abhängiger Menschen verfügen. Denn wie sollte sonst der Aufwand der Kultur geleistet werden? Einer muß über viele verfügen: wie könnte er es, wenn sie seinesgleichen wären? Der Aufwand soll groß, doch er muß erschwinglich sein: wie könnte er es sein, wenn die Kräfte der Tausende nicht billig wären? Die wenigen, die Hohen sollen Macht, Glanz, Vorbild entfalten: wie könnten sie es ohne Gefolgschaft, Zuschauer und Troß? Ein Land des Wohlstandes, doch des gleichförmigen Wohlstandes, bleibt kleinbürgerlich, kleinlich und provinziell. Wenn Staat und Behörden, Kollegien gesetzter und sparsamer Vereinsmenschen mit Voranschlägen, Abrechnungen, Einwendungen und Kontrollen das Amt eines kalkulierenden

Mäzenas und Mediceers übernehmen sollen, so entstehen Dinge, die Kriegsdenkmälern, Wartesälen, Zeitungsständen und Trinkhallen ähnlich sehen. Das war früher anders? Gewiß, doch in den sparsamsten Zeiten waren Könige Auftraggeber.

Ist Kultur eine solche Giftblüte, gedeiht sie nur auf dem Sumpfe der Armut, in der Sonne des Reichtums, so muß und soll sie zugrunde gehen. Unser Empfinden trägt nicht mehr das Glück und den Glanz der wenigen aus dem Jammer der vielen, die Zeiten der Sinne sind vorüber, die Stunde des Gewissens bricht an.

Schüchterner, vergrämter Puritanismus meldet sich: Gibt es keinen Mittelweg? Geht es nicht für die Hälfte? Nein, es geht nicht; das sei euch endlich einmal in aller Deutlichkeit gesagt, ihr Herren Verfechter der reinen »Bedarfsdeckung«, die ihr vom »täglichen Brot« redet und »edelste Kunstgenüsse« zum Aufstrich verlangt. Es geht nicht.

Nein, es geht nicht mit der Hälfte, mit dem Viertel. Ja, wenn die ganze Welt so wollte, wie wir wollen, die kranke, die gesunde und die strotzende! In Moskau erwartet man ja wohl stündlich die Weltrevolution. Aber sie will nicht. So bleibt uns also, wenn Kultur und Zivilisation das sind und bleiben, was sie waren, nichts übrig, als mit einem Riß das Giftgewand vom Leibe zu reißen? Oder – gibt es ein Oder? Wir haben einen weiten Weg vor uns. Zunächst müssen wir wissen, wie reich oder wie arm wir und die Welt sein werden an dem Tage, wo es kein arbeitsloses Einkommen und keine reichen Leute mehr gibt.

Wäre unsere Wirtschaft selbstgenügend, so könnten wir uns nach dem Muster der Burenrepublik einrichten, die hat, was sie braucht, und ab und zu eine Ladung Straußenfedern verkauft, um Kaffee und Gesangbücher einzutauschen. Leider müssen wir, um zwanzig Millionen zu ernähren, Blut und Hirn exportieren. Und wenn wir, um Phosphate zu kaufen, als höchste Leistung unseres Kunstfleißes baumwollene Strümpfe und Nachtmützen anbieten und erklären, es sei alles solideste Handarbeit, denn in unserer täglichen Brotwirtschaft habe man das Umgehen mit dem Teufelszeug moderner Strickmaschinen längst verlernt, so wird man uns antworten: erstens brauchen wir keine Nachtmützen, zweitens können wir euch welche zum zehnten Teil des Preises liefern, und unsere Baumwollwaren kommen mit Protest zurück.

Weltwirtschaft, auch in bescheidenem Umfang, läßt sich nur betreiben auf Grund vollkommener technischer Leistung, die Leistungshöhe aber läßt sich nicht aus einer Kummerwirtschaft erklimmen. Wer den Teil will, muß das Ganze wollen; zum Ganzen aber gehört der Inbegriff nicht nur einer Technik, sondern einer Zivilisation, ja einer Kultur. Ebensogut könnte man von einer Varietékapelle, die das ganze Jahr Gassenhauer spielt, verlangen, sie solle sich einmal im Jahre, nur ein einziges Mal am Karfreitag, zusammenraffen, um die Matthäuspassion würdig vorzustellen.

5

Jahrzehntelang wird Deutschland eines der ärmsten Länder sein; wie arm, das hängt nicht allein von uns ab, sondern von denen, die uns hassen, von ihrem Zerstörungswillen und ihrer Zerstörungskraft.

Armut und Reichtum sind jedoch relative Begriffe; noch immer sind wir im Durchschnitt reicher als unsere Großväter, reicher als Römer und Griechen. Das Maß des Wohlstandes bestimmt der wohlhabendste der Wettbewerber, denn er bestimmt die Leistungshöhe der Technik und der Gewerbe, die Produktionsmethoden, das Mindestmaß der Arbeit und der Geschicklichkeit. Daß wir uns nicht abseits vom Wettbewerbe halten können, haben wir gesehen, denn wir sind feiler Dinge bedürftig. Folglich müssen wir, so gut es geht, Schritt halten.

Auch wenn wir unsere Augen verschließen und Auslandsverschuldung so wenig wie Kriegstribute in Rechnung stellen, müssen wir zugeben, daß der Durchschnittswohlstand Amerikas den unseren heute schon um ein Vielfaches übertrifft. Bei einer Teuerung, die der unseren nachsteht, betragen die Löhne für geschulte Arbeiter sieben bis zehn Dollars täglich, nach unserem Geldwert hundert Mark und darüber, viele Arbeiter fahren auf eignen Kraftwagen zu ihren Werkstätten.

Fragt man nun unsere Radikalen, wie sie sich den Wettbewerb mit einem solchen Lande denken, das in einem Menschenalter zwanzig-, dreißigmal reicher sein wird als wir, so werden sie einige Sätze stammeln, in denen die Worte Rätesystem, Mehrwert und Weltrevolution vorkommen. Die Frage wird ihnen überdies kaum eingehen, da sie in Volksversammlungen nicht gestellt wird.

Unter sich werden sie etwas unüberzeugt vom Mehrwert reden, der hier gar nicht in Frage kommt – und von dem ihnen nachgerade oft genug gezeigt worden ist, daß er ein Pfund Butter auf den Kopf der Bevölkerung ausmacht, soweit er verbraucht werden darf.

Die Überlegenheit der westlichen Wirtschaftsmächte aber wächst weiterhin, sofern, wie es den Anschein hat, von ihnen in der Form des Staatssozialismus mit der Neuen Wirtschaft ernst gemacht wird, die wir begraben haben. Der Weg der gesunden oder, was heute das gleiche sagt, der siegreichen Wirtschaften überspringt keine Stufen; er wird die scheinbar längere, doch stetige Strecke vom Kapitalismus über den Staatssozialismus zum vollen Sozialismus durchlaufen; wir werden scheinbar den Lauf abkürzen, indem wir die Zwischenstation überschlagen, und durch unstetes Vor und Zurück, Hin und Her so viel Zeit und Kraft vergeuden, daß auch dieser Vorsprung nicht einzuholen sein wird.

Wenn etwas noch unglücklicher und irrsinniger sein konnte als der Krieg, so war es sein Zeitpunkt. Das, was der Hochkapitalismus der Welt zu leisten bestimmt, zu leisten fähig war und wirklich geleistet hat – das, was ihn nicht nur rechtfertigt, sondern ihn als die schlechthin notwendige Etappe in der Verdichtungsgeschichte des Menschenvolks erweist, war die Bereicherung der Völker, die rasche, ja zuvoreilende Herstellung des Gleichgewichts zwischen der wachsenden Bevölkerung und der ihr unentbehrlichen Menge an Produktionsmitteln, das heißt an Volkswohlstand. Die ungestörte Entwicklung Amerikas, die wenig gestörte Englands wird es zeigen: noch ein, höchstens zwei Menschenalter Arbeit, und die mechanische Leistungskraft der Einrichtungen war so hoch gestiegen, daß sie eine beliebige Entlastung der Menschenkraft, ein beliebiges Maß des sozialen Ausgleichs ertrug.

Vergebens! Den dürftig gewohnten Völkern des europäischen Mittellandes stieg der rasche Wohlstand zu Kopf, sie erlagen den Giften des Kapitalismus und der Mechanisierung, sie fanden nicht, wie die naiven Amerikaner, die Kraft, den neuen Zustand in Selbstverantwortung umzusetzen; in der Gier, von dem himmlischen Manna soviel wie möglich in die privateigene Scheuer zu heimsen, überließen sie ihr Geschick einem überalteten, angefressenen Feudalstande und einem gierig strebenden Großbürgertum; sie ließen sich durch politi-

sche Katastrophen nicht belehren und verloren in kriegerischer Katastrophe zugleich mit ihren Einbildungen ihre geschichtliche Macht und die wirtschaftliche Grundlage ihres Daseins.
Unbewußt tragen die Politiker der Verzweiflung dem Niederbruch Rechnung, der sie emporbrachte: sie machen den erhofften Umsturz des Westens zum ausgesprochenen Mittelpunkt ihres Systems. Hält der Westen stand, so sind sie falsche Propheten gewesen; er wird aber nicht nur standhalten, sondern fürs erste einen gewaltigen Aufstieg imperialistischer und kapitalistischer Leidenschaften erleben. Wer es nicht wüßte, daß die Bankrottiererhoffnung auf den Zusammenbruch des anderen die frivolste und haltloseste Politik bedeutet, der könnte es im Kriege gelernt haben.
Wir haben unser Schicksal selbst zu schmieden, ohne Seitenblick auf fremdes Glück und Unglück. Wäre uns Zeit gegeben worden, den Schritt aus verspäteter, verdorbener Kindlichkeit in die Mannheit der Verantwortung nach natürlichen Gesetzen zu tun, so wäre unsere Gesundung nicht zweifelhaft. Jahrzehnte der Entwicklung sollen wir in Monaten nachholen, und unsere anerzogene Unsicherheit, das mangelnde Augenmaß für die Grenzen der Rechte, Ansprüche und Verantwortlichkeiten, macht uns schwankend, wie weit wir gehen müssen und dürfen. Im unglücklichsten Augenblick, unvorbereitet, geschwächt, verarmt und krank, sollen wir vorbildlose Lebensordnungen schaffen. Noch ehe die Gebildeten urteilsfähig geworden sind, werden die urteilsunfähigsten Massen der unreifsten Jugend, des fünften und sechsten Standes entfesselt und zum Schiedsrichteramt aufgerufen.
Wir sind nicht reich gewesen und sehr arm geworden, daneben sind wir politisch unreif gewesen und geblieben. Ein gesellschaftlicher Zustand des radikalen Sozialismus wird für uns ein proletarischer Zustand für alle sein, und zwar auf lange Dauer. Da hilft kein Schöntun und Vertuschen, es muß mit aller Deutlichkeit geredet werden. Bei angestrengter und gutgeleiteter Wirtschaft entfällt auf den einzelnen ein Verbrauchswert von bestenfalls fünfhundert Mark Friedenswert, auf die Familie etwa zweitausend Mark jährlich. Dieser Durchschnittsbetrag erhöht sich, wenn nach den Grundsätzen der Neuen Wirtschaft verfahren wird, er ermäßigt sich im Verhältnis der beträchtlichen Mehrvergütungen, die für hochwertige Arbeit ausgesetzt

werden müssen. Wenn heute der Durchschnittsverbrauch sich erheblich höher stellt, so kommt das daher, daß wir von der Substanz zehren; wir verzehren die Arbeitsleistungen, die für Erhaltung und Erneuerung der Produktionsmittel aufgewendet werden müßten, das heißt, wir treiben Raubbau und Schlächterei, wir verzehren ferner, was das Ausland uns auf Kredit liefert, das heißt, wir treiben Pumpwirtschaft.

Einfältiger Lug und Trug ist es, wenn stillschweigend so getan wird, als laufe radikale Sozialisierung auf etwas Ähnliches hinaus wie Gartenstadtidylle mit Festspielhäusern, Naturtheater, Freiluftvergnügen, malerische Reformtrachten und Heimatkunst. Dieses an sich durchaus erträgliche Ideal des durchschnittlichen Architekten, Kunstgewerblers und Kulturpolitikers würde, in dürren Zahlen ausgedrückt und bei »billigster Aufmachung«, wie man zu sagen pflegt, rund das Fünffache von dem erfordern, was uns an Güterproduktionsfähigkeit bei äußerster Anspannung der Kräfte, zehnstündigem Arbeitstag, vor dem Kriege, vor Niederbruch und feindlicher Ausbeutung zur Verfügung stand.

Für den dritten Teil unserer Arbeiterschaft menschenwürdige Freilandwohnungen zu schaffen, würde, wenn die Produktionsmittel dafür ausreichten, die gesamte Arbeitskraft des Landes zwei Jahre lang beanspruchen. Auch wenn längst die letzte Fabrikantenvilla, das letzte Großstadthotel in Massenquartiere verwandelt ist, werden Jahrzehnte vergehen bis zur Lösung der dringendsten Wohnungsfrage. Im Namen des letzten Restes unserer Selbstachtung ist es endlich nötig, das wirtschaftliche Lügengewebe zu zerreißen, das sich aus Unkenntnis, Gedankenträgheit, Verheimlichung und Täuschung gebildet und an die Stelle des politischen Lügengewebes genistet hat. Es wage es jemand, zu beweisen, daß wir ein, wo nicht behäbiges, so doch nur kleinbürgerliches Dasein führen können, solange nicht unsere Produktionsmittel durch einen Zauberschlag verzehnfacht sind – auf dem Papier geschieht es spielend – und solange die Werterzeugung (nicht Umsatz), die ein erwachsener Arbeiter mit äußerster Anstrengung im Laufe des Jahres zustande bringt, den Durchschnittswert von zweitausend Mark nicht um ein Vielfaches überschreitet.

Gewiß, sechs vergnügte Wochen lassen sich einer radikalen Großstadtjugend versprechen, wenn sie die Macht, die Kaufläden, die

Kleiderschränke und Weinkeller in die Hände bekommt. Für die Anführer kann die Herrlichkeit noch etwas länger dauern als für die Angeführten. Dann aber kommt für die Ehrenhaften unter den Bewegungsleitern die Gewissensfrage, die sich durch Zetteldruck verzögern, durch Befragung des Volkswillens nicht lösen läßt.

Wäre der Bolschewismus das Gegenteil von dem, was er ist, nämlich ein – in einem Agrarstaat nicht ganz unmöglicher – Erfolg, so ließe sich die Zuversicht derer verstehen, die, entgegen dieser Rechnung, alles vom Willen des Volkes, vom Rätesystem und von künftiger Eingebung erwarten. Verstehen läßt sie sich bei den Salonkommunisten und Kriegsgewinnspartakisten, die nicht die Sache, sondern die Macht, vielleicht nur die Aktualität wollen.

Daß ich durch solche Betrachtung den armen Tagesgrößen des Mehrheitssozialismus Vorschub leiste, weiß ich, aber ich kann es nicht ändern. Das Wahre wird nicht falsch, weil es dem einen nützt, noch wird das Falsche wahr, weil es dem anderen schadet. Aus Unwissenheit und Verlegenheit tut der regierende Sozialismus das Richtige: er wartet und dämpft. Es ist besser, aus Irrtum das Richtige, als aus Weisheit das Falsche tun. Aus Irrtum: denn neben dem, was er unterlassen soll, unterläßt er auch, was er tun soll; unter anderem die Neue Wirtschaft. Er ist vor dem Sündenfall, er weiß nicht, was gut und böse, was nützlich und schädlich, was möglich und unmöglich ist. Gleichviel: er lasse sich Zeit, so lassen auch wir ihm Zeit.

Diese Zeit gilt es zu nutzen. Wenn wir unsere Betrachtung beendigt haben, so wissen wir, welch ungeheuere Arbeit zwischen uns und der sozialen Verwirklichung liegt. Der längste Weg zu ihr ist der kürzeste. Auch wenn wir die breit gewundene Bergstraße der Anpassung und Vorbereitung wählen, werden wir oft genug straucheln und manche Strecke rückwärts messen; hängen wir uns an den Kletterpfad ungeduldiger Überstürzung, so werden wir tiefer abrutschen, als wir begannen. Vergessen wir nie, wie rätselhaft soziale und politische Unreife sich mit unserer einstmals so hohen, noch immer bedeutenden Geistigkeit und Sittlichkeit verbindet. Unsere Freiheiten sind nicht erobert, sondern zugefallen; durch Zusammenbruch, Streik und Flucht sind unsere Machthaber uns, wir unseren Machthabern auf und davon gegangen. Diese Freiheiten, politische und soziale, sind nicht verwurzelt, kaum als Lebensgüter geschätzt; nicht ihre ideale, sondern ihre materielle Seite macht sie schmackhaft. Wer früher Hurra schrie, schreit heute: alle Macht den Räten, und es werden Tage kommen, wo wieder Hurra geschrien wird. Dann werden sich Weltanschauungen sondern, die heute, wie vormals, unter Interessen und Spekulationen begraben sind.

Gleichviel, ob auf dem Wege der Katastrophen oder der Entwicklung: die Fahrt ist lang, und jede Überhastung verlängert sie, indem sie den Lauf um Jahre oder Jahrzehnte zurückwirft. Vor allem müssen wir wissen, wohin die Fahrt geht. Um uns einer künftigen Gesellschaftsform anzupassen, müssen wir wissen, wie sie aussehen kann, aussehen soll und aussehen wird. Wir werden finden, daß unsere Fahrt nicht ins Paradies führt, sondern in ein Land der Arbeit, das lange Zeit ein Land der Armut, der ärmlichen Zivilisation und der tiefgefährdeten Kultur sein wird. Die angelernten, ungeprüften Redensarten des billigen Schulutopismus werden wir verstummen sehen, der uns mit etlichen mechanischen Handgriffen das übliche Paradiesgärtlein rechteckiger Fabrikkultur und buntgestrichener Zementfreude hervorzaubert und uns versichert, daß alsbald nach Einführung des sechsstündigen Arbeitstages und der Abschaffung des Privatvermögens die Kinogreuel durch klassische Konzerte, die Schnapsläden durch Volksbüchereien, die Spielhöllen durch Erbauungsvorträge, die Straßenüberfälle durch Turnübungen, die Kriminalromane durch Gottfried Keller, die Bazar- und Scherzartikel durch Werke geläuterter Handwerkskunst ersetzt sein werden, daß aus Boxerkünsten, Rennwetten, Handgranatenübung und ländlichen Butterschiebungen alsbald eine Ära der Demut und Menschenliebe emporblüht.

In dem Lande unserer Verheißung werden die Stände, die heute Deutschlands Bildung tragen, fast alles verlieren, die Proletarier kaum Sichtbares gewinnen. Um dieses kaum Sichtbaren willen aber müssen wir den harten Weg schreiten und werden ihn willig und freudig schreiten; denn aus dem anfänglich unscheinbaren Gut der restlosen Gleichberechtigung erwächst die Gewalt der Gerechtigkeit, der Menschenwürde, der menschlichen Verbundenheit und Einheit.

Das ist freilich ein Jahrhundertwerk, und doch und deshalb lohnt es den schweren Gang. Wir wollen ihn kennen und wollen wissen, daß er ein Opfergang ist. Wir wollen uns nicht von Narren zur Fastnacht laden lassen, die heulend ausbrechen, wenn sie des Selbstbetrugs gewahr werden. Wir lassen uns den Stolz des Leidensweges durch trügerische Löhnung nicht verkümmern.

6

Um in das Dunkel des sozialen Traumlandes, von dem keiner ernstlich redet, weil keiner ehrlich daran glaubt, endlich Licht zu bringen, wollen wir einen Schnitt legen durch ein vollsozialisiertes Deutschland der Zukunft und ihn so bestimmen, daß der wirtschaftliche und gesellschaftliche Zustand schon etwa ein Menschenalter angehalten haben soll, also einigermaßen stationär geworden ist. Bei normalem Fortschreiten könnte ein solcher Zustand gegen Ende des Jahrhunderts eintreten.

Wir wollen ferner zwei optimistische Voraussetzungen machen: erstens, daß technischer Fortschritt unsere Deklassierung und Distanzierung gegenüber dem Auslande bis zu einem erträglichen Verhältnis ausgleicht; zweitens, daß durch eine gewaltige und rechtzeitige Reform des Erziehungs- und Bildungswesens, deren geringster Aufwand auf etwa drei Milliarden zu schätzen ist, der völlige Kulturbruch verhütet ist. Diese Reform muß frühzeitig eingesetzt haben; nach vollzogener Tatsache ist ihre Bewilligung unwahrscheinlich. Eine dritte, weniger optimistische, dafür um so wahrscheinlichere Voraussetzung tritt hinzu: daß die westlichen Gebiete einen stetigeren und entsprechend langsameren Gang der Sozialisierung einschlagen und daß im Zeitalter des Vergleiches insbesondere Amerika sich noch nicht auf der Stufe der Vollsozialisierung, sondern des Staatssozialismus befindet. Hierdurch wird unkritisch interessierten, professionellen Gegnern – was gerne geschieht – die Arbeit erleichtert; sie können mit der Fanfare der Weltrevolution auf einen Schlag alle unsere weiteren Betrachtungen abblasen.

Wir haben mit dem Kriterium: das arbeitslose Einkommen ist abgeschafft, und reiche Leute gibt es nicht mehr, die Vollsozialisierung gekennzeichnet. Zunächst müssen wir diese Kennzeichnung einschränken, denn das Kriterium tritt nicht – und niemals! – restlos ein.

Nach Theorie und Gesetz ist jeder angestellt; für seine Arbeit oder Nichtarbeit bekommt er etwas, und was er bekommt, das kann er nach Belieben verbrauchen, verzehren, aufbewahren, verschenken, vernichten oder verspielen. Anlegen, auf Zins geben, in Kapital verwandeln kann er es nicht, weil es keine privaten Unternehmungen oder Produktionsmittel mehr gibt.

Jede dieser Voraussetzungen ist so lückenhaft, daß nicht bloß kleine Abweichungen und Toleranzen zugelassen werden, sondern vielmehr die Weitmaschigkeit des Systems nur noch einen rohen Annäherungszustand gestattet.

Freilich ist jeder angestellt und für eine Mindestarbeit entlohnt, doch niemand kann gehindert werden, in seinen Mußestunden eine Höchstarbeit für sich selbst zu betreiben und zu verwerten. Er kann durch künstlerische, wissenschaftliche, kunstgewerbliche, technische Nebenarbeit, durch Dienste und Hilfeleistungen, durch Ratschläge, Unterhaltungen, Fremdenführung, Auslandsreisen sich nützlich machen, und keine Gesetzgebung wird ihn hindern, die Nützlichkeit in Einnahmen, auch wenn sie nur in Tauschgütern bestehen, umzusetzen. Spiel und Wetten werden blühen und viele bereichern. Wer das Seine verloren und die Aushilfe der öffentlichen Vorschußeinrichtungen erschöpft hat, setzt Brotverleiher, Fleischverleiher, Kleiderverleiher in Nahrung. Ebenso wer aus Leidenschaft Anschaffungen macht, die seinen Lohnstand überschreiten. Allenthalben entstehen Privatlager an Gebrauchsgütern, die an die Stelle der früheren Vermögen treten.

Durch die Kraft der Verlockung entfaltet sich Schmuggel und Schieberei zu einem Umfang, der alle Widrigkeiten der Kriegs- und Revolutionszeit übertrifft. Fremde und Auslandsagenten, die den Ausfuhrhandel »von Regierung zu Regierung« besorgen, helfen die Hamster- und Sparlager verwerten. Man rückt Bürgern zu Leibe, weil ihr unsinniger Aufwand des gesetzlichen Lohnstandes spottet; sie erklären: dies habe ich von Freunden bekommen, jenes habe ich eingetauscht, dies haben mir Fremde mitgebracht, jenes hat mir mein Verwandter aus Amerika geschickt. Gesetze, Kontrollen, Terror: es wirkt so lange, als keine Faser und kein Halm im Lande ist, es versagt, wenn die Hungersnot zum ersten Male weicht. Große, im Ausland und Inland zinsbar angelegte Vermögen entstehen und wachsen durch Übertretung und Bestechung. Der Schieber, der echte Sohn der »großen« Zeit, stirbt nicht aus, er wird je zäher, je mehr man ihn verfolgt, er ist der reiche Mann im Lande der Zukunft und bildet eine dauernde politische Gefahr, wenn er sich mit seinesgleichen verbündet.

Solange nicht eine völlig veränderte Geistigkeit einkehrt, die den Menschen vom Besitz löst und dem Gesetz zuwendet, die Leidenschaften bändigt und die Gewissen schärft, ist der Leitsatz: es gibt keine reichen Leute und arbeitslosen Einkommen, einzuschränken in die Formel: es sollte keine geben.

Ohne gründliche Änderung der Mentalität werden aber auch die gesetzlichen Lohneinkommen geradezu groteske Verschiedenheiten zeigen und sich mit einer Schroffheit, die wir heute nicht kennen, dem Seltenheitswert der Begabung, der Unentbehrlichkeit und der Beliebtheit anpassen. Eine Ministernotdurft, eine Professorennahrung, ein Soldatenunterhalt wird nach wie vor durch das Mißverhältnis von Angebot und Nachfrage gedrückt sein. Doch man denke, was eine zehnjährige Übung im Lohnkampf- und Streikgeschäft den Beliebtheiten, Berühmtheiten und Unentbehrlichkeiten unter Parteinahme des Publikums einbringt. Beliebte Rennreiter und erfolgreiche Chirurgen, Spielklubleiter, Tenöre, Lebedamen, Possenautoren, Meisterschaftsathleten könnten schon heute, wenn sie sich klassenbewußt zu nachhaltiger Ausnutzung der Lohnkonjunktur vereinigten, sich jedes gewünschte Einkommen zusprechen. Selbst in der Form reiner Naturalwirtschaft wird die Kinodame oder ihre Nachfolgerin der Regierung vorschreiben, welche schmückenden Natur- und Kunstprodukte ihr zur Erfüllung des Berufes unentbehrlich sind, welche Lebensverhältnisse ihr zur Aufrechterhaltung der Stimmung bereitet werden müssen.

Nach den höchsten Seltenheitswerten werden Organisatoren, Volksführer, Schriftsteller und bildende Künstler ihre Forderungen anmelden und durchsetzen. In weitem Abstande kommen die gelernten, mehr oder minder austauschbaren Kräfte. Die Russen glaubten in den ersten Monaten mit drei Versorgungsstufen auszukommen, die sich in einem Spielraum von etwa eins zu zwei bewegten. Ändert sich die herrschende Denkweise nicht von Grund auf, so wird man einer künftigen Gesellschaft einen Spielraum des Einkommens in der Größenordnung von eins zu tausend zuerkennen müssen.

Der Satz: es gibt keine reichen Leute mehr, bedarf also einer zweiten wesentlichen Einschränkung: es wird Leute von außerordentlichem Naturaleinkommen geben, zu dem Ansprüche auf persönliche Dienstleistungen treten, welche die Bevorzugten sich ausbedingen.

Die Struktur der Lebensansprüche ähnelt also in ihrem äußern, arithmetischen Aufbau der heutigen weit mehr, als man denkt, um so größer sind die Unterschiede des inneren, persönlichen Aufbaus. Die Wegrichtung nehmen wir schon heute wahr.
Aufwand und Luxus gibt es, und wer ihn treibt, das sind so wie heute, mehr noch als heute, die Schieber, Glückspilze und Abenteurer. Unmäßiger Besitz wird widerlicher, als er ist, ob weniger geschätzt, hängt vom Stande der Sitten ab, den wir noch zu betrachten haben. Es ist wahrscheinlich, daß, aller Gesetzgebung zum Trotz, Besitz sich rascher und rücksichtsloser in Aufwand und Genuß umsetzt als heute.
Die Reste des heutigen Mittelstands- und Wohlstandsbesitzes aber sind aufgesogen, die Familien, die seit Menschenaltern den sichtbaren Geist Deutschlands tragen, werden weniger als andere durch Schieberei und Gesetzesüberschreitung Sondervorteile erschleichen; sobald ihr mäßiger Besitz weggesteuert und verzehrt ist, werden sie in der allgemeinen Bedürftigkeit der normal Wirtschaftenden aufgehen.
Der Luxus, der sich in Straßen und Häusern zeigt, wird etwas Verfängliches haben; man wird wissen, es geht nicht mit rechten Dingen zu, man wird aufpassen und denunzieren und enttäuscht feststellen, daß nichts nachzuweisen ist; man wird die Wohlhabenden halb verachten und halb beneiden; die Frage, wie man die Umgehungen unterdrückt, wird die Hälfte der öffentlichen Erörterungen ausmachen, wie etwa jetzt die Frage des Kapitalismus. Der verhaßte Anblick des Wohllebens aber wird im Inlande – geschweige im Auslande – der bedürftigen Gesamtbevölkerung nicht entzogen sein: der Kapitalismus hat einen anderen Namen und andere Vertreter bekommen.
Die große Dürftigkeit des einigermaßen gebildeten und verantwortlichen Durchschnitts wird man nicht als Folge unabänderlicher Weltordnung noch als persönliches Mißgeschick hinnehmen, sondern als Wirkung unzulänglicher Regierung verurteilen, und die aufsteigenden Umsturzmächte des fünften, sechsten und siebenten Standes werden zugunsten neuerlichen Umsturzes die Verstimmung nähren. Denn die größere Gleichförmigkeit der durchschnittlichen Lebensführung und ihre Kümmerlichkeit heben an sich die Schichtung des

Volkes nicht auf. Daß hier die Heilkraft der mechanischen Einrichtung versagt, habe ich oft genug dargetan.

Zunächst bleiben drei, wahrscheinlich vier trotz aller Armut sich absondernde, durch Zusammenhalt und geistigen Besitz nicht machtlose Schichten bestehen. Das bolschewistische Mittel, sie physisch zu töten, versagt wegen ihrer Menschenzahl; Verfolgungen schweißen sie enger zusammen, und um ihrer überlieferten Erfahrung, Gesinnung und Fähigkeit willen muß man sie immer wieder von Zeit zu Zeit hervorholen und heranziehen.

Die erste Schicht ist die des feudalen Adels. Die geschichtlichen Namen sind aus der Vergangenheit des Landes nicht zu tilgen, auch in der Verarmung werden ihre Träger beachtet, um so mehr, wenn sie, was zweifellos geschieht, die körperliche Züchtung und die sichtbar gestaltete Überlieferung der Lebensform und Gesinnung sich erhalten. Ihr Zusammenhalt stärkt sie, ihre Verschwägerung mit dem Adel des Auslandes gibt ihnen diplomatisch wichtige Beziehungen; beides haben sie mit dem Katholizismus und dem Judentum gemein. Neigung und Eignung zum militärischen Beruf und zur Verwaltungsarbeit wird ihnen treu bleiben; die reaktionäre Gesinnung wird abwechselnd zu Erfolgen und zu Mißerfolgen führen und in beidem den inneren Zusammenhang der Schicht kräftigen. Der unausbleibliche Rückschlag zu romantischer Wertung wird jeder anderen führenden Schicht, vor allem dem entstehenden Beamtenadel, die Verbindung mit alten Namen wertvoll machen.

Dieser Beamtenadel bildet die zweite der sich aufwerfenden Schichten. Die ersten Staatsleute der neuen Epoche, so groß oder so klein ihre Leistungen sein mögen, bleiben unvergessen. Ihre Nachfolger stehen in Achtung als Träger bekannter Namen, in ihren Familien erhält sich politische Praxis, Personenkenntnis und Beziehung, Väter sorgen zu Lebzeiten für Söhne und Töchter und bringen sie auf den Weg. Aus dieser und der ersten Schicht wird man vorzugsweise die Auslandsvertreter des Staates wählen, dadurch erhält sich eine Anpassung an internationale Lebensweise und Gesellschaft, man verfügt über Repräsentationsmittel und findet die Möglichkeit, auch im Inlande die Lebenshaltung zu erhöhen. Der irreguläre Wohlstand wird viel aufbieten, um Beziehung zu diesen Kreisen zu gewinnen, die manchen Hebel der Staatsmaschine in Händen halten.

Der dritte Kreis besteht aus den Nachkommen der ehemals geistig und wirtschaftlich führenden Schicht. Hier herrscht eine Stimmung, die mit derjenigen der Refugiés, Emigranten und Hugenotten zu vergleichen ist. Je tiefer die äußere Macht gesunken ist, desto zäher lebt die Erinnerung. Jede Familie kennt jede andere und hält den Glanz ihres Namens hoch, der sich legendär verherrlicht, um so mehr, wenn die soziale Gesellschaft demonstrativ den Wert der alten Kulturleistungen verkennt. Man legt sich die äußersten Entbehrungen auf, um ein Erbstück, ein Musikinstrument, eine Bibliothek, eine Handschrift, ein paar Gemälde von Geschlecht zu Geschlecht zu bewahren. Kargheit und Puritanismus werden gepflegt, um Erziehung, Bildung und Geistigkeit, soweit es möglich ist, auf der Stufe der Vorzeit zu halten; in diesen Kreis flüchten sich Bildung, Lebensart als Selbstzweck, Religiosität, klassische Musik, künstlerisches Verständnis. Dieser Kreis wird von keinem anderen verstanden, er sondert sich ab, in Beruf, Gewohnheit, Tracht und Form verschieden. Er stellt der neuen Gesellschaft die Gelehrten, die Geistlichen, die höheren Lehrkräfte, die Vertreter der selbstlosesten und geistigsten Berufe; ähnlich den mittelalterlichen Klöstern bildet er eine Insel der Vergangenheit. Sein Einfluß wächst und sinkt periodisch mit der Zeitströmung, seine Achtbarkeit bleibt durch freiwillige Entbehrung, Wissen und Lauterkeit gewahrt.

Eine vierte unangreifbare und einflußreiche Schicht bilden nach aller Wahrscheinlichkeit die mittleren Landwirte und selbständigen Bauern. Gleichviel ob man die Sozialisierung des Bodens radikal durchführt – wahrscheinlich ist sie nicht –, sie bleibt auf dem Papier. Denn selbst ein Stand sogenannter Staatspächter, Domänenverwalter oder Genossenschaftsleiter wäre einem Stande unabhängiger Landwirte sehr ähnlich, durch überlieferte Erfahrung, durch Ansässigkeit in sich geschlossen und begrenzt, durch die Wichtigkeit des Berufes, Unersetzlichkeit und Individualisation selbstbewußt und selbstherrlich, in der Lebensführung schwer beschränkbar. Hier erhalten sich konservative Traditionen des Landes in starker, defensiver Opposition, die auch politisch niemals ausgeschaltet werden kann und die der radikalen städtischen Demokratie ein Gegengewicht bietet.

Spannungen und Spaltungen allenthalben. Der Zustand der Einschichtigkeit wird ohne Sinnesänderung von Grund auf nicht erreicht, die Politik bleibt von Parteikämpfen, die Gesellschaft von Schichtenkämpfen erregt und erschüttert. Ein anderes Bild als die utopisch verheißene paradiesische Weidegemeinschaft der Löwen und Schafe.

Die Verstimmung gegen den ungesetzlichen Wohlstand der Schieber ist allen gemeinsam, aber alle stehen unter der Gefahr der Ansteckung. Die Fronde des Feudalismus wartet auf Gelegenheiten. Der Beamtenadel bestrebt sich, die Staatsmaschine zu monopolisieren. Die Refugiés des Geistes sind mißliebig geachtet, im Verdacht geistigen Hochmutes, und pochen auf ihre Unentbehrlichkeit. Die Landwirtschaft wird gefürchtet, wenn sie sich gegen die Städte auflehnt. Die herrschende, mehr oder weniger gebildete demokratische Masse der Städte erwartet ungeduldig und unzufrieden den allgemeinen Wohlstand, der sich nicht einstellen will, gibt abwechselnd den vier mächtigen Schichten und den Schiebern die Schuld und kämpft sich um gruppenweise Verbesserung der Lebensbedingungen.

Die Lebensbedingungen aber gehen nicht vorwärts, sondern rückwärts. Vom ersten Tage der Revolution an ist die Leistungshöhe der Nation abgesunken. Die absolute Arbeitsleistung, der relative Wirkungsgrad dieser Leistung, die Qualität hat sich verschlechtert. Unter verringertem Umsatz hat die Güte der Produktion, die Forschungsarbeit, die Vervollkommnung gelitten. Die technischen Einrichtungen haben sich vom Raubbau nicht erholt. Die Hilfsindustrien, die Zutaten, die Urprodukte haben sich verschlechtert. Mangelnde Schulung, Unbändigkeit der Jugend, verlorene Handfertigkeit verschulden den Rückgang der Qualitätsarbeiterschaft. Eine Generation an technischen, gelehrten und wirtschaftlichen Führern ist ausgefallen. Hochschulen, Forschungsinstitute, Lehranstalten sind an diesem Ausfall beteiligt. Die technische Führung ist verloren. Der Rückgang der Qualität hat den Absatz abermals verringert und entwertet. Es kann nur noch hergestellt werden, was billig, mühelos, ohne überlieferte Handfertigkeit, ohne höhere Berechnung und Forschung erzeugt werden kann; man ist hinsichtlich aller Neuerungen und aller hochwertigen Ausführungen vom Auslande abhängig. Die technische Atmosphäre ist geschwunden, der Charakter der Landesarbeit ist billige Lohnarbeit.

In den Revolutionswochen traten Straßenredner auf und sagten:

Fünfhundert russische Professoren haben unterschrieben, der Kulturstand sei nie so hoch gewesen wie unter dem Bolschewismus. Berlin glaubte ihnen. Um Rußland zu kultivieren, bedarf es zunächst einmal einer Million Volksschulen mit einem Jahresaufwande von mehreren Dutzend Rubelmilliarden, einer entsprechenden Zahl höherer Lehranstalten und Hochschulen; wenn jeder gebildete Russe die nächsten zwanzig Jahre Lehrer würde, so reichte es nicht hin. Von Eisenbahnnetzen, Urproduktionen, Landwirtschaft nicht zu reden. Das Gebäude einer Zivilisation und Kultur kann nicht mit einem Schlage zerstört werden, erwachsen kann es nur in Jahrzehnten und Jahrhunderten. Die Pflege des Baues aber erfordert unablässige Arbeit und ungestörte Überlieferung, der Einbruch, der bei uns geschehen ist, könnte nur dann vernarben, wenn vervielfachte Arbeit, Geistes- und Willenskraft eingesetzt würden; diese Hoffnung besteht nicht.

Wir sind mit der Frage der Schichtung und innern Spaltung nicht zu Ende. Zum täglichen Kampf tritt die revolutionäre Bedrohung. Revolution gegen Revolution, wie ist das möglich? Vom reaktionären Umsturz wollen wir nicht reden, sondern nur vom aktivistischen.

In früherer Schrift[1] habe ich die Lehre der kontinuierlichen Revolution entwickelt. Hinter jeder erfolgreichen revolutionären Bewegung steht eine neue, die eine Negation mehr vertritt als die voraufgegangene. Hinter den Adelsrevolten standen die bürgerlichen, hinter den bürgerlichen die sozialen. Hinter dem herrschenden vierten Stande erhebt sich der fünfte, hinter ihm wird der sechste sichtbar. Wenn der neunte dereinst den reinen Anarchismus vertritt, so mag der elfte eine Häuptlings- und der zwölfte eine unbeschränkte Königsherrschaft proklamieren.

Heute herrscht der Mehrheitssozialismus, gesellschaftlich gesprochen die rechte Hälfte des vierten Standes, der ältere, geschulte, arbeitswillige Gewerkschaftsarbeiter, über die Revolution erstaunt, sie nicht als ganz legitim betrachtend, entschlossen, das Bestehende zu schützen, sofern ihm einige Selbstbestimmung und materieller Spielraum erhalten bleibt.

Die linke Hälfte besteht aus den jüngeren, militärisch Verdrosse-

[1] Kritik der dreifachen Revolution

nen, nicht sachkundig, doch selbständig Urteilenden, die noch immer arbeiten, doch ebenso gern politisieren. Ihnen als den Aufstrebenden schließen sich die Theoretiker der Schule an. Die Bezeichnung ist charakteristisch: Unabhängige; das Ziel: alle Macht den Räten, ist russisches Provisorium.

Der fünfte Stand taucht empor: Arbeitsunwillige. Die anderen nennen ihn Lumpenproletariat. Enttäuschte, Deklassierte, die vom Putsch profitieren. Ziele noch unbestimmt, nebensächlich, Lieblingsausdruck: Bluthund, wenn von den Machthabern oder Regierungstruppen die Rede ist. Teilweise noch solidarisch mit der linken Hälfte des vierten Standes, embryonal verbunden mit dem fünften: der sechste.

Das sind grundsätzlich Arbeitsscheue, innerlich und äußerlich Kranke und der Gesellschaft Entfremdete, durch Leiden, Strafen, Laster, Leidenschaften Ausgeschlossene, sich selbst Ausschließende, Gesetze und Sitten Verneinende; Schmerzenskinder der Städte, Beklagenswerte; nicht Auswurf, sondern lebendiger Vorwurf der mechanisierten Gesellschaft. Politisch sind sie noch undifferenziert, durch Verneinung ihren Vorläufern verbunden. Wenn sie ins Licht der Politik treten, so werden sie eine Art syndikalistischer Kommune fordern.

Tiefer können wir heute in den unentfalteten Keim der fortlaufenden revolutionären Negationen noch nicht einblicken. Die unendliche Reihe aller denkbaren Prinzipienforderungen ist in ihm enthalten, und es wäre gänzlich falsch, in dieser Reihe eine Stufenfolge abnehmbarer Sittlichkeitsbegriffe zu sehen, wenn auch die ersten Etappen zunächst bis zur völligen ethischen Verneinung fortschreiten. Später kommen Rückbildungen politischer, ethischer, religiöser Art, und jedesmal schließen sich der prätendierenden Schicht Überläufer und Bekehrte, vor allem Enttäuschte und Ehrgeizige der vorausgegangenen Schichten an.

Die Zahl der Revolutionen wächst ins Ungemessene, und jede einzelne, mag sie noch so fleißig den Abscheu vor Blutvergießen im Munde führen, hat nur die eine Hoffnung und Möglichkeit: durch Waffengewalt sich gegen ihre Nachfolgerin zu schützen. Die groteske Unehrlichkeit des Spiels liegt darin, daß jede Prätendentin den erfolgreichen Vorläufern Blutherrschaft vorwirft, während sie selbst schon im voraus ihre Truppenmacht vorbereitet.

Also auch diese Hoffnung ist gänzlich eitel, daß in einem vorgeschrittenen Gesellschaftswesen Beständigkeit herrscht, daß eine mechanisch herbeigeführte Brüderlichkeit weitere Revolutionen ausschließt und ein Reich einer vorher festgelegten Gerechtigkeit verewigt.

Der grimmigste Haß aber wird bestehen im Lager der engst Verbundenen: nämlich zwischen Hand- und Kopfarbeitern, zwischen Führern und Geführten, und dieser Haß wird um so unversöhnlicher sein, wenn jedem der Aufstieg freisteht und keiner vor sich selbst mehr die Entschuldigung hat, er sei ein Opfer übermächtiger Welt- und Wirtschaftsordnung. Heute wird dieser Haß noch überdeckt vom allgemeinen Klassenhaß, vom Haß gegen die Monopolisten der Bildung, des Standes und des Kapitals. Zugrunde liegt aber heute schon der allgemeinere Bruderhaß des Unterlegenen, und wenn jene drei Monopole gefallen sind, wird er in seiner kainitischen Ursprungsform hervortreten. Es gibt kein mechanisches Mittel, das ihn besänftigt. Menschliche Ungleichheit ist nicht zu beheben, menschliche Leistung und Arbeit bleiben verschieden, und menschliches Glückstreben lehnt sich auf.

Wir haben die materiellen Grundlagen und die Schichtung der vollsozialisierten Gesellschaft betrachtet und wenden uns zu ihrer Lebensführung.

Die Gesellschaft ist arm, der einzelne ist arm. Die durchschnittliche Lebensführung entspricht bestenfalls dem, was man im Frieden von einem Dreitausendmarkeinkommen verlangen konnte. Die Bedürfnisse aber sind nicht mittelalterlich vereinfacht – daran hindern die Dichte der Bevölkerung und die Komplikation des Berufes –, sondern mannigfach und differenziert und überdies durch den Vergleich des Auslandes, das Vorbild der verschwenderischen Schieber und die laszive Freiheit des Lebenswandels geschärft. Das herkömmliche Gartenstadtidyll der Architekten und Kunstgewerbler ist eine Utopie vom Wirklichkeitswert der arkadischen Schäfereien Marie Antoinettes.

Die Dinge des Gebrauchs und Verbrauchs sind normalisiert und typisiert. Doch glaube man nicht, daß sie geläuterten Zeichnungen und Vorbildern entsprechen. Der Geschmack des Künstlers kämpft mit dem Geschmack der Menge und muß, da keine entscheidende Instanz ihm zur Seite steht, Kompromisse schließen. Die Kompromisse aber bestehen in billiger Nachahmung ausländischer Muster, denn im

Ausland besteht ein Kunstgewerbe, und keine Gesetzgebung kann verhindern, daß seine Schöpfungen, sei es in Abbildungen, sei es in Natur, ins Inland geraten und bewundert werden. Die halben oder ganzen Nachahmungen werden aus Ersatzmaterial, so billig wie möglich und so gut oder schlecht, wie es der verbleibende Rest von Handfertigkeit gestattet oder vorhandene Spezialmaschinen es zulassen, gefertigt. Billigkeit und bequeme Herstellung ist das höchste Prinzip, denn bei eng beschränkten Mitteln will niemand eine Sache ganz entbehren; die Mode aber hört nicht auf, und somit wird nicht Dauerhaftigkeit, sondern häufig erneuter Wechsel erstrebt.

Wie weit wird veränderte Erziehung die Sachwünsche der Männer und Frauen vereinfachen und ihren Geschmack läutern? Vermutlich nur wenig, denn gute Vorbilder werden selten, Armut macht nicht wählerisch, und der souveräne Volksgeschmack entscheidet. Von dieser Frage aber hängt es ab, ob ordinärer Schmuck und Tand, Scherzartikel und Bazargreuel die Wünsche der Gemüter erfüllen.

Aus Geldnot sind die Dinge alter Kunst und alter Gewerbe abgewandert oder aus Unachtsamkeit zerstört. Eine alte Tasse, einen Kupferstich mag man hier und da noch finden, wie heute in ausgeräumten Landstrichen; doch diese Gegenstände stehen außer Zusammenhang, einen Künstler mögen sie anregen. Wer etwas für sich wünscht, Ding oder Leistung, das in der Gleichform der allgemeinen Lebensführung nicht enthalten ist, das gleichsam außerhalb der gebilligten Bedürfnisliste steht, der muß es mit langwierigen Entbehrungen erkaufen. Eigenbesitz an Büchern, Musikinstrumenten, Kunstwerken, Reisen außerhalb der vorgeschriebenen Gesellschaftsfahrten sind seltene Dinge, ein eigener Baum, ein eigenes Reitpferd sind legendär.

Vom Luxus nimmt also der entschuldbare Teil ein schnelleres Ende als der unentschuldbare. Der Aufwand, der zur Bildung, zur Schönheit, zur Kräftigung neigt, geht zugrunde, das Reizmittel, der Schund und Unfug, der Tand, Ersatz und Schwindel bleiben. Nicht die vierschrötige Einfachheit des Burenhauses entsteht, sondern der Rummel der Vorstadt. Es mag nicht jedem leicht und vielen nicht bequem sein, sich den Anblick eines durch und durch proletarisierten Landes vorzustellen, die Schwierigkeit rührt daher, daß wie auf Verabredung die populäre Meinung sich einen Verbrauchsanspruch des Haushaltes vorspiegelt, der den wirklichen um etwa das Zehnfache übertrifft. Die zu Amt und Würden gelangten proletarischen Führer haben es leicht, in sich und anderen die Vorstellung zu erwecken, daß sie ein sogenanntes bürgerliches Dasein mit allen Verfeinerungen vergangener Kulturansprüche erstreben und billigen; wie sie sich mit stillschweigender Selbstverständlichkeit des Lieferantentums der Plutokratie bedienen, so glauben sie, die Anleihen, die sie bei der bisherigen Zivilisation und Kultur aufnehmen, aus den Erträgen der künftigen Gesellschaftsordnung einlösen zu können.

Was ein Volk jährlich zurücklegt, das erkennt man am Bauen. Es wird wenig gebaut werden. Abgesehen von einigen pflichtmäßigen Gartenstädten, die man des Prinzips wegen für wenig tausend bevorzugte Haushaltungen errichten wird und die vielleicht niemals vollendet werden, wird man sich jahrzehntelang mit immer neuer Einteilung und Ausnutzung der alten Bauten begnügen, alte Paläste, bis unters Dach mit Haushaltungen angefüllt, werden in Gemüsegärten stehen und abwechseln mit ausgeräumten Geschäftshäusern im Innern zurückgegangener Großstädte. In den äußeren Straßen werden die Alleebäume niedergeschlagen sein, und in den inneren Straßen wird Gras aus den Pflasterritzen wachsen.

Lange glaubte man, die Vorliebe der Landschaftsbilder des siebzehnten Jahrhunderts für Ruinen mit eingenisteten Hütten beruhe auf Romantik; das trifft nicht zu, man hat nur das gemalt, was man nach dem Dreißigjährigen Kriege allenthalben im Lande sah. Man glaube aber nicht, daß meine Darstellung vorzugsweise von der Betrachtung der Kriegsfolgen geleitet sei; freilich werden sie das Bild der Zukunft verdüstern, doch die Schatten, die ich so spärlich wie möglich einsetze, sind im wesentlichen der Ausdruck einer im Wirkungsgrade stark verminderten Wirtschaft, verbunden mit der Gleichförmigkeit der allgemeinen Proletarisierung und dem Wegfall korrigierenden vernünftigen Einzelaufwandes und beeinflussenden Vorbildes.

Lichtseiten des materiellen Lebens wird ein gewisser Kollektivaufwand bilden, den auch eine dürftige Gemeinschaft sich leisten kann. Je schwerer man sich durch die Entbehrungen des Hausstandes bedrückt und der Häuslichkeit entfremdet fühlt, desto ungehemmter wird das Leben in die Öffentlichkeit getrieben. Der unbefriedigte private Anspruch wird auf den kollektiven Anspruch abgewälzt. Die

Menschen sammeln sich in Straßen und öffentlichen Lokalen, die Verkehrhaftigkeit steigt, und um so mehr, als jeder Akt des Lebens, auch der kleinste, zum Gegenstand der Besprechung, Beratung, Abstimmung, Verständigung wird. An alle Einrichtungen des gemeinsamen Lebens, des Nachrichten-, Verkehrs-, Versorgungs-, Beratungs-, Unterhaltungswesens werden bedeutende Anforderungen der Bequemlichkeit, des Umfangs, der populären Repräsentation und Ästhetik gestellt und erfüllt. In diesen Einrichtungen, und nur in ihnen, findet die Kunst Aufgaben und Heimstätte. Öffentliche Gebäude, Gärten, Erholungsstätten, Verkehrsmittel, Ausstellungen werden mit Aufwand errichtet. Alle Bedürfnisse des Geistes und Sinnes flüchten in die Öffentlichkeit. An populären Aufführungen, Ausflügen, Gesellschaftsreisen, Führungen durch Sammlungen, an Klubs, Bibliotheken, Sportübungen, Schaustellungen ist kein Mangel. Die kulturelle und ethische Seite dieser Tendenz haben wir noch zu betrachten; die soziale ist, abgesehen davon, daß sie das häusliche Leben entleert und die Jugend veräußerlicht, und trotz ihres mechanischen Anstrichs, eine wohltuende Erinnerung an mittelalterliche Bürgergemeinschaft und Solidarität.

Sollen wir das geistige und kulturelle Leben der vollsozialisierten Gesellschaft betrachten, so haben wir auszugehen von der vollkommenen Gleichberechtigung aller Individuen in Urteil und Entschluß. Autorität, auch auf den geistigen Gebieten, besteht nur, soweit das Volk unmittelbar durch seinen Willen oder mittelbar durch seine Vertrauensleute sie einsetzt, anerkennt, bestätigt. Lebensweise und Erziehung sind sehr ähnlich, Geheimnisse, nebelhafte Autoritäten einzelner Berufe gibt es nicht, niemand läßt sich imponieren. Jeder stimmt ab, gleichviel ob es sich um ein Amt, ein Denkmal, ein Gesetz, ein Drama handelt, oder läßt durch Vertrauensleute oder Vertrauensleute von Vertrauensleuten abstimmen. Jeder will wissen, wie, wo, warum – ähnlich wie heute in Amerika –, und verlangt plausible Gründe. Die Antwort: das verstehst du nicht, ist unmöglich.

Jeder bezieht sich auf sein Gewissen, sein Verständnis, seinen Geschmack und läßt keine angeborene oder anerzogene Überlegenheit gelten. Die Grenzen ideeller und praktischer Argumentation vermischen sich – denn jeder ist einerseits zu sehr mit praktischen Nöten behaftet, anderseits zu ungeniert und ungewohnt, sich dem, was man früher höhere Einsicht nannte, zu fügen, zu frei erzogen, um sich belehren zu lassen –, so daß folgende Urteile unmöglich sind: dieses Buch sollte man lesen, obwohl es schwierig ist; dieses Drama sollte aufgeführt werden, obwohl es nicht sensationell ist; dieses Denkmal mißfällt mir, doch muß es stehenbleiben, weil ein großer Künstler es gemacht hat; dieses Lehrfach ist nötig, obwohl es keine praktische Anwendung zuläßt; diesen Mann wähle ich seines Charakters und Könnens wegen, obwohl er keine Wahlversprechungen gemacht hat. Dagegen werden folgende Argumente plausibel sein: dieser historische Bau muß weg, denn er hemmt den Verkehr; diese Sammlung wird verkauft, denn wir brauchen Geld; wir wünschen keinen Lehrstuhl für Philosophie, wohl aber für Filmtechnik; dieser Schmuckplatz ist wie geschaffen für ein Karussell; Trauerspiele verderben die Stimmung, sie sollen in Staatstheatern nicht aufgeführt werden. Man erinnere sich an einzelne überseeische Gesetzgebungen, die denn doch noch unter dem Druck kultureller Klassenüberlieferung stehen, und man wird solche Beispiele nicht übertrieben nennen.

Wenn jede autoritative Kontrolle, wenn die Sorge, mißbilligt oder blamiert zu werden, entfällt, Bequemlichkeit geschätzt wird, Sparsamkeit über allem steht, wird das Denken und Entschließen kurzatmig, vom Tage auf den Tag bezogen. Aus der Erziehung sind alle voraussetzungslosen und religiösen Wertungen ausgeschieden, aller anscheinend unbeweisbaren Satzungen hat sich Zweifel und Kritik bemächtigt, indiskutabel fest steht allein das Bedürfnis des Tages. Was bedarf es da der langen Linie, des weiten Bogens im Denken? Das Rechnerische tritt hervor, das Unpraktische wird verachtet, zur Quelle der Meinung wird Erörterung, Tageslektüre und Propaganda. Man will das Beweisbare, das Erfolgreiche, das sichtlich Lohnende. Je kleiner die Zahl der Zwecke, je größer ihre Zugkraft. Man ist tolerant, man hat sich gewöhnt, die verschiedensten Anschauungen zu hören, eine jede gewinnt Anhänger, von der Wasserkur bis zum Taoismus, doch Einfluß gewinnt nur die, welche viele Anhänger findet.

Die öffentliche Meinung bestimmt alles. Die Vertreter der absoluten Werte haben sich dem Wettbewerb zu fügen. Religiöse Anschauung bewirbt sich mit den gleichen Mitteln um die Billigung der Zeit wie eine neue Heilgymnastik. Ein Kunstwerk bewirbt sich um Stimmen.

Was ins Leben treten will, bedarf der Popularität, ohne Reden gibt es kein Schaffen. Wie zur spätern Griechenzeit ist Rhetorik und Dialektik die stärkste der Künste.
Da aber eine stille und offene Erbitterung der Handarbeit gegen die Geistesarbeit herrscht, muß diese sich mit einem Anstrich handfester Biederkeit versehen; wenn zwei Oberlehrer sich um den Posten des Gymnasialdirektors streiten, weist jeder nach, daß er der robustere Handwerker ist.
Zahlen entscheiden das meiste. Reklame und Propaganda, die aus den sozialisierten Gewerben verschwunden sind, dienen dem Wettbewerb um persönliche und ideelle Dinge: Wahlen, Theater, Heilmethoden, Aberglauben, Kunstwerke, Ämter, Lehrstühle, Kirchen.
Die Kunst hat zum drittenmal den Herrn gewechselt, nach dem Fürsten, dem Mäzen, dem bürgerlichen Markt dient sie jetzt ausschließlich der Gemeinde und der Ausfuhr. Ob auf dem Wege der Gildenvertretung, der Ausschreibung, der Protektion oder der Beliebtheit: sie muß Anhänger werben, durch Erklärungen, Reden, Fürsprachen, und darf nicht mehr stolz auf sich beruhen. Sie muß sich darauf einrichten, im Wettbewerb des Vergleichs die Mehrheit auf ihre Seite zu ziehen, und dies wird ihr am besten gelingen durch die Sensation des Gegenstandes. Sie wird sich, wie alles übrige Geistesleben, auf den Gang der Tagesereignisse einzustellen haben.
Am Ausfall mehrerer Geschlechter der Handfertigkeit und Überlieferung hat sie zu leiden, wie alle Technik, Forschung, Gelehrsamkeit und Gewerbsübung; doch mit diesem Niedergang haben sich auch Anspruch und Urteil gesenkt, Qualität wird durch Aktualität ersetzt.
Gewisse Reaktionen der praktischen Erfahrung bleiben nicht aus; der niemals ruhende Vergleich mit der Vergangenheit und dem Auslande zeigt den Wert einer voraussetzungslosen, nicht unmittelbaren Zielen dienenden Bildung, Wissenschaft und Kunst, man trifft unüberzeugte Maßnahmen, um dergleichen, etwa in der Form freier Akademien, zurückzugewinnen, doch die Atmosphäre ist solchen Versuchen nicht günstig, und es bleibt bei künstlichen und sterilen Züchtungen.
Die allgemeine Stimmung ist die eines aufgeregten, redegewandten, von Aktualität und praktisch-rechnerischer Neigung erfüllten Ge-

schlechtes, das lieber diskutiert als arbeitet, sich nicht imponieren läßt, den Erfolg schätzt, das Ausland beobachtet, sich von kümmerlichem Leben in der Öffentlichkeit entlastet, das Geistige wertet, soweit es sich in Praxis umsetzt, starker gemeinschaftlicher Vergnügungen bedarf und sich leidenschaftlich gegen alle Superiorität wehrt. Durch ständige Abwanderung der Elemente, die sich dieser Stimmung zu entziehen wünschen, findet eine dauernde Zuchtwahl statt, die politische Wehrlosigkeit der Übergangszeit bekräftigt zersetzende Tendenzen, die vom Auslande her wirken. In gleicher Richtung wirkt Absplitterung altdeutscher Landesteile. Abgesehen vom wechselnden Einfluß jener vier Schichten, die wir betrachtet haben, wird die Lebensstimmung getragen von den halbslawischen Unterschichten Mittel- und Nordostdeutschlands, die den herrschenden Zustand herbeigeführt haben und behaupten, und von ihren Assimilanten.

An die Stelle der deutschen Kultur und Geistigkeit ist ein Zustand getreten, dessen Vorgeschmack in Teilen Amerikas und Osteuropas vorgebildet ist. Die vollsozialisierte Gesellschaft, die jede Bevormundung durch Schichten gesonderter Überlieferung, Geistesrichtung und Gesinnung ablehnt, hat sich ihre eigene Zivilisationsform geschaffen.

7

Besonnene und urteilsfähige Menschen, vor denen ich Ausschnitte dieses Bildes ausbreitete, sagten mir: das ist die Hölle. Das ist vielleicht zu viel gesagt, denn die Menschen, die jenes Zeitalter erleben, werden im langen Verlauf sich der Lebensführung und Lebensstimmung, die sie selbst emporführen halfen, einigermaßen angepaßt haben.

Ein großer Teil des heutigen Proletariats wird vor diesem Zustande nicht erschrecken, sondern ihn als bedeutende Besserung seiner Lage empfinden. Dies ist das Furchtbare, dessen Verantwortung auf uns lastet und die wir abzubüßen haben; mit welchem Kulturverlust, bleibt abzuwarten.

Wer hat in diesen Jahrzehnten der Mechanisierung, wer hat auf bürgerlicher Seite, wer von Staatsmännern, Professoren, Großbürgern, vor allem von Geistlichen, wer hat sich der Not des Proletariats erbarmt? Die Staatsmänner haben um des lieben Friedens willen

Versicherungsgesetze ausgearbeitet, die Professoren haben in betonter Börsenabneigung und unbetonter Liebe zum eigenen Pfründenmonopol Kathedersozialismus gepredigt, die Geistlichen haben eine gottgewollte Abhängigkeit gepriesen, das Großbürgertum, das sich selbst in der Gier nach Macht, Geld, Gnade, Titeln und Beziehungen wälzte, hat über die Begehrlichkeit des Arbeiters gezetert. Die stumme Unterjochung des Brudervolks war durch Erblichkeit gesichert, seine Führer schlug das Sozialistengesetz in Ketten, die Koalitionsfreiheit wurde hintertrieben, das preußische Wahlrecht mit Hohn abgelehnt, Forderungen des Lebensunterhalts, über deren Geringfügigkeit wir heute lächeln, wurden mit Gewalt erstickt. Dabei hätten die Kosten eines Kriegsjahres, ein kleinster Bruchteil der Kriegsentschädigungskosten ausgereicht, um alle Not für ewig aus dem Lande zu vertreiben. Zum Schluß wurden die Millionen der Wehrlosen und Getäuschten in den Krieg der Dynastien und der Bourgeoisien getrieben, den der Unverstand der Jahre, die Verblendung der Wochen und die Hilflosigkeit der Stunden entfesselt hatten.
Wenn jener Zustand die Hölle ist, so haben wir sie verdient. Und es steht uns schlecht an, uns mit der Überlegenheit unserer Kultur zu gürten, die Massen auf ihre Ungeistigkeit, Charakterlosigkeit und Gier zu weisen, die Unveränderlichkeit des menschlichen Charakters festzustellen, auf die Herrscher- und Führertugend, auf die immaterielle Selbstlosigkeit, das geistige Priestertum der Freigeborenen zu pochen. Wo schlief diese himmelgenährte Priestertugend, als das Unrecht sich spreizte und das Verbrechen geschah? Da schrieb sie schwächliche Blumenlesen und schwülstige Theoreme, kochte Kultursuppen, verwechselte mit professoraler Instinktlosigkeit 1913 mit 1813 und stellte sich den Presseämtern zur Verfügung. Damals war Zeit, für Suprematie des Geistes zu kämpfen, jetzt kommt Romantik, wie immer, zu spät.
Was ist historische Romantik? Unfruchtbarkeit. Unfähigkeit, das nicht Gegebene vorzustellen, geschweige zu gestalten; übermäßige Fähigkeit, sich mit weiblicher Anpassung in das geschichtlich Gegebene, das geschichtlich Gewesene, von Michelangelo bis zum geblümten Stickmuster, einzufühlen. Aus Furcht vor den bösen Lebenden und den beängstigend Ungeborenen zu den guten Toten zu flüchten und ihr Erlernbares weiterzuspinnen. Jeder große Kerl war ein Gestalter

seiner Zeit, mit dem Respekt vor den Alten, mit dem Gefühl des Erben, des volljährig Betrauten, nicht des protegierten Zöglings, ein Beherrscher des Lebendigen, ein Weiser in die Zukunft. Modernität ist Unsinn, aber Antiquarismus ist Trödel; das kräftig Lebende ist nicht neu und nicht alt, sondern jung.

Freilich lieben wir die farbige, dinghafte, vormechanistische Welt, wir brauchen nur ein altes Ding in Händen zu halten, ein altes Wort zu lesen, ein altes Bild zu sehen, und wir stehen unter ihrem Zauber. Es ist herzerfreuend und niemand verwehrt, zuweilen romantisch zu träumen, in der Vergangenheit zu leben und dabei zu vergessen, daß eben dies Träumen, eben dies Leben etwas ist, das wir nur dem Gegensatz zu jener Vergangenheit, unserem Anderssein verdanken. Dieser Zauber ist ein Kindheitszauber; zurück zu wollen ist aber nicht bloß Kinderei, sondern unehrlich gewollte Selbsttäuschung. Denn nachgerade sollte man wissen, was ich seit Jahren dargelegt habe: daß unser Anderssein die angeschaute Tatsache der Volksverdichtung ist. Wer zurück will, der will, daß in Deutschland vierzig Millionen sterben, er aber lebe. Es ist unwissende Verlogenheit, mit sittlich gerunzelter Stirn zu sagen: Pfui, was drängt ihr in die Städte? Geht aufs Land, ackert, spinnt, webt, schmiedet mit eigner Hand wie unsere Vorfahren, die rechte Leute waren. Und laßt unsereinem, der für euch denken, dichten, sinnen und träumen möchte, ein rebenumranktes Haus, dafür wird wohl noch Platz sein. Was würdest du antworten, Denker und Sinner, wenn man dir sagte: Nein! Gehe du hin und werde Spinner in einer Fabrik, denn daß dein Denken und Sinnen eitel ist, hast du bewiesen. Deine schönen Worte enthalten ja nur das eine, kurzsilbige, böse Wort: »Sterbt!« Bist du so schlecht, und weißt es, oder so dumm, und weißt es nicht?

Denken ist höchste Verantwortung. Wer für andere denkt, hat für sie zu sorgen, und wenn sie leben, so darf er sie nicht töten. Deshalb ist es eine böse romantische Narrheit, uns in die Vergangenheit zu weisen. Wir müssen durch das dunkle Tor, und der Weise darf nicht brüllen: Laßt mich aus, ich bin das Salz der Erde. Zuerst muß die Menschheit gerettet werden; nicht ein sauber gewähltes Paar in einer Arche, sondern die ganze Menschheit, mitsamt dem Verbrecher und der Dirne, dem Narren, Bettler und Krüppel. Die Autorität haben wir selbst zerbrochen, nun wird es ein Gedränge geben und manches anders aussehen, als die Weisen wollen und die Romantiker träumen. Und wenn es für unsereinen die Hölle wäre, so müßten wir sie hinnehmen um der Gerechtigkeit willen und an Dantes furchtbare Inschrift denken: fece mi la divina potestate, la somma sapienza e'l primo amore, »mich schuf die Gottesmacht, die höchste Weisheit und die erste Liebe«.

Ist es die Hölle? Das hängt von uns ab.

8

Unserer Beschreibung des künftigen Gesellschaftszustandes haben wir eine unscheinbare Voraussetzung zugrunde gelegt: die Andauer unserer Gesinnung, Ethik und geistigen Einstellung.

Diese Voraussetzung ist wahrscheinlich, aber nicht unumgänglich. Unsere Darstellung zeigt einfach die selbstverständliche Tatsache auf, die unser vordem so starrer, jetzt so entwurzelt beugsamer Intellektualismus seit November vergessen hat: Beglückung auf mechanischem Wege ist nicht möglich. Einrichtungen schaffen nicht Entwicklung. Eilt die Einrichtung voraus, so gibt es Rückschläge. Eilt diese Entwicklung voraus, so gibt es Umstürze.

Hier werden beide Gegnergruppen auffahren.

Die Radikalen schreien: Ha, gebt uns zu essen, gebt alle Macht den Räten und haltet Aufklärungsvorträge, so kommen die Gesinnung, die Einsicht, die Erfahrung und die Kultur von selbst.

Die Reaktionäre lächeln: Hi, er hat nicht gelernt, daß es Entwicklung nicht gibt, daß der menschliche Charakter unveränderlich ist.

Ihnen beiden antworte ich nicht; sie wissen, daß sie nicht die Wahrheit sagen.

Es kann und muß etwas beispiellos Großes geschehen, ein Vorgang im Völkerleben von der Art des Erwachens der Männlichkeit.

In jedem bewußten Leben kommt der Augenblick, wo der Lebende nicht mehr bestimmt wird, sondern zu bestimmen beginnt, wo er den Mächten die Verantwortung aus den Händen nimmt, um sie selbst zu tragen, wo er die Kräfte, die ihn leiten sollen, nicht mehr empfängt, sondern selbst schafft, wo er Werte, Ideale, Ziele und Herrschaftsmächte nicht mehr über sich gelten läßt, sondern frei erwählt, wo er die göttliche Bindung, der er dienen will, aus sich selbst erzeugt. Dieser Augenblick ist für unser Volk gekommen – oder für ewig verloren. Der Autoritäten sind wir ledig. Die ererbten, unbewußt hingenommenen Mächte sind von uns abgefallen: Personen, Klassen, Dogmen. Die Personen sind bis auf weiteres erledigt. Die Klassen, ob sie sich gleich wehren mögen, sind zusammengebrochen mit dem Wertvollsten, das sie hatten: Gesinnung, Ehrliebe, Hingebung, Schulung, Erfahrung, Überlieferung. Wir können sie nicht beleben und nicht ersetzen. Ideen und Dogmen haben längst ihre Verbindlichkeit verloren; ihre Polizei- und Schulmacht, die man durch blasphemische Herabwürdigung der Religion, durch fabrikmäßigen Kirchenbau zu stützen glaubte, ist dahin, und es wäre mechanische Vermessenheit, sie aus Zweckgründen züchten zu wollen. Gesunden wir, so werden Idee und Glauben von selbst erwachsen.

Eine Lebensmacht nach freier Wahl müssen wir uns auferlegen, der wir aus Freiheit gehorchen und die so breit und tragfähig ist, daß Idee und Schöpfung aus ihr erwachsen. Eine Tat, vorbildlos nur in ihrer erkenntnishaften, selbstentschlossenen Freiwilligkeit; denn auch frühern Völkern wurden solche Lebensmächte auferlegt, obzwar nicht aus bewußter Wahl, sondern von Propheten, Herrschern und Klassen. Auferlegt wurde Israel die Theokratie, den Indern die Kaste, den Griechen die Polis, den Römern das Imperium, dem Mittelalter die Kirche, den Modernen der Handelsstaat, die Plutokratie, die Kolonialherrschaft, uns selbst der Militarismus. Für diese auferlegten Mächte lebten und starben sie, nur mythisch wußten sie, woher sie kamen, und glaubten und glauben an ihre ewige Dauer.

Durch einen Blitzschlag des Schicksals sind wir gleichzeitig ledig und sehend geworden; die ungeheure Wahl steht uns frei. Sollen wir sie ausschlagen, um, von neuem erblindet, uns zufälligen mechanischen Gesetzen des Drucks und Gegendrucks, der Not, des Interesses, des Wettbewerbs der Kräfte zu überlassen? Sollen wir zu gesunden wagen, in den Geisteskampf der Völker eintreten, ein neues, ewiges Leben beginnen, ohne anderen Leitgedanken als den der Selbsterhaltung und der Güterverteilung? Darf ein richtungsloses Schiff ziellos im Hafen der Völker treiben, deren jedes andere seine Fahrt kennt, mag sie weit gespannt oder eng bemessen sein? Ist es uns beschieden, das mechanische Paradies der kargen Einrichtungen zu erstreben, das wir umschrieben haben?

Mit uns verglichen, war die französische Bewegung des achtzehnten Jahrhunderts in leichter Lage. Sie brauchte nur zu negieren, nur abzubauen. Räumte sie die Trümmer des Feudalismus hinweg, so wuchs schon ein kräftiger neuer Stand, die Bourgeoisie, aus dem Boden, klüger, reicher, befähigter, lebenskräftiger als ihre aristokratische Vorgängerin, und sorgte für sich selbst. Auch sie, die Bourgeoisie, war ein Stand begrenzten Umfangs und vorgeschult, die Kultur Frankreichs hatte sie längst übernommen, den Ideengehalt des Landes seit einem Jahrhundert allein bestritten, Enthusiasmus für Nation, Freiheit, Militär und Geld hinzugewonnen; so wurde zwar nicht die Verheißung der Gleichheit und Brüderlichkeit erfüllt, doch das erste mechanisiert-plutokratische Reich des Kontinents entstand.

In dieser Lage, das haben wir gesehen, sind wir nicht. Tragen wir ab, so erscheint keine im verborgenen herangewachsene Kulturschicht; die Gesellschaft ist einfach aufgelöst, an ihre Stelle ist eine bestenfalls geordnete Masse getreten, die Überlieferung ist zerrissen. Nein, wir müssen von Grund aus bauen. Ob nach wechselndem Bedürfnis der Jahre, nach gelegentlichem Gleichgewicht der Kräfte oder nach Idee und Symbol: das ist die Frage.

Der landläufige Sozialismus schreckt nicht davor zurück, mit Hilfe einiger handfester Einrichtungen und radikaler Abschaffungen Völker neu zu gebären, in der Meinung, der zugehörige Geist werde sich schon finden, wenn durch Anstalten dafür gesorgt wird. Es wäre hart, diese Denkweise schlechtweg Verachtung oder Verkennung der geistigen Sendung zu nennen. Der Sozialismus in seiner herrschenden Form stammt nun einmal aus materiellen, sogenannten wissenschaftlichen Konzeptionen – (als ob es eine Wissenschaft der ideellen Ziele und Werte geben könnte!) – und hat sich die Glaubenswerte des Geistes nur nachträglich angegliedert, wie es in der Kaufmannssprache heißt: zugelegt. Wohin die materielle Herrschaft der Anstalten und Einrichtungen führt, haben wir gesehen: zur Völkerwürde und Menschheitssendung führt sie nicht.

Nicht darin liegt, wie gesagt, das Unerhörte, daß ein Volk aus sich selbst seine Idee und Sendung erzeuge; von der jüdischen Theokratie bis zur französischen Verstandeszivilisation, vom chinesischen Familienkult bis zur amerikanischen Pionierfreiheit haben alle Kulturnationen diese Selbstschöpfung aufgebracht, obwohl führende

Klassen, führende Menschen in bildsamen Epochen die Verantwortung trugen und es ihnen leicht machten, des eigenen unbewußten Geistes sich bewußt zu werden und durch Bewußtheit und Erkenntnis ihn zu isolieren und zu steigern.

Das Unerhörte liegt darin, daß der Vorgang als klarer Willensakt, in demokratischer Freiheit, ohne Druck und Zwang der Autorität, im Bewußtsein seiner Notwendigkeit aus eigener Verantwortung geschehe. Führer und Propheten erwachsen uns nicht, bildsam sind wir nicht mehr, jede Autorität ist zerstoben. Zwar haben wir noch eine Schicht, die fähig ist, die Bedeutung der Aufgabe zu erkennen, doch sie ist tief zerklüftet, in Haß und Interesse feindlicher mit sich selbst zerfallen als mit dem Volke.

Dennoch ist diese Schicht, nicht in ihrer Eigenschaft als Besitzerin von Vermögen, sondern in ihrer Eigenschaft als Besitzerin der Überlieferung, berufen, befähigt und unentbehrlich, die Umgestaltung des deutschen Geistes, seine Befreiung aus den Banden des Mechanismus, Kapitalismus und Militarismus und seine Hinleitung zu eigener Bestimmung zu wirken. Sie kann es nicht für sich allein in gehässiger Verblendung des Klassenkampfes, sie kann es nicht als souveräne Führerin aus besserer Einsicht, denn ihre und jede Autorität ist verloren, sie kann es nur im Dienst und Opfer, sie kann es nur, wenn Dienst und Opfer genehmigt und angenommen werden.

Die Massen werden diesen Opferdienst nicht begreifen, wohl aber die Verantwortlichen ihrer Führer. Nicht heute und nicht morgen, sondern dann, wenn die Erfahrung ihnen gezeigt hat, daß ich die Wahrheit sage. Zuerst werden sie es machen wie in Rußland, sie werden, wenn die Not wächst, versuchen, bei einzelnen Erfahrung und Überlieferung um hohen Preis zu kaufen. Kaufen läßt sich aber nur Arbeit und Praxis, nicht Gesinnung und Geist. Und man wird allmählich begreifen, daß die höchsten Dinge nur gespendet, nicht erhandelt werden können. Dann werden sich die verantwortlichen Führer, die, welche herrschen, um zu dienen, sich von den kulinarischen trennen, welche dienen, um zu herrschen.

Solange hat bei uns die pfäffisch-schranzenhafte, menschenverächtliche Verhöhnung des Untertanenverstandes geherrscht – durch unsere Schuld –, daß der Umschlag in blinde Anbetung der Massen, der Unmündigen und der Gescheiterten verzeihlich ist. Wir sind da, um den Menschen zu lieben, jeden Menschen, den Verworfenen nicht minder als den Schwachen, jeden Menschen und den ganzen Menschen. Massen und Menschheit aber sind nicht dasselbe. Die Massen, die sich in Straßen und Versammlungen zusammentun, sind nicht Gemeinden, die aus ganzen Menschen bestehen, sondern Ansammlungen, in denen ein jeder zwar mit seinem ganzen Leibe, doch nicht mit seinem ganzen Wesen beteiligt und anwesend ist. Geistesabwesend sind die Massen, und geistesanwesend können sie nur dann werden, wenn durch den Mund eines wahren Propheten der Geist sie ergreift. Dann aber fassen sie keine Beschlüsse, geraten nicht außer sich, sondern gehen in sich. Vor den Verrenkungen eines meistbietenden Agitators sind die Massen aufgepeitschte Interessenten, nicht Menschenseelen. Sie sind der Hohlspiegel der Leidenschaften und Begierden, die im Brennpunkt des Rednerpultes toben, sie geben die Blendung gesteigert wieder, die auf sie eindringt. Wer die Masse zum Richter macht, wer von ihr Rat und Bestimmung verlangt, hat keine Ehrfurcht und Liebe zu Menschen. Das werden früh oder spät die Ehrlichen unter ihren Führern erkennen.

Auch davon sind wir noch weit entfernt, daß die schwindende Oberschicht zur Besinnung kommt. Sie hat weder begriffen, was der Welt noch was Deutschland noch was ihr geschehen ist. Sie sieht Häuser, Äcker, Straßen und Bäume kaum verändert, sie denkt, wenn man es nur etwas schlau anfängt, bleibt das meiste beim alten und man kann am Ende noch einen Vorteil haben. So sieht es aus, wenn der Millionenbankrott eines Kaufmanns erklärt ist: in den ersten vierzehn Tagen wartet die Dienerschaft auf bei Tische wie zuvor, und es wird von silbernen Schüsseln gegessen; der Ruin steht noch auf dem Papier. Nach einem Jahr aber ist alles zerstoben, und mit den Geräten haben sich die Menschen gewandelt. Wenn man sieht, um welche Nichtigkeiten heute noch gekämpft wird, so möchte man fast begreifen, wie gram- und schamlos man das Tausendfache preisgab von dem, was man täglich mit dem letzten Blutstropfen zu verteidigen schwor; sie alle wissen nicht, was geschehen ist. In wenigen Jahren wird man es wissen; dann wird man aufhören, um Dinge zu kämpfen, die nicht mehr existieren, und gemeinsam Opfer ersinnen, um zu retten, was zu retten ist und zu retten lohnt.

9

Wollen wir die Lebensmacht erkennen, die einzige, die uns, ein Land ohne Macht, ohne inneres Gleichgewicht, mit vernichtetem Wohlstand, vernichteten Autoritäten, vernichteten äußeren Zielen, tief gesunkener Intellektualität und Sitte, vor geistigem und seelischem Tode bewahren, uns Kraft und Schwung geben kann, uns und der Welt die neue Gesellschaft der Freiheit, Geistigkeit und Gerechtigkeit zu schaffen, uns im eigentlichen Sinne zu retten: so müssen wir wiederum uns selbst, dem deutschen Charakter ins Auge blicken, diesem unbekannten, rätselhaften Charakter, der seit einem Jahrhundert mit feststehenden, selbstgefälligen Redensarten und ungeprüften Urteilen seinem innersten Wesen zuwider sich selbst geschmeichelt und eingelullt hat. Denn wir können uns nichts auferlegen und nichts beanspruchen, was nicht in unserem Wesen vorgebildet, in unserer Vergangenheit und Überlieferung begründet ist.

Kein Volk, die Franzosen einbegriffen, hat in den letzten Jahrzehnten sich so viel Lob erteilt und verdaut wie wir; sobald von uns selbst die Rede war, begann ein stereotypes Toasten. Unser Gerede von Kultur wurde in dem Maße, wie die deutsche Kultur zur Neige ging, geradezu zum Ekel.

Die, durch deren Mund wir uns loben ließen, waren Schullehrer ohne Vergleichskenntnis, gewerbsmäßige Festredner, Nationalisten, die das Lob in den Dienst irgendeines interessierten Hasses stellten, und wissenschaftliche Angestellte, die beauftragt waren, das System der Hohenzollern als das Endziel der Schöpfung nachzuweisen. Eine Trennung der Volksverherrlichung von der Apotheose der Dynastien, denen der letzte Blutstropfen geweiht werden mußte, wurde nie gemacht, und die innere Unüberzeugtheit der Deklamationen ist erwiesen durch die Schmerzlosigkeit, mit der man sich von den Dynastien, dem Hauptteil des Programms, trennte und die Blutstropfenangelegenheit beiseite legte.

Die Klischees sind bekannt: deutsche Treue, welsche Tücke. Am deutschen Wesen soll die Welt genesen. Wir sind Helden, die anderen sind Händler. Deutsch sein heißt, eine Sache um ihrer selbst willen tun. Wir sind das Volk der Dichter und Denker. Wir haben Kultur, die anderen bestenfalls Zivilisation. Wir allein sind frei, die anderen sind zügellos (je nachdem, oder geknechtet). Dies alles verdanken wir der Vorliebe Gottes und der Erziehung durch das (preußische, bayrische, sächsische) Herrscherhaus, um das uns die ganze Welt beneidet. Deshalb sind wir zur Weltherrschaft bestimmt, wir brauchen nur zuzugreifen.

In einem dieser Sätze, nämlich dem von der Sachlichkeit, liegt Wahrheit. Gerade deswegen war es für uns, mehr als für andere, ein Unrecht und ein Zeichen des Tiefstandes, uns durch das schattenlose Transparentbild der Verherrlichung zu blenden. Es war eben viel Interesse im Spiel, und viel Widerstandslosigkeit, die wir uns gern verschwiegen, weil sie nicht zur Festrede gehörte.

Das gleiche, ja ein größeres Unrecht wäre es, nur auf umgekehrtem Wege, wollten wir jetzt an uns verzweifeln. Damals bedurfte es der Mäßigung, jetzt der kräftigen, selbstbewußten Besonnenheit. Heute ist es kein lohnendes, leichtfertiges Geschäft, unsere Stärken hervorzukehren, sondern schwer zu erringende Überzeugung, und Selbstverkennung ist klägliche Verzagtheit. Was aber unechte Fabrikware von Schwätzern, Interessenten, Haßpropheten und Geschäftsreisenden ist, das muß über Bord.

Ein Volk von Dichtern und Denkern sind wir nie gewesen, so wenig, wie die Juden ein Volk von Propheten, die Franzosen oder Holländer ein Volk von Malern oder die Königsberger Einwohner Bürger der reinen Vernunft sind. Die alten deutschen Oberschichten haben in drei großen, scharf begrenzten Epochen die Kraft gehabt, gewaltige Einzelbegabungen der Musik, Dichtung und Philosophie emporzuheben, die ehemaligen Unterschichten, die dem Blute nach neun Zehntel der heutigen Bevölkerung ausmachen, haben zu dieser Blüte so gut wie nichts beigetragen. Sie haben sich in den letzten Jahren als überaus tätig, bildsam, disziplinierbar, ordnungsliebend, auffassungsfähig, sachlich, ehrenhaft, zuverlässig, warmherzig, besonnen und hilfsbereit erwiesen und über Erwarten geeignet für die Aufgaben der Mechanisierung; von ihrer talentbildenden Kraft wissen wir wenig, außer etwa auf den Gebieten der Forschung und Technik, die weniger ein Prüffeld des schöpferischen Geistes als des angewandten Wissens und des methodischen Fleißes sind.

Die bedeutende Frage: welche Beziehungen bestehen zwischen Zahl, Art und Größe der Einzelbegabungen und Genies einerseits, dem

Volkscharakter andererseits, ist, obgleich wir eine Wissenschaft haben, die sich zu Unrecht Völkerpsychologie nennt, ungeprüft und sehr dunkel.

Wie man es allgemein mit den Volkscharakteren nie besonders ernst genommen hat, sondern vielmehr sie mit den Kulturleistungen und Lebensgewohnheiten, die meist von kleinen Oberschichten ausgingen, verwechselte, so hat man zumeist stillschweigend die Einzelbegabungen, unter verstärkter Bewertung der eigenen, als Charakterexponenten schlechthin gebucht. Auch hier ging man mit der tendenziösen Liederlichkeit vor, die sich nachgerade überall da einstellt, wo das Rechnen mit Maß und Gewicht aufhört und das Urteil anfängt. Als ausgemacht gilt – nach eben dieser willkürlichen Genialitätenprobe –, daß die sogenannten blaublonden Stämme der Erde die schlechthin genialen sind. Daß unter den wenigen Zehnern wahrhaft weltbestimmender Genialitäten aller Zeiten sich kaum ein einziges nachgewiesenermaßen blaublondes Exemplar befunden hat, wohl aber, nachgewiesenermaßen, fast ausschließlich dunkle, tat nichts zur Sache. Den Engländern dagegen, deren Kultureinfluß von keiner Nation übertroffen ist, wird ihr tatsächlicher Mangel an genialitätbildender Kraft bedenklich angekreidet. Umgekehrt verfährt man bei den Juden: Die Tatsache, daß sie ungeachtet ihrer Kleinheit die größte Zahl weltbestimmender Genialitäten aller Nationen überhaupt erzeugt haben und daß die gesamte transzendente Ethik des Abendlandes von ihnen ausgeht, hindert nicht, daß man ihnen jede Fähigkeit schöpferischer Begabung abspricht.

Wir wollen diesen Wust beiseite lassen und in die Erörterung von Theorien für heute nicht eingehen. Die große Einzelbegabung verhält sich zum Volkscharakter – und zwar zum intellektualen, nicht zum voluntarischen, der gesondert zu betrachten ist – wie die Blüte zur Pflanze oder der Kristall zur Mutterlauge; um das eine aus dem anderen zu bestimmen, bedarf es mehr als mechanische Verallgemeinerung. Völker von Dichtern und Denkern gibt es nicht. Doch dies wird sich sagen lassen, daß ein Volk, das große Musiker, Dichter und Philosophen erzeugt, ein solches ist, das sich an Stimmung und Erscheinung hingibt, während ein anderes, das Formen und Normen schafft, wie die lateinische Gruppe, ein solches ist, das auf Kosten von Stimmung und Erscheinung sein Willensgefühl verkörpert.

Hingegebenheit, Empfänglichkeit, Natursinn, Begreifen, Wahrheitsdrang, tiefe Versenkung, geistige Liebe sind die schönsten Gaben, die einem Volke verliehen sein können, und sie sind uns verliehen. Aber sie schließen andere Gaben aus, die heute hoch im Werte stehen und die wir vergeblich affektiert haben. Sie schließen aus die form- und die normbildenden, die beherrschenden, wo nicht gar die selbstverwaltenden, jedenfalls die nationalität- und zivilisationschaffenden Eigenschaften.

Es ist kein Zufall, daß wir auf keinem der hundertfachen Lebensgebiete, vom Kunstwerk bis zur Heeresformation, vom Staatsbau bis zur Aktiengesellschaft, vom Heiligtum bis zum Tischgerät, eine einzige wesentliche und bleibende Form gefunden haben. Und wiederum gibt es kaum eine, die wir nicht mit reicherem, lebendigerem Inhalte gefüllt hätten als ihre Erfinder.

Denn wer das All in sich trägt, dem genügt keine Form, er findet in sich die Erscheinung und die Gegenerscheinung, den Satz und den Gegensatz. Er strebt zur Synthese, und jede Form ist einseitig. Er empfängt, wählt, begreift, erfüllt, zerbricht und verwirft. Er bleibt Einheit im Wandel wie das Jahr, dessen jeder Tag und jede Stunde wechselt und keine sich gleicht. Er übt nicht Gewalt aus Respekt vor der Schöpfung.

Der Formschaffende aber übt Gewalt. Er setzt sich selbst zur Norm und begreift nur sich. Das andere, das nicht Gemäße, nicht Formgefügige, nicht Verständliche und nicht Verstandene, bleibt ein Fremdes, Minderwertiges, zu Unterwerfendes oder nicht zu Beachtendes. Der Formenschöpfer kann herrschen, ja vergewaltigen, ohne Tyrann zu sein, denn er ist von der Güte dessen, was er bringt, überzeugt und kennt keinen Zweifel. Er ist rücksichtslos, doch bis zu einer gewissen Grenze, die in seinem Gefühl von der Minderwertigkeit des anderen gegeben ist. Der Formlose aber kann nicht herrschen; schon das Eindringen in die Sphäre des anderen ist ein Unrecht gegen die eigene Sphäre, die auf Geltenlassen beruht. Wird er zum Eindringen gezwungen, so verliert er jedes Gleichgewicht, denn im begangenen Unrecht ist ihm keine Grenze mehr unterscheidbar. Ebensowenig kann er zivilisieren: denn die Form ist ihm nicht ernst, er verletzt sie bei sich selbst – wie sollte er sie anderen auferlegen? Er ist im innersten Wesen naiv, weil in ihm die Schöpfung wühlt; im Aufführen ist er bewußt, kritisch, eklektisch und methodisch, um der erzwungenen Einseitigkeit Herr zu werden. Der Formenmensch ist im Innersten starr und bewußt, im Handeln naiv, weil er die Möglichkeit des Zweifels nicht kennt.

Formen erwachsen als Naturschöpfungen in Jahrhunderten. Sie setzen gleichartige Individuen, verschwindende Abwandlungen vom Vater zum Sohn voraus. Ägypten, Rom und das antike Land der Gegenwart, Frankreich, sind Beispiele. Mit drei Stilarten der Architektur, die im Grunde eine sind, begnügt sich Frankreich seit Menschenaltern. Seine Sprache wandelt sich kaum merklich. Die hauptsächlichsten Gerätschaften des Hauses sind seit mehr als hundert Jahren fast die gleichen, die Mode ist nur eine Vibration. Fremde lebende Sprachen werden kaum gelernt, ihr Geist nicht verstanden, die Aussprache bleibt die französische. Das Ausland betrachtet man wie eine Menagerie, alles wird am eigenen Maßstabe gemessen. Jeder kann alles beurteilen, denn er hält sich an die Norm. Innerhalb der Norm ist die Empfindlichkeit sehr groß, das Gefühl für Verhältnisse sehr sicher, die leiseste Abwandlung wird verspürt. An der Norm zu zweifeln ist unmöglich, man könnte ebensogut an Sonne und Mond etwas aussetzen wie am Stil Ludwigs XIV.

Das höchste Urteil des Briten in Dingen des Lebens heißt: »Dies ist englisch« und »dies ist nicht englisch«. Das Ausland ist Gegenstand des geographischen und ethnologischen Studiums. Der ganze gewaltige Wille einer Nation ist in einer zivilisatorischen und politischen Form zusammengefaßt. Jede Privatneigung ist Schrulle, und selbst die Schrulle hat ihre festen Formen. Ein Verstoß gegen die Tischregel ächtet wie ein Wort gegen die Kirche. Die Natur wird mit Nachsicht und Verständnis gemeistert, gleichviel ob man Hammel züchtet oder Indien regiert.

Die Sicherheit, Beherrschtheit und Herrscherkunst, welche aus Normen entspringt, fehlt uns. Unsere stärksten Geister sind formlos, eklektisch oder titanisch, formverachtend, formwählend oder formsprengend. Wir haben drei Heimaten, zwischen denen wir schwanken: Deutschland, die Erde und den Himmel. Wir begreifen und ehren alles, jedes Land, jeden Menschen, jede Kunst und jede Sprache, und das Fremde befruchtet uns, auf niederer Stufe genießerisch und nachahmend, auf hoher Stufe schöpferisch. Wir sind gefügig und hassen nicht, was uns beherrscht und bestimmt, sondern was uns zwängt und einseitig macht; eine autokratische Regierung wird geduldet, ja verehrt, wenn sie uns volkstümlich zu nehmen weiß und unsere Bequemlichkeit nicht angreift.

Hier haben wir schon unseren Willenscharakter berührt, der sich mit dem Absinken der alten Oberschichten und durch lange Verelendung bedenklich verändert hat. Die taciteischen Germanen waren freiheitliebend und ungebärdig; davon ist keine Spur geblieben. Wer es unter der Autokratie nicht gewußt hat, der mag es durch die sogenannte Revolution, die bloße Änderungen der Lebenslage bezweckt, erkennen, daß uns an Selbstbestimmung und Selbstverantwortung wenig gelegen ist. Noch immer sind wir keine Nation, sondern ein Verband von Interessen und Gegensätzen; eine deutsche Irredenta, das hat sich gezeigt und wird sich leider zeigen, ist überhaupt kein möglicher Begriff. Da wir keine Nation sind und keine nationale Idee, sondern nur einen Verband von Heimaten vertreten, können wir nur kommerziell, nicht zivilisatorisch oder propagandistisch nach außen wirken.

Von dieser Seite läßt sich die deutsche Geschichte der letzten beiden Jahrhunderte begreifen. Eine außerdeutsche Macht, auf Kolonialboden erwachsen, Preußen, organisierte sich bürokratisch, feudal und militärisch. Sie vermochte die Hälfte Deutschlands zu gewinnen, die andere locker anzugliedern. Den mangelnden nationalen und Willenscharakter des Landes ersetzte sie durch straffe Organisation, durch einen Fürstenbund und die stärkste Armee der Erde. Die Mechanisierung wurde in Dienst gezwungen und trug den Koloß durch blühende Wirtschaft. Das System sah aus wie eine Nation und war eine autokratische, waffenstarrende Wirtschaftsgemeinschaft. Nationale Kräfte und Ideen konnte sie nicht entfalten, nicht einmal gegenüber den Ausgewanderten, sondern nur kommerziellen Wettbewerb; schwache Bündnisse mußten die Lage nach außen stützen, Selbstverwaltung wurde nicht gewährt, weil die militärische Ordnung der Halt des Ganzen war; dem Unteroffizierston im Innern entsprach eine Anrempelungspolitik im Äußern, die Feindschaften wuchsen und organisierten sich, und die Katastrophe kam.

Unser Willenscharakter war ersetzt durch Disziplin. Disziplin ist aber nicht Nationalität, sondern ein äußeres Mittel, und wenn sie aus irgendeinem Grunde bricht, so bleibt – nichts. Da nun das preußische System, das den mittelalterlichen Namen Deutsches Reich führte, kein nationaler Volksbau war – trotz aller Katheder –, sondern ein dynastisch-militärischer Zwangsverband mit konstitutioneller Frontbekleidung, so nahm der interessierte Nationalismus die bekannten widerlichen und unehrlichen Formen an. Die Hauptbeteiligten, nüchtern und machtbewußt, die preußischen Vertreter des Militär- und Beamtenadels, hielten sich von Deklamationen fern und griffen nur ein, wenn Interessen gefährdet waren. Das Großbürgertum verkaufte sich. Eine höhere Mittelschicht, gekennzeichnet durch einzelne Kreise von Oberlehrern und Subalternbeamten, aber machte Ernst und schuf, um des nüchternen Daseins quitt zu werden, jene verlogene Atmosphäre von Sozialistenhaß, Huldigungsdepeschen und Machtkoller, die uns moralisch und intellektuell vor der Welt unmöglich machte. Statt eines geistigen Deutschlands sah man plötzlich eine brutale, stupide und machtgierige Gesellschaft von Interessenten vor sich, die sich als Deutschland ausgab, dessen Gegenspiel sie war, die, unfähig sich auf irgendeine Leistung, irgendeinen Gedanken zu berufen, sich mit vorgespielter, vom eigenen Aussehen widerlegter Rassereinheit brüstete, die nichts kannte als Ranküne, Vereinsklüngel und Subordination und mit diesen Eigenschaften unter der Bezeichnung »Kultur« die Welt zu beglücken beanspruchte.

Kein Wunder; denn Ideen gab der slawisierte, auf Subordination und Interesse gestellte Zweckverband des Reiches nicht her; was er besaß, war Macht, Mechanik und Geld, wem das imponierte, der glaubte, es müsse auch anderen imponieren, und man kam zu dem Schluß, die großen Geister der Vergangenheit hätten nur dem Zweck gelebt, um diese Trias emporzuführen. Wagner hat den Übergang vom alten Deutschland zum neuen vermittelt, Panzerkreuzer und Riesenkanonen erschienen als zwanglose Konsequenzen von Kant und Hegel, und das Wort Kultur, das auf dreißig Jahre durch Reichsgesetz verboten werden sollte, deckte die Begriffsverwirrung.

Treppenwitzige Jämmerlichkeit wäre es, jetzt nach unserem Niederbruch zu entdecken, daß unser großes Volk nie eine kontinentale, geschweige Weltpolitik hätte führen sollen. Gewiß waren wir nach Geist, Sitte und Größe berechtigt, ja verpflichtet, sie zu führen: doch die Schwäche unseres voluntarischen Charakters war schuld, daß sie mißlang. Das Unglück entschied Bismarck, der, zur großartigen Realpolitik geboren, in preußischer Überlieferung aufgewachsen, in diplomatischer Überlieferung durch Gortschakow geschult, uns auf Jahrzehnte sicherte, während nur eine intuitive Politik vom Steinschen Schlage uns auf Jahrhunderte sichern konnte.

Inmitten selbstverwalteter und selbstbestimmender Nationen blieben wir aus mangelndem Selbstbewußtsein, Willensträgheit und angeborener Dienstfertigkeit ein patriarchalisch geleitetes, von gottgesandten Fürstenhäusern und Herrenklassen bevormundetes Volk. In der kindlichen Bewegung des gebildeten Bürgertums von 1848 sah Bismarck nur die hilflos utopische, nicht die symbolische Seite, die Marx ihm hätte zeigen können. Sein praktischer Geist schätzte lächelnd ein, daß eine Handvoll Bauern und Grenadiere dies dynastisch gesinnte Volk zur Vernunft bringen konnte. Allzuwahr! Obwohl die Substanz dieses Volkes schon nach dreißig Jahren keine bäuerliche mehr war und obwohl er selbst sich der Macht des modernen Industriestaates in bäuerlicher Verpackung bedienen lernte. So lehnte er es ab, das Volk mündig zu machen, brach mit genialer Überlegenheit die unfähigen Widerstände durch Erfolg und Autorität, schuf durch den Wundermechanismus seiner Verfassung das Reich zu einer Fortsetzung des preußischen Obrigkeitsstaates, stärkte die dynastischen Selbstherrlichkeiten mit der ganzen Wucht des noch vorhandenen und richtig eingeschätzten Gehorsams und vernichtete auf ein Menschenalter jedes Freiheitsgelüst, indem er es mit dem Makel sittlicher und gesellschaftlicher Verworfenheit brandmarkte. Die politische Unwürdigkeit und Unmündigkeit gipfelte in dem assessorischen Strebergeschlecht von 1880, das vom flottenpatriotischen Hochkapitalismus von 1900 abgelöst wurde.

Eine selbstverwaltete und selbstbestimmende Nation, wie sie, außer bei uns, Österreich und Rußland, um die Jahrhundertwende auf der ganzen Erde die Norm war, konnte, unbeneidet wie Amerika, eine gesunde und stetige Wirtschaft und Politik treiben und das Vertrauen der Welt genießen; ein unerhört bewaffnetes und gefährliches Kriegsschiff dagegen, mit ruckweisen Bewegungen und von einem unkontrollierten, souveränen Liebhaberkapitän geleitet, mußte erwarten, über lang oder kurz aus dem Hafen der Völker entfernt zu werden. Die Geschichte übertreibt gern, zumal, wenn Mißstände sich zu lange hinziehen; mit jedem Jahre wurde es gewisser: statt der Beseitigung kam die Vernichtung.

Daß vier Hungerjahre, ein verlorener Krieg und eine Militärrevolte uns befreit haben, bedeutet keine Änderung des Charakters, und wenn heute eine dienst- und schnellfertige Presse unsere armselige, ideenlose Verfassung als die freieste der Welt rühmt, so beweist das nichts für ihre Dauer. Erkenntnis ist für Charakter kein Ersatz, doch immerhin ein Schritt zum Ziele, und wenn einmal erkannt ist, daß es auch anders geht, und wenn aus dieser Zeit etliche Schriften und Gedanken bleiben – sie werden bleiben –, so ist der Schwäche die Blindheit genommen.

Wir könnten uns langsam, sehr langsam, in beginnendem Wandel zur Willenskraft, zu den Problemen der Macht zurücktasten: es bedeutet nichts. Noch bevor wir anlangen, ist die Welt verändert und trägt neue Gedanken. Sorgen wir für das, was uns obliegt; forschen wir nach der uns auferlegten Idee und Lebensmacht, um zu leben, zu gesunden, neu zu werden, Volk zu bleiben und Nation zu werden, Zukunft zu schaffen und der Welt zu dienen.

10

Die Bilanz unseres Wesens ist also diese: Hohe Eigenschaften des Geistes und Herzens. Normale der Sitte und Gesinnung. Schwäche des selbständigen Willens und der freien Tat. Wir geben uns hin und schaffen mit dem Herzen. Wir suchen nach Wahrheit. Unser Gefühl ist echt und stark. Wir halten aus und sind mutig. Mehr gefühlvoll als begeistert. Wir schaffen keine Formen, vergessen uns selbst, streben nicht nach Verantwortung, herrschen nicht, sondern gehorchen. Im Gehorsam kennen wir kein Maß und prüfen nicht, was uns aufgetragen wird. Ein Machtideal hätte das deutsche Volk aus eigenem Willen nie vertreten. Es wurde ihm auferlegt durch die Nutznießer und Mitläufer der großen Kriegsmaschine, selbst Bismarck teilte es nicht.

Ein Zivilisationsideal ist uns nicht angemessen, denn es fehlt uns an Einheitlichkeit, Führerwillen und formschaffender Kraft. Eine politische Sendung des Ausgleichs zwischen anderen Völkern steht uns nicht zu, denn es fehlt uns selbst an Ausgeglichenheit; wir führen keine gesättigte Existenz und sind politisch nicht reif.

Unserem Wesen gemäß, wie dem keines anderen Volkes, ist die geistige Sendung. Sie war unser bis vor hundert Jahren, wir gaben sie preis, weil wir aus politischer Willensträgheit aus dem Tritt fielen, die innerpolitische Entwicklung der Nationen nicht mitmachten und statt dessen uns an die breiteste Auskochung der Mechanisierung und ihre Umsetzung in Machtansprüche hielten. Faust, aus der Bahn gelenkt, vom Erdgeist verworfen, unter Hexen, Raufbolden und Goldmachern.

Unsere faustische Seele ist nicht tot. Von allen Völkern der Erde sind wir das einzige, das nie aufhört, mit sich selbst zu ringen. Zu ringen nicht nur mit sich selbst, sondern mit seinem Dämon und Gott. Noch immer tragen wir in uns das All, noch immer gehen wir auf in jedem Hauch der Schöpfung. Wir verstehen die Sprache der Dinge, der Menschen und Völker. Wir messen ein jedes an sich selbst, nicht an uns, wir wollen nicht unseren Willen, sondern Wahrheit. Wir gleichen einander und gleichen uns nicht; ein jeder ist ein Wanderer, ein Sinnender und Sehnender. Es ist uns ernst um die Dinge des Geistes, sie dienen nicht unserem Leben, sondern unser Leben dient ihnen.

»Das wagst du zu sagen, angesichts der Verrohung und Versumpfung, der Schieberei und Schlemmerei, der Ehrlosigkeit der Unterwerfung, der Schamlosigkeit der Preisgabe, der Trägheit, Lügenhaftigkeit, Herz- und Geistlosigkeit der Zeit, die wir erleben?«

Das wage ich zu sagen, denn ich glaube es und weiß es. Die Seele des Volkes liegt in den schweren Krämpfen und Träumen der Genesung. Der Genesung nicht nur vom Kriege, sondern der schwereren: von hundertjähriger Selbstentfremdung. Die verspottete Wahl der alten unheraldischen Romantikerfarben Schwarz-Rot-Gold an Stelle der körper- und seelenlosen Kriegsfarben war im Taumel der Torheiten die leise symbolische Regung der Gesinnung. Wir haben anzuknüpfen an die Zeit, wo wir aufhörten deutsch zu sein, um berlinisch zu werden.

Geist tut not. Der Welt nicht mehr und nicht weniger als uns; doch sie wird ihn nicht schaffen. Die Geschichte weiß, warum sie Versailles und den Spiegelsaal wählte. Nicht die Mechanisierung allein mit ihrer Gefolgschaft von Nationalismus und Imperialismus soll noch einmal, zum letztenmal, verherrlicht werden; nein, die ganze französisch-englische Akquisitionspolitik rollt sich auf bis zum Thron des Sonnenkönigs, und man glaubt ernsthaft, daß sie auf Jahrhunderte die Welt von neuem bestimmen soll. Unfaßbares, in seiner monströsen Ironie nicht zu überbietendes Schauspiel als Einleitung der großen Epoche, die der Westen in seinem Bürgergewissen nicht ahnt. Der Krieg war ihm ein grober, von Banditen angezettelter Unfug, der Sieg bedeutet ihm den endgültigen Triumph der kapitalistischen Verstandeszivilisation, die Fackel im Osten ist ihm ein Mordbrand, und das aufsteigende Wandern der Völker aus der Tiefe sieht er nicht.

Nein! Hier wird der Geist der Zukunft nicht geschaffen. Klügere Einrichtungen mag man erfinden, Blitzableiter, um die Entladung zu mildern, doch die Naturkraft findet, mild oder gewaltsam, ihren Weg, und die neue Erde, die sie bereitet, bedarf neuen Samens.

Ist uns die Fähigkeit verliehen, neuen Geist zu schaffen, so bedeutet das nicht, daß wir wählen dürfen, ob wir wollen oder nicht. Auch wenn es nicht um unser Leben ginge, sondern gegen unser Leben, so hätten wir zu gehorchen. Um unser Leben aber geht es, wie wir gesehen haben und wie es ja auch selbstverständlich ist: denn jeder Organismus kann nur dadurch leben, daß er die anvertraute Sendung erfüllt.

So wären wir an einem sehr gefährlichen Punkt, an dem Punkt, wo die allgemein sittliche Redensart lauert, die deutsche Redensart, die das allgemeine Heil verspricht, und wo denn alsbald in gehobenem Tone die Abhandlung schließt. Vaterland, Sittlichkeit, Menschheit, Arbeit, Mut, Zuversicht – wir wissen alle, wie das ausklingt; der Schreiber hat etwas Schönes geschrieben, der Leser hat etwas Schönes gelesen, man ist auf beiden Seiten gerührt und wenig überzeugt.

So habe ich denn etwas sehr Verdächtiges geschrieben. Dazu ist also der Leser mir durch fünfunddreißig dieser harten Blätter gefolgt, um endlich das höchst allgemeine Wort »Geist« zu vernehmen? Hat man ein Wort häufiger vernommen als dieses? Und was soll man dabei denken? – Gemach, es kommt schlimmer. Das nächste Wort ist verfänglicher, geradezu philiströs verdächtig, es heißt: »Bildung«. Ich kann es nicht ändern, wir müssen durch den allgemeinen Gedanken hindurch. Wir müssen durch das Gedränge hindurch, wo uns die Redensarten mit dem Ellenbogen stoßen. Eine Reise, und wenn es nach Tibet wäre, beginnt auf einem Berliner Zentralbahnhof. Der Fehler der Redensart liegt nicht darin, daß sie vom allgemeinen Begriff ausgeht, sondern daß sie sich mit ihm begnügen läßt und ihn nicht zu Ende denkt.

Unsere allgemeinste Aufgabe ist also die, unser Volk, das der Geistigkeit fähig ist, geistig zu machen. Und da die Geistigkeit nicht durch äußern Anstoß, durch Bußpredigt, Zeitungsschreiberei, Vereinstätigkeit oder Propaganda aufgepfropft sein kann, sondern mit dem Leben verbunden, aus dem Leben entwickelt sein muß, so heißt das organische Werk und der Lebenszustand, zu dem es führt, »Bildung«.

Schweren Herzens und nach langem Suchen habe ich dies schöne, fast zur Unkenntlichkeit abgeschliffene Wort niedergeschrieben. Werden wir uns zu seiner Deutung und Bedeutung zurückfinden? Auch wenn es nicht durch eine ungehörige Vorsilbe zur »Ausbildung« ausgeleiert ist, hört man vor Nebentönen kaum den reinen Sinn. Schule, womöglich Hochschule, etwas Französisch und Englisch, Orthographie, Mir und Mich, Visitenkarten, Manschetten, Fremdwörter, Zylinder, Tischregeln: das sind Nebentöne, die sich einstellen, wenn von einem gebildeten Manne oder gar einem gebildeten Herren die Rede ist. Vor hundert Jahren verstand man unter Bildung, wie es das Wort sagt, die Entfaltung und den Vollbesitz der eingeborenen, leiblichen, geistigen und sittlichen Kräfte. In diesem Sinne ließ Goethe die nach seinem Bilde geschaffenen Brudergestalten, den reicheren Faust und den ärmeren Wilhelm Meister, um Bildung ringen.

Ein Erziehungsideal soll uns nicht vorschweben, auch nicht ein Wissensideal, obwohl es auch um Erziehung und um Wissen geht, sondern ein Willensideal. Es wird nicht leicht sein, darzustellen, in welcher Breite und Unumschränktheit dieser Begriff zu fassen ist. Daß er nicht in der Luft schwebt, ergibt sich schon daraus, daß die Griechen durch Jahrhunderte den etwas anders gerichteten Willensimpuls der χαλοχ' αγαϑία mit vollem Bewußtsein als hohes Gesetz über sich gelten ließen.

Von dem, der den Begriff der Mechanisierung in das deutsche Denken eingeführt, den Begriff der Seele den Händen der Psychologen entrissen und zum Ursinne zurückgeleitet, über Intellektualismus und Seelenlosigkeit so manches geschrieben und das Reich der Seele als Menschheitsziel hingestellt hat, wird man nicht erwarten, daß er mechanische, ja überhaupt erlernbare Bildung anpreist. Wie Bildung zu schaffen ist, werden wir sehen; zunächst ist nötig, daß sie gewollt werde.

Gewollt werde in einem Sinne und mit einer Willensstärke und Schätzungskraft, von der wir heute, wo die Zeiten des Glaubenseifers, der Reformation, der deutschen Klassik, der Freiheitskriege weit hinter uns liegen, gar keine Vorstellung haben. Wenn der Begriff der landläufigen, im Familien-, Gesellschafts- und Geschäftsleben geschätzten, mit Stilkunde, Geschichtszahlen und Reiseerlebnissen ausgezierten Intellektualbildung mit Recht belächelt wird, so muß der Wille nach voller Bildung des Leibes, des Geistes und der Seele im Volke so stark werden, daß alle Fragen der Bequemlichkeit, des Genusses, der Geltung, der materiellen Interessen tief in den Schatten treten. Dies Wort muß so klingen, daß alle, die es hören, sich mit dem zweifelfreien Gefühl des Einverständnisses in die Augen sehen; so wie in Japan, wenn der Name des gemeinsamen Familienhauptes, des Kaisers, genannt wird. Es muß ein Ding in Deutschland geben, und dies muß das Ding sein, dem der gähnende, blinzelnde und grinsende Skeptizismus des Kaffeehauses, das rülpsende Grunzen des Bierhauses nichts anhaben kann. Wer dies Ding nicht gelten lassen will neben seinen Standesbegriffen oder seinen Fettspekulationen oder seinen Rentensorgen oder seinen Räteforderungen, der muß wissen, daß er etwas Anstößigeres tut, als wenn er ungewaschen unter Menschen geht.

Der Begriff von der Bildung als von unserer wahren und einzigen Lebensmacht muß so tief verstanden werden, daß sie im öffentlichen Leben und in der Gesetzgebung das erste und letzte Wort hat. Wenn wir so arm werden wie die Kirchenmäuse, so müssen wir unseren letzten Pfennig daransetzen, Erziehung und Unterricht, Vorbild und Anschauung, Ansporn und Anspruch, Leistung und Atmosphäre so hoch zu spannen, daß der Eintritt in Deutschland den Eintritt in ein neues Zeitalter bedeutet.

Die Gesellschaft muß von diesem Begriff durchdrungen sein. Die Schichten, die heute etwas Bildungsähnliches besitzen, nämlich Schulung, Erziehung, Erfahrung, Überlieferung, Anschauung, Lebensart, sollen mit vollen Händen spenden, was sie haben; nicht in Form von Kuratorien, Konventikeln, Vorträgen und Protektionsbesuchen, sondern in stillem, opferwilligem, persönlichem Dienst.

Dies kann nun freilich nicht geschehen ohne den freien Willen der Gegenseite. Die aufopferungsvollen Versuche, die man vornehmlich in England, seit Jahren auch bei uns gemacht hat, in langem, selbstlosem Werben den Gegenwillen zu erobern, mußten persönliche Lebensaufgaben werden und daher vereinzelt bleiben, weil der Wille der Gesamtheit sie nicht trug, sondern ihnen zuwiderlief. Es muß ein Gottesfriede geschlossen werden, nicht zwischen Besitzenden und Besitzlosen, nicht zwischen Proletariern und Kapitalisten, nicht zwischen sogenannten Gebildeten und Ungebildeten, sondern zwischen denen, die zum Austausch der Erfahrung, zum Geben und Nehmen der beiderseitigen Überlieferung bereit sind. Kein Tauschgeschäft: Propaganda gegen Förderung oder Neugier gegen Zeitvertreib, sondern ein Bund. Der ist aber nur möglich, wenn der Klassenkampf als Selbstzweck aufhört.

Die Wandlung selbst dürfen wir um so geringen Preis nicht erwarten, sie fordert andere Voraussetzungen, von denen zu reden sein wird. Doch die Geistesstimmung, die Erkenntnis der Aufgabe könnte nicht besser eingeführt werden als durch den wechselseitigen Dienst der beiden Schichten.

Noch immer verfügen wir über organisatorische Methoden überlieferter Forschung und Verwaltung. Hier bedarf es der Lehrstühle und Forschungsinstitute, nicht für kümmerliche Volksaufklärung und populäre Vorträge, sondern zum Studium und zur Erforschung dessen, was für die nationale Bildung not tut, die von nun an die nationale Verteidigung ablöst. Hier bedarf es der Zentralbehörden, die nicht wie abgestorbene Kultusministerien Ersparnisse an dürftigen Volksschulen machen, sondern das Werk der deutschen Erziehung, des Aufstiegs und des Arbeitsausgleichs schaffen.

11

Vor Jahrzehnten hat in England der bürgerlichen Gesellschaft das Gewissen geschlagen. Sie schuf die Toynbee-Hall- und die Settlements-Bewegung, die in Deutschland verdienstvolle Nachfolge fanden. Man hatte das Unrecht gegen das proletarische Brudervolk begriffen, dem man den Geist raubte und dafür entseelende mechanische Arbeit bot, und man half in hochherziger Aufopferung, indem auserlesene Menschen ihr ganzes Leben in den Dienst ihrer Brüder stellten. Das große und schöne Werk hat Schmerz und Haß gelindert und hüben und drüben manche Seele gerettet: doch konnte es nicht wirken, was es wirken sollte, weil es nicht werden konnte, was es zu sein glaubte.

Es sollte und glaubte zu sein einfacher und selbstverständlicher Liebesdienst, reine Gegenseitigkeit des seelischen Austausches, nicht niedersteigende Barmherzigkeit und lehrende Mission. Das war edle und großartige Verkennung: es blieb Opfer und Schenkung. Denn die Gesellschaft, auf beiden Seiten, hielt sich unbeteiligt, ja entgegenwirkend. Was eine Hand spendete, nahmen tausend andere Hände zurück, was eine Hand empfing, wurde von tausend Händen zurückgestoßen. Es hatte sich doch nicht das kollektive Gewissen einer Klasse geregt; sondern das Gewissen von Menschen der bürgerlichen Gesellschaft hatte Sendboten ersehen, nicht sich selbst bewegt. Das Arbeitsverhältnis ließ sie bestehen, im einzelnen wollte sie opfern.

Solange ein allgemeines Unrecht besteht, straft es jede Einzelregung Lügen. Ja, das Unrecht wird bitterer, weil es die Naivität verliert, sich als Unrecht erkennt und sich dennoch nicht aufhebt. Deshalb wird auch eine zweite bedeutende Bewegung, die der Volkshochschule, die in Dänemark den entwickeltsten Bauernstand geschaffen hat, in proletarisch gespaltenen Ländern im sozialen Sinne nichts bewirken. Wird sie überdies ihrem ursprünglichen Gedanken entfremdet, der auf zeitweiligem Gemeinschaftsleben der Lehrenden und Lernenden beruht, und statt dessen zu einer Vortragsanstalt bestimmt, so entsteht die Gefahr, daß zusammenhangloser Unterhaltungsstoff, ohne Wissensgrundlage dargeboten, das erzeugt, was man Halbbildung nennt, was schlimmer als Unbildung ist und Mißbildung heißen müßte.

Kein karitatives Werk kann Klassenversöhnung schaffen oder gar Volkserziehung ersetzen. Klassenversöhnung aber, selbst wenn sie erreichbar wäre, ist durchaus nicht unser Ziel, sondern Klassenaufhebung, und Volkserziehung ist nicht unser letztes Ziel, sondern Volksbildung. Wir wollen nicht mit der einen Hand geben, mit der anderen nehmen, wir wollen nicht ein Brudervolk zur Stumpfheit verurteilen und Auserwählte erquicken, sondern wir wollen das Übel an der Wurzel packen, das Monopol der Bildung brechen und ein neues, einheitliches und gebildetes Gesamtvolk schaffen.

Die Wurzel des Übels aber liegt in der Arbeit. Es ist ein Traum, zu glauben, aus der entgeisteten Teilverrichtung, auf der die mechanisierte Produktionsweise beruht, werde jemals wieder die handwerkliche Fertigung sich entwickeln lassen. Sofern nicht durch katastrophale Entvölkerung das mittelalterliche Verhältnis von Bodenfläche zu Menschenzahl sich wiederherstellt, bleibt es bei der Arbeitsteilung; solange die Arbeitsteilung besteht, leistet der Mensch nicht Fertigung, sondern Teilarbeit, im besten Falle und bei höchster mechanischer Entwicklung Überwachungsarbeit. Entgeistete und entseelte Arbeit aber kann niemand mit Freude verrichten; das Furchtbare des Mechanisierungsprozesses ist, daß er das menschliche Lebenselement, die eigentliche Daseinsform, die mehr als den halben Inhalt des wachen Tages ausfüllt, die schaffende Arbeit, häßlich und hassenswert macht. Er entwürdigt den arbeitsamen, krafterfüllten Menschen zur Arbeitsscheu; denn was bedeutet es, daß alle sozialen Kämpfe in der Verkürzung der Arbeitszeit gipfeln? Dem Bauern, dem Forscher und Künstler kann ein Arbeitstag nicht lang genug, dem Arbeiter, der sich selbst den Werktätigen nennt, kann er nicht kurz genug sein.

Fortschreitender Technik wird es gelingen, mechanische Arbeit in Überwachungsarbeit zu verwandeln. Doch der Vorgang ist langsam und partiell, auf ihn können wir nicht warten, zumal Zeiten kommen werden, in denen die Technik stillsteht, wo nicht rückschreitet. Wer mechanische Arbeit am eigenen Leibe kennengelernt hat, wer das Gefühl kennt, das sich ganz und gar in einen schleichenden Minutenzeiger einbohrt, das Grauen, wenn eine verflossene Ewigkeit sich durch einen Blick auf die Uhr als eine Spanne von zehn Minuten erweist, wer das Streben seines Tages nach einem Glockenzeichen mißt, wer Stunde um Stunde seiner Lebenszeit tötet mit dem einzigen Wunsch, daß sie rascher sterbe, der versteht, daß Kürzung der Arbeitszeit, gleichviel was an ihre Stelle tritt, für den mechanisch Arbeitenden ein Lebensziel bedeutet.

Doch er weiß noch ein anderes. Er kennt die tödlichste Ermüdung, die Müdigkeit der Seele. Nicht die aufatmende Ruhe nach gesunder leiblicher Arbeit, nicht die ablenkungsbedürftige Entspannung nach geistiger Leistung, sondern die leere, ausgepumpte Stumpfheit, die dem Ekel eines Mißbrauchs gleichkommt. Es ist seichtes Teestubengewäsch, hier gute Musik, erbauliche und belehrende Vorträge, einen fröhlichen Spaziergang in Gottes freier Natur, ein lauschiges Lesestündchen bei der Lampe und dergleichen mehr zu empfehlen. Schnaps, Karten, Agitation, Kino und Ausschweifung können die mißhandelten Muskeln und Nerven noch einmal aufpeitschen, bis der nächste Tag sie von neuem zermürbt.

Dem Arbeiter fehlt der Vergleich. Er weiß nicht, wie gesunde Arbeit sich anfühlt. Zur Landarbeit findet er sich nicht zurück, denn es fehlen ihr die Gegengifte, die er für unentbehrlich hält, und es fehlt ihm der organisch ordnende Sinn, den die Maschine vernichtet. Fände er zurück, so wäre es vergebens; denn die Landwirtschaft lechzt zwar nach Tausenden, doch kann sie die Millionen der Arbeitskräfte nicht aufnehmen. Dem Arbeiter fehlt der Vergleich: daher seine bodenlose Verachtung geistiger Arbeit, deren Ergebnisse er nicht verkennt, die er aber hinsichtlich ihrer Mühe auf eine Stufe stellt mit dem Müßiggang der Menschen, die er in vornehmen Straßen mit Schoßhunden gehen und fahren sieht.

Das bürgerliche und selbst das wissenschaftliche Gewissen aber verhüllt sich in schmählicher Feigheit vor dem Grauen mechanisierter Arbeit. Abgesehen von gutmütigen Ästheten, die in gepflegter Ländlichkeit und umgeben von allen Gerätschaften der Mechanisierung hausen, die Stirne runzeln, wenn das elektrische Licht ausgeht, und in Feuilletons verwundert fragen, warum man nicht zum alten Landbau und Handwerk zurückkehrt, nimmt man die mechanische Arbeit als ein Unabänderliches hin, von dem man froh ist, daß andere es machen müssen.

Agitatorische Beglücker, die wissentlich oder unwissentlich das Wesentliche verschweigen: daß ihre Welt der Gleichheit eine Welt der bittersten Armut sein wird, machen sich es auch hierin leicht. Wenn ihnen für sich selbst im Staat der Zukunft eine literarische oder politische Ausnahmestellung vorschwebt, so mögen die anderen sich damit trösten, daß ungeachtet einer noch tiefern Armutsstufe, auf die sie durch eigene Untätigkeit hinabgleiten, die Hölle der mechanischen Arbeit keineswegs aufgehoben, wohl aber weiterhin um ein mäßiges verkürzt wird. Undurchdacht, durch Denkfaulheit erstorben, wie alles, was uns als Zukunftsziel vorgesetzt und vorgespiegelt wird, ist der Mißgedanke, mechanische Arbeit werde sich schon mit sich selbst und mit geistiger Arbeit versöhnen, wenn sie nur kurz genug und gerecht entlohnt sei. Man wende diese Meinung auf ein beliebiges Übel, etwa auf Zahnschmerzen an. Alle Deklamation, mechanische Arbeit sei kein Übel, ist unwissend oder verlogen, und wenn nichts weiter geschieht, als daß man sie auf vier Stunden herabsetzt, so werden alle sozialen Kämpfe sich darum drehen, sie auf zwei Stunden zu vermindern. Das Ziel des arbeitverkürzenden Sozialismus, soweit er sich auf diese Eselsbrücke beschränkt, ist Bummelei.

Es ist der Tatsache ins Auge zu blicken, daß die mechanisierte und mechanische Arbeit ein Übel an sich ist, das durch keinerlei wirtschaftliche und soziale Umgestaltung beseitigt werden kann. Weder Marx noch Lenin kommt über diese Tatsache hinweg, an ihr scheitert jeder Zukunftsstaat, der auf Grundlage heutiger sozialistischer Einsicht errichtet wird. Hier liegt das Zentralproblem des Sozialismus, unberührt, wie bis vor kurzem der legendäre Mehrwertbegriff, eingebettet, wie er, in ein Rattennest ungeprüft nachgesprochener Redensarten.

Die Vergeistigung des Volkes, der Bildungsstaat, die einzig mögliche Grundlage menschenwürdiger Gesellschaft, bleibt so lange unverwirklichbar, als nicht das Denkbare erdacht und geschehen ist, um das Übel, das den menschlichen Geist stumpft und blödet und das an sich nicht tilgbar ist, in seinen Wirkungen zu brechen. Nicht Rätepolitik, Sozialisierung, Vermögenspolitik, Volkserziehung und alle die Schlagworte, die den armseligen, zum Ekel einförmigen Inhalt der Tageserörterung bilden, vermögen an das Grundproblem zu rühren. Hier muß ein Grundsatz aufgestellt und verwirklicht werden, den ich den Grundsatz des Arbeitsausgleichs nenne und den ich zunächst in allgemeinen Zügen darlegen werde.

Der Arbeitsausgleich bezweckt die Vergeistigung des Schaffens. Er fordert, da die mechanische Arbeit an sich nicht über ein von der Technik gegebenes Maß vergeistigt werden kann, die Vergeistigung des Tagewerks, und zwar durch Wechsel und Verbindung geistiger und mechanischer Arbeit. Solange dieser Grundsatz nicht verwirklicht ist, bleibt wahrhafte Volksbildung ein Ding der Unmöglichkeit. Solange Volksbildung nicht besteht, bleibt Bildung ein Monopol von Klassen und von Überläufern, bleibt die Gesellschaft eine gleichgewichtslose, jedem Umsturz preisgegebene Vereinigung, die auch bei höchstem Stande sozialer Einrichtungen die Massen mit Gewalt zur Zwangsarbeit anhält und die Kultur vernichtet.

12

Es gibt einen kapitalistischen Weg zur Veredlung, selbst zur Vergeistigung des Tagewerks. Vor dem Kriege standen wir im Begriff, ihn zu beschreiten; Amerika beschreitet ihn. Seine Voraussetzung ist das ungemessene Anwachsen des Volkswohlstandes.

Das Tageseinkommen des amerikanischen Arbeiters ist, wie erwähnt, bis auf sieben, stellenweise bis auf zehn Dollar gestiegen, entsprechend einer Kaufkraft von mehr als hundert Mark. Das bedeutet eine so gründliche Befreiung von allen Beschränkungen der Lebenshaltung, daß von einem proletarischen Zustand nicht mehr gesprochen werden kann. Der Mann, der seinen eigenen Kraftwagen zur Fabrik lenkt, kann sich jede vernünftige Erholung und Fortbildung verschaffen, er betrachtet, wie dies schon früher in Amerika nicht selten war, seine Teilarbeit mit kritischem Blick, paßt sie mit eigenem Urteil in den Gesamtprozeß ein, verbessert die Einrichtungen und sieht seinen Sport darin, Arbeiter und zugleich Ingenieur zu sein. (Man möge hieraus den Wert der Voraussage beurteilen, Amerika stehe unmittelbar vor dem Bolschewismus.)

In einem Lande, dessen Vermögen augenblicklich – infolge der Kriegsbereicherung und Geldentwertung – nahezu das gesamte übrige Weltvermögen aufwiegt, kann die Entproletarisierung auf kapitalistischem Wege geschehen. Da es uns bestimmt ist, zu den Ärmsten zu gehören, von neuem anzufangen, der Zukunft zu leben, so werden wir neidlos auf den bequemen Weg der alten Denkweise und des Reichtums verzichten, um in harter Arbeit den Weg zu bahnen, der dereinst der Weg aller sein wird. Auf den Weg der Bildung sind wir gewiesen und den Grundsatz des Arbeitsausgleichs haben wir als seine Voraussetzung bezeichnet. Jetzt wird deutlich, daß der Begriff der Volksbildung doch nicht eines der fünfundzwanzig idealistischen Schlagworte bedeutet, mit denen man sich in Trauerreden Trost zuspricht, sondern daß ein klar umschriebenes politisches Vorgehen gemeint ist.

Der Grundsatz des Arbeitsausgleiches verlangt: daß jeder mechanisch Arbeitende beanspruchen kann, einen Teil seines Tagewerks in angemessener geistiger Arbeit zu leisten; daß jeder geistig Arbeitende verpflichtet ist, einen Teil seines Tagewerkes körperlicher Arbeit zu widmen.

Die Grenzen sind gegeben: auf der einen Seite in geistiger Unfähigkeit, auf der anderen Seite in körperlicher Unfähigkeit und in denjenigen seltenen Fällen, wo der Ausfall geistiger Arbeitsstunden als unersetzlich anerkannt wird.

Hinzu tritt das Arbeitsjahr, das von allen jugendlichen deutschen Männern und Frauen ohne Unterschied in körperlicher Schulung und Arbeit zu leisten ist.

Für Befähigung und Bildungsstand sind nicht Prüfungen der Maßstab, sondern Arbeitserprobung. Jeder, der seine Befähigung einigermaßen glaubhaft macht, kann verlangen, erprobt und, wenn er besteht, fortgebildet zu werden.

So wird mit dem Aufstieg Ernst gemacht, der, wenn er an jugendliches Alter oder gar an Schulzeugnisse gebunden wird, auf dem Papier bleibt.

Man sage nicht, Erprobung sei ein mechanisches Mittel, sie würdige Bildung von ihrem geistigen Wesen herab, sei chinesischen Literatenprüfungen gleichzusetzen. Wahre Bildung unterscheidet sich von genießerischem Ästhetentum darin, daß sie in irgendeinem Sinne produktiv macht. Ist keine Kraft zu Kunst oder zum schöpferischen Denken vorhanden, so bleiben Urteil oder Lebensführung erzieherische Kräfte, die wirken sollen.

Von selbst werden sich Bildungskategorien einstellen, die nicht Stände, nicht Kasten und nicht Klassen sind, sondern Stufungen der Gesellschaft, zu denen jedem der Zutritt freisteht. Niemand kann sagen, ihm sei durch ein Bildungsmonopol der Weg versperrt, ihm sei Schulung und Erprobung versagt worden. Ist die Bildung echt, so kann sie sich über die nachfolgenden Stufen nicht in geistigem Hochmut erheben; ist sie mit Pflichten verbunden, so kann derjenige, der den Weg des Aufstiegs verschmäht oder verfehlt, nicht den Anspruch erheben, diese Pflichten zu erfüllen. Hat einer nur die Befähigung der Zungenfertigkeit und weiter nichts, so wird auch er in der Vielfalt der Berufe seine Wirksamkeit finden; die Gefahr der Maulherrschaft mit und ohne Gewalttätigkeit aber bleibt dem Volke erspart.

Ein soziales Durchschnittsherz wird hier einwenden: Wie? Das sollen keine Kasten sein? Gerade beginnen wir, das Joch der Kapitalisten abzuschütteln, und nun sollen wir uns unter die Führung der Gebildeten stellen? Das ist helle Reaktion.

Gemach. Wenn es sich um ein Mißverständnis handelt, soll es abgestellt werden. Wenn dann noch ein Bedenken bleibt, werden wir weiter sehen.

Das Mißverständnis: Man vergißt, daß Kapitalismus als erbliche Klasse herrschte. Wer ihm angehörte, fähig oder unfähig, herrschte mit. Bildung dagegen ist an sich kein erbliches Gut, wer sie erwirbt, muß höheren Geistes und Willens sein. Wer höheren Geistes und Willens ist, kann und wird sie erwerben. Wer sie erwirbt, ist zu höherer Verantwortung geeignet. Ist das Durchschnittsherz befriedigt?

Nein. Es antwortet: Erblich oder nicht erblich, was schiert uns das? Wir wollen Gleichheit. Bildungsunterschied ist auch eine Art Aristokratie.

Gut, liebes Herz, du hast dich entdeckt. Was bedeutet nun dein immerwährendes Gerede vom Aufstieg der Tüchtigen? Ich will es dir sagen. Der Tüchtige soll sich quälen und so weit aufsteigen, wie du es zulässest, nämlich bis man sich seiner Arbeitsfrüchte bemächtigen kann; dann wird er hinabgestoßen, und es diktiert der Maulheld. Diese Deutung gefällt dir nicht? Mir auch nicht. Aber wir sind quitt.

Denn von dem Unsinn einer Gesellschaft von Gleichen gedenke ich nicht zu reden. Der gemeine Mensch, der die Gleichheit der Menschenwürde, die Gleichheit vor Gott nicht begreift, verlangt die Gleichheit des äußern Menschen, der Verantwortung und des Berufs. Diese scheinbare Gleichheit aber hebt die wahrhaftige auf, weil sie die Menschen nicht im Verhältnis ihrer Tragkraft belastet, weil sie Überlastete und Mißbrauchte schafft und die einen zur Pfuscherei und Heuchelei, die anderen zur Mißachtung treibt. Jeder zufällige und erbliche Vorsprung, jede Bevorzugung ist zu verwerfen. Wer aber von Menschen, die sämtlich unter gleichen äußern Voraussetzungen, Pflichten und Ansprüchen stehen, Gleichheit des Geistes, Willens und Herzens verlangt, der ändere die Natur.

Auch in der Entlohnung, das heißt in der Aufteilung des Arbeitsertrages wäre mechanische Gleichheit gleichbedeutend mit ungerechter und unerträglicher Ungleichheit spezifischer Belastung und Erleichterung. Hochwertige, nämlich schöpferische, geistige Arbeit, die opfervollste, welche die Menschheit kennt, weil sie nicht nur alle Kräfte, sondern das ganze Leben mitsamt seinen Mußestunden und

Erholungen hinnimmt und verschlingt, bedarf äußerer Schonungen, zu denen Einsamkeit, Ungestörtheit, Fernhaltung trivialer und ablenkender Sorgen und Verrichtungen, Berührung mit der Natur gehören. Diese Schonungen, wirtschaftlich betrachtet, sind Aufwand, dessen mechanische Arbeit nicht bedarf. Soll mechanische und geistige Arbeit unter die gleichen spezifischen Bedingungen gestellt werden, unter denen die Leistungen zum Höchstmaß, die Wirkungen gesteigert und die Leistenden nach Möglichkeit gleich belastet werden, so wird die Bemessung der Entlohnung verschieden sein. Sie wird, von einem Existenzminimum ausgehend, sich zweifach abstufen: einmal nach der Leistung, sodann nach der Bildungsstufe.

In diese Abstufung werden die Frauen einzubeziehen sein, gleichviel ob sie einen äußeren Beruf ausüben oder nicht: denn die Gesellschaft hat ein hohes Interesse am Bildungsstande ihrer Mütter, und der äußere Antrieb zur Bildung der Frauen darf hinter dem der Männer nicht zurückstehen.

Ein engeres Gefühl der Zusammengehörigkeit innerhalb der einzelnen Bildungsstufen wird sich ergeben, das der Solidarität des Volkes keinen Abbruch tut, weil erblicher Familienegoismus nicht entstehen kann; wohl aber wird dieser von Geschlecht zu Geschlecht wechselnde Zusammenhang, der etwa der heutigen Beziehung gleichzeitig lebender, verschiedenen Ständen und Landesteilen entstammender Künstler entspricht, die Reste der alten Erblichkeit auflösen und ihren Besitz an überlieferten Werten in sich aufnehmen.

Zwischen den einzelnen Stufen aber steht nicht nur ein lebendiger Aufstieg, sondern der Arbeitsausgleich, das stets sich erneuernde Zusammenwirken in Reih und Glied vermittelt an sich Bildung, Überlieferung und Solidaritätsbewußtsein. Man möge der alten Zunft- und Waffengenossenschaften sich erinnern, um zu ermessen, welches Maß männlichen Bürgerbewußtseins aus der sichtbar gemachten Gemeinschaft der Pflicht und Leistung sich ergibt. Der mechanisch Arbeitende wird zum Lehrmeister seines hospitierenden Genossen, und dieser vergilt ihm durch Eröffnung seines Gesichtskreises und Wetteifer in der Ausgestaltung des Arbeitsprozesses. Der Praktiker bringt in die Schreibstube und das Sitzungszimmer die Unvoreingenommenheit und Erfahrung seines materiellen Berufes; er lernt die Abstraktion, die Behandlung des Allgemeinen, erwirbt Achtung vor geistiger

Arbeit und den Trieb, Kenntnis und Geistesübung zu erwerben oder nachzuholen.

Zwei Einwände verdienen Beachtung und Widerlegung.

Die Zahl der mechanischen Arbeitsstellen übertrifft die der geistigen um ein Vielfaches. Kann Raum für den Arbeitsausgleich geschaffen werden, so daß jeder, der zu geistiger Übung gewillt ist, seine Stelle findet?

Darauf ist zu erwidern: ob wir wollen oder nicht, immer mehr wird unser Arbeiten verwaltungsmäßig. So, wie in den Betrieben mehr und mehr geredet, weniger geschaffen wird, so durchsetzt sich unser Wirtschaftsleben mit Tausenden und Abertausenden neuer Organisationen. Betriebsräte, Arbeiterräte, Gildenräte bauen sich zwischen die bestehenden Verwaltungen ein; das bedeutet zunächst einen gewaltigen Ausfall an Produktion, späterhin gegliedertes und ertragsgesteigertes Arbeiten. Ein Vorgang, wie wenn ein Marmorbild belebt und mit Knochen, Muskeln, Adern und Nerven durchsetzt werden müßte. Oder wie wenn kümmerliche Vorstadtäcker in Stadtland verwandelt werden: Aufreißen, Kanalisieren, Pflastern, Zäunen, und bis der Verkehr in das neue Gelände eingeströmt ist, liegt ein verwüstetes, trostloses Unland da.

Das Verwaltungsmäßige des künftigen Wirtschafts- und Staatslebens aber schafft eine so große Zahl intellektueller Arbeitsstätten, daß das vorhandene, geschulte Personal sie nicht ausfüllen kann. Wird das Arbeitsjahr eingeführt, so entstehen weitere Abgänge und Lücken. Es ist wahrscheinlicher, daß der Andrang zu geistiger Arbeit zu klein, als daß er zu groß sein wird.

Zweitens: wird die Wirrnis nicht maßlos gesteigert, wenn viele Menschen zwei Arbeitsstätten bekommen, wenn an diesen Arbeitsstätten die Menschen häufig wechseln, wenn durch kurze und zerstückte Arbeitszeit manche Arbeit zur Unzeit unterbrochen, wenn Zeit und Arbeit durch ein rastloses Vermitteln verloren wird?

Zweifellos. Wer von der alten hochgespannten, militärisch disziplinierten Arbeit als Vergleich ausgeht, wer auch nur entfernt daran denkt, daß sie wiederkehren könnte, obwohl alle ihre Klammern und Federn zerschlagen sind, mag diese Störungen beklagen. Wer von dem schwankenden Übergangszustande der heutigen Scheinarbeit ausgeht, wird organische Störungen, wenn sie überhaupt wieder zu folgerechter Produktion führen, in Kauf nehmen. Wer aber ermißt, daß das Scheinleben der gegenwärtigen Wirtschaft nicht einmal in seinem jetzigen Zustande Bestand hat, wird in jeder neuen, wenn auch noch so langwierigen Übergangsform die Rettung erkennen, sofern überhaupt wieder ein Gleichgewicht hergestellt werden kann.

Das Wesen des Arbeitsausgleiches wird also darin bestehen, daß es einen eigentlichen Gegensatz zwar noch von körperlicher und geistiger Arbeit gibt, doch nicht mehr von körperlichem und geistigem Beruf. Bis in sein höheres Alter steht es jedem Menschen frei, nicht etwa bloß einige lebenverschönernde Kenntnisse zu erwerben, sondern Ernst zu machen und mit beiden Füßen in den Gegenberuf einzutreten.

Die Berufe lernen sich kennen und achten, aber sie lernen auch ihre gegensätzlichen Schwierigkeiten einschätzen. Das gilt vor allem für die Erkenntnis derer, die sich die Werktätigen nennen.

Wenn erblicher Müßiggang aufgehört hat, Schmarotzertum bekämpft wird, so wird mancher, der heute geistige Arbeit mit Geschwätz verwechselt, bei seiner Übungsarbeit in den Kanzleien erkennen, daß Denken schmerzt. Er wird, wenn er sich diesem Kneten und Wühlen des Gehirns nicht gewachsen fühlt, erleichtert in seine Werkstatt zurückkehren, die Werktätigen des Geistes weder verachten noch beneiden und wo nicht bewußt, so doch im Gefühl die Gegensätze menschlicher Natur und die Verschiedenheit der Lebensbedingung als gerecht empfinden. Den Elementen geistiger Schulung kann und darf auch er sich nicht gänzlich entziehen; die Berührung mit geistig Arbeitenden hört nicht auf; so daß die gänzliche, willenlose Hingebung an die Herrschaft unwissender Mundfertigkeit ihren Reiz verliert.

Geachtet ist jeder, auch wer sich mit der pflichtmäßig geforderten Bildung zufriedengibt, in Selbstbescheidung auf weiteres Studium verzichtet und zur körperlichen Arbeit zurückkehrt. Jedoch keine Entschuldigung gilt für jene, die nichts wissen und können – und alles besser wissen und besser können; denn kein Bildungsmonopol hat sie zurückgehalten, und wer wahrhaft befähigt ist, muß es mit der Tat beweisen.

Heute gibt es drei Arten gesellschaftlicher Betrüger. Erstens die, welche sich ohne Gegenleistung von der Gemeinschaft ernähren lassen. Es sind die untätigen Erben und Schmarotzer. Gegen sie bedarf es der sozialen Gesetzgebung. Zweitens die, welche absichtlich Minderarbeit leisten, mithin sich von der Mehrarbeit ihrer Genossen bezahlt machen. Es sind die Verfechter des Grundsatzes: jedem nach seinem Bedarf, niemandem nach seiner Leistung, die Cacannyleute und Saboteure der Arbeit. Gegen sie hilft Erkenntnis und gerechte Lohnordnung. Drittens die, welche Gedanken und geistige Arbeit vortäuschen, während sie fix aufgeschnappte Schlagworte mit Zungenfertigkeit wiedergeben. Gegen diese schlimmsten Betrüger, die Verbrecher am Geiste, hilft Bildung.

Sie steht jedem offen, der, so jung oder alt er sei, in den Übungen geistiger Arbeit, die ihm geboten werden, Fuß faßt. Wer in dieser seiner Probebeschäftigung die geforderte Normalleistung erfüllt, kann verlangen, daß er nicht zur körperlichen Arbeit zurückgeschickt, sondern im gleichen Beruf weiterbeschäftigt und in jeder von ihm gewählten Richtung fortgebildet werde. Mit jeder neuen Reife ist ihm ein entsprechender Wirkungskreis anzuweisen, bis zu dem Punkt, wo in der Leistung die Grenze der Befähigung sichtbar wird.

Man wende nicht ein, dieser Andrang zu geistiger Arbeit sei nicht zu bewältigen. Möchte er es sein! Dann wäre das Land so hochentwickelt und seine Arbeitsmethoden so vervollkommnet, daß ein gänzlich verändertes Verhältnis der Nachfrage nach Kopf- und Handarbeit entstände. Noch lange wird der Andrang geringer bleiben, als man glaubt, es genügt fürs erste, wenn er die aufstrebenden Kräfte befreit und die zurückbleibenden besänftigt.

Ha, welch unsozialer Grundsatz! werden die Radikalen schreien. Haben wir es nicht endlich mit Mühe dahin gebracht, daß das verfluchte Einjährigenexamen nichts mehr gilt, und nun sollen wir von neuem nach dem sogenannten Bildungsstande beurteilt werden?

Halt. Hier liegt ein Denkfehler. Ich habe nichts dagegen, daß in unserer Übergangszeit, die noch ganz vom Monopol der Bildung beherrscht wird, jede Qualifikation der Erziehung beiseite gesetzt werde, obwohl wir schon in wenigen Jahren den tiefen Niedergang fühlen werden, der aus der Herrschaft der Unbildung folgt.

Doch die Übergangszeit nimmt ein Ende. Dann kann jeder, der will, lernen und leisten, und jeder, der kann, wird wollen.

»Aber wer nicht will? Soll der es nicht erst recht zu etwas bringen? Wir wollen keine Musterschüler.«

Auch ich will keine Musterschüler. Wer als Knabe nichts gelernt hat, mag, wenn Bildung allen offensteht, als Mann sich üben. Wer als Mann sich den Kopf nicht zerbrechen mag, dem wird es nicht verdacht, sondern es wird ihm normale Arbeit nach seiner Wahl geboten.

Wer aber die Verantwortung und das Schicksal des Landes in den Händen derer wissen will, die sich nicht den Kopf zerbrechen, der soll sich nicht hinter soziale Grundsätze verschanzen, sondern einfach zugeben, daß er für alle Zeit Maulherrschaft und geistige Verpöbelung will. Damit wird er einer deutschen Sendung freilich nicht gerecht.

Der Weg zur deutschen Sendung, zur deutschen Bildung, die nicht mehr eine Bildung der Klassen, sondern eine Bildung des Volkes sein soll, steht durch den Arbeitsausgleich offen. Das ganze Land ist gleichsam eine Mannschaft, jeder steht am gleichen Ausgang. Der körperlich Arbeitende ist nicht mehr vom Druck der Übermüdung zurückgehalten, der geistig Arbeitende nicht mehr vom Volke losgelöst.

Das Land der Bildung erscheint dem Handarbeiter nicht mehr als eine unbetretbare Insel, sondern als ein Bezirk, den er täglich betritt und in dem das Heimatrecht ihm freisteht. Die Voraussetzung der Schule besitzt künftig ein jeder, das Maß seiner Fortbildung kann weder durch Mangel an Geld noch an Zeit noch vor allem an unverbrauchter Kraft ihm beschränkt werden. Er verkehrt dauernd mit Gebildeten und ist im Verkehr gleichzeitig ein Gebender und Empfangender; die Denkweise, die Methodik und Enzyklopädik geistiger Arbeit, heute ein Jugenderbteil der wenigen, wird ihm zu eigen; die zweifache Sprache des Landes, die der Begriffe und die der Dinge, wird für ihn eine.

Jede dauernde Schichtung hört auf, die auf- und abstrebenden Kräfte des Volkes bleiben in steter Bewegung, die Elemente in unauflöslicher Fühlung. Bei unglücklich veranlagten, selbstquälerischen Naturen mag es einen Haß gegen die eigene Veranlagung, das selbstgeschaffene Schicksal geben – dieser Zwiespalt hört niemals auf, solange wir Menschen sind –, doch einen Haß von Schicht zu Schicht gibt es nicht mehr, so wenig wie in einer freiwilligen Schar von Künstlern oder Turnern.

Da aber Bildung zugleich das anerkannte gesellschaftliche Ziel des Landes und das persönliche Ziel und Maß des einzelnen ist, treten die Strebungen nach Besitz und Genuß, zwiefach gebändigt durch gesellschaftliche Entwertung und gehobene Einsicht, ins Dunkel.
Der Geist des Landes aber gleicht keinem, den wir kennen. Wie im Mittelalter herrscht eine geistige Macht, doch keine von außen, von oben auferlegte, sondern die selbsterzeugte. Der Wettstreit aller ähnelt dem der Besten aus der Zeit der Renaissance, doch geht er nicht um konventionelle Werte, sondern um Förderung des Lebens. Das Land wird, was es vormals war, ein spendendes, doch nicht aus der Höhe einer losgelösten Schicht, sondern aus seiner ganzen Volkskraft.
Zum ersten Male wieder kann der überzeugte, bewußte Wille eines Volkes sich auf ein gemeinsames anerkanntes Ziel richten. Unermeßlich ist, was dies allein bedeutet; es bedeutet Kräfte, wie wir sie aus jenen seltenen geschichtlichen Höhepunkten kennen und deren die Französische Revolution das letzte Beispiel ist.
Jene Gefahren aber, von denen wir gesprochen haben, jene Hölle des mechanisierten Sozialismus, der Anstalten und Einrichtungen ohne Gesinnung und Geist ist gebannt, denn das Schaffen hört auf, materiell und formal zu sein, es bekommt Inhalt und Eigenwert. Geist ist das einzige Ziel, das die Mittel heiligt; heiligt, nicht indem es rechtfertigt, sondern indem es läutert.

13

Wie im Zimmer eines Todkranken die Angehörigen sich mit einer leichten Senkung der Fieberkurve trösten, obwohl sie heimlich wissen, daß die Stunde schlägt, so suchen die Urteilsfähigen sich weiszumachen, daß am Ende alles mit kleinen Mitteln, wo nicht von selbst in Ordnung kommt. Nichts kommt in Ordnung, es sei denn durch die größten Mittel. Die Lagunenstadt unserer Wirtschaft und Gesellschaft ist zum Einsturz reif, denn ihre sämtlichen Stützbalken sind verfault. Freilich! Sie steht noch und wird auch in einer Stunde noch stehen, und alles Leben lebt in ihr ganz ähnlich wie in gesunden Tagen. Entweder lassen wir es gehen, dann kommt der Sturz, und nie wieder belebt sich die Trümmerstätte; oder es beginnt das Unterbauen des todkranken Körpers, das Jahrzehnte währt, niemand zur Ruhe kommen läßt, Mühen und Gefahren bringt und unmerklich endet, wenn die alte Stadt in die neue verwandelt ist.

Es darf kein Zweifel bestehen, daß etwas Ungeheures, Vorbildloses hier gefordert wird. Glaubt denn ein denkender Mensch, wenn die Gesellschaftsordnung der Welt einstürzt, wenn ein Land von Deutschlands Bedeutung seine Existenzgrundlage verliert, wenn die Entwicklung seiner Jahrhunderte bricht, sein Können und seine Überlieferung entwertet und in Frage gestellt wird: glaubt wirklich ein Mensch, etliche Verfassungsparagraphen, Konfiskationen, Sozialisierungen und Lohnbesserungen können einer Nation von sechzig Millionen neues geschichtliches Daseinsrecht geben? Warum ist nicht die Negerrepublik Liberia allen voran?

Unser Willenscharakter ist schwach, und unsere früheren Herren sagen, nur unter straffer Zucht der Dynasten und Geschlechter seien wir zu gebrauchen. Ist das wahr, so sind wir am Ende, sofern nicht eine Diktatur sich unser erbarmt und uns eine bescheidene Stelle unter den Nationen mit großer Vergangenheit und kleiner Zukunft anweist. Sind wir unseres Namens wert, so haben wir geistig neu zu werden; dies nur zu denken, ist für ein Volk eine Leistung; den Gedanken verwirklichen, in einer neuen Gesellschaft verwirklichen, ist Probe und Erfüllung zugleich.

Die Einstellung unserer gesellschaftlichen Ethik muß sich ändern. Sie stand bisher – entkleidet aller festlichen Redensarten – auf zwei wirksamen und treibenden Begriffen: der Pflicht und dem Erfolg, zwei Seitenansichten des Individualismus. Alles übrige, Nächstenliebe, Gemeinsinn, Glaube, Geistesbildung, Naturgefühl war – von seltenen hochgesinnten Menschen abgesehen – Beiwerk, Mittel zum Zweck, Konvention oder Lüge. Pflicht war der unterbewußte, Erfolgstreben der vollbewußte Natürlichkeitsdrang. Beider Lohn war Stellung und Einkommen. Wenig Lebensläufe waren von diesen Schätzungen unberührt, die bürgerliche Gesellschaft gab sich ihnen in ihrer großen Mehrheit vollkommen hin.

Alles äußere Auftreten drückte die beiden Wunschziele aus: daß man etwas hatte und daß man etwas war. Daß man nicht zu »jedem Beliebigen« zu rechnen war, der weniger hatte oder weniger war. Es gab Abstufungen des Seins! des menschlichen Seins! Man konnte etwas,

man konnte viel, man konnte wenig oder gar nichts sein. Vom weißen Kragen bis zum Perlenhalsband, von der guten Stube bis zum Salonwagen, vom Bierzipfel bis zum Portepee, vom Stammtischplatz bis zum Exzellenztitel war alles ein Beweis dessen, was man hatte, war oder zu sein glaubte. Wen man nicht kannte, den durfte man nicht anreden, wen man kannte, den durfte man um hundert Mark anpumpen, aber nicht um einen Groschen bitten. Wer Reichtum hatte, breitete ihn aus, um bewundert zu werden, wer von Stande war, zeigte seine Unnahbarkeit und die schwere Last seiner Würde, zum Beispiel dann, wenn er mit geistesabwesendem Blick und verloren in seine exklusive Daseinslast einen Speisesaal betrat. Von Untergebenen verlangte man entwürdigende Körperhaltung und Redewendung und blieb steinern, Höhergestellten gegenüber wurde man lebendig und zeigte aufmerksame Gefälligkeit. In einer Stunde das Monatseinkommen einer armen Familie zu verprassen, war – oder ist? – erlaubt. »Man hatte es eben dazu«, und »das ging niemand was an.« Von unten stand dem Unwesen viel echte Empörung, doch auch böser Neid, offenkundige Nachahmung, heimliche Bewunderung gegenüber. Jede törichte Laune wurde zur greulichen Imitation verbilligt, die Schaustellung der Vorstadt und des Dorfes gab an Qualität dem Vorbild nach, an Masse nichts.
Auswüchse? Großstadtwesen? Man soll nicht verallgemeinern? Redensarten. Um den Geist einer Gesellschaft zu erkennen, sucht man nicht Einsiedler auf. Übrigens frage jeder sich selbst, ob diese Gesellschaft auf Solidarität und Menschenfreundschaft stand oder auf rücksichtslosem Interesse und Verbrauch, Prunk und Schein, Menschendienst und Vorgesetztentum. Wenn etwas die Bereitwilligkeit erklärte, mit der man sich in einen Krieg stürzte, dessen Ursprünge man nicht kannte und nicht kennen wollte, so ist neben der bewußten Absicht auf Vorteil, Retablierung und Karriere auch der dunkle Drang des gesellschaftlichen Gewissens einzuschätzen, das aus bösem Individualismus und Egoismus der Person und des Standes sich nach Solidarität und Verschmelzung sehnte.
Das alles liege tief in der menschlichen Natur, sei seit Urzeit gewesen und nicht mit einem Schlage zu ändern? Schulgewäsch. In der menschlichen Natur liegt sehr viel, und es kommt darauf an, was der Wille daraus entfaltet. Wer redet von ändern mit einem Schlage? Das Wert-

urteil ist umzustellen, und bei unveränderter menschlicher Natur verkriecht sich im Schatten, was sich heute in der Sonne breitmacht. Diese Umstellung aber ist Sache der Erkenntnis. Wenn Schaustellungen, Vergeudungen, Exklusivitäten, Reißerei und Rafferei, Gier, Bettel und pöbelhafter Neid mit ähnlichen Blicken betrachtet werden wie Verirrungen auf anderen Gebieten, so ist zwar nicht jedes Übel abgetan, doch die Atmosphäre gereinigt. Man sehe auf die wackeren Novembersozialisten und die Umlerner aller Art: sie zeigen, daß Umstellung wertender Einsicht Sache einer Stunde ist. Deswegen soll ihnen niemand zu nahe treten – außer, wenn sie aus ihrer Bekehrung Geschäfte machen.

Voraussetzung jeder gesellschaftlichen Einsicht sind anerkannte Werte. Die Werte der christlichen Ethik sind in die Niederungen kollektiver Einsicht niemals eingedrungen; selbst in der mittelalterlichen Blütezeit christlicher, in Wahrheit kirchlicher Kultur blieben die christlichen Sittenbegriffe Eigentum auserwählter Menschen und Gemeinschaften, die Gesellschaft erkannte den Mythos an, huldigte der Hierarchie und blieb im ethischen Sinne heidnisch, in den obern Schichten von einem auf Mutverehrung beruhenden Ehrbegriff gelenkt. Einen ernstlichen Versuch, die Sitte zu gestalten, haben die Kirchen nie unternommen; sie waren mit dogmatischen Glaubenslehren beschäftigt, die sich vom Boden der Evangelien immer weiter lösten, und widmeten, was ihnen an Kräften blieb, der Politik und dem Paktieren mit herrschenden Gewalten.

Die von den herrschenden Schichten geübte und auferlegte Ethik des Mutkultes mit seinem Anschauungsbilde, dem Ehrbegriff, ist wirksam geblieben in der Ächtung der Feigheit und der feigen Verbrechen. In ihren positiven Wertungen artete die Adelssitte in Schneidigkeit, Satisfaktion und Standesabschluß aus; die kantisch-preußische Abstraktion des Pflichtbegriffs blieb eine, im Grunde unbewiesene und überzeugungsarme, durch Erziehung und Kontrolle wirksam erhärtete Lebensregel. Mit dem Absinken der herrschenden Gewalten und ihrer Kontrollen erleben wir ihre spröde Zerbrechlichkeit.

Der Ersatz gesellschaftlicher Ethik durch das Vorbild eines idealisierten Nationalcharakters ist uns nicht gelungen. Ähnlich den antiken haben sich die westlichen Nationen Idealtypen der Einbildung geschaffen, denen sie zu gleichen glauben oder zu gleichen wünschen; sie wissen, was sie sich unter »esprit gaulois«, »english character« oder »american democracy« zu denken haben, während wir entsprechend der Problematik unseres Wesens außer etwas lapidaren Vorzeithelden und unnachahmbaren geschichtlichen Gestalten keinen gedachten oder dichterischen Charakter zu nennen wüßten, von dem man sagen kann, daß er den deutschen kollektiven Geist verkörpert.

Die uns bestimmte überethische Lehre vom Wesen, Wachstum und Reich der Seele ist bisher in das Bewußtsein von wenigen gedrungen; die Umgestaltung des Denkens und Fühlens, die von ihr ausgeht, wird nicht unvermittelt, sondern in stetigem Rinnen von Schicht zu Schicht die Massen ergreifen.

Anerkannte Werte gesellschaftlicher Einsicht! Es klingt so abstrakt und praxisfremd, daß man wiederum glauben möchte, wir befänden uns im Nebelland der Festreden und der pathetischen Leitartikel. Freiwillige Anerkennung einer unsichtbaren Autorität! – nachdem wir die sichtbare zertrümmert haben und inmitten geistiger Anarchie und sittlichem Nihilismus leben! Und doch sind einheitliche, bindende, sittliche Wertungen auf der Ebene gesellschaftlicher Einsicht uns greifbar nahe.

Redet nicht alle Welt in vier Erdteilen von Demokratie? Ist nicht dieses bis vor Jahresfrist verbotene Wort uns bis zum Überdruß geläufig geworden, selbst in Kreisen, die das bescheidene Wörtlein liberal nur mit Stirnrunzeln aussprachen? Und was bedeutet Demokratie? Nur das Negative, daß man sich nichts mehr gefallen zu lassen braucht? Oder das Kümmerliche, daß Verantwortung von Beliebtheit verliehen wird und daß die Mehrheit entscheidet? Oder das Bedenkliche, daß man durch einen Scheinsozialismus hindurch sich nach der Dollarrepublik sehnt?

Nicht die Regierungsform bestimmt den Geist des Landes, sondern die Gesellschaftsform. Eine demokratische Gesellschaftsform gibt es nicht, denn Demokratie kann mit Kapitalismus, mit Sozialismus, ja selbst mit Klub- und Geschlechterwesen verbunden sein. Der unausgesprochene Grundbegriff, der sowohl demokratischer Verfassungsform wie organischer Gesellschaftsform Sinn und Bestand gibt, heißt Solidarität, das ist Verbundenheit und Gemeinsinn. Solidarität bedeutet, daß nicht jeder sich selbst der Nächste, sondern jeder für alle, alle für jeden, vor sich selbst, vor Staat und Gott verantwortlich sind und einstehen.

Im Sinne der Solidarität ist Herrschaft der Mehrheit über die Minderheit nicht ein Ziel, sondern ein Übel; das Ziel der solidarischen Demokratie ist Herrschaft des Volkes über sich selbst, nicht vermöge der Verhältniszahlen seiner Interessen, sondern vermöge des Geistes und Willens, den es befreit. Im Sinne der Solidarität kann eine Gesellschaft nicht auf erblichen Monopolen beruhen, weder des Kapitals noch der Bildung, noch kann sie dem Terrorismus von Berufen und Verbänden ausgeliefert sein, die, von Schreiern geleitet, nach Belieben lebenswichtige Betriebe erdrosseln, sie kann auch nicht beruhen auf demagogischer Umschmeichlung aufgeregter Mengen. Jedem, der geboren wird, muß das gleiche Lebensanrecht in die Wiege gelegt sein, geschützt und gepflegt muß er erwachsen und frei das Los wählen, das er ergreift. Jede Betätigung steht ihm frei, mit Ausnahme derer, die den Lebensraum der anderen verkümmert. Das Maß des Wirkens bestimmen nicht Geburt, Gunst, Gewalt, Schlauheit und Zungenfertigkeit, sondern abermals Wille und Geist.

Heute, da Geistesbildung ein Klassenmonopol ist, bildet sie kein Maß schöpferischer Befähigung. Dennoch hat sich erwiesen: Das Bildungsstreben eines einigermaßen befähigten Geistes ist so groß, daß es schon heute durch Selbsterziehung einige der äußern Schranken zu übersteigen vermag. Unter unseren preußischen und deutschen Ministern neuer Ära war meines Wissens kein Analphabet, und der eine, der seine mangelnde Sprachkenntnis mit dem Klassenmonopol der Erziehung entschuldigte, hatte unrecht; denn in jahrzehntelanger rednerischer Übung hätten sich bei normaler Befähigung die Grundgesetze der Syntax erlernen lassen.

Ist der Zugang zu deutscher Geistesbildung Gemeinbesitz aller geworden, so wird sie, wo nicht zum Merkmal, zur Voraussetzung schöpferischen Wirkens. Der Nachweis der Befähigung geschieht dann nicht mehr zwischen Massen und Agitatoren, auch nicht im Halbdunkel privilegierter Kanzleien, sondern im schaffenden Wettkampf innerlich hochstehender Menschen.

Die Gesellschaft ist nicht nach Klassen und Kasten gespalten, nicht nach Herkunft und Besitz gestuft, nicht von Einzelberufen, Müßiggängern und Massen beherrscht, sondern geordnet. Geordnet nach Geist, Willen, Leistung und Verantwortung.

Wer diese sich selbst erschaffende und sich selbst erneuende Ordnung nicht will und die alten Ordnungen ablehnt, der will die Herrschaft der Gewalt und des Zufalls. Denn ungeordnet bleibt auf die Dauer eine Gesellschaft so wenig, wie eine Betriebsmannschaft oder eine Schiffsbesatzung ungeordnet bleibt. Nur tritt an die Stelle der organischen Ordnung die zufällige und willkürliche, nämlich die persönliche, die aus der Augenblicksgewandtheit einer Anzahl von Menschen entspringt, sich durch Gewalt erhält und sich in den Formen einer beliebigen erblichen Oligarchie fortzusetzen strebt.

Wer eine organische, sich selbst setzende und regenerierende Gesellschaftsordnung will, hat zu wählen – da eine priesterlich-hierarchische Ordnung nicht mehr denkbar ist und eine bäuerliche in unserem stadtgewerblichen Lande nicht in Frage kommt – zwischen der militärischen, die auf disziplinierter Leibestüchtigkeit beruht, der merkantil-kapitalistischen, die auf Geschäftssinn und egoistischer Behendigkeit beruht, der demagogischen, die auf rednerischer Beherrschung der Massen beruht und von kurzem Bestande ist, da sie in persönliche Machthaberei und Oligarchie umschlägt, oder der bildungsgemäßen, die auf Geist, Charakter und Erziehung beruht.

Diese letzte ist nicht allein die einzige uns angemessene und unserer Vergangenheit würdige; sie wird auch in Zeiten die allgemeine auf Erden herrschende Gesellschaftsordnung sein. In ihrem Anblick erkennen wir, was die Mission Preußens versäumte, da es ihr seit hundert Jahren greifbar nahelag, was sie versäumte und woran sie scheiterte.

Die Größe der preußischen Politik seit 1713 lag in der vorahnenden Erkenntnis und Verwertung der Mechanisierung, noch bevor sie zum Weltprinzip geworden war. Organisation und Melioration, Kriegsmaschine und Geld, Wissenschaftlichkeit, Sachlichkeit und Gewissenhaftigkeit, das ist klare Mechanisierung von der politischen Seite gesehen.

In der frühzeitigen Anwendung dieser Grundsätze lag eine der Weltlage weit vorauseilende Genialität. Von ihrem Standpunkt betrachtet, erschien die ganze übrige noch nicht mechanisierte, mit mittelalterlichen, cäsaristischen und klerikalen Resten behaftete kontinentale Welt schwerfällig und illusionistisch, willkürlich, unpünktlich und schlampig. Mit kurzen Unterbrechungen hat diese prussozentrische Betrachtung bis in die Mitte des letzten Krieges vorgehalten; nicht ganz mit Unrecht, denn Preußen blieb in jeder Beziehung in der Mechanisierung voran.

Hundert Jahre blieben die preußischen Grundsätze ein Monopol des Erfolges, noch immer waren sie kaum verstanden, geschweige nachgeahmt. Dann kam Napoleon.

Er übernahm die mechanistischen Prinzipien und hat sie gehandhabt wie nie ein Mensch vor ihm, er wurde der Mechanisator der Welt. Doch war er zugleich etwas Gewaltigeres: der Erbe der französischen Geistes- und Volksbefreiung.

Preußen fiel und wäre gefallen, auch wenn sein Mechanismus nicht eingerostet war. Seine Führer lernten bei Frankreich und England, setzten eine behördliche Volksbefreiung und eine vom Volk getragene Geistesbefreiung ins Werk, belebten die Mechanisierung neu und siegten mit England, wie neuerdings Frankreich mit Amerika siegte. Nun gabelte sich der Weg: man konnte die Mechanisierung oder die Geistesbefreiung fortsetzen. Man tat nichts, sondern blieb stehen. An die Stelle der Geistesbefreiung trat die Reaktion, an die Stelle der Mechanisierung die Bürokratie. Auch im übrigen Kontinent wurde die politische Mechanisierung erstickt, und zwar von der aufstrebenden wirtschaftlichen.

Bismarck erkannte die ungehobenen Kräfte, die in der politischen Mechanisierung lagen. Noch immer sah die Welt, aus unserem Fenster betrachtet, liederlich und schlampig aus, und sie war es. Abermals wurde, in gewaltiger Arbeit, der preußische Mechanismus aufgefrischt, das freiheits- und geistesbedürftige Bürgertum gedämpft. Man nannte es Realpolitik; die Schätzung war richtig. Mit professoralem Liberalismus kam man nicht vorwärts, mit Krupp und Roon bereitete man Siege. Wie zu Friedrichs Zeit hielt der schlampige Kontinent nicht stand, Preußen stieg zum Gipfel und gewann Deutschland.

Abermals schieden sich die Wege. Doch für Volks- und Geistesbefreiung trat niemand mehr ein. Man glaubte, so viel davon zu haben, wie man brauchte, die Demokratie war blamiert und gebrochen, die Professoren wurden realpolitisch, der Erfolg lag auf der Seite der poli-

tischen Mechanisierung, die man mit Recht an die Dynastie geknüpft sah, und die wirtschaftliche Mechanisierung lockte den Erwerb.
Bismarck starb in Sorgen, doch ohne Skrupel. Beide Mechanisierungen standen im Zenit, und noch immer sahen die anderen Länder in politischer Beziehung schlampig aus. Hier erschöpfte man sich in Parlamentskämpfen, dort fehlte es an Kreuzern, anderswo an Kanonen oder an Mannschaften oder an Eisenbahnen oder an Finanzen, überall kamen die Züge unpünktlich an, überall redete die öffentliche Meinung oder die Presse in die Gerichtsverhandlungen oder in die Verwaltung hinein, überall gab es Skandale, nur in Preußen-Deutschland klappte alles.

Nur eins hatte man übersehen. Die wirtschaftliche Mechanisierung war Gemeingut geworden. Von ihr ausgehend, mit ihren Methoden und Erfahrungen konnte man auch anderswo im Notfall die Politik mechanisieren oder, wie man es heute nennt, militarisieren, und zwar lebendiger und frischer als in Preußen, wo im Gefühl der organisatorischen Unnachahmlichkeit der Mechanismus gleichsam auf Vorrat, in Büchsen lag und teilweise bedenklich schimmelte. Im Freiheitlichen aber waren die Völker voran, zu der politischen Isolierung Preußens trat die geistige.

In der wirtschaftlichen Umnebelung erkannte nicht ein einziger Staatsmann, daß das preußische Prinzip aufgehört hatte, ein Monopol, ein Vorsprung, geschweige ein genialer Gedanke zu sein. Dieser Mangel an Erkenntnis war die politische Kriegsursache. Statt im Innern freiheitlich und geistig zu erneuern und die stillste, unauffälligste, diskreteste Defensivpolitik zu führen, wurde gerüstet und gerempelt. Schlimmer als alle falschen Töne wirkte das Vergreifen in Tonart und Zeitmaß: D-dur, Allegro, Marschtakt, Fortissimo, mit Pauken und Trompeten.

Heute stehen wir nicht mehr vor einer Wahl, nur noch vor einer Entscheidung. Die Epoche mechanisierten Preußentums ist für uns vorüber, die Epoche mechanisierter Machtpolitik ist für die Welt vorüber, obwohl die Luftspiegelung von Versailles sie hoch über den Horizont täuscht. Nicht der Gottesfriede des Kapitalismus, wie ihn die Völkerpolizei will, sondern die soziale Epoche hat begonnen. In ihr werden die Völker leben und sich ordnen nach der Stärke der Ideen, die sie vertreten.

Daß wir aus Preußen Deutsche werden, genügt nicht. Auch wenn wir, wie zu wünschen wäre, aus dem preußischen Zusammenbruch die echten Tugenden der Sachlichkeit, Ordnung und Pflicht retten können. Es genügt nicht, daß wir aus abgestandenen westlichen Bürgermethoden und unreifen östlichen Revolutionspraktiken ein geistloses Gemenge brauen. Es genügt nicht, nein es führt zum Untergang und rascher, als irgend jemand glaubt, wenn wir in stinkendem Interessengekeif und behäbiger Amtsborniertheit vom Tag in den Tag pfuschen, heute Valuten, morgen Ausstand, übermorgen Nahrung besprechen, ein Loch mit dem anderen zustopfen und uns abends aufatmend schlafen legen: nun, es ist doch etwas geschafft, es wird alles werden.

Nichts wird werden, ihr gedankenlosen Kreaturen, sofern ihr nicht euer unüberzeugtes Geschwätz, euer Feilschen, Agitieren und Kompromittieren stillt und zu denken beginnt. Hier ist ein Volk, das sein Daseinsrecht verloren hat, weil es in blindem Autoritätsglauben seine Existenz auf Wohlstand und Macht gestellt hatte und beides dahin ist. Wollt ihr unser Dasein stellen auf Schiffe, Soldaten, Bergwerke, Handelsbeziehungen, die wir nicht mehr haben, oder auf Acker, der nicht zureicht, oder auf Arbeitswillen, der gebrochen ist? Sollen wir Arbeitsknechte und Knechtgestüte der Erde werden? Nur auf Gedanken und Idee können wir unser Dasein stellen. Wo ist euer Gedanke? Wo ist der deutsche Gedanke?

Wir können und dürfen nur leben, wenn wir werden, was wir zu sein bestimmt waren, was wir zu sein im Begriffe waren, was wir nicht geworden sind: ein geistiges Volk, Geist unter den Völkern. Das ist der deutsche Gedanke.

Er, der deutsche Gedanke, schafft die Neue Gesellschaft, die Gesellschaft des Geistes und der Geistesbildung, die einzige, die der sozialen Epoche standhält und sie erfüllt.

Deshalb ist uns ein schwacher Charakter des äußeren Willens und ein starker Charakter der inneren Verantwortung verliehen, deshalb ist uns Tiefe und Erkenntnis, Sachlichkeit und Gerechtigkeit, Allseitigkeit und Individualität, Arbeitskraft und Erfindung, Phantasie und Sehnsucht gegeben, damit wir diese vollbringen. Denn was bedeuten diese Eigenschaften miteinander? Sie bedeuten nicht den Eroberer, nicht den Staatsmann, nicht den Weltmann und nicht den Geschäftsmann; es ist einseitiger und unzulänglicher Mißbrauch, wenn wir uns anmaßen, einer von diesen unter den Völkern zu sein. Sie bedeuten den Arbeiter des Geistes; und wenn wir weit entfernt sind, ein Volk von Dichtern und Denkern zu sein, so ist es unser Recht und Beruf, ein denkendes Volk unter Völkern zu werden.

Und wovon, so fragt ihr höhnisch, wird dies denkende Volk leben? Wird es nicht mit seiner ganzen Weisheit betteln gehen und verhungern? Es wird leben. Denn dasjenige Volk, das inmitten der hundertjährigen Weltrevolution sich eine stabile, im Gleichgewicht befindliche, geordnete und hochentwickelte Gesellschaftsform schafft, wird arbeiten und produzieren. Rundum aber wird viel gehadert und gekämpft, wenig gearbeitet und produziert werden. Für die nächsten Jahrzehnte lautet die Frage nicht: Wer hat Bedarf? sondern: Wer kann schaffen? Die Länder sind verwüstet wie Deutschland nach dem Dreißigjährigen Kriege, nur sieht man es noch nicht; solange das Fieber währt, wird der Verfall nicht sichtbar.

Durchdachte und durchgeistete Produktion, von einer hochstehenden Gesellschaft und Arbeitsgemeinschaft geschaffen, aber ist mehr als wertvoll oder billig, sie ist vorbildlich und unentbehrlich. Und nicht nur die Produktion selbst ist es, sondern die Produktionsmethoden, die Technik, die Schulung, die Organisation, die Denkweise.

Es ist klein, zu sagen, der Neid habe uns vernichtet. Warum hat nicht der Neid Amerika und England vernichtet? Man hat mit Bewunderung und mit Abneigung auf uns geblickt. Mit Bewunderung auf unsere Systematik und Arbeit, mit Abneigung auf manche händlerische Zudringlichkeit, auf unsere plumpe und gefährliche Führung und auf die anmaßende Unterwürfigkeit, mit der wir sie duldeten. Hätte man außerhalb des unverhüllten merkantilen und nationalen Egoismus eine deutsche Idee erkannt, so hätte man sie geachtet.

Die deutsche Idee der Geistesbildung wird uns etwas erwirken, das wir seit einem Jahrhundert nicht gekannt haben und dessen Tragweite wir nicht ermessen: freiwillige Anerkennung, Förderung und Gefolgschaft. Wir wissen nicht, was es bedeutet, wenn solche werbenden Kräfte einem Volke zur Seite stehen, wie Frankreich in seiner Formgebung, England und Amerika in der Zivilisation und Demokratie, Rußland in der slawischen Orthodoxie, die Neutralstaaten in ihrem Internationalismus sie besessen haben.

Es ist keine Sorge. Wir werden leben und mehr als leben. Denn seit Jahrhunderten werden wir uns zum erstenmal wieder einer Sendung bewußt, und um unsere Gegensätze schlingt sich ein Band, das mehr als ein Band der Interessen ist.

Das Ziel der Weltrevolution, in die wir geraten sind, heißt, physisch betrachtet, Einschichtigkeit der Völker. Transzendental betrachtet heißt es Erlösung. Erlösung der Unterschichten zur Freiheit und zum Geiste. Niemand kann sich selbst, doch jeder kann jeden erlösen. Stand um Stand, Mensch um Mensch, so erlöst sich ein Volk. Doch bei jedem bedarf es der Bereitschaft und bei jedem des guten Willens.

September 1919

REDEN

›Demokratische Entwicklung‹
Vortrag im Demokratischen Klub zu Berlin
28. Juni 1920

Meine Herren!
Der Wahlkampf liegt hinter uns. Was die Politik diese Monate beschäftigte, war der Kampf der Grundsätze. Grundsätze sind Resultanten aus Ideen und Interessen. Gemeiniglich, besonders bei uns in Deutschland, wo wir an politisches Denken uns langsam gewöhnen, glaubt man, daß Interessen das Invariable, daß sie gleichsam feste Körper sind, die sich unter der bildenden Hand nicht formen lassen. Doch ihre Festigkeit ist scheinbar, und wenn wir zwei aufeinanderfolgende Perioden betrachten, finden wir, daß die starren und körperlichen Interessen sich gewandelt haben, plastisch geworden sind unter dem Druck rein geistiger Gebilde, die wir Ideen nennen.
Fragt man nach der Idee, die uns leitet, so lautet die Antwort: Wir bekennen uns zur Demokratie, wir bekennen uns zur demokratischen Idee. Hier stutze ich. Denn eine Idee, die verwirklicht ist, ist nicht mehr eine Idee. Fast restlos ist Demokratie in Deutschland verwirklicht; sie ist es bis zu einem Punkte, der in wenig anderen Ländern erreicht ist. Wir können somit nur sprechen vom demokratischen Prinzip, das uns beseelt. Aber dieses Prinzip ist eine schon bestehende Realität. Wenn wir also nach unserer Kampfstellung forschen, so ist sie schon heute die Kampfstellung der Verteidigung. Wir verteidigen das bereits Geschaffene. Das ist das Merkmal des Konservativismus. Wir stehen vor der Gefahr, konservativ zu sein, nicht im alten fraktionellen Sinne, sondern im Sinne einer Kampfstellung: insofern, als wir nicht kämpfen für ein geistig uns vorschwebendes Künftiges, sondern ein etabliertes Prinzip verteidigen. In den Kämpfen, die vorausgegangen sind, hat nicht Angriff, sondern Verteidigung uns obgelegen. Nicht die Feuerkraft, die ausgeht vom Ideal, vom Unerreichbaren, war mit uns, als wir diesen Wahlkampf fochten,

und von den Gründen, die zur Niederlage führten, ist dies der eine, vielleicht nicht der unwesentlichste.

Lehrreich ist es, sich heute mit den französischen Schriften des achtzehnten Jahrhunderts zu befassen, die man die Schriften der Enzyklopädisten nennt. Lehrreich deshalb, weil wir in eine Revolution hineingegangen sind, die nicht wie die französische durch zwei Generationen vorbereitet war, sondern die improvisiert, fast gegen den Willen, jedenfalls gegen die Erwartung der meisten über uns gekommen ist. Und wir leiden daran, daß nicht eine vorbedachte, mit Gedanken gesättigte Revolution sich ereignet hat, sondern ein Zusammenbruch geschah.

Anders in jenem großen französischen Jahrhundert, das lange Zeit als flaches Aufklärertum verschrien wurde und das jetzt erst mit der ganzen Kraft seiner Schöpfung auf uns wirkt. Lesen wir heute die Werke dieser Enzyklopädisten, so erscheinen sie uns als etwas gänzlich aus unserer Zeit Gegriffenes. Wir erkennen, wie eng diese Menschen zusammengearbeitet haben, zwar mit viel Feindschaft, mit viel Rivalität, mit vielen kleinlichen Zwischenfällen, aber doch mit einem seltenen Gefühl geistiger Solidarität und einem seltenen Instinkt der gemeinschaftlichen Ziele. Gewiß, Diderot konnte Voltaire nicht ausstehen, Voltaire mochte Rousseau nicht, Rousseau spottete über Grimm und Holbach, aber über allen Ambitionen und Animositäten wölbten sich zwei Bindungen: einerseits eine wahrhafte Gefahr, die immer die Geister verschmilzt – des einen Bücher wurden vom Henker verbrannt, der andere wußte nicht, wo er sein Haupt hinlegen sollte, dem dritten drohte die Bastille –; diese Menschen waren wie die russischen Revolutionäre des neunzehnten Jahrhunderts dauernd in jener feurigen Erregtheit der Gefahr, die die Idee hervorbrechen läßt. Auf der anderen Seite war etwas unter ihnen, was uns in Deutschland fehlt: ein großer gegenseitiger Respekt. Die Arbeit des einen wurde vom andern nicht immer gebilligt, doch immer geachtet und verstanden; so arbeiteten sie sich in die Hände und schufen den Geistesgehalt, der die Französische Revolution zeitigte. Dieser Geistesgehalt aber war die letzte Verwirklichung des Inhaltes der Renaissance; es war die letzte Konsequenz des Individualismus, der im fünfzehnten Jahrhundert in Italien emporgebrochen war und nun in der Aufklärungsperiode seine Realisation und seinen Gipfel fand.

Alles Ausgesprochene und Unausgesprochene, was diese Menschen wollten, war Emanzipation; Emanzipation der menschlichen Würde und Freiheit, Emanzipation von der Gewalt der Autokratie, Emanzipation von der Kirche, Emanzipation von den Bindungen, die aus dem Mittelalter der französischen Wirtschaft und Verwaltung anhingen. Das persönliche Element dieses Emanzipationsgedankens ist es, das in die Französische Revolution überging. Es überwog das Element des Individualismus; ein sozialer Einschlag war kaum fühlbar. Wenn wir das revolutionärste Buch der Zeit heute aufschlagen, den ›*Emile*‹ des Rousseau, dieses Buch, das bis nach Königsberg, wo Kant es bewunderte, als bahnbrechendes Ereignis des Jahrhunderts empfunden wurde, von dem es hieß, daß es den Quell der Natur den Menschen aufs neue erschloß, indem es die Erziehung in der Natur und durch die Natur verlangte, so empfinden wir die Größe der Gedanken, das wahrhafte Sehnen dieses Genfers, der zwischen See und Alpen die Natur in sich gesogen hatte, doch wir erstaunen über seine soziale Passivität, denn wir würden dieses Buch nicht nennen »Erziehung zur Natur«, sondern »Neue Anweisung für den Hofmeister eines adligen Zöglings«. Als selbstverständlich wird vorausgesetzt, daß der junge Mann aus bester Familie ist, daß ein großes Vermögen, ein Park, abhängige Dörfer zu seiner Verfügung stehen, und zu den Experimentationsobjekten, mit denen man ihn arbeiten läßt, gehören neben der Elektrisiermaschine und den optischen Instrumenten die Bauernburschen des Dorfes, die lediglich als Hilfsmittel der Erziehung für den Junker betrachtet werden.

Ich erwähne dieses Beispiel, um zu bezeichnen, wie stark der individualistische, wie schwach der soziale Einschlag dieser Gedankenkreise gewesen ist. Aber die Gedankenfrucht schwoll an, und so war es möglich, daß in jener denkwürdigen Nacht vom 4. August 1789 die Französische Revolution mit ihrem ganzen Geistesinhalt wie Pallas Athene aus dem Kopf des Zeus hervorbrechen und die Welt überstrahlen konnte. Menschenrechte nannte man das Ergebnis dieses revolutionären Denkens. Doch auch in ihnen finden wir den Kern des Individualismus. Freiheit und Gleichheit heißt es, dann kommt sofort die Sicherheit der Person und hinterdrein die Sicherheit des Eigentums. Die große Ouvertüre dieser Revolution nahm ihren Fortgang in dem Allegro des neunzehnten Jahrhunderts, und die pompösen

Töne, mit denen sie begonnen hatte, wandelten sich in die Modulation, die wir als die Lebensformen der Bourgeoisie, des Kapitalismus, späterhin des Nationalismus und des Imperialismus kennengelernt haben. Immer wieder wurde der Einschlag des Individualismus bestärkt, vor allem durch das Einschlingen des englischen Gedankenkreises, der Lebensordnung jener Insel, von der man gesagt hat, daß jeder ihrer Einwohner eine Insel sei. So entstand das liberale Jahrhundert.

Liberalismus, liberale Demokratie haben es beherrscht und beherrschen es im Westen noch heute. Die westlichen Völker lieben es, von dieser liberalen Mischung des Individualismus mit der Demokratie hauptsächlich das demokratische Element zu betonen, und sie vermeiden es ängstlich, ein anderes Element zu erwähnen, das sich im Laufe dieses merkantilen und mechanischen Jahrhunderts hineingeflochten hat, das Element der Plutokratie. Es ist gar kein Zweifel, wenn wir heute die westlichen Demokratien überblicken, daß wir ebenso viele westliche Plutokratien finden. Sie sind nicht im Bewußtsein der Völker, vielleicht nicht im Bewußtsein der Regierenden, wohl aber im Bewußtsein der Tatsachen. Betrachten Sie die berühmten Ministerreihen und Parlamente, prüfen Sie den Ton, die Umgebung, die Lebensformen, Gedankenkreise und Willensrichtungen dieser Menschen, so finden Sie Menschen und Meinungen der Gesellschaft. Was aber ist ›Gesellschaft‹? Gesellschaft heißt die kollektive Einheit der Wohlhabenden und Gebildeten. Aber auch Bildung im gemeinen Sinne ist nichts anderes als die geistige Seite des Wohlstandes. Überall in diesen Demokratien sehen wir also wahrhaft entwickelte Plutokratien. Wir wollen vor diesem Namen nicht erschrecken, denn es ist gut, die Dinge richtig zu bezeichnen, auch dann, wenn es anders klingt, als eine Volksstimmung es wünscht.

Die englische Demokratie beruht trotz scheinbar populären Einschlages auf der englischen Adelsgesellschaft, der Society. Diese aber ist keine Feudalkaste, sondern das Konglomerat derjenigen Menschen, deren Familien sich eine Zeitlang in gehobener wirtschaftlicher und verantwortlicher Stellung befunden haben. In Frankreich haben wir bis zum Kriege es erlebt, daß ein Land existieren konnte, das keine direkten Steuern kannte. In diesen Ländern sind die Proletariate so bedeutend wie bei uns, aber sie sind praktisch damit einverstanden, sich durch die Schicht der Wohlhabenden vertreten zu lassen. Sie alle kennen die Mechanismen der amerikanischen Wahlmaschine; Sie alle wissen, daß die Plutokratie, die auch dort niemals genannt wird, die offenkundige Form der politischen Herrschaft bedeutet.

Wir wollen, wie gesagt, vor diesem Wort nicht erschrecken, aber wir wollen es uns einprägen. Plutokratie wird von den westlichen Völkern nicht empfunden, jedenfalls nicht mißbilligt, und wenn heute jemand käme – Shaw zum Beispiel –, der den Engländern deutlich machte: Ihr seid die Anbeter des Goldenen Kalbes, so würden sie das zuerst ablehnen und schließlich sagen: Was schadet das? Unsere Völker sind unter diesem Regime nicht schlecht gefahren. Und das ist wahr.

Denn die liberal-demokratische Periode war die Zeit des Imperialismus, das heißt der Weltverteilung, die Zeit der Akquisitionen; Handelsbeziehungen und Erdteile wurden gewonnen, die auswärtige Politik war entscheidend. Wer sollte sie machen? Sie wurde gemacht von denjenigen Menschen, die in ihren eigenen Geschäften ähnliche Interessen vertraten, wie die Nation sie vertreten haben wollte; es war die Society, und diese entledigte sich ihrer Aufgaben gut. Das englische Volk und das politisch apathischere französische (ich nehme Paris aus) folgten den Bewegungen dieser Gesellschaftspolitik, die von einem Staatspatriziat geleitet wurde; die Führer hatten Schulung, sie kannten ihre Gegenkontrahenten in anderen Ländern, sie stützten sich auf jahrzehntelange Tradition der Geschäfte, der Denk- und Betrachtungsweisen. Das Schiff der politischen Interessen lief stetig, zumal in England; es bedurfte kleinster Bewegungen am Steuerruder, um den Kurs ein weniges nach links und rechts zu richten. Das Volk folgte mit ungewöhnlichem Interesse diesen subtilen Bewegungen und bewunderte diejenigen, die sie ebenso sicher und elegant ausführten, wie sie ihre eigenen City-Geschäfte besorgten. Ein unheimlicher Gegensatz ist das verzweifelte Schlingern unseres eigenen lecken Staatsschiffs.

Schließlich galt aber auch eine andersartige Einschätzung des Reichtums in jenen Ländern und gilt noch heute. Man sah im Reichtum eine Art von Selektion – sie ist es in gewissem Sinne, wenn man nicht gerade an Kriegsgewinnler denkt, sondern Gesinnung als etwas Selbstverständliches voraussetzt, wie es zum Beispiel in England geschieht. Man strebt nach Wohlstand und läßt den Wohlstand der anderen gelten, man zieht nicht die Armut aller jeder ungleichen Güterverteilung vor. Man schätzt die Familie und den Menschen, der etwas vor sich gebracht hat, in der Meinung, es müsse nicht unter allen Umständen mit schlechten Mitteln gewesen sein. Wir müssen uns diesen Realitäten gegenüber durchaus objektiv verhalten, gleichviel, ob sie uns gefallen. Die Plutokratie ist eine Tatsache der westlichen Demokratie, und nicht einmal eine ungern gesehene; für Deutschland ist sie ungeeignet. Um so weniger dürfen wir uns der Erkenntnis versagen, daß wir ihrer Gefahr unterliegen.

In dem Augenblick, wo die großen liberalen Demokratien des Westens sich zum erstenmal erschüttern, weil sie ihre Bestimmungen erfüllt haben und neue Aufgaben herantreten, in dem Augenblick, wo von Rußland sich kalte und heiße Ströme über Europa ergießen, führen wir unsere Demokratie ein. Weit verspätet! Der deutsche Liberalismus wollte die Demokratie nicht, und in Deutschland galt es noch vor wenigen Jahren fast als unanständig, von Demokratie zu sprechen. Unsere Zeit vergißt schnell. Das sollten wir nie vergessen! Der bürgerliche Liberalismus hat die Demokratie abgelehnt, als sie dem Zeitbedürfnis entsprach, als die Zeit der Akquisitionen, der Ausdehnungen sie forderte, als manches Unglück zu verhindern war.

Ich bin kein Imperialist, ich spreche nicht für Imperialismus, am wenigsten heute, wo er längst verfallen ist. Imperialismus war die Bewegung der 70er und 80er Jahre; da haben wir sie nicht gewollt. In den 90er Jahren wurde sie bedenklich, und im zwanzigsten Jahrhundert war sie für uns unmöglich geworden. Da fingen wir sie an. Noch schlimmer als unser Imperialismus war die Tatsache, daß wir ihn zu spät anfingen. Jetzt endlich geben wir uns die demokratische Verfassung, doch zugleich geben wir uns dem System der liberalen Demokratie hin, das damals seine großen Zeiten hatte, als der Imperialismus, das heißt die Konkurrenz von Staat zu Staat, das Geschäft der Akquisitionen und Erweiterungen blühte. Nichts anderes ist das individualistisch-liberal-demokratische Prinzip als die Verlängerung des politischen Akquisitionswesens auf innere Gestaltung.

Denn die gleichen Gedanken des Individualismus und freien Wettbewerbs, welche die Menschen bewegen, bewegen auch die Staaten. Die gleichen Gedanken des »*laissez faire, laissez aller!*«, *die* gleichen Gedanken des »*enrichessez-vous*«. Imperialismus ist nichts weiter als liberaler Individualismus, übertragen auf das Gebiet des Wettbewerbs der Staaten; individueller Liberalismus ist die Übertragung der internationalen Rivalität auf den Einzelwettkampf der Individuen.

Fragen wir uns, warum solche Gefahren im demokratischen Prinzip liegen – heute nennen wir sie Gefahren, der Engländer würde heute noch sagen: es sind Vorzüge –, warum wenigstens für Deutschland solche Gefahren darin liegen, denn ich glaube, es ist keiner von uns, der irgendwie den Wunsch hat, westliche Plutokratien entstehen zu sehen – wenn wir uns fragen: Woher kommt diese Infektionsmöglichkeit?, so ist die Antwort die: Es liegen im Mechanismus der Demokratie gewisse innere Widersprüche, die schwer auszugleichen sind und die hauptsächlich darin bestehen, daß zu große Anforderungen an das Abstraktionsvermögen und an das rasche Urteil der Menschen gestellt werden. Das Sinnbild ist das Wahlprogramm.

Auf ein Wahlprogramm hin, das eine Reihe von mehr oder minder abstrakten Sätzen enthält, soll ein wahlberechtigter Mann urteilen: das und das sind meine persönlichen Wünsche und Bedürfnisse, so und so werden sie von diesem oder jenem Programmpunkt gedeckt. Nehmen wir den äußersten Fall; daß wir in Deutsch-Ostafrika das allgemeine, gleiche, direkte und geheime Wahlrecht errichtet hätten. Was wäre das Ergebnis gewesen? Das Ergebnis wäre gewesen, daß jede beliebige Abstimmung mühelos vom Gouverneur hätte herbeigeführt werden können, und zwar mit Hilfe einiger Glasperlen, einiger Einschüchterung, einiger Stichworte und religiöser Begriffe und einiger militärischer Nachhilfe. Wir können freilich behaupten, daß wir auf einem anderen geistigen Niveau stehen als primitive Völker, aber die Schwierigkeiten der Abstraktion, die bei uns dem wählenden Volk zugemutet werden, sind bedeutend. Es ist schwer, sich eine katholische Ausfuhrpolitik oder eine monarchische Steuerpolitik zu denken, und es ist sehr schwer, eine klare Vorstellung zu verbinden mit einem demokratischen Zolltarif. Es bedarf einer gewaltigen abstrakten Umstellung, um ein Wahlprogramm zu übertragen und auszudenken auf das, was ein Mensch sich wünscht und ersehnt.

Weitere Schwierigkeiten liegen in dem herkömmlichen Vorgang der Devolution der Macht. Ich wähle einen Menschen; ich kenne ihn nicht. Ich weiß von ihm, daß er goldene Berge versprochen und Reden ge-

halten hat, ich weiß von ihm manches aus der Zeitung, ich weiß, daß er einmal Minister gewesen ist. Ich habe ihn nie gesprochen und werde ihn voraussichtlich nie sprechen. Ich wähle ihn auf soundsoviel Jahre und bin an ihn gebunden. Wir nennen das die Auslese der Befähigten. Die Frage ist, ob in diesen Vorgang nicht manches hineinspielt von örtlicher Beliebtheit, von Schlagworten, von Redegewandtheit und von Nachhilfen, auf die ich später zu reden kommen werde.
Aber selbst die Verbindlichkeit, die ich eingehe, von nun ab fünf Jahre in diesem Erwählten den Mann meines Vertrauens zu sehen, ist in unserer Zeit eine schwere Forderung, in dieser Zeit, wo ein Tarifvertrag eine Lebensdauer von ungefähr drei Monaten hat und ein Schiedsgerichtsspruch die Eigenschaft besitzt, daß er von beiden Teilen nicht angenommen wird. In unseren Tagen haben wir es erlebt, daß nach kaum Jahresfrist die Verbindlichkeit des Wählers so weit erlosch, daß die nur ihrem Gewissen verantwortlichen Auserwählten vor Ultimaten gestellt werden, die von außen kamen.
Die Dinge gehen noch weiter. Ich glaube, es ist keiner unter den Herren, der nicht ein leises Flügelsausen der Wahlmaschine in dieser Wahlperiode vernommen hätte. Es ist mir manchmal verteufelt amerikanisch zumute geworden, und wenn ich mir sage, daß es immer in Deutschland wohlhabende Gruppen geben wird, die unter Umständen fünfzig Millionen für einen Wahlfeldzug ausgeben können, so glaube ich, auch hier liegt eine grundsätzliche Schwierigkeit der Verwirklichung des streng demokratischen Gedankens, und es tröstet mich nicht, wenn sich einer über diese Bedenken mit einem Lächeln wegsetzt und sagt: Hier handelt es sich um das Prinzip des gleichen Rechts für alle.
Ich bin Anhänger dieses Prinzips, ich bin Anhänger der letzten und entschiedensten Form der Demokratie. Aber ich darf nicht einen Augenblick verkennen, daß sich dieser Gedanke seine praktische Grenze setzt, die auf gesteigerten Ansprüchen an menschliche Vollkommenheit beruht.
Schon jetzt erhebt sich gegen uns der Vorwurf der Formaldemokratie. Das ist ein schlecht gewählter Ausdruck, und es wäre vielleicht politisch klüger, ihn nicht richtigzustellen, um nicht unseren Gegnern Parolen zu geben. Aufrichtigkeit scheint mir aber besser als Klugheit.

Wenn die Herren von der formalen Demokratie reden, so meinen sie die eigentliche liberal-fortschrittliche Demokratie. Diese Vorwürfe werden erhoben in dem Augenblick, wo wir unsere demokratischen Formen stabilisiert haben, wo die westlichen Länder Erschütterungen dieser Formen fühlen und wo es heißt, daß neue Ideen von Rußland herüberströmen. Wir müssen also Rußland betrachten.

Rußland nennt sich die Sowjetrepublik. Ich behaupte, daß es eine Sowjetrepublik nicht gibt. Es gibt in Rußland eine Autokratie, die nicht wie ehedem die Herrschaft einer Horde, eines Stammes oder einer Familie ist, sondern die Autokratie eines Klubs. Als ich vor einiger Zeit mit einem der Parteigänger dieser Autokratie zusammen war, sagte ich ihm: Ich bin alt; wenn wir uns aber in zehn Jahren wiedersehen sollten, so werden Sie vielleicht vom Sowjetismus gar nicht mehr reden, sondern Sie werden sich bezeichnen als die Inhaber einer Adelsrepublik nach venetianischem Muster, die geleitet wird von Ihren Klubmitgliedern, deren Abkömmlingen und Nachfolgern. Da lachte er zuerst und meinte, das wäre nicht so, doch schließlich sagte er: Wäre denn das so schlimm?

Es ist heute schon so! Es ist eine aristokratische Republik, nicht in dem Sinne, daß es durchweg adlige Geschlechter sind, aber in dem Sinne, daß eine kleine Anzahl von Menschen die absolute Gewalt, die Armee und das volle Kommando derjenigen Landesteile an sich gerissen hat, die es kontrollieren kann. Freilich sind das nicht die sämtlichen 150 Millionen russischer Bauern; die sind aber befriedigt durch Landzuwachs, und es wird sehr schwer sein, sie für irgendeine andere Bewegung zu gewinnen, die ihnen nicht die gleiche Befriedigung ihres Landhungers gewährt. Denikin und Koltschak sind daran gescheitert, daß die Offiziere hinter ihrem Rücken das Bauerngut wieder zum Rittergut schlugen.

Der Sowjetismus ist eine Veranstaltung für anderthalb Millionen Arbeiter, die kaum mehr ernsthaft betrieben wird. In den Fabriken gibt es noch Sowjets, aber sie haben nichts mehr zu sagen; der Regierungskommissar befiehlt. Die zehn- bis zwölfstündige Arbeitszeit ist eingeführt. Die Zeitungen erzählen viel von den kommunistischen Sonnabenden und Sonntagen; das sind freiwillige Arbeitstage. Es wird viel Wesens davon gemacht, daß eine Fabrikbesatzung ein Krankenhaus gesäubert oder ein Eisenbahngleis vom Schnee gereinigt hat. Daneben besteht Arbeitszwang in schroffer Form, Streik ist verboten, und Akkorde werden erzwungen. Der Zentralsowjet ist noch da; er ist ein Parlament wie jedes andere, doch leichter zu behandeln. Denn man hat den einzelnen gegenüber nachhaltigere Argumente als in anderen Ländern.

Trotzdem gehen von diesem Rußland zwei Riesenströme aus, ein kalter Strom und ein heißer Strom, die die Welt überfluten und die für ihre künftige Gestaltung mehr Bedeutung haben als irgendeine andere Erscheinung unserer Zeit.

Der kalte Strom ist der Strom des Ressentiments. Denn eins ist in Rußland verwirklicht: es ist Rache genommen an der Bourgeoisie. Sie ist vernichtet, physisch und geistig. Dieser Strom des Ressentiments und der Klassenrache ergießt sich über das ganze Europa. Wo eine Schicht der anderen etwas vorzuwerfen hat und im Herzen das Gefühl des Hasses nicht los wird, da heißt es: Denkt an Rußland.

Der andere, der heiße Strom ist der des radikalen Gedankens. Wie durch die Französische Revolution der eigentliche revolutionäre Gedanke nicht verwirklicht wurde – *Liberté, Egalité et Fraternité* hieß es und Kapitalismus wurde daraus –, so ist auch hier der eigentlich tiefe Gedanke nicht verwirklicht; doch er ist geschaffen und zeugt weiter. Die extremen Ausdeutungen des Rätegedankens beschäftigen uns hier nicht; was uns beschäftigt, ist das Prinzip seiner inneren Elastizität und organischen Schmiegsamkeit. Man geht aus von der Erfahrung, daß Menschen sich am besten dann verstehen und vertreten, wenn sie sich wirklich kennen, wenn sie sich dauernd kontrollieren, wenn sie in derselben Fabrik, in derselben Armee, im selben Häuserviertel leben – kurz, wenn sie eine Gemeinschaft bilden. Der Gedanke, daß eine solche Devolution des Vertrauens auf den Nächsten, im eigentlichen Sinne ›Nächsten‹ etwas anderes ist als die Wahl eines Fremden, eines Kandidaten, und daß durch Auslese aus Vertrauensleuten Vertrauensausschüsse jeweils höherer Ordnung erwachsen, dieser Gedanke ist der Kern der russischen Theorie. Und nicht nur der Theorie, sondern auch des russischen Gefühlsinhaltes. Dieser Gedanke – mag er bekämpft oder anerkannt werden – geht seinen Weg, das haben wir schon in Deutschland erfahren. Denn zwei große Institutionen verdanken ihm ihre Entstehung. Einerseits wäre das Betriebsrätegesetz nie zustande gekommen ohne die russische Anregung, anderseits hätte man gegen Art und Zusammensetzung des Reichswirtschaftsrates erheblich größere Bedenken gehabt, wenn der Boden nicht von Osten her bearbeitet gewesen wäre. Beide Institutionen halte ich für mühselig, aber für aussichtsvoll. Ich glaube, daß wir zu arbeiten und zu kämpfen haben werden, bis wir mit den Betriebsräten in den Fabriken in ein rechtes Lebensverhältnis gekommen sind; es wird schwer sein, bei der Mannigfaltigkeit der Berufe die Interessen der beiden Seiten abzustimmen. Doch die Arbeit wird nicht vergeblich sein, denn sie führt dazu, daß die Menschen lernen, sich in ihre wechselseitigen Interessengebiete zu versetzen, daß der Arbeiter endlich jene Nebelwand durchdringt, die ihm heute das Wirtschaftsleben verhüllt und von der er glaubt, daß sie die künstliche Deckung bedeutet, hinter der geschoben wird. Er wird sie durchdringen und dahinter einen Raum erblicken, in dem ehrlich und hart gearbeitet wird. Und der Unternehmer wird ähnlich nützliche Erfahrungen in bezug auf die Interessen und Lebensbedürfnisse der Gegenseite machen.

Auch der Reichswirtschaftsrat hat Aussicht, ein großes und unentbehrliches Glied unseres Aufbaues zu werden, wenn er sich von parlamentarischen Ausartungen fernhält, vor allem, wenn er das Fraktionswesen nicht aufkommen läßt. Freilich werden zwei Gruppen: die der Arbeitgeber und Arbeitnehmer, fürs erste bestehen müssen. Wenn er aber das eigentliche Fraktionswesen in seiner Zersplitterung vermeidet und begreift, daß es sich nicht ausschließlich darum handelt, daß eine Körperschaft beschließt, sondern daß es sich vor allem darum handelt, daß sie tief in die Probleme eindringt und sie erschöpfend verarbeitet, wenn er auch dann schließlich nur Voten abgibt, die noch dazu gespalten sein mögen, so wird, wie ich glaube, aus diesem, auf Räteatmosphäre beruhenden Gebilde ein starker Wirtschafts- und politischer Körper entstehen.

Wenn wir das bisher Betrachtete überblicken, so dürfen wir folgern: Demokratie ist heute nicht mehr ein Ziel, sondern eine Voraussetzung. Diese Voraussetzung muß aber erfüllt werden mit neuem, lebendigem Ideengehalt. Als Selbstzweck, als politisches Ding an sich kann sie nicht mehr gelten, aber als Realität ist sie mit allen Mitteln zu schützen und zu verteidigen, und wenn wir auch von Osten her dereinst zu einer größeren Elastizität und Beweglichkeit der demo-

kratischen Formen kommen, das realisierte demokratische Prinzip muß als Voraussetzung alles Künftigen uns erhalten bleiben.
Wenn wir uns nun fragen, aus welchen Gebieten denn nun die Ideengehalte zu entnehmen sind, mit denen wir die Demokratie – die dann freilich keine liberal-fortschrittliche, sondern eine andersgeartete Demokratie sein wird – wieder so mit Leben, mit Zielen und Gedanken zu sättigen haben, daß sie den Menschen eine neue Perspektive und große Hoffnung sein kann, so müssen wir die Weltlage betrachten, und zwar in den umfassendsten Zügen.
Wir stehen am Grabe der groß-kapitalistischen Epoche. Der Hochkapitalismus ist zu Ende, nicht das Kapital. Das wird uns alle überleben, gleichviel, ob als Staats- oder persönliches Kapital. Doch der Hochkapitalismus als Weltbewegung ist – obwohl er im Westen seinen höchsten Gipfel noch nicht erreicht hat – ein gestorbener Koloß. Wir dürfen ihm seine Grabrede halten und sagen: er hat Enormes geleistet. Er ist eine der größten Weltbewegungen gewesen, er hat an Technik und Verkehr in einem Jahrhundert mehr geleistet als Ägypten und Babylon, als Phönizien und Karthago in Jahrtausenden. Was er schuf, war Pionierarbeit. Wohin er griff, war jungfräuliches Land. Hier griff er in das Gebiet der Erfindungen, hier in das Gebiet der Massenbewältigung: jeden Tag eine neue Möglichkeit, eine neue Richtung, eine neue Erschließung. Er packte Landstrecken, Forsten, Ströme, Bergwerke, Meerengen und Häfen und schuf Unternehmungen. Eine Pionierarbeit, die die Welt urbar machte, nicht im Sinne des Ackerbaues, sondern des Gewerbefleißes. Und diese gewaltige Arbeit, von starken Menschen geleitet, hat die Welt umgewandelt, so daß sie in die Lage kam, an Stelle spärlicher Millionen die Milliardenzahl der heutigen Bewohner zu ernähren. Es wäre unmöglich gewesen, mit irgendeiner anderen als der mechanischen Form des Lebens und des Betriebes diese unerhörte Aufgabe zu erfüllen.
Nun müssen wir zwei Dinge unterscheiden: Auf der einen Seite als Rodungsarbeit, als Squatterarbeit, mußte der Kapitalismus aus dem vollen wirtschaften; er mußte in großen Zügen schöpfen, er durfte sich an das Kleine nicht halten. Es war ganz nebensächlich, ob Milliarden nebenbeigingen, ob unendliche Materialien, unendliche Mengen von Arbeitskräften verwüstet wurden: er konnte in einem Tage mehr erobern, als zehn Jahre Sparsamkeit ihm eingebracht hätten.

So hat er in tiefen Zügen aus dem vollen geschöpft. Er hat vergeudet, nach dem Vorbild der unbekümmerten Natur. Doch nicht in allem hat er vergeudet; in einem Punkt war er sparsam, und diesen Punkt müssen wir scharf ins Auge fassen. Er war unendlich sparsam in der Verwaltung. Verschwenderisch im Betrieb, sparsam in der Verwaltung! Ist das möglich? Das ist sehr gut möglich. Er häufte zwar die Reichtümer, die er schuf, im Besitz seiner Personen, seiner Unternehmen oder seiner Nachkommen. Doch immer wieder wurden sie investiert; er besaß von all diesen unendlichen Reichtümern nichts weiter als den auf Papier geschriebenen Besitztitel. Er wollte Macht und verzichtete um ihretwillen im Zweifelsfalle auf Genuß. Auch konnte er nicht allzuviel auf Genuß verschwenden, denn die Zahl der erobernden Menschen war viel zu klein, als daß sie den unendlichen Ertrag der Welt hätte vergeuden können. Gewiß, mit Recht spricht der Arbeiter davon, daß es ihm zuwider ist, wenn er durch reiche Straßenviertel wandert, dort große Gärten, Parks und Villen erblickt und sich vorstellt, was hinter diesen Gittern und Mauern geschieht. Doch wenn die Rechnung gemacht wird, so bedeutet alles, was hinter diesen Gittern verschwendet wird, einen verhältnismäßig billigen Verwaltungsaufwand. Seine Kosten kann man in Deutschland auf etwa 1 1/2 Milliarden jährlich schätzen, und gänzlich hätten diese Beträge sich nie ersparen lassen. Denn wenn nur gehobene Beamte statt Unternehmern und Generaldirektoren die Einnahmen gehabt hätten, so hätten sie vielleicht etwas weniger großartig gelebt, doch sie hätten immerhin kostspieliger gelebt als ihre Betriebsmeister. Es ist also wenig vergeudet worden in der Verwaltung der Weltwirtschaft, sehr viel vergeudet worden im Betriebe.

Teurer Betrieb, billige Verwaltung ist die Grabschrift des Kapitalismus, und jede neue Form der Wirtschaft und Gesellschaft, mag sie sein wie sie will, wird unter allen Umständen teurer verwalten. Das sehen wir schon heute. Jeder einzelne beansprucht einen weit größeren Anteil des wirtschaftlichen Gesamtertrages, jeder einzelne beansprucht ein viel größeres Recht zur Konsumtion, und nun das Entscheidende: was er an Gehaltserhöhung, an Lohnerhöhung beansprucht, wird nicht wie die Einnahme des früheren Kapitalisten akkumuliert, wieder in den Betrieb gesteckt, sondern verbraucht. Daher kommt es, daß jede künftige Wirtschaftsform viel teurer verwalten muß und viel

weniger akkumulieren kann, somit viel langsamer zum Wohlstand führt als der Kapitalismus.
Wenn wir diese Voraussetzungen im Auge behalten und bedenken, daß gleichzeitig mit dem Zusammenbruch des Kapitalismus auch unser Land, unser Staat und unsere Wirtschaft zusammengebrochen sind, so ist das eine außerordentlich schwere Koinzidenz.
Wenn wir sehen: der Arbeiter fängt wieder an zu arbeiten, die Eisenbahnen fangen wieder an zu laufen, das elektrische Licht fängt wiedern an zu brennen, so sagen wir uns in einer Ecke unseres Bewußtseins: nun, die Sache kommt schon in Ordnung. Sie kommt auch in Ordnung, doch es dauert lange. Einstweilen taumeln wir und spüren nicht, daß wir während des Taumelns sinken. Wir spüren es nur, wenn wir Zahlen und Statistiken betrachten.
Vergessen wir also nicht: Die künftige Form der Wirtschaft und ihrer Verwaltung wird sehr teuer sein; der größte Teil des Arbeitsertrags, der bisher akkumuliert wurde, wird verbraucht werden. Noch mehr als das: Es wird außerordentlich schwer sein, den riesenhaften Wirtschaftspark, den wir geerbt haben und von dem wir glauben, daß er unzerstörbar ist, aufrechtzuerhalten. Wir haben diesen Park von Maschinen, von Gebäuden, von Einrichtungen, von Verkehrsmitteln in jener Zeit aus dem vollen geschaffen, jetzt muß er aus dem Mangel ergänzt und erneuert werden; einstweilen hält er noch, bis auf den Ölfarbenanstrich und die Teppiche. Trambahnwagen kann man schon heute kaum mehr ersetzen, denn der Wagen, der früher 20 000 Mark kostete, steht jetzt auf 250 000 Mark, und der Betrieb trägt die Anschaffung nicht. In zehn, zwanzig Jahren sind unsere sämtlichen Einrichtungen unbrauchbar; wer kann sie bis dahin gleichwertig ersetzen? Das ist die Frage unserer Zukunft. Heute schöpfen wir noch aus dem großen Bestande des akkumulierten Reichtums von dazumal, aus der akkumulierten Bildung, der Handfertigkeit, der technischen Atmosphäre. Der ganze Stand unserer Intelligenz und Arbeitsfähigkeit nutzt sich ab und bedarf mühsamer, kostspieliger Erneuerung. Wird sie möglich sein?
Das ist nicht alles. Wir sprechen von Spa, von der Kriegsentschädigung wie von einer alltäglichen Sache: »Wir haben schon so viel durchgemacht, so werden wir auch das noch durchmachen.« Milliarden auszusprechen ist leicht, sie zu drucken ist nicht schwer. In einer noch

nicht stationär gewordenen Wirtschaft, die im wesentlichen noch von Vergangenem zehrt, in einer Übergangszeit werden die Abnormitäten fast unmerklich in Kauf genommen. Deshalb sprechen wir gemütlich von den Milliarden, die wir zahlen sollen, und wieder heißt es in einer Ecke unseres Bewußtseins: »Wir werden schon herauskommen.« Wir werden nicht herauskommen, wir werden zahlen! Denn daß die offene Wunde Europas sich schließen muß, ist gar kein Zweifel. Wie weit Recht, Gesetz, eine moralische Verpflichtung uns zwingen, ist nicht entscheidend. Es wird wiederhergestellt werden! Und diese Wiederherstellung wird in der schwer bedrückten Lage unserer Wirtschaft uns unendliche Sorgen machen. Denn wenn ich auch ganz von den französischen Zahlen absehe, so bitte ich zu bedenken: Jede Milliarde Gold jährlich bedeutet eine Summe von zehn Milliarden Mark Papier, die hier gedruckt und irgendwie herangesteuert werden müssen; jede Milliarde Gold bedeutet fünfzehn Millionen Tonnen Kohlen zum Auslandspreis, fünfzig Millionen zum Inlandspreis. Wir dürfen diese Dinge nicht vergessen. Wir dürfen nicht glauben, weil es nun einmal wieder vier Wochen leidlich gegangen ist und vielleicht vier Wochen wird es ein bißchen schlechter, daß so eine Art von stationärem Zustand eingetreten sei. Meine Herren, der ist nicht eingetreten. Wir dürfen uns nicht von denjenigen täuschen lassen, die uns sagen: »Laßt das alles gut sein, das findet sich von selbst.« Unter denen, die das sagen, sind manche, die mit dem Gedanken spielen: Wenn man Deutschland in drei Teile teilt, so wird ein Teil gesund, nämlich der westliche, der eine Art von deutschem Belgien ergibt.

Wenn wir nun fragen: Was ist die Zukunft, und wie werden wir über diese Dinge hinwegkommen?, so ist die Antwort die gleiche, die wir erhalten, wenn es sich um ein zusammengebrochenes Unternehmen handelt, das über seine Verhältnisse gewirtschaftet hat, eine Bank, eine Reederei oder eine Fabrik. Es schwebt jedem das Wort »sparen« auf den Lippen. Nein, nicht das Sparen im gemeinen Sinne ist es, das karge Sparen richtet den Menschen nur zugrunde, wenn es über ein bestimmtes Maß getrieben wird. Wir können nicht die Menschen noch schlechter ernähren, als es geschieht und geschehen ist; die Aufgabe heißt organisieren und ordnen.

Es ist nicht möglich, daß in einer Wirtschaft, in einer Zukunft, wie wir sie vor uns haben, die Dinge anarchisch, unorganisch, ungeordnet weiterlaufen können. Wir werden nicht mehr in einem anorganischen, verfahrenen, lediglich vom Individualismus, vom persönlichen Eigennutz getriebenen Wirtschaftsmechanismus leben, sondern in einem gegliederten Organismus, in dem jeder, der Wirtschaft oder Ämter führt, in gleichem Maße sich selbst und der Gemeinschaft verantwortlich ist. Unsere Aufgabe und Rettung heißt: Mit gleicher Menschenzahl, verminderten Bodenschätzen, gleicher Arbeitsleistung das Doppelte und Dreifache von dem zu erzeugen, was wir bisher erzeugt haben. Sollen wir teuer verwalten, so müssen wir – in Umkehrung der alten Wirtschaft — diese um so ökonomischer betreiben. Das scheint den meisten verwegen und unmöglich, weil sie den Prozeß der Gütererzeugung nicht kennen. Wer ihn kennt, der weiß, daß heute die Hälfte der Arbeitsleistung und der Gütermenge nutzlos vertan wird. Der Gesamtprozeß unserer Produktion ist kindlich primitiv, der Laune, dem Eigennutz, dem Zufall überlassen. Er ist vergleichbar der Landwirtschaft vor hundert Jahren, die der rationalen Durcharbeitung entbehrte und kaum den vierten Teil der heutigen Erträge lieferte. Es ist Verblendung, wenn ein Volk von der Prüfung und rationalen Gestaltung des Gesamtprozesses seiner Produktion nichts wissen will, wenn es im Kleinen spart und im Großen vergeudet, wenn es lieber Hunger leiden will, als seine Arbeitsmethoden zu durchdenken und durchzuarbeiten und Wohlstand für alle zu schaffen.

Durch Schlagworte hat man diesen Gedanken ihre beflügelnde Kraft scheinbar genommen, durch Vermischung mit behördlichen Maßnahmen hat man ihnen den Schein von Mechanismen gegeben, die sie nicht sind. Nein, in diesen Gedanken liegt die tiefste Ethik, deren wir technisch, wirtschaftlich, politisch und sozial fähig sind. Es liegt darin die Ethik der Verantwortung eines jeden Menschen und die Idee der Gemeinschaft. Dagegen steht der individuelle Wille der persönlichen Unabhängigkeit, die ich schätze, insofern, als sie einen unentbehrlichen Teil ausmachte der alten kapitalistischen Epoche; es steht ihr entgegen das Gewinnstreben, das nicht verkannt werden darf, dem wir Großes verdanken, das nicht ausgeschaltet werden soll, das aber nicht mehr die einzige wirtschaftlich bestimmende Kraft der Zukunft sein kann noch sein wird. Niemals wieder wird Wirtschaft

Sache des Privatmannes allein sein; sie wird immer, in aller Zukunft Verantwortungssache sein, der Gemeinschaft gegenüber, der Menschheit gegenüber.
Ich verstehe, daß es kluge Menschen gibt, die vom Glanz der Viktorianischen Epoche noch heute geblendet sind, die sich ihrer Jugend erinnern, wo sie mit lebhaftem Anteil den Parlamentsverhandlungen von England folgten und den großen, weittragenden Beschlüssen, die ein kluges Haus und seine bedeutenden Vertreter faßten. Ich kann es durchaus verstehen, wenn man sich der Zeit von Gladstone und Beaconsfield erinnert und im stillen hofft: auch uns blüht vielleicht eine solche demokratische Zukunft. Niemals, meine Herren, wird irgendein Ideal der Welt aus einer Vergangenheit geschöpft werden können, niemals wird irgendein Romantizismus, der Gewesenes herbeisehnt, etwas anderes sein als unproduktive Sentimentalität. In diesem Fall aber ist sie es doppelt, denn diese großen Zeiten waren die Zeiten der Akquisition, die vorüber sind. Auch jene Menschen hatten ein Dunkel der Zukunft vor sich, sie waren Pfadfinder, sie wühlten sich in ein Dunkel hinein. Heute erscheinen uns die großen politischen Transaktionen dieser Menschen als Selbstverständlichkeiten im klaren Lichte der Vergangenheit, und mancher möchte die bewährten Mittel und Ziele wiederholen. Nein, wir müssen abermals hinein in das Dunkel einer gleich verhüllten Zukunft. Diese Zukunft ist aber heute nicht mehr die Zukunft der Kolonien, des Landerwerbs, der Koalitionen und Akquisitionen, der technischen Urbarmachung und geographischen Erschließung, des freien Unternehmertums, der privatkapitalistischen und politischen Großmacht, sondern diese dunkel verhüllte Zukunft ist die Zukunft des gemeinschaftlichen, intensiven, verantwortlichen und sozialen Arbeitens. Und deshalb werden unsere demokratischen Erfüllungen nicht den Glanz der Viktorianischen Epoche haben, nicht wie dort wird man Indien einer Kaiserin zu Füßen legen und in einer Nacht den Suezkanal kaufen, sondern in sorgfältiger, harter, unscheinbarer Arbeit, in einer Arbeit in Hemdsärmeln wird man Jahr für Jahr an den Problemen der Wirtschaft als Vergemeinschaftung und Wirkungssteigerung arbeiten. Die Aufgaben liegen nicht mehr in Weiten und Fernen, sie liegen im Innern und in uns selbst.
Ich komme zum Schluß.

Der Moment scheint ungünstig, um über solche Dinge zu reden. Es geht ein reaktionärer Zug durch Deutschland. Ich schätze diesen reaktionären Zug in seinen augenblicklichen Wirkungen stark ein, in seinen Ewigkeitswirkungen ist er ein Lufthauch, der vergeht vor jeder gedanklichen Bewegung und Idee. Lassen wir uns überhaupt nicht einstellen auf die Bewegungen des Momentes, sondern bleiben wir bei der Einschätzung des absolut Notwendigen, soweit dies Absolute auf deutschem Boden verankert ist.

Der westliche liberale Demokratismus ist auf deutschem Boden nicht verankert. Das, was wir zu schaffen haben, wird ein Erzeugnis des deutschen Bodens sein. Was sind denn überhaupt diese »Kratien«, die seit Plato und schon früher das Denken der Menschen bewegt haben? »Kratien« sind Herrschaften. Plutokratie: die Herrschaft der Reichen, Aristokratie: die Herrschaft der Schönen und Edlen, Autokratie: die Herrschaft des einen, Demokratie scheint sich selbst aufzuheben als die Herrschaft des Volkes über sich selbst; das scheint ein Wortspiel, denn wo geherrscht wird, da herrschen Menschen.

Wir brauchen aber keine Herrschaften mehr. Was wir brauchen, sind Verwaltungen, Verantwortungen, Gemeinschaften. Selbstverwaltende, verantwortliche Gemeinschaften! Akratie wäre das Wort, um dieses auszudrücken, nicht Anarchie. Herrschen – und wenn es über sich selbst wäre – ist den Völkern nach unserer Art nicht mehr bestimmt, so wenig wie beherrscht werden.

Wenn wir uns unsere Lage als Partei vorstellen, so müssen wir sagen: Entstanden sind wir aus dem Liberalismus; er fällt mehr und mehr von uns ab. Was wir Wertvolles von ihm geerbt haben, ist seine Lage in der Ordnung der Parteien, ich möchte sie mit einem Berliner Ausdruck bezeichnen, als die »gut geschnittene Ecke«. Die Lage unserer Partei am linken Flügel der bürgerlichen Parteien, am rechten Flügel jenseits der Marxisten ist unser bester Besitz, denn auf dieser gut geschnittenen Ecke wird das Haus der Zukunft gebaut werden. Die Frage ist nur, ob wir selbst oder ob andere die Pläne schaffen, nach denen es zu bauen ist. Denn das Haus, so wie es heute steht, ist noch immer das alte Haus des Liberalismus und noch nicht das Haus der sozialen Zukunft. Haben wir Respekt vor diesem Hause, es hat Generationen beherbergt; doch das hindert nicht, daß wir seine Lage höher schätzen als seine Architektur.

Wenn wir weiter die Lage unserer Partei betrachten, so ergibt sich: wir sind heute nicht mehr eine Partei der großen Interessen; wir konnten es sein, solange die Demokratie nicht verwirklicht war – da war in jedem Menschen, wenn er nicht ein zur Abhängigkeit geborenes Herz hatte, in jedem Menschen, auch wenn er Agrarkonservativer oder radikaler Sozialist war, ein Funke demokratischen Feuers; da vertraten wir etwas, das jeder gute Deutsche wollte. Die Dinge sind verwirklicht, vergessen wir das nicht. Wir sind heute nicht mehr die Vertreter eines einheitlichen deutschen Freiheitswillens, auch nicht mehr – und das begrüße ich mit Freuden – die Vertreter einer großen und geschlossenen Interessentengruppe, die Vertreter von Millionenvermögen und von ihren Wahlzuschüssen. Das ist gut! Denn das zwingt uns, uns auf uns selbst zu besinnen. Wir haben die Pflicht, die Partei des Geistes zu werden – mag sie klein oder mag sie groß sein –; denn wo anders sollte denn diese Partei erwachsen? Sie kann nicht da sein, wo die Interessen herrschen oder die Agitation entscheidet.

Nun sage ich damit nicht, daß wir gänzlich interessenfrei oder agitationsfremd sind, aber ich glaube nicht, daß es bei uns das Entscheidende ist. Ich sehe das Entscheidende darin, daß wir erstens an der Stelle des politischen Bodens stehen, wo dieser Boden seinen festesten und aussichtsreichsten Baugrund hat; sodann daß wir gezwungen sind, den Anspruch an uns zu stellen, eine Partei des Geistes zu sein.

Uns liegt es ob, wenn überall sonst das Interesse, die Wahlmaschine, die Agitation herrscht, zu forschen nach der vergeistigenden Idee. Und diese Idee werden wir nicht mehr empfangen können aus dem großen französischen Jahrhundert, dem Jahrhundert der Aufklärung und aus der Französischen Revolution. Wir können uns nicht zufriedengeben mit dem liberalen und individualistischen Gedankeninhalt des akquisitorischen, kapitalistischen, mechanisierten und plutokratischen neunzehnten Jahrhunderts, des Jahrhunderts der großen Bourgeoisie. Unsere demokratische Entwicklung wird nicht geführt sein von der berühmten, niemals verwirklichten Trias der Freiheit, Gleichheit und Brüderlichkeit, obwohl die Strahlen dieser Trias, die eine ideale ist, ewig über uns leuchten mögen; unsere Entwicklung wird führen zu dem Dreiklang der Freiheit, Verantwortung und Gemeinschaft.

Tischrede zum 50. Geburtstag
29. September 1917

Verehrte Freunde!

Darf ich einen Augenblick noch Ihre Aufmerksamkeit fesseln für einige Worte der Erwiderung auf die beredte und gütige Lobpreisung, die mein hochverehrter Freund Reicke mir gespendet hat.

Von ganzem Herzen danke ich Ihnen, lieber Freund, für dieses Zeichen von dem, was ich wußte und fühlte, von der freundschaftlichen Gesinnung, die Sie mir erhalten haben, die Ihr Haus mir erhält und um die ich Sie auch für alle Zukunft bitte.

Sie haben einen Gegenstand berührt, von dem ich glaube, daß ich ihn nicht ganz leicht in der Erwiderung behandeln kann, zumal es sich um mich selbst handelt. Sie werden mir, lieber Freund, das Zeugnis nicht versagen, daß das Reden von mir selbst nicht zu meinen Gewohnheiten gehört. Sie haben aber das von meiner Existenz und von meinem Wesen angedeutet, was bei mir am tiefsten dringt, mir am meisten Sorgen und Schmerzen und auch viele Freude gemacht hat, und deswegen muß ich bekenntnisartig antworten, auch wenn ich glaube, daß der heitere Geist, der uns in diesen kurzen Stunden erfüllen soll und wieder erfüllen wird, eigentlich den Ernst einer Aussprache nicht erträgt.

Mit geistvoller und scharfer Formulierung haben Sie von dem Herzen des Lyrikers und dem Kopfe des Kaufmanns gesprochen. Was Sie damit in mir bewegt haben, ahnen Sie, aber lassen Sie mich die Resonanz Ihnen andeuten.

Von meiner Jugend her ist es mir ein Erbteil gewesen – ein Erbteil, das ich schwer verstanden habe und noch heute schwer verstehe –, daß ich in dem, was die Natur mir gab, mich in der Doppelheit fühle. Das, was die Natur mir als Grundton gegeben hat, mag die Betrachtung sein. Sie hat mir aber – und das ist wohl das Erbteil meines lieben und unvergeßlichen Vaters, an den ich heute mehr als zu irgendeiner Zeit habe denken müssen – zu diesem Erbteil etwas hinzubeschieden, etwas Willensgeartetes oder Mutgeartetes, das mich zwingt, nicht in der Betrachtung allein zu leben. Das klingt wie eine harmlose Voraussetzung; doch Sie, lieber Freund, der Sie in harmlosen Aphorismen Dramen entdecken, Sie werden in dieser leichten Antithese etwas Tieferbewegtes spüren und in diesem Augenblick schon vorempfinden, was ich mit wenigen Worten als Geständnis zu entwickeln habe.

Wenn einem Menschen diese beiden scheinbar indifferenten und doch so entgegengesetzten Wesenszüge mitgegeben werden, wie er auch enden mag: als Handwerker, als Ackersmann, als Soldat oder als Geschäftsmann – so ist ihm ein Schnitt und ein Widerspruch zuteil geworden, und in seinem Leben wird es nie ohne inneren Kampf gehen. Und da ich von mir reden will und reden darf, weil Sie es gestatten, so muß ich Ihnen das gestehen: Ein Kampf ist durch mein Wesen immer gegangen.

Mein verehrter Freund Alexander Moszkowki wird sagen können, ob es in dem Phaidros ist – denn er ist ein großer Kenner des Plato –, wo jenes wundervolle Gleichnis steht vom Wagenlenker und den beiden Rossen.

Jedesmal, wenn ich dieses Gleichnis und die herrliche Beschreibung gelesen habe, dann hat es mir ein sonderbares Gefühl und wie eine plötzliche Erleuchtung gegeben. Sie wissen, daß von den menschlichen Leidenschaften und Trieben gesprochen wird, von denen ich im Augenblick nicht rede; der Vergleich aber schildert einen griechischen Wagen mit zwei von jenen edlen, starkhalsigen, griechischen Vollblütern. Man sieht, wie das eine Pferd sich bäumt, den Zügel packt, schäumt und schwitzt, sich zusammenreißt, biegt, auf die Hinterbeine setzt und stutzt und dann wieder hinwegfliegt; der Wagenlenker muß sich zur Seite beugen, um der Kurve nachzugeben, und dann geht das Spiel auf der anderen Seite mit dem anderen Gaule los. Dieses prachtvolle Bild ist ja wohl für ein so kleines Leben ein zu hohes, aber ich habe es mir immer wieder aneignen müssen, um etwas von dem zu verstehen, was mir zugedacht war.

Es ist nicht verwunderlich, daß ein Mensch leiden muß, dem es auf der einen Seite beschieden ist, den Dingen nachzuhängen und nachzu-

träumen, in Sehnsucht und Empfindung, und den dann wieder der Teufel reitet, daß er in die Welt eingreifen und aufgekrempelt bis zum Ellenbogen in diesen Dingen der Welt rühren und kneten muß.
Es ist ein Widerspruch, der zu Spannungen führt, die Menschen nur sehr schwer auf die Dauer ertragen können. Ich habe das durchgemacht, und habe nie recht gewußt warum, und habe ferner es erlebt, daß zu den vielen Schwächen, die ich habe und die mit großem Recht die Menschen mir vorgeworfen haben, noch viel andere mir vorgeworfen wurden, die ich nicht hatte. Denn dieses Doppeldasein war schlechterdings für die Menschen ein unverständliches, deshalb widerwärtiges Wesen. Ich kann es aber nicht ändern, und es wird bis zu meinem Tode so bleiben.
Viel hat es mich aber gekostet an Lebenskraft und viel an Vertrauen, denn nicht alle haben so gedacht wie mein Freund Reicke, nicht alle haben gemeint, daß trotzdem der Mensch, mag er auch in dieser Vielspältigkeit befangen sein, schließlich Vertrauen verdient. Die meisten haben gesagt: Das ist ein Mensch, dem es nur auf das Äußere ankommt, denn man sieht es ja, er würde sonst ein Professor oder ein Geschäftsmann oder ein Schriftsteller sein; dieses Doppeldasein ist ein anstößiges Ereignis. Daß die Natur mich so in die Schule genommen hat, kann ich deswegen nicht für einen bloßen Zufall halten, weil es mir zu tief und zu nahe geht. Denn was sind wir? Was ist groß und was ist klein? Die Sonne ist groß und ein Liebesgefühl ist groß, und welches von beiden ist größer? Vom Gefühl aus gemessen sind die Dinge groß, die tief klingen, und es hat bei mir stets in der Tiefe diese Diphonie, dieser Doppelton geklungen; so durfte ich mir denn sagen: Die Natur schafft das nicht aus Laune und Frivolität.
Heute deute ich es mir so:
Die Aufgabe, die die Natur mir stellen wollte und die ich sehr unvollkommen erfüllt habe, aber die zu erfüllen ich mich bemühe und bis an mein Lebensende bemühen werde, diese Lebensaufgabe ist, so scheint es mir, die: das Materielle, das, in diese Welt hingeworfen, wie ein Unkraut aus fremdem Kontinent aufwuchert und alle Wüsteneien der alten Welt überdeckt, dieses Materielle, dieses Wesen, das seine Kraft aus sich selbst zu nehmen glaubt, um uns alle zu bändigen, daß ich versuchen sollte, dieses Ungeistige mit Geist zu durchdringen. Es ist wohl die weitere, die Gegenabsicht der Natur gewe-

sen, indem sie mir das zweite Pferd vorschirrte, daß ich die Dinge des Geistes, die jeder stammelnd berührt, weil sie Früchte sind, die, aus einer Traumwelt gepflückt, dem Erwachenden zerfließen, daß ich diese Dinge aus der zweiten Welt erfassen sollte mit den Denkformen desjenigen, der geschult ist darin, daß die Redensart nicht gilt, daß die großen, abstrakten Phrasen nichts bedeuten, daß die Dinge – sie mögen noch so hoch und noch so tief aus fremder Welt entstammen – doch schließlich immer einen irdischen Namen tragen und benannt werden dürfen. Das, glaube ich, werden wohl die Aufgaben gewesen sein, die man von mir verlangt hat, als die Parzen diesen Faden spannen, und sehr unvollkommen dünkt mich das, was ich mit dieser Aufgabe angefangen habe. Aber gleichviel; eins kann ich sagen: ernsthaft habe ich sie genommen! Nicht einen Augenblick habe ich diese Aufgabe unbewußt, unbedacht aus den Händen verloren, und das ist vielleicht das einzige, was mich in all den Fehlern und Schwächen rechtfertigen darf.

Nun aber: Wenn es eine Macht gegeben hat, die mich unterstützte und die in diesen Tagen und Nächten des Zweifels mir wieder Kraft und Freude gegeben hat, und manchmal auch die schöne Täuschung, die jeder von uns erlebt, der glaubt, daß ihm etwas geglückt sei – so muß ich sagen: Das letzte, das dafür verantwortlich war: neben dem Sonnenstrahl, der uns erwärmt, neben den gütig zuströmenden Gaben der Natur war es die Kraft, die mir aus Freundesherzen und Freundesgesinnung zukam. Und diese Kraft ist es, die heute wieder mich umgibt und den Tritt über die leichte Schwelle mir froh und glücklich macht und die, wie Sie sehen, mich zwingt, aus mir herauszugehen und ihnen Dinge zu sagen, die mir vielleicht gestern aufdringlich erschienen sein würden und für die ich vielleicht morgen Sie um Entschuldigung bitten muß.

Gleichviel. Das, was mir von Freunden – Männern und Frauen – zuteil geworden ist und zuteil wird, das hat mich gestärkt und mein geistiges, vielleicht mein leibliches Leben erhalten. Und so bin ich getrieben zu einem Gefühl von Menschendankbarkeit, wie wenig andere Menschen dazu getrieben sein können.

Aber in der Zeit, in der wir heute leben, in dieser Zeit, wo das persönliche Schicksal sich ganz und gar auflöst wie ein Salzkorn in einem Wassereimer, wo man kaum mehr wagt, von dem Erleben des Gestern und des Heute, von dem Erleben des Ich und des Du zu reden und zu denken, da muß dieser Begriff eines Kreises von Freunden sich erweitern zu einem Kern neuer Art, zu einem solchen Kern, daß er auch unter dem Drucke dieser unendlich schweren Luft standhält, die wir atmen, und diese Deutung ist da. Denn die Freunde, die ich das Glück habe zu besitzen, auf die ich stolz bin und die für mich manchmal mehr als Freunde, nämlich Retter waren, die sind zugleich – das macht mich glücklich und stolz – ein echter und starker Teil von *dem*, das wir heute unsere geistige deutsche Gegenwart nennen. Es ist mir das Glück beschieden, von dem jeder von Ihnen hier ein Zeuge ist, daß *das*, was Deutschland zwar nicht durchweg an sichtbaren, doch durchweg an geistigen Kräften besitzt, daß dieses Element mir die Neigung erwiesen hat, mich in seinem Kreise leben zu lassen.

Dieses geistige Deutschland lebt, es lebt in Ihnen und es lebt in einigen anderen, und es sieht so ganz anders aus als das Deutschland, von dem man hört und von dem man spricht. Das kriegerische Deutschland ist stark und groß, das wirkende Deutschland leistet Gewaltiges. Aber die Keimzelle, die zarte Pflanze, die einmal als Riesenbaum unsere Zukunft überdachen soll – dieser eigentliche Kern des innersten Lebens unseres deutschen Geistes, findet sich nicht immer da, wo die Trompete der Fama den Eingang und den Ausgang bläst.

Wenn wir aber in unsere Zukunft sehen, so werden es nie die großen Ereignisse der Sichtbarkeit sein, die unser letztes Schicksal besiegeln. Wir sind so erblindet, wir sind so erstumpft von unendlichen Bildern, daß wir heute starr auf wenige Begriffe blicken, und immer wieder auf die gleichen, und meinen, in ihnen den Kern unserer Zukunft zu sehen; wir meinen, daß von diesen Begriffen, die wir aufzählen können, das neue Reich ausgeht, von dem wir träumen, an das wir glauben und das wir wissen.

Was sind Friedensverträge? Der Friedensvertrag, mag er so glänzend sein, wie er will, er mag einen Moment das Glück entfesseln, aber unsere echteste, letzte Zukunft wird aus Papieren nicht entstehen; sie wird nicht einmal entstehen aus großen Taten zu Lande und zur See, obwohl wir die in der Tiefe unseres Herzens bewundern und obwohl wir wissen, daß sie Unvergängliches beitragen zu der Größe und dem Ruhm des Landes. Aber das letzte, das eigentlich Keimende entsteht nicht aus Kriegen, das entsteht nicht aus Siegen, das entsteht nicht aus Katastrophen, das entsteht nicht aus Papieren, das entsteht nur aus dem Geiste und geht in den Geist; das entsteht aus *dem,* was Menschenform trägt, und aus nichts, was leblos in Händen liegt. Wenn es eine deutsche Zukunft gibt, so ist das Schlachtfeld, auf dem sie erobert wird, nicht das Schlachtfeld Flanderns und nicht das Schlachtfeld der See, sondern es ist das Schlachtfeld unseres Herzens, auf dem die Zukunft unseres Landes erkämpft wird. Mag es ein Sieg sein wie 1871 oder wie 1815, oder mag es ein Sieg sein wie 1763 (den man früher nicht einen Sieg nannte und der es doch gewesen ist, und vielleicht der größte von allen dreien), mag es das eine oder mag es das andere sein: Was in Wahrheit unsere Zukunft bestimmt, das wird aus unserem Herzen keimen und aufsteigen als ein geistiges, als ein atmosphärisches und ätherisches Wesen.

Schreiben Sie auf ein Blatt Papier, was Sie wollen, von Friedensbestimmungen, von Abtretungen, von Gewinnen zu Lande und zu Wasser –: Wollen Sie denn darauf den *Geist* schreiben, in dem das alles hinterdrein erlebt wird? Soll denn dieser Geist exekutierbar und extorquierbar sein? Ist es denn möglich, ein Leben unter Bedingungen zu führen, wenn diese Bedingungen sich nur abbilden in einer Welt, die nicht eine Welt des Inneren, nicht eine Welt des Herzens, nicht eine Welt der Gemeinschaft, nicht eine Welt des Geistigen ist? Glauben denn die Menschen, die immer wieder mit starren Augen auf diese geschriebenen und gedruckten und erkämpften Dinge starren, glauben denn die, daß es möglich ist, es in Paragraphen zu fassen, wie Menschen zueinander stehen und leben sollen und wie ein Planet bewohnt werden soll und wie dieser Planet seine Verantwortung vor Gott und Menschen erfüllen soll, Geist ausströmen zu lassen aus den Formen dieses Irdischen? Niemals! Das, was geschaffen wird, wird im Innersten geschaffen, und es heißt wie damals, im Jahre 1815 und wie damals im Jahre 1807: es heißt das Abtun des Unrechts um uns, außer uns, in uns!

Ich hoffe und wünsche von ganzem Herzen, daß wir so kräftig, so gesund und so stark an Armen, an Gliedern, an Herzen aus diesem Ringen hervorgehen, wie es dem Schicksal gefallen mag. Aber was ich heißer und dringender wünsche und wofür dieses geistige Deutschland, von dem ich sprach, dieses denkende, fühlende, grübelnde Deutschland mir ein Zeugnis ist, eine Sicherheit und ein

Unterpfand: das ist, daß aus diesem irdischen Reiche sich ein himmlisches erhebe. Betrachten Sie das nicht als Redensart. Wenn wir in vergangene Zeiten zurückblicken: Es ist doch unendlich vieles überwunden worden! Wir haben Mord und Brand und Haß und Fluch und Verfolgung überwunden und eingeschränkt. Es ist doch über Europa und über die Welt ausgeströmt eine wunderbare Güte, mag man sie Kunst oder Kultur oder Geist oder Transzendenz nennen – es sind doch Dinge aus diesem Boden erwachsen, die mehr wert sind als alle Länder und Festungen der Erde.

Diese Dinge müssen wieder wachsen, und sie können nur erwachsen aus einer Welt, die nicht mehr allein zusammengehalten ist von eisernen Klammern, von den Klammern des klebenden Blutes, von den Klammern der Gewalt, sie können nur erwachsen aus einer Welt, die gereinigt ist, in der die giftigen Lüfte zerstreut sind, aus einer Welt, die geheiligt ist durch ein neues Empfinden, durch neue Gedanken und durch eine neue Gottesverantwortung.

Verantwortung im Tiefsten, Schaffenskraft im Tiefsten, menschliches, herzliches Sehnen im Tiefsten – das ist das, was von dem geistigen Deutschland, von allen von uns verlangt und gewährt werden muß. Und daß das gewährt wird, dafür haben wir hier unter uns, wenn auch im Bescheidensten, im Engsten und mit Kleinsten ein Abbild.

Und so lassen Sie mich schließen.

Was Sie für mich sind, was ich Ihnen zu danken habe, bleibt in meinem Herzen beschlossen. Was Sie dem Lande sind und sein sollen, was Sie dem Lande schulden und was das Land Ihnen schuldet, das bleibt unser Gemeingut und unser vertrautes Wissen. Und deshalb, liebe und verehrte Freunde, bitte ich Sie, verzeihen Sie, was ich Ihnen zuviel und überströmend von diesen Dingen gesagt habe, aber gedenken Sie an das, was uns hier einigt, und lassen Sie uns das in einem Wort aussprechen und nach alter Sitte es durch den Trunk bekräftigen: Zukunft, Geist und Seele unseres deutschen Landes!

Rede in der Versammlung zur Schaffung eines demokratischen Volksbundes
16. November 1918

Meine Herren, das, was wir erlebt haben seit vier Jahren, ist immer ein Beispielloses gewesen und bleibt beispiellos mit jedem neuen Tage. Nach dem größten und unausdenkbarsten Kriege die größte und unausdenkbarste Revolution. Nie hat eine Revolution gegen solche Gewalten, gegen solche Verankerungen zu kämpfen gehabt, nie ist sie mit solcher Raschheit, solcher elementaren Gewalt ausgebrochen und zu ihrem Ziele gelangt. Diese Dinge liegen hinter uns, und wir werden sie nicht berühren. Wir müssen sie betrachten als geschehene Tatsachen, gleichviel, wie der einzelne zu ihnen steht, aber einiges darf doch gesagt werden.

Wenn wir uns zurückdenken in die Zeit vor dem Kriege, da hat es sicher wenige von uns gegeben, die nicht das Gefühl in sich trugen, die Dinge, die wir erleben, sind ein Ende, kein Anfang, sondern ein Ende. Wenn wir durch diese Straßen und diese Städte gingen, wenn wir die Exuberanz, die Übergestaltung des Wirtschaftlichen und Materiellen uns in die Seele zurückrufen, wenn wir an den Taumel der Größe und Zahl denken, wenn wir denken an die Selbstverständlichkeit, an die Unmöglichkeit, etwas anderes sich vorzustellen als die Ziele imperialistischer, weltwirtschaftlich-dynastischer, kastenmäßig verankerter Mächte, so ergreift es uns jetzt mit einem Gefühl, als ob diese Dinge einer fernen Vergangenheit angehören, und es erwacht in uns die Empfindung, die damals vielleicht nur vereinzelte traf, die Empfindung, das war alles ein Ende. Dieses Ende ist gekommen, und vieles ist damit hingesunken, was schön und was groß war. Denn als jenes Reich von 1871 entstand, da waren doch Mächte am Werk, von denen man glaubte, daß sie ewig sein würden. Diese Mächte trugen einen Keim in sich, der sie zur Reife und zum Absterben brachte, aber es war Großes und Gewaltiges in diesem alten Reiche entstanden, und es ist sehr zu begreifen, mit welchem Empfinden des Schmerzes und der Wehmut viele von diesen Dingen Abschied nehmen.

Aber auch das liegt hinter uns, auch das soll uns heute nicht berühren; denn was uns heute berühren soll, ist das Neue, das Werdende und vor allem das uns allen Gemeinsame. Diese große Revolution hat sich vollzogen und hat sich vollzogen ohne die Mitwirkung des Bürgertums. Wir wollen nicht davon sprechen, ob das Bürgertum diese Ausschließung verdient hat. Es sind manche Erwägungen darüber anzustellen, wie manches anders hätte sein und werden können, wenn das Bürgertum, besonders das große, das intellektuelle, in einer früheren Zeit sich weniger seinen Einzelaufgaben zugewandt hätte, wenn es mehr und vorwärtsblickender an der Gemeinsamkeit mitgearbeitet hätte, wenn dieses Bürgertum sich nicht zur Säule des Bestehenden gemacht hätte.

Aber auch das blieb hinter uns, auch das gehört der Vergangenheit an, auch das wollen wir heute als ein mögliches Trennendes nicht berühren. Nur die Tatsachen müssen wir uns vor Augen halten: Das Bürgertum ist aus dieser großen zentralen Bewegung, aus der großen peripheren Bewegung ausgeschaltet bis zum heutigen Tage. Es darf nicht abseits stehen. Und wenn ich das Wort Bürgertum ausspreche, so möchte ich gleich vorausschicken, für mein Empfinden und wahrscheinlich auch für Ihres gibt es diese Trennung, die bestanden hat, zwischen Ständen und Kasten und Klassen überhaupt nicht mehr. Auch der Begriff des Bürgertums wie der Begriff der Arbeiterschaft hat ein Ende und muß ein Ende haben. Aber wir müssen uns dieses Begriffes so lange bedienen, wie der Gegenbegriff des Arbeiters so stark im vollen Lichte steht, wie es gegenwärtig der Fall ist. Nur in diesem Zusammenhang möchte ich es verstanden wissen, wenn ich wieder und wieder vom Bürgertum reden sollte. Das Bürgertum als ein künftiger Begriff ist nicht gemeint, sondern das Bürgertum als diejenige Gruppe, die augenblicklich nicht den Inhalt bildet der Arbeiter- und Soldatenräte und nicht den Inhalt bildet der Revolutionsgemeinschaft, die sich konstituiert hat. Dieses Bürgertum aber, wenn wir es so nennen dürfen, muß sich sammeln und vereinigen. Es darf nicht abseits bleiben, die Gefahren, die uns drohen, sind heute noch unabsehbar. Es hat ja wohl den Anschein, und von Tag zu Tag mehrt sich dieser Anschein für viele, daß die Verhältnisse sich konsolidieren. Man hat, wenn man durch unsere Straßen geht, wenn man sieht, daß in den Fabriken gearbeitet wird, daß eine bürgerliche Regierung am Werke ist, das Gefühl, hier ist die Konsolidierung schon eingetreten. Möge sie es sein, wir wollen es hoffen. Wenn sie eingetreten ist, so wird sich mit den Verhältnissen, die entstanden sind, arbeiten lassen, wir werden uns auf sie einstellen können. Aber die Konsolidierung ist nur eine scheinbare. Ich will hier nicht über den seltsamen Psychologismus der Regierungsorganismen sprechen, aber Sie wissen eins – und nur das will ich berühren –, Sie wissen eins: daß die ganze Exekutive unseres Reichs, unseres Landes, unserer Stadt in den Händen eines einzigen Zimmers liegt, in dem der Vollzugsausschuß tagt, durch ein improvisiertes Wahlverfahren geschaffen, abgearbeitet, nervös, erregt, und dieser Vollzugsausschuß kann in jedem Augenblick Beschlüsse fassen, die alles Vorhandene beseitigen; denn er fühlt sich als die letzte, die absolute Exekutive des Landes, und de facto ist er es. Aber auch dann, wenn er, was in hohem Maße anerkannt werden muß, weiter fortfährt, einen gemäßigten Weg zu gehen, ist es die Frage, ob er es *kann;* denn ihn trennen von ganz anarchistisch gerichteten Mächten sehr dünne Scheidewände. Zwanzig Zentimeter Ziegel liegen zwischen unserer exekutiven Gewalt und dem Abgrunde und dem Chaos, eine Wand, die leicht zu durchbrechen und die schwer zu verteidigen ist. Ich sehe die Verteidigung dieses Gebäudes heute noch nicht. Deshalb glaube ich, müssen wir uns immer vor Augen halten: Die Gefahren, denen wir gegenüberstehen, sind groß, sie sind unabsehbar. Aber wir hoffen, daß das, was heute als das Bestehende bezeichnet werden kann, sich erhält. Wenn es sich aber nicht erhält, was dann?

Sie alle, meine Herren, erblicken von den Warten aus, auf denen jeder von Ihnen steht, das Gewebe des geistigen Lebens und das Gewebe des wirtschaftlichen und sozialen Lebens. Sie wissen, wie zart die Fäden dieses Gewebes sind, Sie wissen, daß eine Berührung die Fäden verschlingt und daß ein rascher Griff sie zerreißt, und Sie wissen, daß dieses zarte Spinngewebe, so leicht es zerstört ist, so schwer wieder aufzubauen ist. Sie wissen, daß wenige Monate einer absoluten Anarchie genügen, um Unwiderrufliches herbeizuführen. Aber dieses Unwiderrufliche, das wir in Rußland in seinen Anfängen sehen, das haben wir ja in Deutschland schon gehabt. Es mag manchem in den Sinn gekommen sein, was mir so in den letzten Tagen in den Sinn kam: In wenigen freien Minuten einmal wieder sich vorzuführen, wie es aussah nach dem Dreißigjährigen Kriege. Ich habe zu ein paar Schriftwerken gegriffen, und wenn man nun sieht, wenn man sich erinnert an die wundervolle Literatur Deutschlands vom 16. Jahrhundert, der Reformationszeit, und wenn man sieht, wie noch im Dreißigjährigen Kriege ein prachtvolles deutsches Monumentalwerk, der Simplizissimus, erwuchs, und wenn man dann sieht den Sturz, nicht nur in eine Tiefe, sondern in eine Banalität, in eine Fremdherrschaft, wie sie in keinem anderen Lande je existiert hat, wenn man dann sieht, wie diese Deutschen nach diesen schweren Kriegswirren sich an törichten, langweiligen Romanen vergnügen mußten, wie sie Hofmannswaldau und Lohenstein verschlangen, und wie langsam, langsam als erste Stimme dieses redenden und dichtenden Geistes dann wieder einmal ein Kirchenlied emporstieg, dann fühlt man, was es bedeutet, wenn in einem Lande alles zerrissen ist. Wir wollen uns die Verhältnisse eines solchen chaotischen Zustandes nicht ausmalen. Aber wir wollen daran festhalten, daß wir über dem Abgrunde schweben und daß ein Augenblick, ein Zufall genügt, um uns zu stürzen.

Diese chaotische Gefahr ist die größte, die kleinere ist aber eine, die nicht uns bevorsteht, sondern die sich bereits erfüllt hat und erfüllen mußte. Die kleinere Gefahr ist die der *Diktatur*. Daß eine Revolution in ihrer ersten Epoche nicht anders enden kann und nicht anders leben kann als in der Form einer Diktatur, ist selbstverständlich. Es ist nicht die Diktatur einer Person, es ist die Diktatur einer Klasse. Jahrzehntelang hat man den Gedanken der Diktatur des Proletariats hin und her gewälzt, und man hat sich wohl schrecklichere und schlimmere Dinge darunter vorgestellt, als auch diejenigen erleben, die am meisten von uns an der Vergangenheit hängen. Wir können über die Diktatur uns hinsichtlich ihrer Sachlichkeit nicht beklagen. Aber eine Diktatur ist sie, und wie lange sie besteht, liegt nicht in unserer Hand. Das ist aber nicht der innere Sinn einer Revolution, und das ist nicht der innere Sinn der deutschen Revolution, daß sie zu einer Diktatur einer Klasse, gleichviel, ob einer oberen, ob einer unteren, zur Diktatur einer Person oder zur Diktatur eines Standes führen darf. Der Zustand der Diktatur ist nicht ein zu vermeidender, sondern ist ein zu beseitigender. Ich glaube, daß alle Mächte von der Regierung bis zu den Soldatenräten in ihren großen Majoritäten einverstanden sind damit, daß nach einer gewissen Epoche die Ablösung der diktatorischen Gewalt erfolgt und daß an die Stelle der improvisierten Regierungen der Arbeiter- und Soldatenräte und ihrer Ausschüsse ein wirklich nationales Organ tritt. Wir glauben das alle, und wir hatten die Anzeichen dafür, daß das die leitenden Gedanken sind. Aber sind sie unter allen Umständen durchführbar? Werden nicht Gegenkräfte entstehen, die dann die Verdrängung des vorhandenen Zustandes wünschen und mit allen Mitteln durchzusetzen suchen? Und sind nicht die einzigen wahren Gegenkräfte, die gegen eine Verdrängung der Diktatur aufgerufen werden können, eben wir, die gesammelten Kräfte des Bürgertums? Alles das führt uns immer wieder zum Begriff der Sammlung. Die Sammlung aber, von der wir glauben, daß sie notwendig ist, darf keine Sammlung der Passivität sein. Sie darf nicht darin gipfeln, daß wir sagen: So ist es, und so bleibt es. Wir müssen uns zur Verfügung halten einzeln, in Gruppen, in der Gesamtheit zu jeder ordnenden Mitarbeit, die von uns erwartet und gewünscht werden kann, zu der gutwilligen, zu der freiwilligen, zu der erfindungsreichen Mitarbeit, deren wir fähig sind. Wir müssen im Namen des Landes und zum Besten des Landes freie, gutartige, gutwillige und besonnene Mitarbeiter sein und bleiben. Die volle Mitwirkung des deutschen Bürgertums aber wird nicht erreicht werden, wenn wir uns spalten in Einzeltendenzen und Gruppen. Gruppen bilden sich, wohin wir sehen, und es ist vielleicht an sich nicht schlimm, daß sie sich bilden, denn sie können sich auch wieder vereinigen. Aber wir dürfen nicht glauben, meine Herren, daß das Bürgertum nur in Gruppen gespalten, die Kraft, die geistige Verantwortung und die geistige Festigkeit bewahren kann, die heute von ihm gefordert wird. Wenn sich die Künstler vereinigen, so können sie wundervoll für den neuen Zustand schaffen, wenn es die Gelehrten tun, auch sie wiederum, und wenn es die Ingenieure tun, auch gut, und wenn es die Verwaltungsbeamten tun, um so besser; aber alles das sind einzelne Aktionen. Sie sind nicht gefaßt in eine Macht der Gesamtverantwortung, wie sie einer Weltbewegung gegenübergestellt werden kann. Wir dürfen auch bei dieser Bildung nicht aus-

gehen von Interessentengruppen. Wir wenigstens wollen diesen Weg nicht beschreiten: Es vereinigen sich die Ärzte, die Ärztekammern, die Anwaltskammern, es werden Ausschüsse, Bürgerausschüsse gebildet auf ständischer Basis. Das mag gut sein, es mag seine große Zukunft haben. Es ist nicht der Gedanke, der uns bewegt, einen Ausbau aus den Bausteinen der Elemente des Interesses zu schaffen. Der Baustein, den wir brauchen, ist das Gesetz, und das ganze Gebäude, das wir errichten, ist nicht das Gebäude der vereinigten Interessen, der vereinigten Stände, Meinungen, sondern es soll sein das vereinigte Interesse, das vereinigende Gebäude des deutschen Volkes, soweit es heute nicht seinen revolutionären Ausdruck bereits gefunden hat. In dieser Zeit braucht jeder jeden. *Alle für jeden und jeder für alle!* In dieser Zeit ist nur die Vereinigung, nur das Bindende die einzige Macht, die uns bleibt, um einer Diktatur gegenüber uns zu halten und dafür einzutreten, daß die Verhältnisse eines revolutionären Geschehens, das hinter uns liegt und das, wie wir alle hoffen, zum Guten führen wird – daß dieses Ereignis sich nicht in Überstürzung dem Abgrunde entgegenrollt, sondern daß sich dieses Ereignis in geordneten organischen Formen weiter vollzieht.
Meine Herren! Eine Partei zu gründen, schlagen wir Ihnen nicht vor. Die Partei ist das Sinnbild des Trennenden, und in dem Augenblick, wo wir uns über Parteigrundsätze verständigen wollen, werden wir zerrissen sein, in dem Augenblick werden möglicherweise mehr Meinungen unter uns sein als Menschen. Es wird zu der Bildung von Parteien kommen, und es muß zu der Bildung neuer und ganz anders gearteter Parteien kommen, als die Vergangenheit sie hatte. Aber diese Parteigründung mit dem anderen Gedanken zu verbinden, in dessen Namen wir Sie gebeten haben, mit dem Gedanken der absoluten Solidarität und Einigung, das wäre der schwerste Fehler, den wir machen können. Lassen Sie uns im Gegenteil alle Gegensätze zurückstellen, lassen Sie uns nur uns zusammenfinden und uns zusammenfinden in dem Gedanken dessen, was uns vereinigt: Organismus und Ordnung, Sammlung des deutschen Geistes, der deutschen Arbeitskraft. Und deswegen wollen wir auch kein Parteiprogramm. Das einzige, was uns als Beschluß vereinen darf und vereinen soll, ist eine Forderung und, wie ich glaube, eine Forderung, von der sich keiner ausschließt: Es ist die Forderung der Nationalversammlung, der

schleunigen Berufung, der schleunigen Errichtung dieser Versammlung; und es ist die weitere Forderung, daß, solange diese Nationalversammlung nicht gesprochen hat, solche Entscheidungen und solche Gesetze, die die tiefsten Grundlagen unseres gesellschaftlichen und wirtschaftlichen Aufbaus berühren und angreifen, nicht erfolgen.

Das ist das einzige, meine Herren, was wir fordern. Aber eine Forderung ist ein Hauch in der Luft, sie ist nichts, wenn hinter dieser Forderung keine Macht steht. Ob eine Macht hinter dieser Forderung stehen soll, das, meine Herren, werden Sie entscheiden. Entscheiden Sie es, und schließe sich das Land Ihnen an. Das wird es. Wenn Sie einig sind, dann wird hinter der Forderung eine Macht stehen. Nicht die Macht einer höheren Geistigkeit wollen wir damit verkünden, sondern nur diejenige Macht der Menschen, die eine Verantwortung für das Land fühlen und zu einer Verantwortung für das Land beigetragen haben bisher, und zwar derjenigen, die bisher ausgeschlossen sind von dem werdenden Fluß der Dinge. Beschließen Sie es, so steht eine Macht hinter uns, eine geistige Macht und zugleich eine sittliche Macht, denn das, was uns sittlich war, bleibt erhalten, und das, was in uns mangelhaft war, das wird geläutert durch das, was wir erleben, und was uns erschüttert, ist sittliche und geistige Macht des schaffenden Landes, des geistigen, werktätigen, des wirklichen Bürgertums; diese Macht aufzurufen, steht bei Ihnen, und deshalb bitten wir Sie auf das herzlichste, lassen Sie uns hier einen Bund schließen, lassen Sie uns einen Bund schließen von Menschen, die in ihren Meinungen verschieden sein mögen, aber die das eine wollen: die Ordnung und die Ruhe, die organische Entwicklung, die Zukunft, die Freiheit und die wahrhafte innere Größe unseres Landes. Lassen Sie uns diesen Bund schließen. Es wird der erste Bund freier Männer im freien Lande sein.

Rede im ›Bund der technischen Angestellten und Beamten‹

4. Mai 1920

Meine Herren!

Es war unser aller Hoffnung, daß mit der neuen Gestaltung, die Deutschland sich selbst gegeben hat, neue Gedanken und neue Träger von Gedanken sich der Geschicke unseres Volkes annehmen würden. Leider hat sich diese Erwartung nur in sehr geringem Umfange erfüllt; die eine große Hoffnung, die wir auf Herrn Wissell gesetzt haben, hat er selbst gerechtfertigt, aber nicht gerechtfertigt worden ist sie durch unsere Nationalversammlung.

Wenn ich mir erlauben darf, zu den großen Perspektiven, die sich vor Ihnen entrollt haben, ein kleines Bild hinzuzufügen, so möchte ich als Gegenstand der wenigen Minuten, die ich Ihre Aufmerksamkeit in Anspruch nehmen darf, erbitten, Ihnen etwas sagen zu dürfen über die Lage des Auslandes.

Wir haben durch die Ausführungen gehört, wie tief unser Land erschüttert ist, wie schmerzlich es leidet, wie gering die Hoffnungen auf eine rapide und augenblickliche Besserung sind. Es ist kein Trost zu wissen, daß es andern auch schlecht geht, aber gerade für uns ist es heute nötiger denn je, die Augen auf das Ausland zu richten, das eben noch unser Feind war, das unser Rivale lange bleiben wird und vielleicht niemals unser Freund sein wird.

Wenn wir die Länder des Auslandes an uns vorübergehen lassen, zunächst England, so sehen wir eine Wirtschaft, deren große Stärke auf dem Kolonialbesitz ruht, einem Kolonialbesitz, der sich durch den Krieg gewaltig vergrößert hat. Die wirtschaftliche Leistungsfähigkeit Englands während des Krieges ist gestiegen, und zwar ist sie hauptsächlich deswegen gestiegen, weil man jegliche Gedanken gemeinwirtschaftlicher Art, die von einem engen Kreis in Deutschland bisher vertreten worden sind, zwar nicht systematisch und zielbewußt, wohl aber doch in einigen Grundzügen für das Land adoptiert hat. Nun ruht England, verdauend die gewaltigen Zuwachsmengen an Ländern, die es im Kriege errungen hat. Vorderasien, Mesopotamien, ein gewaltiger Besitz in Afrika ist Englands Zuwachs. Die englischen Gefahren haben sich dadurch nicht verkleinert, die englischen Kolonialaufgaben haben sich vergrößert. Für die innere Wirtschaft bleibt sicher noch Kraft übrig, aber sie ist bedroht durch die mannigfachen Unzufriedenheiten in der Arbeiterschaft, sie ist bedroht dadurch, daß in England die jungen Kräfte sich ebensowenig regen wollen, wie sie sich bisher grundsätzlich in Deutschland geregt haben.

Frankreich: Die zerstörten Gebiete haben viele von Ihnen aus eigenem Augenschein gesehen. In der Mitte von Europa liegt diese tiefe, kaum verharschende Wunde, diese zerstörten Länder, zerstörten Städte. Die französische Volkswirtschaft ist tief verschuldet, verschuldet zum Teil an England, das seinerseits verschuldet ist an Amerika, ferner an Amerika direkt, mit Beträgen von vielen Milliarden, an deren Bezahlung nicht gedacht werden kann. Der Wiederaufbau der zerstörten Gebiete läßt auf sich warten. Deutschland hat mancherlei Anerbieten gemacht, um die Aufgabe zu beschleunigen. Frankreich zögert, aus welchem Grunde mag hier nicht erörtert werden. Die französische Handelsbilanz hat eine Einfuhr von neunundzwanzig Milliarden, eine Ausfuhr von neun Milliarden aufgewiesen. Zu dekken ist ein Fehlbetrag von zwanzig Milliarden für ein Land, das noch nicht vierzig Millionen Einwohner hat.

Die Situation Italiens bedarf unserer Aufmerksamkeit nicht so sehr. Sie ist bedrückt durch eine schwer verlustbringend gewordene Volkswirtschaft, aber Italien steht auf manchen Bodenprodukten, steht auf großen Wasserkräften, die es entwickeln kann; seine Situation betrifft uns in diesem Augenblick weniger.

Amerika: Dahin wenden sich alle Blicke, alle erwarten von Amerika, alle Länder, alle Privaten, die Goldströme, die kommen sollen, um Europa zu befruchten, die Ströme an Metallen, an Textilien, an Nahrungsmitteln, die kommen sollen, um uns Arbeit zu geben, um uns zu bekleiden, uns zu ernähren. Amerika ist sehr reich geworden im Kriege – das ist wahr; es ist der Gläubiger der ganzen Welt. Die große Aufgabe, die in vergangenen Jahrzehnten und Jahrhunderten England erfüllte, die Aufgabe, die Welt zu finanzieren, ist übergegangen an Amerika. Aber in Amerika selbst ist im Kriege nichts geschaffen worden als Kriegswirtschaft, Kriegswirtschaft für Europa. In Amerika selbst ist die Wirtschaft zurückgeblieben in ihren Erneuerungen, in ihren Erweiterungen. Tausende von Eisenbahnwagen sperren sich auf der Eisenbahn, ganze Linien sind stillgesetzt worden, weil sie nicht ordentlich instand gehalten worden sind; die großen Werke bedürfen der Erneuerung. Amerika wird seinen großen, so rasch verdienten Reichtum auf Jahre hinaus darauf verwenden müssen, seine eigene Wirtschaft wieder zu beleben und zu befruchten. Für Europa bleibt wenig.

Rußland: Das Bild der Zerstörung ist Ihnen bekannt. Rußland wird daran nicht zugrunde gehen. Wir nennen es eine Sowjet-Republik, das ist es weniger als irgend etwas anderes. Rußland ist eine riesenhafte Agrar-Republik geworden mit hundertachtzig Millionen Agrarbevölkerung. Eineinhalb Millionen Arbeiter sind übriggeblieben von den drei Millionen, die es ursprünglich hatte, und diese eineinhalb Millionen Arbeiter glauben, eine Sowjet-Republik zu sein, während hinter ihnen die ungemessenen Steppen des Landes sich ausdehnen, belebt von der größten Bevölkerung eines europäischen Landes von nahezu 200 Millionen, die vom Sowjet, von der Republik, von der Wirtschaft nichts wissen und nur das eine wissen, daß sie Land bekommen haben, das sie nicht wieder hergeben und daher den gegenwärtigen Machthabern folgen. Die russische Republik wird trotzdem wahrscheinlich standhalten, sicher aber wird das russische Land standhalten, denn es ist ein landwirtschaftliches Gebiet, unerschöpflich, ein Gebiet, das auf Jahrhunderte dazu bestimmt ist, nicht nur sich selbst, sondern auch große andere Länder zu versorgen. Rußland hat ein großes Leben in sich.

Von Japan rede ich nicht. Es hat sich stark bereichert, aber noch heute sind die geographischen Entfernungen bedeutend und wichtig. Wir werden unsere Berührungsflächen mit Japan nicht in unerwarteter Weise zu vergrößern haben.

Inmitten dieser Länder ruhen wir, inmitten dieser Länder sind wir im Augenblick das geschwächte, das verarmte, das verelendete Land, das müssen wir wissen. Das hat Ihnen Herr Wissell mit großer, warmer Eindringlichkeit geschildert, er hat uns dazu aufgerufen, diesen Dingen wahrhaft ins Auge zu sehen. Wir werden es tun.

Aber wir wissen von Deutschland eins: daß es in diese große Welt gestellt ist, in der kein einziges Land heute seine Aufgabe erfüllen kann, nämlich die Aufgabe der Produktion. Jedes Land bleibt mit seiner Produktion zurück. Nicht nur Deutschland ist zurückgeblieben, die Welt ist zurückgeblieben, und jedes einzelne Land wird große Schwierigkeiten haben, um die Aufgabe zu erfüllen, die die Weltwirtschaft ihm gestellt. Darin liegt eine unserer wenigen Hoffnungen. Denn das, was wir in Deutschland besitzen, ist nicht nur ein ziemlich unveränderter Wirtschaftsapparat – denn wenig unseres Landes ist wahrhaft zerstört worden –, es ist nicht nur ein Wirtschaftsapparat, der einstweilen noch läuft und den wir in Ordnung halten wollen, den wir noch in Ordnung bringen müssen. In Deutschland leben sechzig Millionen Menschen und sechzig Millionen Menschen von einer ganz besonderen Art, sechzig Millionen von einer Arbeitskraft, wie sie die Welt an keiner zweiten Stelle kennt. Wenn die Erschlaffungserscheinungen eingetreten sind, die Herr Wissell erwähnt hat und die wahr sind, so wissen wir, daß sie vorübergehend sind. Jeder von uns fühlt es, daß, wenn wir auch gelitten haben und wenn auch unsere Nerven nicht mehr das sind, was sie vor dem Kriege waren, und wenn wir auch ermüdet sind und an manchem leiden . . ., wenn er sich im Innersten befragt: Wir wollen arbeiten! Das ganze Land will arbeiten, und wenn dieses Land sich in Bewegung setzt, wenn diese sechzig Millionen Menschen wieder anfangen, so zu arbeiten, wie sie wollen, wie sie können, wie wir es von ihnen erwarten, so wird im Kreise der Völker, die nicht alle den gleichen Wirtschaftsapparat zur Verfügung haben, die nicht den gleichen Willen nach Arbeit zur Verfügung haben, Deutschland wieder anfangen, allmählich ein beachtenswerter Faktor zu sein. In diesem Augenblick werden auch ihm wieder Güter zuströmen und wird auch das deutsche Leben sich veredeln und sich erweitern.

Die Wege sind uns gewiesen, unsere Grenzen sind zurückgeschnitten worden. Es ist nicht daran zu denken, daß wir in absehbarer Zeit diese Grenzen verrücken. Unser Wirtschaftsapparat ist uns gegeben. Es ist schwer, heute auch nur ein Haus zu bauen, es ist schwer, eine Fabrik zu bauen. Die Menschenzahl ist uns ebenfalls gegeben, es waren nahezu an siebzig Millionen, es sind ungefähr noch sechzig Millionen Menschen. So sind unsere Vorbedingungen uns gegeben, und nicht

eine einzige zu verrücken steht in unserer Macht. Was aber ist das Ergebnis?
Wenn zehn oder hundert Menschen sich vor eine Aufgabe gestellt sehen, und sie sehen, daß diese Aufgabe nicht bewältigt wird, indem jeder von ihnen einzeln sich quält und plagt, was ist das Ergebnis? Sie treten zusammen, sie beraten, sie organisieren sich, sie fassen ihre Arbeit zusammen. Nirgends in der Welt ist das wirklich geschehen, am wenigsten bei uns. Sie haben gehört, welche Folgen die nicht zusammengefaßte, die anarchistische, die anorganische Wirtschaft in den letzten Jahren für uns gehabt hat. Sollten wir nicht die Kraft haben, *wir*, die wir geglaubt haben, Meister der Organisation zu sein und die wir zum mindesten gute Objekte der Organisation gewesen sind, die wir aber auch zum Teil noch mehr gewesen sind, die wir doch schließlich einen Bau aufgerichtet haben, der lange Zeit in der Welt unerreicht war, sollten wir an uns verzweifeln, sollten wir glauben, daß unsere Wirtschaft ewig anarchistisch bleiben muß, weil eine große Menge von Interessenten, weil der Handel, weil andere Gebiete des Wirtschaftslebens diese Ordnung, diese Zusammenfassung, diese Kristallisation nicht wollen?
Die Gedanken sind da, der Wille zur Arbeit ist da, die Fähigkeit zur Organisation ist da, die Organisierbarkeit ist da; warum sollte uns der Wille fehlen, uns so zusammenzufassen, wie wir uns, allerdings zum bösen Zwecke, in der Kriegszeit zusammengefaßt haben? Wir wollen nicht den Zwang einer obrigkeitlich geregelten Kriegswirtschaft, wir wollen keinen Zwang mehr erleben, weder einen Feudalzwang noch einen Militärzwang noch einen Regierungszwang. Was wir wollen, ist die Organisation nach dem Grundsatze der Selbstverwaltung und mit dem Prinzip der Solidarität.
Die Gedanken sind vorhanden, warum fehlt es am Willen? Es fehlt deshalb, weil diese Gedanken noch nicht begriffen worden sind, weil sie überdeckt sind mit Schlagworten, weil Interessenten und solche, die es nicht verstehen konnten und wollten, die schwer erarbeiteten Gedanken zugedeckt haben, um es allgemein auszusprechen, und weil nicht nachgeprüft worden ist. Hätte man Herrn Wissell Zeit gegeben, diese Dinge zu erörtern, wäre der Reichstag wirklich darauf eingegangen, in ernsten langen Debatten diese Gedanken zu prüfen, das Ergebnis wäre ein anderes als das, was wir heute vor uns sehen.

Meine Herren! Man hat uns von seiten unserer Feinde vorgeworfen und wirft es uns noch heute vor, daß wir vor dem Kriege und während des Krieges nicht ideenbildend gewesen sind. Es ist wahr, die Feinde haben mit Hilfe ihrer glänzenden Propaganda Ideen in die Welt geschleudert, die zündend gewesen sind. Aber diese Ideen wären nicht zündend gewesen, wenn ihnen nicht Wahrheitskerne zugrunde gelegen hätten.
Wenn man im Auslande gesprochen hat, im feindlichen, man kämpfe für Demokratie, so war manches daran falsch, etwas aber auch daran wahr; und wenn man für Rechte von Völkern eingetreten ist, so haben wir keine Gedanken dagegengesetzt, mit denen wir Neutrale und andere Völker auf unsere Seite hätten ziehen können. Wir sind in Deutschland, das ist der schwere Vorwurf, den wir uns machen müssen und den wir uns so lange machen werden, bis er sich von selbst umgestellt hat, nicht ideenbildend gewesen.
Wir sind in Deutschland zur Kritik geneigt, dazu geneigt, daß der eine den andern nicht verstehen will, daß ein jeder seine eigene Meinung haben will, die er nach Leibeskräften verficht. Wir sind daran gewöhnt, daß wir sehr schwer unser Vertrauen verschenken, aber Einsicht ist uns vom Himmel gegeben. Wir sollten jeden ehrlichen Gedanken prüfen und sollten versuchen, ob in solchen Gedanken wirklich ein Kern der Produktivität, der Neuheit und der Wirksamkeit liegt. Prüfen Sie diese Gedanken der organisierten Wirtschaft, und Sie werden finden, daß sie gesund sind. Und wenn Sie sie geprüft haben, dann nehmen Sie diese Gedanken in Ihre beiden Hände und sagen: Hier haben wir eine deutsche Idee. Sie ist für den Augenblick nur eine Idee der Wirtschaft, aber das ist im Augenblick das, was der Welt fehlt. Wenn wir das Volk sind, das zum erstenmal wieder eine große Idee, sei es in der Wirtschaft, sei es in der Politik, verwirklicht, so haben wir nicht nur unserm leiblichen Wohl gedient, sondern haben unsere Stellung in der Welt wiedergewonnen, eine Stellung, die vielleicht größer ist als die frühere, weil sie nicht mehr beruht auf der Furcht, sondern auf dem Respekt.

›Produktionspolitik‹ Rede auf der Tagung des deutschen Beamtenbundes in Berlin 26. Oktober 1920

Meine Damen und Herren!

Ihr Vorstand hat mir den ehrenvollen Auftrag gegeben, vor Ihnen über den Gegenstand zu sprechen, der heute die öffentliche Meinung aller Länder bewegt: über Sozialisierung. Ich bitte um Ihre Erlaubnis, den Gegenstand dieser Aussprache etwas abzuändern und als Thema der Betrachtung zu wählen: das Problem der Produktionspolitik. Sie werden im Verlaufe der Ausführungen sehen, daß die Produktionspolitik der eigentliche Schlüssel des Problems ist, das uns bewegt.

Wenn ich den Gegenstand überblicke, den Sie der heutigen Diskussion auferlegt haben, so muß ich feststellen, daß es sich um eine so große Weiträumigkeit der Begriffe und Gedanken handelt, daß es kaum möglich ist, den Inhalt in den Vortrag einer Stunde zu drängen. Die Vorarbeiten, deren es bedurft hätte, um in scharfer Präzision einen umfassenden Gegenstand zu behandeln, konnte ich in der Bedrängnis dieser Tage nicht ausreichend leisten. Ich muß deshalb um Ihre Nachsicht bitten, wenn vieles Ihnen gedrängt, wenn manches Ihnen nicht ganz deutlich erscheint. Um so mehr muß ich meine Ansprüche an Sie erhöhen. Es werden an Ihre Auffassung starke Zumutungen gestellt werden, und es wird nötig sein, daß wir uns beide bemühen, mit so wenig Worten wie möglich so umfassende Begriffe zu erfassen.

Der Begriff der Sozialisierung ist zum Schlagwort geworden, und Sie wissen alle, daß die Schlagworte, die eine Zeit beherrschen, fast niemals ganz und niemals richtig die Probleme decken, mit denen die Zeit sich innerlich befaßt. Unter Sozialisierung versteht ein jeder etwas anderes, und vielleicht ist nur das dem öffentlichen Gewissen gemein, daß man glaubt, mit einem einheitlichen Rezept, mit einer einheitlichen Maßnahme ließen sich alle Nöte unserer Zeit abstellen.

Es handelt sich also darum, daß wir den Begriff auflösen. Wir müssen hinabsteigen in die Grundtendenzen, die unsere Zeit bewegen, um zu verstehen, in welcher Weise neu aufgebaut werden kann, um den Begriff zu finden, der nicht als ein Rezept, sondern als eine Gedanken- und Organisationsform uns dazu führt, das Neue zu gestalten, das uns auferlegt ist.

Wir werden also die Grundtendenzen zunächst zu betrachten haben, die unsere Zeit bewegen, und da haben wir drei zu unterscheiden, die ich Sie bitte mit Aufmerksamkeit zu erwägen.

Die erste Grundbestrebung, um die es sich handelt, ist die Forderung, die Güterverteilung der Nationen und der Welt zu einer gerechten zu gestalten.

Jeder von uns empfindet die Ungerechtigkeit, die in der Güterverteilung der Welt im Genuß, im Verbrauchsanspruch obwaltet. Jeder von uns fühlt, daß es ein Bedenkliches ist, wenn Generationen und Generationen in der stärksten Differenzierung aufwachsen hinsichtlich dessen, was ihnen im Gütergenuß der Erde zusteht, und vor allem, was sie beanspruchen können hinsichtlich der Umwandlung von Gütern in das stärkste Agens der Zeit, nämlich in die Bildung. Der Ausschluß von der Bildung ist die härteste Folge ungleicher Güterverteilung. Das Streben, diese Güterverteilung gerechter zu gestalten als sie ist, ist als die erste und vielleicht die bedeutendste Grundtendenz unserer Zeit zu betrachten.

Die zweite Grundtendenz, die wir ins Auge fassen müssen, ist die Forderung der Mitbestimmung. Es wird als eine Ungerechtigkeit empfunden, und mit Recht, wenn weite Kreise der Völker ausgeschlossen sind von der Bestimmung ihrer wirtschaftlichen Geschicke. Die Analogie dieser Frage haben wir erlebt im vergangenen Jahrhundert. Da handelte es sich nicht um die Bestimmung und Mitbestimmung in der Wirtschaft, sondern um die Bestimmung und Mitbestimmung in der Politik. Es handelte sich um die Fragen der Autokratie, des Konstitutionalismus und der Demokratie. Was wir auf politischem Gebiete erlebt haben, begegnet uns im Laufe dieses Jahrhunderts auf wirtschaftlichem. Auch hier werden wir von der Autokratie den Weg zur Demokratie gehen, und die Tendenz, die Grundbestrebung, die dorthin führt, ist das Streben nach Bestimmung und Mitbestimmung.

Die dritte Tendenz, die wir ins Auge zu fassen haben, ist die der Hebung des allgemeinen Wohlstandes. Denn es ist klar, daß die Gütermengen der Welt und die Gütermengen der einzelnen Länder nicht im entferntesten heute ausreichen, um einem jeden diejenige Existenz zu gewähren und ihm denjenigen Anteil an Gütern zuzuweisen, der für seine Erhaltung, für seine Entwicklung, für seine geistige Ausbildung erforderlich ist. Es ist also die dritte Tendenz diejenige, die wir am nachdrücklichsten ins Auge zu fassen haben: die Tendenz der Gütervermehrung, das heißt die Tendenz der Produktion.

Stellen wir uns nun kritisch gegenüber diesen verschiedenen Tendenzen und den Formen, in denen sie sich ausgewirkt haben, so kommen wir zu folgender Betrachtung: die Grundtendenz der Güterverteilung ist diejenige, die ursprünglich dem marxistischen System zugrunde gelegen hat. Von der Güterverteilung ist man ausgegangen, als man dazu schritt, durch den großen Gedanken der Verstaatlichung aller Betriebsmittel die Güterverteilung gerecht und den Erfordernissen einer großen Nationalwirtschaft entsprechend zu gestalten; aber in dem Augenblick, wo man diesen Gedanken zu Ende denkt, ergeben sich Konsequenzen, die nach jeder Richtung hin Sorge und Bedenken erwecken.

Wenn wir zunächst ins Auge fassen den Grundbegriff des Systems, den Begriff des Mehrwertes, so finden wir, daß fünfzig Jahre lang sich kaum jemand die Mühe genommen hat, diesen Mehrwert zu errechnen und wirklich festzustellen, ob die Verteilung dieses Mehrwertes eine solche erhebliche Veränderung im Wirtschaftsleben des Volkes hervorruft, daß man sagen kann: durch diese Verteilung werden die Verhältnisse grundstürzend umgewandelt. Die Berechnungen sind in letzter Zeit vielfach gemacht worden, und man hat sie gemacht sowohl im Hinblick auf die Gesamtwirtschaft des Staates wie auch im Hinblick auf die Einzelwirtschaften der Unternehmungen. Wenn Sie die Einzelwirtschaften der Unternehmungen betrachten, Aktiengesellschaften oder irgendwelche großen Produktionswerke, und feststellen, rechnerisch, wie groß diejenigen Beträge sind, die das Werk eigentlich als Mehrwert erübrigt hat und sich nun fragen: wieviel würde es auf den Kopf des Angestellten und des Arbeiters ausmachen, wenn dieser Mehrwert restlos verteilt würde auf die

Kopfzahl, so ergibt sich das sehr betrübliche Resultat, daß die Zahl eine außerordentlich mäßige ist. Es ist eine Zahl in der Größenordnung von etwa 250 — 300 Mark pro Jahr und Kopf, das heißt eine Zahl, die geringfügig ist, wenn man sie in Vergleich stellt zu irgendeiner beliebigen noch so mäßigen Lohnerhöhung, wie sie heute alle wenige Monate an der Tagesordnung ist. Wenn also ein Unternehmen seinen gesamten Mehrwert ausschütten wollte an Angestellte und Arbeiter, so würde das Ergebnis heute unter den gegenwärtigen Wirtschaftsverhältnissen ein durchaus unbefriedigendes sein.

Zu einem einheitlichen Gesamtergebnis kommt man, wenn man, ausgehend von der Nationalersparnis eines Landes, sich Rechenschaft darüber ablegt, wie groß denn der Mehrwert in einem gesamten Lande ist. Die Gesamtersparnis eines Landes muß den Mehrwert umfassen. Größer kann er nicht sein als das, was das Land in seiner Gesamtheit erspart, das heißt mehr produziert als konsumiert. Die Differenz zwischen Produktion und Konsum in Deutschland ist vor dem Kriege verschieden geschätzt worden. Man kann wohl annehmen, daß sie in der Größenordnung von fünf bis sechs Milliarden gewesen ist. Es würde sich daraus ergeben, daß eine Betrag von fünf bis sechs Milliarden jährlich verteilbar wäre, wenn man den ganzen Mehrwert zur Verteilung bringen könnte. Das ist ein Trugschluß, denn dieser Mehrwert ist bisher nicht verbraucht, sondern – das wird auch von der Theorie bestätigt – zur Akkumulation verwendet worden. Er ist hineingesteckt worden in Maschinen, in Apparate, in Gebäude, in Eisenbahnen, in Häfen, in Transportanlagen des Landes, und ein Land, das sich entwickelt, wird diese Investitionen und Erneuerungen niemals entbehren können, es wird also niemals in der Lage sein, den gesamten Betrag seiner wirtschaftlichen Ersparnisse zu verteilen. Wenn man aber rechnet, daß tatsächlich in einem Lande ein gewisser Luxuskonsum geherrscht hat, der nicht verteilt worden ist, und annimmt, daß dieser wenigstens hätte verteilt werden können, so ergibt sich rechnerisch, daß es sich hier um einen Betrag von etwa eineinhalb Milliarden gehandelt haben könnte, der verteilbar gewesen wäre, wenn man verzichtet hätte auf irgendwelche ungleichmäßige Entlohnung der verschiedenen Arbeiter des Landes, wenn man also die Bedingung gestellt hätte, daß jeder Generaldirektor, jeder Geheimrat oder Professor genauso gelebt hätte wie jeder Arbeiter; dann wären etwa eineinhalb Milliarden verteilbar geworden, und dieser Betrag – das können Sie leicht ausrechnen — durch sechzig Millionen dividiert, würde eine Größenordnung ergeben, die noch kleiner ist als diejenige, die ich vorhin genannt habe. Es käme ein Verschwindendes auf den Kopf der Bevölkerung, wenn dieser Betrag verteilt worden wäre; mehr hätte aber nicht verteilt werden können.

Wir werden also bei der Betrachtung der Güterverteilungsfrage zwingend darauf hingewiesen, daß, wenn wir die Güterverteilung eines Landes anders regeln – und sie wird und muß anders geregelt werden –, daß dann ein Grunderfordernis ist, daß wir die Quellen des Landes stärker fließen lassen, daß wir seine Produktion erhöhen, daß wir die Beträge, die verteilbar sind, vergrößern, denn wo nichts ist, hat der Kaiser sein Recht verloren. Mit anderen Worten: Die Betrachtung des Güterverteilungsproblems führt uns zur Betrachtung wiederum der Probleme der Produktionserhöhung. Nur durch Produktionserhöhung sind wir imstande, diejenigen Beträge, die verteilbar sind, so zu erhöhen, daß sie in der Wirtschaft der Allgemeinheit etwas Entscheidendes ausmachen.

Ich komme zu der Kritik der zweiten Tendenz, über die wir gesprochen haben, nämlich der Kritik des Mitbestimmungs- beziehungsweise Bestimmungsrechtes. Sie wissen, daß man in Rußland davon ausgegangen ist, zu sagen: Alles, was die Industriewirtschaft betrifft, mag zunächst einmal in die Brüche gehen. Wir sind ein Land des Agrariertums, wir sind ein Bauernland; die Industrie, die Arbeiterschaft ist nur eine schmale Fassade. Wir können für ein paar Jahre ohne weiteres verzichten auf eine gesunde Industrialwirtschaft, wenn wir nur einen Grundsatz verwirklichen, nämlich die Vernichtung des Ausbeuters. Wir wollen nicht mehr arbeiten für einzelne Menschen, wir wollen nur noch arbeiten für den Staat, wir wollen nur noch arbeiten für die Gemeinschaft. Das ist die Tendenz der Mitbestimmung beziehungsweise die Tendenz des Gegensatzes zur Privatwirtschaft in ihrer höchstgesteigerten Form, in derjenigen Form, in der sie die Leidenschaften des Ressentiments angenommen hat, indem sie nämlich mehr zu einem Rachegefühl geworden ist gegen das Vergangene als zu einer aufbauenden Tendenz für das Zukünftige.

Wir haben die Tendenz Rußlands in Deutschland nicht zu befürchten. Wir gehen organisch vor, und wir haben weder das Gefühl eines

Ressentiments, noch haben wir das Gefühl irgendeiner Leidenschaft in den Mittelpunkt gestellt, wo es sich um die Fragen des reinen Aufbaues handelt. Wir können also von dieser extremistischen Tendenz absehen und sagen: es liegt bei uns die Bestrebung vor, mitbestimmend zu sein sowohl in den Betrieben wie auch in denjenigen Stellen, wo die Güter in ihrem Verkehr geregelt werden. Wir betrachten es als ein Recht, wir betrachten es als eine Pflicht, Verantwortung mitzutragen. Wir wollen nicht mehr unser Schicksal abhängig wissen von der Entschließung einiger weniger einzelner.

Diese Tendenz ist gesund, aber auch ihr gegenüber stehen Schwierigkeiten der Verwirklichung. Die Verantwortungen, die heute getragen werden müssen, sind schwer, die Entschlüsse, die in der Wirtschaft gefaßt werden müssen von einem Tage zum anderen, sind außerordentlich verantwortungsvoll und erfordern die rascheste Beweglichkeit. An sich ist es schwer, mit einer großen Zahl von Mitbestimmenden schnelle, schwerwiegende Entschlüsse zu treffen. Auf der anderen Seite muß die Zahl der Bestimmenden derartig eingedrungen sein in die Tiefe des Problems, daß sie wirklich mit der vollen Elastizität in jedem Augenblick sagen können: Ja, das ist richtig, das muß geschehen, das machen wir mit. Ein solcher Zustand erfordert eine hohe technische Einsicht und kommerzielle Erfahrungen, von denen ich glaube, daß sie in unserem Lande erreicht werden können und erreicht werden. Es wird aber sehr schwer sein, sie von einem Tage zum anderen zu erreichen. Wir haben heute Länder, wie zum Beispiel die Tschechoslowakei oder Polen, die tatsächlich bei der großen, sich stets häufenden Menge der Aufgaben nicht wissen, wo sie die verantwortlichen Menschen hernehmen sollen, und wir sind nicht mehr weit von diesem Zustande entfernt. Die Geschulten und Verantwortlichen unterliegen heute der Last ihrer Arbeit und ihrer Verantwortung, und die Zahl derer, die zur Verfügung stehen und die volle Verantwortung tragen können, ist noch nicht so groß, wie man es im ersten Augenblick glauben könnte.

Mitbestimmung also muß erfolgen, aber es muß zur Mitbestimmung allmählich eine Schulung geschaffen werden. Es muß ein Hereinwachsen der Allgemeinheit in die großen, schwer durchdringbaren Aufgaben stattfinden, mit denen sich heute nur eine verhältnismäßig kleine Zahl von Menschen beschäftigt. Die Tendenz ist zu billigen.

Sie ist mit allen Kräften zu fördern, aber über ein gewisses Zeitmaß werden wir nicht hinwegkommen. In der Gesetzgebung der Betriebsräte sehe ich die Möglichkeit, daß die Arbeiterschaft sich in große industrielle, in große kommerzielle Aufgaben hineinarbeitet. Ich glaube und hoffe, daß trotz aller Schwierigkeiten, die der Durchführung des Gesetzes sich entgegenstellen werden, allmählich aus dem Betriebsrätegesetz eine gegenseitige Schulung der Arbeitgeber und Arbeitnehmer erfolgen wird. Auch der Reichswirtschaftsrat ist eine Schöpfung, die der Tendenz der Mitbestimmung gerecht zu werden versucht. Sie ist dazu bestimmt, ein paritätisches Gremium zu sein, in dem die großen Wirtschaftsfragen des Landes erörtert und beschlossen werden sollen, aber auch hier wird es langer Anlaufzeiten bedürfen, bis ein wirklich gleitendes, reibungsloses Funktionieren des Apparates möglich ist.

Wie aber auch sich die Frage der Mitbestimmung und des Bestimmungsrechtes gestaltet, auch sie werden nur dann die Möglichkeit haben, dem Lande Befriedigung und Wohlstand zu schaffen, wenn gleichzeitig die Produktion so gesteigert wird, daß sie den Schwierigkeiten des Anlaufs solcher neuer Organismen gewachsen ist. Auch hier werden wir wiederum verwiesen zu dem Punkte, von dem wir ausgingen, daß immer wieder die Frage des Produktionsproblems sich in den Vordergrund stellt und daß wir dieses Produktionsproblem eingehender zu betrachten haben als irgendein anderes.

Ich komme nun zu diesem Produktionsproblem selbst, das aufgebaut ist auf der dritten Grundbestrebung, von der wir gesprochen haben, auf der Grundbestrebung, die den allgemeinen Wohlstand des Landes fordert, so daß die Notwendigkeit sich uns auferlegt, unsere Produktion so umzustellen, so zu gestalten, daß sie, von neuartigen Voraussetzungen ausgehend, die Gütermenge des Landes auf ein Vielfaches steigert, die jährlich erzeugt wird. Das ergibt sich von selbst, wenn wir unsere Lage betrachten und wenn wir sie mit unserer früheren Lage vergleichen.

Wir kennen die Wirkungen des Versailler Friedens; wir wissen, daß aus dem starken und reichen Lande, in dem wir gelebt haben, ein armes und bedrücktes, durch Konkurrenz geschwächtes Land geworden ist. Die Notwendigkeit für ein solches Land, sich neuer Methoden der Produktion zu bedienen, liegt außer Zweifel.

Wenn wir uns früher fragten: Wo kommt der Überschuß unserer Ernährung her, den wir brauchen, so war die Antwort einfach. Wir konnten darauf verweisen, daß Deutschland eine Menge Guthaben im Auslande hatte, daß es große industrielle, wirtschaftliche Besitztümer über See und in allen Ländern besaß. Wir wußten, daß wir die Renten, die man uns schuldig war auf diese Unternehmungen, einfordern konnten in jeder Art von Rohstoffen, in jeder Art von Nahrungsmitteln. Das ist nicht mehr der Fall. Wir haben alles, was wir kaufen, uns selbst zu erarbeiten. In Zahlung geben können wir nichts anderes mehr als unsere eigene Arbeit; und das wenige, was uns an Rohstoffen geblieben ist, das ist im Augenblick eigentlich nur noch etwas Kohle, und davon geht möglicherweise noch ein weiterer Teil uns verloren. Wir haben also zum Einkauf der Materialien, die wir zum Leben brauchen, nichts weiter verfügbar als unsere Arbeit. Das erfordert, daß wir diese Arbeit so fruchttragend, so wirkungsvoll wie möglich machen, daß wir ihren Nutzeffekt auf das höchst denkbare Maximum steigern.

Eine zweite Gefahr steht uns bevor, und es ist heute kaum der Versuch gemacht, ihr entgegenzutreten. Sie ist größer als alle Gefahren aus dem Vertrage von Versailles zusammengenommen. Sie ist schwerer zu bekämpfen als irgendeine andere rein wirtschaftliche Gefahr: das ist die Gefahr des Zusammenbruches unserer Kultur. Vergessen Sie nicht, meine Herren, daß die Stärke Deutschlands darin gelegen hat, daß es seine ganze Wirtschaft auf Wissenschaft fundamentiert hat, denn Technik ist nichts anderes als angewandte Wissenschaft. Wir waren in der Lage, bei einem unvergleichlichen Hochstand unserer Hochschulen und Polytechniken so viel geschulte Kräfte heranzubilden, wie das Land irgend erforderte. Wir waren in der Lage, alle Experimentationen zu bezahlen, deren die Wissenschaft bedurfte, Institute von ungeahnter Größe und Leistungsfähigkeit zu schaffen und zu erhalten, eine Literatur im Lande zu verbreiten, die von keiner Literatur technischer oder wissenschaftlicher Art irgendeines anderen Landes übertroffen oder auch nur erreicht wurde. Sie wissen, daß unsere Handfertigkeit auf einen Grad gestiegen war, der in allen Ländern Bewunderung fand. Die Feinheit unserer Apparate und Maschinen, die Genauigkeit unserer Präzisionsarbeit war dasjenige Element, das der deutschen Technik den Eingang in alle Länder öffnete. Aber fragen wir uns: Wie können solche Verfeinerungen der Wissenschaft, der Technik, Handfertigkeit, des allgemeinen Kulturzustandes aufrechterhalten werden in einem Lande, das verarmt und derart verarmt ist, so ist die Frage sehr schwer zu beantworten. Schon heute sind unsere Institute der Wissenschaft in größter Bedrängnis. Sie kennen alle die Bedrängnis des intellektuellen Mittelstandes, der der Kern und der Träger gewesen ist unserer ganzen geistigen und technischen Entwicklung. Sie wissen, daß es kaum mehr möglich ist, ausländische Zeitschriften in Deutschland zu halten. Sie wissen, daß es schwer geworden ist, Bücher herzustellen und zu verkaufen zu Preisen, die erschwinglich sind. Wir werden jede Anstrengung auf uns nehmen müssen, um diese Gefahr des Kulturbruchs, der in einer Generation sich vollziehen kann, zu beseitigen, aber wir werden diesen Aufgaben nur dann gewachsen sein, wenn wir abermals zu der Frage Stellung nehmen, das Land so produktiv zu machen wie immer möglich; denn ein absolut verarmtes Land kann sich drehen und wenden, wie es will, es kann die Atmosphäre der Technik, es kann die Atmosphäre der Wissenschaft, es kann die Atmosphäre der Handfertigkeit nicht aufrechterhalten.

Eine dritte Gefahr habe ich Ihnen zu schildern. Sie besteht in der Konkurrenz derjenigen Staaten, die im Kriege glücklicher gewesen sind als wir, vor allem in der Konkurrenz der angelsächsischen Länder. Vor dem Kriege war der Deutsche überall, ich will nicht sagen, sehr gern gesehen, aber doch zweifellos gut aufgenommen. Es waren uns die Handelsverbindungen mit allen Ländern offen. Es gab keinen Winkel auf der Erde, der deutsche Produkte nicht kannte und verwertete, und er fuhr gut dabei, denn das deutsche Produkt war gut gearbeitet, präzis, billig und schön. Der Nationalismus der Völker hat diese Verbindung zerrissen; aber nicht nur das: Unser Eindringen in andere Länder wird mit größtem Mißtrauen beachtet. In vielen Ländern können wir heute noch nicht reisen, andere Länder verschließen sich uns gänzlich. Es wird große Mühe kosten, die Verbindung wieder herzustellen, die wir reichlich gehabt und benutzt haben.

Während dieser Zeit aber wächst empor die Konkurrenz der angelsächsischen Welt. In seiner Industrie war England jahrzehntelang zurückgeblieben, und zwar deswegen, weil es die technische Atmosphäre, von der ich gesprochen habe, nicht so stark entwickelt hatte wie wir. England ist im Kriege industriell mächtig emporgewachsen. Es ist aber noch viel stärker emporgewachsen kolonial und noch weitaus stärker politisch. England entscheidet heute auf dieser Seite des Weltmarktes die Geschicke einer halben Welt. Die Industrie Englands, die Wirtschaft Englands, die Finanzen und der Handel Englands haben Eingang überall; das Land gesundet finanziell, wächst politisch an.

Nicht minder gefährlich ist die Industrie Amerikas, denn Amerika, ein Land von wenig stark ausgebildetem Imperialismus, hat die größte wirtschaftliche Kraft der Erde dadurch, daß es sich selbst genügt, daß es alle Produkte, deren es bedarf, in seinen eigenen Flanken birgt, daß es niemals Käufer zu sein braucht und jedes Menschen Verkäufer sein muß. Das amerikanische Produkt wird von allen Ländern verlangt, Amerika braucht das Produkt keines anderen Landes. Aber das ist nicht die größte Gefahr, sondern die größte Gefahr ist die, daß das amerikanische Land das weiträumigste und reichste aller Länder ist. Die Frage der industriellen Produktion ist heute mehr denn je eine Frage des industriellen Konsums. Nur da kann mit vollendeten Mitteln produziert werden, nur da kann Massenfabrikation und billige Fabrikation getrieben werden, wo ein riesenhafter Absatz gegeben ist. Die Weiträumigkeit und der Reichtum Amerikas aber machen Amerika zum Lande des ungeheuersten Konsums. Der Verbrauch Amerikas an irgendeinem Produkte kann immer so betrachtet werden, als wäre er gleich dem Verbrauch von ganz Europa. Nun stellen Sie sich aber vor, wie zersplittert, wie feindselig der Konsum dieser kleinen europäischen Diminutivstaaten ist, im Vergleich zu der riesenhaften Einheitswirtschaft dieses überseeischen Landes! Auf unserer Seite schärfste Konkurrenz der kleinen Staaten in der Produktion und im Absatz, auf der anderen Seite eine kolossal konzentrierte Fabrikation von relativ wenigen Unternehmungen, ein riesenhafter Absatz, der dem Absatz des ganzen europäischen Festlandes zumindest gleichkommt, und ein Absatz, der beruht auf eigener Produktion des eigenen Landes, während alle europäischen Länder ihre Stoffe kaufen müssen. Daß dieses Gleichgewicht überhaupt kaum mehr herzustellen sein wird zwischen Amerika und Europa, ist klar, und es ist sehr wahrscheinlich, daß in wenigen Jahrzehnten die ganze europäische Politik der Staaten untereinander, der Staaten als Gemeinbegriff, sich umgestalten wird, zwangsläufig, sobald man erkannt hat, daß diese Zersplitterung der amerikanischen Einheit gegenüber gar nicht mehr standhält. Es drängt sich auf der Vergleich mit den geschichtlichen Ereignissen vor 2300 Jahren, als die ganz zersplitterten kleinen Diminutivstaaten Griechenlands, trotz ihrer enormen Zivilisation und Kultur, sich nicht mehr halten und verteidigen konnten gegenüber der einheitlichen Macht des durch ein Meer von ihnen getrennten Roms.

Wir sind noch immer bei der Betrachtung der Frage, aus welchen Gründen es notwendig ist, unsere Produktion auf eine neue Basis zu stellen, um imstande zu sein, denjenigen Verhältnissen gerecht zu werden, die der Krieg uns auferlegt hat. Da dürfen wir ein letztes Element nicht unerwähnt lassen; das ist die Schwierigkeit, die sich aus der Entwertung unseres Geldes ergibt, die Schwierigkeit zu bauen und anzuschaffen. Diese Schwierigkeit haben wir niemals zuvor gekannt. Wo wir es für erforderlich hielten, Werke zu errichten, war das Kapital zur Verfügung. Wo wir Eisenbahnen, Kanäle oder Schiffe brauchten, wurden sie gebaut; wo wir Werkstätten vergrößern mußten, war es leicht, sie zu errichten. Das hat sich geändert. Sie wissen, daß heute die Errichtung eines Hauses nahezu das Zwanzigfache kostet von dem, was wir vor dem Kriege dafür bezahlt haben. Das ist nur ein anderer Ausdruck der Tatsache, daß wir verarmt sind; denn an Dollars gemessen, kostete das Haus nur das Einundeinhalbfache von dem, was es früher gekostet hat, aber wir, deren Geldwert sich gezehntelt hat, wir können diese Gebäude, wir können diese Einrichtungen nicht mehr schaffen. Auch hierin liegt eine enorme Gefahr für unsere Zukunft, die wir zu überwinden haben. Wir haben sorgfältig umzugehen mit dem, was wir besitzen. Unsere Kraft wird nicht mehr in den nächsten Jahren und Jahrzehnten darin bestehen, daß wir die Stärksten sind im Errichten neuer Werke, wir können unsere Kraft nur darin suchen, daß wir die gegebenen Werkzeuge, die gegebenen Bauten und Unternehmungen erhalten, daß wir sie ausnützen in einer Weise, wie wir sie nie zuvor ausgenutzt haben, das heißt, wir werden abermals hingeleitet zu dem Produktionsproblem, zu der Frage der organisierten Produktion. Immer wieder werden wir zu diesem Punkte geführt: Produktionspolitik ist der Schlüssel unserer Zukunft, Produktionspolitik ist die Möglichkeit, von der sich alle Tendenzen des Sozialisierungsbedürfnisses lösen lassen, und wenn wir die Produktionspolitik als das Zentrum unserer Erwägungen nehmen, werden wir finden, daß das Schlagwort der Sozialisierung sich auflöst in vollkommen rationell erfaßbare Begriffe. Wir haben gesprochen von der Notwendigkeit, die Produktionspolitik zu betreiben. Wir wollen ins Auge fassen die Frage, ob sie möglich ist und wieweit sie möglich ist. Selten sind Probleme dieser Art in früherer Zeit studiert worden. Es herrschten gewisse zwangsläufige Vorstellungen, die niemals geprüft sind, mit denen die Wissenschaft sich nicht befaßte und die der Praktiker nach seiner Art erfahrungsgemäß zu behandeln pflegte. So ging man davon aus, daß die höchste Möglichkeit eines Arbeiters zu produzieren, neue Werte zu schaffen, ungefähr eingeschlossen sei in die Größenordnung von 2000 bis 3000 Mark jährlich. Man glaubte also, daß man einen Umsatz von vielleicht 3000 bis 5000 Mark pro Kopf der Arbeiter leisten könne, mit Ausnahme derjenigen Fälle, wo der Arbeiter an einem sehr wertvollen Stoff arbeite, wie etwa Gold oder Kupfer oder andere wertvolle Rohprodukte, und war der Meinung, die Wertsteigerung, die durch die Arbeitskraft eines einzelnen Menschen geschaffen werden konnte, sei nur ein Bruchteil dieser, sagen wir 5000 Mark, also etwa von der Größenordnung von 2000 Mark. Man hat die Produktionsfähigkeit Deutschlands vor dem Kriege berechnet auf einen Wert von etwa 42 bis 45 Milliarden Goldmark, und diese Rechnung wird ungefähr zutreffend gewesen sein. Auch hier kommt man wieder zu dem gleichen Erfahrungssatz, daß etwa die Wertschöpfung des einzelnen Menschen begrenzt sei durch ein Maximum von wenigen tausend Mark pro Jahr. Man hat aber selten in den Kreis der Betrachtung die Frage gezogen, ob denn hier wirklich eine natürliche gesetzliche Begrenzung der Produktionsfähigkeit des Menschen vorliegt. Betrachtet man diese Frage vorurteilslos, so kommt man zu dem Ergebnis, die Produktionsfähigkeit der menschlichen Arbeitskraft hängt in weitgehendem Maße ab von den Einrichtungen, die dieser Arbeitskraft zur Verfügung gestellt werden. Sie ist praktisch auf den meisten Gebieten des menschlichen Schaffens nahezu unbegrenzt. Es gibt zwar Gebiete der reinen Handarbeit, wo das menschliche Schaffen in seinem Werte begrenzt ist. Es kann ein Kohlenhäuer, solange ihm keine besseren mechanischen Hilfsmittel zur Verfügung stehen als heute, nicht mehr als ein bestimmtes Quantum Kohlen fördern, wohl aber kann zum Beispiel der Arbeiter einer chemischen Fabrik, die wie ein Uhrwerk ganz von selbst läuft, sich lediglich auf Überwachungsarbeiten beschränken und dabei pro Kopf des Mannes Werte erzeugen, die ganz beliebig groß sind. Als ein Beispiel möchte ich Ihnen erwähnen, daß heute der Arbeiter, der an einem Hochofen arbeitet, jährlich Werte schafft — schaffen ist vielleicht ein ungeeigneter Ausdruck, sagen wir besser, daß unter seiner Aufsicht Werte entstehen —, die sich auf mehrere Hunderttausende Mark jährlich belaufen. In einer gut geordneten chemischen Fabrik, in einem guten Elektrizitätswerk werden unter Führung eines einzelnen Arbeiters Werte von ungeheurer Größe geschaffen. Es ist also nicht nur die menschliche Arbeit der Faktor, der die Höhe der produzierten Werte bestimmt, sondern auch die Einrichtung, die man ihm zur Verfügung stellt. Die Leitung des Produktionsprozesses ist entscheidend dafür, welche Quantitäten in Arbeit umgesetzt, kristallisiert werden können in Werte, und welches der Betrag derjenigen Werte ist, die als Gesamtsumme ein Land am Ende des Jahres an industrieller Arbeit fertigstellt.

Wir können also davon ausgehen, daß kein theoretisch Kundiger dagegen spricht, daß sechzig Millionen Menschen, von denen zwanzig Millionen erwachsene Arbeiter sind, daß ein Land von dieser Größe etwa begrenzt sein müsse mit einer Produktion von 40, 42 oder 45 Milliarden Goldmark. Wir können davon ausgehen, daß ein solches Land, wenn es seinen Produktionsprozeß richtig leitet, wenn es vollkommen durchdachte Einrichtungen schafft, ein Vielfaches dieser Werte produzieren kann. Die theoretische Möglichkeit ist vollkommen gegeben, und daß die praktische Möglichkeit gegeben worden ist, das werden Sie finden, wenn Sie durch unsere Industrien hindurchgehen, wenn Sie feststellen, daß überall da, wo wirklich vorzügliche Einrichtungen gegeben sind, wo wirklich die Produktionsprozesse organisch ineinanderlaufen, daß da die Produktionskraft des einzelnen Menschen eine außerordentliche, weit über den Durchschnitt hinausgehende ist.

Wenn wir nun im Vergleich zu dieser Forderung der organischen Produktion, der durchdachten Produktion, der Produktion, die auf einem Maximum und einem Optimum von technischen Einrichtungen beruht, wenn wir im Gegensatz zu dieser Forderung den Zustand ins Auge fassen, in dem sich unsere Wirtschaft gegenwärtig befindet, so können wir nur sagen, trotz unseres berechtigten Glaubens an die Vorzüglichkeit unserer Wirtschaft, wie sie vor dem Kriege war, ist unsere Wirtschaft weit entfernt von denjenigen Forderungen, die wir heute an sie stellen müssen. Wir waren nicht zu Unrecht vor dem Kriege der Meinung, daß wir weit über England standen an technischer Vollkommenheit unserer Mittel, daß wir weit über Frankreich standen, daß wir uns nur zu vergleichen hätten etwa mit Amerika; aber analysieren wir den Zustand unserer Wirtschaft genau, so finden wir, daß er von der Forderung, die wir heute zu stellen haben, noch unendlich weit entfernt ist, auch wenn wir absehen von denjenigen Zerstörungen und Minderungen und Verschlechterungen des gesamten Mechanismus, die der Krieg und die der Friede uns gebracht haben.

Die große Frage des Standortes, wo man eine Industrie unterbringen soll, hat wenig mitgespielt bei dem natürlichen Emporwachsen unserer Fabrikationsstätten in älterer Zeit. Wir wissen heute, daß Industrie ein Bodenprodukt ist, genau wie Landwirtschaft, daß es nicht möglich ist, Industrien willkürlich einzuimpfen solchen Boden- und Landesteilen, die dafür unempfänglich sind, aber unsere gesamten älteren Industrien sind erwachsen halb zufällig, halb aus Gründen, die heute nicht mehr stichhaltig sind; zum Beispiel eine kleine Wasserkraft von wenigen Pferden hat Anstoß gegeben zur Errichtung einer chemischen Fabrik, ein kleines Vorkommen von Holz oder Sand hat Gelegenheit gegeben zur Entwicklung einer Glashütte.

Ein großer Teil unserer alten Industrien hält der Probe auf die Zulässigkeit des Standortes nicht stand, ebensowenig hält stand die Probe auf die Frage, ob unser Transport in der verständigsten Weise vor sich geht. Tragen wir die Transporte eines Produktes oder der Gesamtheit unserer Produkte auf einer Landkarte ein, so finden wir ein Zickzack, das unentwirrbar ist. Die Produkte gehen unendlich lange Wege in unserem eigenen Lande, anstatt in vorgeschriebener Ordnung den Weg vom Urprodukt zur Großfabrikation, von der Großfabrikation zur Verarbeitung, von der Verarbeitung zum Großhandel, vom Großhandel zum Konsumenten zu gehen. Das Zickzack unserer Frachten, das Hin und Her unserer Transporte ist ein unentwirrbares. Es ist weit entfernt von irgendwelcher Verständigkeit, von irgendeiner Organisation.

Wir haben geglaubt, daß unser technischer Stand der Maschinen, unserer Kraft- und Arbeitsmaschinen kaum zu übertreffen wäre, und doch, wenn Sie im Lande umherfahren, werden Sie Kraftmaschinen finden, die einen solchen Mangel an Ökonomie aufweisen, daß man häufigere Benutzung einfach als verbrecherisch bezeichnen muß. Wenn ich eine Maschine betreibe, die täglich zwanzig oder hundert Zentner Kohlen mehr frißt, als sie muß, so habe ich die Arbeit von soundsoviel meiner deutschen Landsleute in den Kohlenbergwerken nutzlos vernichtet. Es kann kein größerer Raubbau getrieben werden als die Verschwendung von Kräften, als die Verschwendung von Kohle, als die Verschwendung von irgendeinem Material. Aber prüfen Sie unsere Anlagen daraufhin, prüfen Sie unsere Dampfkessel, prüfen Sie unsere Dampfmaschinen in ihrer Gesamtheit, und Sie werden finden, daß die Vergeudung stellenweise eine ganz ungeheure ist. (Zuruf: Eisenbahn! Auch das ist ein Kapitel für sich. Darauf werde ich heute nicht eingehen, aber Sie haben recht, die Ersparnisse sind auch in den Staatsbetrieben nötig.

Wir haben geglaubt, daß unser Fabrikationswesen als Anordnung ein tadelloses und ein vorzügliches sei, aber auch hierin finden wir, daß wir, teils als kleines Land, teils aber auch aus vielen anderen Gründen, nicht die Ordnung eingeführt haben, die wir hätten einführen müssen. Es wird heute viel von Typisierung gesprochen. Ich glaube, die wenigsten Menschen können sich unter der Typisierung etwas Deutliches vorstellen. Es wäre vielleicht nützlich, dafür einen anderen Begriff zu schaffen, und zu sagen, daß es sich nicht sowohl um die Typisierung handelt, als um die Arbeitsteilung durchzuführen bis in ihre letzten Konsequenzen. Wir kennen heute eine Arbeitsteilung. Wenn eine Nähnadel oder wenn ein Motor gemacht wird, so wissen wir, daß jeder Einzelteil von anderen Arbeitern gemacht wird und daß innerhalb einer Fabrik eine Arbeitsteilung herrscht. Eine Arbeitsteilung von Werk zu Werk, eine gruppenweise Arbeitsteilung, aber besteht nicht, und das ist einer der schwersten Nachteile unseres ganzen industriellen Aufbaues. Was das bedeutet, das sollten Sie sich an Beispielen klarmachen. Fragen Sie befreundete Techniker, was es zum Beispiel kostet, einen Motor, sagen wir einen

Ölmotor, zum ersten Male herzustellen, was es dann kostet, ihn herzustellen in einer Serie von drei Stück, in einer Serie von zehn Stück, in einer Serie von tausend Stück. Jeder Techniker wird Ihnen sagen: Damit verbilligen sich die Kosten in einer unerhörten Progression. Damit wächst die Fähigkeit, mit einem Arbeiter Arbeitswerte herzustellen, ins Ungemessene. Ich habe Berechnungen hier nicht gegenwärtig, aber ich möchte Ihnen die Größenordnungen sagen. Nehmen Sie einmal an, ein Motor, der konstruktionsfertig aus der Werkstatt hervorgeht, kostet in seiner ersten Ausführung 300 000 Mark. Nehmen wir an, wir können von demselben Motor drei Stück in Auftrag geben, so wird jedes Stück nicht mehr 300 000 Mark kosten, sondern da gewisse Grundeinrichtungen dafür schon einmal vorhanden sind, da man weiß, wie die Sache gemacht wird, wird jedes Stück vielleicht nur noch 150 000 oder 180 000 Mark kosten. Wollen Sie nun von demselben Gegenstand eine Serie machen von, sagen wir mal, zwanzig Stück, so wird der Ingenieur zu Ihnen kommen und Ihnen sagen: Jetzt mache ich Ihnen das für 75 000 Mark. Können Sie aber nun eine Fabrik darauf einrichten, die von früh bis spät nichts anderes macht als diesen Gegenstand, so wird die Verbilligung ins Ungemessene gehen. Es wird ein kleiner Bruchteil der ursprünglichen Kosten sein, und die Fabrikation wird sich ins Unerhörte multiplizieren. Das schlagendste Beispiel einer solchen Fabrikationsweise ist oft in der Literatur erwähnt worden. Es ist die Automobilfabrik von Ford in Amerika. Das Automobil, das Ford macht, ist kein besonders gutes; es ist aber auch kein besonders schlechtes. Die deutschen Automobile sind in der Regel besser, aber das Fordsche Automobil ist nicht etwa deswegen zweiten Ranges, weil man es nicht ersten Ranges machen könnte, sondern einfach deswegen, weil der Amerikaner nicht die Gewohnheit hat, zu reparieren. Wenn eine Sache schlecht geworden ist, ein Wäschestück oder ein Kleidungsstück oder eine Maschine, so wirft er sie einfach weg und kauft sich etwas Neues. Deshalb hat das Fordsche Automobil mittlere Qualität, aber die Produktion ist eine gleichmäßige. Von früh bis spät liefert die Fabrik das gleiche Objekt, und auf einem riesenhaften Transportband sehen Sie in dieser Fabrik alle zwanzig Sekunden ein Automobil ins Land rollen. Dieses Automobil kostet dementsprechend 400 Dollar, während das billigere deutsche Automobil in Friedenszeiten in

Deutschland ungefähr 8000 — 10 000 Mark kostete. Das ist keine Hexerei, sondern das ist lediglich der Ausdruck der Tatsache groß eingerichteter Massenfabrikation.
Wir haben vorhin bei der Betrachtung der deutschen, der europäischen und der amerikanischen Absatzgebiete gesehen, was es bedeutet, ein Land mit ungeheurem Absatz zu haben. Wir können den Fordschen Zustand deswegen nicht herstellen, weil wir nicht sieben Millionen Automobile im Lande gebrauchen können, wie sie in Amerika fahren. Die Weiträumigkeit des amerikanischen Landes, von der ich gesprochen habe, und seine kolossalen Absatzmöglichkeiten lassen einen so einheitlichen riesenhaften Konsum zu. Das sollte aber wenigstens dahin führen, unsere Typen so einheitlich zu machen, wie wir können. Wenn unser Land diese Konsummenge nicht hat, so sollten wir wenigstens bei den kleinen Konsummengen, die wir befriedigen, die Typisierung so weit treiben, wie es irgend möglich ist, aber wir tun das Gegenteil. Wenn in einer Preisliste einer Fabrik ein Motor von 7,5 PS und einer von 10 PS verzeichnet ist, so kommt der Käufer und verlangt $8^1/_4$ PS, und mit seiner ganzen Gewalt und mit dem Grundsatz des freien Handels zwingt er den Fabrikanten, neue Konstruktionen zu machen und sein ganzes Fabrikationsprogramm zu stören. In den Preislisten unserer Großunternehmungen können Sie — ich überteibe hier nicht, wenn ich sage bei einzelnen Werken — Zahlen von Typen sehen, die in die Hunderttausende gehen. Das bedeutet, daß von keinem dieser Typen, auch wenn der Gesamtabsatz ein riesenhafter ist, irgendwo eine geordnete Massenfabrikation möglich ist. Das bedeutet, daß man immer wieder zum Zersplittern statt zur Arbeit kommt. Man entschließt sich nicht zur Vereinfachung. Diese Vereinfachung kann aber nicht das einzelne Werk betreiben, sondern sie kann nur erfolgen durch Vereinigung, durch organische Zusammenarbeit der gesamten Industrie. Sie kann nur in der Weise erfolgen, daß die Fabriken zusammentreten und sagen: anstatt 2000 Typen machen wir nur noch 500, und anstatt dessen, daß jede Fabrik diese 2000 Typen macht, macht jetzt von den 500 Typen die erste Fabrik Nr. 1 — 50, die zweite 50 — 100 und so weiter. Dann verringert sich die Typenzahl im einzelnen Werk im Verhältnis von 2000 : 50, das heißt, von einzelnen Produkten kann das Vierzigfache hergestellt werden, und es beginnt hier schon eine geordnete Fabrikation. Aber

dieser Gedanke, der so nahe liegt, so sonnenklar, von jedem Techniker verstanden wird, niemals widerlegt und niemals bestritten worden ist, dieser Gedanke setzt sich nicht durch, weil wir unter dem Schlagworte der freien Wirtschaft stehen und weil eine irgendwie geartete Organisation der Wirtschaft von denjenigen nicht gewünscht wird, die aus der Unordnung Vorteile ziehen.

Ich bin noch immer bei der Kritik unserer gegenwärtigen deutschen Wirtschaft. Wir haben gesprochen von den Standorten, wir haben gesprochen von den Frachten und Typen; wir müssen weitergehen und uns klarmachen, was solche Begriffe bedeuten, wie zum Beispiel Konkurrenz und Reklame. Wollen Sie sich einmal klarmachen, welche produktive Arbeit dadurch geleistet ist, daß zwei Werke das ganze Jahr hindurch Organisationen unterhalten, die Millionen und Millionen kosten, die Tausende und Tausende von Beamten beschäftigen, Räume beanspruchen, Materialien verzehren, nur zu dem einen Zweck, damit am Ende des Jahres das eine Werk sagen kann: ich habe soundso viel mehr verkauft als andere. Welchen Sinn hat dies Konkurrieren, welchen Sinn hat die damit verbundene Reklame, welchen Sinn hat die Arbeit eines jeden Menschen, der etwa in der Welt herumfährt, nur mit der Aufgabe, darüber zu wachen, daß die und die Firma den und den Auftrag kriegt und nicht eine andere.

Ich bitte Sie, sich ein paar Tage lang folgende Übung vorzunehmen: Wenn Sie einen Menschen sehen, auf der Straße oder in Ihrer Bekanntschaft, so fragen Sie sich: Welche produktive Arbeit leistet dieser Mann? Er leistet produktive Arbeit, wenn er entweder Geistesarbeiter ist, Gedanken erfindet, Organisationen schafft, Verwaltungen überwacht; er leistet produktive Arbeit, wenn er in einer Werkstätte arbeitet als Handwerker oder als Transportarbeiter, er leistet produktive Arbeit, wenn er einer Gemeinde, einem Staat, dem Reiche als Beamter, als Soldat, als Sicherheitsperson dient, er leistet produktive Arbeit auch dann, wenn er als Künstler, als Musiker, als Dichter, als Schriftsteller, Schauspieler den geistigen Stand des Volkes erhöht und ihm die Erholung und die Genüsse innerer Art verschafft, deren ein arbeitendes Volk bedarf. Das sind die arbeitenden Kategorien. Nun fragen Sie sich bei den Menschen, mit denen Sie zu tun haben, was sie an wirklich produktivem Wesen schaffen. Was schafft der Mann, der nichts weiter tut, als dafür zu sorgen, daß ein Werk

einen Auftrag kriegt und ein anderes Werk keinen Auftrag kriegt? Was schafft der Mann, der irgendein Geheimmittel vertreibt und davon den Vorteil hat, daß kein anderer weiß, wie es gemacht wird? Die produktive Arbeit des Landes läßt sich auch in der Weise konzentrieren, daß wir dafür sorgen, daß jeder Mensch im Lande wirklich produktive Arbeit leistet, daß das Hin und Her des gewerblichen Betriebes auf ein Minimum geführt wird, daß das Handelswesen in verständige Bahnen geleitet wird, die nutzbringend sind. Man muß nicht etwa glauben, daß der Handel an sich ein Übel ist; der Handel ist unentbehrlich, sowohl der Großhandel wie der Kleinhandel, aber auch hier gibt es ein Übermaß. Wir müssen wissen: Wieviel Handelsarbeit ist erforderlich, um ein bestimmtes Maß von Gütern umzusetzen, und Sie werden mir zugeben, daß in der heutigen Konstituierung des Reiches leider mehr gehandelt als geschaffen wird.
Auf ein weiteres Gebiet müssen wir kommen. Auch die Richtung der Produktion eines Landes ist nicht gleichgültig. Es ist nicht dasselbe, ob ich Modeartikel mache oder ob ich Lokomotiven mache. Mit den Lokomotiven, die geschaffen werden, wächst der Wohlstand des Landes, und wenn sie ausgeführt werden, so wächst die Einfuhrkraft des Landes. Mit den Modeartikeln kann auch die Einfuhrkraft des Landes wachsen, nämlich wenn sie ausgeführt werden, aber der Luxus, der im Lande selbst verbraucht wird, geht einfach der Landesproduktion verloren. Er ist nutzlos, und noch schlimmer ist derartiger Luxus, der auf Einfuhr beruht. Also auch hier sind gewaltige Umstellungen unserer Wirtschaft nötig, um uns produktiv zu machen. Wenn Sie in Betracht ziehen, wenn für soundso viele Milliarden unnütze, überflüssige, schädliche Stoffe aus dem Auslande hereingeholt werden, wenn Sie das umrechnen auf Getreide, auf Kupfer, auf Erz, auf diejenigen Dinge, die wir brauchen, wenn Sie sich klarmachen, daß das, was Sie hier draußen im Lande verkaufen sehen an eingeführten Luxusartikeln, in seinen Kohlenäquivalenten einen großen Teil dessen bedeutet, was uns an Kohle fehlt, werden Sie dazu kommen, daß auch die Richtung unserer Wirtschaft nicht gleichgültig ist, daß auch hier grundlegende organische Ordnungen erforderlich sind.
Wir haben damit dasjenige Gebiet umschrieben, das in dem Begriff enthalten ist: der tatsächliche Zustand unserer Wirtschaft ist kein

höchst produktiver. Er kann zu einem höchst produktiven durch organische Änderungen gemacht werden. Der Wert unserer Produktion ist kein maximaler. Er kann beliebig durch entsprechende Durchdenkung und Rationierung der Wirtschaft gehoben werden. Formuliert man die Forderungen, die wir an eine Wirtschaftsordnung zu stellen haben, so lassen sie sich einfach aussprechen in den Worten: Wir müssen Verluste vermeiden an Material, an Transporten, an Kraft und an Arbeit. Das ist nichts Übermenschliches; das sind Aufgaben, die gelöst werden können, die jeden Augenblick hätten gelöst werden können, wenn keine Gegenkräfte vorhanden wären, von denen ich heute nicht reden will, und die sich im wesentlichen verkörpern in dem bekannten Rufe: Freier Handel, freie Wirtschaft, womit im wesentlichen nur gesagt ist: freies Geldverdienen. Die Forderungen sind also die: Verluste auszuschalten an Arbeit, Material, Transporten und Kraft.

Wie diese Organisationen beschaffen sein müssen, werde ich mit wenigen Worten Ihnen noch sagen dürfen. Ich bitte Sie aber, sich den bisherigen Gedankengang möglichst zu vergegenwärtigen.

Wir sind ausgegangen von der Tatsache, daß das Produktionsproblem das Entscheidende ist, daß, vom Produktionsproblem ausgehend, alle Fragen sozialisierender Tendenz, sowohl die Tendenz der Güterverteilung wie die Tendenz der Mitbestimmung, geregelt werden können. Wir haben die Notwendigkeit unserer Produktionsorganisation besprochen. Wir sind dazu gekommen zu prüfen, wie weit das Land diesen Erfordernissen entspricht. Wir sind zu dem Ergebnis gekommen, es ist weit davon entfernt. Wir haben die Notwendigkeit zusammengefaßt in einer Reihe von Forderungen, und diese Forderungen werden sich dahin präzisieren müssen, daß wir sagen: Wirtschaft ist nicht mehr Privatsache, sondern ist Sache der Gemeinschaft, und es ist erforderlich, eine solche Wirtschaft zu betreiben, die alle Verluste, die ich Ihnen genannt habe, ausschließt. Es ist erforderlich, daß kein Mensch feiert, daß keine Arbeitsstätte ruht, daß kein Produkt ungenutzt bleibt. Nun schwebt Ihnen allen auf der Zunge die Frage: Ja, wie macht man das? Denn Redensarten und Worte haben wir nun zwei Jahre lang von allen Seiten gehört. Programme kennen wir zur Genüge. Wie sieht die Wirklichkeit aus?

Die Wirklichkeit sieht in diesem Falle sehr einfach aus, denn wenn auch bisher die Aufgaben, die wir uns gestellt haben, nicht als Staatsaufgaben, als Nationalaufgaben bekannt waren, als Aufgaben der Einzelwirtschaft sind sie immer bekannt gewesen und haben da ihre Lösungen gefunden, die gang und gäbe und überall bekannt sind.

Ich gehe davon aus: Was wir schaffen, das ist nicht etwa Zwangswirtschaft. Immer wieder versucht der Vertreter der sogenannten freien Wirtschaft jede Organisation unserer Produktion damit zu diskreditieren, daß er sie als Zwangswirtschaft verschreit, daß er sie in Parallele bringt mit unserer unglücklichen Ernährungswirtschaft und mit einer Reihe von Kriegsexperimenten. Das ist eine taktische Irreführung, die ein für allemal ein Ende haben muß. Organisierte Wirtschaft hat mit Zwangswirtschaft nicht das mindeste zu tun. Sie hat aber auch nichts zu tun mit Staatswirtschaft. Sie hat gar keine Ähnlichkeit mit irgend etwas, das nach Staatssozialismus aussieht. Ich bin deshalb auch kein Anhänger des Wortes Planwirtschaft in dem Sinne, in dem es heute entstellend gebraucht wird. Meine Freunde Wissell und von Moellendorff haben dieses Wort geprägt und haben es in gutem Geiste geprägt. Es hat leider allmählich durch den Sprachgebrauch eine Bedeutung angenommen, als ob es verbunden sei mit irgendwelcher staatlichen Zwangsregelung. Diese staatliche Zwangsregelung ist abzulehnen, und der Gedanke, für den ich Sie einzutreten bitte, der Gedanke der organischen Wirtschaft, ist lediglich ein Gedanke der freien Selbstverwaltung, der freien, selbstgeschaffenen Ordnung. So gut wir unsere Städte in Selbstverwaltung geordnet haben, so gut die Tausende und Tausende von Vereinen, die wir haben, sich in Selbstverwaltung ordnen, so gut Sie, meine Herren, hier zu einer Selbstverwaltungsordnung Ihrer Interessen zusammengetreten sind, so gut um Himmels willen kann doch auch die Wirtschaft zu einer Selbstverwaltungsordnung zusammentreten. Etwas anderes wird niemals verlangt. Die Form aber zu beschreiben, ist durchaus einfach. Wir können nämlich ausgehen von den Begriffen, die jedem geläufig sind aus der Privatwirtschaft und die nur sehr geringer Abwandlungen bedürfen.

Der Ausgangsbegriff einer wirtschaftlichen Organisation ist der Begriff des Trustes, das heißt der Verschmelzung der Interessen und der Selbstverwaltung. Wir wissen, daß der Trust als rein privatwirtschaftliches Instrument gewisse Gefahren in sich birgt, und Amerika, das

Schöpferland der Trusts, ist zuerst vorgegangen mit einer großen Gesetzgebung, die das Trustwesen eigentlich untersagt; aber im Trust selbst, in der Vereinigung der Interessen, in der Vereinigung der Wirtschaftsorganisationen, liegt die Gefahr nicht, sondern nur in ihrer monopolistischen Ausgestaltung und Ausnutzung. Die muß vermieden werden. Das System an sich ist das richtige. Es gibt gute Vereine und es gibt schlechte Vereine, es gibt Verschwörervereine und es gibt religiöse Vereine, es gibt Interessenvereine und es gibt Vereine von solchen, die einem Lande schaden wollen. Damit ist für den Begriff des Vereins gar nichts gesagt. Ebensowenig liegt im Begriff der Interessentenverschmelzung irgend etwas, das an sich gut und böse ist. Es ist ein Werkzeug. Seine Gefahr liegt im Monopolismus. Der Monopolismus muß vermieden werden; das Werkzeug aber ist zu gebrauchen, denn dieses Werkzeug bedeutet nichts als eine gemeinsame Ordnung unter gemeinsamen Interessen. Das ist die allgemeine Form, in der eine jede Wirtschaft in Zukunft organisiert werden wird. Diese Ordnung wird aber nicht eine Ordnung der Unternehmer sein, sondern sie wird eine Ordnung der gesamten produzierenden Kräfte sein, eine Ordnung, bei der jeder mitwirkt, der Unternehmer wie der Arbeiter wie der Konsument.

Den privatwirtschaftlichen Trust Ihnen gegenüber zu vertreten, daran denke ich nicht, sondern ich denke an diejenige Organisationsvertretung, die bisher in der Welt die Möglichkeit gegeben hat, die schädliche, zeitvergeudende, arbeitvergeudende Konkurrenz-Reibungsarbeit, Zeitvergeudung, Materialvergeudung, Transportvergeudung auszuschalten. Die Initiative des Privaten muß erhalten bleiben. Wir können heute nicht mit einem Sprung übergehen von einer Erfolgswirtschaft zu einer Wirtschaft, in der niemand arbeiten, jeder mitbestimmen, jeder mitberaten, aber niemand verantworten will. Die Verantwortung muß erhalten bleiben, aber nicht die patriarchalische Verantwortung, die Unterordnung erzwingt, sondern diejenige Verantwortung, die auf demokratischer Basis ruht und die konstitutionell arbeitet. Damit bekommen wir einen neuen Begriff der wirtschaftlichen Organisation, der sich erheblich unterscheidet von dem bisherigen privatwirtschaftlichen. Wir kommen damit vom amerikanischen Trust zum Sozialtrust. Wir kommen zu derjenigen Ordnung, bei der nicht mehr eine Klasse, nicht mehr ein einzelnes Inter-

esse herrscht, sondern bei dem sich alle Interessen verschmelzen zu einer gemeinschaftlichen Arbeit und Verantwortungsführung.
Vielleicht gehen wir einmal in die Praxis. Nehmen wir an, daß heute auf irgendeinem Arbeitsgebiete der Maschinenindustrie zehn verschiedene Fabriken bestehen. Diese zehn verschiedenen Fabriken machen eine Anzahl verschiedener Produkte. Keine einzige ist imstande, wirklich ein Massenfabrikat zu liefern. Keine einzige ist imstande, wirklich Experimentationen zu tragen und ihre Produkte zu verbessern. Wir schließen diese zehn Fabriken zusammen zu einer Einheit. Nennen Sie es Gilde oder Sozialtrust, wie Sie wollen. Die Fabriken verständigen sich über ein gemeinschaftliches Programm der Produktion, sie verständigen sich über eine Arbeitsteilung von Werk zu Werk, sie verständigen sich über die geeignete Typisierung ihrer Produkte, sie verständigen sich über Arbeitsmethoden und gemeinschaftliche Forschungsinstitute, sie verständigen sich über einen gemeinsamen Absatz im Lande ohne Konkurrenz- und Reklamekosten, und sie verständigen sich über einen gemeinsamen Absatz im Auslande und Übersee, ebenfalls unter Ersparung der enormen Kosten, die heute bei überseeischen Vertretungen im Hinblick auf die Geldentwertung gar nicht mehr zu berechnen sind; der Effekt wird sein eine unerhörte Steigerung der Produktion auf den Kopf des Arbeiters, eine unerhörte Verbilligung des Produktes, eine unerhörte Ersparung an allgemeinen Unkosten, eine gewaltige Verbesserung des Produktes und eine gewaltige Steigerung der technischen Ausrüstungen, der Forschungsergebnisse für die Zukunft.
Diese Vereinigung aber würde keine rein privatwirtschaftliche sein, sondern sie würde an ihrer Zentralstelle die Mitwirkung ihrer Angestellten und Arbeiter haben. Diese Mitwirkung würde sich hier nicht mehr auswirken in Form von syndikalistischen und Einzelbestrebungen; es würden dort nicht lediglich Tages- und Lohnfragen zur Diskussion stehen, sondern hier wäre eine wirkliche Mitwirkung des Angestellten und Arbeiters möglich an der Zentralpolitik des ganzen Gewerbes, ein Hineinleben in das Verständnis, in die Begriffe, in die Erfordernisse eines großen Betriebszweiges des Landes; zugleich aber werden in diesen Zentralstellen die Gewinne sich vereinigen, diese Gewinne aber werden infolge der vielfältigen Ersparnis und Mehrproduktion gewaltig viel größer sein, als sie heute sind,

und in dieser Zentralstelle findet sich die Möglichkeit derjenigen Beteiligung und derjenigen Verrechnung mit Arbeitern und Angestellten, die dann nicht mehr den Betrag einer mäßigen Lohnerhöhung ausmacht wie heute, sondern die dann tatsächlich zur Lebenshaltung beiträgt und einen Anreiz bildet, mitzuwirken zum eigenen Interesse am Werk, denn dann arbeitet nicht mehr der einzelne für den anderen, für den Unbekannten, Anonymen, für den Fremden, den Kapitalisten, sondern dann fühlt jeder, daß er in seinem Selbstverwaltungskörper für sich selbst mitarbeitet, daß er mit eigener Verantwortung am Gesamtwerk teilnimmt, daß er von den Erträgnissen des Gesamtwerkes Nutzen hat.

Wir kommen also zu dem Ergebnis, daß die zentrale Organisation in unserer Wirtschaft, im Sozialtrust oder in der Sozialgilde, das Produktionsproblem löst und durch die Ausstrahlung des Produktionsproblems und seiner Lösung die übrigen Probleme, die der Güterverteilung und die der Mitbestimmung, mitgelöst werden können.

Wir wollen uns klarmachen, ob eine Lösung dieser Art sich mit unseren deutschen Begriffen, mit unseren deutschen Gepflogenheiten vereinbaren läßt.

Stets sind wir das Land gewesen der Organisation, der Disziplin, der Forschung, vielleicht zu sehr das Land der Disziplin und Organisation, vor allem vielleicht zu sehr der Disziplin. Heute sind wir es nicht, aber es liegt etwas in unserem Wesen, das nach Ordnung verlangt; es liegt etwas in unserem Wesen, das nach Durchdenkung verlangt. Wenn wir eine Sache machen, so wollen wir wissen wozu; wir wollen sie verstehen, wir wollen sie begreifen; denn da wir die Sache der Sache wegen machen, so wollen wir auch die Sache begreifen. Leider haben die deutschen Kräfte, die der Organisationsfähigkeit, der Disziplinierbarkeit, der wissenschaftlichen Durchdenkung, nicht gemündet in einer Gemeinschaftsarbeit, in einem gemeinsamen Aufbau unserer Politik und Wirtschaft, sondern leider haben sie gemündet in militaristischen und imperialistischen Tendenzen. Das ist die falsche Leitung der Eigenschaften gewesen, die wir haben. Die richtige Leitung ist, sie ihrem Ursprung zuzuführen, mit unserer Ordnungsliebe Ordnung zu schaffen, mit unserer Organisationsfähigkeit Organisationen zu schaffen und mit unserem Willen zur Forschung diese Organisationen auf die höchste Höhe menschlicher

Kunst und Leistung zu treiben. Ich sehe darin eine durchaus deutsche Aufgabe.

Sie wird sich erheblich unterscheiden von den Organisationen des Westens, aber je mehr sie sich davon unterscheidet, je mehr wir endlich dazu kommen, Formen der Verbrüderung zu fordern, um so mehr wird die Lage, der wir heute in der Welt ausgesetzt sind, sich verändern, denn die heutigen Imperialismen der Welt, der englische und französische vor allem, werden nicht geleitet und inspiriert von der Gesamtheit der Bevölkerung, sondern sie werden geleitet und inspiriert von der herrschenden Klasse. Diese herrschenden Klassen im Westen aber sind weit einseitiger kapitalistisch orientiert als bei uns, infolgedessen werden diese Länder alle Kämpfe in sich auszutragen haben. Wir haben ein Beispiel zur Zeit in dem großen Bergarbeiterstreik, der sich in England vollzieht.

Die zukünftige Ordnung der Welt ist das nicht, was uns der Westen bringt. Es handelt sich darum: Welches Land wird die zukünftigen Ordnungen der Wirtschaft und der Gesellschaft zuwege bringen? Deutschland ist bestimmt, das zu tun, denn in Deutschland ist die Not am größten. Wir können nur leben, wenn wir diese Organisationen schaffen. Schaffen wir sie aber und bringen wir sie den Ländern, so werden wir damit diese Länder aus den Händen ihrer imperialistischen Einzelbeherrscher überführen in ähnliche Interessengemeinschaften der gesamten Völker, wie wir sie bei uns im Innern erstreben. Die Gesamtvölker aber sind nicht Feind, der eine des andern, die Gesamtvölker sind friedlich. Feindlich, kriegliebend sind die an der Spitze stehen, die an der Spitze der nationalen Wirtschaften, der Politik stehen und die den Wunsch haben, durch Beherrschung, durch Vernichtung des andern ihre eigene Macht zu stärken. Je mehr die Völker getragen werden von ihrer Gesamtheit, von der Gesamtheit ihrer Stämme, ihrer Stände, ihrer Menschen, in demselben Maße werden sie sich das Leben gegenseitig gönnen, in demselben Maße werden sie friedlich miteinander leben, und dasjenige Volk wird eine respektable Stellung im Kreise der Völker haben, das zuerst solche Organisationsformen emporbringt, die gerecht sind, die sich von der Einseitigkeit, von den Leidenschaften fernhalten, die durchführbar sind und die eine Wohltat sind für jeden, der sie annimmt, weil sie die Produktion der Welt steigern, weil sie die Güter

eines jeden Landes vermehren, weil sie dem andern einen größeren Anteil an diesen Gütern zuteil werden lassen, weil sie einem jeden das Recht der Verantwortung und der Mitbestimmung garantieren.
Bringen wir den Völkern solche Organisationen, so ändert sich das deutsche Schicksal. Ob dieses deutsche Schicksal sich aber ändert oder nicht, ist Frage unseres Entschlusses.
Mit Schlagworten sind wir genügend abgespeist. Theorien haben wir genügend gehört. Die Gedanken, die ich mir erlaubte Ihnen vorzutragen, sind nicht Schlagworte, sie sind vielleicht eine Enttäuschung für viele von Ihnen. Sie sind vielleicht nicht ausreichend für manche von Ihnen, aber glauben Sie mir das eine, sie entstammen der Praxis. In der Privatwirtschaft sind alle diese Wege seit Jahrzehnten beschritten. Hier handelt es sich um Organisationsformen, an die man von heute zu morgen gehen kann. Es handelt sich also nicht mehr um das Schlagwort der Sozialisierung, von dem niemand weiß, was es eigentlich bedeutet, sondern es handelt sich hier um einen präzisen Vorschlag einer Organisation der deutschen Wirtschaft auf sozialer Grundlage.
Prüfen Sie diese Gedanken. Wenn Sie sie geprüft haben, werden Sie finden, daß sie wahr sind. Wenn sie aber wahr sind, so haben Sie den Mut, sie zu wollen; denn wenn Sie sie wollen, so wird auch das Land lernen, sie zu wollen, und wenn das Land sie will, so *werden* sie.

Reichstagsrede
vom 29. März 1922

Als ich vor nunmehr zwei Monaten im Auswärtigen Ausschuß des Reichstages über Cannes berichtete, habe ich ausgesprochen, es könnten Nachtfröste kommen und die junge Saat des Friedens schädigen. Das Klima Europas schien mir damals noch nicht genügend erwärmt, um hoffen zu dürfen, daß ein Vorfrühling des Friedens eintreten werde.

In Cannes war manches erreicht. Die Goldzahlung von fünf Milliarden, die das Ultimatum uns auferlegte und die zum Teil bestanden in festen Leistungen, zum andern Teil in den Abgaben des Index, zum dritten Teil in den Goldleistungen für Besatzungskosten, war auf 720 Millionen verringert worden. Es war den deutschen Vertretern Gelegenheit gegeben worden, unsere wirtschaftliche Lage unumwunden der Entente darzulegen, und es ist seitdem noch nicht eine autoritative Stimme aufgetreten, die unsere Ausführungen widerlegte.

Des ferneren war zum ersten Male eine Weltkonferenz in Aussicht genommen, an der Deutschland als gleichberechtigter Faktor teilnehmen sollte.

Die Konferenz in Cannes fand kein natürliches Ende. Durch den Sturz des französischen Ministerpräsidenten Briand war die Situation von Grund aus geändert. Die endgültige Entscheidung, die von der Konferenz erwartet wurde, ging auf die Reparationskommission über.

Uns wurde anheimgestellt, der Reparationskommission ein Anerbieten zu machen. Für diese Offerte waren die Grundlinien vorgezeichnet; sie waren vereinbart zwischen England und Frankreich, und es war uns davon Kenntnis gegeben, daß das Moratorium, das wir verlangten, uns gewährt werden würde, wenn wir die Bedingungen an-

nähmen, die man uns vorschlug. Das Moratorium mußten wir haben; denn die Goldzahlungen des Januar und Februar waren nicht zu leisten. So wurde die Offerte so eingereicht, wie sie vereinbart war.
Bis zur endgültigen Entscheidung aber wurde von der Reparationskommission uns eine Dekadenzahlung im Betrage von 31 Millionen für alle zehn Tage auferlegt. Schon in Cannes habe ich die Reparationskommission darauf aufmerksam gemacht, daß eine solche Dekadenzahlung von Deutschland nur für ganz kurze Zeit geleistet werden könne, wenn nicht die Gefahr entstehen sollte, daß die deutsche Valuta aufs schwerste zerrüttet würde. Ich bin auf diese Äußerungen der Reparationskommission gegenüber zurückgekommen; ich habe mehrmals mündlich und schriftlich darauf hingewiesen, daß die Zeit sich allzu sehr verlängerte, daß die Zahlungen der Dekaden dieselbe Wirkung haben müßten, die ich in Cannes vorausgesagt hätte. Tatsächlich ist auch die Zerrüttung unserer Valuta eingetreten: der Aufstieg des Dollars von 160 bis auf über 300.
Die Verhandlungen mit der Reparationskommission zogen sich in die Länge, nicht Verhandlungen zwischen uns und ihr, sondern Verhandlungen, die sie selbst mit dem französischen Ministerpräsidenten zu führen hatte, dem sie ihr Mandat zunächst in die Hände gelegt hatte und von dem sie es zurückerhielt.
Während dieser Zeit haben wir, dem Wunsche der Reparationskommission entsprechend, mit denjenigen Delegierten verhandelt, die uns gesandt wurden, nämlich in erster Linie mit Herrn Bemelmans, in der Absicht, die Sachleistungen für uns und auch für diejenigen Länder, die anspruchsberechtigt waren, durchführbar zu machen, nämlich für England, Belgien, Italien und Serbien. Ein Abkommen wurde präliminiert. Kurze Zeit darauf erschien unangemeldet der französische Delegierte Herr Gillet, abermals mit Zustimmung der Reparationskommission, um den Versuch zu machen, auch hinsichtlich der französischen Sachleistungen neue Modalitäten mit uns zu verabreden, die dann gleichfalls in Vorbesprechungen geklärt wurden. Von unserer Seite also wurde nichts versäumt während der langen Periode, innerhalb deren die Reparationskommission mit ihrer Entscheidung zögerte. Wie Sie wissen, ist diese Entscheidung erfolgt am 21. März und sie hat Deutschland auf das schwerste enttäuscht. Sie hat nicht nur uns enttäuscht, sondern einen jeden in der

Welt, der eine Hoffnung auf wirklichen Frieden und eine mögliche Regelung des Reparationsverhältnisses hegte.
Um die Entwicklung dieser Wochen zu verstehen – zwei Monate vergingen während dieser Verhandlungen –, müssen wir uns klarmachen, welche bedeutende Wandlung im politischen Weltgeschehen eingetreten war. In Frankreich hatte ein Staatsmann die Zügel ergriffen von großer Erfahrung in internationalen Verhältnissen und von rückhaltsloser Willenskraft. Poincaré nahm den Kampf gegen England auf, und Boulogne hat uns gezeigt, daß dieser Kampf nicht ganz erfolglos gewesen ist. Wenn auch in Boulogne neue Beschlüsse nicht gefaßt wurden, wenn auch nur das bestätigt wurde, was ursprünglich schon auf der Einladungskarte für Genua gestanden hatte, so war doch diese Wiederholung eine Bekräftigung desjenigen Willens, der uns hindern sollte, die Frage der Reparationen in Genua zur Sprache zu bringen, diejenige Beschränkung der Konferenz aufzuerlegen, die ihr eigentlich das Herz ausbrach. Von einer starken parlamentarischen Mehrheit getragen, begann Poincaré seine Politik, und sie hat sich in kurzer Zeit auf allen Schauplätzen der Politik ausgewirkt, nicht nur England gegenüber, sondern auch im näheren Osten, wo die Zahl der Bündnisse, Verständigungen und Militärkonventionen fast von Tag zu Tag wuchs, nicht nur in Kleinasien, wo die französisch-türkische Politik vordrang gegenüber der englisch-griechischen. Die Auswirkung erstreckte sich auch auf uns, und zwar zeigte sie sich zunächst in einem Hagel von Noten, der seitens der interalliierten Militärkommissionen auf uns herniederprasselte. Ich habe zählen lassen, daß wir etwa im Laufe von zwei Monaten hundert Noten von diesen Kommissionen zur Beantwortung bekamen. Sie können sich denken, daß es nahezu einer Lahmlegung der Behörden gleichkommt, wenn sie gezwungen sind, täglich und nächtlich an der Beantwortung dieser Schriftstücke zu arbeiten. Von dem letzten Herrn Redner ist auf die sehr unerfreulichen Entwicklungen hingewiesen worden, die die Abgrenzung am Weichselgebiet in der letzten Zeit erfahren hat. Wir haben nicht unterlassen, nicht nur die Botschafterkonferenz, sondern alle Mächte einzeln darauf hinzuweisen, daß hier ein schweres Unrecht im Zuge ist, und es ist wenigstens erreicht worden, daß die Botschafterkonferenz zunächst ihre Entscheidung zurückgestellt hat.

Etwas Tragisches liegt darin, daß die gegenwärtig stärkste Militärmacht der Welt, daß Frankreich in seinem ganzen Tun und Handeln bestimmt wird durch die Besorgnis vor einem deutschen Angriff, vor einem Angriff eines vollkommen entwaffneten Landes, das kaum so viel Soldaten aufbringt, um seine innere Ruhe zu erhalten. Es ist in hohem Maße bedauerlich, daß durch diesen Gedanken Frankreichs jede Behandlung europäischer Probleme eine politische Seite erhält.
Gerade auf einem derjenigen Gebiete, mit denen sich die Noten der letzten Zeit besonders intensiv beschäftigen, trat diese politische Tendenz in bedauerlicher Weise hervor. Ich spreche von denjenigen Noten, die sich auf unsere Schutzpolizei beziehen. Es ist durchaus verständlich, wenn in einem geordneten, mit starker Militärmacht versehenen Lande, wenn in einem Lande mit ungeschwächter Staatsautorität ein Gendarmeriesystem vertreten wird, das auf rein munizipaler, örtlicher Organisation beruht. Für Deutschland ist eine solche Regelung nicht tunlich. Wir leben in einer Zeit des Übergangs, der schwersten Zerrüttung unserer wirtschaftlichen Verhältnisse. Wir leben in einer Zeit, in der schwer gebändigt unter der Oberfläche die Mächte der Unruhe sich bewegen. Wir leben in einem Lande mit geschwächter Staatsgewalt, und wir sind deshalb darauf angewiesen, für Ruhe im Lande zu sorgen. Das ist nur dann möglich, wenn eine wirksame Polizeigewalt im Lande existiert.

Unter solchen Auspizien der äußeren und der Gesamtpolitik ist die Note der Reparationskommission erwachsen. Die Kritik an der Note hat gestern der Herr Reichskanzler geübt, und ich habe dieser Kritik nicht ein Wort hinzuzufügen. Um aber die Voraussetzungen und Tendenzen klarer zu verstehen, auf die sich die Note gründet, ist es erforderlich, daß wir uns in einen fremden Vorstellungskreis zu versetzen suchen und einige Irrtümer dieses Vorstellungskreises beleuchten.

Der erste Irrtum, mit dem wir uns befassen müssen, ist die übertriebene Vorstellung des Auslandes von dem Begriff der Inflation und ihren Wirkungen. Immer wieder tritt uns die Vorstellung entgegen, daß, wenn unser Geldwert zerrüttet ist, das nur auf den Notendruck zurückgeführt werden kann. Das Rezept dagegen, das uns gegeben wird, ist: Stoppt eure Notenpresse, bringt euer Budget in Einklang, und das Unglück ist behoben! Ein schwerwiegender volkswirtschaftlicher Irrtum! Für ein Land mit aktiver Zahlungsbilanz ist die Ge-

sundung des Geldes dadurch möglich, daß man deflationistische Politik betreibt, die Balance des Haushalts herstellt und die Notenpresse stoppt. Anders liegt es aber für ein Land mit passiver Zahlungsbilanz. Ich fordere jeden Kenner des Wirtschaftslebens auf, mir einen Weg zu nennen, auf dem einem Land mit passiver Zahlungsbilanz ermöglicht wird, dauernd Goldzahlungen zu leisten ohne Hilfe fremder Anleihen und dabei seine Valuta intakt zu halten. Niemals ist der Versuch gemacht worden, ein solches Rezept zu geben, und es kann nicht gegeben werden. Denn ein Land, das Gold nicht produziert, kann Gold nicht zahlen, es sei denn, daß es dieses Gold durch Ausfuhrüberschüsse kauft oder daß ihm das Gold geliehen wird.
Der Kreislauf unserer Valutazerrüttung ist der folgende: passive Zahlungsbilanz, infolgedessen die Notwendigkeit, unsere Zahlungsmittel im Auslande zu verkaufen oder auszubieten; dadurch Entwertung der ausgebotenen Ware, der verkauften Zahlungsmittel; dadurch Schädigung des Geldwertes im Auslande, Schädigung der Valuta. Weitere Folge: Ansteigen aller Preise im Inlande, Ansteigen aller Materialkosten und aller Personalkosten. Weitere Folge: das Klaffen des Budgets; denn ein Budget besteht aus keinen anderen Ausgaben als aus sachlichen und persönlichen, und wenn diese beiden ohne Gegenwert steigen, so ist jedes Budget, und mag es vorher noch so sehr im Einklang gewesen sein, zerrüttet.
Wer den Beweis für die Richtigkeit dieser Anschauung noch braucht, der sei darauf hingewiesen, wie sich tatsächlich unser Geldwert im Ausland während einer Zeit vollkommen stabilen Weiterganges der Inflation bewegt hat. Wir haben bei diesem stabilen Gang im Herbst letzten Jahres einen Dollarkurs von 300 erlebt, er hatte sich im Dezember auf etwa 160 ermäßigt, er ist abermals gestiegen auf 350, und alles das stand nicht im Zusammenhange weder mit dem Druck der Notenpresse noch mit dem Fortgang der Inflation.
Einen zweiten Irrtum der ausländischen Auffassung von unserer Zahlungsfähigkeit habe ich zu erwähnen. Er betrifft die Frage unserer Steuerbelastung. Wir haben der Reparationskommission und der Konferenz in Cannes das Material übergeben, das den Nachweis erbrachte, daß Deutschland heute schwerer mit Steuern belastet ist als andere Länder. Von keiner Seite ist der Versuch gemacht worden, unsere Rechnungen zu entkräften. Anerkannt wurde, daß die Kalku-

lationen überaus schwierige sind, daß es ernster theoretischer Auseinandersetzungen bedarf und nicht mechanischer Vergleiche von Zahlen, die auf Dollars übersetzt werden. Aber der Versuch einer Widerlegung ist nicht gemacht worden. Das einfachste Beispiel kann ja nicht widerlegt werden. Wenn in Deutschland das Einkommen der höchsten Staatsbeamten 300 oder 500 Dollar beträgt, so kann dieser Staatsbeamte keinesfalls mehr als 300 oder 500 Dollar Steuern zahlen. Das schließt aber keineswegs aus, daß ein Staatsbeamter eines anderen Landes, der 3000 oder 5000 Dollar verdient, sehr wohl mehr Steuern zahlen kann, als die ganzen Einnahmen des deutschen Staatsbeamten betragen.

Ein dritter Irrtum, der bereits von Herrn Abgeordneten Stresemann erwähnt wurde, ist der, daß man uns vorhält: eure Wirtschaft ist voll beschäftigt, ihr habt keine Arbeitslosen, bei euch raucht jeder Schornstein, bei euch laufen alle Maschinen mit Volldampf; wo bleibt nun das Produkt dieser Arbeit? Dieses Produkt muß doch vorhanden sein, es muß dazu dienen, die deutsche Vermögenssubstanz anzureichern, und dieses Produkt muß für Reparationen faßbar sein. Die Antwort auf diese Frage habe ich in Cannes gegeben, und ich werde es hier noch einmal mit größerer Deutlichkeit tun.

Die Reparationen, die wir im letzten Jahre gezahlt haben, beliefen sich auf anderthalb Milliarden Goldmark. Diese anderthalb Milliarden Goldmark bedeuten nicht mehr und nicht weniger als die Jahresarbeit von einer Million deutschen Arbeitern. Wir haben, wie Sie wissen, durch den Niedergang unserer Landwirtschaft eine erhebliche Einfuhr von Lebensmitteln nötig. Diese Einfuhr belief sich im letzten Jahre auf zwei Milliarden Goldmark, und sie bedeutet abermals die Arbeitskraft eines ganzen Jahres von einer Million Deutschen. Unseren Auslandsbesitz haben wir verloren, die Guthaben und Investitionen, den Überseebesitz. Die Einnahmen aus diesen Besitztümern betragen weit über eine Milliarde Gold, und diese Einnahmen verwandelten sich in einen Zustrom von Rohstoffen und von Waren, für die wir Gegenwerte nicht zu leisten brauchten. Wenn wir heute diese Rohstoffe und Güter uns durch Kauf beschaffen müssen, so haben wir dafür Arbeit zu leisten, und es ist abermals die Arbeit von einer Million Deutschen erforderlich, um den Gegenwert zu bezahlen. Wir kommen also zu der Rechnung, daß drei Millionen Deutsche gegenwärtig Jahr für Jahr zu arbeiten haben, um denjenigen Stand einigermaßen wiederherzustellen, der uns vor dem Kriege ohne diese Arbeit beschieden war. Es wird also gleichsam von drei Millionen Menschen die Arbeit kompensationslos verzehrt; das bedeutet freilich einen Zustand von starker Beschäftigung des Landes, aber nicht von produktiver Beschäftigung.

Einen vierten Irrtum hat Herr Stresemann erwähnt, auf den ich mit wenigen Worten ergänzend eingehen möchte. Es wird uns vom Auslande entgegengehalten: eure Industrie ist blühend; eure Gesellschaften zahlen hohe Dividenden; sie emittieren neues Kapital; sie schaffen also große neue innere Werte. Auch dieser Schluß ist falsch. Denn wenn wir das Beispiel einer Gesellschaft von 100 Millionen Aktienkapital nehmen und annehmen, daß diese Gesellschaft selbst 20 Prozent Dividende zahlt, so hat sie auf die Goldwerte ihres Aktienkapitals nicht mehr als ¼ Prozent gezahlt. Es bleibt dabei aber unberücksichtigt, daß sie mindestens, um ihren Stand an Maschinen und Einrichtungen aufrechtzuerhalten, eine jährliche Rücklage in Gold machen müßte, die, auf Papier umgerechnet, ein Vielfaches des Aktienkapitals ausmacht. Wenn also eine solche Gesellschaft selbst 20 Prozent Dividende zahlt, so fehlen ihr jedes Jahr vielleicht 200, vielleicht 300, vielleicht 500 Prozent ihres Aktienkapitals an den notwendigsten Rückstellungen.

Ich habe die volkswirtschaftlichen Trugschlüsse erwähnt, die eine Erklärung für die Atmosphäre bilden, innerhalb deren die Reparationsnote entstanden ist. Ich darf aber nicht an den erheblichen gefährlichen Irrtümern vorübergehen, die sich in der politischen Mentalität des Auslandes abspielen. Ich nenne von diesen Irrtümern nur zwei. Der eine lautet: Deutschland hat nichts gezahlt und will nichts zahlen. Der andere lautet: Deutschland hat nicht entwaffnet und will nicht entwaffnen.

Meine Herren! Ich möchte Ihnen zwei Aufstellungen verlesen, die ich gemacht habe, um diese Fragen zu beantworten. Zunächst: Deutschland hat nichts gezahlt und will nichts zahlen. Es ist schwer, genaue Schätzungen aufzustellen für alle diejenigen Leistungen, die Deutschland in der Vergangenheit seit Beendigung des Krieges hingegeben hat. Aber wenn auch die Schätzungen vielleicht nicht auf die letzten Dezimalen genau zu sein brauchen, so geben sie doch ein deutliches und unwiderlegliches globales Bild von der Gesamtheit der deutschen Leistung.

Ich erwähne folgende Posten: Das deutsche liquidierte Eigentum im Auslande hat einen Wert von 11,7 Milliarden, die übergebene Flotte hat einen Wert von 5,7 Milliarden. Das Reichseigentum in den abgetretenen Gebieten beläuft sich auf 6,5 Milliarden Mark, übergebenes Eisenbahn- und Verkehrsmaterial beläuft sich auf 2 Milliarden Goldmark (Zuruf rechts: alles Goldmark?) – alles Goldmark! – Rücklaßgüter nicht militärischen Charakters 5,8 Milliarden Goldmark, der Verlust der deutschen Ansprüche an seine Kriegsverbündeten beläuft sich auf 7 Milliarden Goldmark. Der Wert der Saargruben wird von uns auf 1,1 Milliarden Goldmark beziffert. Die Kohlenlieferungen, die wir getätigt haben, zum Weltmarktpreis gerechnet, belaufen sich auf 1,3 Milliarden Goldmark. Barzahlungen für Reparationen sind bekanntlich 1,3 Milliarden Goldmark gewesen. Eine Reihe von kleineren Posten – kleiner, obwohl sie in die Milliarden laufen – übergehe ich, sie betragen im ganzen 3,2 Milliarden Mark. Wir kommen somit zu einer Gesamtsumme der deutschen Leistungen seit Kriegsende von 45,6 Milliarden Goldmark. – Hierbei ist der Wert der Kolonien und der reine Wirtschaftswert der abgetretenen oberschlesischen und westpreußischen Gebiete nicht in Ansatz gebracht. Fügt man den nach mittleren Schätzungen hinzu, so erhöht sich diese Summe auf weit über 100 Milliarden Goldmark.

Das habe ich dem Auslande zu sagen, das durch eine starke Propaganda heute noch immer die Meinung zu hören bekommt, Deutschland habe nichts gezahlt und Deutschland wolle nichts zahlen. Es ist die stärkste Zahlungsleistung von Deutschland ausgegangen, die jemals von einem Volke der Erde an andere Völker geleistet worden ist.

Die andere Behauptung lautet: Deutschland habe nicht entwaffnet und wolle nicht entwaffnen. Auch hier werde ich Ihnen eine Reihe von Zahlen geben und bitte dabei zu bedenken, daß sich in diesen Zahlen nicht die ganze Entwaffnung Deutschlands ausdrückt, daß sie nicht die gewaltige Heeresreduktion umfassen und daß sie den Verlust unserer Festungen nicht enthalten. Es sind unter anderem abgeliefert worden an Gewehren und Karabinern 5,8 Millionen, an Maschinengewehren 102 000, an Minenwerfern und Granatwerfern

28 000, an Geschützen und Rohren 53 000, an scharfen Artilleriegeschossen und Minen 31 Millionen, an scharfen Hand-, Gewehr- und Wurfgranaten 14 Millionen, an Zündern 56 Millionen, an Handwaffenmunition 390 Millionen und an Pulver 31 900 000 Kilo. Demgegenüber ist die Behauptung eine vermessene, daß Deutschland zur Abrüstung nichts getan habe. Die deutsche Abrüstung ist eine Leistung von unerhörter Größe, und es ist nicht wahr, wenn man behauptet, daß einige Waffenfunde, die in Deutschland gemacht worden sind, an diesem Bilde irgend etwas Wesentliches ändern. Noch in hundert Jahren wird man vermutlich irgendwo in deutschem Boden vergrabene Waffen finden, gerade so gut wie man heute noch römische Münzen oder langobardische Schwerter im Boden findet. Eine hundertprozentige Leistung auf dem Gebiet einer großen Aktion gibt es nicht, und wenn hier Bruchteile eines Prozentes zurückgeblieben sein mögen, so ist kein Grund dafür, diese Tatsachen in Form von Entdeckungen aufzubauschen. Kein denkender Mensch in der Welt kann annehmen, daß Deutschland mit dem, was ihm an Waffen oder an Kriegern verblieben ist, einen Krieg führen kann. Jeder Mensch, der heute vertraut ist mit dem technischen Wesen eines Krieges, weiß, daß ein neuzeitlicher Krieg nicht zu führen ist mit Resten von Waffen, daß er überhaupt nicht zu führen ist mit vorhandenem Material, sondern daß er nur geführt werden kann durch Umstellungen der gesamten Industrialität eines Landes. Diese Umstellung aber ist in Deutschland nicht möglich, und somit sind alle Bemühungen vergeblich, die darauf hinauslaufen, etwa den Beweis deutscher Wehrkraft dadurch zu bringen, daß noch ein halbes oder ein viertel Prozent der deutschen Waffen nicht abgeliefert sein möge. Damit will ich den verborgenen Waffen aber nicht das Wort reden. Ich halte es für tief bedauerlich, daß das Reich in Gefahr gebracht worden ist durch solche Personen, die Waffen versteckt haben mit irgendwelchen unklaren und verworrenen Absichten, ohne sich deutlich zu machen, daß wir dadurch von neuem den Beschwerden von Kommissionen und schweren politischen Verwirrungen ausgesetzt werden. Die Reichsregierung wird und muß alles tun, um diejenigen Verpflichtungen, die sie übernommen hat, durchzuführen, und es soll ihr dabei niemand in den Arm fallen.

Die Abrüstung Deutschlands bezeichne ich als eine vollkommene und ich bezeichne sie um so mehr als eine vollkommene, als sie stattgefunden hat in einem Europa, das von Waffen starrt. Die beabsichtigte Abrüstung der Welt, wozu hat sie geführt? Sie hat dazu geführt, daß gegenwärtig in Europa nicht 3,7 Millionen Soldaten unter Waffen stehen, wie vor dem Kriege, sondern 4,7 Millionen. In dieser waffenstarrenden Welt kann man von einem bewaffneten und kriegsbereiten Deutschland nicht sprechen, wenn man ehrlich die Verhältnisse betrachtet.

Aber, meine Damen und Herren, es ist doch einmal nötig auszusprechen: wenn Deutschland diese gewaltigen Leistungen getätigt hat, die Leistungen seiner Zahlungen auf der einen Seite, die Leistungen seiner Entwaffnung auf der anderen Seite, unter welchen physischen und moralischen Verhältnissen Deutschland diese beiden großen Taten vollbracht hat. Halb verhungert ging das Land aus dem schwersten aller Kriege hervor; aber nicht nur aus dem Kriege, sondern aus einer Blockade, die sich noch nahezu ein Jahr über Kriegsende hinaus verlängert hatte. In diesem Zustande durchschritt das Volk eine Revolution und eine Reihe von wirtschaftlichen Krisen, die heute noch nicht beendet ist. Eine Geldentwertung trat ein, die, wie es Herr Stresemann mit beweglichen Worten ausgeführt hat, den Mittelstand zerbrach, die eine Umschichtung der Stände herbeigeführt hat, wie sie bedauerlicher nicht gedacht werden kann, die Elend und Entbehrungen in alle Schichten des Volkes und fast in jede Familie gebracht hat. Die Intelligenz des Landes, unsere kulturellen Werte sind in schwerster Gefahr und Bedrängnis. Der Kanzler hat geschildert, wie es kaum mehr möglich ist, die notwendigsten Institute der gesundheitlichen Pflege zu erhalten. Die Wissenschaft ist in Gefahr. Tausende haben ihre Studien unterbrechen müssen, haben sich anderen Berufen zugewandt. Der Berufswechsel in Deutschland, die Verarmung der geistigen Schichten hat die kulturelle Kraft unserer Bevölkerung um Jahre zurückgeworfen.

Gleichzeitig aber hat auf dem Lande, das die Leistungen vollbrachte, von denen ich sprach, die Leistungen der Zahlung und der Abrüstung, ein Druck gelastet, der bis zum heutigen Tage nicht behoben ist, der schwere Druck des Gemütempfindens, der Schmerz um verlorene Heimat, der Druck der Okkupationsheere im Osten und Westen, der Druck der Sanktionen, die uns drei Städte im Frieden entrissen haben, der Druck der Kommissionen, die im Lande herumreisen und in alle unsere Verhältnisse eingreifen. Dieser schwere Druck hat auf dem Volke gelastet neben dem wirtschaftlichen und neben dem sozialen, während es diejenigen Leistungen vollbrachte, die ich erwähnt habe. Ich glaube nicht, daß es ungerecht ist, zu fragen, ob je ein Volk in geschichtlichen Zeiten im Frieden einer härteren Probe unterworfen worden ist. Wie aber hat sich Deutschland den Verhältnissen gegenüber selbst verhalten? In dieser Zeit der schwersten Not, der schwersten Sorge, der stärksten moralischen und physischen Anspannung ist Deutschland dasjenige Land gewesen, das Europas Zivilisation erhalten hat; denn hätte Deutschland in dieser Zeit den Willen zur Ordnung und Disziplin sinken lassen, hätte sich Deutschland in dieser Zeit in Umsturz gleiten lassen, so wäre für die europäische Zivilisation eine Rettung nicht mehr erwachsen. Wir verlangen für das, was wir geleistet haben, von außen keine Anerkennung und keinen Dank; aber wir dürfen erwarten und verlangen, daß sich die Welt endlich entschließt, die deutschen Verhältnisse so zu sehen, wie sie sind. Es ist nötig, daß in die fremden Länder diejenigen Stimmen hineindringen – und deshalb darf ich auch die meine erheben –, die behaupten und beweisen, daß die Leistungen Deutschlands die Achtung der Welt verdienen.

Da, wo unser schwerstes Unglück liegt, entspringen aber, wie ich glaube, auch die Quellen unserer Hoffnung, die leider heute noch spärlich fließen. Denn, sind diese Dinge wahr, die ich ausgesprochen habe, und sie sind es, so haben sie die Unaufhaltsamkeit der Wahrheit. Die Wahrheit ist ein Strom, der sich nicht in Flaschen versiegeln läßt. Es ist zweifellos, daß man die Wahrheit lange Zeit unterdrücken kann; aber schließlich macht sie ihren Weg um die Erde, und wenn die Wahrheit den Weg um die Erde antritt, dann ist auch für uns der Augenblick des Friedens gekommen, den wir ersehnen.

Ich kehre zur Reparationsnote zurück. Ihre Beantwortung hat der Kanzler gestern deutlich umschrieben. Er hat ausgesprochen, daß die Tür der Verhandlungen nicht geschlossen ist; denn dieser Verhandlungen bedürfen wir schon deswegen, um zurückzukommen auf diejenigen Goldleistungen, die von der Reparationskommission in Aussicht genommen worden sind. Wir haben die Absicht, der Reparationskommission zu sagen, daß unter den heutigen Verhältnissen der Geldentwertung wir einen anderen Zahlungsplan für 1922 erwarten. Richtlinien für die Verhandlungen mit der Reparationskommission aber bleiben die beiden vom Kanzler ausgesprochenen: ein Neubau unseres Steuerkompromisses ist nicht möglich, und ebensowenig möglich ist ein Eingriff in unsere Staats- und Finanzhoheit.

Herr Stresemann hat die Mahnung ausgesprochen, an die ich mich zu halten beabsichtige, nicht auf diejenigen Punkte zurückzugreifen, die in der Vergangenheit die Auffassungen innerhalb dieses Hauses getrennt haben. Es sind gestern schwere Vorwürfe gegen die vergangene Politik des Kabinetts erhoben worden. Ich gehe darauf nicht ein, weil auch ich den Wunsch habe, daß wir gemeinschaftlich an der Zukunft und nicht getrennt an der Vergangenheit arbeiten. Aber eins möchte ich nicht ungesagt lassen: Ich glaube, daß das Kabinett es für sich beanspruchen darf, daß es ihm möglich gewesen ist, im Jahre der stärksten Gefahr die Einheit und Unversehrtheit des Reichs zu erhalten, und ich behaupte, daß mit keiner anderen Politik die Unversehrtheit und Einheit des Reiches gewahrt worden wäre.

Die Politik, die wir zu führen beabsichtigen, ist die Politik des Friedens. Wir führen sie in der freien Überzeugung und in dem Glauben an unsere gute und gerechte Sache.

Wir wollen die Erfüllung, soweit sie im Rahmen der Möglichkeit liegt, nicht als Selbstzweck, sondern als Weg zum Frieden. Wir wollen den Wiederaufbau der zerstörten Gebiete als Weg zum Frieden, und wir wollen nach Kräften beitragen zur Entbürdung und zum Wiederaufbau der Welt.

Freilich, vom wahren Frieden sind wir noch weit entfernt. Noch immer herrscht ein tiefes Mißtrauen zwischen den Völkern, gesteigert oftmals bis zur Feindseligkeit des Wortes und der Handlung. An Stelle gemeinschaftlicher Arbeit verkettet den Erdkreis ein Ring gemeinschaftlicher Verschuldung. Europa starrt von Waffen, und es findet sich nicht der Staatsmann und nicht die Nation, die sich zum befreienden Gedanken und zur befreienden Tat aufrafft. Nach dreijährigem Frieden ist unser eigenes Land noch immer friedlos, zum Teil militärisch besetzt, zum Teil militärisch kontrolliert.

Kann nun Genua dieser friedlosen Welt den ersehnten Frieden bringen? – Amerika hat die Beteiligung an Genua abgelehnt mit der Begründung, Genua sei eine politische Konferenz; Hauptfragen der wirtschaftlichen Probleme werden in Genua nicht behandelt, und somit bleiben wir fern. In Boulogne ist nochmals bekräftigt worden, daß die Probleme der Reparation, der Grundlagen des Versailler Friedens, nicht der Beschlußfassung unterliegen sollen. Dennoch hat der Kanzler gestern in seiner Rede die hoffnungsvollere Seite von Genua erwähnt. Ich stimme seinen Ausführungen bei und will das von ihm selbst beschränkte Maß von Hoffnungen nicht herunterstimmen. Dennoch werden wir unsere Stellung zu Genua erneut zu prüfen haben. Wir müssen erwägen, mit welchen Gedanken, aber auch mit welchen Gefühlen wir uns einer Konferenz nähern, auf der das Schicksal und der Aufbau einer Welt behandelt werden soll, aber nicht der unseren, nicht unser Aufbau und nicht unser Schicksal. Läßt sich eine Brücke finden – gut! Läßt sie sich nicht finden, so wird Genua das Schicksal von vielen anderen Konferenzen teilen.

In diesem Zusammenhang ein Wort in Anknüpfung an die Ausführungen des Herrn Stresemann über Rußland. Zweifellos wird Genua für Rußland manches Wesentliche bringen, und ich will nicht einen Augenblick die Auffassung der Kabinettsregierung unausgesprochen lassen, die dahin geht, daß wir nach Ausmaß unserer Kräfte uns aufrichtig bemühen werden, am Wiederaufbau Rußlands mitzuwirken. Dabei ist der Weg von Syndikaten nicht der entscheidende, Syndikate können nützlich sein, und von solchen Syndikaten sollten wir uns nicht ausschließen. Dagegen wird das Wesentliche unserer Aufbauarbeit zwischen uns und Rußland selbst zu besprechen sein. Solche Besprechungen haben stattgefunden und finden weiter statt, und ich werde sie mit allen Mitteln fördern. Es ist kein Gedanke daran, daß Deutschland etwa die Absicht hätte, Rußland gegenüber die Rolle des kapitallüsternen Kolonisten zu spielen. Ich freue mich ganz besonders, daß von seiten des Herrn Stresemann und seiner Freunde heute eine solche Stellung Rußland gegenüber gewünscht wird, denn ich erinnere mich an eine Periode, in der ich mit meiner Auffassung über die Notwendigkeit, Rußland zu Hilfe zu kommen, bei dieser Seite keine Gegenliebe gefunden habe.

Soll, meine Herren, aus dem Chaos der Welt ein Ausweg gefunden werden, so ist es nötig, den Rahmen weiter zu spannen, als es durch die Note der Reparationskommission geschehen ist. Es ist schlechterdings nicht möglich, daß eine niedergebrochene Welt aufgerichtet werde lediglich durch die Arbeit eines einzigen Landes, auch wenn dieses Land noch so gutwillig an diesem Aufbau mitzuwirken gewillt ist. Alle Nationen der Erde, nicht nur die ehemaligen Kämpfer, müssen erkennen, daß sie sämtlich am Aufbau der Welt in gleichem Maße interessiert sind. Sie müssen erkennen, daß sie einander wechselseitig bedürfen als Produzenten und als Käufer, sie müssen erkennen, daß sie alle die gleichen Rohstoffe dieser Erde nötig haben. Sie müssen sich vereinigen zu einer Sanierungsaktion der Welt, von der sich niemand ausschließen darf, der aus den Vorräten der Welt schöpft. Deutschland aber bedarf, um im Kreise der Völker die ihm gestellte Aufgabe des Aufbaus zu erfüllen, einer Atempause, die nur durch äußere Anleihen beschafft werden kann. Um aber sein Verhältnis zu seinen Gläubigern zu regeln, und zwar zu regeln in loyaler und ehrlicher Weise, muß Deutschland das Recht haben, sich mit seinen Gläubigern an einen Tisch zu setzen. Das bedeutet keine Übergehung der Reparationskommission, die immer noch genügend Aufgaben zu erfüllen haben wird. Es kann aber dem Schuldner nicht verwehrt werden und ist ihm zu keiner Zeit verwehrt worden, sich mit seinen Gläubigern zusammenzusetzen und mit ihnen diejenigen Mittel zu beraten, wie wechselseitig das Verhältnis geregelt werden kann, nicht nur auf dem Gebiet des Geldes, sondern auf allen Gebieten, die Gläubiger und Schuldner gemeinschaftlich berühren.

Ich kann es verstehen, daß man sich formal auf den Standpunkt gestellt hat, das deutsche Reparationsverhältnis kann in Genua nicht verhandelt werden, weil dort vierzig Nationen vertreten sind, die, nur zum Teil an Reparationsfragen beteiligt, nicht beschließen können, wie Deutschlands Verhältnis zu seinen Gläubigern sich gestalten soll. Ich sage, ich kann es formal verstehen; sachlich hätte ich eine andere Lösung gewünscht. Aber wenn man sich auf diesen Standpunkt stellt, daß Genua für diese Kernfrage der gesamten Weltwirtschaft unzuständig ist, so ist es um so mehr notwendig, daß eine Regelung zwischen Deutschland und seinen Gläubigern durch gemeinschaftliche Verhandlungen gefunden wird. Es ist gestern in der Debatte Erwähnung Amerikas geschehen. Ich halte es für falsch, auf ein einzelnes Land, sei es das stärkste und edelste der Welt, alle Hoffnung zu setzen. Es entspricht der Gewohnheit verzweifelter Schuldner, alle Hoffnung an einen einzigen Anker zu hängen. In der Regel werden solche

Hoffnungen getäuscht. Ich kenne sehr wohl die Abneigung Amerikas, sich auf die wirtschaftlichen Verhältnisse Europas einzulassen. In erster Linie ist es eine schwere Europamüdigkeit, die Amerika befallen hat nach den Erfahrungen des Krieges und nach den Erfahrungen des beginnenden Friedens. Wer das Tun und Treiben in Europa mit unbeteiligten Augen überblickt, dem liegt es freilich nahe – und man kann es ihm nicht verdenken –, wenn er die Augen abwendet.

Ein anderes Motiv Amerikas, sich nicht einzumischen, besteht darin, daß die Auffassung in volkswirtschaftlichen amerikanischen Kreisen herrscht, die amerikanische Ausfuhr bedeute nur einen kleinen Bruchteil, man spricht von 7 Prozent, der amerikanischen Produktion. Diese Zahl hält der Nachprüfung nicht stand, und ich glaube, daß man in kurzer Zeit in Amerika erkennen wird, daß der Prozentsatz der Ausfuhr im Verhältnis zur Produktion ein ganz bedeutend größerer ist. Ich schätze das Verhältnis der Ausfuhr zur amerikanischen Fertigproduktion auf mindestens 20–25 Prozent. Auf eine solche Ausfuhr aber wird Amerika auf die Dauer nicht leicht verzichten.

Plausibel für die amerikanische Nichteinmischung ist aber noch ein dritter Grund. Amerika sagt: Warum sollen wir unser Geld Europa zur Verfügung stellen, einem Kontinent, der es nur für seine Rüstungszwecke verbraucht? Das ist ein Einwand, den man verstehen kann. Aber ich glaube, Amerika wird empfinden, daß man einem Ertrinkenden keine Bedingungen stellt. Es ist nicht möglich, zu warten, bis der Geist des Friedens in Europa durchgedrungen ist, um Europa zu helfen.

Am 1. April wird der künftige amerikanische Botschafter Houghton sich zu Schiff begeben, um nach Deutschland zu kommen und hier seinen Posten zu übernehmen. Ich rufe ihm ein Willkommen entgegen und hoffe, daß seine Mission in Deutschland für beide Länder fruchtbringend sein wird. Wir selbst haben einen der stärksten Leiter unseres Wirtschaftslebens, Geheimrat Wiedfeldt, bestimmt, uns in Washington zu vertreten. Ich glaube, daß diese Wahl von Amerika gut aufgenommen werden wird. Denn Amerika wünschte sich einen starken Mann der Wirtschaft, und ich hoffe, daß Herr Wiedfeldt drüben ein gesegnetes Feld seiner Tätigkeit finden wird. Noch nie hat eine Nation so unentrinnbar das Schicksal eines Kontinents in der Hand gehalten wie Amerika im gegenwärtigen Augenblick. Eine gewaltige Verantwortung ist mit dieser Machtstellung verbunden, zu der diejenige des Krieges hinzutritt, den Amerika entschieden hat, und des Friedens, den es gleichfalls bestimmte. Wir dürfen hoffen, daß Amerika, das wir nicht lediglich als ein Land materieller Interessen ansehen dürfen, sondern von dem wir anerkennen müssen, daß es ein Land mit starken moralischen Impulsen ist, sich einer Beratung, die sich mit der endgültigen Regelung der deutschen Schuldverhältnisse befaßt, nicht entziehen wird.

Der Osten Europas ist niedergebrochen; das unglücklichste aller Länder, Österreich, dem wir heute die herzlichste brüderliche Teilnahme entgegenbringen, ist diesem Niederbruch leider gefolgt. Deutschland ringt mit allen seinen Kräften um seine Existenz, es ringt mit den Kräften seines Willens und seiner Arbeit und kämpft gegen seinen Niederbruch an. Der Niederbruch Deutschlands aber ist der Niederbruch Europas. Deutschland verlangt von niemand in der Welt Mitleid, aber Deutschland verlangt die Einsicht der Nationen in die Einheit und in die Verflochtenheit der Weltinteressen. Deutschland verlangt von den Nationen der Welt die Möglichkeit der Aufstellung eines Arbeitsplanes und die Möglichkeit einer Mitwirkung zu gemeinsamem Wiederaufbau. Eine solche Mitwirkung aber läßt sich nicht durch Diktate erzwingen, sie läßt sich nur durch ein freiwilliges, ehrliches, gutgewolltes Zusammenarbeiten der Nationen erreichen, von denen es keine gibt, die heute nicht der Hilfe bedürfte. Wir aber, die wir gemeinsam mit Ihnen und in Ihrem Auftrag die Verantwortung für die Politik des Reichs tragen, wir kämpfen für dreierlei. Wir kämpfen für die Existenz des Volkes, wir kämpfen für die Unversehrtheit und Einheit des Reichs, wir kämpfen für den Frieden und für den Aufbau. Dieses Ziel ist uns allen gemeinsam. Es gibt nicht eine Seele in diesem Hause, die sich davon ausschließt. Deshalb lassen Sie uns auch dieses Ziel in Einigkeit verfolgen!

PHILOSOPHIE

Die Geschichte der Wahrheit

Zu Anfang gab es weder Irrtum noch Lüge noch Zweifel. Es gab nur Wahrheit. Wahrheit, die nichts von sich wußte.
Diese Wahrheit war die mythische.
»Ich habe einen Wolf gesehen. Der Wolf sprach zu mir.«
Es ist wahr. Denn du glaubst es, du sagst es, ich glaube es. Ich war zwar mit dir, ich habe den Wolf nicht gesehen und nicht gehört, folglich war er mir unsichtbar und unhörbar. Dir war er sichtbar und hörbar; du hast ihn gesehen, und zu dir hat er gesprochen.
Wenn wir Kinder sind, erleben wir die mythische Wahrheit unserer Vorfahren.
»Was wird bei Nacht aus der Sonne?« Sie schwimmt durchs Wasser. »Was wird aus dem Vollmond?« Er wird zerschlagen. »Woher weißt du das?« Ich habe es gehört. Jeder weiß es.
Es ist wahr. Mythische Wahrheit. Es mag Menschen geben, die sie nicht wissen, weil sie nicht gefragt, nicht gehört oder nicht begriffen haben; es gibt aber niemand, der zweifelt.
Denn der Zweifel ist noch nicht erfunden. Er hat noch kein Daseinsrecht. Der Erfindung des Zweifels geht die Entdeckung des Irrens voraus.
Wenn die Zwecke sich von den Mitteln sondern, wird die Möglichkeit des Irrtums entdeckt. Auch wenn jemand sagt oder glaubt, eine Sache ist so, kann sie anders sein.
Mit der Entdeckung des Irrtums und der Erfindung des Zweifels entsteht die Beobachtung und die Begründung. Beobachten ist zweckhaftes Betrachten. Begründen ist zweckhaftes Berichten.
Es entsteht die Tatsache. Neben die mythische Wahrheit tritt die praktische Wahrheit. Regeln und Gesetze werden erkannt. Der My-

thos wird angespannt, detailliert und systematisiert, um der Tatsache zu folgen. Er wird zur naturgeschichtlichen und geschichtlichen Sage. Sie muß mit jeder neuen Beobachtung und Überlieferung Schritt halten. Sie lokalisiert und poetisiert sich.

Die Volkschaften verdichten sich zu engeren Siedlungen, der Verkehr wird wesentlich. Im interessierten Verkehr kann der Vorteil des einen der Nachteil des andern sein. Der Irrtum des einen kann dem andern nützen. Der Verkehr erzeugt die Täuschung und die Lüge. Je mehr gehandelt wird, desto mehr wird gelogen und betrogen.

Der Zweifel wird zur bitteren Vorsicht. Sie verlangt vom Mitmenschen Beweis und Zeugnis. Das Zeugnis wird geheiligt und beschworen.

Es entsteht die beweiskräftige, verbürgte, dokumentierte und geschichtliche Wahrheit. Sie bedrängt die mythische Wahrheit, die sich in Urzeit, Heldensage, Religion, Aberglauben und Naturphilosophie flüchtet und von Dichtern und Priestern verteidigt werden muß. Es droht ihr die Gefahr, verleugnet oder nicht ernst genommen zu werden. Die Welt gestaltet sich um. Ihr überirdischer Glanz erlischt. Überwelten nehmen ihn auf, das Geschehene wird folgerichtig, starr und hart.

Nur das Wunder bleibt. Denn das Naturgeschehen ist von der Erstarrung nicht ergriffen, alles Wesentliche ist unerklärt, kein Grundsatz schließt das Übernatürliche aus, und das Gemüt ersehnt es. Ein Wunder gilt als geschehen, nicht sofern es bewiesen, sondern sofern es nicht widerlegt ist.

Solange die Täuschung nicht zum üblen und erlernbaren Gebrauch wird, vielmehr Erfindungsgabe, Kühnheit und Behendigkeit verlangt, bleibt sie heroisch und wird in der Dichtung gepriesen: Odysseus, Jakob. Mit Feigheit vermengt, wird sie zum Betruge.

Die Menschheit, doppelt skeptisch geworden: zwischen Tatsache und Mythos, Trug und Abwehr, erhebt Zweifel und Frage zum Selbstzweck. Sie forscht. Die Untersuchung wird zur Wissenschaft, die Wissenschaft wird zur Untersuchung. An die Stelle der Tatsache tritt der Zusammenhang, an die Stelle des Dinges der Begriff. Die Bilder des Denkens verblassen, das Denken wird ein Rechnen mit abstrakten Begriffen. Die Tatsachenwelt gerät in fließende Bewegung, das Gesetz wird zur Funktion.

Hier trennen sich die Wege des Ostens und Westens. Der Osten, an die

Natur gebunden, sinnt und denkt, findet und schafft: am Forschen hat er keine Freude. Er lebt in der Schöpfung und im Unmittelbaren, nicht im Gehäus mit gespaltenen Strahlen. Selbst die Abstraktion ist ihm bildhaft, und bildhaft bleibt seine Rede. Er will das nähere Ziel und will es mit sinnlichen Mitteln. Um Krieg zu führen, schafft er Heere, nicht optische Instrumente, um Staaten zu verwalten, schafft er Statthalter, nicht schematische Organisationen. Noch eine Weile schreitet der arabische Geist mit der westlichen Bewegung, dann nimmt auch er von den unerkennbar gewordenen Vermächtnissen, die er dem Abendlande gespendet hat, Abschied.

Der Westen aber hat die berauschende Kraft des Messens und Zählens, des Experimentes und des Apparates erkannt. Aus der Studierstube und dem Laboratorium quillt ihm Macht: über Natur, Massen, Räume und Menschen; in Maschinen und Organisationen erstarrt sie. Das Zaubern ist ihm ohne Beschwörung möglich; die schwarze Kunst heißt Geduld und Überlegung.

Die Denkkunst, die allein durch ihr abgespaltenes Nebenprodukt, die Technik genannt, so unerhörte Macht gibt: die Denkkunst der Forschung ist zum Inbegriff des westlichen Schaffens geworden, und die neue Wahrheit, die ihr entspringt, ist die mechanische.

Diese Wahrheit durchdringt restlos das Gefüge der Welt, und wo sie eindringt, schafft sie rasende Bewegung. Denn nur in der Bewegung findet der mechanische Geist Ruhe; Qualität ist ihm verhaßt, Substanz verdächtig, Bewegung meßbar.

Die Welt der mechanischen Wahrheit ist ein Bündel von Gesetzen. Alles ordnet und organisiert sich. Nichts Unvorhergesehenes kann geschehen. Kein Wunder ist möglich. Der Mythos ist vernichtet. Die mechanische Wahrheit ist nicht nur beweisbar, sie ist auch erreichbar.

Doch der Geist meldet sich. Äußerlich angekratzt von messender mechanischer Wahrheit, doch nicht ergründet. Das mechanische Denken, in unerbittlicher Gewissenhaftigkeit, weit entfernt, den Geist zu leugnen oder materialistisch wegzuhöhnen, erklärt sich bereit, den Einwand ernstlich zu prüfen. Es wird freiwillig zugegeben, daß die Denkformen gewaltig abgewandelt werden müssen. Sie werden zur Philosophie aufgerufen. Da Maß und Zahl nicht entscheiden, hat jede Fakultät ihre Stimme; auch der Orient wird zugezogen.

Es entstehen Systeme und Systeme der Systeme. Alle Denkformen der Zeiten werden angewandt in der stillen Voraussetzung, daß auch das übermechanische Denken abstrakt, begrifflich, dialektisch und beweisbar sei. Selbst das negative Reservat des Ding an sich wird mit Hebeln und Schrauben bearbeitet, bis es eine Ethik und gar eine Ästhetik von sich gibt.

Die praktische Welt indessen verwahrlost. Sie weiß von jeder Sache und jedem Ding, wie man es macht, und von nichts, wozu man es macht. Sie weiß weder von ihren Dingen noch von ihren Gedanken noch von ihren Wahrheiten, was sie damit anfangen soll. Die Wahrheit ist nicht zweckfrei – das soll sie sein –, sondern zwecklos. Die Welt wird an ihrer Wahrheit von Tag zu Tag unglücklicher.

Das Schlimmste aber ist, daß sie erkennt: ihre Wahrheit ist nicht wahrer und nicht falscher als irgendeine der früheren Wahrheiten. Denn diese wissenschaftliche Wahrheit ist nur ein kleiner Ausschnitt aus einem großen Kursbuch, das überdies jeden Augenblick geändert werden kann: ein Fahrplan für Baden, gültig bis zum 15. Mai, und nützlich, wenn ich in dieser Zeit eine Reise machen will. Über den Sinn der Reise und ihre Erlebnisse gibt der Fahrplan keinen Aufschluß, auch nicht darüber, wie er zustande gekommen ist, was eine Lokomotive ist und wer sie bewegt.

Die umschließende Wahrheit ist die philosophische, die nicht einmal an sich selber glaubt und sich bei näherer Betrachtung als eine falsch angewandte mechanische Wahrheit entpuppt.

Sind wir nun am Ende? Müssen wir zurück zur mythischen, mythologischen und praktischen Wahrheit?

Wir müssen nicht zurück, dürfen nicht und können nicht. »Zurück zum Mythos« ist romantische Wehleidigkeit philologischer Herzen, die auf Forschungsergebnisse Zucker streuen und das sentimentale Paradies eines einstmaligen goldenen Zeitalters – zur Auswahl: Sumerien, Thule, Indien, Hellas – mit vielen angehängten Nullen der Emphase in die Zukunft projizieren.

Philologisch vertiefte Sonnwendfeiern in schimmernder Wehr mit Gesang und Tanz unter künstlerisch bewährter Regie. Extrazüge.

Wir bedürfen keiner Kreuzung aus idealisierten Geschichtsbildern; keines Achill – Napoleon – Lionardo – Nietzsche, um die müde gewordene europäische Wahrheit mit Kraftgeboten aufzumuntern. Weder Homunkulus noch Titanunkulus entspringt der Retorte.

Denn der Mensch hat neben seinem gewaltigen hypertrophen Geist eine halberwachte, nach Wachtum begehrende Seele. Sie ist auf diesem Planeten so alt wie das Menschengeschlecht und hat im Lauf der Jahrtausende mehrmals die Augen aufgeschlagen. Ihre Wahrheit, die nicht beweisbar ist, die in unserer, vom Geist geschaffenen dialektischen Sprache sich gar nicht, in der Volkssprache sich nur bild- und gleichnisartig aussprechen kann, liegt jeder partiellen Wahrheit zugrunde.

Sie erkennt, indem sie den Weltvorgang in sich nachbildet, sie urteilt, indem sie ihrer eigenen Richtkraft folgt, die ihre Träger mit der Liebeskraft verglichen haben. Ihre Zuständigkeit erweist sie nicht durch Dialektik, sondern durch einleuchtende Evidenz.

Im Größten wie im Kleinsten zeigt sich, wie heiß wir dieser Wahrheit bedürfen, wie sternenweit wir von ihr entfernt sind. Im Größten: denn diese Welt strebt nicht nach Zielen, sie ringt um Ziele. Mit dialektischen, historischen, moralistischen Gebärden und Nachweisen sucht man ihr Ziele aufzuschwatzen. Auf dem Jahrmarkt der absoluten Werte hält der eine das Preußentum mit zugehörigem Imperativ und Imperium, der andere den Orient in zeitlichen Abstufungen, der dritte die Revolution, der vierte den Katholizismus, der fünfte Rußland, der sechste das Mittelalter, der siebente die Pragmatik, der achte die Klassik feil, und der neunte überbietet sie alle durch panaschierte Synthesen. Beweisgründe werden der Lektüre entnommen. Die glückliche, problemlose, animalische Empirik der Ziele, die dem Westland eignet, ist uns nicht gegeben. Die einfühlende, das Weltgeschehen und den Weltwillen nachbildende innere Einsicht der evidenten Wahrheit ist uns nicht erschwinglich, weil wir durch dialektischen und pathetischen Mißbrauch des Denkens den Sinn für Qualität des Gedankens verloren haben.

Im Kleinsten: die Not des Tages ist Krankheit. Krankheit des staatlichen, gesellschaftlichen, wirtschaftlichen Körpers. Die Krankheit fordert zuerst Diagnose, dann Heilplan, zuletzt Therapeutik. An Heilgehilfen, Krankenschwestern, Apothekern, ja selbst an Physiologen und Bakteriologen fehlt es nicht. Sie alle streiten mit großer Gelehrsamkeit, ein jeder auf Grund dessen, was er gelernt hat, ob es an der Niere, der Leber oder Milz fehlt, und jeder empfiehlt die ihm geläufigen Heilmethoden. Der einzige, der fehlt, ist der Diagnostiker, und seine Abwesenheit wird nicht bemerkt. Diagnose ist nämlich nicht Sache des Lehrbuches, sondern des tastenden Fingers und des einfühlenden Geistes, sie ist nicht beweisbar, außer nachträglich durch Obduktion.

Der Sachverständige beherrscht die sichtbare Welt wie der Schriftgelehrte die unsichtbare. Der Sachverständige ist der Mann, der eine Sache versteht und von den Dingen nichts weiß. Der sich und andere jedesmal vernichtend täuscht, wenn nicht eine Sache gegeben, sondern die Frage zu lösen ist, auf welche Sache es vor allen Dingen ankommt.

Die dialektische Wahrheit der Gelehrsamkeit und Sachverständigkeit, der Reiseeindrücke und Lesefrüchte endet in der Flut des Geschwätzes, Geschreibes und Gedruckes. Die evidente Wahrheit fordert Geschlechter erlebender, wirkender, anschauender und urteilender Menschen.

APHORISMEN

Im englischen Parlament ist es Sitte, daß der Redende nicht an die Mitglieder des Hauses, sondern an den Sprecher sich wendet.
So ist jede geistige Produktion Zwiesprache, Anrede an den Sprecher der Welt. Das Haus, das im Dunkel liegt, mag sie vernehmen; der Sprecher versteht, doch erwidert nicht.

Wollte man ein Geistesopfer erfinden, das den Menschen im unmittelbaren Verhältnis seiner Intelligenz belastet, gewissermaßen eine progressive Besteuerung des Geistes: so konnte man nichts Wirksameres erdenken als den dogmatischen Glauben.

Wer die Welt an Zwecke bindet, den frage, ob das Allegro einer Symphonie das Adagio zum Zweck habe oder ob das ganze Werk des Schlußakkordes wegen da sei.

Wer die aufgehende Sonne begrüßt, preist und anbetet, wird sich von mürrischen Gelehrten nicht irr machen lassen, die ihm beweisen, das Gestirn sei ein toter Körper ohne Augen, Ohren und Gefühl und sein Aufgang wie sein Untergang ereigne sich in jedem Moment auf einem andern Erdstrich. Denn die Empfindung und Erhebung ist unendlich wahrer, realer und tiefer als das Symbol, das ihr als Richtpunkt, Bote und Mittler dient.

Die Naturforscher staunen über gewisse Phänomene von scheinbar höchster teleologischer Schlauheit, denen sie bei organischen Wesen begegnen, so bei Bienenschwärmen und Ameisenvölkern, deren Gewohnheiten und Einrichtungen bewußtem Denken entsprossen scheinen.

Der Darwinismus mit seinen handgreiflichen Erklärungen vom Recht des Stärkern und Überlebenden löst solche Rätsel nur unvollkommen, indem er Kampfspiele veranstaltet, die nie ein Mensch gesehen hat noch sehen wird.

Folgende Erwägung scheint für einzelne Betrachtungen anwendbar: Alles Organisierte, durch die Reihe der Generationen verfolgt, ja, alles Kontinuierliche im unorganischen Leben ist rhythmische Bewegung, Periodizität. Die mathematische Funktion eines Ameisenhaufens, durch Generationen betrachtet, ist eine periodische.

Es ist augenscheinlich, daß in der Unendlichkeit aller möglichen Bewegungsformen alle diejenigen periodischen entstehen mußten, die mit den gegebenen physikalischen Gegebenheiten vereinbar waren. Es gibt auf der Erde genauso viele Organismen wie (durch Generationen betrachtete) Lebensmöglichkeiten. Ändern sich die Lebensbedingungen, so werden neue Lebenskomplexe möglich, alte unmöglich.

In den Alpen sind weder diejenigen Wasserläufe übriggeblieben, die die schwächeren aufgefressen haben, noch hat Gott jedem Talbewohner einen eigenen Bach gemacht: nein, vielmehr fließen genauso viele Bäche und Flüsse, wie bei gegebener Regenmenge und gegebenem Aufbau des Gebirges möglich sind, und jede wichtige Änderung dieser Gegebenheiten wird neue schaffen oder abschaffen.

Wie das Leben die Tendenz hat, das Materiell-Anorganische aufzuheben und umzukehren, so hat das Seelenhafte die Tendenz, das Leben und das Organische aufzuheben und umzukehren: indem es nämlich imstande ist, entgegen der Entwicklung und Erblichkeit die Grundvoraussetzungen des Charakters zu modeln, und zwar durch Erkenntnis und Willen.

In diesem höchsten Sinn hat der Satz der Stoiker recht, daß Tugend lernbar sei.

Wir sehen nicht den Spiegel, sondern das Bild; wir lieben nicht den Menschen, sondern durch den Menschen.

Will man ermessen, was die Kunst des Gedankens bedeutet, so mag man sich erinnern, daß alles Epochale in der Geschichte des Menschengeistes errungen wurde nicht durch neue Gedankeninhalte, sondern durch neue Denkformen.

Die Erfindung des Problems ist wichtiger als die Erfindung der Lösung; in der Frage liegt mehr als in der Antwort.

Bei allen Menschen ist zu wissen wichtig, ob sie aus Not, aus Eitelkeit, aus Langerweile oder aus Liebe schaffen.

Hüte dich vor Menschen mit rauher Schale und edlem Kern und andern Märtyrern der Tugend. Sie sind ehrlich wider die Natur und täten besser, wenn sie unehrlich blieben, wie Gott sie geschaffen hat. Sie betrügen Gott.

Jede falsche Situation beruht auf einer Lüge.

Zwei Dinge schließen einander aus: wer für die Sache ist, kann nicht für die Wirkung sein; wer für die Wirkung ist, kann nicht für die Sache sein.

Die neuere Kultur läuft darauf hinaus, seltene, dauernde, einheitliche und tiefe Freuden durch häufige, beschleunigte, vielfältige und seichte Freuden zu ersetzen, und ahnt nicht, daß sie die Summe verkleinert, indem sie die Organe abnutzt.

Dem Zustand geistiger Auszeichnung legte man in den letzten Menschenaltern folgende Namen bei, die in ihrer Reihenfolge eine Geschichte des Geisteslebens bilden:

Empfindsamkeit,
Aufklärung,
Bildung,
Geistesfreiheit,
Europäertum,
Kultur.

Die nächsten Namen werden Menschlichkeit und Menschheit heißen.

Für Geschäfts- und Staatsleute:
Zeige den Menschen deine Schwächen: sonst bekommen sie kein Vertrauen, und du wirst ihre wahre Gesinnung nicht erkennen.
Verlange keine hundertprozentige Zustimmung. Verzichte auf Gefolgschaft, soweit sie eine schwache Mehrheit überschreitet; denn die Gegenmeinung muß zu ihrem Rechte kommen.
Wolle nicht dauernd recht haben. Es genügt, wenn zwei Drittel deiner Handlungen und Meinungen zutreffen.

In Deutschland wählte der Patriotismus die aggressive Form. Die Liebe zum Heimischen kleidete sich in den Haß gegen Fremdes. Mangel an Selbstgefühl und Sicherheit.

Frühere Epochen schätzten die Meisterschaft; unsre sucht nach Persönlichkeit. Förderten die früheren die Mittelmäßigkeit, so züchtet die heutige den Dilettantismus.

Dem Deutschen, bei seiner Gewissenhaftigkeit und seinem Hang zum Absoluten, wird das Schreiben schwer.
Er möchte seinem Gedanken die absolute, die chemisch reine Form geben; es soll nicht zu viel und nicht zu wenig, vor allem nichts Zufälliges gesagt sein: so wird er abstrakt. Er sagt: Das Hinauslehnen des Körpers ist wegen der damit verbundenen Lebensgefahr bei Strafe verboten.

Auch sollen die Ausnahmen, die Anwendungen und gar die Beweise des Gedankens nicht fehlen: so wird ein Buch daraus. Und dieses Buch wiederum soll so absolut und so voraussetzungslos dastehen, daß, wenn es nach zweitausend Jahren gefunden würde, dem Leser die ganze Sonderweisheit der Epoche daraus entgegenstiege. Am liebsten entschuldigte er sich wegen der Zufälligkeit, daß er in der ganz besonderen deutschen Sprache schreibt, und man möchte fast erwarten, ein Wörterbuch im Anhang beigefügt zu finden.
Diese lapidare Neigung war selbst den abstrakten Lateinern nicht eigen, die ihre ewigen Inschriften ohne Scheu vor zufälligen Anspielungen, ja, selbst vor familiären Abkürzungen abfaßten. Sie widerspricht überhaupt dem Geist und Wesen der Sprache, die ganz und gar kasuell, bildlich, greifbar geartet ist.
Die Kraft der Sprache liegt in der Suggestion; sie denkt in Ähnlichkeiten. Selbst unsre abstraktesten Worte sind verblaßte Bilder.
Deshalb liegt in einem Lied, das von Mond, Busch und Tal klingt, mehr des Absoluten als in psychologischen Abhandlungen; und eine Lustspielszene kann mehr Welthistorie bewahren als ein Feldzugsbericht.

TALMUDISCHE GESCHICHTEN

Vom Schriftgelehrten und von der Wahrheit

Aus dem babylonischen Talmud

1. Ein Schriftgelehrter saß in seinem Hause und weinte vor Betrübnis. Denn er forschte im Gesetz, und war vieles, das sein Geist nicht erfaßte.
2. Da trat zur Tür herein ein Weib, das war nackt;
3. und hub an und sprach: Erschrick nicht und schäme dich nicht meiner Nacktheit, denn da ich gekommen, will ich dir das Wort deuten.
4. So deutete sie ihm die Schrift, bis daß der Nachttau sich niederließ und der Morgen kam. Da sprach das Weib: Verschließe deine Bücher und lege dein Festgewand an,
5. denn ich bin gekommen, daß du mich zum Könige führest.
6. Der Schriftgelehrte aber schrie: Was willst du beim Könige, da du voll Weisheit bist und andern Weibern nicht ähnlich? Weißt du nicht, daß vor dem Stuhl unsers Herrn die Torheit kniet und die Heuchelei sich spreizet und die Lüge redet? Und bist nackt und von schöner Gestalt und fürchtest dich nicht vor der Begierde der Höflinge?
7. Das Weib aber sprach: Führe mich zum König!
8. Und da sie in den Palast traten, ward das Weib kleiner denn zuvor und unansehnlich: und als sie vor dem Thron standen, war sie alt und runzlig und finstern Blickes.
9. Der Schriftgelehrte erhob sein Antlitz zum König und sprach: Herr, dies Weib ist weiser denn dein Hoherpriester und mächtiger des Wortes denn deine Propheten. Sie befahl mir aber, daß ich sie vor dein Antlitz führe.
10. Da lachte der König und sagte: Wohlan, so will ich sie prüfen. Und die um ihn waren, blickten voll Hohn.
11. Der König fragte also: Welcher Fürst ist der mächtigste? Und sie antwortete: Dein Nachbar von Westen.

Und der König fragte zum andern: Welcher Fürst ist der weiseste?
Sie antwortete: Dein Nachbar von Osten.
Da ward der König unwillig und hieß seine Höflinge schweigen.
12. und fragte zum dritten: Was kündest du mir von meinen Völkern?
Und sie sprach: Sklaven sind sie und Schlachttiere. Sie werden getreten wie Trauben in der Kelter. Und geben doch nicht Most, sondern eitel Tränen, Schweiß und Blut.
13. Da schrien die Weiber des Königs: Steinigt sie! Und spien sie an. Sie aber sprach zur einen: Schämst du dich nicht, daß du dich schminkest und purpurne Seide und goldene Schuhe trägst, da dein Leib vertrocknet ist und die Fülle deiner Brüste verwelkt? Und zur andern: Erdreistest du dich, daß du hintrittst vor den König, da dein Buhle noch in deiner Kammer liegt?
Der Schriftgelehrte aber wandte sich und floh von hinnen.
14. Jedoch der König erstickte seinen Grimm und sprach: Ich will sie zum letzten fragen. Sprich: Was redet das Volk, wenn es meiner gedenkt?
15. Das Weib antwortete: Sie reden, daß du ein Tor seist. Aber sie wissen es nicht. Denn ich sage dir: Du bist arm und elend.
16. Da erglühte der König vor Zorn und hieß das Weib fesseln und kreuzigen. Und die Weiber schlugen sie mit Ruten, und die Höflinge höhnten sie um ihre Nacktheit. Die Knechte aber führten sie hinaus und schlugen sie ans Kreuz.
17. Aber das Weib wollte nicht sterben. Und da die Nacht hereinbrach und die Wächter schliefen, riß sie sich los und entkam. Und schlang einen blutroten Schleier um ihr Haupt und nahm ein Schwert in ihre Rechte und stieg auf die Dächer der Häuser und rief:
18. Wachet auf, ihr Schläfer, erhebt euch, ihr Träumer! Schande über eure Feigheit und Schmach über eure Knechtschaft! Errötet um euren Hunger und schämt euch eurer Blöße! Gürtet euch mit Schwertern, ihr Männer, und rüstet euch mit Fackeln, ihr Weiber! Zerschmettert, die euch schlugen, und zermalmet, die euch drückten!
19. Da erhob sich das Volk; und sie erbrachen die Tore des Palastes und erschlugen den König samt seinen Kindern und seinem Gesinde. Und da sie am Raube und Brande sich sättigten, schritt das Weib hinaus aus den Toren der Stadt und war schöner denn je zuvor.
20. Da begegnete ihr der Schriftgelehrte, der hinweggeflohen war,

und sprach zu ihr: Bist du des Wortes kundig und säest Haß? Bist
du von Gott und predigst Aufruhr? Sprich, daß ich wisse, wer du seist!
21. Und das Weib erhub sich und wuchs gen Himmel; und ihr Leib
glühte wie das Eisen im Ofen des Gießers, und ihre Rede war wie
die Stimme des Donners,
22. und sprach: Ich bin die Leuchte vor dem Throne Jehovas und das
flammende Schwert in seiner Rechten und heiße die Wahrheit.
Du aber stirbst, denn keiner, der geboren ist, soll mich erkennen und
leben.
23. Da sank der Schriftgelehrte zusammen und verging zu Asche und
Staub. Und war niemand, der ihn begrub noch um ihn trauerte.
Und sein Gedächtnis ist ausgelöscht und sein Name vergessen bis auf
diesen Tag.

Rabbi Eliesers Weib

Aus dem jerusalemitischen Talmud

1. Zu der Zeit, da Rabbi Elieser ben Josef lehrte zu Jabne, geschah es, daß er sich erzürnte wider sein Weib,
2. denn sie war unfruchtbar und nahm es sich zu Herzen, und ward schwermütig, und ihre Schönheit begann zu welken,
3. und er schrieb ihr einen Scheidebrief und verstieß sie.
4. Da er nun allein war in seinem Hause, sprach er: Ich will kein Weib mehr freien. Denn ich habe diese geliebt, und meine Hoffnung ist zuschanden geworden.
5. Einen Golem will ich mir schaffen und ihm einen lebendigen Odem geben, daß ein Weib erstehe; und sie soll schöner sein als die Töchter Judas und heitern Sinnes; und soll meine Gedanken denken und meine Worte sprechen. Kinder soll sie mir gebären und mich erfreuen alle meine Lebenstage.
6. Und er machte einen Golem aus Lehm und Erde und schrieb an seine Stirn den vierfach heiligen Namen und blies ihm lebendigen Odem ein und beschwor ihn, daß er atmete und lebte. Und siehe, das Weib war schöner als alle Töchter Judas und heitern Sinnes und der Liebe kundig; und ihre Stimme war süß, und ihre Worte waren wie seine Worte, und ihre Gedanken waren wie seine Gedanken.
7. Und er nannte sie Adamah und freute sich ihrer alle Tage und war guten Mutes. Und seine Werke waren gesegnet, und sein Ruhm mehrte sich, also daß die Heiden kamen von fern, um sein Wort zu hören, und sein Name genannt ward bis gen Edom.
8. Und er rühmte sich dessen zu dem Weibe Adamah; die aber hörte ihn an und schwieg. Denn sie war unbewegt einen Tag wie alle Tage, und es geschah niemals, daß sie lachte noch daß sie weinete. Nach einem Jahre aber gebar sie ihm einen Sohn.

9. Da geschah es, daß Rabbi Eliesers Mutter sich niederlegte und verschied. Elieser aber liebte sie von Herzen. Und da er in sein Haus trat mit schwerem Herzen und voll Kummer, kam das Weib ihm entgegen mit Trauerkleidern angetan und sprach: Siehe, deine Mutter war alt und schwach und grämlich. Sollte sie länger dahinsiechen und uns zur Last sein? So gedachte sie ihn zu trösten. Der Trost aber war ihm bitterer als der Schmerz.
10. Und abermals schlug der Herr den Rabbi Elieser, daß seinen jungen Sohn ein zehrendes Fieber befiel; und der Knabe starb in der dritten Nacht. Da nun Elieser in seiner Kammer lag und weinte und seine Tage verfluchte, trat das Weib zu ihm und sprach: Rabbi, hast du nicht gelehrt, daß unmäßiger Schmerz den Weisen schändet?
11. Da ergrimmte er vor Zorn und schüttelte seine Hände und schrie: Habe ich dir nicht ein Herz gegeben, auf daß du trauerst, und eine Stimme, auf daß du klagest, und Augen, auf daß du weinest? Du aber bist nichts als toter Lehm und Erde.
12. Und ergriff das Weib und löschte aus mit seinem Finger das Wort an ihrer Stirn. Da entwich ihr Leben, und der Golem zerfiel in Schutt.
13. Der Rabbi aber machte sich auf in derselbigen Nacht mit allen seinen Jüngern
14. und begab sich vor das Tor, wo sein Weib wohnte in Armut und Kümmernis, das er verlassen hatte, und klopfte an die Tür.
15. Die Frau aber erschrak und kam hervor und rief: Rabbi, bist du's? Kommst du bei Nacht mit Häschern und Fackeln, daß du mich umbringest?
16. Und Rabbi Elieser kniete vor seinem Weibe und sprach zu seinen Jüngern: Sehet, ich bin nicht wert, daß diese die Sünde von meinem Haupte nehme.
17. Sein Weib aber weinte vor Freude, legte ihr armselig Gewand ab und tat ihre Hochzeitskleider an und folgte dem Rabbi in sein Haus.
18. Elieser aber hielt sie in Ehren und liebte sie wie am Tage seiner Vermählung und schenkte ihr einen goldnen Schmuck mit feinen Perlen und Onyx; auf dem war geprägt das Bild der Stadt Jerusalem und des Tempels und der Burg Zion.
19. Alle Weiber aber neideten ihr den Schmuck; und unter ihnen war die Frau des Hohenpriesters. Der Hohepriester aber schalt sie und

sprach zu ihr: Rabbi Eliesers Weib allein ist würdig, den Schmuck zu tragen unter den Weibern, denn ihre Liebe war mächtiger denn die Sünde.

Der Engel des Todes

1. Und es geschah, daß der Ewige heimsuchte die Stadt Jerusalem mit Pestilenz um ihrer Sünden willen.
2. Und nächtens zog der Engel des Todes durch die Straßen, der hielt ein schneidendes Schwert in seiner Hand,
3. damit rührte er die Türen der Häuser, und welche Tür er traf, da starben die Kranken bei Sonnenaufgang.
4. Und die Gassen der Stadt waren leer und die Märkte verödet; und die Wächter machten unter den Toren ein Feuer und zechten und wurden trunken. Denn sie sprachen: »Was soll es, daß wir über die Leichen straucheln? Wen Gott ruft, der wird auferstehen. Gestern waren wir zwanzig, heute sind wir sieben; was wird morgen sein?«
5. In der Straße aber, die da heißt Gehennom, wohnte eine Buhlerin mit Namen Thamar, nahe dem Südtor, die war schön von Angesicht und wohlgewachsen;
6. und hatte ihre Haare geflochten mit rosenfarbenen Bändern und schminkte ihre Wangen und trug güldne Spangen und Kettchen von Amethyst und Jaspis.
7. Da sie nun wachte die Nacht über an ihrem Fenster, kam der Engel des Weges, der glich einem Manne in schwarzen Kleidern und trug in seiner Hand ein geschliffnes Schwert.
8. Thamar aber winkte ihm und sprach: »Tritt herzu, Fremdling, und ruhe vom Wege. Siehe, meine Kammer ist geschmückt und duftet von Myrrhen. Draußen aber lauert die Pest, und der Tod ziehet einher.«
9. Und der Engel trat ins Haus. Sie aber sprach: »Ach, Herr, warum führest du in deiner Hand ein bloßes Schwert?« Und er erwiderte: »Stehet nicht geschrieben: Mit dem Schwerte will ich euch erlösen?« Und sie sprach abermals: »Herr, warum ist dein Gewand schwarz

wie der Abgrund der Nacht?« Und er antwortete und sprach: »Stehet nicht geschrieben: die Toten will ich ehren und um die Lebenden will ich trauern?«

10. Und er setzte sich nieder und sprach: »Singe mir ein Lied.« Sie aber tat, wie er befohlen hatte, denn ihre Stimme war lieblich, und hub an und sang:

11. »Saget nicht, meine Freundinnen, Töchter Israels, daß ich schön sei. Mein Geliebter naht, und ich schäme mich meiner Gestalt; ach, er wird mich verachten. Schmücket mich mit Ringen und goldenen Gehängen und kleidet mich in Purpurseide, daß sein Blick auf mir ruhe; salbet mich mit Narden und Ambrabalsam. Komme, mein Freund, und verschmähe mich nicht.

12. Lieblich bist du, meine Freundin, wie die Morgensonne, und schön wie ein Maientag. Lege ab die Gehänge, denn deine Brüste sind feiner als Opale, tue weg die Spangen, denn deine Lippen sind leuchtender denn Rubine. Meine Hand glättet deine Haare, und sie duften lieblicher als Myrrhen; mein Arm liegt um deine Hüfte, und dein Leib ist frisch wie eine köstliche Frucht. Dein Haupt ruhet an meiner Brust; meine Seele erzittert, und mein Herz entfliehet vor Sehnsucht.«

13. Und da sie also gesungen hatte, sprach der Engel des Todes: »Bereite das Lager.« Und sie bereitete das Lager mit weißem Leinen und purpurner Decke. Da blieb er bei ihr bis eine Stunde vor Tagesanbruch, da der Wind sich erhob und die Spatzen begannen zu schreien.

14. Und sprach zu ihr: »Sprich, was ist dein Begehren? Siehe, ich gewähre dir, was du verlangest.«

15. Thamar aber antwortete und sprach: »Wohlan, so begehre ich, daß du ablassest von dem, was du begonnen hast in dieser Nacht, ehe daß du hier eintratest.« Er aber sprach: »Weib, kennst du mich?«

16. Da antwortete sie: »Habe ich dich nicht gesehen durch die Gasse schreiten? Dein Gewand war wie Rabenflügel und dein Schwert wie Wetterleuchten. Bist du nicht der Engel des Todes?«

17. Da erbebte er vor Zorn und sprach: »Nun wohl: es sei, wie du gesprochen. Aber freue dich nicht, Dirne, und frohlocke allzusehr. Hast du mich überlistet, so will ich dich überschreiten. Wisse, daß du mich abermals erblicken sollst; doch nicht eher als über siebenzig Jahre. Bis dahin sollst du leben und deines Lebens satt werden.« Also ward die Buhlerin gestraft.

Der Fünfsünder

1. In den Tagen, da das Volk von Juda sich erhoben hatte wider die Knechte der Römer und verherrlicht worden war der Name des Heerführers, der genannt war Bar Kochba, das ist: Sohn der Sterne,
2. in diesen Tagen geschah es, daß die Söhne Edoms schlugen mit der Schärfe des Schwertes das Heer der Juden und töteten mehr denn siebenzigtausend.
3. Und war Klagen und Wehgeschrei in Juda wie nie zuvor, weder zur Zeit Nebukadnezars noch jenes Kaisers, des Missetäters, des Name nicht gedacht werde.
4. Denn der Statthalter mit Namen Rufus zertrat das Volk Juda mit eisernern Sohlen und schlug es mit ehernem Zepter, und sein Thronsitz starrte von Blut.
5. Und er ließ ein Verbot ausgehen bei Todesstrafe über das ganze Land, daß niemand bestatte die Leiber der Erschlagnen. Da hörte man viele das Wort im Munde führen: »Lasset die Toten ihre Toten begraben«, und die also sprachen, entgingen dem Gericht und nannten sich die Lebendigen.
6. Zu dieser Zeit geschah es, daß Rabbi Meïr mit seinen Jüngern über Land zog; und da sie nahe der Stadt Uscha waren, sahen sie einen Menschen am Wege liegen, der war verwundet und wollte sterben. Und Rabbi Meïr trat zu ihm und sprach: »Wer bist du, und wer hat dich geschlagen?«
7. Der aber erwiderte und sprach: »Herr, wende von mir dein Antlitz, denn ich bin ein Sünder vor Gott dem Herrn und unrein vor dem Gesetz.« Da sprach Meïr abermals: »Was hast du begangen?«
8. Und der Mann erhob seine Stimme und schrie: »Wehe mir! Denn ich bin der, den sie den Fünfsünder nennen. Ich bin Unterhändler mit

Dirnen, ich putze das Schauspielgebäude; ich trage die Gewänder der Dirnen ins Badhaus; ich tanze vor ihnen und schlage die Pauke.«

9. Rabbi Meïr aber sprach: »Hast du niemals Gutes getan in deinem Leben?« Und der Mann erwiderte: »Da ich einstmals das Schauspielhaus säuberte, fand ich ein Weib. Die jammerte, weil ihr Mann gefangen saß, und hatte nichts, daß sie ihn loskaufte. So wollte sie sich den Knechten der Römer hingeben, daß sie ihn lösete. Da ich dies hörte, verkaufte ich mein Bett und gab ihr das Geld.«

10. Und Rabbi Meïr fragte zum letzten: »Nun sprich: wer hat dich geschlagen?« Da antwortete der Fünfsünder: »Die Knechte der Römer haben mich geschlagen, darum, daß ich meinen Sohn bestattete.«

11. Da erhob der Rabbi seine Stimme und rief: »Fahre hin und schlafe über Nacht. Am Morgen aber wird der Herr dich erlösen. Wo nicht, so erlöse ich dich.« Da verschied der Mann in Frieden.

Die Stimme des Volkes
Aus dem jerusalemitischen Talmud

1. Um diese Zeit geschah es, daß der König von Juda mächtig wurde über viele Völker. Und seine Macht verblendete ihn also, daß der Geist Gottes von seinem Haupte wich;
2. und er ward wahnsinnig und deuchte sich einen Sohn Gottes und einen Gott auf Erden. Und befahl seinen Knechten, daß sie ihn anbeteten, und seinen Priestern, daß sie ihm opferten Zehnten, Erstlinge und Weihrauch.
3. Und wenn er sich auf seinem Throne wälzte in schamloser Nacktheit, so sprachen seine Knechte: Siehe, er ist bekleidet mit dem Lichte der Sonne: und wenn er auf dem Dache seines Hauses tanzte, so redeten sie: Siehe, er steigt auf und fährt gen Himmel.
4. Er aber verließ seinen Palast nimmer bei Tage noch bei Nacht und verwahrte die Tore mit ehernen Riegeln. Und war keiner, der sich der Burg nahete denn mit Zittern und Zagen.
5. Und befahl die Schriftgelehrten zu sich, daß er sie lehrte das Wort deuten; und die Saitenspieler hieß er spielen und die Flötenbläser blasen nach seiner Weise und Willkür.
6. Aber das Volk seufzte und sprach: Wehe uns und unsern Kindern! Auf dem Stuhle Davids sitzt ein reißender Löwe, seine Lefzen triefen vom Blut unserer Söhne, und die Wände seines Hauses gellen von dem Geschrei unsrer Töchter. Raben und Geier nisten auf dem Berge des Herrn, und der Engel des Todes schreitet bei Nacht durch die Gassen.
7. Da jammerte den Propheten Maleachi das Geschrei des Volkes.
8. Und er machte sich auf, begab sich nach der Stadt Jerusalem und schritt zum Palast. Und die ehernen Tore sprangen auf vor dem Propheten, und die Knechte wichen zur Seite.

9. Und er trat vor den König, erhob seine Augen zu seinem Angesicht und blickte ihn an; und beschwor ihn im Namen Gottes, des Herrn (gepriesen sei Er).

10. Und alsbald verließ den König der böse Geist, und es ward ihm Friede. Und er schämte sich seines Wahnsinns, verschloß sich in seine Kammer und weinte in Schmerzen.

11. Die Knechte aber rissen die Tore auf, daß das Volk hereinströmte, und schrien:

12. Sehet, zuvor war der König guten Mutes und stolz und voll Freudigkeit, jetzt ist er zerbrochen und will verzagen. Er hat sein Antlitz von uns gewendet, und wir werden das Licht seiner Augen nicht mehr schauen.

13. Sehet, der König weinet in seiner Kammer, denn dieser hat ihn angefahren und ihn beschworen als wie einen Wahnsinnigen. Die Wahrheit aber ist, daß ihn gelüstet nach dem Stabe und Diadem. Nun richtet ihn, welcher von beiden wahnsinnig sei: der gesalbte Sohn Davids oder dieser, der sich einen Propheten nennet.

14. Da rief das Volk: Wahnsinnig ist der Prophet! Und sie ergriffen ihn, schleppten ihn vor die Tore und steinigten ihn.

15. Da aber der Prophet tot war, verdüsterte sich des Königs Geist zum zweiten Male, und er wütete ärger denn zuvor; und sein Wahnsinn ward nicht von ihm genommen bis an sein Ende.

Er herrschte aber über Juda sechsundsiebenzig Jahre.

1899

Nachwort

»Ich gehe durch die Welt und rufe Friede, Friede, Friede.« Mit diesem Wort Petrarcas beendete Walther Rathenau seine große Rede auf der letzten Vollsitzung der Konferenz von Genua, auf der er als deutscher Außenminister den Vertrag von Rapallo unterzeichnete, die Stellung Deutschlands als Großmacht auf internationalem Boden zurückgewann und den Weg zum Wiederaufstieg Deutschlands vorbereitete, den Stresemann später weiterging und den Hitler wieder für Jahrzehnte zerstörte. Zwei Monate nach dieser ersten für das besiegte Deutschland erfolgreichen Konferenz, auf der sich Rathenau gleich einem Staatsmann wie Talleyrand erwies, wurde er in Berlin-Grunewald von rechtsextremen jungen Leuten ermordet.

Es ist heute müßig zu fragen, was geschehen wäre, wenn es diesen Mord nicht gegeben hätte. Vielleicht wäre der Weg Deutschlands anders verlaufen. Mit Walther Rathenau schied der entscheidende Gegenspieler Poincarés aus, und die Besetzung der Ruhr wurde Wirklichkeit. Was die Mörder Rathenaus als die »Schmach Deutschlands« empfanden, gerade das förderten sie, und wenn man heute noch von der Schmach dieser Jahre sprechen kann, dann nur im Zusammenhang mit dieser Feme, der nicht nur Walther Rathenau zum Opfer fiel. Es ist das beschämende Lied politischer Dummheit, die sich mit brutaler Gewalt paarte und der Deutschland auf dem Weg von der Königsallee in Berlin-Grunewald bis zu den Massenmorden von Auschwitz den Verlust des Reiches, den Verlust seines Ansehens und letzten Endes auch die Teilung und die Ohnmacht dieser Jahre verdankt.

Wenn in dieser Auswahl aus dem Gesamtwerk Rathenaus soviel Wert auf die Wiedergabe einiger seiner großen Reden gelegt wurde, so um zu zeigen, mit welcher Klarsicht er die politische Entwicklung und damit die Möglichkeiten Deutschlands nach dem verlorenen Krieg sah. Welche Vorwürfe man ihm auch immer machen kann – Vorwürfe wegen der Verherrlichung gewisser Rassentheorien, Vorwürfe wegen seiner Angriffe auf das deutsche Judentum –, er bleibt ein bedeutender Staatsmann, dessen Taktik und Strategie – damals Erfüllungspolitik genannt – auch heute in einer veränderten Welt und unter anderen Voraussetzungen Vorbild sein kann. Unter diesem Gesichtspunkt wurde die Auswahl zusammengestellt. Aus seinen drei Hauptwerken ›Mechanik des Geistes‹, ›Zur Kritik der Zeit‹ und ›Von kommenden Dingen‹ wurde nur sein letztes Werk ›Von kommenden Dingen‹ abgedruckt, das 1917 erschien, damals großes Aufsehen und auch Empörung erregte, und in dem Vorschläge enthalten sind, die auch heute noch ihre Bedeutung haben. Das gleiche gilt für seine 1920 erschienene Schrift: ›Die neue Gesellschaft‹. Um aber den Umfang seiner universellen Bildung und die Vielfalt seiner schriftstellerischen Tätigkeit zu zeigen oder gleichsam am Rande anzudeuten, wurden auch einige seiner Aphorismen, fünf seiner Talmudischen Geschichten, und seine Schrift ›Der Kaiser‹ aufgenommen, in der das für ihn verhängnisvolle Wort steht: »Nie wird der Augenblick kommen, wo der Kaiser als Sieger mit seinen Paladinen auf weißen Rossen durchs Brandenburger Tor zieht. An diesem Tag hätte die Weltgeschichte ihren Sinn verloren. Nein. Nicht einer der Großen, die in diesen Krieg ziehen, wird diesen Krieg überdauern.«

Dies war der Satz, der den Mördern als Begründung für ihren Mord diente. Sie empfanden ihn als gegen jeden Sieg Deutschlands gerichtet. Sie sahen nicht, was die Staatsmänner der damaligen Welt sahen und was Lloyd George, der englische Ministerpräsident, in dem Ausruf zusammenfaßte: »Deutschland hat mit diesem Mord Selbstmord begangen.« Lloyd George behielt mit diesem Ausruf recht, auch wenn sich die Auswirkungen dieses Selbstmordes erst Jahre später zeigten. Und wenn Alfred Kerr schrieb: »Walther Rathenaus Leib war das schlechteste Ziel für vaterländische Kugeln. Wenn das Altertum irgendeinem metaphysischen Wesen Ochsen opferte: so wurde hier ein metaphysischer Mensch von Ochsen geopfert«, dann begann zweifellos – auch wenn man den Kerrschen Zynismus nicht anerkennt – mit diesem Mord der Siegeszug der politischen Dummheit und Grausamkeit in unserem Land. Walther Rathenau fühlte sich als Preuße, und es war Preußen und das Reich, an dem er sein Leben lang litt. Er diente dem Kaiser und kritisierte ihn, er sah in dem Ersten Weltkrieg das kommende Unheil und stellte sich doch sofort zur Verfügung, um die Kriegsrohstoff-Abteilung, das erste planwirtschaftliche Experiment in unserem Jahrhundert, zu organisieren, er war für die schnelle Beendigung des Krieges und empörte sich gegen Ludendorffs Waffenstillstandsangebot, das er für unehrenhaft und falsch hielt.

Er, ein Mann der Technik, der Wirtschaft und der Öffentlichkeit, der in allen politischen und geschäftlichen Dingen pragmatisch zu denken wußte, war dennoch ein Mann der subjektiven Wahrheit. Er verschmähte wissenschaftliche Beweise für seine Gedankenkonstruktionen und stützte sich allein auf die Sicherheit seines Auges, seiner Phantasie und seiner Intuition. Künstlerische, das heißt subjektive Wahrheit, so sagte er, ist oft künftige Wahrheit. Wenn sie noch nicht Wirklichkeit ist, kann sie Wirklichkeit werden. Es kommt dabei wesentlich auf die Überzeugungskraft der Persönlichkeit an, die dahintersteht. Leben und Charakter sind also nicht von den Ideen zu trennen, die ein solcher Prophet der subjektiven Wahrheit vertritt. Diese seine Ansicht gilt in hohem Maße auch für ihn selbst. Alles, was er schrieb, seine politischen Schriften wie seine philosophischen Werke sind Folgen seiner charakterlichen Entwicklung von der Zeit der Gründerjahre und der sich schnell entwickelnden Industriegesellschaft bis zu den ersten Jahren der Weimarer Republik. Seine Auseinandersetzung mit der – wie er sie nannte – »Mechanistischen Epoche« und seine Ideen zu ihrer Überwindung sind erst voll verständlich, wenn man weiß, wie sehr er selbst in der Angst vor dieser sich ausbreitenden »Mechanisierung des Lebens« aufwuchs.

»Wer mechanische Arbeit am eigenen Leibe kennengelernt hat, wer das Gefühl kennt, das sich ganz und gar in einen schleichenden Minutenzeiger einbohrt, das Grauen, wenn eine verflossene Ewigkeit sich durch einen Blick auf die Uhr als eine Spanne von zehn Minuten erweist, wer Stunde um Stunde seine Lebenskraft tötet mit dem einzigen Wunsch, daß sie rascher sterbe, der versteht, daß Kürzung der Arbeitszeit, gleichviel, was an ihre Stelle tritt, für den mechanisch Arbeitenden ein Lebensziel bedeutet.«

Walther Rathenau wurde am 29. September 1867 im Norden Berlins in der Chausseestraße geboren. Sein Vater, Emil Rathenau, hatte dort nach einer Lehrzeit als Ingenieur in Schlesien, als Beamter in Berlin und als Volontär in England eine Eisengießerei gekauft, die er mit einem mitbeteiligten Freund selbst betrieb. Von einem Gebäudekomplex mit einem früheren Tanzlokal ›Bellavista‹ war ein Wohnhaus mit Vorgarten stehengeblieben. Dahinter lag die Fabrik, die sich mit einem Seitenflügel an das Wohnhaus anschloß. Dampfkessel und eine mittelgroße Dampfmaschine trieben die einfachen Werkzeugmaschinen. In den Räumlichkeiten über diesen Maschinen verbrachte Walther Rathenau seine Kindheit und seine erste Jugend.

»Seit mehr als hundert Jahren lebten meine väterlichen Vorfahren in Berlin, und im Haus meiner Kindheit waren die Überlieferungen der märzlichen Preußenzeit lebendig. Das Haus lag aber nicht im damals stillen Westen, den man Geheimratsviertel nannte, sondern in der Arbeitergegend des Nordens, in der Chausseestraße. Und hinter dem Haus, längs des Kirchhofs, lag zwischen alten Bäumen die Werkstatt, die kleine Montagehalle, die Gießerei und die dröhnende Kesselschmiede. Das war die Maschinenfabrik meines Vaters und seines Freundes, und die Arbeiter und Meister vom berühmten Schlage der alten Berliner Maschinenbauer waren freundlich zu dem kleinen Jungen, der sich unter ihnen herumtrieb, und erklärten ihm manches Werkzeug und Werkstück.«

Sein Vater, Emil Rathenau, wurde einer der Bahnbrecher und Organisatoren des neuen großindustriellen Deutschlands. Im Krisenjahr 1873 mußte er seine kleine Fabrik verkaufen. Fast zehn Jahre lang fuhr er in der Welt umher, immer auf der Suche nach einer neuen Betätigung. In einem Anfall des ihm eigentümlichen Optimismus erwarb er schließlich auf der Weltausstellung in Paris 1881 die europäischen Glühlichtpatente von Edison. 1883 gründete er in Berlin die ›Deutsche Edison-Gesellschaft für angewandte Elektrizität‹. Sie wurde die Stammgesellschaft der späteren AEG.

Emil Rathenau war ein genialer, doch im persönlichen Umgang sprunghafter, schwieriger und rücksichtslos einseitiger Mensch. Er war das, was Walther Rathenau später als den »Zweckmenschen der mechanistischen Welt« charakterisierte. Für ihn war der Vater nicht der Herr, sondern der Knecht der von ihm selbst aufgerichteten riesigen Industriemaschine: um so unfreier, je größer diese Maschine wurde. Er litt unter der Strenge und der Anspruchslosigkeit seines

Vaters. »In Not«, so sagte er später, »bin ich nicht aufgewachsen, aber in Sorge.«
Die Auflehnung gegen die Abhängigkeit von seinem Vater veranlaßte ihn, den gleichen Weg zu gehen, um materiell unabhängig zu werden. Er studierte trotz seiner schöngeistigen Neigungen in Berlin und Straßburg: bei Helmholtz mathematische Physik, bei Hofmann Chemie, bei Dilthey Philosophie. Mit zweiundzwanzig Jahren – 1889 – promovierte er mit einer Dissertation über die Lichtabsorption der Metalle. Dann wandte er sich ganz dem neu entstehenden Industriezweig der Elektrochemie zu. Er begründete diesen Schritt damit, daß dies der einzige Zweig der Elektrotechnik sei, auf den die Unternehmungen seines Vaters noch nicht die Hand gelegt hätten. Um sich für diesen neuen Weg vorzubereiten, studierte er in München Maschinenbau und Chemie. Als technischer Beamter der Aluminium A.G. in Neuhausen in der Schweiz entwickelt er anschließend ein Verfahren, um durch Elektrolyse Chlor und Alkalien zu gewinnen. 1893 übernimmt er die Leitung der Elektrochemischen Werke in Bitterfeld und bleibt dort sieben Jahre an der Spitze dieses fortwährend mit Schwierigkeiten kämpfenden Unternehmens, bis er sich geschäftlich durchgesetzt hat.
Wie in seinen ersten Jugendjahren zeigen sich auch in diesen Bitterfelder Jahren bei Walther Rathenau die Bewegungen seines Innenlebens um zwei nicht aufeinander abgestimmte Achsen, einerseits der Wille zum zweckhaften Schaffen und andererseits der zu weltferner Vertiefung. Seiner Neigung zum künstlerischen schöngeistigen Leben steht die technische und organisatorische Begabung gegenüber, und alle seine Schriften dieser Jahre sind aus dieser Diskrepanz zu erklären.
In diesen Bitterfelder Jahren, »die düstersten meines Lebens«, wie er sie selbst nannte, begann er unter Pseudonym für die Zeitschrift ›Zukunft‹ zu schreiben, die von Maximilian Harden herausgegeben wurde. 1897, also als Dreißigjähriger, veröffentlichte er hier einen Aufsatz, den er ›Höre Israel‹ nannte und der seine ganze Entwicklung beeinflußte. Dieser Aufsatz, der aus den eigenen Leiden unter dem Judentum und um das Judentum entstanden war, und der die Selbstzucht, die Rathenau übte, mit scharfen Worten allgemein empfahl, war als Mahnung und Warnung gedacht. Er sollte ein Erzie-

hungsversuch sein. Wie alle derartigen unerbetenen Bemühungen stieß er jedoch auf scharfen Widerspruch. Seine Wirkung war das Gegenteil von dem, was Rathenau beabsichtigt und erwartet hatte. Der Aufsatz, der zu einer inneren, vom Judentum selbst ausgehenden Bekämpfung des Antisemitismus aufforderte, wurde mißverstanden und zur Waffe in den Händen der Antisemiten, während die Juden ihn als Beleidigung und unberechtigt scharfen Angriff empfanden. Die empörte Zurückweisung dieser Schrift traf ihn schwer. Mehr als alles andere bedrückte ihn die Verachtung und Deklassierung des Judentums in Deutschland. Wegen seiner hohen Gestalt zu den Gardekürassieren eingezogen, wurde es ihm nicht erlaubt, Offizier zu werden, und das zu einer Zeit, als nur der Offiziersberuf als ehrenvoll und erstrebenswert angesehen wurde.

»In den Jugendjahren eines jeden deutschen Juden gibt es einen schmerzlichen Augenblick, an den er sich zeitlebens erinnert: Wenn ihm zum ersten Mal bewußt wird, daß er als Bürger zweiter Klasse in die Welt getreten ist und daß keine Tüchtigkeit und kein Verdienst ihn aus dieser Lage befreien kann.«

Trotzdem nahm er den Aufsatz ›Höre Israel‹ 1902 in sein Buch ›Impressionen‹ auf, obwohl die Angriffe gegen ihn nicht nachgelassen hatten, zog dieses Buch aber später als »Jugendflegelei« aus dem Buchhandel zurück.

»Warum das Buch ›Impressionen‹ mir fremd geworden ist? Weil es mehr Negationen enthält, als meinem heutigen Denken entspricht. Der Judenaufsatz war als Mahnung gedacht; in der unglücklichsten Stimmung meiner trübsten Zeit wurde er zur Anklage. Anklage aber ist im Ursinn des Wortes diabolisch. Aus Bitterkeit wird niemals das Gute kommen, sondern aus Kraft. Heute verstehe ich die Anklage nicht mehr.«

Auch der Artikel ›Höre Israel‹ erschien unter Pseudonym. Noch bevor man von seiner Verfasserschaft wußte und sich der Sturm direkt gegen ihn richtete, beendete Walther Rathenau seine Arbeit in Bitterfeld. Wieder, wie in seinen Jugendjahren, wollte er sich ganz dem schriftstellerischen Beruf widmen. Aber die AEG schlug ihm vor, in ihr Direktorium einzutreten. Er übernahm die Abteilung für den Bau von Zentralstationen. Drei Jahre lang führte er diese Arbeiten durch und erbaute zahlreiche Zentralen, so in Manchester, in Amsterdam, in Buenos Aires und in Baku. Er behielt die Leitung der Elektrochemischen Werke in Bitterfeld, die er jetzt aus der Ferne leitete, und wurde Delegierter der Elektrobank in Zürich. Nach drei Jahren schied er aus der AEG wieder aus und trat als industrielles Mitglied in den Vorstand der Berliner Handelsbank ein, deren industrielle Unternehmungen er stark beeinflußte. Sein Ruf als Unterhändler und Verhandler führte dazu, daß die Kaiserliche Regierung auf ihn aufmerksam wurde. Mit dem Staatssekretär der Finanzen, Dernburg, bereiste er 1907 und 1908 das damalige Deutsch-Ost- und -Südwest-Afrika und verfaßte darüber die amtlichen Berichte.

Obwohl seine Neigung der Kunst und der Literatur galt, war er zeit seines Lebens ein Organisator und Techniker von hohem Rang. Hugo Stinnes soll einmal über ihn geäußert haben, daß Walther Rathenau mit einem verkehrten Begriff von sich selbst lebe. Er habe sich für einen Staatsmann gehalten, das sei er nie gewesen, für einen Kaufmann, das sei er ebensowenig. Über seine Philosophie könne er – Stinnes – nichts sagen. Aber Rathenau sei ohne Zweifel das größte Genie auf technischem Gebiet im Deutschen Reich gewesen. Hugo Stinnes hatte recht und unrecht zugleich.

Rathenau war mehr als ein technisches Genie. Er war ein Warner und Mahner seiner Zeit. In der Anhäufung der Machtmittel, im steigenden Wohlstand, in der Ausdehnung des Industrialisierungsprozesses und der wachsenden Mechanisierung, die in ihrer Eigengesetzlichkeit jeder politischen Kontrolle zu entgleiten drohte, wie auch in dem gegenüber dieser Entwicklung weit zurückgebliebenen preußisch-feudalen Verwaltungs- und Regierungsapparat, sah er die sich ankündigende Katastrophe. So warnte er in fast allen seinen Schriften vor dem Ersten Weltkrieg:

»Ich sehe Schatten aufsteigen, wohin ich mich wende. Ich sehe sie, wenn ich abends durch die gellenden Straßen von Berlin gehe, wenn ich die Indolenz unseres wahnsinnig gewordenen Reichtums erblicke; wenn ich die Nichtigkeiten kraftstrotzender Worte vernehme oder von pseudogermanischer Ausschließlichkeit berichten höre, die vor Zeitungsartikeln und Hofdamenbemerkungen zusammenzuckt. Eine Zeit ist nicht deshalb sorglos, weil der Leutnant strahlt und der Attaché voll Hoffnung ist. Seit Jahrzehnten hat Deutschland keine ernstere Periode durchlebt als diese.«

Und in einem Aufsatz: Politische Auslese:

»Nicht von der Arbeiterschaft drohen uns Gefahren, denn dem heutigen Sozialismus fehlt die Kraft positiver Ideen. Zwei andere Angriffskräfte werden die preußische Staatsauffassung erschüttern: Mangel an führenden Geistern und ungleiche Verteilung der Lasten; beide entspringen aus dem einstmals so bewährten Aristokratismus der Verwaltung. Die Zeitläufte ähneln in seltsamer Weise der Epoche Friedrich Wilhelm des II. Möge es diesmal keiner schwereren Erschütterungen bedürfen, um das innere Gleichgewicht herbeizuführen.«

Als 1913 große nationale Feiern zur hundertjährigen Wiederkehr der Befreiungskriege überall in Deutschland stattfinden und im Verlauf dieser Feiern immer höhere Rüstungen und größere Rüstungsabgaben gefordert werden, wendet sich Rathenau dagegen und schreibt in einem Aufsatz, den er das ›Eumeniden-Opfer‹ nennt:

»Wird die Verlängerung der Dienstzeit in Frankreich ausnahmslos Gesetz, so ist der Krieg besiegelt, und zwar als Werkzeug in den Händen Englands, das ihn nicht heute und nicht morgen, doch zu dem Zeitpunkt entfesselt, der ihm gefällt. Die doppelte Spannung, die gefährlicher als ausgesprochen zwischen England und uns, ausgesprochener als gefährlich zwischen Frankreich und uns besteht, gewinnt jetzt ihre volle Explosionskraft, verschärft durch Rußlands Empfindlichkeit, das die Milliardensaat im Festungsgürtel längs seiner Grenze aufsprießen sieht. Durch jenes ›Eumeniden-Opfer‹, das uns verkündet wird nach dem Gesetz hundertjähriger Wiederkehr, wird nicht ein Schicksal gewendet, sondern beschleunigt ... Völkerkriege und Schicksale werden nicht vom Willen geschaffen; sie entspringen Naturgesetzen, die in den Kontrasten des Bevölkerungsdrucks, der Aktivität, des Physikums ihren Ausdruck finden. Doch über den mechanischen Schicksalsgesetzen stehen die ethischen und transzendenten. Wenn innere Kräfte stocken, wenn Formeln, Sitten und Gedanken sich überleben, so ergreift ein äußeres Geschick das Wort und die Führung. Nicht äußere Verhältnisse und politische Konstellationen, sondern innere Gesetze, sittliche und transzendente Notwendigkeiten führen mit Gewalt unser Schicksal herbei. Unser zähes Volk ist mit dem gleichen Mittel erzogen worden, mit dem es seine Kinder zu erziehen liebt, mit Schlägen. Früher hat der Trotz der Herrschenden die Schläge herbeigezogen, nun gesellt sich zu diesem Trotz die Indolenz des Landes, das nicht um seine Verantwortung kämpfen will und daher um seine Sicherheit wird kämpfen müssen.«

Als der Krieg begann, stand er dem Begeisterungstaumel mit Skepsis gegenüber. Er wußte, daß der Rausch verfliegen würde. Besser als alle anderen kannte er die materiellen Kräfte, die mobilisiert werden konnten. So rechnete er von vornherein mit einem jahrelangen Krieg. Ja, er sah mit dem Beginn dieses Krieges ein Jahrhundert der Umwälzungen, der Zerstörungen und tiefgreifenden Veränderungen kommen und sprach von einer hundertjährigen Revolution und dem Beginn eines neuen Zeitalters. Er hat sich nicht geirrt. Heute – fünfzig Jahre später – ist für alle erkennbar, was seinen Zeitgenossen unmöglich erschien.

Ohne Vertrauen zu der damaligen deutschen Führungsschicht, zu Männern also, die nicht durch ›Selection‹, nicht durch ein Auswahlsystem der Besten zur Macht gekommen waren, sondern durch Abstammung und Geburt, zweifelte er an der Möglichkeit eines deutschen Sieges:

»Ein anständiger Mensch im Sinne der übrigen Restmoral aber ist einer, der seine dringendsten Schulden bezahlt, sich über Lügen nicht ertappen läßt, kein öffentliches Ärgernis gibt, gute Kleider trägt, mittlere Schulkenntnisse besitzt und die gleiche Eigenschaft bei seinem Vater nachweisen kann. Diese Gaben berechtigen heute in allen zivilisierten Ländern, soweit das bürgerliche Sittenempfinden in Betracht kommt, zu jedem Ansehen, zu jedem wirtschaftlichen Anspruch, zu jeder menschlichen Verantwortung, und sobald irgendeine ausgesprochen nützliche Anlage oder Kenntnis hinzutritt, zu jeder Machtstellung. So sahen die Männer aus, denen das Volk in den Krieg zu folgen bereit war.«

Trotzdem stellte sich Rathenau sofort bei Kriegsbeginn der deutschen Regierung zur Verfügung. Auf seinen Rat entstand die Kriegsrohstoff-Organisation, deren Leitung er selbst übernahm. Er konstruierte eine Verwaltungs- und Überwachungsmaschine für alle Rohstoffe, die wie jede andere große Staatseinrichtung arbeitete. Er sah, früher als alle anderen, daß der gefährliche Mangel an kriegsentscheidenden Rohstoffen zum schnellen Verlust des Krieges führen mußte. Und wenn Harry Graf Keßler, der Biograph Rathenaus, über diese seine Tätigkeit sagt: »Die Katastrophe ist nur durch die Tätigkeit von Walther Rathenau abgewendet worden, der mit unerhörter Geschwindigkeit und Umsicht die notwendigen Maßnahmen traf«, so ist dies zweifellos richtig, auch wenn diese Tätigkeit Walther Rathenau den Vorwurf eintrug, er sei ein Kriegsverlängerer wider Willen, das heißt gegen seine eigene Überzeugung, gewesen.

Rathenau hat den Krieg als Ethiker beklagt und als Deutscher verwünscht. Zwei Dinge hielt er für mangelhaft: als Deutscher die Vorbereitung und als Ethiker die Gewissensrechtfertigung.

Acht Monate lang blieb er im Kriegsministerium. Dann lief die große Organisation ohne Reibungen. 1915 starb sein Vater, Emil Rathenau, und sein Sohn Walther Rathenau bestieg den verwaisten Präsidentenstuhl der inzwischen allmächtig gewordenen AEG. Immer mehr zweifelt Walther Rathenau am Sinn und Ziel des Krieges:

»Heute sind es zwei Jahre, daß ich mich von der Denkweise meines Volkes schmerzlich getrennt fühle, soweit sie den Krieg als erlösendes Ereignis wertet. Den Stolz des Opfers und der Kraft durfte ich teilen, doch dieser Taumel erschien als ein Fest des Todes, als die Eingangssymphonie eines Verhängnisses, das ich dunkel und furchtbar, doch niemals jauchzend und um so furchtbarer geahnt hatte. Und während der Siegeszug über den Westen brauste, die Türme von Paris sich zeigten, die zweite Siegeskrönung erschimmerte, war mein Gedanke: Rettung aus Not, aus starrer Umklammerung, aus tödlicher Friedensfeindschaft ... Ich glaube nicht an unser Recht zur endgültigen Weltbestimmung – noch an irgend jemandes Recht dazu –, weil weder wir noch andere es verdient haben. Wir haben keinen Anspruch darauf, das Schicksal der Welt zu bestimmen, weil wir nicht gelernt haben, unser eigenes zu bestimmen. Wir haben nicht das Recht, unser Denken und Fühlen den zivilisierten Nationen der Erde aufzuzwingen, denn welches auch ihre Schwächen sein mögen – eines haben wir noch nicht errungen: den Willen zur eigenen Verantwortung.«

So glaubte er nicht daran, daß die letzte Entscheidung durch den Sieg der einen oder der anderen Seite herbeigeführt werden konnte. Schon frühzeitig, inmitten der allgemeinen Sinnlosigkeit, schlug er deshalb einen gerechten Frieden, verbunden mit einer europäischen Einigung vor. Nach seiner Ansicht kam es nur auf einen ökono-

mischen Vergleich zwischen den Gegnern – das heißt Partnern – an, und auf einen solchen Vergleich käme es letzten Endes hinaus. Seine Vision einer deutsch-französischen Zollunion, mitten im Krieg vorgetragen, mit einer allmählichen Assoziierung aller anderen europäischen Staaten, wurde damals verlacht, und es bedurfte noch eines zweiten Weltkrieges, um seine frühe Einsicht als Notwendigkeit erscheinen zu lassen. Vielleicht war es gerade dieser Gedanke, der ihn vor dem Ende des Krieges veranlaßte, sich gegen eine Kapitulation um jeden Preis zu wenden. Er, der Gegner des Krieges, empörte sich gegen das Waffenstillstandsangebot des deutschen Generalstabes und wurde zum Befürworter eines letzten Masseneinsatzes, um Zeit für Verhandlungen zu gewinnen. Verzweifelt warf er Ludendorff seinen politischen Fehler vor: »Muß denn Deutschland zugrunde gehen, nur weil ein General die Nerven verliert.« Prinz Max von Baden, der damalige Reichskanzler, schrieb über diese Tage: »Erst Jahre später habe ich von Freunden erfahren, daß Rathenau am 2. Oktober wie ein Kind geweint hat und seinen erfindungsreichen Geist zermarterte, ob er nichts tun könnte, um das Waffenstillstandsangebot aufzuhalten. Wäre er doch an jenem Tag zu mir gekommen. Ich hätte diesen Bundesgenossen brauchen können.«
Nach dem Krieg versuchte er zu helfen, wo er helfen konnte. Aber frühzeitig erkannte er den Dilettantismus der Revolution, ihre Halbheiten, und warnte vor der Wiederkehr der Reaktion, vor jenen allzu eilfertigen »Umlernern«, die nie etwas lernen und die er in seinen Schriften geißelte. Man hörte ihn nicht, man verlachte ihn, und die Abneigung gegen ihn reichte bis in die demokratischen Parteien hinein.
»Vor Parteinahme fürchte ich mich nicht. Ich habe zum ersten Mal nach der Revolution Partei genommen, und zwar zugunsten der Demokraten, von denen ich eine kräftige Sozialpolitik erwartete. Darin habe ich mich freilich getäuscht. Andererseits scheint die Partei instinktiv Gegensätze und Abneigungen gegen mich zu empfinden. Sie hat bisher mein Dasein in auffälliger Weise ignoriert ... Beliebt machen sich nur solche, die aussprechen, was alle hören wollen, und was alle hören wollen, ist in der Regel falsch.«
Als auf der Nationalversammlung in Weimar ein Auslandsdeutscher in einem Telegramm Walther Rathenau als den ersten Präsidenten

der neuen Republik vorschlug, kam es zu stürmischen Heiterkeitsszenen, ein Vorgang, der Rathenau tief verletzte. Aber so vielfältig, vielschichtig seine Ideen, Vorschläge, Analysen und Gedanken sind, so umstritten war in diesen Jahren auch seine Persönlichkeit. Die Deutschen verstanden ihn nicht. Jeder seiner Zeitgenossen verband mit seinem Namen eine andere Vorstellung und eine andere Wertung. Die Sozialisten sahen in ihm den Großindustriellen der Elektrowirtschaft, die Bürger seines Standes den Propagandisten antikapitalistischer Ideen, die Generäle den Mann, dessen Vertrauen in den Sieg der deutschen Waffen fragwürdig schien, die Pazifisten den Befürworter einer levée en masse vor dem Ende des Weltkrieges. Den Wirtschaftlern aber war er suspekt, weil er ethische Prinzipien auch auf dem Gebiet des Geschäftslebens vertrat. An der Börse nannte man ihn deswegen nicht ohne zynischen Beigeschmack: »Jesus im Frack«. Über seine Persönlichkeit, die so viel Haß und so viele Mißverständnisse auf sich zog, sagte Harry Graf Keßler, der lange Jahre mit ihm befreundet war: »Rathenau strahlt eine sonderbare Kühle aus; doch ihm gegenüber bleiben nicht viele kühl: man muß ihn hassen oder lieben oder auch zur gleichen Zeit beides. Das war sein Verhängnis im Leben, daß die kühle Abgeklärtheit, die er um sich verbreiten wollte, ihm als Liebe oder Haß wieder entgegenschlug. Aber daher erlebte der Betrachter ihn mit einer solchen durch den Affekt gesteigerten Deutlichkeit, daß seine Figur zu einer Halluzination wird, die den, der ihr nahe kommt, wie ein Golem in Besitz nimmt.«

Nach langem Schwanken – auf Drängen des damaligen Reichskanzlers Wirth und gegen den Willen seiner Mutter, die er über alles liebte – tritt Rathenau 1921 in das Kabinett Wirth ein und wird zuerst Aufbauminister und später – bis zu seinem Tode – Außenminister. In zähen Verhandlungen in Cannes, Genua, Rapallo und Genf versucht er, die Reparationskosten herunterzudrücken und zu einem für das deutsche Volk erträglichen Frieden zu kommen. In seiner ersten Rede im Reichstag am 2. Juni 1921 sagte er: »Ich bin eingetreten in ein Kabinett der Erfüllung. Wir müssen einen Weg finden, uns mit der Welt wieder zusammenzubringen.«

Dieser Versuch endete mit seinem Tod. Es half nichts, daß seine Verhandlungskunst und seine großartigen Reden vor den internationalen Gremien ihm die Bewunderung und das Vertrauen ausländischer Staatsmänner und Diplomaten eintrug. Die Hetze gegen ihn hatte die Form der Polemik längst überschritten. Die nationale Rechte – allen voran Helfferich und Ludendorff – verlangte seinen Kopf, und im Oberschlesischen Selbstschutz sangen die Mannschaften ein Lied, dessen Kehrreim lautete: »Knallt ab den Walther Rathenau, die gottverdammte Judensau.«

»Erfüllungspolitiker«, »Verzichtpolitiker«, das waren schon damals die Schlagworte der radikalen Rechten, der Unbelehrbaren. Als Rathenau sich mit einer Schrift an die deutsche Jugend wandte, schrieb ihm der Schriftsteller Heinrich von Gleichen-Rußwurm:

»Sie wissen allerdings, daß gerade Deutschlands Jugend, an die Sie sich mit Ihrer Schrift gewandt haben, Ihnen als Schrift- und Wortgewaltigen ein gewisses Mißtrauen entgegenbringt. Auch ich empfinde den stark suggestiven Einfluß Ihrer Person als eine gewisse Schwierigkeit für den persönlich unbefangenen Verkehr.«

Rathenau aber antwortete:

»Der Besitz einer Wahrheit, mag sie groß oder klein sein, äußert sich mit apodiktischer Sicherheit. Mit der gleichen Sicherheit wie wenn ich sage: ich atme, oder: die Summe der Dreieckswinkel ist gleich zwei Rechten. Dieses innere Wahrheitsgefühl erscheint von außen als Autorität. Sie sprechen von suggestiver Persönlichkeit: die gibt es nicht, außer etwa im Sanatorium. Denkende Menschen lassen sich nichts suggerieren. Die umschreiben lediglich den Begriff der Autorität. Autorität – mag sie groß oder klein sein – braucht nicht anerkannt zu werden. Ebensowenig wie der Satz vom Dreieck. Es ist lächerlich, überzeugen zu wollen. Man sagt, was man weiß, und damit gut. Autorität läßt sich aber nicht in der Garderobe ablegen, sie ist ein Charakter indelebilis [unzerstörbar], gleichviel, ob sie anerkannt wird oder nicht. Ich habe sehr das Bedürfnis Autorität, von anderen, zu erleben. Denn jede echte Autorität bedeutet eine neue Wahrheit, und jede neue Wahrheit ist eine Autorität. Die Jugend wünscht, Führer zu erzeugen und lehnt Autorität ab. Ich verstehe weshalb. Deutschland war autoritätsgläubig und ging daran zugrunde. Aber an welche Autorität glaubte Deutschland? An die Autorität der Wahrheit? Nein. An die Autorität des Blutes und des Amtes. Aber das ist keine. Das ist Vormundschaft des Ungeistes.«

Ein Jahrzehnt später verschrieb sich diese Jugend der Vormundschaft des Ungeistes, das heißt der falschen Autorität – Rathenaus Warnungen vor dem Ersten Weltkrieg und nach dem Ersten Weltkrieg verhallten ergebnislos. Er erntete weder Dank noch Anerkennung. Von keiner der agierenden Parteien verstanden, von der Rechten beschimpft, von der Linken belächelt, blieb er der unangenehme Außenseiter. So verzweifelte er mehr und mehr an seinem Volk: »Es ist zu spät. Von neuem habe ich auf dieser unglücklichen Reise nach Spa mich davon überzeugen müssen, daß das Volk materielle Ketten will. Ruit in servitium. Die Revolution ist geschlossen, die Reaktion, von geringfügigen Nachzüglergefechten aufgehalten, zieht ein. Noch vor wenigen Jahren wäre es Zeit gewesen, wenn auch nur eine Hand sich mir entgegengestreckt hätte; dies ist vorüber, und am Stande meiner Gesundheit fühle ich, daß ich nur hier und da, in Kleinem eingreifend, werde nachtragen und berichtigen können. Was ich zu sagen hatte, ist gesagt und bleibt. Die Verwirklichung liegt anderen ob.«

Walter Rathenaus Schriften sind zahlreich. Immer wieder ist es das Schicksal der Deutschen, das ihn beschäftigt. Es ist die sich entwickelnde Industriegesellschaft, der beginnende Hochkapitalismus und Deutschlands Weg zur Großmacht. Vielseitig sind die Aspekte seiner Arbeit und die Fülle der Themen, die er sich stellt. Sie reichen von den Problemen der Friedenswirtschaft bis zur Ästhetik der Kunst. Sie umfassen in ihren Analysen fast alle Themen der Zeit. Zweifellos gehört auch Walther Rathenau zu den Sozialrevolutionären seiner Zeit, oder in diesem Fall besser Sozialevolutionäre genannt, aber im Gegensatz zu vielen anderen sind seine Gedanken alle idealistisch begründet. Sie finden ihre Sammlung in drei Hauptwerken, in der ›Kritik der Zeit‹, in ›Zur Mechanik des Geistes‹ und in dem hier wiedergegebenen ›Von kommenden Dingen‹.

Die Rassen-Theorien, die er seinen Analysen vor allen Dingen in den ersten beiden Hauptwerken zugrunde gelegt hat, haben ihm viele Vorwürfe eingetragen. Von heute aus gesehen erscheinen sie nicht nur veraltet und absurd, sondern sind auch ein Beweis dafür, wie sehr diese Art Theorien damals in der Luft lagen, und daß Hitler später nicht gerade vom Himmel fiel. Wohl hatte sich Rathenau von seinen eigenen Theorien in diesem Fall distanziert und sich jede vulgäre Auslegung verbeten, aber es bleibt der Vorwurf, den Hans Fürstenberg in seinem Kommentar zur Biographie Harry Graf Keßlers erhebt, nämlich daß Walther Rathenaus Herz den »blonden Bestien« Nietzsches gehörte. Aber Fürstenberg verteidigte ihn auch zugleich: »Dies alles liest sich zunächst, als habe man etwas Gobineau mit etwas Houston Stewart Chamberlain durcheinandergeschüttelt und dann einen Schuß ›Herrenmensch‹ dazu gegeben. Dennoch wäre es ein grausamer Irrtum, wenn man annehmen wollte, Walther Rathenau sei auf ähnlichen rassentheoretischen Irrwegen gewandelt wie Hitler, Goebbels, Rosenberg und die ihren. Nein, der gelehrte Dr. Rathenau wußte genau, daß alles Gerede von ›Rasse‹ im eigentlichen, das heißt ethnologischen Sinne bezüglich der Juden Unsinn ist. In einem Brief Rathenaus an seinen Freund Wilhelm Schwaner ist dies behandelt worden: ›Die Schädelforschung, eine Lieblingswissenschaft des materialistischen Zeitalters, endete ergebnislos. Rassenunterschiede unter Europäern konnten nicht festgestellt werden ... Ein jüdischer Ladenbesitzer ist leiblich und geistig schärfer geschieden von einem jüdischen Patrizier als von einem christlichen Ladenbesitzer. Goethe fühlte sich von allen Denkern am verwandtesten mit Spinoza, ebenso Lessing ...‹ So anfechtbar Rathenaus Ausgangspunkt ist, nämlich daß die Furcht- und Zweckmenschen mit ihrer rapiden Vermehrung und Verdrängung der Mut- und Herrenmenschen, das Zeitalter der Technik – nach Rathenau das mechanistische Zeitalter – herbeigeführt haben, es bleibt seine Furcht vor der totalen Mechanisierung des Lebens, in der alles Menschliche ersticken muß – der Mensch nicht als Herr, sondern als Knecht dieser Mechanisierung – und sein Suchen nach einer Überwindung dieser Epoche ohne Rückfall in Maschinensturm und Barbarei.

Das Individuum, von dem Walther Rathenau in seinen Betrachtungen immer wieder ausgeht, ist der respektable Mensch der Zeit vor dem ersten Weltkrieg. Es ist der Mann von guten Sitten und lebhaftem Geist. Er erscheint ihm besonnen, tätig, voll von unablässigen Zweckgedanken. Rathenau nennt ihn den Zweckmenschen der mechanistischen Epoche. Mechanisierung, das heißt nach Rathenau reines Zweckdenken, und so muß in der Epoche der Mechanisierung der Zweck- und Erfolgsmensch entstehen. Die Mechanisierung wurde hervorgerufen durch die merkwürdige Aufzehrung der Oberschicht, die auch die Menschenvermehrung hervorgerufen hat. Diese Aufzehrung entstand dadurch, daß eine dünne Erobererschicht eine autochthone niedere Bevölkerung beherrschte. Da die höhere Erobererschicht auch die zartere, empfindlichere, weniger fortpflanzungsfähige war, so vermehrte sie sich nicht im gleichen Verhältnis wie die untere Schicht. Als die niedere Schicht eine gewisse Zahl und Kraft erreicht hatte, begann der Aufzehrungsprozeß und damit die höchste Kulturblüte, deren ein geschichtetes Volk fähig ist. Denn nur geschichtete Völker, so sagt Rathenau in einem Wortspiel, machen und erleben Geschichte. Als der Aufzehrungsprozeß entsprechend weit fortgeschritten war, begann als Folge der nunmehr entstandenen ›riesigen Menschenschwärme‹ die Mechanisierung, die das Wirtschaftssystem des Kapitalismus herbeiführte.«

»Die mechanistische Entwicklung können wir ohne Staunen, ja ohne Geistesaufwand ein gutes Stück zukunftswärts weiter denken. Ein hundertfach übervölkerter Erdball, die letzten asiatischen Wüsten angebaut, ländergroße Städte, die Entfernung durch Geschwindigkeit aufgehoben, die Erde meilentief unterwühlt, alle Naturkräfte angezapft, alle Produkte künstlich herstellbar, alle körperliche Arbeit durch Maschinen und durch Sport ersetzt, unerhörte Bequemlichkeit des Lebens allen zugänglich, Altersschwäche als alleinige Todesart, jeder Beruf jedem eröffnet, ewiger Friede, ein internationaler Staat der Staaten, allgemeine Gleichheit, die Kenntnisse des Naturgeschehens ins Unabsehbare erweitert, neue Stoffe, Organismen und Energien in beliebiger Menge entdeckt, ja zu guter Letzt Verbindungen mit fernen Gestirnen hergestellt und erhalten: im Sinne der Mechanisierung die höchsten Aufgaben, alle lösenswert und dermaleinst gelöst; wem macht es Schwierigkeiten, dieses Bild künftiger Bequemlichkeit und Gelehrsamkeit beliebig auszumalen, und wen macht es glücklich? Im Seelischen auch nur einen Schritt über das dem einzelnen Menschen gesetzte Maß vorzudringen, ist unmöglich.«

So sah Walther Rathenau 1911 die Entwicklung der mechanistischen Epoche und die Entwicklung der Menschen in ihr. Er täuschte sich nicht. Pessimistisch und optimistisch zugleich, hoffte er auf die sich entwickelnden Gegenkräfte. Er glaubte sie in dem »Reich der Seele« zu finden. Seele nannte er das innere Erleben, wenn es zweckfrei abläuft, das heißt, nur inneren, nicht auch äußeren Antrieben folgt.

Seele ist für ihn mehr als ein bloßes Wort. Den Zuständen, die es zusammenfaßt, ist etwas Wirkliches gemeinsam, etwas, das sie von allen anderen Augenblicken inneren Erlebens unterscheidet und über sie hinaushebt: nämlich, daß nur in ihnen der Mensch ganz er selbst und also wirklich frei ist.

Rathenaus Buch ›Zur Mechanik des Geistes‹ ist ein mehr religiöses Buch als ein philosophisches und trägt in vielen Passagen prophetischen Charakter. Es setzt die Gedanken fort, die ihn bereits im ersten Buch ›Zur Kritik der Zeit‹ beschäftigen und die in dem dritten Buch dieser Trilogie ›Von kommenden Dingen‹, jetzt von der praktischen Seite, wiederum aufgenommen werden. Rathenau lehnt den Marxismus ab. Wohl fühlt er sich im Sinne seiner Weltanschauung als Sozialist, aber nicht im parteipolitischen Sinn. Er glaubt nicht an das Zukunftsreich einer politischen Partei, weil es nach seiner Ansicht immer auf irrigen Voraussetzungen beruht. Über seine Auseinandersetzung mit dem doktrinären, dogmatischen Marxismus kann sich der Leser in der vorliegenden Auswahl selbst unterrichten.

Walther Rathenau war ein bedeutender Wirtschaftler, Techniker, Staatsmann und Politiker. Auf allen Gebieten sind seine Leistungen in ihrer Vielseitigkeit erstaunlich.

»Dieser vielbeschäftigte Mann«, so urteilte Stefan Zweig über ihn, »hatte immer Zeit. Ich habe ihn gesehen in den schwersten Kriegstagen und knapp vor der Konferenz von Genua und bin noch im selben Automobil, in dem er erschossen wurde, dieselbe Straße mit ihm gefahren. Er hatte ständig seinen Tag bis auf die einzelne Minute eingeteilt und konnte doch jederzeit mühelos aus der einen Materie in die andere umschalten, weil sein Hirn immer parat war, ein Instrument von einer Präzision und Rapidität, wie ich sie nie bei einem anderen Menschen gekannt. Er sprach fließend, als ob er von einem unsichtbaren Blatt ablesen würde, und formte dennoch jeden einzelnen Satz so plastisch und klar, daß seine Konversation, mitstenographiert, ein vollkommen druckreifes Exposé ergeben hätte. Ebenso sicher wie Deutsch sprach er Französisch, Englisch und Italienisch. – Nie ließ ihn sein Gedächtnis im Stich, nie brauchte er für irgendeine Materie besondere Vorbereitung. Wenn man mit ihm sprach, fühlte man sich gleichzeitig dumm, mangelhaft gebildet, unsicher, verworren angesichts seiner ruhig wägenden, alles klar überschauenden Sachlichkeit.«

Manche haben Rathenau einen Propheten genannt, und er selbst sagte über die Propheten unserer Zeit: »Käme heute ein Prophet zur Welt, so würden wir uns gewöhnen müssen, ihn ohne Scheu von Maschinen und sozialen Gesetzen reden zu hören.« Walther Rathenau sprach ohne Scheu von Maschinen und sozialen Gesetzen, von wirtschaftlichen Dingen und politischen Gegebenheiten und trat zur gleichen Zeit für sein »Reich der Seele« ein, in dem er die einzige Möglichkeit der Erlösung aus dem mechanistischen Joch einer neuen weltweiten Sklaverei sah ... der Sklaverei der Technik, die nicht Herr, sondern nur Untertan sein darf, benutzt und überwunden zum Segen des Menschen.

Während seiner Tätigkeit als Außenminister des Kabinetts Wirth häuften sich bei ihm die Drohbriefe. Man forderte ihn auf, sich nach der Schweiz zurückzuziehen, da er in Deutschland beseitigt werden würde. Er aber schrieb:

»Sie sollten sich um meine Erhaltung keine Sorgen machen. Wenn ein unvergeudetes Leben enden soll, so geschieht es nicht aus Willkür, sondern weil es seinen Abschluß gefunden hat. Dankbar bin ich für jede Stunde, die mir zu wirken vergönnt ist, und welcher Satz, welcher Pinselstrich des Werkes letzter ist, ziemt nicht zu fragen. Noch weniger sollten Sie sich kümmern und betrüben über schlimme Worte. Es gibt Menschen, die durch Leiden böse werden, doch auch sie müssen zur Heilung beitragen, freilich auf dem weitesten Umweg.«

Wie gewöhnlich fuhr Rathenau am Vormittag des 24. Juni 1922 mit seinem Auto ins Auswärtige Amt. Ihm folgte ein anderes Auto mit verdeckter Nummer, in dem junge Leute saßen. In der scharfen Kurve in der Wallotstraße in Berlin-Grunewald holten sie ihn ein und feuerten aus einer Maschinenpistole mehrere Schüsse gegen ihn ab. Rathenau richtete sich hoch auf, um dem Chauffeur etwas zu sagen. Diesen Augenblick benutzten die Mörder. Sie warfen eine Handgranate in den Wagen, und Rathenau fiel blutüberströmt in die Kissen zurück. Der Tod trat sofort ein.

»Die verruchte Tat«, sagte Reichspräsident Friedrich Ebert an seinem Sarg, »traf nicht den Menschen Rathenau allein, sie traf Deutschland in seiner Gesamtheit.«

Hans Werner Richter